2026

브랜드 만족 1위 산출근거 후면표기

7·9급 공무원 시험대비

# 박문각
# 공무원

특별판

KB246612

합격 까지 함께

9급/7급 행정법 기출문제 지문 총정리

기출지문 OX를 통한 반복학습 효과

개정법령 및 최신 판례 완벽 반영

강성빈 편저

# 강성빈
# 행정법총론 ★★★★★ OX노트

애영상 강의 www.pmg.co.kr

박문각

지난 7월에 전면개정 되어 발간된 2026 '요기서'의 경우, 책의 이름 그대로 요약서라 할 수 있을 정도로 얇은 볼륨을 가진 기본서가 됨과 동시에 시험에 출제될 수 있는 주요 기출선지OX를 약 1,900개 이상 수록함으로써 그 자체로 '완벽히 단권화' 된 교재의 모습을 갖추게 되었고, 같은 이유로 올해부터는 별도로 OX교재를 발간할 계획이 없었습니다. '한 권의 교재'를 통해 반복회독을 할 때 그 회독의 효과가 가장 뛰어나다는 저자의 수험경험에 비추어 굳이 비슷한 내용을 담은 교재를 추가로 발간하고 싶지 않았던 것이 주된 이유가 되는 한편, 수험생들의 교재비용에 대한 부담도 조금이나마 덜어드릴 수 있지 않을까 생각했기 때문입니다. 그러나 감사하게도 많은 수험생들께서 온오프라인 채널을 불문하고 OX교재에 대한 문의와 발간요청을 주셨고, 이에 응하여 본래 계획에 없었던 '2026 OX노트'를 예년 대비 다소 늦은 시점에 발간하게 되었습니다.

많은 수험생들께서 저자의 OX노트 발간을 요청하신 이유는 오직 하나라고 생각합니다. 그것은 구판인 2025 기출지문OX 교재 '하나만으로도' 올해 치러진 국가직/지방직 9급 시험을 비롯한 여러 객관식 행정법 시험에서 충분히 100점을 받는 것이 가능한 것으로 검증되었기 때문입니다. 해당 교재는 엄선된 1,800개의 OX문제를 통해 최소의 시간 투자로도 최고의 효율을 거둘 수 있도록 집필되었고, 이에 따라 2026 시험에서도 이 같은 효과를 거두기 위하여 많은 수험생들께서 해당 교재의 개정판 발간을 요청하신 것이라 생각합니다.

저자의 교재를 선택하고 또 기다려주신 수험생들에 대한 진심어린 감사의 마음을 담아 2026 OX노트는 구판 대비 더욱 수험 친화적으로 기능할 수 있게끔 집필이 이루어졌고, 그 결과 다음과 같은 개정이 이루어졌습니다.

먼저 기존의 1,800 문제를 증보하여 총 1,964문제를 수록하였습니다. 증보된 내용의 대부분은 최신 기출선지나 최신 판례/조문 등이 되며, 이 역시 최근의 출제경향을 고려하여 엄선하여 수록하였습니다. 다음으로 '빠른 회독'이 가능하도록 하기 위하여 해설에 수록된 모든 판례와 조문의 키워드에 볼드체 표기를 더하였습니다. 따라서 수험생들께서는 회독이 거듭될수록 해설의 모든 내용을 읽을 필요가 전혀 없이 키워드가 되는 '굵게 표시된 내용만' 회독하시면 되고, 이와 같은 방식으로 회독을 진행하시게 되면 회독에 소요되는 시간을 비약적으로 단축시킬 수 있을 것입니다. 이 외에 본 교재의 가장 주된 특징이 되는 '오직 엄선된 선지만을 수록한 교재'라는 점을 포함하여 인사혁신처 주관의 시험을 비롯한 소방/간부, 국회직, 군무원, 경찰간부 등 다양한 시행처의 기출선지를 수록하였다는 점, 모든 선지에 '★'를 차등해서 부여함으로써 수험생 스스로도 회독의 강약조절을 할 수 있도록 한 점 등은 구판과 동일한 특징이 됩니다.

본 교재를 출간함에 있어서 많은 분들의 도움이 있었습니다. 무엇보다 전혀 계획에 없었던 출간을 다소 급하게 진행하게 되었음에도 불구하고, 흔쾌히 이를 결정해 주시고 또 지원하여 주신 출판팀의 이사님과 타이트한 일정 속에서도 꼼꼼히 편집 작업을 진행해 주신 출판팀 팀원들께 감사의 말씀을 올립니다.

본 교재의 구체적인 내용을 비롯하여 행정법 공부와 관련해 문의하실 내용이 있으신 수험생께서는 네이버카페 '강성빈 행정법'을 통해 문의사항을 남겨주시면 감사하겠습니다. 나아가 해당 교재의 추록을 비롯한 관련 자료 또한 카페에 게재될 예정이니 이 점 참고하시기 바라겠습니다.

2025년 시험에 이어 2026년 시험에 있어서도 본 교재가 수험생 여러분들의 수험 부담을 크게 경감시키는 한편, 안정적인 행정법 고득점을 가능케 함으로써 여러분의 합격에 분명히 기여할 수 있을 것이라 믿습니다. 고독하고 지칠 수밖에 없는 수험생활이지만 더욱 힘을 내시기를 바라며, 합격의 그 날까지 하나님의 은혜와 인도하심이 늘 여러분과 함께 하시기를 기도하겠습니다.

2025. 12.

변호사 강성빈

# 강성빈 행정법총론
## OX노트

Part

01

행정작용법

**기출 지문 OX Check ✓**

□□□ 0001 ★☆☆
행정작용은 법률에 위반되어서는 아니 되며, 국민의 권리를 제한하거나 의무를 부과하는 경우와 그 밖에 국민생활에 중요한 영향을 미치는 경우에는 법률에 근거해야 한다. 23. 지방 9급 (      )

□□□ 0002 ★☆☆
자격이나 신분 등을 취득 또는 부여할 수 없거나 인가, 허가, 지정, 승인, 영업등록, 신고 수리 등을 필요로 하는 영업 또는 사업 등을 할 수 없는 사유는 법률로 정하여야 한다. 22. 국회 8급 (      )

□□□ 0003 ★☆☆
법률유보의 원칙에서 요구되는 법적 근거는 작용법적 근거를 의미한다. 19. 국가 9급 (      )

□□□ 0004 ★☆☆
개인택시운송사업자의 운전면허가 아직 취소되지 않았더라도 운전면허 취소사유가 있다면 행정청은 명문 규정이 없더라도 개인택시운송사업면허를 취소할 수 있다. 25. 국가 9급 (      )

□□□ 0005 ★☆☆
법률유보의 원칙은 '법률에 의한 규율'만을 요청하는 것이 아니라 '법률에 근거한 규율'을 요청하는 것이기 때문에 기본권의 제한에는 법률의 근거가 필요할 뿐이고 기본권제한의 형식이 반드시 법률의 형식일 필요는 없다. 23. 지방 9급 (      )

□□□ 0006 ★☆☆
규율대상이 국민의 기본권 및 기본적 의무와 관련한 중요성을 가질수록 그리고 그에 관한 공개적 토론의 필요성 또는 상충하는 이익 사이의 조정 필요성이 클수록, 그것이 국회의 법률에 의해 직접 규율될 필요성은 더 증대된다고 보아야 한다. 23. 지방 9급 (      )

□□□ 0007 ★☆☆
법률유보의 원칙은 단순히 행정작용이 법률에 근거를 두기만 하면 충분한 것이 아니라, 국가공동체와 그 구성원에게 기본적이고도 중요한 의미를 갖는 영역에 있어서는 행정에 맡길 것이 아니라 국민의 대표자인 입법자 스스로 그 본질적 사항에 대하여 결정하여야 한다는 요구까지 내포한다. 21. 변호사 (      )

□□□ 0008 ★☆☆
텔레비전방송수신료금액의 결정은 납부의무자의 범위와는 달리 수신료에 관한 본질적인 중요한 사항이 아니므로 국회가 스스로 결정할 필요는 없다. 22. 국회 8급 (      )

□□□ 0009 ★☆☆
지방의회의원에 대하여 유급보좌인력을 두는 것은 지방의회의원의 신분·지위 및 그 처우에 관한 현행 법령상의 제도에 중대한 변경을 초래하는 것으로서, 이는 개별 지방의회의 조례로써 규정할 사항이 아니라 국회의 법률로써 규정하여야 할 입법사항이다. 17. 국가 9급 (      )

□□□ 0010 ★☆☆
법외노조 통보는 적법하게 설립된 노동조합의 법적 지위를 박탈하는 중대한 침익적 처분으로서 원칙적으로 국민의 대표자인 입법자가 스스로 형식적 법률로써 규정하여야 할 사항이고, 행정입법으로 이를 규정하기 위하여는 반드시 법률의 명시적이고 구체적인 위임이 있어야 한다. 24. 변호사 (      )

## 정답&OX 풀이

**0001** O 행정기본법 제8조(법치행정의 원칙) 행정작용은 법률에 **위반**되어서는 아니 되며, 국민의 권리를 제한하거나 의무를 부과하는 경우와 그 밖에 국민생활에 중요한 영향을 미치는 경우에는 법률에 **근거**하여야 한다.

**0002** O 행정기본법 제16조(결격사유) ① 자격이나 신분 등을 취득 또는 부여할 수 없거나 인가, 허가, 지정, 승인, 영업등록, 신고 수리 등을 필요로 하는 영업 또는 사업 등을 할 수 없는 사유는 법률로 정한다.

**0003** O 조직법적 근거는 모든 행정권 행사에 있어서 당연히 요구되는 것이므로, 법률유보의 원칙에서 요구되는 법적 근거는 조직법적 근거가 아니라 **작용법적 근거**를 말한다.

**0004** X 구 여객자동차운수사업법에는 관할관청은 개인택시운송사업자의 운전면허가 취소된 때에 그의 개인택시운송사업면허를 취소할 수 있도록 규정되어 있을 뿐 그에게 운전면허 취소사유가 있다는 사유만으로 개인택시운송사업면허를 취소할 수 있도록 하는 **규정은 없으므로**, 관할관청으로서는 비록 개인택시운송사업자에게 운전면허 취소사유가 있다 하더라도 그로 인하여 운전면허 취소처분이 이루어지지 않은 이상 개인택시운송사업면허를 취소할 수는 없다. 대법원 2008. 5. 15. 선고 2007두26001 판결

**0005** O 법률유보의 원칙은 '법률에 의한' 규율만을 뜻하는 것이 아니라 '**법률에 근거한**' 규율을 요청하는 것이므로 기본권 제한의 형식이 반드시 법률의 형식일 필요는 없고 법률에 근거를 두면서 헌법 제75조가 요구하는 위임의 구체성과 명확성을 구비하기만 하면 **위임입법에 의하여도** 기본권 제한을 할 수 있다 할 것이다. 헌법재판소 2005. 2. 24. 선고 2003헌마289 결정

**0006** O 어떠한 사안이 국회가 형식적 법률로 스스로 규정하여야 하는 **본질적 사항**에 해당되는지는, 구체적 사례에서 관련된 이익 내지 가치의 중요성, 규제 또는 침해의 정도와 방법 등을 고려하여 개별적으로 결정하여야 하지만, 규율대상이 국민의 **기본권 및 기본적 의무**와 관련한 중요성을 가질수록 그리고 그에 관한 공개적 토론의 필요성 또는 상충하는 이익 사이의 조정 필요성이 클수록, 그것이 국회의 법률에 의해 직접 규율될 필요성은 더 증대된다. 대법원 2015. 8. 20. 선고 2012두23808 판결

**0007** O 오늘날 법률유보원칙은 단순히 행정작용이 법률에 근거를 두기만 하면 충분한 것이 아니라, 국가공동체와 그 구성원에게 기본적이고도 중요한 의미를 갖는 영역, 특히 국민의 **기본권실현**과 관련된 영역에 있어서는 국민의 대표자인 **입법자가 그 본질적 사항에 대해서 스스로 결정**하여야 한다는 요구까지 내포하고 있다(의회유보원칙). 헌법재판소 1999. 5. 27. 선고 98헌바70 결정

**0008** X 텔레비전방송수신료는 대다수 국민의 재산권 보장의 측면이나 한국방송공사에게 보장된 방송자유의 측면에서 국민의 기본권실현에 관련된 영역에 속하고, **수신료금액**의 결정은 납부의무자의 범위 등과 함께 수신료에 관한 본질적인 중요한 사항이므로 국회가 스스로 행하여야 하는 사항에 속하는 것임에도 불구하고 한국방송공사법 제36조 제1항에서 국회의 결정이나 관여를 배제한 채 한국방송공사로 하여금 수신료금액을 결정해서 문화관광부장관의 승인을 얻도록 한 것은 법률유보원칙에 위반된다. 헌법재판소 1999. 5. 27. 선고 98헌바70 결정

**0009** O **지방의회의원**에 대하여 **유급보좌인력**을 두는 것은 지방의회의원의 신분·지위 및 그 처우에 관한 현행 법령상의 제도에 중대한 변경을 초래하는 것으로서, 이는 개별 지방의회의 조례로써 규정할 사항이 아니라 국회의 법률로써 규정하여야 할 입법사항이다. 대법원 2013. 1. 16. 선고 2012추84 판결

**0010** O **법외노조 통보**는 적법하게 설립된 노동조합의 법적 지위를 박탈하는 중대한 침익적 처분으로서 원칙적으로 국민의 대표자인 입법자가 스스로 형식적 법률로써 규정하여야 할 사항이고, 행정입법으로 이를 규정하기 위하여는 반드시 법률의 명시적이고 구체적인 위임이 있어야 한다. 그런데 노동조합 및 노동관계조정법 시행령 제9조 제2항은 법률의 위임 없이 법률이 정하지 아니한 법외노조 통보에 관하여 규정함으로써 헌법상 노동3권을 본질적으로 제한하고 있으므로 그 자체로 무효이다. 대법원 2020. 9. 3. 선고 2016두32992 전원합의체 판결

□□□ 0011   납세의무자에게 조세의 납부의무뿐만 아니라 스스로 과세표준과 세액을 계산하여 신고하여야 하는 의무까지 부과하는 경우에 신고의무불이행에 따른 납세의무자가 입게 될 불이익은 법률로 정하여야 한다. 17. 국가 7급 (     )

□□□ 0012   헌법재판소는 구 「토지초과이득세법」상의 기준시가는 국민의 납세의무의 성부 및 범위와 직접적인 관계를 가지고 있는 중요한 사항임에도 불구하고 해당 내용을 법률에 규정하지 않고 하위법령에 위임한 것은 헌법 제75조에 반한다고 판단한 바 있다. 16. 사회복지 (     )

★☆☆
□□□ 0013   수신료 징수업무를 한국방송공사가 직접 수행할 것인지 제3자에게 위탁할 것인지, 위탁한다면 누구에게 위탁하도록 할 것인지, 위탁받은 자가 자신의 고유업무와 결합하여 징수업무를 할 수 있는지는 징수업무 처리의 효율성 등을 감안하여 결정할 수 있는 사항으로서 국민의 기본권제한에 관한 본질적인 사항이 아니다. 24. 소방 (     )

★☆☆
□□□ 0014   전기요금의 결정에 관한 내용은 반드시 입법자가 스스로 규율해야 하는 부분에 해당하므로 한국전력공사가 작성하여 산업통상자원부장관의 인가를 받은 공급약관에 따라 전기요금을 결정하도록 하는 것은 의회유보원칙에 위반된다. 미출 (     )

★☆☆
□□□ 0015   국가공무원인 교원의 보수에 관한 구체적인 내용(보수 체계, 보수 내용, 지급 방법 등)은 반드시 법률의 형식으로만 정해야 하는 '기본적인 사항'에 해당하므로, 이를 행정부의 하위법령에 위임하는 것은 의회유보의 원칙에 위배되어 허용되지 아니한다. 미출 (     )

★☆☆
□□□ 0016   중앙선거관리위원회규칙은 법규명령이므로 구체적 규범통제의 대상이 될 수 있다. 23. 지방 9급 (     )

★☆☆
□□□ 0017   법규명령의 위임근거가 되는 법률에 대하여 위헌결정이 선고되더라도 그 위임에 근거하여 제정된 법규명령은 별도의 폐지행위가 있어야 효력을 상실한다. 21. 지방 9급 (     )

★★★
□□□ 0018   법률의 시행령은 법률에 의한 위임 없이도 법률이 규정한 개인의 권리·의무에 관한 내용을 변경·보충하거나 법률에 규정되지 아니한 새로운 내용을 규정할 수 있다. 23. 지방 9급 (     )

★★★
□□□ 0019   법령의 위임이 없음에도 법령에 규정된 처분 요건에 해당하는 사항을 부령에서 변경하여 규정한 경우에는 그 부령의 규정은 행정명령의 성격을 지닐 뿐 국민에 대한 대외적 구속력은 없다. 20. 국가 9급 (     )

□□□ 0020   위임명령이 위임 내용을 구체화하는 단계를 벗어나 새로운 입법을 한 것으로 평가할 수 있다면 이는 위임의 한계를 일탈한 것으로서 허용되지 않는다. 24. 지방 9급 (     )

★☆☆
□□□ 0021   법률의 시행령이나 시행규칙의 내용이 모법의 입법 취지와 관련 조항 전체를 유기적·체계적으로 살펴보아 모법의 해석상 가능한 것을 명시한 것에 지나지 아니하는 때에는 모법에 이에 관하여 직접 위임하는 규정을 두지 아니하였다고 하더라도 이를 무효라고 볼 수는 없다. 21. 국가 7급 (     )

★☆☆
□□□ 0022   법령의 위임관계는 반드시 하위법령의 개별조항에서 위임의 근거가 되는 상위법령의 해당 조항을 구체적으로 명시하고 있어야만 하는 것은 아니다. 16. 지방 9급 (     )

# 정답 & OX 풀이

**0011** **○** 법인세, 종합소득세와 같이 <u>납세의무자에게 조세의 납부의무뿐만 아니라</u> **스스로 과세표준과 세액을 계산하여 신고하여야 하는 의무까지 부과**하는 경우에는 신고의무 이행에 필요한 기본적인 사항과 신고의무불이행 시 납세의무자가 입게 될 불이익 등은 <u>납세의무를 구성하는 기본적, 본질적 내용으로서 법률로 정하여야 한다.</u> 대법원 2015. 8. 20. 선고 2012두23808 판결

**0012** **○** 토초세법상의 기준시가는 국민의 납세의무의 성부 및 범위와 직접적인 관계를 가지고 있는 중요한 사항이므로 이를 하위법규에 백지위임하지 아니하고 그 대강이라도 토초세법 자체에서 직접 규정해 두어야만 함에도 불구하고, 토초세법 제11조 제2항이 그 기준시가를 전적으로 대통령령에 맡겨 두고 있는 것은 헌법상의 조세법률주의 혹은 위임입법의 범위를 구체적으로 정하도록 한 헌법 제75조의 취지에 위반된다. 헌법재판소 1994. 7. 29. 선고 92헌바49,52 결정

**0013** **○** **수신료 징수업무**를 한국방송공사가 직접 수행할 것인지 제3자에게 위탁할 것인지, 위탁한다면 누구에게 위탁하도록 할 것인지, 위탁받은 자가 자신의 고유업무와 결합하여 징수업무를 할 수 있는지는 징수업무 처리의 효율성 등을 감안하여 결정할 수 있는 사항으로서 <u>국민의 기본권제한에 관한 본질적인 사항이 아니라 할 것이다.</u> 헌법재판소 2008. 2. 28. 선고 2006헌바70 결정

**0014** **✕** 전기요금의 산정이나 부과에 필요한 세부적인 기준을 정하는 것은 전문적이고 정책적인 판단을 요할 뿐 아니라 기술의 발전이나 환경의 변화에 즉각적으로 대응할 필요가 있다. **전기요금의 결정**에 관한 내용을 <u>반드시 입법자가 스스로 규율해야 하는 부분이라고 보기 어려우므로,</u> 심판대상조항은 <u>의회유보원칙에 위반되지 아니한다.</u> 헌법재판소 2021. 4. 29. 선고 2017헌가25 전원재판부 결정

**0015** **✕** **국가공무원인 교원의 보수에 관한 구체적인 내용**(보수 체계, 보수 내용, 지급 방법 등)까지 반드시 법률의 형식으로만 정해야 하는 '기본적인 사항'이라고 보기는 어렵고, 이를 행정부의 하위법령에 위임하는 것은 불가피하다. 대법원 2023. 10. 26. 선고 2020두50966 판결

**0016** **○** 헌법 제114조 ⑥ 중앙선거관리위원회는 법령의 범위 안에서 선거관리·국민투표관리 또는 정당사무에 관한 <u>규칙을 제정할 수 있으며,</u> 법률에 저촉되지 아니하는 범위 안에서 내부규율에 관한 규칙을 제정할 수 있다(주: 위 규정을 근거로 중앙선거관리위원회는 법규명령의 성격을 갖는 규칙을 제정할 수 있고, 그 규칙은 헌법 제107조 제2항에 따라 구체적 규범통제의 대상이 됨).

**0017** **✕** <u>법규명령의 위임근거가 되는 법률에 대하여 위헌결정이 선고되면 그 위임에 근거하여 제정된</u> <u>법규명령도 원칙적으로 효력을 상실한다.</u> 대법원 2001. 6. 12. 선고 2000다18547 판결

**0018** **✕** <u>법률의 시행령은 모법인 법률에 의하여 위임받은 사항이나 법률이 규정한 범위 내에서 법률을 현실적으로 집행하는 데 필요한 세부적인 사항만을 규정할 수 있을 뿐,</u> 법률에 의한 **위임이 없는 한** 법률이 규정한 <u>개인의 권리·의무에 관한 내용을</u> **변경·보충하거나** 법률에 규정되지 아니한 **새로운 내용을 규정할 수는 없다.** 대법원 2020. 9. 3. 선고 2016두32992 전원합의체 판결

**0019** **○** <u>법령의 위임이 없음</u>에도 법령에 규정된 처분 요건에 해당하는 사항을 부령에서 변경하여 규정한 경우에는 그 부령의 규정은 행정청 내부의 사무처리 기준 등을 정한 것으로서 행정조직 내에서 적용되는 행정명령의 성격을 지닐 뿐 국민에 대한 **대외적 구속력은 없다**고 보아야 한다. 대법원 2013. 9. 12. 선고 2011두10584 판결

**0020** **○** <u>위임 내용을 구체화하는 단계를 벗어나</u> **새로운 입법을 한 것으로 평가**할 수 있다면, 이는 **위임의 한계를 일탈한 것**으로서 허용되지 않는다. 대법원 2012. 12. 20. 선고 2011두30878 전원합의체 판결

**0021** **○** <u>시행령의 내용이 모법의 입법 취지와 관련 조항</u> **전체를 유기적·체계적으로** 살펴보아 모법의 해석상 가능한 것을 명시한 것에 지나지 아니하거나 모법 조항의 취지에 근거하여 이를 구체화하기 위한 것인 때에는 모법의 규율 범위를 벗어난 것으로 볼 수 없으므로, <u>모법에 이에 관하여</u> **직접 위임하는 규정을 두지 않았다고 하더라도** 이를 무효라고 볼 수 없다. 대법원 2016. 12. 1. 선고 2014두8650 판결

**0022** **○** 법령의 위임관계는 반드시 하위법령의 개별조항에서 위임의 근거가 되는 상위법령의 해당 조항을 구체적으로 명시하고 있어야만 하는 것은 아니라고 할 것이다. 대법원 1999. 12. 24. 선고 99두5658 판결

□□□ **0023** ★★★ 일반적으로 법률의 위임에 따라 효력을 갖는 법규명령의 경우에 위임의 근거가 없어 무효였다면 나중에 법 개정으로 위임의 근거가 부여되었다고 하여 그때부터 유효한 법규명령이 되는 것은 아니다.

22. 국가 9급 (        )

□□□ **0024** 국회입법의 전속사항이나 국회의 심의를 거쳐야 하는 사항으로 정해진 것은 오로지 법률로만 규율되어야 하고 법규명령으로서 정할 수 없다. 24. 군무원 9급 (        )

□□□ **0025** 위임입법에 있어 구체적인 위임의 범위는 일률적으로 정할 수는 없지만, 적어도 위임명령에 규정될 내용과 범위의 기본사항이 구체적으로 규정되어 있어서 누구라도 해당 법률이나 상위법령으로부터 위임명령에 규정될 내용의 대강을 예측할 수 있어야 한다. 24. 국회 8급 (        )

□□□ **0026** ★☆☆ 헌법에서 채택하고 있는 조세법률주의의 원칙상 과세요건과 징수절차에 관한 사항을 명령·규칙 등 하위법령에 구체적·개별적으로 위임하여 규정할 수 없다. 21. 국가 9급 (        )

□□□ **0027** ★☆☆ 특히 긴급한 필요가 있거나 미리 법률로 자세히 정할 수 없는 부득이한 사정이 있어 법률에 형벌의 종류·상한·폭을 명확히 규정하더라도, 행정형벌에 대한 위임입법은 허용되지 않는다. 19. 국가 9급 (        )

□□□ **0028** ★☆☆ 위임입법에 있어 급부행정 영역에서는 기본권침해 영역보다는 위임의 구체성의 요구가 다소 약화되어도 무방하다. 21. 변호사 (        )

□□□ **0029** ★☆☆ 법률의 시행령이 형사처벌에 관한 사항을 규정하면서 법률의 명시적인 위임 범위를 벗어나 처벌의 대상을 확장하는 것은 위임입법의 한계를 벗어난 것으로 그 시행령은 무효이다. 22. 지방 9급 (        )

□□□ **0030** ★☆☆ 다양한 사실관계를 규율하거나 사실관계가 수시로 변화될 것이 예상되는 분야에서는 다른 분야에 비하여 상대적으로 입법위임의 명확성·구체성이 완화된다. 17. 지방 9급 (        )

□□□ **0031** ★★★ 자치조례에 대한 법률의 위임은 반드시 구체적으로 범위를 정하여 할 필요가 없으며 포괄적인 것으로 족하다. 22. 지방 9급 (        )

□□□ **0032** ★☆☆ 법률이 공법적 단체 등의 정관에 자치법적 사항을 위임한 경우에는 헌법 제75조가 정하는 포괄적인 위임입법의 금지는 원칙적으로 적용되지 않지만, 그 사항이 국민의 권리·의무에 관련되는 것일 경우에는 적어도 국민의 권리·의무에 관한 기본적이고 본질적인 사항은 국회가 정하여야 한다. 21. 국가 9급 (        )

□□□ **0033** ★☆☆ 구 「도시 및 주거환경정비법」에서 주택재개발사업시행인가 신청시 토지 등 소유자의 동의요건을 재개발 조합의 정관에 포괄적으로 위임하고 있는 것은 헌법 제75조에서 정하고 있는 포괄위임입법금지 원칙에 위배된다. 22. 소방간부 (        )

□□□ **0034** ★☆☆ 지방자치단체는 법령에 위반되지 않는 범위 내에서 자치사무에 관하여 주민의 권리를 제한하거나 의무를 부과하는 사항이 아닌 한 법률의 위임 없이 조례를 제정할 수 있다. 20. 지방 9급 (        )

## 정답 & OX 풀이 ✏️

0023 ✕ 일반적으로 법률의 위임에 의하여 효력을 갖는 법규명령의 경우, 구법에 위임의 근거가 없어 무효였더라도 사후에 법 개정으로 위임의 근거가 부여되면 **그 때부터는 유효한 법규명령**이 되나, 반대로 구법의 위임에 의한 유효한 법규명령이 법 개정으로 위임의 근거가 없어지게 되면 그 때부터 무효인 법규명령이 된다. 대법원 1995. 6. 30. 선고 93추83 판결

0024 ✕ 국회전속적 입법사항이라 하더라도 그와 관련된 절차적 사항 등 세부적인 사항에 대해서는 입법자는 법률에서 구체적으로 범위를 정하여 법규명령에 위임할 수 있다.

0025 ○ 구체적인 위임의 범위는 규제하고자 하는 대상의 종류와 성격에 따라 달라지는 것이어서 일률적 기준을 정할 수는 없지만, 적어도 위임명령에 규정될 내용 및 범위의 기본사항이 구체적으로 규정되어 있어서 누구라도 당해 법률이나 상위법령으로부터 위임명령에 규정될 내용의 대강을 **예측**할 수 있어야 한다. 대법원 2015. 1. 15. 선고 2013두14238 판결

0026 ✕ 헌법 제38조, 제59조에서 채택하고 있는 **조세법률주의**의 원칙은 과세요건과 징수절차 등 조세권행사의 요건과 절차는 국민의 대표기관인 국회가 제정한 법률로써 규정하여야 한다는 것이나, 과세요건과 징수절차에 관한 사항을 명령·규칙 등 하위법령에 위임하여 규정하게 할 수 없는 것은 아니다. 대법원 1994. 9. 30.자 94부18 결정

0027 ✕ **형벌법규**에 대하여도 특히 긴급한 필요가 있거나 미리 법률로써 자세히 정할 수 없는 부득이한 사정이 있는 경우에 한하여 수권법률이 구성요건의 점에서는 처벌대상인 행위가 어떠한 것일거라고 이를 예측할 수 있을 정도로 구체적으로 정하고, 형벌의 점에서는 형벌의 종류 및 그 상한과 폭을 명확히 규정하는 것을 조건으로 위임입법이 허용되며 이러한 위임입법은 죄형법정주의에 반하지 않는다. 헌법재판소 1996. 2. 29. 선고 94헌마213 결정

0028 ○ 구체성의 요구의 정도는 규제 대상의 종류와 성격에 따라 달라진다고 할 것이므로 보건위생 등 **급부행정** 영역에서는 기본권침해 영역보다는 구체성의 요구가 다소 **약화**되어도 무방하다고 해석된다. 대법원 1995. 12. 8.자 95카기16 결정

0029 ○ 법률의 시행령이 형사처벌에 관한 사항을 규정하면서 법률의 명시적인 위임 범위를 벗어나 그 처벌의 대상을 확장하는 것은 죄형법정주의의 원칙에도 어긋나므로, 그러한 시행령은 위임입법의 한계를 벗어난 것으로서 무효이다. 대법원 2017. 2. 21. 선고 2015도14966 판결

0030 ○ **다양한** 사실관계를 규율하거나 사실관계가 수시로 **변화**될 것이 예상될 때에는 위임의 명확성의 요건이 **완화**되어야 한다. 헌법재판소 1991. 2. 11. 선고 90헌가27 결정

0031 ○ **조례**에 대한 법률의 위임은 법규명령에 대한 법률의 위임과 같이 반드시 구체적으로 범위를 정하여 할 필요가 없다. 법률이 주민의 권리의무에 관한 사항에 관하여 구체적으로 범위를 정하지 않은 채 조례로 정하도록 **포괄적으로 위임**한 경우에도 지방자치단체는 법령에 위반되지 않는 범위 내에서 주민의 권리의무에 관한 사항을 조례로 제정할 수 있다. 대법원 2017. 12. 5. 선고 2016추5162 판결

0032 ○ 법률이 **공법적 단체 등의 정관**에 자치법적 사항을 위임한 경우에는 헌법 제75조가 정하는 포괄적인 위임입법의 금지는 원칙적으로 적용되지 않는다고 봄이 상당하고, 그렇다 하더라도 그 사항이 국민의 권리·의무에 관련되는 것일 경우에는 적어도 국민의 권리·의무에 관한 기본적이고 본질적인 사항은 국회가 정하여야 한다. 대법원 2007. 10. 12. 선고 2006두14476 판결

0033 ✕ 도시 및 주거환경정비법 제28조 제4항 본문이 사업시행인가 신청시의 동의요건을 조합의 정관에 포괄적으로 위임하고 있다고 하더라도 헌법 제75조가 정하는 포괄위임입법금지의 원칙이 적용되지 아니하므로 이에 위배된다고 할 수 없다. 대법원 2007. 10. 12. 선고 2006두14476 판결

0034 ○ 지방자치법 제28조(조례) ① 지방자치단체는 **법령의 범위**에서 그 사무에 관하여 조례를 제정할 수 있다. 다만, 주민의 권리 제한 또는 의무 부과에 관한 사항이나 벌칙을 정할 때에는 **법률의 위임**이 있어야 한다.

## 기출 지문 OX Check ✓

☐☐☐ **0035** ★☆☆
법률에서 위임받은 사항에 관하여 대강을 정하고 그중의 특정사항을 범위를 정하여 하위법령에 다시 위임하는 경우에는 재위임이 허용된다. 이러한 법리는 조례가 「지방자치법」에 따라 주민의 권리제한 또는 의무부과에 관한 사항을 법률로부터 위임받은 후, 이를 다시 지방자치단체장이 정하는 '규칙'이나 '고시' 등에 재위임하는 경우에도 마찬가지이다. 21. 국가 9급 (    )

☐☐☐ **0036** ★☆☆
어느 시행령의 규정이 모법에 저촉되는지가 명백하지 않은 경우에는 모법과 시행령의 다른 규정들과 그 입법 취지, 연혁 등을 종합적으로 살펴 모법에 합치된다는 해석도 가능한 경우라면 그 규정을 모법위반으로 무효라고 선언해서는 안 된다. 21. 지방 7급 (    )

☐☐☐ **0037** ★★☆
일반적으로 시행령이 헌법이나 법률에 위반된다는 사정은 그 시행령의 규정을 위헌 또는 위법하여 무효라고 선언한 대법원의 판결이 선고되지 않은 상태에서도 그 시행령 규정의 위헌 내지 위법 여부가 객관적으로 명백하다고 할 수 있으므로, 이러한 시행령에 근거한 행정처분의 하자는 무효사유에 해당한다.
18. 국가 9급 (    )

☐☐☐ **0038** ★★☆
법률조항의 위임에 따라 대통령령으로 규정한 내용이 헌법에 위반되는 경우에는 그로 인하여 모법인 해당 수권 법률조항도 위헌이 된다. 24. 국가 7급 (    )

☐☐☐ **0039** ★★☆
헌법 제107조제2항은 구체적 규범통제를 규정하고 있기 때문에 당사자는 구체적 사건의 심판을 위한 선결문제로서 행정입법의 위법성을 주장하여 법원에 대하여 당해 사건에 대한 적용 여부의 판단을 구할 수 있다. 24. 국가 9급 (    )

☐☐☐ **0040** ★★☆
대법원 이외의 각급법원도 구체적 규범통제의 방법으로 법규명령 조항에 대한 위헌·위법 판단을 할 수 있다. 23. 지방 9급 (    )

☐☐☐ **0041** ★★☆
법원이 법률 하위의 법규명령이 위헌·위법인지를 심사하려면 그것이 재판의 전제가 되어야 하는데, 여기에서 재판의 전제란 구체적 사건이 법원에 계속 중이어야 하고, 위헌·위법인지가 문제 된 경우에는 그 법규명령의 특정 조항이 해당 소송사건의 재판에 적용되는 것이어야 하며, 그 조항이 위헌·위법인지에 따라 그 사건을 담당하는 법원이 다른 판단을 하게 되는 경우를 말한다. 23. 국가 7급 (    )

☐☐☐ **0042** ★★☆
법원이 구체적 규범통제를 통해 위헌·위법으로 선언할 심판대상은, 해당 규정의 전부가 불가분적으로 결합되어 있어 일부를 무효로 하는 경우 나머지 부분이 유지될 수 없는 결과를 가져오는 특별한 사정이 없는 한, 원칙적으로 해당 규정 중 재판의 전제성이 인정되는 조항에 한정된다. 20. 국가 7급 (    )

☐☐☐ **0043**
행정입법이 대법원에 의하여 위법하다는 판정이 있더라도 일반적으로 그 효력이 상실되는 것은 아니다.
20. 행정사 (    )

☐☐☐ **0044** ★★☆
행정소송에 대한 대법원판결에 의하여 명령·규칙이 헌법 또는 법률에 위반된다는 것이 확정된 경우에는 대법원은 지체없이 그 사유를 법무부장관에게 통보하여야 한다. 25. 국가 9급 (    )

## 정답 & OX 풀이

**0035** O  법률에서 위임받은 사항을 전혀 규정하지 않고 재위임하는 것은 복위임금지 원칙에 반할 뿐 아니라 위임명령의 제정 형식에 관한 수권법의 내용을 변경하는 것이 되므로 허용되지 않으나, 위임받은 사항에 관하여 대강을 정하고 그중의 **특정사항을 범위를 정하여** 하위법령에 다시 위임하는 경우에는 **재위임**이 허용된다. 이러한 법리는 조례가 지방자치법 제22조 단서에 따라 주민의 권리제한 또는 의무부과에 관한 사항을 법률로부터 위임받은 후, 이를 다시 지방자치단체장이 정하는 '규칙'이나 '고시' 등에 재위임하는 경우에도 마찬가지이다. 대법원 2015. 1. 15. 선고 2013두14238 판결

**0036** O  어느 시행령의 규정이 모법에 저촉되는지의 여부가 명백하지 아니하는 경우에는 모법과 시행령의 다른 규정들과 그 입법 취지, 연혁 등을 종합적으로 살펴 **모법에 합치된다는 해석**도 가능한 경우라면 그 규정을 모법위반으로 무효라고 선언하여서는 안 된다. 대법원 2001. 8. 24. 선고 2000두2716 판결

**0037** X  일반적으로 시행령이 헌법이나 법률에 위반된다는 사정은 그 시행령의 규정을 위헌 또는 위법하여 무효라고 선언한 대법원의 판결이 선고되지 아니한 상태에서는 그 시행령 규정의 위헌 내지 위법 여부가 해석상 다툼의 여지가 없을 정도로 명백하였다고 인정되지 아니하는 이상 객관적으로 **명백한 것이라 할 수 없으므로**, 이러한 시행령에 근거한 행정처분의 하자는 **취소사유에** 해당할 뿐 무효사유가 되지 아니한다. 대법원 2007. 6. 14. 선고 2004두619 판결

**0038** X  법률조항의 위임에 따라 대통령령으로 규정한 내용이 헌법에 위반될 경우라도 그 대통령령의 규정이 위헌으로 되는 것은 별론으로 하고, 그로 인하여 정당하고 적법하게 입법권을 위임한 **수권법률조항**까지도 **위헌으로 되는 것은 아니라**고 할 것이다. 헌법재판소 2019. 2. 28. 선고 2017헌바245 전원재판부 결정

**0039** O  헌법 제107조 제2항의 규정에 따르면 행정입법의 심사는 일반적인 재판절차에 의하여 **구체적 규범통제**의 방법에 의하도록 명시하고 있으므로, 당사자는 구체적 사건의 심판을 위한 **선결문제**로서 행정입법의 위법성을 주장하여 법원에 대하여 **당해 사건에 대한 적용 여부의 판단**을 구할 수 있을 뿐 행정입법 자체의 합법성의 심사를 목적으로 하는 독립한 신청을 제기할 수는 없다. 대법원 1994. 4. 26.자 93부32 결정

**0040** O  헌법 제107조 ② 명령·규칙 또는 처분이 헌법이나 법률에 위반되는 여부가 재판의 전제가 된 경우에는 대법원은 이를 최종적으로 심사할 권한을 가진다(주: 따라서 대법원 아닌 각급법원도 법규명령의 위헌·위법 여부가 재판의 전제가 된 경우 그 위헌·위법 여부를 심사할 수 있음).

**0041** O  법원이 법률 하위의 법규명령, 규칙, 조례, 행정규칙 등이 위헌·위법인지를 심사하려면 그것이 '재판의 전제'가 되어야 한다. 여기에서 '재판의 전제'란 구체적 사건이 법원에 계속 중이어야 하고, 위헌·위법인지가 문제 된 경우에는 규정의 특정 조항이 해당 소송사건의 재판에 적용되는 것이어야 하며, 그 조항이 위헌·위법인지에 따라 그 사건을 담당하는 법원이 **다른 판단을** 하게 되는 경우를 말한다. 대법원 2019. 6. 13. 선고 2017두33985 판결

**0042** O  법원이 구체적 규범통제를 통해 위헌·위법으로 선언할 심판대상은, 해당 규정의 전부가 불가분적으로 결합되어 있어 일부를 무효로 하는 경우 나머지 부분이 유지될 수 없는 결과를 가져오는 특별한 사정이 없는 한, 원칙적으로 해당 규정 중 **재판의 전제성이 인정되는 조항에 한정**된다. 대법원 2019. 6. 13. 선고 2017두33985 판결

**0043** O  헌법 제107조 제2항은 위헌·위법한 법규명령에 대한 사법심사방법으로 구체적 규범통제를 정하고 있는 바, 재판 과정에서 대법원이 어떠한 법규명령에 대한 위헌·위법성을 확인하였다 하더라도, 구체적 규범통제의 성격상 그 법규명령은 당해 사건에 한하여 그 적용이 배제될 뿐 일반적으로 효력을 상실하게 되는 것은 아니다.

**0044** X  행정소송법 제6조(명령·규칙의 위헌판결등 공고) ① 행정소송에 대한 대법원판결에 의하여 명령·규칙이 헌법 또는 법률에 위반된다는 것이 확정된 경우에는 대법원은 지체없이 그 사유를 **행정안전부장관에게** 통보하여야 한다.

□□□ **0045** 대법원은 재판의 전제가 된 명령·규칙이 헌법 또는 법률에 위배된다는 것이 법원의 판결에 의하여 확정된 경우에는 해당 조문과 그 취지를 국회에 통보하여야 한다. 25. 지방 7급 (    )

□□□ **0046** 총리령·부령의 제정절차는 대통령령의 경우와는 달리 국무회의 심의는 거치지 않아도 된다.
23. 국가 9급 (    )

□□□ **0047** 정부는 권한 있는 기관에 의하여 위헌으로 결정되어 법령이 헌법에 위반되거나 법률에 위반되는 것이 명백한 경우 등 대통령령으로 정하는 경우에는 해당 법령을 개선하여야 한다. 24. 국가 9급 (    )

★☆☆
□□□ **0048** 행정청의 위법한 처분등의 취소 또는 변경을 구하는 취소소송의 대상이 될 수 있는 것은 구체적인 권리의무에 관한 분쟁이어야 하고 일반적, 추상적인 법령이나 규칙 등은 그 자체로서 국민의 구체적인 권리의무에 직접적 변동을 초래케 하는 것이 아니므로 그 대상이 될 수 없다. 23. 국회 9급 (    )

★☆☆
□□□ **0049** 처분적 법규명령은 무효등확인소송 또는 취소소송의 대상이 된다. 23. 지방 9급 (    )

□□□ **0050** 조례가 집행행위의 개입 없이도 그 자체로서 직접 국민의 구체적인 권리의무나 법적 이익에 영향을 미치는 경우에는 그 조례는 항고소송의 대상이 되는 처분에 해당된다. 22. 소방 (    )

□□□ **0051** 명령·규칙 그 자체에 의하여 직접 기본권이 침해되었을 경우에는 그것을 대상으로 하여 헌법소원심판을 청구할 수 있다. 21. 변호사 (    )

□□□ **0052** 입법부가 법률로써 행정부에게 특정한 사항을 위임했음에도 불구하고 행정부가 정당한 이유 없이 이를 이행하지 않는다면 권력분립의 원칙과 법치국가 내지 법치행정의 원칙에 위배되는 것으로서 위법함과 동시에 위헌적인 것이 된다. 24. 군무원 7급 (    )

★★☆
□□□ **0053** 행정권의 행정입법 등 법집행의무는 헌법적 의무라고 보아야 할 것이므로, 하위 행정입법의 제정 없이 상위 법령의 규정만으로 집행이 이루어질 수 있는 경우라도 하위 행정입법을 하여야 할 헌법적 작위의무는 인정된다. 24. 국가 7급 (    )

□□□ **0054** 상위법령을 시행하기 위하여 하위법령을 제정하거나 필요한 조치를 함에 있어서는 상당한 기간을 필요로 하며 합리적인 기간 내의 지체를 위헌적인 부작위로 볼 수 없다. 20. 국가 7급 (    )

★★★
□□□ **0055** 행정청이 법률의 위임에 따른 구체적인 입법의무를 부담하고 있음에도 불구하고 행정입법을 하지 아니하는 경우에는 부작위위법확인소송으로 이를 다툴 수 있다. 23. 지방 9급 (    )

★★☆
□□□ **0056** 국민의 구체적인 권리의무에 직접적으로 변동을 초래하지 않는 추상적인 법령의 제정 여부 등은 부작위위법확인소송의 대상이 될 수 없다. 18. 국가 9급 (    )

★★☆
□□□ **0057** 대통령령의 입법부작위에 대한 국가배상책임은 인정되지 않는다. 21. 지방 9급 (    )

□□□ **0058** 집행명령은 새로운 법규사항을 규정하지 않으므로 법령의 수권 없이 제정될 수 있다. 12. 지방 9급 (    )

## 정답 & OX 풀이

0045 ✗ 행정소송규칙 제2조(명령·규칙의 위헌판결 등 통보) ① 대법원은 재판의 전제가 된 명령·규칙이 헌법 또는 법률에 위배된다는 것이 법원의 판결에 의하여 확정된 경우에는 그 취지를 해당 명령·규칙의 **소관 행정청에** 통보하여야 한다.

0046 ○ 대한민국 헌법 제89조. 다음 사항은 국무회의의 심의를 거쳐야 한다.
3. 헌법개정안·국민투표안·조약안·법률안 및 대통령령안

0047 ○ 행정기본법 제39조(행정법제의 개선) ① 정부는 권한 있는 기관에 의하여 위헌으로 결정되어 법령이 헌법에 위반되거나 법률에 위반되는 것이 명백한 경우 등 대통령령으로 정하는 경우에는 해당 법령을 개선하여야 한다.

0048 ○ 행정청의 위법한 처분 등의 취소 또는 변경을 구하는 **취소소송의** 대상이 될 수 있는 것은 **구체적인** 권리의무에 관한 분쟁이어야 하고 일반적, 추상적인 법령이나 규칙 등은 그 자체로서 국민의 구체적인 권리의무에 직접적 변동을 초래케 하는 것이 아니므로 그 대상이 될 수 없다. 대법원 1992. 3. 10. 선고 91누12639 판결

0049 ○ 조례가 집행행위의 개입 없이도 **그 자체로서 직접 국민의 구체적인 권리의무나** 법적 이익에 영향을 미치는 등의 법률상 효과를 발생하는 경우 그 조례는 항고소송의 대상이 되는 행정처분에 해당한다(주: 법규명령이 그 자체로서 직접 국민의 구체적인 권리의무나 법적 이익에 영향을 미치는 등의 법률상 효과를 발생하는 경우 그러한 법규명령은 항고소송의 대상이 되는 행정처분에 해당하므로, 이와 같은 처분적 법규명령에 대해서는 취소소송 등 항고소송을 제기할 수 있음). 대법원 1996. 9. 20. 선고 95누8003 판결

0050 ○ 위 49번의 해설 내용 참고.

0051 ○ 입법부·행정부·사법부에서 제정한 규칙이 별도의 집행행위를 기다리지 않고 **직접 기본권을 침해**하는 것일 때에는 모두 **헌법소원심판의** 대상이 될 수 있는 것이다. 헌법재판소 1990. 10. 15. 선고 89헌마178 결정

0052 ○ 입법부가 법률로써 행정부에게 특정한 사항을 위임했음에도 불구하고 행정부가 정당한 이유 없이 이를 이행하지 않는다면 권력분립의 원칙과 법치국가 내지 법치행정의 원칙에 위배되는 것으로서 위법함과 동시에 위헌적인 것이 된다. 대법원 2007. 11. 29. 선고 2006다3561 판결

0053 ✗ 삼권분립의 원칙, 법치행정의 원칙을 당연한 전제로 하고 있는 우리 헌법하에서 행정권의 행정입법 등 법집행의무는 헌법적 의무라고 보아야 할 것이다. 그런데 이는 행정입법의 제정이 법률의 집행에 필수불가결한 경우로서 행정입법을 제정하지 아니하는 것이 곧 행정권에 의한 입법권 침해의 결과를 초래하는 경우를 말하는 것이므로, 만일 하위 행정입법의 제정 없이 **상위 법령의 규정만으로도 집행이 이루어질 수 있는 경우**라면 하위 행정입법을 하여야 할 헌법적 **작위의무는 인정되지 아니한다**. 헌법재판소 2005. 12. 22. 선고 2004헌마66 결정

0054 ○ 상위법령을 시행하기 위하여 하위법령을 제정하거나 필요한 조치를 함에 있어서는 상당한 기간을 필요로 하며 합리적인 기간 내의 지체를 위헌적인 부작위로 볼 수 없다. 헌법재판소 1998. 7. 16. 선고 96헌마246 전원재판부

0055 ✗ 부작위위법확인소송의 대상이 될 수 있는 것은 구체적 권리의무에 관한 분쟁이어야 하고 **추상적인 법령에 관하여 제정의 여부** 등은 그 자체로서 국민의 구체적인 권리의무에 직접적 변동을 초래하는 것이 아니어서 그 소송의 대상이 될 수 **없다**. 대법원 1992. 5. 8. 선고 91누11261 판결

0056 ○ 위 55번의 해설 내용 참고.

0057 ✗ 구 군법무관임용법 제5조 제3항과 군법무관임용 등에 관한 법률 제6조가 군법무관의 보수의 구체적 내용을 시행령에 위임했음에도 불구하고 행정부가 정당한 이유 없이 시행령을 제정하지 않은 것은 **불법행위**에 해당한다(주: 대통령령을 제정하지 아니한 입법부작위가 국가배상책임을 구성하는 것으로 본 사례). 대법원 2007. 11. 29. 선고 2006다3561 판결

0058 ○ 다음 쪽의 59번의 해설 내용 참고.

☐☐☐ **0059** 집행명령은 상위법령의 집행에 필요한 세칙을 정하는 범위 내에서만 가능하고 새로운 국민의 권리·의무를 정할 수 없다. 19. 지방 9급 (      )

★☆☆
☐☐☐ **0060** 집행명령은 상위법령이 개정되더라도 개정법령과 성질상 모순·저촉되지 아니하고 개정된 상위법령의 시행에 필요한 사항을 규정하고 있는 이상, 개정법령의 시행을 위한 집행명령이 제정·발효될 때까지는 여전히 그 효력을 유지한다. 19. 지방 9급 (      )

★★☆
☐☐☐ **0061** 행정처분이 법규성이 없는 내부지침 등의 규정에 위배된다고 하더라도 그 이유만으로 처분이 위법하게 되는 것은 아니며, 내부지침 등에서 정한 요건에 부합한다고 하여 반드시 그 처분이 적법한 것이라고 할 수도 없다. 22. 소방 (      )

★★☆
☐☐☐ **0062** 대외적으로 처분 권한이 있는 처분청이 상급행정기관의 지시를 위반하는 처분을 한 경우, 그러한 사정만으로 처분이 곧바로 위법하게 되는 것은 아니다. 23. 국가 7급 (      )

★★☆
☐☐☐ **0063** 행정관청 내부의 사무처리규정에 불과한 전결규정에 위반하여 원래의 전결권자 아닌 보조기관 등이 처분권자인 행정관청의 이름으로 행정처분을 한 경우, 그 처분은 권한 없는 자에 의하여 행하여진 것으로 무효이다. 25. 국가 9급 (      )

★★★
☐☐☐ **0064** 재량권행사의 준칙인 행정규칙이 그 정한 바에 따라 되풀이 시행되어 행정관행이 이루어지게 되면 평등의 원칙이나 신뢰보호의 원칙에 따라 행정기관은 그 상대방에 대한 관계에서 그 규칙에 따라야 할 자기구속을 받게 된다. 21. 지방 9급 (      )

☐☐☐ **0065** 행정규칙이 이를 정한 행정기관의 재량에 속하는 사항에 관한 것인 때에는 그 규정 내용이 객관적 합리성을 결여하였다는 등의 특별한 사정이 없는 한 법원은 이를 존중하는 것이 바람직하다. 21. 지방 7급 (      )

☐☐☐ **0066** 행정기관 내부의 사무처리준칙에 불과한 행정규칙은 공포되어야 하는 것은 아니므로 특별한 규정이 없는 한, 수명기관에 도달된 때부터 효력이 발생한다. 22. 지방 7급 (      )

★★☆
☐☐☐ **0067** 행정규칙의 내용이 상위법령이나 법의 일반원칙에 반하는 것이라면 행정내부적 효력도 인정될 수 없다.
25. 국가 9급 (      )

☐☐☐ **0068** 법령에 반하는 위법한 행정규칙은 무효이므로 위법한 행정규칙을 위반한 것은 징계사유가 되지 않는다.
23. 지방 7급 (      )

★★☆
☐☐☐ **0069** 항정신병 치료제의 요양급여 인정기준에 관한 보건복지부 고시가 다른 집행행위의 매개 없이 그 자체로서 직접 국민의 구체적인 권리의무와 법률관계를 규율하는 성격을 가질 때에는 항고소송의 대상이 되는 행정처분에 해당한다. 22. 국가 9급 (      )

★★☆
☐☐☐ **0070** 법령보충적 행정규칙은 물론이고 재량권 행사의 준칙이 되는 행정규칙이 행정의 자기구속원리에 따라 대외적 구속력을 가지는 경우에는 헌법소원의 대상이 될 수 있다. 23. 국가 9급 (      )

## 정답 & OX 풀이

**0059** ○ 행정관청이 일반적 **직권**에 의하여 제정하는 **집행명령**은 상위법령이 규정한 범위 내에서 이를 현실적으로 집행하는 데 필요한 세부적인 사항만을 규정할 수 있을 뿐, 상위법령의 **위임이 없는 한** 상위법령이 규정한 개인의 **권리·의무**에 관한 내용을 변경·보충하거나 상위법령에 규정되지 아니한 **새로운** 내용을 규정할 수는 **없다**. 대법원 2012. 7. 5. 선고 2010다72076 판결

**0060** ○ 상위법령이 개정됨에 그친 경우, 개정법령과 성질상 모순, 저촉되지 아니하고 개정된 상위법령의 시행에 필요한 사항을 규정하고 있는 이상 그 집행명령은 상위법령의 개정에도 불구하고 당연히 **실효되지 아니하고** 개정법령의 시행을 위한 집행명령이 제정, 발효될 때까지는 여전히 그 효력을 유지한다. 대법원 1989. 9. 12. 선고 88누6962 판결

**0061** ○ 행정처분이 **법규성이 없는 내부지침** 등의 규정에 위배된다고 하더라도 그 이유만으로 처분이 위법하게 되는 것은 아니고, 또 내부지침 등에서 정한 요건에 부합한다고 하여 반드시 그 처분이 적법한 것이라고 할 수도 없다. 처분의 적법 여부는 그러한 내부지침 등에서 정한 요건에 합치하는지 여부가 아니라 일반 국민에 대하여 구속력을 가지는 법률 등 법규성이 있는 관계 법령의 규정을 기준으로 판단하여야 한다. 대법원 2018. 6. 15. 선고 2015두40248 판결

**0062** ○ 상급행정기관의 지시는 일반적으로 행정조직 내부에서만 효력을 가질 뿐 대외적으로 국민이나 법원을 구속하는 효력이 없다. 대외적으로 처분 권한이 있는 처분청이 상급행정기관의 지시를 위반하는 처분을 하였다고 해서 그러한 사정만으로 처분이 곧바로 위법하게 되는 것은 아니고, 처분이 상급행정기관의 지시를 따른 것이라고 해서 적법성이 보장되는 것도 아니다. 대법원 2019. 7. 11. 선고 2017두38874 판결

**0063** ✕ 행정관청 내부의 사무처리규정에 불과한 **전결규정에 위반**하여 원래의 전결권자 아닌 보조기관 등이 처분권자인 행정관청의 이름으로 행정처분을 하였다고 하더라도 그 처분이 권한 없는 자에 의하여 행하여진 **무효의 처분이라고는 할 수 없다**. 대법원 1998. 2. 27. 선고 97누1105 판결

**0064** ○ 재량권 행사의 준칙인 행정규칙이 그 정한 바에 따라 되풀이 시행되어 **행정관행**이 이루어지게 되면 평등의 원칙이나 신뢰보호의 원칙에 따라 행정기관은 그 상대방에 대한 관계에서 그 규칙에 따라야 할 **자기구속**을 받게 되므로, 이러한 경우에는 특별한 사정이 없는 한 그를 위반하는 처분은 평등의 원칙이나 신뢰보호의 원칙에 위배되어 재량권을 일탈·남용한 위법한 처분이 된다. 대법원 2009. 12. 24. 선고 2009두7967 판결

**0065** ○ 재량권 행사의 기준으로 마련된 행정청 내부의 사무처리준칙 즉 재량준칙이라 할 것이고, 추가감면 신청 시 그에 필요한 기준을 정하는 것은 행정청의 재량에 속하므로 그 기준이 객관적으로 보아 합리적이 아니라든가 타당하지 아니하여 재량권을 남용한 것이라고 인정되지 않는 이상 행정청의 의사는 **가능한 한 존중**되어야 한다. 대법원 2013. 11. 14. 선고 2011두28783 판결

**0066** ○ 행정부 내부의 사무처리준칙에 불과한 행정규칙은 그 성립에 있어서 특별한 요건이 요구되지 않는다. 따라서 법규명령과 달리 그 효력을 발하기 위한 요건으로 공포가 필요한 것도 아니며, 통상 수범기관(수명기관)에 도달함으로써 효력이 발생한다.

**0067** ○ 행정규칙의 내용이 상위법령에 반하는 것이라면 법치국가원리에서 파생되는 법질서의 통일성과 모순금지 원칙에 따라 그것은 법질서상 당연무효이고, **행정내부적 효력도 인정될 수 없다**. 이러한 경우 법원은 해당 행정규칙이 법질서상 부존재하는 것으로 취급하여 행정기관이 한 조치의 당부를 상위법령의 규정과 입법 목적 등에 따라서 판단하여야 한다. 대법원 2019. 10. 31. 선고 2013두20011 판결

**0068** ○ 법령에 반하는 위법한 행정규칙은 당연무효이고 대내적 구속력도 인정되지 않으므로 공무원은 이를 준수할 의무가 없고, 따라서 당연무효인 행정규칙을 위반한 것은 징계사유가 될 수 없다.

**0069** ○ 어떠한 고시가 일반적·추상적 성격을 가질 때에는 법규명령 또는 행정규칙에 해당할 것이지만, 다른 집행행위의 매개 없이 그 자체로서 **직접 국민의 구체적인 권리의무**나 법률관계를 규율하는 성격을 가질 때에는 **행정처분**에 해당한다. 대법원 2006. 9. 22. 선고 2005두2506 판결

**0070** ○ 행정규칙이 법령의 규정에 의하여 행정관청에 법령의 구체적 내용을 보충할 권한을 부여한 경우나 재량권행사의 준칙인 규칙이 그 정한 바에 따라 되풀이 시행되어 행정관행이 이룩되게 되면, 평등의 원칙이나 신뢰보호의 원칙에 따라 행정기관은 그 상대방에 대한 관계에서 그 규칙에 따라야 할 자기구속을 당하게 되는 경우에는 대외적인 구속력을 가지게 되는바, 이러한 경우에는 **헌법소원의 대상이 될 수도 있다**. 헌법재판소 2001. 5. 31. 선고 99헌마413 결정

□□□ **0071** ★★☆ 한국수력원자력 주식회사가 조달하는 기자재, 용역 및 정비공사, 기기수리의 공급자에 대한 관리업무 절차를 규정함을 목적으로 제정·운용하고 있는 '공급자관리지침' 중 등록취소 및 그에 따른 일정 기간 의 거래제한조치에 관한 규정들은 상위 법령의 구체적 위임 없이 정한 것이어서 대외적 구속력이 없는 행정규칙이다. 22. 국가 9급 ( )

□□□ **0072** ★★☆ 「국가를 당사자로 하는 계약에 관한 법률」에 따라 체결된 계약은 사법상 계약이나, 동법 및 동법 시행령 상의 입찰절차나 낙찰자 결정기준에 관한 규정을 단순히 국가의 내부규정에 불과한 것이라고 할 수는 없다. 25. 변호사 ( )

□□□ **0073** ★★☆ 한국철도시설공단(현 국가철도공단)이 공사낙찰적격심사 감점처분의 근거로 내세운 규정은 공사낙찰적 격심사세부기준이고, 이러한 규정은 공공기관이 사인과의 계약관계를 공정하고 합리적·효율적으로 처 리할 수 있도록 관계 공무원이 지켜야 할 계약사무처리에 관한 필요한 사항을 규정한 것으로서 공공기 관의 내부규정에 불과하여 대외적 구속력이 없다. 24. 국가 9급 ( )

□□□ **0074** 「국토의 계획 및 이용에 관한 법률」 및 같은 법 시행령이 정한 이행강제금의 부과기준은 단지 상한을 정한 것에 불과한 것이므로 행정청에 이와 다른 이행강제금액을 결정할 재량권이 있다.
21. 서울시 7급 ( )

□□□ **0075** ★★☆ 구 「청소년보호법」 제49조 제1항, 제2항에 따른 동법 시행령 제40조 [별표 6]의 위반행위의 종별에 따른 과징금처분기준은 법규명령에 해당하고 과징금처분기준의 수액은 최고한도액이 아니라 정액이다.
19. 지방 9급 ( )

□□□ **0076** "경찰공무원의 채용시험 또는 경찰간부후보생 공개경쟁선발시험에서 부정행위를 한 응시자에 대하여는 당해 시험을 정지 또는 무효로 하고, 그로부터 5년간 이 영에 의한 시험에 응시할 수 없게 한다."라고 규정한 경찰공무원임용령 제46조 제1항은 그 수권형식과 내용에 비추어 이는 행정청 내부의 사무처리기 준을 정한 재량준칙에 해당한다. 10. 국가 9급 ( )

□□□ **0077** ★★☆ 구 「여객자동차 운수사업법」 제11조 제4항의 위임에 따라 시외버스운송사업의 사업계획변경에 관한 절 차, 인가기준 등을 구체적으로 규정한 구 「여객자동차 운수사업법 시행규칙」 제31조 제2항 제1호 등은 행정청 내부의 사무처리준칙을 규정한 행정규칙에 불과하여 대외적 구속력이 없다. 23. 지방 7급 ( )

□□□ **0078** ★★★ 부령의 형식으로 정해진 제재적 행정처분의 기준은 그 규정의 성질과 내용이 행정청 내부의 사무처리준 칙을 정한 것에 불과하므로 대외적으로 국민이나 법원을 구속하는 것은 아니다. 22. 국가 9급 ( )

□□□ **0079** ★★☆ 구 「식품위생법 시행규칙」 제53조가 정한 [별표 15]의 행정처분기준은 구 「식품위생법」 제58조에 따른 영업허가의 취소 등에 관한 행정처분의 기준을 정한 것으로 대외적 구속력이 있다. 14. 지방 9급 ( )

□□□ **0080** ★★☆ 헌법 제40조와 헌법 제75조, 제95조의 의미를 살펴보면, 의회가 구체적으로 범위를 정하여 위임한 사항 에 관하여는 당해 행정기관이 법정립의 권한을 갖게 되고, 입법자가 규율의 형식도 선택할 수도 있다 할 것이다. 25. 지방 9급 ( )

## 정답 & OX 풀이

**0071** O 한국수력원자력 주식회사가 조달하는 기자재, 용역 및 정비공사, 기기수리의 공급자에 대한 관리업무 절차를 규정함을 목적으로 제정·운용하고 있는 '**공급자관리지침**' 중 등록취소 및 그에 따른 일정 기간의 **거래제한조치**에 관한 규정들은 공공기관으로서 행정청에 해당하는 한국수력원자력 주식회사가 상위법령의 구체적 위임 없이 정한 것이어서 대외적 구속력이 없는 **행정규칙**이다. 대법원 2020. 5. 28. 선고 2017두66541 판결

**0072** X 국가를 당사자로 하는 계약에 관한 법률 및 그 시행령상의 **입찰절차**나 낙찰자 **결정기준**에 관한 규정은 국가가 사인과의 사이의 계약관계를 공정하고 합리적·효율적으로 처리할 수 있도록 관계 공무원이 지켜야 할 계약사무처리에 관한 필요한 사항을 규정한 것으로, 국가의 내부규정에 불과하다 할 것이다. 대법원 2001. 12. 11. 선고 2001다33604 판결

**0073** O 한국철도시설공단이 원고에 대하여 한 공사낙찰적격심사 감점처분의 근거로 내세운 규정은 **한국철도시설공단의 공사낙찰적격심사세부기준** (중략) 공공기관의 내부규정에 불과하여 대외적 구속력이 없는 것임을 알 수 있다. 대법원 2014. 12. 24. 선고 2010두6700 판결

**0074** X 국토계획법 및 국토의 계획 및 이용에 관한 법률 시행령이 정한 이행강제금의 부과기준은 단지 상한을 정한 것에 불과한 것이 아니라, 위반행위 유형별로 계산된 특정 금액을 규정한 것이므로 행정청에 이와 다른 이행강제금액을 결정할 재량권이 없다고 보아야 한다. 대법원 2014. 11. 27. 선고 2013두8653 판결

**0075** X 구 청소년보호법 제49조 제1항, 제2항에 따른 같은 법 시행령 제40조 [별표 6]의 위반행위의 종별에 따른 과징금 처분기준은 법규명령이기는 하나 (중략) 여러 요소를 종합적으로 고려하여 사안에 따라 적정한 과징금의 액수를 정하여야 할 것이므로 그 수액은 정액이 아니라 최고한도액이다. 대법원 2001. 3. 9. 선고 99두5207 판결

**0076** X 경찰공무원임용령 제46조 제1항은 행정청 내부의 사무처리기준을 규정한 재량준칙이 아니라 일반 국민이나 법원을 구속하는 법규명령에 해당하므로, 그에 의한 처분은 재량행위가 아니라 기속행위라고 한 사례. 대법원 2008. 5. 29. 선고 2007두18321 판결

**0077** X 구 여객자동차 운수사업법 **시행규칙** 제31조 제2항 제1호, 제2호, 제6호는 구 여객자동차 운수사업법 제11조 제4항의 위임에 따라 시외버스운송사업의 사업계획변경에 관한 절차, **인가기준** 등을 구체적으로 규정한 것으로서, 대외적인 구속력이 있는 **법규명령**이라고 할 것이고, 그것을 행정청 내부의 사무처리준칙을 규정한 행정규칙에 불과하다고 할 수는 없다. 대법원 2006. 6. 27. 선고 2003두4355 판결

**0078** O **제재적** 행정처분의 기준이 **부령** 형식으로 규정되어 있더라도 그것은 행정청 내부의 사무처리준칙을 규정한 것에 지나지 않아 대외적으로 국민이나 법원을 기속하는 효력이 없다. 대법원 2019. 9. 26. 선고 2017두48406 판결

**0079** X 구 식품위생법시행규칙 제53조에서 [별표 15]로 식품위생법 제58조에 따른 행정처분의 기준을 정하였다고 하더라도 이는 **형식만** 부령으로 되어 있을 뿐, 그 성질은 행정기관 내부의 사무처리준칙을 정한 것으로서 행정명령의 성질을 가지는 것이다. 대법원 1995. 3. 28. 선고 94누6925 판결

**0080** O 헌법 제40조와 헌법 제75조, 제95조의 의미를 살펴보면, 국회입법에 의한 수권이 입법기관이 아닌 행정기관에게 법률 등으로 구체적인 범위를 정하여 위임한 사항에 관하여는 당해 행정기관에게 법 정립의 권한을 갖게 되고, 입법자가 규율의 형식도 선택할 수 있다 할 것이므로, 헌법이 인정하고 있는 위임입법의 형식은 **예시적**인 것으로 보아야 할 것이고, 그것은 법률이 행정규칙에 위임하더라도 그 행정규칙은 위임된 사항만을 규율할 수 있으므로, 국회입법의 원칙과 상치되지도 않는다. 헌법재판소 2006. 12. 28. 선고 2005헌바59 결정

□□□ **0081** ★☆☆
헌법이 인정하고 있는 위임입법의 형식은 예시적인 것으로 보아야 할 것이고, 그것은 법률이 행정규칙에 위임하더라도 그 행정규칙은 위임된 사항만을 규율할 수 있으므로, 국회입법의 원칙과 상치되지도 않는다.
20. 군무원 9급 (    )

□□□ **0082** ★☆☆
중앙행정기관의 장이 정한 훈령·예규 및 고시 등 행정규칙은 상위법령의 위임이 있다고 하더라도「행정기본법」상의 '법령'에 해당하지 않는다. 22. 국가 7급 (    )

□□□ **0083** ★★☆
행정 각부의 장이 정하는 고시는 법령의 규정으로부터 구체적 사항을 정할 수 있는 권한을 위임받아 그 법령 내용을 보충하는 기능을 가진 경우라도 그 형식상 대외적으로 구속력을 갖지 않는다.
18. 국가 9급 (    )

□□□ **0084**
대법원은 행정적 편의를 도모하기 위해 법령의 위임을 받아 제정된 절차적 규정을 법령보충적 행정규칙으로 본다. 14. 국가 9급 (    )

□□□ **0085** ★★☆
행정규칙은 법규명령과 같은 엄격한 제정 및 개정절차를 요하지 아니하므로, 재산권 등과 같은 기본권을 제한하는 작용을 하는 법률이 입법위임을 할 때에는 대통령령 등 법규명령에 위임함이 바람직하다.
25. 군무원 9급 (    )

□□□ **0086** ★☆☆
법률이 일정한 사항을 고시와 같은 행정규칙에 위임하는 것은 전문적·기술적 사항이나 경미한 사항으로서 업무의 성질상 위임이 불가피한 사항에 한정된다. 23. 지방 7급 (    )

□□□ **0087** ★☆☆
고시가 비록 법령에 근거를 둔 것이더라도 규정 내용이 법령의 위임 범위를 벗어난 것일 경우에는 법규명령으로서의 대외적 구속력을 인정할 여지는 없다. 21. 국가 7급 (    )

□□□ **0088**
법령의 규정이 특정 행정기관에게 법령 내용의 구체적 사항을 정할 수 있는 권한을 부여하면서 권한행사의 절차나 방법을 특정하지 아니한 경우에는 수임 행정기관은 행정규칙으로 법령 내용이 될 사항을 구체적으로 정할 수 있다. 20. 국가 9급 (    )

□□□ **0089** ★★☆
상위법령에서 세부사항 등을 시행규칙으로 정하도록 위임하였으나, 이를 고시 등 행정규칙으로 정하였더라도 이는 대외적 구속력을 가지는 법규명령으로서 효력이 인정된다. 19. 지방 9급 (    )

□□□ **0090**
「금융위원회의 설치 등에 관한 법률」에 따라 금융위원회가 고시한 '금융기관 검사 및 제재에 관한 규정' 제18조 제1항은 위 법률의 위임에 따라 법령의 내용이 될 사항을 구체적으로 정한 것으로서, 그 위임 한계를 벗어나지 않는다면 그와 결합하여 대외적으로 구속력이 있는 법규명령의 효력을 가진다.
25. 변호사 (    )

□□□ **0091**
구「노인복지법」및 같은 법 시행령은 65세 이상인 자에게 노령수당의 지급을 규정하고 있는데, 같은 법 시행령의 위임에 따라 보건사회부장관이 정한 70세 이상의 보호대상자에게만 노령수당을 지급하는 1994년도 노인복지사업지침은 법규명령의 성질을 가진다. 12. 국가 9급 (    )

## 정답 & OX 풀이

**0081** O 앞 쪽의 80번의 해설 내용 참고.

**0082** X 행정기본법 제2조(정의) 이 법에서 사용하는 용어의 뜻은 다음과 같다.

1. '법령등'이란 다음 각 목의 것을 말한다.

    가. 법령: 다음의 어느 하나에 해당하는 것

        1) 법률 및 대통령령·총리령·부령

        2) 국회규칙·대법원규칙·헌법재판소규칙·중앙선거관리위원회규칙 및 감사원규칙

        3) <u>1) 또는 2)의 위임을 받아 중앙행정기관</u>(「정부조직법」 및 그 밖의 법률에 따라 설치된 중앙행정기관을 말한다. 이하 같다)의 장, 국회의장, 대법원장, 헌법재판소장, 중앙선거관리위원회위원장, 감사원장 등이 정한 <u>훈령·예규 및 고시 등 행정규칙</u>

**0083** X 행정기관에 <u>법령의 구체적 내용을 보충할 권한을 부여한 법령규정의 효력에 의하여 그 내용을 보충하는 기능을 갖게 된다</u> 할 것이므로 <u>이와 같은 행정규칙, 규정은</u> 당해 법령의 위임한계를 벗어나지 아니하는 한 그것들과 결합하여 대외적인 구속력이 <u>있는 **법규명령**으로서의 효력을 갖게 된다.</u> 대법원 1987. 9. 29. 선고 86누484 판결

**0084** X 위와 같은 작성요령은 <u>법률의 위임을 받은 것이기는 하나 법인세의 부과징수라는 행정적 편의를 도모하기 위한 절차적 규정</u>으로서 단순히 행정규칙의 성질을 가지는 데 불과하여 과세관청이나 일반국민을 기속하는 것이 아니다. 대법원 2003. 9. 5. 선고 2001두403 판결

**0085** O 행정규칙은 법규명령과 같은 엄격한 제정 및 개정절차를 요하지 아니하므로, 재산권 등과 같은 **기본권을 제한**하는 작용을 하는 법률이 입법위임을 할 때에는 대통령령, 총리령, 부령 등 **법규명령에 위임함이 바람직**하고, **고시와 같은 형식으로 입법위임**을 할 때에는 적어도 행정규제기본법 제4조 제2항 단서에서 정한 바와 같이 법령이 <u>전문적·기술적 사항이나 경미한 사항으로서</u> <u>업무의 성질상 위임이 **불가피한 사항에 한정된다**</u> 할 것이고, 그러한 사항이라 하더라도 포괄위임금지의 원칙상 법률의 위임은 반드시 구체적·개별적으로 한정된 사항에 대하여 행하여져야 한다. 헌법재판소 2016. 2. 25. 선고 2015헌바191 결정

**0086** O 위 85번의 해설 내용 참고.

**0087** O <u>고시가 비록 법령에 근거를 둔 것이더라도 규정 내용이 법령의 위임 범위를 벗어난 것일 경우에는 법규명령으로서의 대외적</u> <u>구속력을 인정할 여지는 없다.</u> 대법원 2016. 8. 17. 선고 2015두51132 판결

**0088** O 법령의 규정이 특정 행정기관에게 법령 내용의 구체적 사항을 정할 수 있는 권한을 부여하면서 <u>권한행사의 절차나 방법을 **특정** **하지 아니한 경우**에는 수임 행정기관은 행정규칙이나 규정 형식으로 법령 내용이 될 사항을 구체적으로 정할 수 있다.</u> 대법원 2012. 7. 5. 선고 2010다72076 판결

**0089** X <u>상위법령에서 세부사항 등을 **시행규칙으로 정하도록 위임**하였음에도 이를 고시 등 **행정규칙으로 정하였다면** 그 역시 <u>대외적</u> 구속력을 가지는 법규명령으로서 효력이 인정될 수 없다.</u> 대법원 2012. 7. 5. 선고 2010다72076 판결

**0090** O 금융위원회의 설치 등에 관한 법률 제60조의 위임에 따라 <u>금융위원회가 고시한 '금융기관 검사 및 제재에 관한 규정' 제18조 제1항이 대외적으로 구속력이 있는 법규명령의 효력을 가지는 것으로 본 사례.</u> 대법원 2019. 5. 30. 선고 2018두52204 판결

**0091** O 보건사회부장관이 정한 <u>1994년도 노인복지사업지침은</u> (중략) 실질적으로 법령의 규정내용을 보충하는 기능을 지니면서 그것과 결합하여 대외적으로 구속력이 있는 <u>법규명령의 성질을 가지는 것</u>으로 보인다. 대법원 1996. 4. 12. 선고 95누7727 판결

☐☐☐ **0092** 산업자원부장관이 「공업배치 및 공장설립에 관한 법률」 제8조의 위임에 따라 공장입지의 기준을 구체적으로 정한 고시는 법규명령으로서 효력을 가진다. 15. 사회복지 (      )

☐☐☐ **0093** 구 「지방공무원보수업무 등 처리지침」 [별표 1] '직종별 경력환산율표 해설'이 정한 민간근무경력의 호봉 산정에 관한 부분은 「지방공무원법」과 구 「지방공무원 보수규정」 [별표 3]의 단계적 위임에 따라 행정규칙의 형식으로 법령의 내용이 될 사항을 구체적으로 정한 것이고, 법령의 내용 및 취지에 저촉된다거나 위임 한계를 벗어났다고 보기 어렵다면, 대외적 구속력이 있는 법규명령으로서의 효력을 갖는다. 25. 지방 9급 (      )

☐☐☐ **0094** 국세청장의 훈령형식으로 되어 있는 「재산제세사무처리규정」은 「소득세법시행령」의 위임에 따라 「소득세법시행령」의 내용을 보충하는 기능을 가지므로 「소득세법시행령」과 결합하여 대외적 효력을 갖는다. 13. 국가 9급 (      )

## 정답 & OX 풀이

**0092** ○ 산업자원부장관이 공업배치 및 공장설립에 관한 법률 제8조의 규정에 따라 <u>공장입지의 기준을 구체적으로 정한 고시는 법규명령으로서 효력</u>을 가진다. 대법원 2003. 9. 26. 선고 2003두2274 판결

**0093** ○ 지방공무원보수업무 등 처리지침 [별표 1] '직종별 경력환산율표 해설'이 정한 <u>민간근무경력의 호봉 산정에 관한 부분</u>은 (중략) 상위법령과 결합하여 대외적인 구속력이 있는 <u>법규명령으로서의 효력</u>을 갖게 된다. 대법원 2016. 1. 28. 선고 2015두53121 판결

**0094** ○ <u>재산제세조사사무처리규정</u>이 국세청장의 훈령형식으로 되어 있다 하더라도 이에 의한 거래지정은 소득세법시행령의 위임에 따라 그 규정의 내용을 보충하는 기능을 가지면서 그와 결합하여 <u>대외적인 구속력이 있는 법령명령으로서의 효력</u>을 갖게 된다. 대법원 1988. 5. 10. 선고 87누1028 판결

## 기출 지문 OX Check

□□□ **0095** 청소년유해매체물 결정 및 고시처분은 항고소송의 대상이 되는 행정처분에 해당한다. 20. 국가 9급 (      )

★☆☆
□□□ **0096** 시·도경찰청장이 횡단보도를 설치하여 보행자 통행방법 등을 규제하는 것은 국민의 권리·의무에 직접 관계가 있는 행위로서 행정처분이다. 22. 지방 9급 (      )

★☆☆
□□□ **0097** 건축허가는 대물적 허가에 해당하므로, 허가의 효과는 허가대상 건축물에 대한 권리변동에 수반하여 이전되고 별도의 승인처분에 의하여 이전되는 것은 아니다. 19. 국가 9급 (      )

★☆☆
□□□ **0098** 건축허가는 대물적 성질을 갖는 것이어서 행정청으로서는 허가를 할 때에 건축주 또는 토지 소유자가 누구인지 등 인적 요소에 관하여는 형식적 심사만 한다. 25. 지방 7급 (      )

★★☆
□□□ **0099** 건축허가권자는 중대한 공익상의 필요가 없음에도 관계 법령에서 정하는 제한사유 이외의 사유를 들어 건축허가 요건을 갖춘 자에 대한 허가를 거부할 수 있다. 19. 국가 9급 (      )

□□□ **0100** 산림형질변경허가시 법령상의 금지 또는 제한지역에 해당하지 않더라도 국토 및 자연의 유지와 상수원 수질과 같은 환경의 보전 등을 위한 중대한 공익상의 필요가 있을 경우 그 허가를 거부할 수 있다.
15. 국회 8급 (      )

□□□ **0101** 기속행위와 재량행위의 구분은 당해 행위의 근거가 된 법규의 체재·형식과 그 문언, 당해 행위가 속하는 행정 분야의 주된 목적과 특성, 당해 행위 자체의 개별적 성질과 유형 등을 모두 고려하여 판단하여야 한다. 20. 지방 9급 (      )

★★☆
□□□ **0102** 기속행위의 경우 법원이 사실인정과 관련 법규의 해석·적용을 통하여 일정한 결론을 도출한 후 그 결론에 비추어 행정청이 한 판단의 적법 여부를 독자의 입장에서 판정한다. 25. 국가 7급 (      )

★★★
□□□ **0103** 재량행위에 대한 사법심사의 경우 법원은 행정청의 재량에 기한 공익판단의 여지를 감안하면서 독자적인 결론을 도출한 후 당해 행위에 재량권의 일탈·남용이 있는지 여부를 심사하여야 한다.
20. 변호사 (      )

★★☆
□□□ **0104** 재량행위에 대한 법원의 심사는 재량권의 일탈 또는 남용 및 재량권의 한계 내에서의 행정청의 판단, 즉 합목적성 내지 공익성의 판단 등을 대상으로 한다. 23. 국가 7급 (      )

★★☆
□□□ **0105** 사실의 존부에 대한 판단에도 재량권이 인정될 수 있으므로, 사실을 오인하여 재량권을 행사한 경우라도 처분이 위법한 것은 아니다. 20. 국가 7급 (      )

## 정답 & OX 풀이

**0095** O 구 청소년보호법에 따른 **청소년유해매체물 결정 및 고시처분**은 당해 유해매체물의 소유자 등 특정인만을 대상으로 한 행정처분이 아니라 <u>일반 불특정 다수인을 상대방으로 하여 일률적으로 표시의무, 포장의무, 청소년에 대한 판매·대여 등의 금지의무 등 각종 의무를 발생시키는 행정처분이다.</u> 대법원 2007. 6. 14. 선고 2004두619 판결

**0096** O 도로교통법 제10조 제1항의 취지에 비추어 볼 때, 지방경찰청장이 **횡단보도를 설치**하여 보행자의 통행방법 등을 규제하는 것은 행정청이 특정사항에 대하여 의무의 부담을 명하는 행위이고 이는 국민의 권리의무에 직접 관계가 있는 행위로서 <u>행정처분이라고 보아야 할 것이다.</u> 대법원 2000. 10. 27. 선고 98두8964 판결

**0097** O <u>건축허가는</u> **대물적** 성질을 갖는 것이어서 <u>허가대상 건축물에 대한 권리변동에 수반하여 자유로이 양도할 수 있는 것이고, 그에 따라 건축허가의 효과는 허가대상 건축물에 대한</u> **권리변동에 수반하여 이전**되며 별도의 승인처분에 의하여 이전되는 것이 아니다. 대법원 2010. 5. 13. 선고 2010두2296 판결

**0098** O <u>건축허가는 대물적 성질을 갖는 것이어서 행정청으로서는 허가를 할 때에 건축주 또는 토지 소유자가 누구인지 등</u> **인적** 요소에 <u>관하여는</u> **형식적 심사**만 한다. 대법원 2017. 3. 15. 선고 2014두41190 판결

**0099** X <u>건축허가권자는 건축허가신청이 건축법 등 관계 법규에서 정하는 어떠한 제한에 배치되지 않는 이상 당연히 같은 법조에서 정하는 건축허가를 하여야 하고,</u> **중대한 공익상의 필요**가 없음에도 불구하고, 요건을 갖춘 자에 대한 허가를 관계 법령에서 정하는 제한사유 이외의 사유를 들어 거부할 수는 없다. 대법원 2006. 11. 9. 선고 2006두1227 판결

**0100** O <u>산림형질변경허가는 법령상의 금지 또는 제한지역에 해당하지 않더라도 신청 대상 토지의 현상과 위치 및 주위의 상황 등을 고려하여 국토 및 자연의 유지와 상수원 수질과 같은 환경의 보전 등을 위한 중대한 공익상의 필요가 있을 경우 그 허가를 거부할 수 있다.</u> 대법원 2000. 7. 7. 선고 99두66 판결

**0101** O 행정행위가 그 재량성의 유무 및 범위와 관련하여 이른바 기속행위 내지 기속재량행위와 재량행위 내지 자유재량행위로 구분된다고 할 때, <u>그 구분은 당해 행위의 근거가 된 법규의 체재·형식과 그 문언, 당해 행위가 속하는 행정 분야의 주된 목적과 특성, 당해 행위 자체의 개별적 성질과 유형 등을 모두 고려하여 판단하여야 한다.</u> 대판 2001. 2. 9. 선고 98두17593 판결

**0102** O 행정행위를 기속행위와 재량행위로 구분하는 경우 양자에 대한 사법심사는, **기속행위의 경우 그 법규에 대한 원칙적인 기속성**으로 인하여 법원이 사실인정과 관련 법규의 해석·적용을 통하여 일정한 **결론을 도출**한 후 그 결론에 비추어 행정청이 한 판단의 적법 여부를 독자의 입장에서 판정하는 방식에 의하게 된다. 대법원 2005. 7. 14. 선고 2004두6181 판결

**0103** X **재량행위**의 경우 <u>행정청의 재량에 기한 공익판단의 여지를 감안하여 법원은 독자의</u> **결론을 도출함이 없이** 당해 행위에 재량권의 일탈·남용이 있는지 여부만을 심사하게 된다. 대법원 2005. 7. 14. 선고 2004두6181 판결

**0104** X <u>재량행위에 대한 법원의 심사는 합법성 심사, 즉 재량권의 일탈 또는 남용이 있는지 여부만을 대상으로 할 뿐이고, 이와 달리 적법한 재량의 한계 내에서 한 행정청의 판단이 합목적성을 준수하였는지 여부, 이른바 합목적성 심사는 권력분립의 원칙상 법원의 심사 대상이 되지 아니한다.</u>

**0105** X <u>법원의 심사결과 행정청의 재량행위가</u> **사실오인** 등에 근거한 것이라고 인정된다면 이는 재량권을 일탈·남용한 것으로서 위법하여 그 취소를 면치 못한다. 대법원 2001. 7. 27. 선고 99두2970 판결

□□□ **0106** ★★☆ 처분의 근거 법령이 행정청에 처분의 요건과 효과 판단에 관하여 일정한 재량을 부여하였는데도, 행정청이 자신에게 재량권이 없다고 오인하여 전혀 비교형량하지 않은 채 처분을 하였다면, 이는 재량권 불행사로서 그 자체로 재량권 일탈·남용에 해당한다. 23. 지방 7급 (      )

□□□ **0107** ★☆☆ 행정청이 개인택시운송사업면허발급 여부를 심사함에 있어서 이미 설정된 면허기준의 해석상 당해 신청이 면허발급의 우선순위에 해당함이 명백함에도 면허거부처분을 하였다면 특별한 사정이 없는 한 그 거부처분은 위법한 처분이 된다. 24. 지방 9급 (      )

□□□ **0108** 경찰공무원에 대한 징계위원회 심의과정에서 감경사유에 해당하는 공적(功績) 사항이 제시되지 아니한 경우에는 징계양정 결과가 적정한지 여부와 무관하게 징계처분은 위법하다. 20. 변호사 (      )

□□□ **0109** ★★☆ 음주운전으로 인한 운전면허취소처분의 재량권 일탈·남용 여부를 판단할 때, 운전면허의 취소로 입게 될 당사자의 불이익보다 음주운전으로 인한 교통사고를 방지하여야 하는 일반예방적 측면이 더 강조되어야 한다. 23. 지방 7급 (      )

□□□ **0110** 생물학적 동등성 시험자료에 조작이 있음을 이유로 해당 의약품의 회수, 폐기를 명한 처분에 어떠한 재량권의 일탈·남용이 있다고 할 수는 없다. 12. 지방 9급 (      )

□□□ **0111** 생활협동조합의 명의를 빌려 의료기관을 개설한 실질적 개설자인 비의료인에 대하여 국민건강보험법 제57조 제2항에 의거하여 위 의료기관에 지급된 요양급여비용 전액을 징수하는 것은 재량권 일탈·남용에 해당하지 않는다. 21. 국회 8급 (      )

□□□ **0112** 지방식품의약품안전청장이 수입 녹용 중 전지 3대를 절단부위로부터 5cm까지의 부분을 절단하여 측정한 회분함량이 기준치를 0.5% 초과하였다는 이유로 수입 녹용 전부에 대하여 전량 폐기 또는 반송처리를 지시한 처분은 재량권의 일탈·남용에 해당하지 않는다. 19. 소방간부 (      )

□□□ **0113** ★★☆ 「국가공무원법」상 휴직 사유 소멸을 이유로 한 신청에 대한 복직명령은 재량행위이다. 22. 지방 9급 (      )

□□□ **0114** ★★☆ 난민 인정에 관한 신청을 받은 행정청은 원칙적으로 법령이 정한 난민 요건에 해당하는지를 심사하여 난민 인정 여부를 결정할 수 있을 뿐이고, 법령이 정한 난민 요건과 무관한 다른 사유만을 들어 난민 인정을 거부할 수는 없다. 24. 국가 9급 (      )

□□□ **0115** ★★☆ 국유재산의 무단점유에 대한 변상금 징수의 요건은 「국유재산법」에 명백히 규정되어 있으므로 변상금을 징수할 것인가는 처분청의 재량을 허용하지 않는 기속행위이다. 22. 지방 9급 (      )

□□□ **0116** ★★☆ 「여객자동차 운수사업법」에 따르면, 여객자동차 운수사업자가 거짓이나 부정한 방법으로 지급받은 보조금에 대한 국토교통부장관 또는 시·도지사의 환수처분은 기속행위에 해당한다. 24. 국가 9급 (      )

□□□ **0117** ★★☆ 「도로교통법」상 술에 취한 상태에 있다고 인정할 만한 상당한 이유가 있음에도 불구하고 경찰공무원의 측정에 응하지 아니한 때에는 필요적으로 운전면허를 취소하도록 되어 있으므로 해당 법조의 요건에 해당하였음을 이유로 한 운전면허취소처분에 있어서 재량권의 일탈 또는 남용의 문제는 생길 수 없다. 25. 지방 7급 (      )

## 정답 & OX 풀이

**0106** O 행정청이 자신에게 재량권이 없다고 오인한 나머지 처분으로 달성하려는 공익과 그로써 처분상대방이 입게 되는 불이익의 내용과 정도를 전혀 **비교형량 하지 않은 채** 처분을 하였다면, 이는 재량권 불행사로서 **그 자체로 재량권 일탈·남용**으로 해당 처분을 취소하여야 할 위법사유가 된다. 대법원 2019. 7. 11. 선고 2017두38874 판결

**0107** O 여객자동차운수사업법에 따른 개인택시운송사업 면허는 특정인에게 권리나 이익을 부여하는 재량행위이고, 행정청이 면허 발급 여부를 심사함에 있어 이미 설정된 면허기준의 해석상 당해 신청이 면허발급의 **우선순위에 해당함이 명백함에도** 불구하고 이를 제외시켜 면허거부처분을 하였다면 특별한 사정이 없는 한 그 거부처분은 재량권을 남용한 위법한 처분이다. 대법원 2002. 1. 22. 선고 2001두8414 판결

**0108** O 경찰공무원에 대한 징계위원회의 심의과정에 감경사유에 해당하는 공적 사항이 제시되지 아니한 경우에는 그 징계양정이 **결과적으로 적정한지와 상관없이** 이는 관계 법령이 정한 징계절차를 지키지 않은 것으로서 위법하다. 대법원 2012. 10. 11. 선고 2012두13245 판결

**0109** O **음주운전**으로 인한 교통사고를 방지할 공익상의 필요는 매우 크다 아니할 수 없으므로, 음주운전 내지 그 제재를 위한 음주측정 요구의 거부 등을 이유로 한 자동차운전면허의 취소에 있어서는 일반의 수익적 행정행위의 취소와는 달리 그 취소로 인하여 입게 될 당사자의 개인적인 불이익보다는 이를 방지하여야 하는 **일반예방적인 측면이 더욱 강조**되어야 할 것이고, 특히 당해 운전자가 영업용 택시를 운전하는 등 자동차 운전을 업으로 삼고 있는 자인 경우에는 더욱 그러하다. 대법원 1995. 9. 26. 선고 95누6069 판결

**0110** O **생물학적 동등성 시험 자료** 일부에 조작이 있음을 이유로 해당 의약품의 회수 및 폐기를 명한 행정처분이 재량권을 일탈·남용하여 위법하다고 볼 수 없다. 대법원 2008. 11. 13. 선고 2008두8628 판결

**0111** O (생활협동조합의 명의를 빌려 의료기관을 개설한 실질적 개설자인 원고에 대하여 국민건강보험법 제57조 제2항에 의거하여 위 의료기관에 지급된 요양급여비용 **전액을 징수**한 사안에서) (중략) 위와 같은 처분이 재량권 일탈·남용에 해당하지 않는다고 한 원심의 판단을 수긍한 사례. 대법원 2020. 6. 11. 선고 2018두37250 판결

**0112** O **수입 녹용** 중 전지 3대를 절단부위로부터 5cm까지의 부분을 절단하여 측정한 회분함량이 기준치를 0.5% 초과하였다는 이유로 수입 녹용 전부에 대하여 전량 폐기 또는 반송처리를 지시한 처분은 재량권을 일탈·남용한 경우에 해당하지 않는다. 대법원 2006. 4. 14. 선고 2004두3854 판결

**0113** X 육아휴직 중인 여성 교육공무원이 출산휴가 요건을 갖추어 복직신청을 하는 경우는 물론 그 이전에 미리 출산을 이유로 복직신청을 하는 경우에도 임용권자는 출산휴가 개시 시점에 휴직사유가 없어졌다고 보아 **복직명령과 동시에 출산휴가를 허가하여야** 한다. 대법원 2014. 6. 12. 선고 2012두4852 판결

**0114** O **난민 인정**에 관한 신청을 받은 행정청은 원칙적으로 법령이 정한 난민 요건에 해당하는지를 심사하여 난민 인정 여부를 결정할 수 있을 뿐이고, 이와 무관한 다른 사유만을 들어 난민 인정을 거부할 수는 없다. 대법원 2017. 12. 5. 선고 2016두42913 판결

**0115** O **국유재산의 무단점유 등에 대한 변상금 징수**의 요건은 국유재산법 제51조 제1항에 명백히 규정되어 있으므로 변상금을 징수할 것인가는 처분청의 재량을 허용하지 않는 **기속행위**이고, 여기에 재량권 일탈·남용의 문제는 생길 여지가 없다. 대법원 1998. 9. 22. 선고 98두7602 판결

**0116** O 구 여객자동차 운수사업법 제51조 제3항에 따라 국토해양부장관 또는 시·도지사는 여객자동차 운수사업자가 '거짓이나 부정한 방법으로 지급받은 보조금'에 대하여 반환할 것을 명하여야 하고, (중략) 위 환수처분은 국토해양부장관 또는 시·도지사가 지급받은 보조금을 반환할 것을 명하여야 하는 **기속행위**라고 본 원심판단을 정당하다고 한 사례. 대법원 2013. 12. 12. 선고 2011두3388 판결

**0117** O 술에 취한 상태에 있다고 인정할 만한 상당한 이유가 있음에도 불구하고 경찰공무원의 측정에 응하지 아니한 때에는 **필요적으로 운전면허를 취소**하도록 되어 있어 처분청이 그 취소 여부를 선택할 수 있는 재량의 여지가 없음이 그 법문상 명백하므로, 위 법조의 요건에 해당하였음을 이유로 한 운전면허취소처분에 있어서 **재량권의 일탈 또는 남용의 문제는 생길 수 없다**. 대법원 2004. 11. 12. 선고 2003두12042 판결

☐☐☐ **0118** ★☆☆
귀화허가는 강학상 허가에 해당하므로, 귀화신청인이 귀화 요건을 갖추어서 귀화허가를 신청한 경우에 법무부장관은 귀화허가를 해 주어야 한다. 21. 국가 7급 (       )

☐☐☐ **0119** ★☆☆
귀화신청인이 구 「국적법」에서 정한 귀화요건을 갖추지 못한 경우에도 법무부장관은 귀화 허부에 관한 재량권을 행사할 수 있고, 재량권 행사 결과에 따라 귀화불허처분을 할 수 있다. 24. 국회 9급 (       )

☐☐☐ **0120** ★★☆
재외동포에 대한 사증발급은 행정청의 기속행위에 속하는 것으로서, 재외동포가 사증발급을 신청한 경우에 구 「출입국관리법 시행령」 [별표 1의2]에서 정한 재외동포체류자격의 요건을 갖추었다면 사증을 발급해야 한다. 23. 국가 7급 (       )

☐☐☐ **0121** ★★★
「국토의 계획 및 이용에 관한 법률」상 토지형질변경의 허가신청에 대하여, 공익상 또는 이해관계인의 보호를 위하여 부관을 붙일 필요의 유무나 그 내용 등을 판단함에 있어서 행정청에 재량의 여지가 있다.
14. 지방 7급 (       )

☐☐☐ **0122** ★★★
「국토의 계획 및 이용에 관한 법률」상 개발행위허가는 허가기준 및 금지요건이 불확정개념으로 규정된 부분이 많아 그 요건에 해당하는지 여부는 행정청의 재량판단의 영역에 속한다. 20. 지방 9급 (       )

☐☐☐ **0123** ★★☆
구 「주택건설촉진법」 제33조에 의한 주택건설사업계획의 승인은 인간이 본래 가지고 있는 자연적 자유의 회복을 내용으로 하는 행정청의 기속행위에 속한다. 23. 국가 7급 (       )

☐☐☐ **0124** ★★☆
「가축분뇨의 관리 및 이용에 관한 법률」에 따른 가축분뇨 처리방법 변경허가는 허가권자의 재량행위에 해당한다. 23. 지방 7급 (       )

☐☐☐ **0125** ★★☆
공무원 임용을 위한 면접전형에서 임용신청자의 능력이나 적격성 등에 관한 판단은 면접위원의 고도의 교양과 학식, 경험에 기초한 자율적 판단에 의존하는 것으로서 면접위원의 자유재량에 속하고, 그와 같은 판단이 현저하게 재량권을 일탈·남용하지 않은 한 이를 위법하다고 할 수 없다. 23. 지방 7급 (       )

☐☐☐ **0126**
「감염병의 예방 및 관리에 관한 법률」상 필수예방접종에 관한 국가의 보상책임은 무과실책임이기는 하지만, 책임이 있다고 하기 위해서는 질병, 장애 또는 사망이 당해 예방접종으로 인한 것임이 인정되어야 한다. 25. 국가 7급 (       )

☐☐☐ **0127**
건설공사를 계속하기 위한 매장문화재의 발굴허가신청에 대하여, 이를 원형 그대로 매장되어 있는 상태를 유지하기 위해 「문화재보호법」 등 관계법령이 정하는 바에 따라 내린 허가권자의 불허가 조치는 재량권의 일탈·남용에 해당하지 아니한다. 14. 지방 7급 (       )

☐☐☐ **0128**
「의료법」상 신의료기술의 안전성·유효성 평가나 신의료기술의 시술로 국민보건에 중대한 위해가 발생하거나 발생할 우려가 있는지 여부에 대한 판단과, 그 경우 행정청이 어떠한 종류와 내용의 지도나 명령을 할 것인지의 판단에 관해서는 행정청에 재량권이 부여되어 있다. 21. 국회 8급 (       )

☐☐☐ **0129**
주류판매업면허는 강학상의 허가로 해석되므로 「주세법」에 열거된 면허제한사유에 해당하지 아니하는 한 면허관청으로서는 임의로 그 면허를 거부할 수 없다. 22. 변호사 (       )

## 정답 & OX 풀이

**01**

0118　✕　**귀화허가**는 외국인에게 대한민국 국적을 부여함으로써 국민으로서의 법적 지위를 포괄적으로 설정하는 행위에 해당한다. (중략) 법무부장관은 귀화신청인이 귀화 요건을 갖추었다 하더라도 귀화를 허가할 것인지 여부에 관하여 재량권을 가진다고 보는 것이 타당하다. 대법원 2010. 10. 28. 선고 2010두6496 판결

0119　✕　귀화신청인이 구 국적법 제5조 각 호에서 정한 귀화요건을 갖추지 못한 경우 법무부장관은 귀화 허부에 관한 **재량권을 행사할 여지없이** 귀화불허처분을 하여야 한다. 대법원 2018. 12. 13. 선고 2016두31616 판결

0120　✕　재외동포에 대한 **사증발급**은 행정청의 재량행위에 속하는 것으로서, 재외동포가 사증발급을 신청한 경우에 출입국관리법 시행령 [별표 1의2]에서 정한 재외동포체류자격의 요건을 갖추었다고 해서 무조건 사증을 발급해야 하는 것은 아니다. 대법원 2019. 7. 11. 선고 2017두38874 판결

0121　○　**형질변경의 허가**가 신청된 당해 토지의 합리적인 이용이나 도시계획사업에 지장이 될 우려가 있는지 여부와 공익상 또는 이해관계인의 보호를 위하여 부관을 붙일 필요의 유무나 그 내용 등을 판단함에 있어서 행정청에 재량의 여지가 있으므로 그에 관한 판단 기준을 정하는 것 역시 행정청의 재량에 속한다. 대법원 1999. 2. 23. 선고 98두17845 판결

0122　○　국토의 계획 및 이용에 관한 법률상 **개발행위허가**는 허가기준 및 금지요건이 불확정개념으로 규정된 부분이 많아 그 요건에 해당하는지 여부는 행정청의 재량판단의 영역에 속한다. 대법원 2021. 3. 25. 선고 2020두51280 판결

0123　✕　구 주택건설촉진법 제33조에 의한 **주택건설사업계획의 승인**은 상대방에게 권리나 이익을 부여하는 효과를 수반하는 이른바 수익적 행정처분으로서 법령에 행정처분의 요건에 관하여 일의적으로 규정되어 있지 아니한 이상 행정청의 재량행위에 속한다. 대법원 2007. 5. 10. 선고 2005두13315 판결

0124　○　**가축분뇨**법에 따른 처리방법 변경허가는 허가권자의 재량행위에 해당한다. 대법원 2021. 6. 30 선고 2021두35681 판결

0125　○　**공무원 임용을 위한 면접**전형에서 임용신청자의 능력이나 적격성 등에 관한 판단은 면접위원의 고도의 교양과 학식, 경험에 기초한 자율적 판단에 의존하는 것으로서 오로지 면접위원의 자유재량에 속하고, 그와 같은 판단이 현저하게 재량권을 일탈·남용하지 않은 한 이를 위법하다고 할 수 없다. 대법원 2008. 12. 24. 선고 2008두8970 판결

0126　○　구 감염병예방법 제71조에 의한 예방접종 피해에 대한 국가의 보상책임은 무과실책임이지만, 질병, 장애 또는 사망이 예방접종으로 인하여 발생하였다는 점이 인정되어야 한다. 대법원 2014. 5. 16. 선고 2014두274 판결

0127　○　구 문화재보호법 제44조 제1항 단서 제3호의 규정에 의한 '**건설공사를 계속하기 위한 고분발굴허가**'는 재량행위이다(신라시대의 주요한 역사·문화적 유적이 다수 소재한 선도산에 위치한 고분에 대한 발굴불허가처분이 재량권의 일탈 또는 남용이 아니라고 한 사례). 대법원 2000. 10. 27. 선고 99두264 판결

0128　○　**신의료기술**의 안전성·유효성 평가나 신의료기술의 시술로 국민보건에 중대한 위해가 발생하거나 발생할 우려가 있는지에 관한 판단은 고도의 의료·보건상의 전문성을 요하므로, (중략) 특별한 사정이 없는 한 존중되어야 한다. 대법원 2016. 1. 28. 선고 2013두21120 판결

0129　○　**주류판매업 면허**는 설권적 행위가 아니라 주류판매의 질서유지, 주세 보전의 행정목적 등을 달성하기 위하여 개인의 자연적 자유에 속하는 영업행위를 일반적으로 제한하였다가 특정한 경우에 이를 회복하도록 그 제한을 해제하는 강학상의 허가로 해석되므로 주세법 제10조 제1호 내지 제11호에 열거된 면허제한사유에 해당하지 아니하는 한 면허관청으로서는 임의로 그 면허를 거부할 수 없다. 대법원 1995. 11. 10. 선고 95누5714 판결

□□□ **0130** ★☆☆ 법규에 명문의 근거가 없음에도 환경보전이라는 중대한 공익상의 이유로 산림훼손허가를 거부하는 것은 법률유보의 원칙에 비추어 허용되지 않는다. 20. 소방간부 (    )

□□□ **0131** ★★☆ 「국토의 계획 및 이용에 관한 법률」에 의해 지정된 도시지역 안에서 토지의 형질변경행위를 수반하는 건축허가는 재량행위에 속한다. 19. 국가 9급 (    )

□□□ **0132** ★★★ 당사자의 신청에 따른 처분은 법령등에 특별한 규정이 있거나 신청 당시의 법령등을 적용하기 곤란한 특별한 사정이 있는 경우를 제외하고는 신청 당시의 법령등에 따른다. 24. 소방간부 (    )

□□□ **0133** ★☆☆ 이미 허가한 영업시설과 동종의 영업허가를 함으로써 기존 업자의 영업이익에 피해가 발생한 경우 기존 업자는 동종의 신규 영업허가의 취소소송을 제기할 수 있는 원고적격이 인정된다. 19. 지방 9급 (    )

□□□ **0134** ★☆☆ 한의사 면허는 강학상 특허에 해당하고, 한약조제시험을 통하여 약사에게 한약조제권을 인정함으로써 한의사들의 영업상 이익이 감소되었다면 이러한 이익은 「약사법」이나 「의료법」 등의 법률에 의하여 보호되는 법률상 이익이라 볼 수 있다. 24. 소방간부 (    )

□□□ **0135** ★★☆ 수익적 행정처분의 근거가 되는 법률이 해당 업자들 사이의 과다경쟁으로 인한 경영의 불합리를 방지하는 목적도 가지고 있는 경우, 기존업자가 경업자에 대한 면허나 인·허가 등의 수익적 행정처분의 취소를 구할 원고적격이 있다. 21. 군무원 9급 (    )

□□□ **0136** 담배소매인 중에서 구내소매인 지정 처분의 취소를 구하는 일반소매인은 원고적격이 있다.

23. 군무원 7급 (    )

□□□ **0137** 허가는 근거법상의 금지를 해제하는 효과만 있을 뿐, 타법에 의한 금지까지 해제하는 효과가 있는 것은 아니다. 11. 국가 9급 (    )

□□□ **0138** 甲이 공무원인 경우 「식품위생법」상 영업허가를 받으면 이는 「식품위생법」상의 금지를 해제할 뿐만 아니라 「국가공무원법」상의 영리업무금지까지 해제하여 주는 효과가 있다. 19. 지방 9급 (    )

□□□ **0139** ★☆☆ 허가를 받지 않고 행한 영업행위는 행정상 강제집행이나 처벌의 대상은 되지만, 행위 자체의 법률적 효력은 영향을 받지 않는 것이 원칙이다. 19. 지방 9급 (    )

□□□ **0140** ★☆☆ 허가에 붙은 기한이 그 허가된 사업의 성질상 부당하게 짧아 그 기한을 허가조건의 존속기간으로 볼 수 있는 경우에 허가기간이 연장되기 위하여는 그 종기가 도래하기 전에 그 허가기간의 연장에 관한 신청이 있어야 한다. 20. 국가 9급 (    )

□□□ **0141** ★★★ 허가에 붙은 기한이 그 허가된 사업의 성질상 부당하게 짧아서 이 기한이 허가 자체의 존속기간이 아니라 허가조건의 존속기간으로 해석되는 경우에는 허가 여부의 재량권을 가진 행정청은 허가조건의 개정만을 고려할 수 있고, 그 후 당초의 기한이 상당 기간 연장되어 그 기한이 부당하게 짧은 경우에 해당하지 않게 된 때라도 더 이상의 기간연장을 불허가할 수는 없다. 21. 국가 9급 (    )

정답 & OX 풀이

0130  ✕  **산림훼손행위**는 국토의 유지와 환경의 보전에 직접적으로 영향을 미치는 행위이므로 법령이 규정하는 산림훼손 금지 또는 제한지역에 해당하는 경우는 물론 금지 또는 제한지역에 해당하지 않더라도 허가관청은 산림훼손허가신청 대상토지의 현상과 위치 및 주위의 상황 등을 고려하여 국토 및 자연의 유지와 환경의 보전 등 **중대한 공익상 필요**가 있다고 인정될 때에는 허가를 거부할 수 있고, 그 경우 **법규에 명문의 근거가 없더라도** 거부처분을 할 수 있다. 대법원 1997. 9. 12. 선고 97누1228 판결

0131  ○  국토의 계획 및 이용에 관한 법률에 따른 토지의 형질변경허가는 그 금지요건이 불확정개념으로 규정되어 있어 그 금지요건에 해당하는지 여부를 판단함에 있어서 행정청에 재량권이 부여되어 있다고 할 것이므로, 국토계획법에 따른 **토지의 형질변경행위를 수반하는 건축허가**는 **재량행위**에 속한다. 대법원 2013. 10. 31. 선고 2013두9625 판결

0132  ✕  행정기본법 제14조(법 적용의 기준) ② 당사자의 신청에 따른 처분은 법령등에 특별한 규정이 있거나 처분 당시의 법령등을 적용하기 곤란한 특별한 사정이 있는 경우를 제외하고는 **처분 당시의 법령등에 따른다.**

0133  ✕  허가를 통해 얻게 되는 기존업자의 영업상 이익은 원칙적으로 **반사적 이익**에 불과하므로, 기존 업자는 원칙적으로 동종의 신규 영업허가의 취소소송을 제기할 수 있는 원고적격이 인정되지 않는다.

0134  ✕  **한의사 면허**는 경찰금지를 해제하는 명령적 행위(강학상 허가)에 해당하고, 한약조제시험을 통하여 약사에게 한약조제권을 인정함으로써 한의사들의 영업상 이익이 감소되었다고 하더라도 이러한 이익은 사실상의 이익에 불과하고 약사법이나 의료법 등의 법률에 의하여 보호되는 이익이라고는 볼 수 없다. 대법원 1998. 3. 10. 선고 97누4289 판결

0135  ○  일반적으로 면허나 인·허가 등의 수익적 행정처분의 근거가 되는 법률이 해당 **업자들 사이의 과당경쟁으로 인한 경영의 불합리를 방지**하는 것도 그 목적으로 하고 있는 경우, 다른 업자에 대한 면허나 인·허가 등의 수익적 행정처분에 대하여 이미 같은 종류의 면허나 인·허가 등의 수익적 행정처분을 받아 영업을 하고 있는 기존의 업자는 경업자에 대하여 이루어진 면허나 인·허가 등 행정처분의 상대방이 아니라 하더라도 당해 행정처분의 취소를 구할 **원고적격이 있다.** 대법원 2006. 7. 28. 선고 2004두6716 판결

0136  ✕  담배 **일반소매인**으로 지정되어 영업을 하고 있는 기존업자의 신규 구내소매인에 대한 이익이 법률상 보호되는 이익으로서 기존업자가 신규 **구내소매인** 지정처분의 취소를 구할 원고적격이 있다고 할 수 없다. 대법원 2008. 4. 10. 선고 2008두402 판결

0137  ○  허가가 있으면 당해 허가의 대상이 된 행위에 대한 금지가 해제될 뿐 다른 법률에 의한 금지까지 해제되는 것은 아니다.

0138  ✕  공무원이 식품위생법상 영업허가를 받은 경우, 식품위생법상의 금지만이 해제될 뿐 공무원법상의 영리업무금지까지 해제되는 것은 아니다.

0139  ○  무허가행위는 위법한 행위가 되어 행정상 강제집행이나 행정벌의 대상이 될 수 있으나, 무허가행위라 하여 그 사법상 효력까지 당연히 부인되는 것은 아니다.

0140  ○  허가에 붙은 기한이 그 허가된 사업의 성질상 **부당하게 짧은** 경우에는 이를 그 허가 자체의 존속기간이 아니라 그 **허가조건의 존속기간**으로 보아 그 기한이 도래함으로써 그 조건의 개정을 고려한다는 뜻으로 해석할 수는 있지만, 그와 같은 경우라 하더라도 그 허가기간이 연장되기 위하여는 그 종기가 도래하기 전에 그 허가기간의 연장에 관한 신청이 있어야 하며, 만일 그러한 연장신청이 없는 상태에서 허가기간이 만료하였다면 그 허가의 효력은 상실된다. 대법원 2007. 10. 11. 선고 2005두12404 판결

0141  ✕  당초에 붙은 기한을 허가 자체의 존속기간이 아니라 허가조건의 존속기간으로 보더라도 그 후 당초의 기한이 상당 기간 연장되어 연장된 기간을 포함한 **존속기간 전체를 기준**으로 볼 경우 더 이상 허가된 사업의 성질상 부당하게 짧은 경우에 해당하지 않게 된 때에는 관계 법령의 규정에 따라 허가 여부의 재량권을 가진 행정청으로서는 그 때에도 허가조건의 개정만을 고려하여야 하는 것은 아니고 재량권의 행사로서 더 이상의 기간연장을 **불허가**할 수도 있는 것이며, 이로써 허가의 효력은 상실된다. 대법원 2004. 3. 25. 선고 2003두12837 판결

□□□ **0142** ★★☆ 유료직업 소개사업의 허가갱신은 허가취득자에게 종전의 지위를 계속 유지시키는 효과를 갖는 것에 불과하고, 갱신 후에는 갱신 전의 법위반사항을 불문에 붙이는 효과가 발생하는 것은 아니다.

15. 지방 9급 (     )

□□□ **0143** 허가조건의 존속기간 내에 적법한 갱신신청이 있었음에도 갱신가부의 결정이 없으면 주된 행정행위는 효력이 상실된다. 11. 지방 9급 (     )

□□□ **0144** ★★☆ 사전에 공표한 갱신기준을 심사대상기간이 이미 경과하였거나 상당부분 경과한 시점에서 처분상대방의 갱신여부를 좌우할 정도로 중대하게 변경하는 것은 특별한 사정이 없는 한 허용되지 않는다.

23. 변호사 (     )

□□□ **0145** ★★☆ 기한의 도래로 실효한 종전의 허가에 대한 기간연장신청은 새로운 허가를 내용으로 하는 행정처분을 구하는 것이 아니라, 종전의 허가처분을 전제로 하여 단순히 그 유효기간을 연장하여 주는 행정처분을 구하는 것으로 보아야 한다. 22. 국가 7급 (     )

□□□ **0146** ★★☆ 구 「관광진흥법」에 의한 지위승계신고를 수리하는 허가관청의 행위는 사실적인 행위에 불과하여 항고소송의 대상이 되지 않는다. 21. 지방 9급 (     )

□□□ **0147** ★★★ 「식품위생법」상 허가영업자의 지위승계신고수리처분을 하는 경우 「행정절차법」 규정 소정의 당사자에 해당하는 종전의 영업자에게 행정절차를 실시하여야 한다. 22. 지방 9급 (     )

□□□ **0148** ★★★ 사실상 영업이 양도·양수되었지만 승계신고 및 수리처분이 있기 전에 양도인이 허락한 양수인의 영업 중 발생한 위반행위에 대한 행정적 책임은 양수인에게 귀속된다. 22. 지방 9급 (     )

□□□ **0149** ★★★ 주택건설사업의 양수인이 사업주체의 변경승인신청을 한 이후에 행정청이 양도인에 대하여 그 사업계획변경승인의 전제로 되는 사업계획승인을 취소하는 처분을 한 경우, 아직 양수인이 사업계획변경승인을 받지 못한 이상 양수인으로서는 사업계획승인취소를 다툴 원고적격이 인정되지 않는다. 22. 국가 7급 (     )

□□□ **0150** ★★★ 어떠한 공중위생영업에 대하여 그 영업을 정지할 위법사유가 있다면, 관할 행정청은 그 영업이 양도·양수되었다 하더라도 그 업소의 양수인에 대하여 영업정지처분을 할 수 있다. 24. 소방간부 (     )

□□□ **0151** ★★★ 관할 행정청은 여객자동차운송사업의 양도·양수에 대한 인가를 한 후에도 그 양도·양수 이전에 있었던 양도인에 대한 운송사업면허 취소사유를 들어 양수인의 사업면허를 취소할 수 있다. 22. 지방 9급 (     )

## 정답 & OX 풀이

**0142** ○ 유료직업 소개사업의 허가갱신은 허가취득자에게 종전의 지위를 계속 유지시키는 효과를 갖는 것에 불과하고 <u>갱신 후에는 갱신 전의 법위반사항을 불문에 붙이는 효과를 발생하는 것이 아니므로 일단 갱신이 있은 후에도 **갱신 전의 법위반사실**을 근거로 허가를 취소할 수 있다.</u> 대법원 1982. 7. 27. 선고 81누174 판결

**0143** ✕ <u>유효기간 내에 적법한 갱신신청이 있었음에도 갱신가부의 결정이 없는 경우에는 유효기간이 지나도 행정행위의 효력은 상실되지 않는다.</u>

**0144** ○ <u>사전에 공표한 심사기준 중 경미한 사항을 변경하거나 다소 불명확하고 추상적이었던 부분을 명확하게 하거나 구체화하는 정도를 뛰어넘어, 심사대상기간이 이미 경과하였거나 상당 부분 경과한 시점에서 처분상대방의 갱신 여부를 좌우할 정도로 **중대하게 변경**하는 것은</u> 갱신제의 본질과 사전에 공표된 심사기준에 따라 공정한 심사가 이루어져야 한다는 요청에 정면으로 <u>위배되는 것이므로,</u> 갱신제 자체를 폐지하거나 갱신상대방의 수를 종전보다 대폭 감축할 수밖에 없도록 만드는 <u>중대한 공익상 필요가 인정되거나 관계 법령이 제·개정되었다는 등의 특별한 사정이 없는 한, 허용되지 않는다.</u> 대법원 2020. 12. 24 선고 2018두45633 판결

**0145** ✕ 종전의 허가가 기한의 도래로 실효한 이상 원고가 <u>종전 허가의 **유효기간이 지나서** 신청한 이 사건 기간연장신청은</u> 그에 대한 종전의 허가처분을 전제로 하여 단순히 그 유효기간을 연장하여 주는 행정처분을 구하는 것이라기보다는 종전의 허가처분과는 별도의 새로운 허가를 내용으로 하는 행정처분을 구하는 것이라고 보아야 할 것이어서, 이러한 경우 <u>허가권자는 이를 **새로운 허가신청**으로 보아 법의 관계 규정에 의하여 허가요건의 적합 여부를 새로이 판단하여 그 허가 여부를 결정하여야 할 것이다.</u> 대법원 1995. 11. 10. 선고 94누11866 판결

**0146** ✕ 구 관광진흥법 제8조 제4항에 의한 <u>지위승계신고를 수리하는 허가관청의 행위는</u> 단순히 양도·양수인 사이에 이미 발생한 사법상 사업양도의 법률효과에 의하여 양수인이 그 영업을 승계하였다는 사실의 신고를 접수하는 행위에 그치는 것이 아니라, <u>영업허가자의 변경이라는 **법률효과를 발생**시키는 행위이다(주: 지위승계신고의 수리행위는 '**처분**'이라는 의미).</u> 대법원 2012. 12. 13. 선고 2011두29144 판결

**0147** ○ 행정청이 구 식품위생법 규정에 의하여 <u>영업자지위승계신고를 수리하는 처분은</u> 종전의 영업자의 권익을 제한하는 처분이라 할 것이고 따라서 종전의 영업자는 그 처분에 대하여 직접 그 상대가 되는 자에 해당한다고 봄이 상당하므로, 행정청으로서는 위 신고를 수리하는 처분을 함에 있어서 행정절차법 규정 소정의 당사자에 해당하는 **종전의 영업자에 대하여** 위 규정 소정의 <u>행정절차를 실시하고 처분을 하여야 한다.</u> 대법원 2003. 2. 14. 선고 2001두7015 판결

**0148** ✕ 사실상 영업이 양도·양수되었지만 아직 승계신고 및 그 <u>수리처분이 있기 이전에는 여전히 종전의 영업자인 양도인이 영업허가자이고,</u> 양수인은 영업허가자가 되지 못한다 할 것이어서 행정제재처분의 사유가 있는지 여부 및 그 사유가 있다고 하여 행하는 <u>행정제재처분은 영업허가자인 양도인을 기준으로 판단하여 그 **양도인에 대하여** 행하여야 할 것이고,</u> 한편 양도인이 그의 의사에 따라 양수인에게 영업을 양도하면서 양수인으로 하여금 영업을 하도록 허락하였다면 그 <u>양수인의 영업 중 발생한 위반행위에 대한 행정적인 책임은 영업허가자인 **양도인에게** 귀속된다고 보아야 할 것이다.</u> 대법원 1995. 2. 24. 선고 94누9146 판결

**0149** ✕ 주택건설사업의 양수인이 사업주체의 변경승인신청을 한 이후에 행정청이 양도인에 대하여 그 <u>사업계획변경승인의 전제로 되는 사업계획승인을 취소하는 처분을 한 경우, **양수인**은</u> 그 처분 이전에 양도인으로부터 토지와 사업승인권을 사실상 양수받아 사업주체의 변경승인신청을 한 자로서 <u>그 취소를 구할 법률상의 이익을 가진다.</u> 대법원 2000. 9. 26. 선고 99두646 판결

**0150** ○ 만일 어떠한 공중위생영업에 대하여 그 영업을 정지할 위법사유가 있다면, 관할 행정청은 그 <u>영업이 양도·양수되었다 하더라도 그 업소의 **양수인에 대하여** 영업정지처분을 할 수 있다고 봄이 상당하다.</u> 대법원 2001. 6. 29. 선고 2001두1611 판결

**0151** ○ 개인택시 운송사업을 양수한 사람은 양도인의 운송사업자로서의 지위를 승계하는 것이므로, 관할관청은 개인택시 운송사업의 양도·양수에 대한 인가를 한 후에도 그 <u>양도·양수 이전에 있었던 양도인에 대한 운송사업면허 취소사유를 들어 **양수인의 사업면허를 취소**할 수 있고,</u> 가사 양도·양수 당시에는 양도인에 대한 운송사업면허 취소사유가 현실적으로 발생하지 않은 경우라도 <u>그 원인되는 사실이 이미 존재하였다면, 관할관청으로서는 그 후 발생한 운송사업면허 취소사유에 기하여 양수인의 사업면허를 취소할 수 있는 것이다.</u> 대법원 2010. 4. 8. 선고 2009두17018 판결

□□□ 0152 「식품위생법」에 따른 영업장 면적 변경에 관한 신고의무가 이행되지 않은 영업을 양수한 자가 그 신고 의무를 이행하지 않은 채 영업을 계속하는 경우, 시정명령 또는 영업정지 등 제재처분의 대상이 된다.
25. 지방 9급 (      )

★☆☆
□□□ 0153 분할하는 회사의 분할 전 「하도급거래 공정화에 관한 법률」 위반행위를 이유로 신설회사에 대하여 동법에 따른 시정조치를 명하는 것이 허용된다. 25. 지방 9급 (      )

★★★
□□□ 0154 불법증차를 실행한 운송사업의 양수인에 대하여는 양수인의 지위승계 전에 불법증차에 관하여 발생한 유가보조금 부정수급액에 대해서까지 양수인을 상대로 반환명령을 할 수 있다. 25. 지방 9급 (      )

★★☆
□□□ 0155 개발제한구역 내의 건축물의 용도변경허가는 공공의 질서를 위하여 잠정적으로 금지하고, 법상의 요건을 갖춘 경우에 그 금지를 해제하여 본래의 자유를 회복시켜 주는 행위로 기속행위이다. 14. 국가 7급 (      )

□□□ 0156 건축허가시 건축허가서에 건축주로 기재된 자는 당연히 그 건물의 소유권을 취득하며, 건축 중인 건물의 소유자와 건축허가의 건축주는 일치하여야 한다. 14. 지방 9급 (      )

★★☆
□□□ 0157 상대방에게 권리, 능력, 법적 지위, 포괄적 법률관계를 설정하는 특허는 형성적 행정행위이며 원칙적으로 기속행위이다. 23. 국가 7급 (      )

★★★
□□□ 0158 「여객자동차 운수사업법」상 개인택시운송사업면허 및 「출입국관리법」상 체류자격 변경허가는 모두 재량행위이다. 22. 지방 9급 (      )

★★☆
□□□ 0159 마을버스운송사업면허의 허용 여부는 운수행정을 통한 공익실현과 아울러 합목적성을 추구하기 위하여 보다 구체적 타당성에 적합한 기준에 의하여야 할 것이므로 행정청의 재량에 속하는 것이라고 보아야 한다. 20. 지방 9급 (      )

★★★
□□□ 0160 「도로법」상 도로점용허가는 공물관리자가 신청인의 적격성, 사용목적 및 공익상 영향 등을 참작하여 허가 여부를 결정하는 재량행위이다. 23. 국가 7급 (      )

★★☆
□□□ 0161 공유수면의 점용·사용허가는 특정인에게 공유수면 이용권이라는 독점적 권리를 설정하여 주는 처분이 아니라 일반적인 상대적 금지를 해제하는 처분이다. 22. 지방 9급 (      )

★★☆
□□□ 0162 구 「수도권대기환경특별법」상 대기오염물질 총량관리사업장 설치허가는 재량행위이다. 25. 국가 9급 (      )

## 정답 & OX 풀이

**0152** O 영업장 면적이 변경되었음에도 그에 관한 <u>신고의무가 이행되지 않은 영업을 양수한 자 역시</u> 그와 같은 신고의무를 이행하지 않은 채 <u>영업을 계속한다면</u> 시정명령 또는 영업정지 등 제재처분의 대상이 될 수 있다. 대법원 2020. 3. 26. 선고 2019두38830 판결

**0153** X 회사 분할 시 특별한 규정이 없는 한 <u>신설회사에 대하여 분할하는 회사의 분할 전</u> 하도급거래 공정화에 관한 법률 위반행위를 <u>이유로 하도급법 제25조 제1항에 따른 시정조치를 명하는 것은 허용되지 않는다</u>(주: 제재처분 **전** 제재사유의 승계를 부정한 사례). 대법원 2023. 6. 15. 선고 2021두55159 판결

**0154** X 그에 따른 <u>양수인의 책임범위는 **지위승계 후 발생한 유가보조금 부정수급액에 한정**</u>되고, 지위승계 전에 발생한 유가보조금 부정수급액에 대해서까지 양수인을 상대로 반환명령을 할 수는 없다. 유가보조금 반환명령은 '운송사업자등'이 유가보조금을 지급받을 요건을 충족하지 못함에도 유가보조금을 청구하여 부정수급하는 행위를 처분사유로 하는 '**대인적 처분**'으로서, '<u>운송사업자</u>'가 불법증차 차량이라는 물적 자산을 보유하고 있음을 이유로 한 운송사업 허가취소 등의 '<u>대물적 제재처분</u>'과는 구별되고, 양수인은 영업양도·양수 전에 벌어진 양도인의 불법증차 차량의 제공 및 유가보조금 부정수급이라는 결과 발생에 어떠한 책임이 있다고 볼 수 없기 때문이다. 대법원 2021. 7. 29. 선고 2018두55968 판결

**0155** X **개발제한구역 내에서는** 구역지정의 목적상 건축물의 건축 및 공작물의 설치 등 개발행위가 원칙적으로 금지되고, 다만 구체적인 경우에 이러한 구역지정의 목적에 위배되지 아니할 경우 예외적으로 허가에 의하여 그러한 행위를 할 수 있게 되어 있음이 그 규정의 체제와 문언상 분명하고, 이러한 <u>예외적인 **개발행위의 허가**는</u> 상대방에게 수익적인 것이 틀림이 없으므로 그 <u>법률적 성질은 **재량행위**</u> 내지 자유재량행위에 속하는 것이다. 대법원 2004. 3. 25. 선고 2003두12837 판결

**0156** X 건축허가서는 허가된 건물에 관한 실체적 권리의 득실변경의 공시방법이 아니며 그 추정력도 없으므로 <u>건축허가서에 건축주로 기재된 자가 그 소유권을 취득하는 것은 아니며</u>, 건축중인 건물의 소유자와 건축허가의 건축주가 반드시 일치하여야 <u>하는 것도 아니다.</u> 대법원 2009. 3. 12. 선고 2006다28454 판결

**0157** X 상대방에게 <u>권리, 능력, 법적 지위, 포괄적 법률관계를 설정하는 특허는</u> 형성적 행정행위로서 원칙적으로 <u>재량행위이다.</u>

**0158** O [1] 여객자동차운수사업법에 따른 **개인택시운송사업면허는** 특정인에게 권리나 이익을 부여하는 재량행위이다. 대법원 2002. 1. 22. 선고 2001두8414 판결
　　　 [2] 출입국관리법상 **체류자격 변경허가**는 신청인에게 당초의 체류자격과 다른 체류자격에 해당하는 활동을 할 수 있는 권한을 부여하는 일종의 <u>설권적 처분의</u> 성격을 가지므로, 허가권자는 신청인이 관계 법령에서 정한 요건을 충족하였더라도, 신청인의 적격성, 체류 목적, 공익상의 영향 등을 참작하여 허가 여부를 결정할 수 있는 <u>재량을 가진다.</u> 대법원 2016. 7. 14. 선고 2015두48846 판결

**0159** O **마을버스운송사업면허**의 허용 여부는 (중략) 그 범위 내에서는 법령이 특별히 규정한 바가 없으면 <u>행정청의 재량에 속하는 것이다.</u> 대법원 2002. 6. 28. 선고 2001두10028 판결

**0160** O 구 도로법 제61조 제1항에 의한 **도로점용허가는** 일반사용과 별도로 도로의 특정 부분에 대하여 특별사용권을 설정하는 <u>설권행위이다.</u> 도로관리청은 신청인의 적격성, 점용목적, 특별사용의 필요성 및 공익상의 영향 등을 참작하여 점용허가 여부 및 점용허가의 내용인 점용장소, 점용면적, 점용기간을 정할 수 있는 <u>재량권을 갖는다.</u> 대법원 2019. 1. 17. 선고 2016두56721 판결

**0161** X 구 공유수면관리법에 따른 **공유수면의 점·사용허가**는 특정인에게 공유수면 이용권이라는 독점적 권리를 설정하여 주는 처분으로서 그 처분의 여부 및 내용의 결정은 원칙적으로 행정청의 재량에 속한다. 대법원 2004. 5. 28. 선고 2002두5016 판결

**0162** O 구 수도권대기환경특별법 제14조 제1항에서 정한 **대기오염물질 총량관리사업장** 설치의 허가 또는 변경허가는 특정인에게 인구가 밀집되고 대기오염이 심각하다고 인정되는 <u>수도권 대기관리권역에서 총량관리대상 오염물질을 일정량을 초과하여 배출할 수 있는 특정한 권리를 설정하여 주는 행위</u>로서 그 처분의 여부 및 내용의 결정은 <u>행정청의 재량에 속한다.</u> 대법원 2013. 5. 9. 선고 2012두22799 판결

□□□ **0163** 관세법 소정의 보세구역 설영특허는 공기업의 특허로서 그 특허의 부여 여부는 행정청의 자유재량에 속하고, 설영특허에 특허기간이 부가된 경우 그 기간의 갱신 여부도 행정청의 자유재량에 속한다.
15. 사회복지 (    )

□□□ **0164** 인가는 당사자의 법률적 행위를 보충하여 그 법률적 효력을 완성시키는 행정주체의 보충적 의사표시로서의 법률행위적 행정행위이다. 21. 국가 7급 (    )

□□□ **0165** 기본행위가 성립하지 않거나 무효인 경우에 인가가 있어도 당해 인가는 무효가 된다. 15. 국가 9급 (    )

□□□ **0166** 학교법인 임원에 대한 감독청의 취임승인은 그 대상인 기본행위의 효과를 완성시키는 보충행위이므로 그 기본행위가 불성립 또는 무효인 때에도 그에 대한 인가를 하면 그 기본행위가 유효하게 될 수 있다.
16. 국가 9급 (    )

□□□ **0167** 재단법인의 정관변경 결의에 하자가 있더라도, 그에 대한 인가가 있었다면 기본행위인 정관변경 결의는 유효한 것으로 된다. 21. 국가 7급 (    )

□□□ **0168** 유효한 기본행위를 대상으로 인가가 행해진 후에 기본행위가 취소되거나 실효된 경우에는 인가도 실효된다. 15. 국가 9급 (    )

□□□ **0169** 인가처분에 하자가 없다면 기본행위에 하자가 있다 하더라도 따로 그 기본행위의 하자를 다투는 것은 별론으로 하고 기본행위의 무효를 내세워 바로 그에 대한 행정청의 인가처분의 취소 또는 무효확인을 소구할 법률상의 이익이 없다. 25. 국가 9급 (    )

□□□ **0170** 재단법인의 정관변경 결의가 적법 유효하고 보충행위인 인가처분 자체에만 하자가 있다면 그 인가처분의 무효나 취소를 주장할 수 있다. 21. 국가 7급 (    )

□□□ **0171** 토지거래허가구역 내의 토지거래계약에 대한 행정청의 허가는 강학상 인가에 해당한다. 19. 국가 9급 (    )

□□□ **0172** 「부동산 거래신고 등에 관한 법률」상 토지거래계약허가는 토지거래허가구역 내의 모든 국민에게 전반적으로 토지거래의 자유를 금지하고 일정한 요건을 갖춘 경우에만 금지를 해제하여 계약체결의 기회를 부여하는 것으로서 강학상 특허에 해당한다고 보는 것이 타당하다. 25. 지방 7급 (    )

□□□ **0173** 행정청의 사립학교법인 임원취임승인행위는 학교법인의 임원선임행위의 법률상 효력을 완성하게 하는 보충적 법률행위로서 강학상 인가에 해당한다. 22. 국회 8급 (    )

□□□ **0174** 재단법인의 정관변경에 대한 행정청의 허가는 강학상 인가에 해당한다. 19. 국가 9급 (    )

□□□ **0175** 「자동차관리법」상 자동차관리사업자로 구성하는 사업자단체인 조합 또는 협회의 설립인가처분은 자동차관리사업자들의 단체결성행위를 보충하여 효력을 완성시키는 처분에 해당한다. 23. 지방 9급 (    )

□□□ **0176** 관할관청이 개인택시운송사업의 양도·양수에 대한 인가를 하였을 경우 거기에는 양도인과 양수인 간의 양도행위를 보충하여 그 법률효과를 완성시키는 의미에서의 인가처분뿐만 아니라 양도인이 가지고 있던 면허와 동일한 내용의 면허를 양수인에게 부여하는 처분이 포함되어 있다. 20. 국회 8급 (    )

## 정답 & OX 풀이

**0163** O 관세법 제78조 소정의 **보세구역의 설영특허**는 보세구역의 설치, 경영에 관한 권리를 설정하는 이른바 <u>공기업의 특허로서 그 특허의 부여여부는 행정청의 자유재량에 속하며</u>, 특허기간이 만료된 때에 특허는 당연히 실효되는 것이어서 <u>특허기간의 갱신은 실질적으로 권리의 설정과 같으므로 그 갱신여부도 특허관청의 자유재량에 속한다</u>. 대법원 1989. 5. 9. 선고 88누4188 판결

**0164** O 인가는 기본행위의 법률상의 효력을 완성시키는 보충행위이다(주: 강학상 인가는 특허, 대리와 함께 법률행위적 행정행위 중 <u>형성적 행위에 속함</u>). 대법원 1996. 5. 16. 선고 95누4810 전원합의체 판결

**0165** O <u>기본행위가 성립하지 않거나 무효인 경우</u>, <u>인가가 있다 하여 무효인 기본행위가 유효로 되는 것은 아니고 이 경우 그 인가 또한 무효이다.</u>

**0166** X <u>기본행위인 학교법인의 임원선임행위가 불성립 또는 무효인 경우</u>에는 비록 그에 대한 <u>감독청의 취임승인이 있었다 하여도 이로 써 무효인 그 선임행위가 유효한 것으로 될 수는 없다</u>. 대법원 1987. 8. 18. 선고 86누152 판결

**0167** X 인가는 기본행위인 재단법인의 정관변경에 대한 법률상의 효력을 완성시키는 보충행위로서, 그 기본이 되는 <u>정관변경 결의에 하자가 있을 때에는 그에 대한 인가가 있었다 하여도 **기본행위인 정관변경 결의가 유효한 것으로 될 수 없다**</u>. 대법원 1996. 5. 16. 선고 95누4810 전원합의체 판결

**0168** O 외자도입법 제19조에 따른 기술도입계약에 대한 인가는 기본행위인 기술도입계약을 보충하여 그 법률상 효력을 완성시 키는 보충적 행정행위에 지나지 아니하므로 <u>기본행위인 기술도입계약이 해지로 인하여 소멸되었다면 위 인가처분은 무효선 언이나 그 취소처분이 없어도 당연히 실효된다</u>. 대법원 1983. 12. 27. 선고 82누491 판결

**0169** O 강학상 '인가'에 속하는 행정처분에 있어서 인가처분 자체에 하자가 있다고 다투는 것이 아니라 <u>기본행위에 하자가 있다 하여 그 기본행위의 효력에 관하여 다투는 경우에는 민사쟁송으로서 따로 그 기본행위의 취소 또는 무효확인 등을 구하는 것은 별론 으로 하고 **기본행위의 불성립 또는 무효**를 내세워 바로 그에 대한 감독청의 **인가처분의 취소를 구하는 것**은 특단의 사정이 없는 한 소구할 **법률상의 이익이 있다고 할 수 없다**</u>. 대법원 1995. 12. 12. 선고 95누7338 판결

**0170** O 기본행위인 정관변경 결의가 적법 유효하고 보충행위인 인가처분 자체에만 하자가 있다면 그 <u>인가처분의 무효나 취소를 주장할 수 있다</u>. 대법원 1996. 5. 16. 선고 95누4810 전원합의체 판결

**0171** O <u>국토이용관리법상 **토지거래허가**가 규제지역 내의 모든 국민에게 전반적으로 토지거래의 자유를 금지하고 일정한 요건을 갖춘 경우에만 금지를 해제하여 계약체결의 자유를 회복시켜 주는 성질의 것이라고 보는 것은 위 법의 입법취지를 넘어선 지나친 해석이라고 할 것이고, 규제지역 내에서도 **토지거래의 자유가 인정**되나 다만 위 허가를 허가 전의 **유동적 무효** 상태에 있는 법률행위의 효력을 완성시켜 주는 인가적 성질을 띤 것이라고 보는 것이 타당하다</u>. 대법원 1991. 12. 24. 선고 90다12243 판결

**0172** X 위 171번의 해설 내용 참고.

**0173** O 구 사립학교법은 <u>학교법인</u>의 이사장·이사·감사 등의 임원은 이사회의 선임을 거쳐 관할청의 승인을 받아 취임하도록 규정하 고 있는바, 관할청의 **임원취임승인행위**는 학교법인의 임원선임행위의 법률상 효력을 완성케 하는 보충적 법률행위이다. 대법원 2007. 12. 27. 선고 2005두9651 판결

**0174** O 민법 제45조와 제46조에서 말하는 **재단법인의 정관변경 허가**는 법률상의 표현이 허가로 되어 있기는 하나, 그 성질에 있어 <u>법률행위의 효력을 보충해 주는 것이지 일반적 금지를 해제하는 것이 아니므로, 그 법적 성격은 인가라고 보아야 한다</u>. 대법원 1996. 5. 16. 선고 95누4810 판결

**0175** O <u>자동차관리법상 **자동차관리사업자**로 구성하는 사업자단체인 **조합 또는 협회의 설립인가**처분은 국토해양부장관 또는 시·도지 사가 자동차관리사업자들의 단체결성행위를 보충하여 효력을 완성시키는 처분에 해당한다</u>. 대법원 2015. 5. 29. 선고 2013두 635 판결

**0176** O 관할관청의 <u>개인택시 운송사업면허의 양도·양수에 대한 인가에는 양도인과 양수인 간의 양도행위를 보충하여 그 법률효과를 완성시키는 의미에서의 인가처분뿐만 아니라 양수인에 대해 양도인이 가지고 있던 면허와 동일한 내용의 면허를 부여하는 처분 이 포함되어 있다</u>. 대법원 1994. 8. 23. 선고 94누4882 판결

□□□ **0177** 공유수면매립면허의 공동명의자 사이의 면허로 인한 권리의무양도약정은 면허관청의 인가를 받지 않은 이상 법률상 아무런 효력도 발생할 수 없다. 20. 국가 9급 (    )

□□□ **0178** ★☆☆ 「사회복지사업법」상 사회복지법인의 정관변경을 허가할 것인지 여부는 주무관청의 정책적 판단에 따른 재량에 맡겨져 있다. 18. 국가 7급 (    )

□□□ **0179** ★★☆ 공익법인의 기본재산 처분에 대한 허가의 법률적 성질은 형성적 행정행위로서의 인가에 해당하므로, 그 허가에 조건으로서의 부관의 부과가 허용되지 아니한다. 24. 국가 9급 (    )

□□□ **0180** ★☆☆ 재단법인의 임원취임을 인가 또는 거부할 것인지 여부는 주무관청의 권한에 속하는 사항이라고 할 것이고, 재단법인의 임원취임승인 신청에 대하여 주무관청이 이에 기속되어 이를 당연히 승인(인가)하여야 하는 것은 아니다. 20. 국가 9급 (    )

□□□ **0181** ★☆☆ 자동차관리사업자로 구성하는 사업자단체 설립인가는 인가권자가 가지는 지도·감독 권한의 범위 등과 아울러 설립인가에 관하여 구체적인 기준이 정하여져 있지 않은 점 등에 비추어 재량행위로 보아야 한다. 24. 국가 9급 (    )

□□□ **0182** 주택재건축사업시행의 인가는 상대방에게 권리나 이익을 부여하는 효과를 가진 이른바 수익적 행정처분으로서 법령에 행정처분의 요건에 관하여 일의적으로 규정되어 있지 아니한 이상 행정청의 재량행위에 속한다. 10. 국가 9급 (    )

□□□ **0183** ★☆☆ 특정의 사실 또는 법률관계의 존재를 공적으로 증명하여 공적 증거력을 부여하는 행정행위는 확인행위로서 당선인결정, 장애등급결정, 행정심판의 재결 등이 그 예이다. 23. 국가 7급 (    )

□□□ **0184** 건축허가관청은 특단의 사정이 없는 한 건축허가내용대로 완공된 건축물의 준공을 거부할 수 없다. 19. 지방 7급 (    )

□□□ **0185** ★☆☆ 「친일반민족행위자 재산의 국가귀속에 관한 특별법」에 따른 친일재산은 친일반민족행위자 재산조사위원회가 국가귀속결정을 하여야 비로소 국가의 소유로 된다. 18. 교육행정직 (    )

□□□ **0186** ★☆☆ 방위사업법령 및 '국방전력발전업무훈령'에 따른 연구개발확인서 발급은 사업관리기관이 개발업체에게 해당 품목의 양산과 관련하여 수의계약의 방식으로 국방조달계약을 체결할 수 있는 지위가 있음을 인정해 주는 확인적 행정행위로서 처분에 해당한다. 21. 국회 8급 (    )

□□□ **0187** ★☆☆ 임용기간이 만료된 국립대학 조교수에 대하여 재임용을 거부하는 취지로 한 임용기간만료의 통지는 항고소송의 대상이 되는 행정처분에 해당한다. 21. 지방 7급 (    )

□□□ **0188** 부당한 공동행위의 자진신고자가 한 감면신청에 대해 공정거래위원회가 감면불인정 통지를 한 것은 항고소송의 대상인 행정처분으로 볼 수 없다. 14. 국가 9급 (    )

□□□ **0189** ★★★ 공무원에 대한 당연퇴직의 인사발령은 공무원의 신분을 상실시키는 새로운 형성적 행위이므로 행정소송의 대상이 되는 행정처분이다. 22. 국가 7급 (    )

## 정답 & OX 풀이

**0177** O  공유수면매립의 면허로 인한 권리의무의 양도·양수에 있어서의 면허관청의 인가는 효력요건으로서, 위 각 규정은 강행규정이라고 할 것인바, 위 면허의 공동명의자 사이의 면허로 인한 권리의무양도약정은 면허관청의 인가를 받지 않은 이상 법률상 아무런 효력도 발생할 수 없다. 대법원 1991. 6. 25. 선고 90누5184 판결

**0178** O  사회복지법인의 정관변경을 허가할 것인지의 여부는 주무관청의 정책적 판단에 따른 재량에 맡겨져 있다고 할 것이고, 주무관청이 정관변경허가를 함에 있어서는 비례의 원칙 및 평등의 원칙에 적합하고 행정처분의 본질적 효력을 해하지 않는 한도 내에서 부관을 붙일 수 있다. 대법원 2002. 9. 24. 선고 2000두5661 판결

**0179** X  공익법인의 **기본재산**에 대한 감독관청의 **처분허가**는 그 성질상 특정 상대에 대한 처분행위의 허가가 아니고 처분의 상대가 누구이든 이에 대한 처분행위를 보충하여 유효하게 하는 행위라 할 것이므로 (중략) 위 처분허가에 부관을 붙인 경우 그 처분허가의 법률적 성질이 형성적 행정행위로서의 인가에 해당한다고 하여 조건으로서의 **부관의 부과가 허용**되지 아니한다고 볼 수는 없다. 대법원 2005. 9. 28. 선고 2004다50044 판결

**0180** O  재단법인의 **임원취임승인** 신청에 대하여 주무관청이 이에 기속되어 이를 당연히 승인(인가)하여야 하는 것은 아니다. 대법원 2000. 1. 28. 선고 98두16996 판결

**0181** O  인가권자인 국토해양부장관 또는 시·도지사는 조합 등의 설립인가 신청에 대하여 자동차관리사업의 건전한 발전과 질서 확립이라는 사업자단체 설립의 공익적 목적에 부합하는지 등을 함께 검토하여 설립인가 여부를 결정할 재량을 가진다. 대법원 2015. 5. 29. 선고 2013두635 판결

**0182** O  주택재건축**사업시행의 인가**는 상대방에게 권리나 이익을 부여하는 효과를 가진 이른바 수익적 행정처분으로서 법령에 행정처분의 요건에 관하여 일의적으로 규정되어 있지 아니한 이상 행정청의 재량행위에 속하므로, 처분청으로서는 법령상의 제한에 근거한 것이 아니라 하더라도 공익상 필요 등에 의하여 필요한 범위 내에서 여러 조건(부담)을 부과할 수 있다. 대법원 2007. 7. 12. 선고 2007두6663 판결

**0183** X  특정의 사실 또는 법률관계의 존재를 공적으로 증명하여 공적 증거력을 부여하는 행정행위는 확인이 아닌 공증(행위)이다(당선인결정, 장애등급결정, 행정심판의 재결은 모두 확인행위에 해당함).

**0184** O  허가관청은 특단의 사정이 없는 한 건축허가내용대로 완공된 건축물의 준공을 거부할 수 없다. 대법원 1992. 4. 10. 선고 91누5358 판결

**0185** X  **친일재산**은 친일반민족행위자 재산조사위원회가 국가귀속결정을 하여야 비로소 국가의 소유로 되는 것이 아니라 **특별법의 시행에 따라** 그 취득·증여 등 원인행위시에 소급하여 **당연히 국가의 소유**로 되고, 위 위원회의 국가귀속결정은 당해 재산이 친일재산에 해당한다는 사실을 **확인**하는 이른바 준법률행위적 행정행위의 성격을 가진다. 대법원 2008. 11. 13. 선고 2008두13491 판결

**0186** O  국방전력발전업무훈령에 의한 **연구개발확인서 발급**은 (중략) 수의계약의 방식으로 국방조달계약을 체결할 수 있는 지위(경쟁입찰의 예외사유)가 있음을 인정해 주는 '확인적 행정행위'로서 공권력의 행사인 '처분'에 해당하고, 연구개발확인서 발급 거부는 신청에 따른 처분 발급을 거부하는 '거부처분'에 해당한다. 대법원 2020. 1. 16. 선고 2019다264700 판결

**0187** O  임용권자가 임용기간이 만료된 조교수에 대하여 재임용을 거부하는 취지로 한 **임용기간만료의 통지**는 위와 같은 대학교원의 법률관계에 영향을 주는 것으로서 행정소송의 대상이 되는 처분에 해당한다. 대법원 2004. 4. 22. 선고 2000두7735 판결

**0188** X  부당한 공동행위 자진신고자 등의 시정조치 또는 과징금 감면신청에 대한 공정거래위원회의 **감면불인정 통지**는 항고소송의 대상이 되는 행정처분에 해당한다. 대법원 2012. 9. 27. 선고 2010두3541 판결

**0189** X  **당연퇴직**의 인사발령은 법률상 당연히 발생하는 퇴직사유를 공적으로 확인하여 알려주는 이른바 관념의 통지에 불과하고 공무원의 신분을 상실시키는 새로운 형성적 행위가 아니므로 행정소송의 대상이 되는 독립한 행정처분이라고 할 수 없다. 대법원 1995. 11. 14. 선고 95누2036 판결

□□□ **0190** 정년에 달한 공무원에 대한 정년퇴직 발령은 정년퇴직 사실을 알리는 이른바 관념의 통지에 불과하여 행정소송의 대상이 될 수 없다. 18. 교육행정직 (      )

★★★
□□□ **0191** 국민건강보험공단이 행한 '직장가입자 자격상실 및 자격변동 안내' 통보는 가입자 자격의 변동 여부 및 시기를 확인하는 의미에서 한 사실상 통지행위에 불과할 뿐, 항고소송의 대상이 되는 행정처분에 해당하지 않는다. 25. 국가 7급 (      )

★★★
□□□ **0192** 영업양도행위가 무효임에도 행정청이 승계신고를 수리하였다면 양도자는 민사쟁송이 아닌 행정소송으로 신고수리처분의 무효확인을 구할 수 있다. 22. 지방 9급 (      )

★★★
□□□ **0193** 지적공부 소관청의 지목변경신청 반려행위는 국민의 권리관계에 영향을 미친다고 볼 수 없어서 행정처분에 해당하지 않는다. 22. 국가 7급 (      )

★★★
□□□ **0194** 건축물대장 소관청의 용도변경신청 거부행위는 국민의 권리관계에 영향을 미치는 것으로서 항고소송의 대상이 되는 행정처분에 해당한다. 22. 국가 7급 (      )

★☆☆
□□□ **0195** 지적공부 소관청의 토지대장 직권말소행위는 항고소송의 대상이 되는 행정처분에 해당한다.
14. 지방 7급 (      )

★☆☆
□□□ **0196** 의료유사업자 자격증 갱신발급행위는 유사의료업자의 자격을 부여 내지 확인하는 것이 아니라 특정한 사실 또는 법률관계의 존부를 공적으로 증명하는 소위 공증행위에 속하는 행정행위라 할 것이다.
21. 서울시 7급 (      )

★☆☆
□□□ **0197** 건설업면허증 및 건설업면허수첩의 재교부는 건설업의 면허를 받았다고 하는 특정사실에 대하여 형식적으로 그것을 증명하고 공적인 증거력을 부여하는 행정행위이다. 22. 국회 9급 (      )

□□□ **0198** 특허청장의 상표사용권 설정등록행위는 사인 간의 법률관계의 존부를 공적으로 증명하는 준법률행위적 행정행위이다. 21. 서울시 7급 (      )

★★★
□□□ **0199** 토지대장의 기재는 토지소유권을 제대로 행사하기 위한 전제요건으로서 토지소유자의 실체적 권리관계에 밀접하게 관련되어 있으므로 토지대장상의 소유자명의변경신청을 거부한 행위는 국민의 권리관계에 영향을 미치는 것이어서 항고소송의 대상이 되는 행정처분에 해당한다. 20. 지방 9급 (      )

★☆☆
□□□ **0200** 행정청이 무허가건물관리대장에서 무허가건물을 삭제하는 행위는 항고소송의 대상이 되는 행정처분에 해당한다. 17. 국가 7급 (      )

★☆☆
□□□ **0201** 행정청의 의사표시를 요소로 하는 법률행위적 행정행위 중에서 명령적 행위에는 하명, 허가, 대리가 속한다. 23. 국가 7급 (      )

★☆☆
□□□ **0202** 형성적 행정행위는 명령적 행정행위와 함께 법률행위적 행정행위에 속하며, 이에는 특허·인가·대리가 속한다. 15. 국가 7급 (      )

0190 O 국가공무원법 제74조에 의하면 공무원이 소정의 정년에 달하면 그 사실에 대한 효과로서 공무담임권이 소멸되어 당연히 퇴직되고 따로 그에 대한 행정처분이 행하여져야 비로소 퇴직되는 것은 아니라 할 것이며 피고의 원고에 대한 **정년퇴직 발령**은 정년퇴직 사실을 알리는 이른바 관념의 통지에 불과하므로 행정소송의 대상이 되지 아니한다. 대법원 1983. 2. 8. 선고 81누263 판결

0191 O **국민건강보험** 직장가입자 또는 지역**가입자 자격 변동**은 법령이 정하는 사유가 생기면 별도 처분 등의 개입 없이 사유가 발생한 날부터 변동의 효력이 당연히 발생하므로, 국민건강보험공단이 갑 등에 대하여 가입자 자격이 변동되었다는 취지의 '**직장가입자 자격상실 및 자격변동 안내**' 통보를 하였거나, 그로 인하여 사업장이 국민건강보험법상의 적용대상사업장에서 제외되었다는 취지의 '사업장 직권탈퇴에 따른 가입자 자격상실 안내' 통보를 하였더라도, 이는 갑 등의 가입자 자격의 변동 여부 및 시기를 확인하는 의미에서 한 사실상 통지행위에 불과할 뿐, (중략) 위 각 통보의 처분성이 인정되지 않는다. 대법원 2019. 2. 14. 선고 2016두41729 판결

0192 O 사업양도·양수에 따른 허가관청의 지위승계신고의 수리는 적법한 사업의 양도·양수가 있었음을 전제로 하는 것이므로 그 수리대상인 사업양도·양수가 존재하지 아니하거나 무효인 때에는 수리를 하였다 하더라도 그 수리는 유효한 대상이 없는 것으로서 당연히 무효라 할 것이고, 사업의 양도행위가 무효라고 주장하는 양도자는 **민사쟁송으로 양도·양수행위의 무효를 구함이 없이 막바로** 허가관청을 상대로 하여 행정소송으로 위 신고수리처분의 무효확인을 구할 **법률상 이익이 있다**. 대법원 2005. 12. 23. 선고 2005두3554 판결

0193 X 지적공부 소관청의 **지목변경신청 반려행위**는 국민의 권리관계에 영향을 미치는 것으로서 항고소송의 대상이 되는 행정처분에 해당한다. 대법원 2004. 4. 22. 선고 2003두9015 판결

0194 O 건축물대장 소관청의 **용도변경신청 거부행위**는 국민의 권리관계에 영향을 미치는 것으로서 항고소송의 대상이 되는 행정처분에 해당한다. 대법원 2009. 1. 30. 선고 2007두7277 판결

0195 O **토지대장을 직권으로 말소**한 행위는 국민의 권리관계에 영향을 미치는 것으로서 항고소송의 대상이 되는 행정처분에 해당한다. 대법원 2013. 10. 24. 선고 2011두13286 판결

0196 O 의료법 부칙 제7조의 의료유사업자 **자격증 갱신발급**행위는 의료유사업자의 자격을 부여 내지 확인하는 것은 아니고, 그 자격의 존재를 증명하는 **공증행위**이다. 대법원 1979. 5. 22. 선고 79누39 판결

0197 O 건설업**면허증** 및 건설업**면허수첩의 재교부**는 (중략) 이는 건설업의 면허를 받았다고 하는 특정사실에 대하여 형식적으로 그것을 증명하고 공적인 증거력을 부여하는 행정행위(강학상의 **공증행위**)이다. 대법원 1994. 10. 25. 선고 93누21231 판결

0198 O 특허청장의 **상표사용권설정등록**행위는 사인간의 법률관계의 존부를 공적으로 **증명**하는 준법률행위적 행정행위임이 분명하다. 대법원 1991. 8. 13. 선고 90누9414 판결

0199 X 소관청이 토지대장상의 **소유자명의변경신청을 거부**한 행위는 이를 항고소송의 대상이 되는 행정처분이라고 할 수 없다. 대법원 2012. 1. 12. 선고 2010두12354 판결

0200 X 무허가건물을 무허가건물관리대장에서 삭제하는 행위는 다른 특별한 사정이 없는 한 항고소송의 대상이 되는 행정처분이 아니다. 대법원 2009. 3. 12. 선고 2008두11525 판결

0201 X 하명, 허가는 법률행위적 행정행위 중 명령적 행위이나, 대리는 법률행위적 행정행위 중 특허, 인가와 함께 형성적 행위에 속한다.

0202 O 법률행위적 행정행위는 명령적 행위와 형성적 행위로 구분되고, 이 중 형성적 행위에는 특허, 인가, 대리가 있다.

## 기출 지문 OX Check ✓

☐☐☐ **0203** 행정행위의 부관으로 철회권의 유보가 되어 있는 경우라 하더라도 그 철회권의 행사에 대해서는 행정행위의 철회의 제한에 관한 일반원리가 적용된다. 13. 국가 9급 (　　　)

★☆☆
☐☐☐ **0204** 행정청이 종교단체에 대하여 기본재산전환인가를 함에 있어 인가조건을 부가하고 그 불이행 시 인가를 취소할 수 있도록 하였다면 그 인가조건은 부관으로서 철회권의 유보에 해당한다. 23. 소방간부 (　　　)

★★☆
☐☐☐ **0205** 부담부 행정처분에 있어서 처분의 상대방이 부담을 이행하지 아니한 경우에 처분청이 이를 들어 당해 처분을 철회할 수 없다. 24. 지방 9급 (　　　)

★☆☆
☐☐☐ **0206** 부담과 조건의 구별이 애매한 경우 조건으로 보는 것보다 부담으로 해석하는 것이 상대방에게 유리하다.
20. 변호사 (　　　)

★★☆
☐☐☐ **0207** 사도개설허가에서 정해진 공사기간은 사도개설허가 자체의 존속기간을 정한 것이라 볼 수 있으므로 공사기간 내에 사도로 준공검사를 받지 못하였다면 사도개설허가는 당연히 실효된다. 25. 국가 9급 (　　　)

★★★
☐☐☐ **0208** 수익적 행정처분에 있어서는 법령에 특별한 근거규정이 있는 경우에만 그 부관으로서 부담을 붙일 수 있다. 23. 국가 9급 (　　　)

★★★
☐☐☐ **0209** 수익적 행정처분에 있어서는 행정청이 행정처분을 하면서 부담을 일방적으로 부가할 수 있을 뿐, 부담을 부가하기 이전에 상대방과 협의하여 부담의 내용을 협약의 형식으로 미리 정한 다음 부가할 수는 없다.
22. 지방 7급 (　　　)

★★★
☐☐☐ **0210** 행정처분에 부담인 부관을 붙인 경우 부관의 무효화에 의하여 본체인 행정처분 자체의 효력에도 영향이 있게 될 수 있으며, 그 처분을 받은 사람이 부담의 이행으로 사법상 매매 등의 법률행위를 한 경우 그 법률행위 자체는 당연무효이다. 24. 국가 9급 (　　　)

★★★
☐☐☐ **0211** 부담의 이행으로서 하게 된 사법상 매매 등의 법률행위는 부담을 붙인 행정처분과는 별개의 법률행위이므로, 그 부담의 불가쟁력의 문제와는 별도로 법률행위가 사회질서 위반이나 강행규정에 위반되는지 여부 등을 따져보아 그 법률행위의 유효 여부를 판단하여야 한다. 21. 국가 9급 (　　　)

★★★
☐☐☐ **0212** 행정처분에 붙은 부담인 부관이 불가쟁력이 생겼다 하더라도, 당해 부담이 당연무효가 아닌 이상 그 부담의 이행으로서 하게 된 매매 등 사법상 법률행위의 효력을 민사소송으로 다툴 수는 없다.
16. 지방 7급 (　　　)

## 정답 & OX 풀이

**0203** O 철회권이 유보된 경우에도 이를 행사함에 있어서는 철회의 제한이론인 '이익형량의 원칙'이 적용된다.

**0204** O 행정청이 종교단체에 대하여 기본재산전환인가를 함에 있어 인가조건을 부가하고 그 불이행시 인가를 취소할 수 있도록 한 경우, 인가조건의 의미는 철회권을 유보한 것이다. 대법원 2003. 5. 30. 선고 2003다6422 판결

**0205** X 부담부 행정처분에 있어서 처분의 상대방이 부담(의무)을 이행하지 아니한 경우에 처분행정청으로서는 이를 들어 당해 처분을 취소(철회)할 수 있다. 대법원 1989. 10. 24. 선고 89누2431 판결

**0206** O 부담과 조건의 구별이 명확하지 않을 경우, 조건으로 보는 것보다 부담으로 해석하는 것이 상대방에게 유리하므로 원칙적으로 그 부관은 부담인 것으로 추정한다.

**0207** X **사도개설허가에서 정해진 공사기간** 내에 사도로 준공검사를 받지 못한 경우, 이 공사기간을 사도개설허가 **자체의 존속기간(유효기간)으로 볼 수 없다**는 이유로 사도개설허가가 당연히 실효되는 것은 아니라고 한 사례. 대법원 2004. 11. 25. 선고 2004두7023 판결

**0208** X 아래 209번의 해설 내용 참고.

**0209** X **수익적 행정처분**에 있어서는 법령에 특별한 근거규정이 없다고 하더라도 그 부관으로서 부담을 붙일 수 있고, 그와 같은 부담은 행정청이 행정처분을 하면서 일방적으로 부가할 수도 있지만 부담을 부가하기 이전에 상대방과 협의하여 **부담의 내용을 협약의 형식으로 미리 정한 다음** 행정처분을 하면서 이를 부가할 수도 있다. 대법원 2009. 2. 12. 선고 2005다65500 판결

**0210** X 행정처분에 부담인 부관을 붙인 경우 **부관의 무효화**에 의하여 본체인 행정처분 자체의 효력에도 영향이 있게 될 수는 있지만, 그 처분을 받은 사람이 부담의 이행으로 사법상 매매 등의 법률행위를 한 경우에는 그 부관은 특별한 사정이 없는 한 법률행위를 하게 된 동기 내지 연유로 작용하였을 뿐이므로 이는 법률행위의 **취소사유**가 될 수 있음은 별론으로 하고 그 법률행위 자체를 **당연히 무효화하는 것은 아니다.** 대법원 2009. 6. 25. 선고 2006다18174 판결

**0211** O 행정처분에 붙은 부담인 부관이 제소기간의 도과로 확정되어 이미 불가쟁력이 생겼다면 그 하자가 중대하고 명백하여 당연무효로 보아야 할 경우 외에는 누구나 그 효력을 부인할 수 없을 것이지만, 부담의 이행으로서 하게 된 사법상 매매 등의 법률행위는 부담을 붙인 행정처분과는 어디까지나 **별개의 법률행위**이므로 그 부담의 불가쟁력의 문제와는 별도로 법률행위가 사회질서 위반이나 강행규정에 위반되는지 여부 등을 따져보아 그 **법률행위의 유효 여부를 판단**하여야 한다. 대법원 2009. 6. 25. 선고 2006다18174 판결

**0212** X 위 211번의 해설 내용 참고(민사소송을 통해 부담의 이행행위로 행한 사법상 법률행위의 효력을 별도로 판단할 수 있다는 의미).

□□□ ★★★ **0213** 토지소유자가 토지형질변경행위허가에 붙은 기부채납의 부관에 따라 토지를 국가나 지방자치단체에 기부채납한 경우, 기부채납의 부관이 당연무효이거나 취소되지 아니한 이상 토지소유자는 위 부관으로 인하여 기부채납계약의 중요부분에 착오가 있음을 이유로 기부채납계약을 취소할 수 없다.
23. 국가 9급 (    )

□□□ ★★★ **0214** 행정청은 처분에 재량이 없는 경우에는 법률에 근거가 있는 경우에 부관을 붙일 수 있다.
21. 지방 9급 (    )

□□□ ★★☆ **0215** 기속행위에 대해서는 법령상 특별한 근거가 없는 한 부관을 붙일 수 없고, 가사 부관을 붙였다고 하더라도 이는 무효이다. 19. 국가 9급 (    )

□□□ ★★☆ **0216** 일반적으로 보조금 교부결정은 법령과 예산에서 정하는 바에 엄격히 기속되므로, 행정청은 보조금 교부결정을 할 때 조건을 붙일 수 없다. 22. 지방 7급 (    )

□□□ **0217** 법률행위적 행정행위에는 부관을 붙일 수 있는 것이 원칙이므로 귀화허가 및 공무원의 임명행위 등과 같은 신분설정행위에는 부관을 붙일 수 있다. 10. 국가 9급 (    )

□□□ ★★☆ **0218** 부관은 해당 처분의 목적에 위배되지 아니하여야 하며, 그 처분과 실질적인 관련이 있어야 하고 또한 그 처분의 목적을 달성하기 위하여 필요한 최소한의 범위 내에서 붙여야 한다. 23. 국가 7급 (    )

□□□ ★★☆ **0219** 행정청이 처분을 하면서 부제소특약의 부관을 붙인 것은 당사자가 임의로 처분할 수 없는 공법상 권리관계를 대상으로 하여 사인의 국가에 대한 소권을 당사자의 합의로 포기하는 것으로 허용될 수 없다.
24. 변호사 (    )

□□□ ★★☆ **0220** 기선선망어업의 허가를 하면서 운반선, 등선 등 부속선을 사용할 수 없도록 제한한 부관은 그 어업허가의 목적달성을 사실상 어렵게 하여 그 본질적 효력을 해하는 것이므로 위법한 것이다. 23. 국가 9급 (    )

□□□ ★★★ **0221** 행정처분과 부관 사이에 실제적 관련성이 있다고 볼 수 없는 경우, 공무원이 공법상의 제한을 회피할 목적으로 행정처분의 상대방과 사이에 사법상 계약을 체결하는 형식을 취하였더라도 법치행정의 원리에 반하는 것으로서 위법하다고 볼 수 없다. 21. 국가 9급 (    )

□□□ **0222** 건축행정청은 신청인의 건축계획상 하나의 대지로 삼으려고 하는 '하나 이상의 필지의 일부'가 관계 법령상 토지분할이 가능한 경우인지를 심사하여 토지분할이 관계 법령상 제한에 해당되어 명백히 불가능하다고 판단되는 경우에는 토지분할 조건부 건축허가를 거부하여야 한다. 21. 소방간부 (    )

□□□ ★★★ **0223** 부관은 면허 발급 당시에 붙이는 것뿐만 아니라 면허 발급 이후에 붙이는 것도 법률에 명문의 규정이 있거나 변경이 미리 유보되어 있는 경우 또는 상대방의 동의가 있는 경우 등에는 특별한 사정이 없는 한 허용된다. 23. 국가 9급 (    )

□□□ ★★★ **0224** 사정변경으로 당초에 부담을 부가한 목적을 달성할 수 없게 된 경우에도 그 목적달성에 필요한 범위 내에서 예외적으로 부담의 사후변경이 허용된다. 19. 국가 9급 (    )

## 정답 & OX 풀이

**0213**  O  기부채납의 부관이 **당연무효이거나 취소되지 아니한** 이상 토지소유자는 위 부관으로 인하여 증여계약의 중요부분에 착오가 있음을 이유로 **증여계약을 취소할 수 없다.** 대법원 1999. 5. 25. 선고 98다53134 판결

**0214**  O  행정기본법 제17조(부관) ② 행정청은 처분에 재량이 **없는** 경우에는 **법률에 근거**가 있는 경우에 부관을 붙일 수 있다.

**0215**  O  일반적으로 기속행위나 기속적 재량행위에는 부관을 붙일 수 없고 가사 부관을 붙였다 하더라도 무효이다. 대법원 1995. 6. 13. 선고 94다56883 판결

**0216**  X  일반적으로 **보조금 교부결정**에 관해서는 행정청에게 광범위한 **재량**이 부여되어 있고, 행정청은 보조금 교부결정을 할 때 법령과 예산에서 정하는 보조금의 교부 목적을 달성 하는 데에 필요한 조건을 붙일 수 있다. 대법원 2021. 2. 4. 선고 2020두48772 판결

**0217**  X  법률행위적 행정행위에는 부관을 붙일 수 있는 것이 원칙이나, 귀화허가 또는 공무원의 임명행위와 같은 신분설정행위에는 당사자의 지위를 보장하기 위해 부관을 붙일 수 없다고 보는 것이 일반적인 견해이다.

**0218**  O  행정기본법 제17조(부관) ④ 부관은 다음 각 호의 요건에 적합하여야 한다.
1. 해당 처분의 목적에 위배되지 아니할 것
2. 해당 처분과 실질적인 관련이 있을 것
3. 해당 처분의 목적을 달성하기 위하여 필요한 최소한의 범위일 것

**0219**  O  **부제소특약**에 관한 부관은 당사자가 임의로 처분할 수 없는 공법상의 권리관계를 대상으로 하여 사인의 국가에 대한 공권인 소권을 당사자의 합의로 포기하는 것으로서 허용될 수 없다. 대법원 1998. 8. 21. 선고 98두8919 판결

**0220**  O  **기선선망어업**의 허가를 하면서 운반선, 등선 등 부속선을 사용할 수 없도록 제한한 부관은 그 어업허가의 목적달성을 사실상 어렵게 하여 그 본질적 효력을 해하는 것일 뿐만 아니라 위 시행령의 규정에도 어긋나는 것이며, 더욱이 어업조정이나 기타 공익상 필요하다고 인정되는 사정이 없는 이상 **위법한 것이다.** 대법원 1990. 4. 27. 선고 89누6808 판결

**0221**  X  행정처분과 부관 사이에 **실제적 관련성**이 있다고 볼 수 없는 경우 공무원이 위와 같은 공법상의 제한을 회피할 목적으로 행정처분의 상대방과 사이에 사법상 계약을 체결하는 형식을 취하였다면 이는 법치행정의 원리에 반하는 것으로서 위법하다. 대법원 2009. 12. 10. 선고 2007다63966 판결

**0222**  O  건축행정청은 신청인의 건축계획상 하나의 대지로 삼으려고 하는 '하나 이상의 필지의 일부'가 관계 법령상 토지분할이 가능한 경우인지를 심사하여 토지분할이 관계 법령상 제한에 해당되어 명백히 불가능하다고 판단되는 경우에는 토지분할 조건부 건축허가를 거부하여야 한다. 대법원 2018. 6. 28. 선고 2015두47737 판결

**0223**  O  행정처분에 이미 부담이 부가되어 있는 상태에서 그 의무의 범위 또는 내용 등을 변경하는 **부관의 사후변경**은, **법률**에 명문의 규정이 있거나 그 변경이 미리 **유보**되어 있는 경우 또는 상대방의 **동의**가 있는 경우에 한하여 허용되는 것이 원칙이지만, **사정변경**으로 인하여 당초에 부담을 부가한 목적을 달성할 수 없게 된 경우에도 그 목적달성에 필요한 범위 내에서 예외적으로 허용된다. 대법원 1997. 5. 30. 선고 97누2627 판결

**0224**  O  위 223번의 해설 내용 참고.

□□□ **0225** ★★★ 처분 당시 법령을 기준으로 처분에 부가된 부담이 적법하였더라도, 처분 후 부담의 전제가 된 주된 행정처분의 근거 법령이 개정됨으로써 행정청이 더 이상 부관을 붙일 수 없게 되었다면 그때부터 부담의 효력은 소멸한다. 21. 국가 9급 (      )

□□□ **0226** ★★★ 행정청이 수익적 행정처분을 하면서 사전에 상대방과 체결한 협약상의 의무를 부담으로 부가하였는데, 부담의 전제가 된 주된 행정처분의 근거 법령이 개정되어 부관을 붙일 수 없게 된 경우에는 곧바로 협약의 효력이 소멸한다. 20. 국가 9급 (      )

□□□ **0227** ★★★ 도로점용허가의 점용기간을 정함에 있어 위법사유가 있다면 도로점용허가처분 전부가 위법하게 된다. 19. 국가 9급 (      )

□□□ **0228** ★★★ 행정행위의 부관은 부담의 경우를 제외하고는 독립하여 행정소송의 대상이 될 수 없다. 18. 국가 7급 (      )

□□□ **0229** ★★★ 기부채납 받은 행정재산에 대한 사용·수익허가에서 공유재산의 관리청이 정한 사용·수익허가의 기간은 그 허가의 효력을 제한하기 위한 행정행위의 부관으로서 독립하여 행정소송의 대상으로 삼을 수 있다. 24. 국가 9급 (      )

□□□ **0230** ★★★ 지방국토관리청장이 일부 공유수면매립지를 국가 또는 지방자치단체에 귀속처분한 것은 법률효과의 일부를 배제하는 부관을 붙인 것이므로 이러한 행정행위의 부관은 독립하여 행정쟁송 대상이 될 수 없다. 20. 지방 9급 (      )

□□□ **0231** 위법한 부담 이외의 부관으로 인해 권리를 침해받은 자는 부관부행정행위 전체를 취소청구하든지, 아니면 행정청에 부관이 없는 처분으로의 변경을 청구한 다음 그것이 거부된 경우에 거부처분취소소송을 제기하여야 한다. 12. 지방 9급 (      )

□□□ **0232** 행정행위의 부관은 법령이 직접 행정행위의 조건이나 기한 등을 정한 경우와 구별되어야 한다. 18. 지방 9급 (      )

□□□ **0233** ★★☆ 행정청이 임시이사를 선임하면서 임기를 '후임 정식이사가 선임될 때까지'로 기재한 것은 근거 법률의 해석상 당연히 도출되는 사항을 주의적·확인적으로 기재한 이른바 '법정부관'일 뿐, 행정청의 의사에 따라 붙이는 본래 의미의 행정처분 부관이라고 볼 수 없고, 후임 정식이사가 선임되면 임시이사의 임기는 자동적으로 만료되어 임시이사의 지위가 상실되는 효과가 발생한다. 25. 군무원 7급 (      )

□□□ **0234** 고시에서 정하여진 허가기준에 따라 보존음료수 제조업의 허가에 부가된 조건은 행정행위에 부관을 부가할 수 있는 한계에 관한 일반적인 원칙이 적용되지 아니한다. 19. 국회 8급 (      )

□□□ **0235** ★☆☆ 법정부관에 대하여는 행정행위에 부관을 붙일 수 있는 한계에 관한 일반적인 원칙이 적용된다. 23. 군무원 7급 (      )

□□□ **0236** ★☆☆ 행정행위의 부관인 부담에 정해진 바에 따라 당해 행정청이 아닌 다른 행정청이 그 부담상의 의무이행을 요구하는 의사표시를 하였을 경우, 이러한 행위가 당연히 항고소송의 대상이 되는 처분에 해당한다고 할 수는 없다. 24. 국가 9급 (      )

## 정답 & OX 풀이

**0225** ✕ 행정청이 수익적 행정처분을 하면서 부가한 부담의 위법 여부는 **처분 당시** 법령을 기준으로 판단하여야 하고, 부담이 **처분 당시 법령을 기준으로 적법**하다면 처분 후 부담의 전제가 된 주된 행정처분의 근거 법령이 개정됨으로써 행정청이 더 이상 부관을 붙일 수 없게 되었다 하더라도 **곧바로 위법하게 되거나 그 효력이 소멸하게 되는 것은 아니다.** 대법원 2009. 2. 12. 선고 2005다65500 판결

**0226** ✕ 행정처분의 상대방이 수익적 행정처분을 얻기 위하여 행정청과 사이에 행정처분에 부가할 부담에 관한 협약을 체결하고 행정청이 수익적 행정처분을 하면서 협약상의 의무를 부담으로 부가하였으나 부담의 전제가 된 주된 행정처분의 근거 법령이 개정됨으로써 행정청이 더 이상 부관을 붙일 수 없게 된 경우에도 **곧바로 협약의 효력이 소멸하는 것은 아니다.** 대법원 2009. 2. 12. 선고 2005다65500 판결

**0227** ○ **도로점용허가의 점용기간은** 행정행위의 **본질적인** 요소에 해당한다고 볼 것이어서 부관인 점용기간을 정함에 있어서 위법사유가 있다면 이로써 도로점용허가 처분 **전부가 위법**하게 된다. 대법원 1985. 7. 9. 선고 84누604 판결

**0228** ○ 현행 행정쟁송제도 아래서는 부관 그 자체만을 독립된 쟁송의 대상으로 할 수 없는 것이 원칙이나 행정행위의 부관 중에서도 행정행위에 부수하여 그 행정행위의 상대방에게 일정한 의무를 부과하는 행정청의 의사표시인 **부담의 경우에는** 다른 부관과는 달리 행정행위의 불가분적인 요소가 아니고 그 존속이 본체인 행정행위의 존재를 전제로 하는 것일 뿐이므로 **부담 그 자체로서 행정쟁송의 대상이 될 수 있다.** 대법원 1992. 1. 21. 선고 91누1264 판결

**0229** ✕ 행정행위의 부관은 부담인 경우를 제외하고는 독립하여 행정소송의 대상이 될 수 없는바, 기부채납받은 행정재산에 대한 사용·수익허가에서 공유재산의 관리청이 정한 사용·수익허가의 **기간은** 그 허가의 효력을 제한하기 위한 행정행위의 부관으로서 이러한 사용·수익허가의 기간에 대해서는 **독립하여 행정소송을 제기할 수 없으며,** 결국 이 사건 청구는 부적법하여 각하를 면할 수 없다. 대법원 2001. 6. 15. 선고 99두509 판결

**0230** ○ 지방국토관리청장이 일부 공유수면**매립지에 대하여 한 국가 또는 직할시 귀속처분은** 매립준공인가를 함에 있어서 매립의 면허를 받은 자의 매립지에 대한 소유권취득을 규정한 공유수면매립법 제14조의 **효과 일부를 배제하는 부관**(주: 법률효과의 일부배제)을 붙인 것이고, 이러한 행정행위의 부관은 위 법리와 같이 독립하여 행정소송 대상이 될 수 없다. 대법원 1993. 10. 8. 선고 93누2032 판결

**0231** ○ 부담 이외의 부관의 경우 부관의 하자를 다투기 위해서는 부관부 행정행위 전체를 대상으로 쟁송을 제기하거나 또는 먼저 부관부 행정행위의 변경을 청구하고 행정청이 이를 거부한 경우 그 거부처분의 취소를 구하는 쟁송을 제기할 수 있다.

**0232** ○ 법령이 직접 행정행위의 조건이나 기한 등을 정한 경우를 법정부관이라 하는바, 법정부관에 대해서는 부관의 한계에 관한 내용이 적용되지 않는 등 일반적인 부관과 비교하여 차이점이 있으므로 양자는 구별되어야 한다.

**0233** ✕ 임시이사를 선임하면서 임기를 '후임 정식이사가 선임될 때까지'로 기재한 것은 근거 법률의 해석상 당연히 도출되는 사항을 주의적·확인적으로 기재한 이른바 '**법정부관**'일 뿐, 행정청의 의사에 따라 붙이는 본래 의미의 행정처분 부관이라고 볼 수 없다. 후임 정식이사가 선임되었다는 사유만으로 임시이사의 **임기가 자동적으로 만료되어 임시이사의 지위가 상실되는 효과가 발생하지 않고,** 관할 행정청이 후임 정식이사가 선임되었음을 이유로 임시이사를 해임하는 행정처분을 해야만 비로소 임시이사의 지위가 상실되는 효과가 발생한다. 대법원 2020. 10. 29. 선고 2017다269152 판결

**0234** ○ 위 고시에 정한 허가기준에 따라 **보존음료수 제조업** 허가에 붙여진 전량수출 또는 주한 외국인에 대한 판매에 한한다는 내용의 조건은 이른바 **법정부관**으로서 행정청의 의사에 기하여 붙여지는 본래의 의미에서의 행정행위의 부관은 아니다. 따라서 이와 같은 법정부관에 대하여는 행정행위에 부관을 붙일 수 있는 한계에 관한 일반적인 원칙이 적용되지는 않지만, 위 고시가 헌법상 보장된 기본권을 침해하는 것으로서 헌법에 위반될 때에는 그 효력이 없는 것으로 볼 수밖에 없다. 대법원 1995. 11. 14. 선고 92도496 판결

**0235** ✕ 위 234번의 해설 내용 참고.

**0236** ○ 행정행위의 부관인 부담에 정해진 바에 따라 당해 행정청이 아닌 **다른 행정청이** 그 부담상의 의무이행을 요구하는 의사표시를 하였을 경우, 이러한 행위가 당연히 또는 무조건으로 행정소송법상 항고소송의 대상이 되는 **처분에 해당한다고 할 수는 없다.** 대법원 1992. 1. 21. 선고 91누1264 판결

## 기출 지문 OX Check

**★★☆**
☐☐☐ **0237** 행정의사가 외부에 표시되어 행정청이 자유롭게 취소·철회할 수 없는 구속을 받게 되는 시점에 처분이 성립하고, 그 성립 여부는 행정청이 행정의사를 공식적인 방법으로 외부에 표시하였는지를 기준으로 판단해야 한다. 21. 국가 9급 (      )

**★☆☆**
☐☐☐ **0238** 일반적으로 행정행위가 주체·내용·절차와 형식의 요건을 모두 갖추고 외부에 표시된 경우에 행정행위의 존재가 인정된다. 21. 소방 (      )

**★★☆**
☐☐☐ **0239** 법무부장관의 입국금지결정이 그 의사가 공식적인 방법으로 외부에 표시된 것이 아니라 단지 그 정보를 내부 전산망인 출입국관리정보시스템에 입력하여 관리한 것에 지나지 않은 경우, 이는 항고소송의 대상에 해당되지 않는다. 25. 지방 9급 (      )

**★★☆**
☐☐☐ **0240** 법무부장관의 입국금지결정에는 공정력과 불가쟁력이 발생하므로 재외공관장은 甲에게 사증을 발급할 수 없다. 25. 지방 9급 (      )

**★★☆**
☐☐☐ **0241** 행정처분의 효력발생요건으로서의 도달이란 처분 상대방이 처분서의 내용을 현실적으로 알았을 필요까지는 없고 처분상대방이 알 수 있는 상태에 놓임으로써 충분하다. 25. 소방간부 (      )

**★★☆**
☐☐☐ **0242** 납세고지서의 교부송달 및 우편송달에 있어서 반드시 납세의무자 또는 그와 일정한 관계에 있는 사람의 현실적인 수령행위를 전제로 하고 있다고 보아야 하며, 납세자가 과세처분의 내용을 이미 알고 있는 경우에도 납세고지서의 송달이 불필요하다고 할 수 없다. 14. 지방 7급 (      )

**★★★**
☐☐☐ **0243** 상대방 있는 행정처분이 상대방에게 고지되지 아니한 경우에는 특별한 규정이 없는 한 상대방이 다른 경로를 통해 행정처분의 내용을 알게 되었다고 하더라도 행정처분의 효력이 발생한다고 볼 수 없다. 22. 국가 7급 (      )

**★★☆**
☐☐☐ **0244** 처분서를 보통우편의 방법으로 발송한 경우에는 그 우편물이 상당한 기간 내에 도달하였다고 추정할 수 없다. 18. 국가 9급 (      )

☐☐☐ **0245** 등기에 의한 우편송달의 경우라도 수취인이 주민등록지에 실제로 거주하지 않는 경우에는 우편물의 도달사실을 처분청이 입증해야 한다. 18. 국가 9급 (      )

☐☐☐ **0246** 상대방이 부당하게 등기취급 우편물의 수취를 거부함으로써 우편물의 내용을 알 수 있는 객관적 상태의 형성을 방해한 경우 그러한 부당한 수취 거부가 없었더라면 상대방이 우편물의 내용을 알 수 있는 객관적 상태에 놓일 수 있었던 때, 즉 수취 거부 시에 의사표시의 효력이 생긴 것으로 보아야 한다. 25. 국회 8급 (      )

# 정답 & OX 풀이

**0237** O 행정처분의 외부적 성립은 행정의사가 외부에 표시되어 행정청이 자유롭게 취소·철회할 수 없는 구속을 받게 되는 시점을 확정하는 의미를 가지므로, 어떠한 처분의 외부적 성립 여부는 행정청에 의해 행정의사가 **공식적인 방법으로 외부에 표시**되었 는지를 기준으로 판단하여야 한다. 대법원 2017. 7. 11. 선고 2016두35120 판결

**0238** O 일반적으로 처분이 주체·내용·절차와 형식의 요건을 모두 갖추고 외부에 표시된 경우에는 처분의 존재가 인정된다. 대법원 2019. 7. 11. 선고 2017두38874 판결

**0239** O 법무부장관이 출입국관리법 및 동법 시행령에 따라 위 입국금지결정을 했다고 해서 '처분'이 성립한다고 볼 수는 없고, 위 **입국 금지결정**은 법무부장관의 의사가 공식적인 방법으로 **외부에 표시된 것이 아니라** 단지 그 정보를 내부전산망인 '출입국관리정보 시스템'에 입력하여 관리한 것에 지나지 않으므로, 위 입국금지결정은 항고소송의 대상이 될 수 있는 '**처분**'에 **해당하지 않는다**. 대법원 2019. 7. 11. 선고 2017두38874 판결

**0240** X 위 239번의 해설에 나타난 바와 같이 이 사건 입국금지결정은 처분이 아니므로, 처분의 효력인 공정력과 불가쟁력이 발생할 여지가 없다.

**0241** O 행정처분의 효력발생요건으로서의 **도달**이란 처분상대방이 처분서의 내용을 현실적으로 알았을 필요까지는 없고 처분상대방이 **알 수 있는 상태**에 놓임으로써 충분하며, 처분서가 처분상대방의 주민등록상 주소지로 송달되어 처분상대방의 사무원 등 또는 그 밖에 우편물 수령권한을 위임받은 사람이 **수령하면** 처분상대방이 알 수 있는 상태가 되었다고 할 것이다. 대법원 2017. 3. 9. 선고 2016두60577 판결

**0242** O 납세고지서의 교부송달 및 우편송달에 있어서는 반드시 납세의무자 또는 그와 일정한 관계에 있는 사람의 현실적인 수령행위를 전제로 하고 있다고 보아야 하며, 납세자가 과세처분의 내용을 이미 알고 있는 경우에도 납세고지서의 송달이 불필요하다고 할 수는 없다. 대법원 2004. 4. 9. 선고 2003두13908 판결

**0243** O 상대방 있는 행정처분은 특별한 규정이 없는 한 의사표시에 관한 일반법리에 따라 상대방에게 고지되어야 효력이 발생하고, 상대방 있는 행정처분이 상대방에게 **고지되지 아니한 경우**에는 상대방이 인터넷 홈페이지 접속 등 **다른 경로를 통해** 행정처분 의 내용을 **알게 되었다고 하더라도** 행정처분의 효력이 발생한다고 볼 수 없다. 대법원 2019. 8. 9. 선고 2019두38656 판결

**0244** O 내용증명우편이나 등기우편과는 달리, **보통우편**의 방법으로 발송되었다는 사실만으로는 그 우편물이 상당한 기간 내에 도달하 였다고 **추정할 수 없고**, 송달의 효력을 주장하는 측에서 증거에 의하여 이를 입증하여야 한다. 대법원 2009. 12. 10. 선고 2007두20140 판결

**0245** O 우편물이 등기취급의 방법으로 발송된 경우, 특별한 사정이 없는 한, 그 무렵 수취인에게 배달되었다고 보아도 좋을 것이나, 수취인이나 그 가족이 주민등록지에 **실제로 거주하고 있지 아니하면서 전입신고만을** 해 둔 경우에는 (중략) 우편물이 수취인에 게 도달하였다고 **추정할 수는 없고**, 따라서 이러한 경우에는 우편물의 도달사실을 과세관청이 입증해야 할 것이다. 대법원 1998. 2. 13. 선고 97누8977 판결

**0246** O 상대방이 **부당하게 등기취급 우편물의 수취를 거부**함으로써 우편물의 내용을 알 수 있는 객관적 상태의 형성을 방해한 경우 그러한 상태가 형성되지 아니하였다는 사정만으로 발송인의 의사표시의 효력을 부정하는 것은 신의성실의 원칙에 반하므로 허용되지 아니한다. 이러한 경우에는 부당한 수취 거부가 없었더라면 상대방이 우편물의 내용을 알 수 있는 객관적 상태에 놓일 수 있었던 때, 즉 **수취 거부 시에 의사표시의 효력이 생긴 것으로 보아야 한다**(주: 조합원이 행정주체인 조합에 대하여 등기우편 물을 발송한 사례). 대법원 2020. 8. 20. 선고 2019두34630 판결

□□□ **0247** 교부에 의한 송달은 수령확인서를 받고 문서를 교부함으로써 하며, 송달하는 장소에서 송달받을 자를 만나지 못한 경우에는 그 사무원 피용자 또는 동거인으로서 사리를 분별할 지능이 있는 사람에게 문서를 교부할 수 있다. 17. 서울시 9급 (     )

★★☆
□□□ **0248** 수취인이 송달을 회피하는 정황이 있어 부득이 사업장에 납세고지서를 두고 왔다면 납세고지서의 송달이 이루어진 것이다. 20. 국회 8급 (     )

★★☆
□□□ **0249** 정보통신망을 이용한 송달은 송달받을 자가 동의하는 경우에만 한다. 22. 국회 8급 (     )

★★☆
□□□ **0250** 정보통신망을 이용하여 전자문서로 송달하는 경우에는 송달받을 자가 지정한 컴퓨터 등에 입력된 때에 도달된 것으로 본다. 23. 국가 9급 (     )

★★☆
□□□ **0251** 송달이 불가능한 경우에는 송달받을 자가 알기 쉽도록 관보, 공보, 게시판, 일간신문 중 하나 이상에 공고하고 인터넷에도 공고하여야 한다. 23. 국가 9급 (     )

★★☆
□□□ **0252** 처분의 송달이 불가능한 경우에는 송달받을 자가 알기 쉽도록 관보, 공보, 게시판, 일간신문 또는 인터넷 홈페이지 중 하나에 공고하여야 한다. 25. 지방 7급 (     )

★★☆
□□□ **0253** 송달이 불가능하여 관보, 공보 등에 공고한 경우에는 다른 법령등에 특별한 규정이 있는 경우를 제외하고는 공고일부터 14일이 지난 때에 그 효력이 발생한다. 다만, 긴급히 시행하여야 할 특별한 사유가 있어 효력 발생 시기를 달리 정하여 공고한 경우에는 그에 따른다. 22. 국회 8급 (     )

★★☆
□□□ **0254** 구 「청소년 보호법」에 따라 정보통신윤리위원회가 특정 웹사이트를 청소년유해매체물로 결정하고 청소년보호위원회가 효력발생시기를 명시하여 고시하였으나 정보통신윤리위원회와 청소년보호위원회가 웹사이트 운영자에게는 위 처분이 있었음을 통지하지 않았다면 그 효력이 발생하지 않는다.

25. 국가 7급 (     )

★★☆
□□□ **0255** 처분의 효력 유무가 민사소송의 선결문제로 되어 당해 소송의 수소법원이 이를 심리·판단하는 경우 수소법원은 필요하다고 인정할 때에는 직권으로 증거조사를 할 수 있고, 당사자가 주장하지 아니한 사실에 대하여도 판단할 수 있다. 25. 군무원 9급 (     )

□□□ **0256** 처분은 무효가 아닌 한 권한이 있는 기관이 취소 또는 철회하거나 기간의 경과 등으로 소멸되기 전까지는 유효한 것으로 통용된다. 25. 국가 7급 (     )

★★☆
□□□ **0257** 행정처분이 아무리 위법하다고 하여도 그 하자가 중대하고 명백하여 당연 무효라고 보아야 할 사유가 있는 경우를 제외하고는 아무도 그 하자를 이유로 무단히 그 효과를 부정하지 못한다. 21. 지방 9급 (     )

□□□ **0258** 항고소송에서 행정처분이 적법하다고 주장하는 피고가 그 적법사유에 대한 입증책임을 부담하는 것은, 처분의 공정력을 부정하는 것이 아니며 입증책임과 공정력은 별개의 문제이다. 25. 국가 7급 (     )

# 정답 & OX 풀이

**0247** ○ 행정절차법 제14조(송달) ② 교부에 의한 송달은 수령확인서를 받고 문서를 교부함으로써 하며, <u>송달하는 장소에서 송달받을 자를 만나지 못한 경우에는 그 사무원·피용자 또는 동거인으로서 사리를 분별할 지능이 있는 사람</u>(이하 이 조에서 '사무원등'이라 한다)<u>에게 문서를 교부할 수 있다.</u> 다만, 문서를 송달받을 자 또는 그 사무원등이 정당한 사유 없이 송달받기를 거부하는 때에는 그 사실을 수령확인서에 적고, 문서를 송달할 장소에 놓아둘 수 있다.

**0248** ✕ 납세고지서의 송달을 받아야 할 자가 부과처분 제척기간이 임박하자 그 수령을 회피하기 위하여 일부러 송달을 받을 장소를 비워 두어 세무공무원이 송달을 받을 자와 보충송달을 받을 자를 **만나지 못하여** 부득이 사업장에 납세고지서를 **두고 왔다고 하더라도** 이로써 신의성실의 원칙을 들어 그 납세고지서가 **송달되었다고 볼 수는 없다**. 대법원 2004. 4. 9. 선고 2003두13908 판결

**0249** ○ 행정절차법 제14조(송달) ③ <u>정보통신망을 이용한 송달은 송달받을 자가 **동의**하는 경우에만 한다.</u> 이 경우 송달받을 자는 송달받을 전자우편주소 등을 지정하여야 한다.

**0250** ○ 행정절차법 제15조(송달의 효력 발생) ② 제14조제3항에 따라 <u>정보통신망을 이용하여 전자문서로 송달하는 경우에는 송달받을 자가 지정한 컴퓨터 등에 입력된 때에 도달된 것으로 본다.</u>

**0251** ○ 행정절차법 제14조(송달) ④ 다음 각 호의 어느 하나에 해당하는 경우에는 송달받을 자가 알기 쉽도록 <u>관보, 공보, 게시판, 일간신문 중 하나 이상에 공고**하고** 인터넷**에도** 공고하여야 한다.</u>
1. 송달받을 자의 주소등을 통상적인 방법으로 확인할 수 없는 경우
2. <u>송달이 불가능한 경우</u>

**0252** ✕ 위 251번의 해설 내용 참고. 공시송달이 이루어지는 경우, <u>관보, 공보, 게시판, 일간신문 중 하나 이상에 공고하고 인터넷'에도'</u> 공고하여야 한다.

**0253** ○ 행정절차법 제15조(송달의 효력 발생) ③ <u>제14조 제4항(주: 공시송달)</u>의 경우에는 다른 법령등에 특별한 규정이 있는 경우를 제외하고는 <u>공고일부터 **14일**이 지난 때에 그 효력이 발생한다.</u> 다만, <u>긴급히 시행하여야 할 특별한 사유가 있어 효력 발생 시기를 달리 정하여 공고한 경우에는 그에 따른다.</u>

**0254** ✕ 구 청소년보호법에 따른 청소년유해매체물 결정 및 고시처분은 당해 유해매체물의 소유자 등 특정인만을 대상으로 한 행정처분이 아니라 일반 불특정 다수인을 상대방으로 하여 일률적으로 표시의무, 포장의무, 청소년에 대한 판매·대여 등의 금지의무 등 각종 의무를 발생시키는 <u>행정처분</u>으로서, 정보통신윤리위원회가 특정 인터넷 웹사이트를 청소년유해매체물로 결정하고 <u>청소년보호위원회가 효력발생시기를 명시하여 **고시함으로써 그 명시된 시점에 효력이 발생**하였다고 봄이 상당하고, 정보통신윤리위원회와 청소년보호위원회가 위 처분이 있었음을 위 웹사이트 운영자에게 제대로 **통지하지 아니하였다고 하여 그 효력 자체가 발생하지 아니한 것으로 볼 수는 없다**. 대법원 2007. 6. 14. 선고 2004두619 판결

**0255** ○ 행정소송법 제11조(선결문제) ① 처분등의 효력 유무 또는 존재 여부가 <u>민사소송의 선결문제</u>로 되어 당해 민사소송의 수소법원이 이를 심리·판단하는 경우에는 제17조, 제25조, <u>제26조</u> 및 제33조의 규정을 <u>준용한다.</u>
행정소송법 제26조(**직권심리**) 법원은 필요하다고 인정할 때에는 **직권으로** 증거조사를 할 수 있고, 당사자가 **주장하지 아니한 사실**에 대하여도 판단할 수 **있다**.

**0256** ○ 행정기본법 제15조(처분의 효력) 처분은 권한이 있는 기관이 취소 또는 철회하거나 기간의 경과 등으로 소멸되기 전까지는 **유효**한 것으로 통용된다. 다만, <u>무효인 처분은 처음부터 그 효력이 발생하지 아니한다.</u>

**0257** ○ 행정처분이 아무리 <u>위법하다고 하여도</u> 그 하자가 중대하고 명백하여 <u>당연무효라고 보아야 할 사유가 있는 경우를 제외하고는</u> 아무도 그 하자를 이유로 무단히 그 <u>효과를 부정하지 못한다</u>. 대법원 1994. 11. 11. 선고 94다28000 판결

**0258** ○ 행정처분의 위법을 주장하여 그 처분의 취소를 구하는 소위 항고소송에 있어서는 그 처분이 적법하였다고 주장하는 <u>피고에게</u> 그가 주장하는 적법사유에 대한 입증책임이 있다고 하는 것이 당원 판례의 견해이고, 그 견해를 <u>행정처분의 공정력을 부정하는 것이라고는 할 수 없다</u>(위 <u>입증책임과 처분의 공정력은 전연 별개의 문제이다</u>). 대법원 1966. 10. 18. 선고 66누134 판결

□□□ **0259** ★☆☆
영업허가취소처분으로 손해를 입은 자가 제기한 국가배상청구소송에서 법원은 영업허가취소처분에 취소사유에 해당하는 하자가 있는 경우에는 영업허가취소처분의 위법을 이유로 배상청구를 인용할 수 없다.
22. 지방 9급 (      )

□□□ **0260** ★★★
계고처분이 위법한 경우 행정대집행이 완료되면 그 처분의 취소를 구할 소의 이익은 없다 하더라도, 미리 그 행정처분의 취소판결이 있어야만 그 행정처분의 위법임을 이유로 한 손해배상 청구를 할 수 있는 것은 아니다. 23. 지방 7급 (      )

□□□ **0261** ★☆☆
물품세 과세대상이 아닌 것을 세무공무원이 직무상 과실로 과세대상으로 오인하여 과세처분을 행함으로 인하여 손해가 발생된 경우에는, 동 과세처분이 취소되지 아니하였다 하더라도, 국가는 이로 인한 손해를 배상할 책임이 있다. 20. 지방 7급 (      )

□□□ **0262** ★☆☆
민사소송에 있어서 어느 행정처분의 당연무효 여부가 선결문제로 되는 때에는 당해 소송의 수소법원은 이를 판단하여 그 행정처분의 무효확인판결을 할 수 있다. 19. 지방 9급 (      )

□□□ **0263** ★★★
민사소송에서 어느 행정처분의 당연무효 여부가 선결문제로 되는 경우 행정소송 등의 절차에 의하여 그 취소나 무효확인을 받아야 한다. 23. 지방 7급 (      )

□□□ **0264** ★★★
과세처분의 하자가 단지 취소할 수 있는 정도에 불과할 때에는 과세관청이 이를 스스로 취소하거나 항고쟁송절차에 의하여 취소되지 않는 한, 그로 인한 조세의 납부가 부당이득이 된다고 할 수 없다.
23. 지방 7급 (      )

□□□ **0265** ★★★
「개발제한구역의 지정 및 관리에 관한 특별조치법」 제30조제1항에 의하여 행정청으로부터 시정명령을 받은 자가 이를 위반한 경우, 그 시정명령이 당연무효가 아니더라도 위법한 것으로 인정되는 한 같은 법상 시정명령 위반죄가 성립될 수 없다. 25. 국가 7급 (      )

□□□ **0266** ★★☆
구 「도시계획법」상 원상회복 등의 조치명령을 받고도 이를 따르지 않은 자에 대해 형사처벌을 하기 위해서는 적법한 조치명령이 전제되어야 하며, 이때 형사법원은 그 적법여부를 심사할 수 있다.
22. 국가 9급 (      )

□□□ **0267** ★★☆
구 「소방시설 설치·유지 및 안전관리에 관한 법률」 제9조에 의한 소방시설 등의 설치 또는 유지·관리에 대한 명령이 행정처분으로서 하자가 있어 무효인 경우에는 명령에 따른 의무위반이 생기지 아니하므로, 명령 위반을 이유로 행정형벌을 부과할 수 없다. 19. 지방 9급 (      )

□□□ **0268** ★★☆
연령미달 결격자가 다른 사람 이름으로 교부받은 운전면허는 당연무효가 아니고 취소되지 않는 한 유효하므로 그 연령미달 결격자의 운전행위는 무면허운전에 해당하지 아니한다. 25. 지방 9급 (      )

□□□ **0269**
물품을 수입하고자 하는 자가 일단 세관장에게 수입신고를 하여 그 면허를 받고 물품을 통관한 경우에는, 세관장의 수입면허가 중대하고도 명백한 하자가 있는 행정행위이어서 당연무효가 아닌 한 「관세법」 제181조 소정의 무면허수입죄가 성립될 수 없다. 22. 지방 9급 (      )

## 정답 & OX 풀이

**0259** ✗ 국가배상청구소송의 선결문제는 처분의 효력 유무가 아닌 처분의 '**위법**' 여부가 되므로, 수소법원인 민사법원은 영업허가취소처분에 취소사유에 해당하는 하자가 있는 경우, 즉 당해 처분이 위법한 경우 이를 이유로 배상청구를 인용할 수 있다.

**0260** ○ 위법한 행정대집행이 완료되면 그 처분의 무효확인 또는 취소를 구할 소의 이익은 없다 하더라도, 미리 그 행정처분의 취소판결이 있어야만, 그 행정처분의 위법임을 이유로 한 손해배상 청구를 할 수 있는 것은 아니다. 대법원 1972. 4. 28. 선고 72다337 판결

**0261** ○ 물품세 과세대상이 아닌 것을 세무공무원이 직무상 과실로 과세대상으로 오인하여 과세처분을 행함으로 인하여 손해가 발생된 경우에는, 동 과세처분이 취소되지 아니하였다 하더라도, 국가는 이로 인한 손해를 배상할 책임이 있다. 대법원 1979. 4. 10. 선고 79다262 판결

**0262** ✗ 수소법원이 선결문제가 된 행정처분의 무효 여부를 심리·판단할 수 있다는 것은 무효임을 전제로 부당이득반환청구와 같은 민사소송에 대하여 청구인용판결(민사판결)을 내릴 수 있다는 것을 의미할 뿐, 행정법원이 아닌 수소법원인 민사법원이 행정처분에 대하여 무효확인판결을 할 수 있는 것은 아니다.

**0263** ✗ 민사소송에 있어서 어느 행정처분의 당연무효 여부가 선결문제로 되는 때에는 이를 판단하여 당연무효임을 전제로 판결할 수 있고 반드시 행정소송 등의 절차에 의하여 그 취소나 무효확인을 받아야 하는 것은 아니다. 대법원 2010. 4. 8. 선고 2009다90092 판결

**0264** ○ 조세의 과오납이 **부당이득**이 되기 위하여는 납세 또는 조세의 징수가 실체법적으로나 절차법적으로 전혀 법률상의 근거가 없거나 과세처분의 하자가 중대하고 명백하여 **당연무효**이어야 하고, 과세처분의 하자가 단지 **취소할 수 있는 정도**에 불과할 때에는 과세관청이 이를 스스로 취소하거나 항고소송절차에 의하여 **취소되지 않는 한** 그로 인한 조세의 납부가 **부당이득이 된다고 할 수 없다.** 대법원 1994. 11. 11. 선고 94다28000 판결

**0265** ○ 개발제한구역의 지정 및 관리에 관한 특별조치법 제30조 제1항에 의하여 행정청으로부터 시정명령을 받은 자가 이를 위반한 경우, 그로 인하여 개발제한구역법 제32조 제2호에 정한 처벌을 하기 위하여는 시정명령이 적법한 것이라야 하고, 시정명령이 **당연무효가 아니더라도 위법한 것으로 인정되는 한** 개발제한구역법 제32조 제2호 위반죄가 성립될 수 없다. 대법원 2017. 9. 21. 선고 2017도7321 판결

**0266** ○ 구 도시계획법 제78조 제1항에 정한 처분이나 조치명령을 받은 자가 이에 위반한 경우 이로 인하여 같은 법 제92조에 정한 처벌을 하기 위하여는 그 처분이나 조치명령이 적법한 것이라야 하고, 그 처분이 당연무효가 아니라 하더라도 그것이 위법한 처분으로 인정되는 한 같은 법 제92조 위반죄가 성립될 수 없다(주: 형사법원은 조치명령의 위법성 여부를 심사하여 유무죄를 판단할 수 있다는 의미). 대법원 1992. 8. 18. 선고 90도1709 판결

**0267** ○ 소방시설 등의 설치 또는 유지·관리에 대한 명령을 정당한 사유 없이 위반한 자는 같은 법 제48조의2 제1호에 의하여 행정형벌에 처해지는데, 위 명령이 행정처분으로서 하자가 있어 무효인 경우에는 명령에 따른 의무위반이 생기지 아니하므로 행정형벌을 부과할 수 없다. 대법원 2011. 11. 10. 선고 2011도11109 판결

**0268** ○ **연령미달의 결격자**인 피고인이 소외인의 이름으로 운전면허시험에 응시, 합격하여 교부받은 운전면허는 당연무효가 아니고 도로교통법 제65조 제3호의 사유에 해당함에 불과하여 취소되지 않는 한 유효하므로 피고인의 운전행위는 무면허운전에 해당하지 아니한다. 대법원 1982. 6. 8. 선고 80도2646 판결

**0269** ○ 물품을 수입하고자 하는 자가 일단 세관장에게 수입신고를 하여 그 면허를 받고 물품을 통관한 경우에는, 세관장의 수입면허가 중대하고도 명백한 하자가 있는 행정행위이어서 당연무효가 아닌 한 관세법 제181조 소정의 무면허수입죄가 성립될 수 없다. 대법원 1989. 3. 28. 선고 89도149 판결

□□□ 0270  과세대상과 납세의무자 확정이 잘못되어 당연무효한 과세에 대하여는 체납이 문제될 여지가 없으므로 체납범이 성립하지 않는다. 25. 지방 9급 (      )

★★★
□□□ 0271  자동차 운전면허 취소처분을 받은 사람이 자동차를 운전하였으나 운전면허 취소처분의 원인이 된 교통사고 등에 대하여 무죄판결이 확정되었다 하더라도 그 취소처분이 취소되지 않은 이상 「도로교통법」에 규정된 무면허운전의 죄로 처벌할 수 있다. 25. 국가 7급 (      )

★★★
□□□ 0272  제소기간의 경과 등으로 처분에 불가쟁력이 발생하였다 하여도 행정청은 실권의 법리에 해당하지 않는다면 직권으로 처분을 취소할 수 있다. 24. 국가 9급 (      )

★★★
□□□ 0273  불가쟁력이 발생한 행정행위로 손해를 입은 국민은 국가배상청구를 할 수 있다. 21. 지방 9급 (      )

★★★
□□□ 0274  행정처분이 불복기간의 경과로 인하여 확정될 경우 그 처분의 기초가 된 사실관계나 법률적 판단이 확정되고 당사자들이나 법원이 이에 기속되어 모순되는 주장이나 판단을 할 수 없게 된다. 25. 지방 7급 (      )

★☆☆
□□□ 0275  제소기간이 이미 도과하여 불가쟁력이 생긴 행정처분에 대하여는 개별 법규에서 그 변경을 요구할 신청권을 규정하고 있거나 관계 법령의 해석상 그러한 신청권이 인정될 수 있는 등 특별한 사정이 없는 한 국민에게 그 행정처분의 변경을 구할 신청권이 있다 할 수 없다. 22. 군무원 9급 (      )

★★☆
□□□ 0276  「행정기본법」에 따르면, 처분으로 법률상 이익이 침해된 제3자는 해당 처분에 대해 재심사를 청구할 수 있다. 25. 지방 9급 (      )

★★☆
□□□ 0277  「행정기본법」에 따르면, 당사자는 제재처분이 행정심판, 행정소송 및 그 밖의 쟁송을 통하여 다툴 수 없게 된 경우에도 그 처분의 근거가 된 사실관계 또는 법률관계가 추후에 당사자에게 유리하게 바뀐 경우에는 해당 처분을 한 행정청에 처분을 취소·철회하거나 변경하여 줄 것을 신청할 수 있다.
23. 서울시 7급 (      )

★★☆
□□□ 0278  「행정기본법」에 따르면, 당사자는 처분에 대하여 법원의 확정판결이 있는 경우에는 처분의 근거가 된 사실관계 또는 법률관계가 추후에 당사자에게 유리하게 바뀐 경우에도 해당 처분을 한 행정청이 처분을 취소·철회하거나 변경하여 줄 것을 신청할 수는 없다. 23. 군무원 7급 (      )

★★☆
□□□ 0279  「행정기본법」에 따르면, 처분의 재심사 신청은 해당 처분의 절차, 행정심판, 행정소송 및 그 밖의 쟁송에서 당사자가 중대한 과실 없이 처분의 재심사 사유를 주장하지 못한 경우에만 할 수 있다.
25. 국회 8급 (      )

★★☆
□□□ 0280  「행정기본법」에 따르면, 처분의 재심사 신청은 당사자가 처분의 재심사 사유를 안 날부터 90일 이내에 하여야 한다. 다만, 처분이 있은 날부터 1년이 지나면 신청할 수 없다. 25. 국회 8급 (      )

★☆☆
□□□ 0281  「행정기본법」에 따르면, 처분의 재심사 신청을 받은 행정청은 특별한 사정이 없으면 신청을 받은 날부터 90일(합의제행정기관은 180일) 이내에 처분의 재심사 결과(재심사 여부와 처분의 유지·취소·철회·변경 등에 대한 결정을 포함한다)를 신청인에게 통지하여야 한다. 미출 (      )

## 정답 & OX 풀이

**0270** ○ 과세대상과 납세의무자 확정이 잘못되어 <u>당연무효한 과세에 대하여는</u> 체납이 문제될 여지가 없으므로 <u>체납범이 성립하지 않는다.</u> 대법원 1971. 5. 31. 선고 71도742 판결

**0271** ✕ <u>자동차 운전면허 취소처분을 받은 사람이 자동차를 운전하였으나 운전면허 취소처분의 원인이 된 교통사고 또는 법규 위반에</u> <u>대하여 범죄사실의 증명이 없는 때에 해당한다는 이유로 무죄판결이 확정된 경우에는 그 **취소처분이 취소되지 않았더라도** 도로</u> <u>교통법에 규정된 무면허운전의 죄로 **처벌할 수는 없다**고 보아야 한다.</u> 대법원 2021. 9. 16. 선고 2019도11826 판결

**0272** ○ 불가쟁력은 행정행위의 상대방 또는 이해관계인에 대해서만 미치고 처분청을 구속하지는 않으므로, <u>처분청은 불가쟁력이 발생한 후에도 당해 행정행위를 **직권으로 취소 또는 철회할 수 있다.**</u>

**0273** ○ 처분에 **불가쟁력**이 발생하였다 하더라도 이는 당해 처분에 대하여 <u>오직 취소소송을 제기할 수 없게 되었다는 의미</u>를 갖는 것에 그칠 뿐, 그 처분의 적법성이 확정되었다거나 또는 취소소송 외의 다른 소송을 제기할 수 없게 되는 것은 아니다. 따라서 불가쟁력이 발생한 행정행위일지라도 그로 인해 손해를 입은 국민은 당해 행정행위의 **위법을 주장**하며 **민사소송**으로 국가배상청구소송을 할 수 있다.

**0274** ✕ 일반적으로 행정처분이나 행정심판 재결이 **불복기간의 경과로 확정**될 경우 그 확정력은, 처분으로 법률상 이익을 침해받은 자가 당해 처분이나 재결의 효력을 더 이상 다툴 수 없다는 의미일 뿐, 더 나아가 판결과 같은 **기판력이 인정되는 것은 아니어서** 그 처분의 기초가 된 사실관계나 법률적 판단이 확정되고 당사자들이나 법원이 이에 기속되어 **모순되는 주장이나 판단을 할 수 없게 되는 것은 아니다.** 대법원 2008. 7. 24. 선고 2006두20808 판결

**0275** ○ <u>제소기간이 이미 도과하여 불가쟁력이 생긴 행정처분에 대하여는</u> 개별 법규에서 그 변경을 요구할 신청권을 규정하고 있거나 관계 법령의 해석상 그러한 신청권이 인정될 수 있는 등 특별한 사정이 없는 한 국민에게 그 행정처분의 변경을 구할 **신청권이 있다 할 수 없다.** 대법원 2007. 4. 26. 선고 2005두11104 판결

**0276** ✕ <u>아래 277번의 해설 내용 참고.</u> 처분의 재심사 신청은 '당사자'만이 할 수 있음.

**0277** ✕ 행정기본법 제37조(처분의 재심사) ① <u>당사자는</u> 처분(제재처분 및 행정상 강제는 제외한다. 이하 이 조에서 같다)이 행정심판, 행정소송 및 그 밖의 쟁송을 통하여 다툴 수 없게 된 경우(법원의 확정판결이 있는 경우는 제외한다)라도 다음 각 호의 어느 하나에 해당하는 경우에는 해당 처분을 한 행정청에 처분을 취소·철회하거나 변경하여 줄 것을 신청할 수 있다.

**0278** ○ 위 277번의 해설 내용 참고.

**0279** ○ 행정기본법 제37조(처분의 재심사) ② 제1항에 따른 신청은 해당 처분의 절차, 행정심판, 행정소송 및 그 밖의 쟁송에서 <u>당사자가 **중대한 과실 없이** 제1항 각 호의 사유를 주장하지 못한 경우에만 할 수 있다.</u>

**0280** ✕ 행정기본법 제37조(처분의 재심사) ③ 제1항에 따른 신청은 당사자가 제1항 각 호의 사유를 <u>안 날부터 **60일**</u> 이내에 하여야 한다. 다만, <u>처분이 있은 날부터 **5년**</u>이 지나면 신청할 수 없다.

**0281** ○ 행정기본법 제37조(처분의 재심사) ④ 제1항에 따른 신청을 받은 행정청은 특별한 사정이 없으면 <u>신청을 받은 날부터 90일(합의제행정기관은 180일)</u> 이내에 처분의 재심사 결과(재심사 여부와 처분의 유지·취소·철회·변경 등에 대한 결정을 포함한다)를 신청인에게 통지하여야 한다. 다만, <u>부득이한 사유로 90일(합의제행정기관은 180일) 이내에 통지할 수 없는 경우에는 그 기간을 만료일 다음 날부터 기산하여 90일(합의제행정기관은 180일)의 범위에서 한 차례 연장할 수 있으며, 연장 사유를 신청인에게 통지하여야 한다.</u>

□□□ **0282** ★★☆
「행정기본법」에 따르면, 처분을 유지하는 재심사 결과에 대하여는 행정심판, 행정소송 및 그 밖의 쟁송수단을 통하여 불복할 수 없다. 25. 국회 8급 (     )

□□□ **0283** ★★☆
「행정기본법」에 따르면, 행정청의 위법 또는 부당한 처분의 취소와 적법한 처분의 철회는 처분의 재심사에 의하여 영향을 받지 아니한다. 25. 국회 8급 (     )

□□□ **0284** ★★☆
「행정기본법」에 따르면, 공무원 인사 관계 법령에 따른 징계 등 처분에 관한 사항은 재심사의 대상에서 제외된다. 25. 지방 9급 (     )

□□□ **0285**
불가변력이 인정되는 행정행위에 대하여 상대방은 행정쟁송절차에 의하여 그 효력을 다툴 수 없다.

15. 사회복지 (     )

□□□ **0286** ★☆☆
행정행위의 불가변력은 당해 행정행위에 대해서만 인정되는 것이 아니고, 동종의 행정행위라면 그 대상을 달리하더라도 인정된다. 21. 지방 9급 (     )

## 정답 & OX 풀이

0282 **O** 행정기본법 제37조(처분의 재심사) ⑤ 제4항에 따른 <u>처분의 재심사 결과 중 처분을 유지하는 결과에 대해서는 행정심판, 행정소</u>송 및 그 밖의 쟁송수단을 통하여 **불복할 수 없다**.

0283 **O** 행정기본법 제37조(처분의 재심사) ⑥ 행정청의 <u>제18조에 따른 취소(직권최소)와 제19조에 따른 철회(직권철회)는 처분의 재심</u>사에 의하여 영향을 받지 아니한다.

0284 **O** 행정기본법 제37조(처분의 재심사) ⑧ 다음 각 호의 어느 하나에 해당하는 사항에 관하여는 이 조를 <u>적용하지 아니한다</u>.
1. <u>공무원 인사</u> 관계 법령에 따른 징계 등 처분에 관한 사항

0285 **X** 불가변력은 행정청을 구속할 뿐 처분 상대방을 구속하지는 않으므로, 불가변력이 발생하였다 하더라도 <u>상대방 또는 이해관계인</u>은 불가쟁력이 발생한 것이 아닌 한 행정쟁송을 제기할 수 있다.

0286 **X** <u>불가변력은 당해 행정행위에만 인정되는 것이므로, 비록 동종의 행정행위라 하더라도 그 대상을 달리할 때에는 불가변력은 인</u>정될 여지가 없다. 대법원 1974. 12. 10. 선고 73누129 판결

**기출 지문 OX Check**

□□□ **0287** ★★☆
행정처분에 있어 여러 개의 처분사유 중 일부가 적법하지 않으면 다른 처분사유로써 그 처분의 정당성이 인정된다고 하더라도, 그 처분은 위법하게 된다. 20. 국가 9급 (　　　)

□□□ **0288** ★★☆
여러 처분사유에 관하여 하나의 제재처분을 하였을 때 그중 일부가 인정되지 않고 나머지 처분사유들만으로 처분의 정당성이 인정된다고 하더라도 그 처분은 위법하다고 보아 취소할 수 있다. 25. 국가 9급 (　　　)

□□□ **0289** ★★☆
위법하게 구성된 폐기물처리시설 입지선정위원회가 의결을 한 경우, 그에 터잡아 이루어진 폐기물처리시설 입지결정처분의 하자는 무효사유로 본다. 18. 지방 9급 (　　　)

□□□ **0290** ★★☆
행정청이 권한을 유월하여 공무원에 대한 의원면직처분을 하였다면 그러한 처분은 다른 일반적인 행정행위에서의 그것과 같이 보아 당연무효로 보아야 한다. 16. 지방 7급 (　　　)

□□□ **0291** ★★☆
무권한의 행위는 원칙적으로 무효라고 할 것이므로, 5급 이상의 국가정보원 직원에 대해 임면권자인 대통령이 아닌 국가정보원장이 행한 의원면직처분은 당연무효에 해당한다. 18. 지방 9급 (　　　)

□□□ **0292** ★★☆
적법한 권한 위임 없이 세관출장소장에 의하여 행하여진 관세부과처분은 당연무효이다. 19. 지방 9급 (　　　)

□□□ **0293** ★★☆
환경영향평가의 실시대상사업에 대하여 환경영향평가를 거치지 않고 행한 승인 등 처분은 당연 무효이다.
25. 국가 7급 (　　　)

□□□ **0294** ★★☆
환경영향평가절차를 거쳤다면, 환경영향평가의 내용이 다소 부실하다 하더라도, 그 부실의 정도가 환경영향평가를 하지 아니한 것과 다를 바 없는 정도의 것이 아니라면 당연히 당해 승인 등 처분이 위법하게 되는 것은 아니다. 25. 국가 7급 (　　　)

□□□ **0295**
국립공원 관리청이 국립공원 집단시설지구개발사업과 관련하여 그 시설물기본설계 변경승인처분을 함에 있어서 환경부장관과의 협의를 거친 이상, 환경영향평가서의 내용이 환경영향평가제도를 둔 입법 취지를 달성할 수 없을 정도로 심히 부실하다는 등의 특별한 사정이 없는 한, 공원관리청이 환경부장관의 환경영향평가에 대한 의견에 반하는 처분을 하였다고 하여 그 처분이 위법하다고 할 수는 없다.
25. 국가 7급 (　　　)

□□□ **0296** ★☆☆
과세관청이 과세예고 통지 후 과세전적부심사 청구나 그에 대한 결정이 있기 전에 과세처분을 한 경우, 특별한 사정이 없는 한 그 과세처분은 절차상 하자가 중대·명백하여 당연무효이다. 19. 국가 7급 (　　　)

# 정답 & OX 풀이

**0287** ✕ 행정처분에 있어 수개의 처분사유 중 일부가 적법하지 않다고 하더라도 다른 처분사유로써 그 처분의 **정당성이 인정**되는 경우에는 그 처분을 **위법하다고 할 수 없다.** 대법원 2013. 10. 24. 선고 2013두963 판결

**0288** ✕ 여러 처분사유에 관하여 하나의 제재처분을 하였을 때 그중 일부가 인정되지 않는다고 하더라도 나머지 처분사유들만으로도 처분의 **정당성이 인정**되는 경우에는 그 처분을 위법하다고 보아 취소하여서는 아니 된다. 대법원 2020. 5. 14. 선고 2019두63515 판결

**0289** ○ 구 **폐기물처리시설** 설치촉진 및 주변지역 지원 등에 관한 법률에 정한 **입지선정위원회**가 그 구성방법 및 절차에 관한 같은 법 시행령의 규정에 위배하여 군수와 주민대표가 선정·추천한 전문가를 포함시키지 않은 채 임의로 구성되어 의결을 한 경우, 그에 터잡아 이루어진 폐기물처리시설 입지결정처분의 하자는 중대한 것이고 객관적으로도 명백하므로 **무효**사유에 해당한다. 대법원 2007. 4. 12. 선고 2006두20150 판결

**0290** ✕ 권한의 범위를 넘어서는 권한유월의 행위는 무권한 행위로서 원칙적으로 무효라고 할 것이나, 행정청의 공무원에 대한 **의원면직처분**은 공무원의 사직의사를 수리하는 소극적 행정행위에 불과하고, 당해 공무원의 사직의사를 확인하는 확인적 행정행위의 성격이 강하며 재량의 여지가 거의 없기 때문에 **의원면직처분에서의 행정청의 권한유월 행위**를 다른 일반적인 행정행위에서의 그것과 반드시 **같이 보아야 할 것은 아니다.** 대법원 2007. 7. 26. 선고 2005두15748 판결

**0291** ✕ **5급 이상의 국가정보원직원**에 대한 의원면직처분이 임면권자인 대통령이 아닌 국가정보원장에 의해 행해진 것으로 위법하고, (중략) 그러한 하자가 중대한 것이라고 볼 수는 없으므로, 대통령의 내부결재가 있었는지에 관계없이 당연무효는 아니다. 대법원 2007. 7. 26. 선고 2005두15748 판결

**0292** ✕ 세관출장소장에게 관세부과처분을 할 권한이 있다고 객관적으로 오인할 여지가 다분하다고 인정되므로 결국 적법한 권한 위임 없이 **세관출장소장**에 의하여 행하여진 관세부과처분이 그 하자가 중대하기는 하지만 객관적으로 **명백**하다고 할 수 없어 당연무효는 아니다. 대법원 2004. 11. 26. 선고 2003두2403 판결

**0293** ○ 구 환경영향평가법상 환경영향평가를 실시하여야 할 사업에 대하여 **환경영향평가**를 거치지 아니하였음에도 승인 등 처분을 한 경우, 그 처분의 하자가 행정처분의 당연**무효**사유에 해당한다. 대법원 2006. 6. 30. 선고 2005두14363 판결

**0294** ○ 환경영향평가법령에서 정한 환경영향평가를 거쳐야 할 대상사업에 대하여 그러한 환경영향평가를 거치지 아니하였음에도 승인 등 처분을 하였다면 그 처분은 위법하다 할 것이나, 그러한 절차를 거쳤다면, 비록 그 **환경영향평가의 내용이 다소 부실하다하더라도,** 그 부실의 정도가 환경영향평가제도를 둔 입법 취지를 달성할 수 없을 정도이어서 환경영향평가를 하지 아니한 것과 다를 바 없는 정도의 것이 아닌 이상, 그 부실은 당해 승인 등 처분에 재량권 일탈·남용의 위법이 있는지 여부를 판단하는 하나의 요소로 됨에 그칠 뿐, 그 부실로 인하여 당연히 당해 승인 등 처분이 위법하게 되는 것이 아니다. 대법원 2006. 3. 16. 선고 2006두330 전원합의체 판결

**0295** ○ 국립공원 관리청이 국립공원 집단시설지구개발사업과 관련하여 그 시설물기본설계 변경승인처분을 함에 있어서 환경부장관과의 협의를 거친 이상, 환경영향평가서의 내용이 환경영향평가제도를 둔 입법 취지를 달성할 수 없을 정도로 심히 부실하다는 등의 특별한 사정이 없는 한, 공원관리청이 **환경부장관의 환경영향평가에 대한 의견에 반하는 처분**을 하였다고 하여 그 처분이 위법하다고 할 수는 없다. 대법원 2001. 7. 27. 선고 99두2970 판결

**0296** ○ 과세예고 통지 후 **과세전적부심사** 청구나 그에 대한 결정이 있기도 전에 과세처분을 하는 것은 (중략) 납세자의 절차적 권리를 침해하는 것으로서 절차상 하자가 중대하고도 명백하여 **무효**이다. 대법원 2016. 12. 27. 선고 2016두49228 판결

□□□ **0297** 도시관리계획결정·고시와 그 도면에 특정 토지가 도시관리계획에 포함되지 않았음이 명백한데도 도시관리계획을 집행하기 위한 후속 계획이나 처분에서 그 토지가 도시관리계획에 포함된 것처럼 표시되어 있는 경우, 이는 원칙적으로 취소사유에 해당한다. 21. 지방 7급 (        )

□□□ **0298** 행정청이 청문을 거쳐야 하는 처분을 하면서 청문절차를 거치지 않는 경우에는 그 처분은 위법하지만 당연무효인 것은 아니다. 17. 지방 7급 (        )

□□□ **0299** 구 「학교보건법」상 학교환경위생정화구역에서의 금지행위 및 시설의 해제 여부에 관한 행정처분을 하면서 학교환경위생정화위원회의 심의를 누락한 흠은 행정처분을 위법하게 하는 취소사유가 된다.
24. 지방 9급 (        )

□□□ **0300** 행정청이 사전에 교통영향평가를 거치지 아니한 채 '건축허가 전까지 교통영향평가 심의필증을 교부받을 것'을 부관으로 붙여서 한 '실시계획변경 승인 및 공사시행변경 인가 처분'은 그 하자가 중대하고 객관적으로 명백하여 당연무효이다. 19. 지방 9급 (        )

□□□ **0301** 「주민등록법」상 최고·공고절차가 생략된 주민등록말소처분은 당연무효이다. 14. 사회복지 (        )

□□□ **0302** 사업시행자가 토지소유자와 협의를 거치지 아니한 채 토지의 수용을 위한 재결을 신청하였다는 하자는 절차상 위법으로서 이의재결의 취소를 구할 수 있는 사유가 될지언정 당연무효의 사유라고 할 수는 없다.
24. 군무원 9급 (        )

□□□ **0303** 「택지개발촉진법」상 택지개발예정지구를 지정함에 있어 거쳐야 하는 관계중앙행정기관의 장과의 협의를 거치지 않은 택지개발예정지구 지정처분은 위법하나 당연무효는 아니다. 17. 지방 7급 (        )

□□□ **0304** '4대강 살리기 사업' 중 한강 부분에 관한 각 하천공사시행계획 및 각 실시계획승인처분에 보의 설치와 준설 등에 대한 예비타당성조사를 실시하지 아니한 하자는 예산 자체의 하자가 되며 이에 따라 해당 하천 부분에 관한 각 하천공사시행계획 및 각 실시계획승인처분의 하자도 인정된다. 23. 소방간부 (        )

□□□ **0305** 민원사무를 처리하는 행정기관이 민원조정위원회를 개최하면서 민원인에게 그 회의일정 등을 사전에 통지하여야 함에도 불구하고 그러하지 아니한 경우에 이러한 사정만으로 곧바로 그 민원사항에 대한 행정기관의 장의 거부처분이 위법하다고 볼 수는 없다. 19. 서울시 9급 (        )

□□□ **0306** 건물 소유자에게 소방시설 불량사항을 시정·보완하라는 명령을 구두로 고지한 것은 「행정절차법」에 위반한 것으로 하자가 중대·명백하여 당연무효이다. 19. 국가 9급 (        )

□□□ **0307** 면허관청이 운전면허정지처분을 하면서 통지서에 의하여 면허정지사실을 통지하지 아니하거나 처분집행예정일 7일 전까지 이를 발송하지 아니한 경우에는 절차와 형식을 갖추지 아니한 조치로서 효력이 없으나, 면허관청이 임의로 출석한 상대방의 편의를 위하여 구두로 면허정지사실을 알렸다면 운전면허정지처분의 효력이 인정된다. 13. 지방 9급 (        )

## 정답 & OX 풀이

**0297** ✕ 도시관리계획결정·고시와 그 도면에 특정 토지가 도시관리계획에 **포함되지 않았음이 명백**한데도 도시관리계획을 집행하기 위한 후속 계획이나 처분에서 그 토지가 도시관리계획에 포함된 것처럼 표시되어 있는 경우가 있다. 이것은 실질적으로 도시관리계획결정을 변경하는 것에 해당하여 구 국토의 계획 및 이용에 관한 법률에서 정한 도시관리계획 변경절차를 거치지 않는 한 당연**무효**이다. 대법원 2019. 7. 11. 선고 2018두47783 판결

**0298** ○ 행정청이 침해적 행정처분을 함에 즈음하여 청문을 실시하지 않아도 되는 예외적인 경우에 해당하지 않는 한 반드시 **청문을** 실시하여야 하고, 그 절차를 결여한 처분은 위법한 처분으로서 **취소사유**에 해당한다. 대법원 2004. 7. 8. 선고 2002두8350 판결

**0299** ○ 행정청이 구 학교보건법 소정의 학교환경위생정화구역 내에서 금지행위 및 시설의 해제 여부에 관한 행정처분을 하면서 절차상 **학교환경위생정화위원회의 심의를 누락**한 흠이 있다면 그와 같은 흠을 가리켜 위 행정처분의 효력에 아무런 영향을 주지 않는다거나 경미한 정도에 불과하다고 볼 수는 없으므로, 특별한 사정이 없는 한 이는 행정처분을 위법하게 하는 **취소사유**가 된다. 대법원 2007. 3. 15. 선고 2006두15806 판결

**0300** ✕ 행정청이 사전에 **교통영향평가**를 거치지 아니한 채 '건축허가 전까지 교통영향평가 심의필증을 교부받을 것'을 부관으로 붙여서 한 '실시계획변경 승인 및 공사시행변경 인가 처분'에 중대하고 명백한 흠이 있다고 할 수 없어 이를 무효로 보기 어렵다. 대법원 2010. 2. 25. 선고 2009두102 판결

**0301** ✕ 주민등록을 말소하는 처분을 한 경우 이 처분이 주민등록법 제17조의2에 규정한 **최고, 공고의 절차**를 거치지 아니하였다 하더라도 그러한 하자는 중대하고 명백한 것이라고 할 수 없어 처분의 당연무효사유에 해당하는 것이라고는 할 수 없다. 대법원 1994. 8. 26. 선고 94누3223 판결

**0302** ○ 기업자가 **토지소유자와 협의를 거치지 아니한 채** 토지의 수용을 위한 재결을 신청하였다는 등의 하자는 절차상 위법으로서 이의재결의 취소를 구할 수 있는 사유가 될지언정 당연무효의 사유라고 할 수는 없다. 대법원 1993. 8. 13. 선고 93누2148 판결

**0303** ○ 같은 법 제3조에서 건설부장관이 **택지개발예정지구**를 지정함에 있어 미리 관계중앙행정기관의 장과 협의를 하라고 규정한 의미는 그의 자문을 구하라는 것이지 그 의견을 따라 처분을 하라는 의미는 아니라 할 것이므로 이러한 협의를 거치지 아니하였다고 하더라도 이는 위 지정처분을 취소할 수 있는 원인이 되는 하자 정도에 불과하고 위 지정처분이 당연무효가 되는 하자에 해당하는 것은 아니다. 대법원 2000. 10. 13. 선고 99두653 판결

**0304** ✕ **예비타당성조사**를 실시하지 아니한 하자는 원칙적으로 예산 자체의 하자일 뿐, 그로써 곧바로 각 처분의 하자가 된다고 할 수 없어, 예산이 각 처분 등으로써 이루어지는 '4대강 살리기 사업' 중 한강 부분을 위한 재정 지출을 내용으로 하고 있고 예산의 편성에 절차상 하자가 있다는 사정만으로 각 처분에 취소사유에 이를 정도의 하자가 존재한다고 보기 어렵다고 한 사례. 대법원 2015. 12. 10. 선고 2011두32515 판결

**0305** ○ 민원사무를 처리하는 행정기관이 민원 1회방문 처리제를 시행하는 절차의 일환으로 민원사항의 심의·조정 등을 위한 **민원조정위원회**를 개최하면서 민원인에게 회의일정 등을 사전에 통지하지 아니하였다 하더라도, 이러한 사정만으로 곧바로 민원사항에 대한 행정기관의 장의 거부처분에 취소사유에 이를 정도의 흠이 존재한다고 보기는 어렵다. 대법원 2015. 8. 27. 선고 2013두1560 판결

**0306** ○ 행정절차법 제24조는, 행정청이 처분을 하는 때에는 다른 법령 등에 특별한 규정이 있는 경우를 제외하고는 **문서로 하여야 한다**고 규정하고 있는데, 이는 행정의 공정성·투명성 및 신뢰성을 확보하고 국민의 권익을 보호하기 위한 것이므로 위 규정을 위반하여 행하여진 행정청의 처분은 하자가 중대하고 명백하여 원칙적으로 무효이다. 대법원 2011. 11. 10. 선고 2011도11109 판결

**0307** ✕ 면허관청이 운전면허정지처분을 하면서 별지 52호 서식의 통지서에 의하여 면허정지사실을 통지하지 아니하거나 처분집행예정일 7일 전까지 이를 발송하지 아니한 경우에는 특별한 사정이 없는 한 위 관계 법령이 요구하는 절차·형식을 갖추지 아니한 조치로서 그 효력이 없고, 이와 같은 법리는 면허관청이 임의로 출석한 상대방의 편의를 위하여 구두로 면허정지사실을 알렸다고 하더라도 마찬가지이다. 대법원 1996. 6. 14. 선고 95누17823 판결

□□□ **0308** ★☆☆ 행정청이 어느 법률관계나 사실관계에 대하여 어느 법률의 규정을 적용하여 행정처분을 한 경우에, 그 법률관계나 사실관계에 대하여는 그 법률의 규정을 적용할 수 없다는 법리가 명백히 밝혀져 해석에 다툼의 여지가 없음에도 행정청이 그 규정을 적용하여 처분을 한 때에는 하자가 중대하고 명백하다. 22. 국가 7급 (     )

□□□ **0309** 과세대상이 되지 아니하는 어떤 법률관계나 사실관계에 대하여 이를 과세대상이 되는 것으로 오인할 만한 객관적인 사정이 있는 경우에 그것이 과세대상이 되는지의 여부가 사실관계를 정확히 조사하여야 비로소 밝혀질 수 있는 경우라면 하자가 중대한 경우라도 외관상 명백하다고 할 수 없어 그와 같이 과세요건 사실을 오인한 위법의 과세처분을 당연무효라고 볼 수 없다. 25. 군무원 9급 (     )

□□□ **0310** 법령 규정의 문언만으로는 처분 요건의 의미가 분명하지 아니하여 그 해석에 다툼의 여지가 있었더라도 이에 대한 법원이나 헌법재판소의 분명한 판단이 있었다면 합리적 근거 없이 이에 벗어난 행정처분의 하자는 당연무효이다. 21. 소방간부 (     )

□□□ **0311** ★☆☆ 신청에 의한 처분의 경우에는 신청에 대하여 일단 거부처분이 행해지면 그 거부처분이 적법한 절차에 의하여 취소되지 않는 한, 사유를 추가하여 거부처분을 반복하는 것은 존재하지도 않는 신청에 대한 거부처분으로서 당연무효이다. 23. 서울시 7급 (     )

□□□ **0312** ★☆☆ 국토계획법령이 정한 도시계획시설사업의 대상 토지의 소유와 동의 요건을 갖추지 못하였는데도 행정청이 사업시행자로 지정하였다면, 이는 국토계획법령이 정한 법규의 중요한 부분을 위반한 것으로서 특별한 사정이 없는 한 그 하자가 중대하다고 보아야 한다. 23. 국회 8급 (     )

□□□ **0313** ★☆☆ 국유재산 또는 공유재산에 대한 점유나 사용·수익을 정당화할 법적 지위에 있는 자에 대하여 이루어진 변상금 부과처분은 당연무효이다. 25. 국가 7급 (     )

□□□ **0314** ★☆☆ 어떤 행정처분이 실효의 법리를 위반하여 위법한 것이라면 이는 행정처분의 당연무효사유에 해당한다. 24. 국가 7급 (     )

□□□ **0315** 부동산을 양도한 사실이 없음에도 세무당국이 부동산을 양도한 것으로 오인한 양도소득세 부과처분은 착오에 의한 행정처분으로서 취소할 수 있는 행정행위에 해당한다. 11. 지방 9급 (     )

□□□ **0316** 위헌으로 결정된 법률 또는 법률의 조항은 그 결정이 있는 날부터 효력을 상실한다. 14. 지방 9급 (     )

□□□ **0317** ★★★ 헌법재판소의 위헌결정의 효력은 위헌제청을 한 당해 사건은 물론 위헌제청신청은 아니하였지만 당해 법률 또는 법률의 조항이 재판의 전제가 되어 법원에 계속 중인 사건에도 미친다. 22. 국가 9급 (     )

□□□ **0318** ★★★ 위헌인 법률에 근거한 행정처분이 당연무효인지의 여부는 위헌결정의 소급효와는 별개의 문제로서 취소소송의 제기기간을 경과하여 확정력이 발생한 행정처분에는 위헌결정의 소급효가 미치지 않는다. 22. 국가 9급 (     )

□□□ **0319** ★★★ 행정처분이 발하여진 후에 헌법재판소가 그 행정처분의 근거가 된 법률을 위헌으로 결정하였다면, 그 행정처분은 특별한 사정이 없는 한 당연무효이다. 22. 국가 7급 (     )

**0308** O 행정청이 어느 법률관계나 사실관계에 대하여 어느 법률의 규정을 적용하여 행정처분을 한 경우에 그 법률관계나 사실관계에 대하여는 그 법률의 규정을 적용할 수 없다는 **법리가 명백히 밝혀져** 그 해석에 다툼의 여지가 없음에도 행정청이 위 규정을 적용하여 처분을 한 때에는 그 하자가 중대하고도 **명백하다**고 할 것이나, 그 법률관계나 사실관계에 대하여 그 법률의 규정을 적용할 수 없다는 **법리가 명백히 밝혀지지 아니하여** 그 해석에 다툼의 여지가 있는 때에는 행정관청이 이를 잘못 해석하여 행정처분을 하였더라도 이는 그 처분 요건사실을 오인한 것에 불과하여 그 하자가 **명백하다고 할 수 없다**. 대법원 2009. 9. 24. 선고 2009두2825 판결

**0309** O 과세대상이 되지 아니하는 어떤 법률관계나 사실관계에 대하여 이를 과세대상이 되는 것으로 오인할 만한 객관적인 사정이 있는 경우에 그것이 과세대상이 되는지의 여부가 그 **사실관계를 정확히 조사하여야 비로소 밝혀질 수 있는 경우**라면, 그 하자가 중대한 경우라도 외관상 명백하다고 할 수 없으므로 과세요건 사실을 오인한 위법의 과세처분을 **당연무효**라고 볼 수 없다. 대법원 2001. 6. 29. 선고 2000다17339 판결

**0310** O 법령 규정의 문언만으로는 처분 요건의 의미가 분명하지 아니하여 그 해석에 다툼의 여지가 있었더라도 해당 법령 규정의 위헌 여부 및 그 범위, 법령이 정한 처분 요건의 구체적 의미 등에 관하여 **법원이나 헌법재판소의 분명한 판단**이 있고, 행정청이 그러한 판단 내용에 따라 법령 규정을 해석 · 적용하는 데에 아무런 법률상 장애가 없는데도 합리적 근거 없이 사법적 판단과 어긋나게 행정처분을 하였다면 그 하자는 객관적으로 **명백하다**고 봄이 타당하다. 대법원 2017. 12. 28. 선고 2017두30122 판결

**0311** O 신청에 의한 처분의 경우에는 신청에 대하여 일단 거부처분이 행해지면 그 거부처분이 적법한 절차에 의하여 취소되지 않는 한, 사유를 추가하여 **거부처분을 반복**하는 것은 존재하지도 않는 신청에 대한 거부처분으로서 당연**무효**이다. 대법원 1999. 12. 28. 선고 98두1895 판결

**0312** O 만일 국토계획법령이 정한 도시계획시설사업의 대상 토지의 소유와 동의 요건을 갖추지 못하였는데도 사업시행자로 지정하였다면, 이는 국토계획법령이 정한 법규의 중요한 부분을 위반한 것으로서 특별한 사정이 없는 한 그 하자가 중대하다고 보아야 한다(주: 무효로 본 사례임). 대법원 2017. 7. 11. 선고 2016두35120 판결

**0313** O 국유재산 또는 공유재산에 대한 점유나 사용 · 수익을 **정당화할 법적 지위에 있는 자**에 대하여 이루어진 변상금 부과처분은 당연**무효**이다. 대법원 2024. 10. 8. 선고 2023다210991 판결

**0314** X 어떤 행정처분이 **실효의 법리를 위반**하여 위법한 것이라고 하더라도, 이러한 하자의 존부는 개별 · 구체적인 사정을 심리한 후에야 판단할 수 있는 사항이어서 객관적으로 **명백한 것이라고 할 수 없으므로**, 이는 행정처분의 **취소사유**에 해당할 뿐 **당연무효사유는 아니다**. 대법원 2021. 12. 30. 선고 2018다241458 판결

**0315** X 부동산을 **양도한 사실이 없음**에도 세무당국이 부동산을 양도한 것으로 오인하여 양도소득세를 부과하였다면 그 부과처분은 착오에 의한 행정처분으로서 그 표시된 내용에 중대하고 명백한 하자가 있어 당연무효이다. 대법원 1983. 8. 23. 선고 83누179 판결

**0316** O 헌법재판소법 제47조(위헌결정의 효력) ② 위헌으로 결정된 법률 또는 법률의 조항은 그 결정이 있는 날부터 효력을 상실한다.

**0317** O 헌법재판소의 위헌결정의 효력은 위헌제청을 한 **당해 사건**, 위헌결정이 있기 전에 이와 동종의 위헌 여부에 관하여 헌법재판소에 위헌여부심판제청을 하였거나 법원에 위헌여부심판제청신청을 한 경우의 당해 사건(**동종사건**)과 따로 위헌제청신청은 아니하였지만 당해 법률 또는 법률의 조항이 재판의 전제가 되어 법원에 계속 중인 사건(**병행사건**)뿐만 아니라 위헌결정 이후에 위와 같은 이유로 제소된 일반사건에도 미친다. 대법원 1993. 1. 15. 선고 91누5747 판결

**0318** O 위헌인 법률에 근거한 행정처분이 당연무효인지의 여부는 위헌결정의 소급효와는 별개의 문제로서, 위헌결정의 소급효가 인정된다고 하여 위헌인 법률에 근거한 행정처분이 당연무효가 된다고는 할 수 없고 오히려 이미 취소소송의 제기기간을 경과하여 확정력이 발생한 행정처분에는 위헌결정의 소급효가 미치지 않는다. 대법원 1994. 10. 28. 선고 92누9463 판결

**0319** X 일반적으로 법률이 헌법에 위반된다는 사정이 헌법재판소의 위헌결정이 있기 전에도 객관적으로 **명백한 것이라고 할 수는 없으므로** 특별한 사정이 없는 한 이러한 하자는 위 행정처분의 **취소사유**에 해당할 뿐 당연무효사유는 아니라고 봄이 상당하다. 대법원 1994. 10. 28. 선고 93다41860 판결

☐☐☐ **0320** 법률이 위헌으로 결정된 후 그 법률에 근거하여 발령되는 행정처분은 위헌결정의 기속력에 반하므로 그 하자가 중대하고 명백하여 당연무효가 된다. 13. 국가 9급 (      )

★★☆
☐☐☐ **0321** 행정처분 자체의 효력이 쟁송기간 경과 후에도 존속 중인 경우, 그 행정처분이 위헌인 법률에 근거하여 내려졌고 그 목적달성을 위해 필요한 후행 행정처분이 아직 이루어지지 않았다면 그 하자가 중대하여 그 구제가 필요한 경우에 대하여서는 쟁송기간 경과 후라도 무효확인을 구할 수 있다. 18. 지방 9급 (      )

★★★
☐☐☐ **0322** 행정처분이 있은 후에 집행단계에서 그 처분의 근거된 법률이 위헌으로 결정되는 경우 그 처분의 집행이나 집행력을 유지하기 위한 행위는 위헌결정의 기속력에 위반되어 허용되지 않는다. 23. 국가 9급 (      )

★★★
☐☐☐ **0323** 과세처분에 불가쟁력이 발생하였고, 조세채권의 집행을 위한 체납처분의 근거규정 자체에 대하여는 따로 위헌결정이 내려진 바 없다고 하더라도, 과세처분의 근거법률에 대한 위헌결정이 있은 이후에는 조세채권의 집행을 위한 새로운 체납처분에 착수하거나 이를 속행하는 것은 더 이상 허용되지 않는다.
22. 국가 9급 (      )

★★★
☐☐☐ **0324** 과세처분의 근거규정에 대한 헌법재판소의 위헌결정이 내려진 후 행한 체납처분은 그 하자가 객관적으로 명백하다고 할 수 없다. 22. 지방 7급 (      )

★★☆
☐☐☐ **0325** 근거법률의 위헌결정 이전에 이미 부담금 부과처분과 압류처분 및 이에 기한 압류등기가 이루어지고 각 처분이 확정된 경우에는 기존의 압류등기나 교부청구로도 다른 사람에 의하여 개시된 경매절차에서 배당을 받을 수 있다. 18. 지방 9급 (      )

☐☐☐ **0326** 하자 있는 행정행위의 치유는 행정행위의 성질이나 법치주의의 관점에서 볼 때 원칙적으로 허용될 수 없으며, 예외적으로 행정행위의 무용한 반복을 피하고 당사자의 법적 안정성을 위해 이를 허용하는 때에도 국민의 권리나 이익을 침해하지 않는 범위에서 구체적 사정에 따라 합목적적으로 인정할 필요가 있다.
24. 소방 (      )

★☆☆
☐☐☐ **0327** 행정행위의 내용상의 하자는 치유의 대상이 될 수 있으나, 형식이나 절차상의 하자에 대해서는 치유가 인정되지 않는다. 16. 국가 9급 (      )

★☆☆
☐☐☐ **0328** 징계처분이 중대하고 명백한 하자 때문에 당연무효의 것이라면 징계처분을 받은 자가 이를 용인하였다 하여 그 하자가 치유되는 것은 아니다. 19. 지방 9급 (      )

★★★
☐☐☐ **0329** 행정청이 청문서 도달기간을 어겼다면 당사자가 이에 대하여 이의하지 아니한 채 스스로 청문일에 출석하여 방어의 기회를 충분히 가졌더라도 청문서 도달기간을 준수하지 아니한 하자가 치유되는 것은 아니다.
24. 지방 9급 (      )

★☆☆
☐☐☐ **0330** 부과처분에 앞서 보낸 과세예고통지서에 납세고지서의 필요적 기재사항이 제대로 기재되어 있었더라도, 납세고지서에 그 기재사항의 일부가 누락되었다면 이유제시의 하자는 치유의 대상이 될 수 없다.
23. 군무원 7급 (      )

## 정답 & OX 풀이

**0320** O 법률에 대한 헌법재판소의 위헌결정에 대해서는 헌법재판소법이 명문의 규정을 두어 <u>모든 국가기관에 대한 기속력</u>을 인정하고 있다. 따라서 헌법재판소가 위헌으로 결정한 법률에 근거하여 그 '위헌결정 이후' 이루어진 행정처분은 위헌결정의 기속력에 반하므로 그 하자가 중대하고 명백하여 당연무효가 된다.

**0321** O 행정처분 자체의 효력이 쟁송기간 경과 후에도 존속 중인 경우, 특히 그 처분이 위헌법률에 근거하여 내려진 것이고 그 행정처분의 목적달성을 위하여서는 후행 행정처분이 필요한데 후행행정처분은 아직 이루어지지 않은 경우, 그 행정처분을 무효로 하더라도 **법적 안정성을 크게 해치지 않는** 반면에 **그 하자가 중대하여 그 구제가 필요**한 경우에 대하여서는 그 예외를 인정하여 이를 **당연무효**사유로 보아서 **쟁송기간 경과 후에라도** 무효확인을 구할 수 있는 것이라고 봐야 할 것이다. 헌법재판소 1994. 6. 30. 선고 92헌바23 결정

**0322** O 위헌법률에 기한 행정처분의 집행이나 집행력을 유지하기 위한 행위는 위헌결정의 기속력에 위반되어 허용되지 않는다. 대법원 2002. 8. 23. 선고 2001두2959 판결

**0323** O 조세 부과의 근거가 되었던 법률규정이 위헌으로 선언된 경우, 비록 그에 기한 과세처분이 위헌결정 전에 이루어졌고, 과세처분에 대한 제소기간이 이미 경과하여 조세채권이 확정되었으며, 조세채권의 집행을 위한 체납처분의 근거규정 자체에 대하여는 따로 위헌결정이 내려진 바 없다고 하더라도, 위와 같은 **위헌결정 이후에** 조세채권의 집행을 위한 **새로운 체납처분에 착수하거나 이를 속행**하는 것은 더 이상 **허용되지 않고**, 나아가 이러한 위헌결정의 효력에 위배하여 이루어진 체납처분은 그 사유만으로 하자가 중대하고 객관적으로 명백하여 **당연무효**이다. 대법원 2012. 2. 16. 선고 2010두10907 판결

**0324** X 위 323번의 해설 내용 참고.

**0325** X <u>위헌결정 이전에</u> 이미 부담금 부과처분과 압류처분 및 이에 기한 압류등기가 이루어지고 위 각 처분이 확정되었다고 하여도, **위헌결정 이후에는** 별도의 행정처분인 매각처분, 분배처분 등 후속 체납처분 절차를 진행할 수 없는 것은 물론이고, <u>기존의 압류등기나 교부청구만으로는 다른 사람에 의하여 개시된 경매절차에서 **배당을 받을 수도 없다**</u>. 대법원 2002. 7. 12. 선고 2002두3317 판결

**0326** O 하자의 치유는 행정행위의 성질이나 법치주의의 관점에서 볼 때 <u>원칙적으로 허용될 수 없는 것</u>이고, <u>예외적으로 행정행위의 무용한 반복을 피하고 당사자의 법적 안정성을 위해 이를 허용하는 때에도 국민의 권리나 이익을 침해하지 않는 범위에서 구체적 사정에 따라 합목적적으로 인정하여야 한다.</u> 대법원 2002. 7. 9. 선고 2001두10684 판결

**0327** X 이 사건 <u>처분에 관한 하자가 행정처분의 **내용**에 관한 것</u>이고 새로운 노선면허가 이 사건 소 제기 이후에 이루어진 사정 등에 비추어 <u>하자의 **치유를 인정치 않은**</u> 원심의 판단은 정당하다(주: 하자의 치유는 절차·형식상 하자의 경우에만 인정되고, <u>내용상 하자의 경우 인정되지 않음</u>). 대법원 1991. 5. 28. 선고 90누1359 판결

**0328** O 징계처분이 중대하고 명백한 흠 때문에 **당연무효**의 것이라면 징계처분을 받은 자가 이를 용인하였다 하여 그 흠이 치료되는 것은 아니다. 대법원 1989. 12. 12. 선고 88누8869 판결

**0329** X 행정청이 <u>청문서 도달기간을</u> 다소 어겼다 하더라도 영업자가 이에 대하여 이의하지 아니한 채 스스로 청문일에 출석하여 그 의견을 진술하고 변명하는 등 **방어의 기회를 충분히 가졌다면** 청문서 도달기간을 준수하지 아니한 하자는 **치유되었다**고 봄이 상당하다. 대법원 1992. 10. 23. 선고 92누2844 판결

**0330** X 과세관청이 과세처분에 앞서 납세의무자에게 보낸 **과세예고통지서** 등에 의하여 납세의무자가 그 처분에 대한 불복 여부의 결정 및 불복신청에 전혀 지장을 받지 않았음이 명백하다면, 이로써 납세고지서의 흠결이 보완되거나 <u>하자가 치유된다</u>. 대법원 1998. 6. 26. 선고 96누12634 판결

□□□ 0331 ★☆☆ 면허의 취소처분에는 그 근거가 되는 법령이나 취소권 유보의 부관 등을 명시하여야 함은 물론 처분을 받은 자가 어떠한 위반사실에 대하여 당해 처분이 있었는지를 알 수 있을 정도로 사실을 적시할 것을 요하지만, 이와 같은 취소처분의 근거와 위반사실의 적시를 빠뜨린 하자는 피처분자가 처분 당시 그 취지를 알고 있었거나 그 후 알게 되었다면 그 하자는 치유될 수 있다. 20. 국가 7급 (      )

□□□ 0332 ★☆☆ 납세고지서에 세액산출근거 등의 기재사항이 누락되었거나 과세표준과 세액의 계산명세서가 첨부되지 않은 납세고지의 하자는 납세의무자가 그 나름대로 산출근거를 알고 있다거나 사실상 이를 알고서 쟁송에 이르렀다 하더라도 치유되지 않는다. 19. 국가 7급 (      )

□□□ 0333 ★☆☆ 세액산출근거가 기재되지 아니한 납세고지서에 의한 부과처분은 강행법규에 위반하여 취소대상이 된다고 할 것이지만 이와 같은 하자는 납세의무자가 전심절차에서 이를 주장하지 아니하였거나, 그 후 부과된 세금을 자진납부하였다거나, 또는 조세채권의 소멸시효기간이 만료된 경우 치유된다. 23. 국가 9급 (      )

□□□ 0334 ★☆☆ 수도과태료의 부과처분에 대한 납세고지서의 송달이 부적법하면 그 부과처분은 효력이 발생할 수 없지만 처분의 상대방이 객관적으로 위 부과처분의 존재를 인식할 수 있었다는 사실로써 송달의 하자가 치유된다. 24. 소방 (      )

□□□ 0335 ★☆☆ 토지등급결정내용의 개별통지가 있었다고 볼 수 없어 토지등급결정이 무효라면, 토지소유자가 그 결정 이전이나 이후에 토지등급결정내용을 알았다 하더라도 개별통지의 하자가 치유되는 것은 아니다. 24. 지방 9급 (      )

□□□ 0336 ★★☆ 재건축조합설립인가처분 당시 동의율을 충족하지 못한 하자는 후에 추가동의서가 제출되었다는 사정만으로도 치유된다. 23. 국가 9급 (      )

□□□ 0337 선행처분인 개별공시지가결정이 위법하여 그에 기초한 개발부담금 부과처분도 위법하게 되었지만 그 후 적법한 절차를 거쳐 공시된 개별공시지가결정이 종전의 위법한 공시지가결정과 그 내용이 동일하다면 위법한 개별공시지가결정에 기초한 개발부담금 부과처분은 적법하게 된다. 19. 국회 8급 (      )

□□□ 0338 ★★☆ 하자의 치유는 늦어도 행정처분에 대한 불복 여부의 결정 및 불복신청을 할 수 있는 상당한 기간 내에 해야 하므로, 소가 제기된 이후에는 하자의 치유가 인정될 수 없다. 14. 사회복지 (      )

□□□ 0339 세액산출근거가 누락된 납세고지서에 의한 하자 있는 과세처분에 대하여 전심절차가 모두 끝나고 상고심의 계류 중에 세액산출근거의 통지가 있었다면 위 과세처분의 하자가 치유되었다고 볼 수 있다. 12. 지방 9급 (      )

□□□ 0340 행정행위의 위법이 치유된 경우에는 그 위법을 이유로 당해 행정행위를 직권취소할 수 없다. 16. 국가 9급 (      )

□□□ 0341 귀속재산을 불하받은 자가 사망한 후에 불하처분 취소처분을 수불하자의 상속인에게 송달한 때에는 그 상속인에 대하여 다시 그 불하처분을 취소한다는 새로운 행정처분을 한 것으로 본다. 18. 서울시 7급 (      )

## 정답 & OX 풀이

**0331** ✕ 면허의 취소처분에는 그 근거가 되는 법령이나 취소권 유보의 부관 등을 명시하여야 함은 물론 처분을 받은 자가 어떠한 위반사실에 대하여 당해 처분이 있었는지를 알 수 있을 정도로 사실을 적시할 것을 요하며, 이와 같은 <u>취소처분의 근거와 위반사실의 적시를 빠뜨린 하자는 피처분자가 처분 당시 그 취지를 알고 있었다거나 그 후 알게 되었다 하여도 치유될 수 없다.</u> 대법원 1990. 9. 11. 선고 90누1786 판결

**0332** ◯ 납세고지서에 세액산출근거 등의 기재사항이 누락되었거나 과세표준과 세액의 계산명세서가 첨부되지 않았다면 적법한 납세의 고지라고 볼 수 없으며, 위와 같은 납세고지의 하자는 <u>납세의무자가 그 나름대로 산출근거를 알고 있다거나 사실상 이를 알고서 쟁송에 이르렀다 하더라도 치유되지 않는다.</u> 대법원 2002. 11. 13. 선고 2001두1543 판결

**0333** ✕ 세액산출근거가 기재되지 아니한 납세고지서에 의한 부과처분은 강행법규에 위반하여 취소대상이 된다 할 것이므로 이와 같은 하자는 <u>납세의무자가 전심절차에서 이를 주장하지 아니하였거나, 그 후 부과된 세금을 자진납부하였다거나, 또는 조세채권의 소멸시효기간이 만료되었다 하여 치유되는 것이라고는 할 수 없다.</u> 대법원 1985. 4. 9. 선고 84누431 판결

**0334** ✕ 납세고지서의 송달이 부적법하면 그 부과처분은 효력이 발생할 수 없고, 또한 <u>송달이 부적법하여 송달의 효력이 발생하지 아니하는 이상 상대방이 객관적으로 위 부과처분의 존재를 인식할 수 있었다 하더라도 그와 같은 사실로써 송달의 하자가 치유된다고 볼 수 없다.</u> 대법원 1988. 3. 22. 선고 87누986 판결

**0335** ◯ 토지등급결정내용의 <u>개별통지가 있다고 볼 수 없어 토지등급결정이 무효인 이상,</u> 토지소유자가 그 결정 이전이나 이후에 토지등급결정내용을 알았다거나 또는 그 결정 이후 매년 정기 등급수정의 결과가 토지소유자 등의 <u>열람에 공하여졌다 하더라도 개별통지의 하자가 치유되는 것은 아니다.</u> 대법원 1997. 5. 28. 선고 96누5308 판결

**0336** ✕ (주택재개발정비사업조합 설립추진위원회가 주택재개발정비사업조합 설립인가처분의 취소소송에 대한 1심 판결 이후 <u>정비구역 내 토지 등 소유자의 4분의 3을 초과하는 **조합설립동의서**를 새로 받은 사안에서)</u> 하자의 치유를 인정하였을 때 원고들을 비롯한 <u>토지 등 소유자들에게 아무런 손해가 발생하지 않는다고 단정할 수 없으므로 위 설립인가처분의 하자가 치유된다고 볼 수 없다.</u> 대법원 2010. 8. 26. 선고 2010두2579 판결

**0337** ✕ <u>선행처분인 개별공시지가결정이 위법하여 그에 기초한 개발부담금 부과처분도 위법하게 된 경우 그 하자의 치유를 인정하면</u> 개발부담금 납부의무자로서는 위법한 처분에 대한 **가산금** 납부의무를 부담하게 되는 등 불이익이 있을 수 있으므로, 그 후 적법한 절차를 거쳐 공시된 개별공시지가결정이 종전의 위법한 공시지가결정과 그 내용이 동일하다는 사정만으로는 위법한 개별공시지가결정에 기초한 <u>개발부담금 부과처분이 적법하게 된다고 볼 수 없다.</u> 대법원 2001. 6. 26. 선고 99두11592 판결

**0338** ◯ 하자의 치유를 허용하려면 늦어도 과세처분에 대한 불복여부의 결정 및 불복신청에 편의를 줄 수 있는 상당한 기간 내에 하여야 한다. 대법원 1983. 7. 26. 선고 82누420 판결

**0339** ✕ 과세처분에 대한 전심절차가 모두 끝나고 <u>상고심의 계류 중에 세액산출근거의 통지가 있었다고 하여 이로써 위 과세처분의 하자가 치유되었다고는 볼 수 없다.</u> 대법원 1984. 4. 10. 선고 83누393 판결

**0340** ◯ <u>하자치유의 효과는 소급하고 그 결과 행정행위는 처음부터 적법하게 성립한 것이 된다. 따라서 하자가 치유된 경우 처분청은 그 하자를 이유로 당해 처분을 취소할 수 없다.</u>

**0341** ◯ <u>귀속재산을 불하받은 자가 사망한 후에 그 수불하자에 대하여 한 불하처분취소처분은 사망자에 대한 행정처분이므로 무효이지만 그 취소처분을 수불하자의 상속인에게 송달한 때에는 그 송달시에 그 상속인에 대하여 다시 그 불하처분을 취소한다는 새로운 행정처분을 한 것이라고 할 것이다.</u> 대법원 1969. 1. 21. 선고 68누190 판결

□□□ ★★★ **0342** 계고처분의 후속절차인 대집행에 위법이 있다고 하더라도 그와 같은 후속절차에 위법성이 있다는 점을 들어 선행절차인 계고처분이 부적법하다는 사유로 삼을 수는 없다. 20. 국가 9급 (    )

□□□ ★★★ **0343** 적법한 건축물에 대한 철거명령은 그 하자가 중대하고 명백하여 당연무효라고 할 것이지만, 그 후행행위인 건축물철거 대집행계고처분은 당연무효라고 할 수 없다. 23. 국가 9급 (    )

□□□ ★★☆ **0344** 자기완결적 신고에 해당하는 대문설치신고가 형식적 하자가 없는 적법한 요건을 갖춘 신고임에도 불구하고 관할 행정청이 수리를 거부한 후 당해 대문의 철거명령을 하였더라도, 후행행위인 대문철거 대집행계고처분이 당연무효가 되는 것은 아니다. 24. 지방 9급 (    )

□□□ ★★☆ **0345** 도시계획시설사업 시행자 지정 처분이 처분 요건을 충족하지 못하여 당연무효인 경우, 도시계획시설사업의 시행자가 작성한 실시계획을 인가하는 처분도 무효이다. 22. 국가 9급 (    )

□□□ ★★★ **0346** 2개 이상의 행정처분이 연속적 또는 단계적으로 이루어지는 경우 선행처분과 후행처분이 서로 합하여 1개의 법률효과를 완성하는 때에는 선행처분에 하자가 있으면 그 하자는 후행처분에 승계된다. 23. 지방 9급 (    )

□□□ ★★★ **0347** 선행처분과 후행처분이 서로 독립하여 별개의 법률효과를 발생시키는 경우에는 선행처분에 불가쟁력이 생겨 그 효력을 다툴 수 없게 되면 수인한도를 넘는 가혹함을 가져오며 그 결과가 당사자에게 예측가능하지 않더라도 하자의 승계가 인정되지 않는다. 23. 지방 9급 (    )

□□□ ★★★ **0348** 과세처분의 취소를 구하는 행정소송에서 선행처분인 개별공시지가결정의 위법을 독립된 위법사유로 주장할 수 있다. 23. 국가 9급 (    )

□□□ **0349** 양도소득세 산정의 기초가 되는 개별공시지가결정에 대하여 한 재조사청구에 따른 조정결정을 통지받고서도 더 이상 다투지 않았다 하더라도 위 개별공시지가결정의 위법을 양도소득세부과처분의 위법사유로 주장할 수 있다. 10. 국가 7급 (    )

□□□ ★★☆ **0350** 근로복지공단이 사업주에 대하여 하는 '개별 사업장의 사업종류 변경결정'만으로는 사업주의 권리·의무에 직접적인 변동이나 불이익이 발생한다고 볼 수 없고, 국민건강보험공단이 보험료 부과처분을 함으로써 비로소 사업주에게 현실적인 불이익이 발생하게 되므로, 위 사업종류 변경결정은 항고소송의 대상이 되는 처분에 해당하지 않는다. 23. 변호사 (    )

□□□ ★★☆ **0351** 대집행에 있어서 선행처분인 계고처분이 하자가 있는 위법한 처분이라면 후행처분인 대집행영장발부통보처분도 위법한 것이라고 주장할 수 있다. 18. 국가 9급 (    )

□□□ ★★★ **0352** 수용보상금의 증액을 구하는 소송에서는 선행처분으로서 그 수용대상 토지 가격 산정의 기초가 된 비교표준지공시지가결정의 위법을 독립된 사유로 주장할 수 있다. 23. 지방 9급 (    )

□□□ ★★☆ **0353** 친일반민족행위자로 결정한 최종발표와 그에 따라 그 유가족에 대하여 한 「독립유공자 예우에 관한 법률」 적용배제자 결정은 별개의 법률효과를 목적으로 하는 처분이다. 18. 지방 9급 (    )

**0342** ○ 계고처분의 **후속절차인 대집행에 위법이 있다고 하더라도**, 그와 같은 후속절차에 위법성이 있다는 점을 들어 선행절차인 계고처분이 부적법하다는 사유로 삼을 수는 없다. 대법원 1997. 2. 14. 선고 96누15428 판결

**0343** ✕ **적법한 건축물에 대한 철거명령은** 그 하자가 중대하고 명백하여 **당연무효**라고 할 것이고, 그 **후행행위**인 건축물철거 대집행계고처분 역시 **당연무효**라고 할 것이다. 대법원 1999. 4. 27. 선고 97누6780 판결

**0344** ✕ 원고의 **이 사건 대문설치신고는** 형식적 하자가 없는 적법한 요건을 갖춘 신고라고 할 것이어서 피고의 신고증 교부 또는 **수리처분 등 별단의 조치를 기다릴 필요가 없이 그 신고의 효력이 발생**하였다고 할 것이어서 이 사건 대문은 적법한 것임에도 피고가 원고에 대하여 명한 이 사건 대문의 **철거명령은** 그 하자가 중대하고 명백하여 **당연무효**라고 할 것이고, 그 후행행위인 이 사건 계고처분 역시 당연무효라고 할 것이다. 대법원 1999. 4. 27. 선고 97누6780 판결

**0345** ○ 선행처분과 후행처분이 서로 독립하여 별개의 법률효과를 목적으로 하는 때에도 <u>선행처분이 **당연무효**이면 선행처분의 하자를 이유로 **후행처분의 효력을 다툴 수 있다.**</u> 선행처분인 도시계획시설사업 시행자 지정 처분이 처분 요건을 충족하지 못하여 당연무효인 경우에는 사업시행자 지정 처분이 유효함을 전제로 이루어진 후행처분인 실시계획 인가처분도 무효라고 보아야 한다. 대법원 2017. 7. 11. 선고 2016두35144 판결

**0346** ○ 두 개 이상의 행정처분이 연속적으로 행하여지는 경우 선행처분과 후행처분이 서로 **결합하여 1개의 법률효과를 완성하는** 때에는 선행처분에 하자가 있으면 그 하자는 후행처분에 **승계**되므로 선행처분에 불가쟁력이 생겨 그 효력을 다툴 수 없게 된 경우에도 선행처분의 하자를 이유로 후행처분의 효력을 다툴 수 있다. 대법원 1994. 1. 25. 선고 93누8542 판결

**0347** ✕ 선행처분과 후행처분이 서로 **독립하여 별개**의 효과를 목적으로 하는 경우에도 선행처분의 불가쟁력이나 구속력이 그로 인하여 불이익을 입게 되는 자에게 **수인한도를 넘는 가혹함**을 가져오며, 그 결과가 당사자에게 **예측가능한 것이 아닌** 경우에는 국민의 재판받을 권리를 보장하고 있는 헌법의 이념에 비추어 선행처분의 후행처분에 대한 구속력은 인정될 수 없다(주: 하자의 **승계가 인정된다**는 의미임). 대법원 1994. 1. 25. 선고 93누8542 판결

**0348** ○ **개별공시지가결정**과 **과세처분** 사이는 서로 독립하여 별개의 법률효과를 목적으로 하지만, 예측가능성이 없고 수인한도를 넘는 불이익이 강요되어 하자의 승계가 인정된다. 따라서 후행처분인 과세처분 자체에는 하자가 존재하지 않더라도 과세처분에 대한 취소소송에서 선행처분인 개별공시지가결정의 하자를 과세처분의 위법사유로 주장할 수 있다. 대법원 1994. 1. 25. 선고 93누8542 판결

**0349** ✕ 1993년도 개별공시지가 결정에 대하여 한 재조사청구에 따른 조정결정을 통지받고서도 더 이상 다투지 아니한 경우까지 선행처분인 개별공시지가 결정의 불가쟁력이나 구속력이 수인한도를 넘는 가혹한 것이거나 예측불가능하다고 볼 수 없어, 위 개별공시지가 결정의 위법을 이 사건 과세처분의 위법사유로 주장할 수 없다. 대법원 1998. 3. 13. 선고 96누6059 판결

**0350** ✕ 근로복지공단이 사업주에 대하여 하는 '개별 사업장의 **사업종류 변경결정**'은 행정청이 행하는 구체적 사실에 관한 법집행으로서의 공권력의 행사인 '**처분**'에 해당한다. 대법원 2020. 4. 9. 선고 2019두61137 판결

**0351** ○ 대집행의 **계고**, 대집행영장에 의한 **통지**, 대집행의 **실행**, 대집행에 요한 **비용의 납부명령** 등은 (중략) 서로 결합하여 하나의 법률효과를 발생시키는 것이므로, 후행처분인 대집행영장발부통보처분의 취소를 청구하는 소송에서 청구원인으로 선행처분인 계고처분이 위법한 것이기 때문에 그 계고처분을 전제로 행하여진 대집행영장발부통보처분도 위법한 것이라는 주장을 할 수 있다. 대법원 1996. 2. 9. 선고 95누12507 판결

**0352** ○ **표준지공시지가결정**이 위법한 경우에는 그 자체를 행정소송의 대상이 되는 행정처분으로 보아 그 위법 여부를 다툴 수 있음은 물론, **수용보상금의 증액**을 구하는 소송에서도 선행처분으로서 그 수용대상 토지 가격 산정의 기초가 된 비교표준지공시지가결정의 위법을 독립한 사유로 주장할 수 있다(주: 서로 독립하여 별개의 법률효과를 목적으로 하지만, 하자의 승계를 부인하면 상대방에게 수인한도를 넘는 가혹함을 가져오며 그 결과가 예측 가능한 것이 아님을 이유로 하자의 승계를 인정한 사례). 대법원 2008. 8. 21. 선고 2007두13845 판결

**0353** ○ **친일반민족행위자결정**과 **독립유공자법 적용배제결정** 사이는 서로 독립하여 별개의 법률효과를 목적으로 하지만, 예측가능성이 없고 수인한도를 넘는 불이익이 강요되어 예외적으로 하자의 승계가 인정된다. 대법원 2013. 3. 14. 선고 2012두6964 판결

□□□ **0354** ★★☆ 건물철거명령이 당연무효가 아니고 불가쟁력이 발생하였다면 건물철거명령의 하자를 이유로 후행 대집행계고처분의 효력을 다툴 수 없다. 22. 국가 9급 (  )

□□□ **0355** ★★☆ 과세관청의 선행처분인 소득금액변동통지에 하자가 존재하더라도 당연무효사유에 해당하지 않는 한 후행처분인 징수처분에 대한 항고소송에서 그 하자를 다툴 수 없다. 23. 지방 9급 (  )

□□□ **0356** ★★☆ 선행처분인 소득금액변동통지에 하자가 존재하더라도 당연무효 사유에 해당하지 않는 한 그 하자는 후행처분인 소득세 납세고지처분에 그대로 승계되지 아니한다. 22. 지방 7급 (  )

□□□ **0357** ★★☆ 「국토의 계획 및 이용에 관한 법률」상 도시·군계획시설결정과 실시계획인가는 동일한 법률효과를 목적으로 하는 것이므로 선행처분인 도시·군계획시설결정의 하자는 실시계획인가에 승계된다.

24. 국가 7급 (  )

□□□ **0358** ★☆☆ 「공익사업을 위한 토지 등의 취득 및 보상에 관한 법률」에 의한 사업인정의 고시 절차를 누락한 것을 이유로 수용재결처분의 취소를 구할 수 있다. 23. 군무원 9급 (  )

□□□ **0359** ★☆☆ 「도시 및 주거환경정비법」상 사업시행계획에 관한 취소사유인 하자는 관리처분계획에 승계되지 않는다.

18. 국가 9급 (  )

□□□ **0360** ★★☆ 취소사유에 해당하는 하자가 있는 표준지공시지가결정에 대한 취소소송의 제소기간이 지난 경우, 갑은 개별토지가격결정을 다투는 소송에서 그 개별토지가격 산정의 기초가 된 표준지공시지가의 위법성을 다툴 수 있다. 19. 국가 7급 (  )

□□□ **0361** ★★☆ 선행처분인 공무원직위해제처분과 후행 직권면직처분 사이에는 하자의 승계가 인정된다.

22. 국가 9급 (  )

□□□ **0362** ★☆☆ 이미 불가쟁력이 발생한 보충역편입처분에 하자가 있다고 하더라도 그것이 당연무효의 사유가 아닌 한 공익근무요원소집처분에 승계되는 것은 아니다. 22. 국가 9급 (  )

□□□ **0363** 선행처분인 국제항공노선 운수권 배분 실효처분 및 노선면허거부처분에 대하여 이미 불가쟁력이 생겨 그 효력을 다툴 수 없게 되었더라도 후행처분인 노선면허처분을 다투는 단계에서 선행처분의 하자를 다툴 수 있다. 22. 군무원 7급 (  )

□□□ **0364** ★★☆ 「공인중개사법」 위반으로 업무정지처분을 받고 그 업무정지기간 중 중개업무를 하였다는 이유로 중개사무소개설등록취소처분을 받은 경우, 양 처분은 그 내용과 효과를 달리하는 독립된 행정처분으로서 서로 결합하여 1개의 법률효과를 완성하는 때에 해당한다고 볼 수 없다. 24. 국가 7급 (  )

## 정답 & OX 풀이 ✏

**0354** O 후행행위인 대집행계고처분에서는 그 건물이 무허가건물이 아닌 <u>적법한 건축물이라는 주장이나 그러한 사실인정을 하지 못한 다</u>(주: **건물철거명령**과 **대집행**절차 간에는 하자의 승계가 인정되지 않으므로 불가쟁력이 발생한 건물철거명령의 하자를 이유로 대집행계고처분의 위법을 주장할 수 없음). 대법원 1998. 9. 8. 선고 97누20502 판결

**0355** O 과세관청의 소득처분과 그에 따른 소득금액변동통지가 있는 경우 원천징수하는 소득세의 납세의무에 관하여는 이를 확정하는 소득금액변동통지에 대한 항고소송에서 다투어야 하고, **소득금액변동통지**가 당연무효가 아닌 한 **징수처분**에 대한 항고소송에서 이를 다툴 수는 없다. 대법원 2012. 1. 26. 선고 2009두14439 판결

**0356** O 원천징수의무자인 법인이 원천징수하는 소득세의 납세의무를 이행하지 아니함에 따라 과세관청이 하는 **납세고지**는 확정된 세액의 납부를 명하는 징수처분에 해당하므로 선행처분인 **소득금액변동통지**에 하자가 존재하더라도 당연무효 사유에 해당하지 않는 한 후행처분인 <u>징수처분</u>에 그대로 승계되지 아니한다. 대법원 2012. 1. 26. 선고 2009두14439 판결

**0357** X 도시·군계획시설결정과 실시계획인가는 도시·군계획시설사업을 위하여 이루어지는 단계적 행정절차에서 별도의 요건과 절차에 따라 <u>별개의 법률효과를 발생시키는 독립적인 행정처분이다</u>. 그러므로 선행처분인 **도시·군계획시설결정**에 하자가 있더라도 그것이 당연무효가 아닌 한 원칙적으로 후행처분인 **실시계획인가**에 승계되지 않는다. 대법원 2017. 7. 18. 선고 2016두49938 판결

**0358** X 건설부장관이 토지수용법상 **사업인정의 고시** 절차를 누락한 경우 이는 절차상의 위법으로서 수용재결 단계 전의 사업인정 단계에서 다툴 수 있는 취소사유에 해당하기는 하나, 더 나아가 그 <u>사업인정 자체를 무효로 할 중대하고 명백한 하자라고 보기는 어렵고</u>, 따라서 <u>이러한 위법을 들어 **수용재결**처분의 취소를 구하거나 무효확인을 구할 수는 없다</u>. 대법원 2000. 10. 13. 선고 2000두5142 판결

**0359** O **사업시행계획**에 관한 취소사유인 하자는 **관리처분계획**에 승계되지 아니하여 그 하자를 들어 관리처분계획의 적법 여부를 다툴 수 없다는 이유로, 관리처분계획이 적법하다고 본 원심의 결론은 정당하다고 한 사례. 대법원 2012. 8. 23. 선고 2010두13463 판결

**0360** X 표준지로 선정된 토지의 공시지가에 대하여 불복하기 위하여는 지가공시 및 토지 등의 평가에 관한 법률 제8조 제1항 소정의 이의절차를 거쳐 처분청을 상대로 그 공시지가결정의 취소를 구하는 행정소송을 제기하여야 하는 것이지, 그러한 절차를 밟지 아니한 채 **개별토지가격 결정**을 다투는 소송에서 그 개별토지가격 산정의 기초가 된 **표준지 공시지가**의 위법성을 다툴 수는 없다(주: 하자의 승계가 인정되지 않음). 대법원 1996. 12. 6. 선고 96누1832 판결

**0361** X 구 경찰공무원법 제50조 제1항에 의한 **직위해제처분**과 같은 제3항에 의한 **면직처분**은 후자가 전자의 처분을 전제로 한 것이기는 하나 각각 단계적으로 별개의 법률효과를 발생하는 행정처분이어서 <u>선행 **직위해제**처분의 위법사유가 **면직처분**에는 승계되지 아니한다</u> 할 것이므로 선행된 직위해제 처분의 위법사유를 들어 면직처분의 효력을 다툴 수는 없다. 대법원 1984. 9. 11. 선고 84누191 판결

**0362** O 병역법상 **보충역편입처분**과 **공익근무요원소집처분**은 각각 단계적으로 **별개의 법률효과를 발생하는 독립된 행정처분**이므로, (중략) 보충역편입처분에 하자가 있다고 할지라도 그것이 당연무효라고 볼만한 특단의 사정이 없는 한 그 위법을 이유로 공익근무요원소집처분의 효력을 다툴 수 없다. 대법원 2002. 12. 10. 선고 2001두5422 판결

**0363** X 선행처분인 국제항공노선 **운수권배분 실효처분** 및 노선면허거부처분에 대하여 이미 불가쟁력이 생겨 그 효력을 다툴 수 없게 된 이상 그에 위법사유가 있더라도 그것이 당연무효 사유가 아닌 한 그 하자가 후행처분인 **노선면허처분**에 승계된다고 할 수 없다고 판단한 사례. 대법원 2004. 11. 26. 선고 2003두3123 판결

**0364** O 선행처분인 **업무정지처분**은 일정 기간 중개업무를 하지 못하도록 하는 처분인 반면, 후행처분인 이 사건 처분은 위와 같은 업무정지처분에 따른 업무정지기간 중에 중개업무를 하였다는 별개의 처분사유를 근거로 **중개사무소의 개설등록을 취소**하는 처분이다. 비록 이 사건 처분이 업무정지처분을 전제로 하지만, 양 처분은 그 내용과 효과를 달리하는 독립된 행정처분으로서, 서로 결합하여 1개의 법률효과를 완성하는 때에 해당한다고 볼 수 없다. 대법원 2019. 1. 31. 선고 2017두40372 판결

## 기출 지문 OX Check

★☆☆
□□□ 0365 「행정기본법」은 직권취소나 철회의 일반적 근거규정을 두고 있고, 직권취소나 철회는 개별법률의 근거가 없어도 가능하다. 23. 국가 9급 (    )

★★★
□□□ 0366 행정행위를 한 처분청이 그 행위의 하자를 이유로 수익적 행정처분을 취소하려는 경우에는 별도의 법적 근거가 있어야 한다. 22. 변호사 (    )

★★☆
□□□ 0367 행정행위의 철회 사유는 행정행위가 성립되기 이전에 발생한 것으로서 행정행위의 효력을 존속시킬 수 없는 사유를 말한다. 23. 국가 9급 (    )

★★★
□□□ 0368 권한 없는 행정기관이 한 당연무효인 행정처분을 취소할 수 있는 권한은 당해 행정처분을 한 처분청에게 속하고, 당해 행정처분을 할 수 있는 적법한 권한을 가지는 행정청에게 그 취소권이 귀속되는 것이 아니다.
22. 지방 9급 (    )

★☆☆
□□□ 0369 직권취소는 행정행위의 성립상의 하자를 이유로 하는 것이므로, 개별법에 특별한 규정이 없는 한 「행정절차법」에 따른 절차규정이 적용되지 않는다. 22. 국가 7급 (    )

□□□ 0370 수익적 행정처분을 직권으로 취소하는 경우, 행정청이 종전 처분과 양립할 수 없는 처분을 함으로써 묵시적으로 종전의 수익적 행정처분을 취소할 수는 없다. 22. 변호사 (    )

★★★
□□□ 0371 당사자가 부정한 방법으로 수익적 처분을 받은 경우에도 행정청이 그 처분을 취소하려면 취소로 인하여 당사자가 입게 될 불이익을 취소로 달성되는 공익과 비교·형량하여야 한다. 22. 국가 7급 (    )

★★★
□□□ 0372 수익적 행정처분을 직권취소할 때에는 이를 취소하여야 할 중대한 공익상 필요와 취소로 인하여 처분상 대방이 입게 될 기득권과 법적 안정성에 대한 침해 정도 등 불이익을 비교·교량한 후 공익상 필요가 처분상대방이 입을 불이익을 정당화할 만큼 강한 경우에 한하여 취소할 수 있다. 23. 국가 9급 (    )

★★★
□□□ 0373 수익적 행정처분에 대한 취소권 등의 행사는 기득권의 침해를 정당화할 만한 중대한 공익상의 필요 또는 제3자의 이익보호의 필요가 있는 때에 한하여 허용될 수 있다는 법리는 처분청이 수익적 행정처분을 직권으로 취소·철회하는 경우에 적용되는 법리일 뿐 쟁송취소의 경우에는 적용되지 않는다.
24. 지방 9급 (    )

★☆☆
□□□ 0374 수익적 행정처분에 하자가 있다고 하더라도 이를 취소하여야 할 필요성에 관한 증명책임은 행정처분의 상대방이 아니라 처분청에 있다. 22. 변호사 (    )

**정답 & OX 풀이**

0365 O 행정기본법은 제18조와 제19조에서 각각 직권취소와 철회에 대한 명문의 근거규정을 두고 있고, 따라서 직권취소나 철회 모두 개별법의 근거 없이도 이루어질 수 있다.

0366 X 행정처분을 한 처분청은 그 처분의 성립에 하자가 있는 경우 이를 취소할 별도의 법적 근거가 없다고 하더라도 직권으로 이를 취소할 수 있다(주: 판례는 '수익적 처분'을 직권취소하는 경우에도 별도의 법적 근거가 필요 없는 것으로 보고 있음). 대법원 2002. 5. 28. 선고 2001두9653 판결

0367 X 행정행위의 취소사유는 행정행위의 성립 당시에 존재하였던 하자를 말하고, **철회사유는** 행정행위가 **성립된 이후에** 새로이 발생한 것으로서 행정행위의 효력을 존속시킬 수 없는 사유를 말한다. 대법원 2003. 5. 30. 선고 2003다6422 판결

0368 O 권한 없는 행정기관이 한 당연무효인 행정처분을 취소할 수 있는 권한은 당해 행정처분을 한 처분청에게 속하고, 당해 행정처분을 할 수 있는 적법한 권한을 가지는 행정청에게 그 취소권이 귀속되는 것이 아니다. 대법원 1984. 10. 10. 선고 84누463 판결

0369 X 직권취소는 그 자체가 하나의 독립한 처분이므로, 행정절차법상 이유제시 등 절차규정이 적용된다.

0370 X 행정행위의 취소라 함은 일단 유효하게 성립한 행정처분이 위법 또는 부당함을 이유로 소급하여 그 효력을 소멸시키는 별도의 행정처분을 말하고, 행정청은 종전 처분과 **양립할 수 없는 처분**을 함으로써 **묵시적으로** 종전 처분을 취소할 수도 있다. 대법원 1999. 12. 28. 선고 98두1895 판결

0371 X 행정기본법 제18조(위법 또는 부당한 처분의 취소) ② 행정청은 제1항에 따라 당사자에게 권리나 이익을 부여하는 처분을 취소하려는 경우에는 취소로 인하여 당사자가 입게 될 불이익을 취소로 달성되는 공익과 비교·형량하여야 한다. 다만, 다음 각 호의 어느 하나에 해당하는 경우에는 그러하지 아니하다.
1. 거짓이나 그 밖의 **부정한 방법**으로 처분을 받은 경우
2. 당사자가 처분의 위법성을 **알고** 있었거나 **중대한 과실**로 알지 못한 경우

0372 O 수익적 행정처분을 취소 또는 철회하는 경우에는 이미 부여된 그 국민의 기득권을 침해하는 것이 되므로, 비록 취소 등의 사유가 있다고 하더라도 그 취소권 등의 행사는 기득권의 침해를 정당화할 만한 중대한 공익상의 필요 또는 제3자의 이익보호의 필요가 있는 때에 한하여 상대방이 받는 불이익과 비교·교량하여 결정하여야 하고, 그 처분으로 인하여 **공익상의 필요**보다 **상대방이 받게 되는 불이익** 등이 막대한 경우에는 재량권의 한계를 일탈한 것으로서 그 자체가 위법하다. 대법원 2004. 11. 26. 선고 2003두10251 판결

0373 O 수익적 행정처분에 대한 취소권 등의 행사는 기득권의 침해를 정당화할 만한 중대한 공익상의 필요 또는 제3자의 이익보호의 필요가 있는 때에 한하여 허용될 수 있다는 법리는, **처분청**이 수익적 행정처분을 **직권으로** 취소·철회하는 경우에 적용되는 법리일 뿐 **쟁송취소**의 경우에는 **적용되지 않는다**. 대법원 2019. 10. 17. 선고 2018두104 판결

0374 O 수익적 행정처분에 존재하는 하자나 취소해야 할 필요성에 관한 증명책임은 기존 이익과 권리를 침해하는 처분을 한 **행정청**에 있다. 대법원 2014. 11. 27. 선고 2014두9226 판결

□□□ **0375** 당사자의 부정한 방법에 의한 신청행위를 이유로 수익적 행정처분을 직권취소하는 경우, 당사자는 처분에 관한 신뢰이익을 원용할 수 없음은 물론 행정청이 이를 고려하지 아니하였다고 하여도 재량권의 일탈·남용이 아니다. 22. 변호사 (　　)

□□□ **0376** 수익적 처분이 상대방의 허위 기타 부정한 방법으로 인하여 행하여졌다면 상대방은 그 처분이 그와 같은 사유로 인하여 취소될 것임을 예상할 수 있으므로, 이러한 경우까지 상대방의 신뢰를 보호하여야 하는 것은 아니다. 23. 국가 9급 (　　)

□□□ **0377** 행정청은 당사자의 신뢰를 보호할 가치가 있는 등 정당한 사유가 있는 경우에는 위법한 처분을 장래를 향하여 취소할 수 있다. 22. 국가 7급 (　　)

□□□ **0378** 도로점용허가의 일부분에 위법이 있는 경우, 도로점용허가 전부를 취소하여야 하며 도로점용허가 중 특별사용의 필요가 없는 부분에 대해서만 직권취소할 수 없다. 23. 군무원 7급 (　　)

□□□ **0379** 도로관리청이 도로점용허가 중 특별사용의 필요가 없는 부분을 소급적으로 직권취소하였더라도, 도로관리청은 이미 징수한 점용료 중 취소된 부분의 점용면적에 해당하는 점용료를 반환하여야 하는 것은 아니다. 25. 국가 9급 (　　)

□□□ **0380** 점용료 부과처분에 취소사유에 해당하는 흠이 있는 경우 도로관리청으로서는 당초 처분 자체를 취소하고 흠을 보완하여 새로운 부과처분을 하거나, 흠 있는 부분에 해당하는 점용료를 감액하는 처분을 할 수 있다. 24. 국가 7급 (　　)

□□□ **0381** 과세관청은 과세처분의 취소를 다시 취소함으로써 이미 효력을 상실한 과세처분을 소생시킬 수 있다.
21. 지방 9급 (　　)

□□□ **0382** 과세관청이 조세부과처분을 취소하면 그 부과처분으로 인한 법률효과는 일단 소멸하는 것이므로, 그 후 다시 동일한 과세대상에 대하여 조세부과처분을 하여도 이미 소멸한 법률효과가 다시 회복되는 것은 아니다. 25. 국가 9급 (　　)

□□□ **0383** 현역병 입영대상편입처분을 보충역편입처분으로 변경한 경우, 보충역편입처분에 불가쟁력이 발생한 이후 보충역편입처분이 하자를 이유로 직권취소되었다면 종전의 현역병 입영대상편입처분의 효력은 되살아난다. 21. 변호사 (　　)

□□□ **0384** 행정처분을 한 처분청은 그 처분에 하자가 있는 경우에는 원칙적으로 별도의 법적 근거가 없더라도 스스로 이를 직권으로 취소할 수 있고, 이러한 경우 이해관계인에게는 처분청에 대하여 그 취소를 요구할 신청권이 부여된 것으로 볼 수 있다. 17. 국가 9급 (　　)

□□□ **0385** 처분에 대하여 행정심판이나 행정소송이 제기되어 쟁송이 진행되고 있는 도중에는 행정청은 스스로 대상처분을 취소할 수 없다. 24. 국가 9급 (　　)

## 정답 & OX 풀이

**0375** O 처분의 하자가 당사자의 사실은폐나 기타 **사위의 방법**에 의한 신청행위에 기인한 것이라면 당사자는 그 처분에 의한 이익이 위법하게 취득되었음을 알아 그 취소가능성도 예상하고 있었다고 할 것이므로 그 자신이 위 처분에 관한 <u>신뢰이익을 원용할 수 없음</u>은 물론 행정청이 이를 고려하지 아니하였다고 하여도 재량권의 남용이 되지 않는다. 대법원 2002. 2. 5. 선고 2001두5286 판결

**0376** O <u>수익적 처분이 상대방의 허위 기타 **부정한 방법**으로 인하여 행하여졌다면</u> 상대방은 그 처분이 그와 같은 사유로 인하여 <u>취소될 것임을 예상할 수 없었다고 할 수 없으므로</u>, 이러한 경우에까지 <u>상대방의 신뢰를 보호하여야 하는 것은 아니라고 할 것이다</u>. 대법원 1995. 1. 20. 선고 94누6529 판결

**0377** O 행정기본법 제18조(위법 또는 부당한 처분의 취소) ① 행정청은 위법 또는 부당한 처분의 전부나 일부를 **소급하여 취소**할 수 있다. 다만, 당사자의 **신뢰를 보호**할 가치가 있는 등 정당한 사유가 있는 경우에는 **장래를 향하여** 취소할 수 있다.

**0378** X 도로점용허가를 한 도로관리청은 위와 같은 흠이 있다는 이유로 유효하게 성립한 도로점용허가 중 **특별사용의 필요가 없는 부분을 직권취소**할 수 있음이 원칙이다. (중략) 도로관리청이 도로점용허가 중 특별사용의 필요가 없는 부분을 소급적으로 직권취소하였다면, 도로관리청은 이미 징수한 점용료 중 취소된 부분의 점용면적에 해당하는 **점용료를 반환**하여야 한다. 대법원 2019. 1. 17. 선고 2016두56721 판결

**0379** X 위 378번의 해설 내용 참고.

**0380** O <u>점용료 부과처분에 취소사유에 해당하는 흠이 있는 경우 도로관리청으로서는 당초 처분 자체를 취소하고 흠을 보완하여 새로운 부과처분을 하거나, 흠 있는 부분에 해당하는 점용료를 감액하는 처분을 할 수 있다.</u> 대법원 2019. 1. 17. 선고 2016두56721 판결

**0381** X <u>과세관청은 부과의 취소를 다시 취소함으로써 원부과처분을 **소생시킬 수는 없고**</u> 납세의무자에게 종전의 과세대상에 대한 납부의무를 지우려면 다시 법률에서 정한 부과절차에 좇아 <u>동일한 내용의 새로운 처분을 하는 수밖에 없다</u>. 대법원 1995. 3. 10. 선고 94누7027 판결

**0382** O <u>과세관청이 부과처분을 취소하면 그 부과처분으로 인한 법률효과는 일단 소멸하는 것이므로</u>, 그 후 다시 동일한 과세대상에 대하여 부과처분을 하여도 **이미 소멸한 법률효과가 다시 회복되는 것은 아니고** 새로운 부과처분에 근거한 법률효과가 생길 뿐이며, 그 새로운 부과처분의 내용이 실질에 있어서는 당초의 부과처분의 감액경정처분에 불과한 것이었다 하여 달리 해석할 것이 아니다. 대법원 1996. 9. 24. 선고 96다204 판결

**0383** X 지방병무청장이 재신체검사 등을 거쳐 현역병입영대상편입처분을 보충역편입처분이나 제2국민역편입처분으로 변경하거나 보충역편입처분을 제2국민역편입처분으로 변경하는 경우, 그 후 <u>새로운 병역처분의 성립에 하자가 있었음을 이유로 하여 이를 취소한다고 하더라도 **종전의 병역처분의 효력이 되살아난다고 할 수 없다**</u>. 대법원 2002. 5. 28. 선고 2001두9653 판결

**0384** X 원래 행정처분을 한 처분청은 그 처분에 하자가 있는 경우에는 원칙적으로 별도의 법적 근거가 없더라도 스스로 이를 직권으로 취소할 수 있지만, 그와 같이 직권취소를 할 수 있다는 사정만으로 이해관계인에게 처분청에 대하여 그 **취소를 요구할 신청권**이 부여된 것으로 볼 수는 **없다**. 대법원 2006. 6. 30. 선고 2004두701 판결

**0385** X 변상금 부과처분에 대한 **취소소송이 진행 중이라도** 그 부과권자로서는 <u>위법한 처분을 **스스로 취소**하고 그 하자를 보완하여</u> 다시 적법한 부과처분을 할 수도 있다. 대법원 2006. 2. 10. 선고 2003두5686 판결

□□□ **0386** 「산업재해보상보험법」상 각종 보험급여 등의 지급결정을 변경 또는 취소하는 처분과 처분에 터 잡아 잘못 지급된 보험급여액에 해당하는 금액을 징수하는 처분이 적법한지를 판단하는 경우, 지급결정을 변경 또는 취소하는 처분이 적법하다면 그에 터 잡은 징수처분도 적법하다고 판단해야 한다.
19. 지방 9급 (    )

□□□ **0387** 행정청은 적법한 처분이 중대한 공익을 위하여 필요한 경우에는 그 처분을 장래를 향하여 철회할 수 있다. 21. 지방 9급 (    )

□□□ **0388** 행정청은 처분을 철회하려는 경우에는 철회로 인하여 처분의 상대방이 입게 될 불이익과 철회로 달성되는 공익을 비교·형량하여야 한다. 23. 국회 8급 (    )

□□□ **0389** 수익적 행정행위의 철회는 특별한 다른 규정이 없는 한 「행정절차법」상의 절차에 따라 행해져야 한다.
21. 지방 9급 (    )

□□□ **0390** 보건복지부장관이 어린이집에 대한 평가인증이 이루어진 이후에 새로이 발생한 사유를 들어 「영유아보육법」 제30조 제5항에 따라 평가인증을 철회하는 처분을 하면서도, 그 평가인증의 효력을 과거로 소급하여 상실시키기 위해서는, 특별한 사정이 없는 한 「영유아보육법」 제30조 제5항과는 별도의 법적 근거가 필요하다. 20. 지방 7급 (    )

□□□ **0391** 행정청이 의료법인의 이사에 대한 이사취임승인취소처분(제1처분)을 직권으로 취소(제2처분)한 경우, 제1처분과 제2처분 사이에 법원에 의하여 선임결정된 임시이사들의 지위는 법원의 해임결정이 있어야 소멸된다. 23. 지방 7급 (    )

□□□ **0392** 甲에 대한 공사중지명령의 원인사유가 해소되었다면 甲은 공사중지명령의 해제를 신청할 수 있고, 이에 대한 거부는 처분성이 인정된다. 21. 국가 9급 (    )

□□□ **0393** 건축주가 토지소유자로부터 토지사용승낙서를 받아 그 토지 위에 건축물을 건축하는 건축허가를 받았다가 착공에 앞서 건축주의 귀책사유로 해당 토지를 사용할 권리를 상실한 경우, 토지소유자의 건축허가 철회신청을 거부한 행위는 항고소송의 대상이 된다. 25. 소방간부 (    )

□□□ **0394** 허가업자인 갑이 영업을 스스로 폐업한 후 관할 행정청이 허가취소처분을 하는 경우, 갑은 그 허가취소 처분의 취소를 구할 소의 이익이 있다. 16. 국가 9급 (    )

□□□ **0395** 요양기관 업무정지처분은 대물적 처분의 성격을 가지므로, 속임수나 그 밖의 부당한 방법으로 보험자에게 요양급여비용을 부담하게 한 요양기관이 폐업한 때에는 폐업 후 그 요양기관의 개설자가 새로 개설한 요양기관에 대하여 업무정지처분을 할 수 있다. 25. 변호사 (    )

## 01

**정답 & OX 풀이**

0386 ✕ 금전급부처분이 소급적으로 취소된 경우 잘못 지급된 급여액에 대해 별도의 징수처분이 행해지는 경우가 있는데, 이 경우 **지급결정을 변경 또는 취소하는 처분**이 적법하다고 하여 그에 터잡은 징수처분도 **반드시 적법하다고 판단해야 하는 것은 아니고,** 관련이익을 비교·교량하여 징수할 금액을 결정하여야 한다. 대법원 2014. 7. 24. 선고 2013두27159 판결

0387 ◯ 행정기본법 제19조(적법한 처분의 철회) ① 행정청은 적법한 처분이 다음 각 호의 어느 하나에 해당하는 경우에는 그 처분의 전부 또는 일부를 **장래를 향하여** 철회할 수 있다.
3. 중대한 공익을 위하여 필요한 경우

0388 ◯ 행정기본법 제19조(적법한 처분의 철회) ② 행정청은 제1항에 따라 처분을 철회하려는 경우에는 철회로 인하여 당사자가 입게 될 불이익을 철회로 달성되는 공익과 **비교·형량**하여야 한다.

0389 ◯ 수익적 행정행위의 철회는 침익적 성격을 갖는 처분이므로, 원칙적으로 행정절차법상의 사전통지 및 의견청취절차 등을 거쳐야 한다.

0390 ◯ 영유아보육법 제30조 제5항 제3호에 따른 **평가인증의 취소**는 평가인증 당시에 존재하였던 하자가 아니라 그 이후에 새로이 발생한 사유로 평가인증의 효력을 소멸시키는 경우에 해당하므로, 법적 성격은 평가인증의 '**철회**'에 해당한다. (중략) 평가인증을 철회하는 처분을 하면서도, 평가인증의 효력을 과거로 **소급**하여 상실시키기 위해서는, 특별한 사정이 없는 한 영유아보육법 제30조 제5항과는 별도의 **법적 근거**가 필요하다. 대법원 2018. 6. 28. 선고 2015두58195 판결

0391 ✕ 행정처분이 취소되면 그 소급효에 의하여 처음부터 그 처분이 없었던 것과 같은 효과를 발생하게 되는바, 행정청이 의료법인의 이사에 대한 이사취임승인취소처분(제1차분)을 직권으로 취소(제2차분)한 경우에는 그로 인하여 이사가 소급하여 이사로서의 지위를 회복하게 되고, 그 결과 위 제1차분과 제2차분 사이에 법원에 의하여 선임결정된 임시이사들의 지위는 **법원의 해임결정이 없더라도** 당연히 소멸된다. 대법원 1997. 1. 21. 선고 96누3401 판결

0392 ◯ 지방자치단체장이 공장시설을 신축하는 회사에 대하여 사업승인 내지 건축허가 당시 부가하였던 조건을 이행할 때까지 신축공사를 중지하라는 명령을 한 경우, 위 회사에게는 중지명령의 원인사유가 해소되었음을 이유로 당해 **공사중지명령의 해제**를 요구할 수 있는 권리가 조리상 인정된다(주: 따라서 그 신청을 거부한 행위는 거부처분에 해당함). 대법원 2007. 5. 11. 선고 2007두1811 판결

0393 ◯ 건축주가 토지 소유자로부터 토지사용승낙서를 받아 그 토지 위에 건축물을 건축하는 대물적 성질의 건축허가를 받았다가 착공에 앞서 건축주의 귀책사유로 해당 토지를 사용할 권리를 상실한 경우, 건축허가의 존재로 말미암아 토지에 대한 소유권 행사에 지장을 받을 수 있는 토지 소유자로서는 **건축허가의 철회**를 신청할 수 있다고 보아야 한다. 따라서 토지 소유자의 위와 같은 신청을 거부한 행위는 항고소송의 대상이 된다. 대법원 2017. 3. 15. 선고 2014두41190 판결

0394 ✕ 신청에 의한 허가처분을 받은 원고가 그 영업을 **폐업**한 경우에는 그 영업허가는 **당연 실효**되고, 이런 경우 허가행정청의 허가취소처분은 허가의 실효됨을 확인하는 것에 불과하므로 원고는 그 허가취소처분의 취소를 구할 **소의 이익이 없다**고 할 것이다. 대법원 1981. 7. 14. 선고 80누593 판결

0395 ✕ 요양기관이 속임수나 그 밖의 부당한 방법으로 보험자에게 요양급여비용을 부담하게 한 때에 구 국민건강보험법 제85조 제1항 제1호에 의해 받게 되는 **요양기관 업무정지처분**은 의료인 개인의 자격에 대한 제재가 아니라 요양기관의 업무 자체에 대한 것으로서 **대물적 처분**의 성격을 갖는다. 따라서 속임수나 그 밖의 부당한 방법으로 보험자에게 요양급여비용을 부담하게 한 요양기관이 **폐업**한 때에는 그 요양기관은 업무를 할 수 없는 상태일 뿐만 아니라 그 처분대상도 없어졌으므로 그 요양기관 및 폐업 후 그 요양기관의 개설자가 **새로 개설한 요양기관**에 대하여 **업무정지처분을 할 수는 없다**. 대법원 2022. 1. 27. 선고 2020두39365 판결

# 주제 07 단계적 행정결정, 행정계획, 정비사업

## 기출 지문 OX Check ✓

□□□ **0396** ★★★
「행정절차법」상 법령등에서 당사자가 신청할 수 있는 처분을 규정하고 있는 경우 행정청은 당사자의 신청에 따라 장래에 어떤 처분을 하거나 하지 아니할 것을 내용으로 하는 확약을 할 수 있으며, 문서 또는 말에 의한 확약도 가능하다. 23. 국가 7급 (      )

□□□ **0397**
「행정절차법」에 따르면, 행정청은 다른 행정청과의 협의 등의 절차를 거쳐야 하는 처분에 대하여 확약을 하려는 경우에는 확약을 하기 전에 그 절차를 거쳐야 한다. 24. 소방 (      )

□□□ **0398** ★★★
「행정절차법」상 행정청은 확약을 한 후에 확약의 내용을 이행할 수 없을 정도로 법령등이나 사정이 변경된 경우에는 확약에 기속되지 아니하며, 그 확약을 이행할 수 없는 경우에는 지체 없이 당사자에게 그 사실을 통지하여야 한다. 23. 국가 7급 (      )

□□□ **0399** ★★★
행정청이 당사자의 신청에 따라 장래에 어떤 처분을 하거나 하지 아니할 것을 내용으로 하는 의사표시인 확약을 했다면, 그 확약이 위법한 경우라도 행정청은 이에 기속된다. 23. 변호사 (      )

□□□ **0400** ★☆☆
행정청의 확약에 대해 법률상 이익이 있는 제3자는 확약에 대해 취소소송으로 다툴 수 있다.
18. 국가 9급 (      )

□□□ **0401** ★★★
어업권면허에 선행하는 우선순위결정은 행정청이 우선권자로 결정된 자의 신청이 있으면 어업권면허처분을 하겠다는 것을 약속하는 행위로서 그 우선순위결정에 공정력과 불가쟁력이 인정된다.
24. 지방 9급 (      )

□□□ **0402** ★☆☆
행정청의 확약은 위법하더라도 중대명백한 하자가 있어 당연무효가 아닌 한 취소되기 전까지는 유효한 것으로 통용된다. 18. 국가 9급 (      )

□□□ **0403** ★★☆
행정청이 상대방에게 장차 어떤 처분을 하겠다고 공적인 의사표명을 하면서 상대방에게 언제까지 처분의 발령을 신청하도록 유효기간을 둔 경우, 그 기간 내에 상대방의 신청이 없었다면 그 공적인 의사표명은 행정청의 별다른 의사표시를 기다리지 않고 실효된다. 20. 지방 7급 (      )

□□□ **0404** ★★☆
행정청이 상대방에게 확약을 한 후에 사실적·법률적 상태가 변경되었다면 확약은 행정청의 별다른 의사표시가 없더라도 실효된다. 18. 국가 9급 (      )

□□□ **0405** ★☆☆
자동차운송사업 양도·양수인가신청에 대하여 행정청이 내인가를 한 후 그 본인가신청이 있음에도 내인가를 취소한 경우, 다시 본인가에 대하여 별도로 인가여부의 처분을 한다는 사정이 보이지 않는다면 내인가취소는 행정처분에 해당한다. 22. 국가 9급 (      )

# 정답 & OX 풀이

0396 ✕ 행정절차법 제40조의2(확약) ② 확약은 **문서로** 하여야 한다.

0397 ○ 행정절차법 제40조의2(확약) ③ 행정청은 다른 행정청과의 협의 등의 절차를 거쳐야 하는 처분에 대하여 확약을 하려는 경우에는 확약을 하기 전에 그 절차를 거쳐야 한다.

0398 ○ 행정절차법 제40조의2(확약)
    ④ 행정청은 다음 각 호의 어느 하나에 해당하는 경우에는 <u>확약에 기속되지 아니한다.</u>
        1. <u>확약을 한 후에 확약의 내용을 이행할 수 없을 정도로 **법령등이나 사정이 변경**된 경우</u>
        2. <u>확약이 **위법**한 경우</u>
    ⑤ 행정청은 확약이 제4항 각 호의 어느 하나에 해당하여 확약을 이행할 수 없는 경우에는 지체 없이 <u>당사자에게 그 사실을 통지하여야 한다.</u>

0399 ✕ 위 398번의 해설 내용 참고.

0400 ✕ 아래 401번의 해설 내용 참고(확약은 항고소송의 대상이 되는 처분이 아님).

0401 ✕ **어업권면허에 선행하는 우선순위결정**은 행정청이 우선권자로 결정된 자의 신청이 있으면 어업권면허처분을 하겠다는 것을 약속하는 행위로서 <u>강학상 **확약**에 불과하고 행정**처분은 아니**므로</u>, 우선순위결정에 공정력이나 불가쟁력과 같은 효력은 인정되지 <u>않는다.</u> 대법원 1995. 1. 20. 선고 94누6529 판결

0402 ✕ 위 401번의 해설 내용 참고(확약은 처분이 아니므로, 비록 위법하더라도 당연무효가 아닌 한 취소되기 전까지는 유효한 것으로 통용되는 힘인 '공정력'이 없음).

0403 ○ 행정청이 상대방에게 장차 어떤 처분을 하겠다고 확약 또는 공적인 의사표명을 하였다고 하더라도, 그 자체에서 <u>상대방으로 하여금 언제까지 처분의 발령을 신청을 하도록 유효기간을 두었는데도 그 기간 내에 상대방의 신청이 없었다거나 확약 또는 공적인 의사표명이 있은 후에 **사실적·법률적 상태가 변경**되었다면</u>, 그와 같은 확약 또는 공적인 의사표명은 행정청의 별다른 <u>의사표시를 기다리지 않고 **실효**된다.</u> 대법원 1996. 8. 20. 선고 95누10877 판결

0404 ○ 위 403번의 해설 내용 참고.

0405 ○ 자동차운송사업양도양수계약에 기한 양도양수인가신청에 대하여 피고 시장이 <u>내인가를 한 후 위 내인가에 기한 본인가신청</u>이 있었으나 자동차운송사업 양도양수인가신청서가 합의에 의한 정당한 신청서라고 할 수 없다는 이유로 위 **내인가를 취소**한 경우, 위 내인가의 법적 성질이 행정행위의 일종으로 볼 수 있든 아니든 그것이 행정청의 상대방에 대한 의사표시임이 분명하고, 피고가 위 <u>내인가를 취소함으로써 다시 본인가에 대하여 따로이 인가 여부의 처분을 한다는 사정이 보이지 않는다면 위 내인가 취소를 **인가신청을 거부하는 처분**</u>으로 보아야 할 것이다. 대법원 1991. 6. 28. 선고 90누4402 판결

☐☐☐ **0406** ★☆☆ 구 「민원사무 처리에 관한 법률」에서 정한 사전심사결과(건축허가 불가) 통보는 항고소송의 대상이 되는 행정처분에 해당한다. 23. 변호사 (     )

☐☐☐ **0407** ★★★ 공정거래위원회가 부당한 공동행위를 한 사업자들 중 자진신고자에 대하여 구 독점규제 및 공정거래에 관한 법령에 따라 과징금 부과처분(선행처분)을 한 뒤, 다시 자진신고자에 대한 사건을 분리하여 자진신고를 이유로 과징금 감면처분(후행처분)을 한 경우라도 선행처분의 취소를 구하는 소는 적법하다.
21. 국가 9급 (     )

☐☐☐ **0408** ★★☆ 잠정적 처분인 선행처분이 후행처분으로 흡수되어 소멸하는 경우 선행처분의 취소를 구하는 소는 부적법하다. 25. 국가 7급 (     )

☐☐☐ **0409** 폐기물처리업 사업계획의 적합 여부는 행정청의 재량에 속하고, 사업계획 적합 여부 통보를 위하여 필요한 기준을 정하는 것도 역시 행정청의 재량에 속한다. 18. 국가 7급 (     )

☐☐☐ **0410** ★★☆ 폐기물처리 사업계획서에 대한 적합통보가 있는 경우, 폐기물처리업의 허가 단계에서는 나머지 허가요건만을 심사한다. 18. 국가 7급 (     )

☐☐☐ **0411** ★★☆ 구 「폐기물관리법」 관계 법령상의 폐기물처리업허가를 받기 위한 사업계획에 대한 부적정통보는 허가신청 자체를 제한하는 등 개인의 권리 내지 법률상의 이익을 개별적이고 구체적으로 규제하고 있어 행정처분에 해당한다. 17. 국가 9급 (     )

☐☐☐ **0412** ★★☆ 원자로 및 관계시설의 부지사전승인처분은 그 자체로서 독립한 행정처분은 아니므로 이의 위법성을 직접 항고소송으로 다툴 수는 없고 후에 발령되는 건설허가처분에 대한 항고소송에서 다투어야 한다.
17. 국가 9급 (     )

☐☐☐ **0413** ★★☆ 구 「원자력법」상 원자로 및 관계 시설의 부지사전승인처분 후 건설허가처분까지 내려진 경우, 선행처분은 후행처분에 흡수되어 건설허가처분만이 행정쟁송의 대상이 된다. 22. 국가 9급 (     )

☐☐☐ **0414** ★★☆ 이미 고시된 실시계획에 포함된 상세계획으로 관리되는 토지 위의 건물의 용도를 상세계획 승인권자의 변경승인 없이 임의로 판매시설에서 상세계획에 반하는 일반목욕장으로 변경한 경우, 행정청이 그 영업신고를 수리하지 않고 영업소를 폐쇄한 처분은 적법하다. 25. 지방 9급 (     )

☐☐☐ **0415** ★★☆ 도시기본계획은 도시의 장기적 개발 방향과 미래상을 제시하는 도시계획 입안의 지침이 되는 장기적·종합적인 개발계획으로서 직접적인 구속력이 있으므로, 도시계획시설결정 대상면적이 도시기본계획에서 예정했던 것보다 증가할 경우 도시기본계획의 범위를 벗어나 위법하다. 24. 국가 9급 (     )

☐☐☐ **0416** ★★★ 「국토의 계획 및 이용에 관한 법률」에 따른 도시기본계획은 일반 국민에 대한 직접적인 구속력은 인정되지 않지만, 도시의 장기적 개발방향과 미래상을 제시하는 도시계획입안의 지침이 되기에 행정청에 대한 직접적인 구속력은 인정된다. 18. 국가 7급 (     )

정답 & OX 풀이✏️

**0406** ✕ 구 민원사무처리법이 규정하는 **사전심사결과 통보**는 항고소송의 대상이 되는 행정처분에 해당하지 아니한다. 대법원 2014. 4. 24. 선고 2013두7834 판결

**0407** ✕ 공정거래위원회가 부당한 공동행위를 행한 사업자로서 구 독점규제 및 공정거래에 관한 법률 제22조의2에서 정한 **자진신고자나 조사협조자에** 대하여 **과징금** 부과처분(선행처분)을 한 뒤, 동법 시행령 제35조 제3항에 따라 다시 자진신고자 등에 대한 사건을 분리하여 **자진신고** 등을 이유로 한 과징금 **감면처분**(후행처분)을 하였다면, **후행처분은** 자진신고 감면까지 포함하여 처분 상대방이 실제로 납부하여야 할 최종적인 과징금액을 결정하는 **종국적** 처분이고, **선행처분은** 이러한 종국적 처분을 예정하고 있는 일종의 **잠정적** 처분으로서 후행처분이 있을 경우 선행처분은 후행처분에 **흡수되어 소멸**한다. 따라서 위와 같은 경우에 **선행처분의 취소**를 구하는 소는 이미 효력을 잃은 처분의 취소를 구하는 것으로 **부적법**하다. 대법원 2015. 2. 12. 선고 2013두987 판결

**0408** ○ 위 407번의 해설 내용 참고.

**0409** ○ 행정청은 사람의 건강이나 주변 환경에 영향을 미치는지 여부 등 생활환경과 자연환경에 미치는 영향을 두루 검토하여 **폐기물처리사업계획서의** 적합 여부를 판단할 수 있으며, 이에 관해서는 행정청에 광범위한 재량권이 인정된다. 대법원 2019. 12. 24. 선고 2019두45579 판결

**0410** ○ 폐기물처리업의 허가에 앞서 사업계획서에 대한 적정·부적정 제도를 두고 있는 것은 허가관청으로 하여금 미리 사업계획서를 심사하여 그 적정·부적정통보 처분을 하도록 하고, 나중에 허가단계에서는 **나머지** 허가요건만을 심사하여 신속하게 허가업무를 처리하는 데 그 취지가 있다. 대법원 1998. 4. 28. 선고 97누21086 판결

**0411** ○ 폐기물관리법 관계 법령의 규정에 의하면 폐기물처리업의 허가를 받기 위하여는 먼저 사업계획서를 제출하여 허가권자로부터 사업계획에 대한 적정통보를 받아야 하고, 그 적정통보를 받은 자만이 일정기간 내에 시설, 장비, 기술능력, 자본금을 갖추어 허가신청을 할 수 있으므로, 결국 **부적정통보는** 허가신청 자체를 제한하는 등 개인의 권리 내지 법률상의 이익을 개별적이고 구체적으로 규제하고 있어 **행정처분에** 해당한다. 대법원 1998. 4. 28. 선고 97누21086 판결

**0412** ✕ 원자로 및 관계 시설의 **부지사전승인처분은** 그 자체로서 건설부지를 확정하고 사전공사를 허용하는 법률효과를 지닌 독립한 **행정처분**이기는 하지만, 건설허가 전에 신청자의 편의를 위하여 미리 그 건설허가의 일부 요건을 심사하여 행하는 **사전적 부분건설허가처분의** 성격을 갖고 있는 것이어서 나중에 건설허가처분이 있게 되면 그 **건설허가처분에 흡수**되어 독립된 존재가치를 상실함으로써 그 건설허가처분만이 쟁송의 대상이 되는 것이므로, 부지사전승인처분의 취소를 구하는 소는 **소의 이익을 잃게** 되고, 따라서 부지사전승인처분의 위법성은 나중에 내려진 건설허가처분의 취소를 구하는 소송에서 이를 다투면 된다. 대법원 1998. 9. 4. 선고 97누19588 판결

**0413** ○ 위 412번의 해설 내용 참고.

**0414** ○ (이미 고시된 **실시계획에** 포함된 상세계획으로 관리되는 토지 위의 건물의 용도를 상세계획 승인권자의 변경승인 없이 임의로 판매시설에서 상세계획에 반하는 일반목욕장으로 변경한 사안에서) 그 영업신고를 수리하지 않고 영업소를 폐쇄한 처분은 적법하다고 한 사례. 대법원 2008. 3. 27. 선고 2006두3742 판결

**0415** ✕ **도시기본계획**이라는 것은 도시의 장기적 개발방향과 미래상을 제시하는 도시계획 입안의 지침이 되는 장기적·종합적인 개발계획으로서 직접적인 구속력은 없는 것이므로, 도시계획시설결정 대상면적이 도시기본계획에서 예정했던 것보다 증가하였다 하여 그것이 도시기본계획의 범위를 벗어나 위법한 것은 아니다. 대법원 1998. 11. 27. 선고 96누13927 판결

**0416** ✕ [1] **도시기본계획은** 도시의 기본적인 공간구조와 장기발전방향을 제시하는 종합계획으로서 그 계획에는 토지이용계획, 환경계획, 공원녹지계획 등 장래의 도시개발의 일반적인 방향이 제시되지만, 그 계획은 도시계획입안의 지침이 되는 것에 불과하여 일반 국민에 대한 직접적인 구속력은 없는 것이다. 대법원 2002. 10. 11. 선고 2000두8226 판결

[2] **도시기본계획은** 도시의 장기적 개발방향과 미래상을 제시하는 도시계획 입안의 지침이 되는 장기적·종합적인 개발계획으로서 행정청에 대한 직접적인 구속력은 없다. 따라서 추모공원의 조성계획이 서울특별시 도시기본계획에 포함되어 있지 아니하다는 이유만으로는 이 사건 도시계획시설결정이 위법하다 할 수는 없다. 대법원 2007. 4. 12. 선고 2005두1893 판결

□□□ **0417** ★☆☆ 구 「도시계획법」상 도시계획은 도시기본계획에 부합되어야 한다고 규정되어 있으므로, 서울특별시 도시기본계획에 포함되어 있지 않은 원지동 추모공원의 설치를 내용으로 하는 서울특별시장의 도시계획시설결정은 위법하다. 25. 지방 9급 (     )

□□□ **0418** 「하수도법」상 하수도정비기본계획은 행정처분에 해당하지 않는다. 15. 지방 9급 (     )

□□□ **0419** ★★☆ '4대강 살리기 마스터플랜'은 4대강 정비사업 지역 인근에 거주하는 주민의 권리·의무에 직접 영향을 미치는 것이어서 행정처분에 해당한다. 22. 국가 7급 (     )

□□□ **0420** 구체적인 계획을 입안함에 있어 지침이 되거나 특정 사업의 기본방향을 제시하는 내용의 행정계획은 항고소송의 대상인 행정처분에 해당하지 않는다. 22. 국가 9급 (     )

□□□ **0421** ★☆☆ 환지계획은 그 자체가 직접 토지소유자 등의 법률상 지위를 변동시키므로 환지계획은 항고소송의 대상이 되는 처분에 해당한다. 25. 국가 9급 (     )

□□□ **0422** ★☆☆ 「행정절차법」은 행정계획의 수립·확정절차에 관한 법적 근거를 두고 있다. 21. 변호사 (     )

□□□ **0423** 공청회와 이주대책이 없는 도시계획수립행위는 당연무효인 행위이다. 12. 지방 9급 (     )

□□□ **0424** 구 도시계획법령상 도시계획안의 내용에 대한 공고 및 공람 절차에 하자가 있는 도시계획결정은 위법하다. 22. 국가 7급 (     )

□□□ **0425** ★☆☆ 구 「도시계획법」상 행정청이 정당하게 도시계획결정의 처분을 하였다고 하더라도 이를 관보에 게재하여 고시하지 아니한 이상 대외적으로는 아무런 효력이 발생하지 않는다. 21. 지방 7급 (     )

□□□ **0426** ★☆☆ 행정청은 행정청이 수립하는 계획 중 국민의 권리·의무에 직접 영향을 미치는 계획을 수립하거나 변경·폐지할 때에는 관련된 여러 이익을 정당하게 형량하여야 한다. 24. 국회 9급 (     )

□□□ **0427** ★☆☆ 행정주체는 구체적인 행정계획을 입안·결정함에 있어서 비교적 광범위한 형성의 자유를 가진다. 22. 국가 7급 (     )

□□□ **0428** ★★★ 행정주체가 행정계획을 입안·결정함에 있어서 행정계획에 관련되는 자들의 이익을 공익과 사익 사이에서는 물론이고 공익 상호 간과 사익 상호 간에도 정당하게 비교교량하여야 한다. 18. 국가 7급 (     )

□□□ **0429** ★☆☆ 행정주체가 행정계획을 입안·결정함에 있어서 이익형량의 고려 대상에 마땅히 포함시켜야 할 사항을 누락한 경우 그 행정계획결정은 재량권을 일탈·남용한 것으로서 위법하다. 22. 국가 7급 (     )

□□□ **0430** ★★★ 행정주체가 구체적인 행정계획을 입안·결정할 때 가지는 형성의 자유의 한계에 관한 법리는 주민의 입안 제안 또는 변경신청을 받아들여 도시관리계획결정을 하거나 도시계획시설을 변경할 것인지를 결정할 때에도 동일하게 적용된다. 20. 국가 9급 (     )

## 정답 & OX 풀이 ✏

0417 ✕ 앞쪽의 416번의 해설 내용 참고.

0418 ○ 구 하수도법 제5조의2에 의한 하수도정비기본계획은 항고소송의 대상이 되는 행정처분에 해당하지 아니한다. 대법원 2002. 5. 17. 선고 2001두10578 판결

0419 ✕ '4대강 살리기 마스터플랜' 등은 행정기관 내부에서 사업의 기본방향을 제시하는 계획일 뿐 국민의 권리·의무에 직접 영향을 미치는 것이 아니어서, 행정처분에 해당하지 않는다. 대법원 2011. 4. 21.자 2010무111 판결

0420 ○ 위 419번의 해설 내용 참고.

0421 ✕ **환지예정지 지정**이나 **환지처분**은 그에 의하여 직접 토지소유자 등의 권리의무가 변동되므로 이를 항고소송의 대상이 되는 처분이라고 볼 수 있으나, **환지계획**은 (중략) 이를 항고소송의 대상이 되는 처분에 해당한다고 할 수가 없다. 대법원 1999. 8. 20. 선고 97누6889 판결

0422 ✕ 행정절차법은 행정계획에 대하여 형량명령(행정절차법 제40조의4)과 행정예고(행정절차법 제46조)에 관한 규정만을 두고 있을 뿐, 행정계획의 수립·확정절차에 관한 규정은 두고 있지 않다.

0423 ✕ 도시계획의 수립에 있어서 도시계획법 제16조의2 소정의 공청회를 열지 아니하고 공공용지의취득및손실보상에관한특례법 제8조 소정의 이주대책을 수립하지 아니하였더라도 이는 절차상의 위법으로서 취소사유에 불과하다. 대법원 1990. 1. 23. 선고 87누947 판결

0424 ○ 도시계획의 입안에 있어 공고 및 공람 절차에 하자가 있는 도시계획결정은 위법하다. 대법원 2000. 3. 23. 선고 98두2768 판결

0425 ○ 도시계획법은 '고시'를 도시계획구역, 도시계획결정 등의 **효력발생요건**으로 규정하였다고 풀이되므로, 건설부장관 또는 그의 권한의 일부를 위임받은 서울특별시장, 도지사 등 지방장관이 기안, 결재 등의 과정을 거쳐 정당하게 도시계획결정 등의 처분을 하였다고 하더라도 이를 관보에 게재하여 고시하지 아니한 이상 대외적으로는 아무런 효력도 발생하지 아니한다 할 것이다. 대법원 1985. 12. 10. 선고 85누186 판결

0426 ○ 행정절차법 제40조의4(행정계획) 행정청은 행정청이 수립하는 계획 중 국민의 권리·의무에 직접 영향을 미치는 계획을 수립하거나 변경·폐지할 때에는 관련된 여러 이익을 정당하게 형량하여야 한다.

0427 ○ 행정주체는 구체적인 행정계획을 입안·결정함에 있어서 비교적 **광범위한 형성의 자유**를 가지는 것이지만, 행정주체가 가지는 이와 같은 형성의 자유는 무제한적인 것이 아니라 그 행정계획에 관련되는 자들의 이익을 공익과 사익 사이에서는 물론이고 공익 상호간과 사익 상호간에도 정당하게 **비교교량하여야 한다는 제한**이 있다. 대법원 2007. 4. 12. 선고 2005두1893 판결

0428 ○ 위 427번의 해설 내용 참고.

0429 ○ 행정주체가 행정계획을 입안·결정함에 있어서 이익형량을 전혀 행하지 아니하거나 이익형량의 고려 대상에 마땅히 포함시켜야 할 사항을 누락한 경우 또는 이익형량을 하였으나 정당성과 객관성이 결여된 경우에는 그 행정계획결정은 형량에 하자가 있어 위법하게 된다. 대법원 2007. 4. 12. 선고 2005두1893 판결

0430 ○ 행정주체가 구체적인 행정계획을 입안·결정할 때 가지는 형성의 자유의 한계에 관한 법리는 주민의 입안 제안 또는 변경신청을 받아들여 도시관리계획결정을 하거나 도시계획시설을 변경할 것인지를 결정할 때에도 동일하게 적용된다. 대법원 2012. 1. 12. 선고 2010두5806 판결

□□□ **0431** 자연환경 보호 등을 목적으로 하는 도시관리계획결정은 식생이 양호한 수림의 훼손 등과 같이 장래 발생할 불확실한 상황과 파급효과에 대한 예측 등을 반영한 행정청의 재량적 판단으로서, 그 내용이 현저히 합리성을 결여하거나 형평이나 비례의 원칙에 뚜렷하게 반하는 등의 사정이 없는 한 폭넓게 존중하여야 한다. 25. 지방 9급 (      )

★☆☆
□□□ **0432** 구 「국토이용관리법」상 국토이용계획이 확정된 후 일정한 사정의 변동이 있다면 지역주민에게 일반적으로 계획의 변경 또는 폐지를 청구할 권리가 있다. 20. 지방 9급 (      )

□□□ **0433** 도시계획시설결정과 토지의 수용이 위법하더라도 당연무효가 아닌 경우에, 일단 도시계획시설사업의 시행에 착수한 뒤에도 이해관계인에게는 그 도시계획시설결정 자체의 취소를 청구할 법률상 이익이 있다.
12. 지방 9급 (      )

★★☆
□□□ **0434** 장래 일정한 기간 내에 관계 법령이 규정하는 시설 등을 갖추어 일정한 행정처분을 구하는 신청을 할 수 있는 법률상 지위에 있는 자의 국토이용계획변경신청을 거부하는 것이 실질적으로 당해 행정처분 자체를 거부하는 결과가 되는 경우라도, 구 「국토이용관리법」상 주민이 국토이용계획의 변경에 대하여 신청을 할 수 있다는 규정이 없으므로 그 신청인에게 국토이용계획변경을 신청할 권리가 인정된다고 볼 수 없다. 21. 국가 9급 (      )

★★☆
□□□ **0435** 문화재보호구역 내의 토지소유자가 문화재보호구역의 지정해제를 신청하는 경우에는 그 신청인에게 법규상 또는 조리상 행정계획 변경을 신청할 권리가 인정되지 않는다. 20. 지방 9급 (      )

★★☆
□□□ **0436** 산업단지개발계획상 산업단지 안의 토지 소유자로서 산업단지개발계획에 적합한 시설을 설치하여 입주하려는 자는 산업단지지정권자 또는 그로부터 권한을 위임받은 기관에 대하여 산업단지개발계획의 변경을 요청할 수 있는 법규상 또는 조리상 신청권이 있다. 24. 국가 7급 (      )

★★☆
□□□ **0437** 행정계획은 행정기관 내부의 행동 지침에 불과하므로, 도시계획구역 내 토지 등을 소유하고 있는 주민은 입안권자에게 도시계획입안을 요구할 수 있는 법규상 또는 조리상의 신청권이 없다. 24. 지방 9급 (      )

★★★
□□□ **0438** 도시계획의 결정·변경 등에 관한 권한을 가진 행정청은 이미 도시계획이 결정·고시된 지역에 대하여도 다른 내용의 도시계획을 결정·고시할 수 있고, 이때에 후행 도시계획에 선행 도시계획과 서로 양립할 수 없는 내용이 포함되어 있다면, 특별한 사정이 없는 한 선행 도시계획은 후행 도시계획과 같은 내용으로 변경된다. 24. 국가 9급 (      )

★★★
□□□ **0439** 후행 도시계획결정을 하는 행정청이 선행 도시계획의 결정·변경 등에 관한 권한을 가지고 있지 아니한 경우 선행 도시계획과 양립할 수 없는 내용이 포함된 후행 도시계획결정은 다른 특별한 사정이 없는 한 무효이다. 24. 지방 9급 (      )

★★☆
□□□ **0440** 구속력 없는 행정계획안이나 행정지침이라도 국민의 기본권에 직접적으로 영향을 끼치고 법령의 뒷받침에 의하여 그대로 실시될 것이 틀림없을 것으로 예상되는 때에는 예외적으로 헌법소원의 대상이 된다.
21. 국가 9급 (      )

## 정답 & OX 풀이

**0431** ○ 자연환경 보호 등을 목적으로 하는 **도시관리계획결정**은 식생이 양호한 수림의 훼손 등과 같이 장래 발생할 불확실한 상황과 파급효과에 대한 예측 등을 반영한 행정청의 재량적 판단으로서, 그 내용이 현저히 합리성을 결여하거나 형평이나 비례의 원칙에 뚜렷하게 반하는 등의 사정이 없는 한 폭넓게 존중해야 한다. 대법원 2023. 11. 16. 선고 2022두61816 판결

**0432** ✕ 국토이용계획은 장기성, 종합성이 요구되는 행정계획이어서 원칙적으로는 그 계획이 일단 확정된 후에 어떤 사정의 변동이 있다고 하여 그러한 사유만으로는 지역주민이나 일반 이해관계인에게 일일이 그 **계획의 변경을 신청할 권리를 인정하여 줄 수는 없는 것**이다. 대법원 2003. 9. 23. 선고 2001두10936 판결

**0433** ✕ 일단 도시계획시설사업의 시행에 착수한 뒤에는, 시행의 지연에 따른 손해나 손실의 배상 또는 보상을 함은 별론으로 하고, 그 결정 자체의 취소나 해제를 요구할 권리를 일부의 이해관계인에게 줄 수는 없는 것이다. 헌법재판소 2002. 5. 30. 선고 2000헌바58 결정

**0434** ✕ 장래 일정한 기간 내에 관계 법령이 규정하는 시설 등을 갖추어 일정한 행정처분을 구하는 신청을 할 수 있는 법률상 지위에 있는 자의 국토이용계획변경신청을 거부하는 것이 **실질적으로 당해 행정처분 자체를 거부**하는 결과가 되는 경우에는 예외적으로 그 신청인에게 국토이용**계획변경을 신청할 권리가 인정**된다고 봄이 상당하므로, 이러한 신청에 대한 거부행위는 항고소송의 대상이 되는 행정처분에 해당한다. 대법원 2003. 9. 23. 선고 2001두10936 판결

**0435** ✕ **문화재보호구역 내에 있는 토지소유자** 등으로서는 위 보호구역의 지정해제를 요구할 수 있는 법규상 또는 조리상의 신청권이 있다. 대법원 2004. 4. 27. 선고 2003두8821 판결

**0436** ○ 산업단지개발계획상 **산업단지 안의 토지 소유자**로서 산업단지개발계획에 적합한 시설을 설치하여 입주하려는 자는 산업단지지정권자 또는 그로부터 권한을 위임받은 기관에 대하여 산업단지개발계획의 변경을 요청할 수 있는 법규상 또는 조리상 신청권이 있다. 대법원 2017. 8. 29. 선고 2016두44186 판결

**0437** ✕ **도시계획구역 내 토지 등을 소유하고 있는 주민**으로서는 입안권자에게 도시계획입안을 요구할 수 있는 법규상 또는 조리상의 신청권이 있다. 대법원 2004. 4. 28. 선고 2003두1806 판결

**0438** ○ 도시계획의 결정·변경 등에 관한 **권한을 가진 행정청**은 이미 도시계획이 결정·고시된 지역에 대하여도 다른 내용의 도시계획을 결정·고시할 수 있고, 이때에 후행 도시계획에 선행 도시계획과 서로 양립할 수 없는 내용이 포함되어 있다면, 특별한 사정이 없는 한 선행 도시계획은 후행 도시계획과 같은 내용으로 **변경된다**. 대법원 2000. 9. 8. 선고 99두11257 판결

**0439** ○ 후행 도시계획의 결정을 하는 행정청이 선행 도시계획의 결정·변경 등에 관한 **권한을 가지고 있지 아니한** 경우에 선행 도시계획과 서로 양립할 수 없는 내용이 포함된 후행 도시계획결정을 하는 것은 아무런 권한 없이 선행 도시계획결정을 폐지하고, 양립할 수 없는 새로운 내용이 포함된 후행 도시계획결정을 하는 것으로서, 선행 도시계획결정의 폐지 부분은 권한 없는 자에 의하여 행해진 것으로서 **무효**이다. 대법원 2000. 9. 8. 선고 99두11257 판결

**0440** ○ **비구속적 행정계획**안이나 행정지침이라도 국민의 기본권에 직접적으로 영향을 끼치고, 앞으로 법령의 뒷받침에 의하여 그대로 실시될 것이 틀림없을 것으로 예상될 수 있을 때에는, 공권력행위로서 예외적으로 **헌법소원**의 대상이 될 수 있다. 헌법재판소 2000. 6. 1. 선고 99헌마538 결정

□□□ **0441** 국립대학의 대학입학고사 주요요강은 행정쟁송의 대상인 행정처분에 해당되지만 헌법소원의 대상인 공권력의 행사에는 해당되지 않는다. 15. 국가 9급 (       )

□□□ **0442** 구 건설교통부장관이 구역지정의 실효성이 적은 7개 중소도시권은 개발제한구역을 해제하고 구역지정이 필요한 7개 대도시권은 개발제한구역을 부분조정하는 등의 내용을 담은 '개발제한구역제도개선방안'을 발표한 것은 헌법소원의 대상이 되는 공권력의 행사에 해당되지 아니한다. 25. 지방 9급 (       )

□□□ **0443** 국공립대학의 총장직선제 개선 여부를 재정지원 평가요소로 반영하고 이를 개선하지 않을 경우 다음 연도에 지원금을 삭감 또는 환수하도록 규정한 교육부장관의 '대학교육역량강화사업 기본계획'은 헌법소원의 대상이 된다. 17. 지방 9급 (       )

□□□ **0444** 도시계획시설결정의 장기미집행으로 인해 재산권이 침해된 경우, 도시계획시설결정의 실효를 주장할 수 있고, 이는 헌법상 재산권으로부터 당연히 직접 도출되는 권리이다. 24. 지방 9급 (       )

□□□ **0445** 구 「도시 및 주거환경정비법」상 조합설립추진위원회 구성승인처분은 조합의 설립을 위한 주체인 추진위원회의 구성행위를 보충하여 그 효력을 부여하는 처분이다. 23. 지방 9급 (       )

□□□ **0446** 구 「도시 및 주거환경정비법」상 조합설립추진위원회 구성승인처분을 다투는 소송 계속 중에 조합설립인가처분이 이루어졌다면 조합설립추진위원회 구성승인처분의 취소를 구할 법률상 이익은 없다. 18. 지방 9급 (       )

□□□ **0447** 「도시 및 주거환경정비법」에 근거한 조합설립인가처분은 행정주체로서의 지위를 부여하는 설권적 처분이고, 조합설립결의는 조합설립인가처분의 요건이므로, 조합설립결의에 하자가 있다면 그 하자를 이유로 직접 항고소송의 방법으로 조합설립인가처분의 취소 또는 무효확인을 구하여야 한다. 23. 국가 9급 (       )

□□□ **0448** 재건축조합이 수립하는 관리처분계획에 대한 행정청의 인가는 강학상 인가에 해당한다. 19. 국가 9급 (       )

□□□ **0449** 「도시 및 주거환경정비법」에 기초하여 주택재건축정비사업조합이 수립한 사업시행계획은 인가·고시를 통해 확정되어도 이해관계인에 대한 직접적인 구속력이 없는 행정계획으로서 독립된 행정처분에 해당하지 아니한다. 20. 국가 9급 (       )

□□□ **0450** 「도시 및 주거환경정비법」에 따라 인가·고시된 관리처분계획은 구속적 행정계획으로서 처분성이 인정된다. 25. 국가 7급 (       )

□□□ **0451** 주택재개발정비사업조합이 수립한 사업시행계획에 하자가 있음에도 불구하고 관할 행정청이 해당 사업시행계획에 대한 인가처분을 하였다면, 그 인가처분에는 고유한 하자가 없더라도 사업시행계획의 무효를 주장하면서 곧바로 그에 대한 인가처분의 무효확인이나 취소를 구하여야 한다. 23. 지방 9급 (       )

## 정답 & OX 풀이

0441 ✕ 서울대학교의 '94학년도 대학입학고사 주요요강'은 사실상의 준비행위에 불과하고 행정심판이나 행정쟁송의 대상이 될 수 있는 행정처분이나 공권력의 행사는 될 수 없지만, 그대로 시행될 수 있을 것이, 그것을 제정하여 발표하게 된 경우에 비추어 틀림없을 것으로 예상되므로 이를 제정·발표한 행위는 헌법소원의 대상이 되는 헌법재판소법 제68조 제1항 소정의 공권력의 행사에 해당된다. 헌법재판소 1992. 10. 1. 선고 92헌마68,76 결정

0442 ○ 1999. 7. 22. 발표한 개발제한구역제도개선방안은 건설교통부장관이 개발제한구역의 해제 내지 조정을 위한 일반적인 기준을 제시하고, 개발제한구역의 운용에 대한 국가의 기본방침을 천명하는 정책계획안으로서 비구속적 행정계획안에 불과하므로 공권력행위가 될 수 없으며, 이 사건 개선방안을 발표한 행위도 대내외적 효력이 없는 단순한 사실행위에 불과하므로 공권력의 행사라고 할 수 없다. 헌법재판소 2000. 6. 1. 선고 99헌마538 결정

0443 ✕ 2012년도와 2013년도 대학교육역량강화사업 기본계획은 헌법소원의 대상이 되는 공권력 행사에 해당하지 아니한다. 헌법재판소 2016. 10. 27. 선고 2013헌마576 결정

0444 ✕ 장기미집행 도시계획시설결정의 실효제도는 도시계획시설부지로 하여금 도시계획시설결정으로 인한 사회적 제약으로부터 벗어나게 하는 것으로서 결과적으로 개인의 재산권이 보다 보호되는 측면이 있는 것은 사실이나, 이와 같은 보호는 입법자가 새로운 제도를 마련함에 따라 얻게 되는 법률에 기한 권리일 뿐 헌법상 재산권으로부터 당연히 도출되는 권리는 아니다. 헌법재판소 2005. 9. 29. 선고 2002헌바84 등 전원재판부

0445 ○ 조합설립추진위원회 구성승인은 조합의 설립을 위한 주체인 추진위원회의 구성행위를 보충하여 효력을 부여하는 처분이다. 대법원 2014. 2. 27. 선고 2011두2248 판결

0446 ○ 구 도시 및 주거환경정비법상 조합설립추진위원회 구성승인처분을 다투는 소송 계속 중 조합설립인가처분이 이루어진 경우 조합설립추진위원회 구성승인처분에 대하여 취소 또는 무효확인을 구할 법률상 이익이 없다. 대법원 2013. 1. 31. 선고 2011두11112 판결

0447 ○ 행정청이 도시 및 주거환경정비법 등 관련 법령에 근거하여 행하는 조합설립인가처분은 단순히 사인들의 조합설립행위에 대한 보충행위로서의 성질을 갖는 것에 그치는 것이 아니라 법령상 요건을 갖출 경우 도시 및 주거환경정비법상 주택재건축사업을 시행할 수 있는 권한을 갖는 행정주체(공법인)로서의 지위를 부여하는 일종의 설권적 처분의 성격을 갖는다고 보아야 한다. (중략) 조합설립결의는 조합설립인가처분이라는 행정처분을 하는 데 필요한 요건 중 하나에 불과한 것이어서, 조합설립결의에 하자가 있다면 그 하자를 이유로 직접 항고소송의 방법으로 조합설립인가처분의 취소 또는 무효확인을 구하여야 하고, 이와는 별도로 조합설립결의 부분만을 따로 떼어내어 그 효력 유무를 다투는 확인의 소를 제기하는 것은 원고의 권리 또는 법률상의 지위에 현존하는 불안·위험을 제거하는 데 가장 유효·적절한 수단이라 할 수 없어 특별한 사정이 없는 한 확인의 이익은 인정되지 아니한다. 대법원 2009. 9. 24. 선고 2008다60568 판결

0448 ○ 도시재개발법 제34조에 의한 행정청의 인가는 주택개량재개발조합의 관리처분계획에 대한 법률상의 효력을 완성시키는 보충행위이다. 대법원 2001. 12. 11. 선고 2001두7541 판결

0449 ✕ 재건축정비사업조합이 이러한 행정주체의 지위에서 위 법에 기초하여 수립한 사업시행계획은 인가·고시를 통해 확정되면 이해관계인에 대한 구속적 행정계획으로서 독립된 행정처분에 해당한다. 대법원 2009. 11. 2.자 2009마596 결정

0450 ○ 재건축조합이 행정주체의 지위에서 도시정비법 제48조에 따라 수립하는 관리처분계획은 (중략) 이는 구속적 행정계획으로서 재건축조합이 행하는 독립된 행정처분에 해당한다. (중략) 관리처분계획은 재건축조합이 조합원의 분양신청 현황을 기초로 관리처분계획안을 마련하여 그에 대한 조합 총회결의와 토지 등 소유자의 공람절차를 거친 후 관할 행정청의 인가·고시를 통해 비로소 그 효력이 발생하게 된다. 대법원 2009. 9. 17. 선고 2007다2428 전원합의체 판결

0451 ✕ 기본행위인 사업시행계획에는 하자가 없는데 보충행위인 인가처분에 고유한 하자가 있다면 그 인가처분의 무효확인이나 취소를 구하여야 할 것이지만, 인가처분에는 고유한 하자가 없는데 사업시행계획에 하자가 있다면 사업시행계획의 무효확인이나 취소를 구하여야 할 것이지 사업시행계획의 무효를 주장하면서 곧바로 그에 대한 인가처분의 무효확인이나 취소를 구하여서는 아니 된다. 대법원 2021. 2. 10. 선고 2020두48031 판결

□□□ **0452** ★★★ 「도시 및 주거환경정비법」상 관리처분계획에 대한 인가는 강학상 인가의 성격을 갖고 있으므로 관리처분계획에 대한 인가가 있더라도 관리처분계획안에 대한 총회결의에 하자가 있다면 민사소송으로 총회결의의 하자를 다투어야 한다. 20. 지방 9급 (      )

□□□ **0453** 「도시 및 주거환경정비법」상의 주택재건축 정비사업조합이 수립한 관리처분계획에 대하여 관할 행정청의 인가·고시가 있은 후에 제기하는 관리처분계획에 대한 소송은 당사자소송에 해당한다.
15. 서울시 9급 (      )

□□□ **0454** ★★★ 행정주체인 주택재건축정비사업조합을 상대로 관리처분계획안에 대한 조합총회결의의 효력을 다투는 소송은 「행정소송법」상 당사자소송에 해당한다. 20. 지방 7급 (      )

□□□ **0455** ★★★ 구 「도시 및 주거환경정비법」상 토지소유자들이 조합을 설립하지 아니하고 직접 도시환경정비사업을 시행하고자 하는 경우에 내려진 사업시행인가처분은 설권적 처분의 성격을 가진다. 23. 지방 9급 (      )

□□□ **0456** ★☆☆ 토지 등 소유자들이 도시환경정비사업을 위한 조합을 따로 설립하지 아니하고 직접 그 사업을 시행하고자 하는 경우, 사업시행계획인가처분은 일종의 설권적 처분의 성격을 가지므로 토지 등 소유자들이 작성한 사업시행계획은 독립된 행정처분이 아니다. 22. 지방 7급 (      )

□□□ **0457** ★☆☆ 주택재건축조합의 정관변경에 대한 시장·군수등의 인가는 그 대상이 되는 기본행위를 보충하여 법률상 효력을 완성시키는 행위로서 시장·군수등이 변경된 정관을 인가하면 정관변경의 효력이 총회의 의결이 있었던 때로 소급하여 발생한다. 22. 지방 7급 (      )

□□□ **0458** ★☆☆ 재건축조합이 전체 조합원의 일부인 개별 조합원과 사적으로 재건축에 관련한 신축상가입주의 약정을 체결한 경우, 구속적 행정계획으로서 관리처분계획의 본질과 재건축조합의 행정주체로서 갖는 공법상 재량권에 비추어 재건축조합은 그 사법상 약정에 직접적으로 구속되지 않는다. 25. 변호사 (      )

□□□ **0459** ★☆☆ 조합의 사업시행인가 신청 시의 토지 등 소유자의 동의요건은 토지 등 소유자의 재산상 권리·의무에 관한 기본적이고 본질적인 사항으로 법률유보의 원칙이 반드시 지켜져야 하는 영역이다. 21. 소방간부
(      )

□□□ **0460** ★☆☆ 토지 등 소유자가 도시환경정비사업을 시행하는 경우, 사업시행인가 신청 시 필요한 토지 등 소유자의 동의요건을 정하는 것은 국민의 권리와 의무의 형성에 관한 기본적이고 본질적인 사항이 아니므로 국회의 법률로써 규정해야 할 사항이 아니다. 24. 소방 (      )

□□□ **0461** ★☆☆ 「도시 및 주거환경정비법」상 주택재건축사업조합이 새로이 조합설립인가처분을 받은 것과 동일한 요건과 절차를 거쳐 조합설립변경인가처분을 받은 경우, 당초의 조합설립인가처분이 유효한 것을 전제로 당해 주택재건축사업조합이 시공사 선정 등의 후속행위를 하였다 하더라도 특별한 사정이 없는 한 당초의 조합설립인가처분의 무효확인을 구할 소의 이익은 없다. 22. 지방 7급 (      )

□□□ **0462** 「도시 및 주거환경정비법」에 따른 이전고시는 공법상 처분이다. 23. 군무원 9급 (      )

## 정답 & OX 풀이

**0452** ✕ 도시 및 주거환경정비법상 주택재건축정비사업조합이 같은 법 제48조에 따라 수립한 관리처분계획에 대하여 관할 행정청의 인가·고시까지 있게 되면 관리처분계획은 행정처분으로서 효력이 발생하게 되므로, 총회결의의 하자를 이유로 하여 행정처분의 효력을 다투는 **항고소송의 방법으로 관리처분계획의 취소 또는 무효확인을 구하여야** 하고, 그와 별도로 행정처분에 이르는 절차적 요건 중 하나에 불과한 총회결의 부분만을 따로 떼어내어 효력 유무를 다투는 확인의 소를 제기하는 것은 특별한 사정이 없는 한 허용되지 않는다. 대법원 2009. 9. 17. 선고 2007다2428 판결

**0453** ✕ 위 452번의 해설 내용 참고.

**0454** ○ 도시 및 주거환경정비법상 행정주체인 주택재건축정비사업조합을 상대로 관리처분계획안에 대한 **조합 총회결의의 효력** 등을 다투는 소송은 (중략) 행정소송법상의 **당사자소송**에 해당한다. 대법원 2009. 9. 17. 선고 2007다2428 판결

**0455** ○ **토지 등 소유자들이 직접 시행**하는 도시환경정비사업에서 토지 등 소유자에 대한 **사업시행인가처분**은 단순히 사업시행계획에 대한 보충행위로서의 성질을 가지는 것이 아니라 구 도시정비법상 정비사업을 시행할 수 있는 권한을 가지는 **행정주체로서의 지위를** 부여하는 일종의 **설권적 처분**의 성격을 가진다. 대법원 2013. 6. 13. 선고 2011두19994 판결

**0456** ○ 도시환경정비사업을 직접 시행하려는 토지 등 소유자들은 시장·군수로부터 **사업시행인가**를 받기 전에는 행정주체로서의 지위를 가지지 못한다. 따라서 그가 작성한 **사업시행계획**은 인가처분의 요건 중 하나에 불과하고 항고소송의 대상이 되는 독립된 **행정처분에 해당하지 아니한다**고 할 것이다. 대법원 2013. 6. 13. 선고 2011두19994 판결

**0457** ✕ 구 도시 및 주거환경정비법 제20조 제3항은 조합이 **정관을 변경**하고자 하는 경우에는 총회를 개최하여 조합원 과반수 또는 3분의 2 이상의 동의를 얻어 시장·군수의 인가를 받도록 규정하고 있다. 여기서 시장 등의 인가는 그 대상이 되는 **기본행위를 보충하여 법률상 효력을 완성**시키는 행위로서 이러한 인가를 받지 못한 경우 변경된 정관은 효력이 없고, 시장 등이 변경된 정관을 인가하더라도 정관변경의 효력이 총회의 의결이 있었던 때로 **소급하여 발생한다고 할 수 없다**. 대법원 2014. 7. 10. 선고 2013도11532 판결

**0458** ○ 주택재건축정비사업조합이 관리처분계획의 수립 혹은 변경을 통한 집단적인 의사결정 방식 외에 전체 조합원의 일부인 **개별 조합원과 사적으로 그와 관련한 약정**을 체결한 경우에도, 구속적 행정계획으로서 재건축조합이 행하는 독립된 행정처분에 해당하는 관리처분계획의 본질 및 전체 조합원 공동의 이익을 목적으로 하는 재건축조합의 행정주체로서 갖는 공법상 재량권에 비추어 재건축조합이 개별 조합원 사이의 사법상 약정에 직접적으로 **구속된다고 보기는 어렵다**. 대법원 2022. 7. 14. 선고 2022다206391 판결

**0459** ✕ **조합의 사업시행인가** 신청시의 토지 등 소유자의 **동의요건**은 토지 등 소유자의 재산상 권리·의무에 관한 기본적이고 본질적인 사항이라고 볼 수 없으므로 법률유보 내지 의회유보의 원칙이 반드시 지켜져야 하는 영역이라고 할 수 없다. 대법원 2007. 10. 12. 선고 2006두14476 판결

**0460** ✕ **토지 등 소유자**가 도시환경정비사업을 시행하는 경우 **사업시행인가** 신청시 필요한 토지 등 소유자의 동의는 개발사업의 주체 및 정비구역 내 토지등소유자를 상대로 수용권을 행사하고 각종 행정처분을 발할 수 있는 **행정주체로서의 지위를 가지는 사업시행자를 지정**하는 문제로서 그 **동의요건**을 정하는 것은 국민의 권리와 의무의 형성에 관한 기본적이고 본질적인 사항이므로 국회가 스스로 행하여야 하는 사항에 속하는 것임에도 불구하고 사업시행인가 신청에 필요한 동의정족수를 토지등소유자가 자치적으로 정하여 운영하는 규약에 정하도록 한 것은 법률유보원칙에 위반된다. 헌법재판소 2012. 4. 24. 선고 2010헌바1 결정

**0461** ✕ 주택재건축사업조합이 새로 조합설립인가처분을 받는 것과 동일한 요건과 절차를 거쳐 **조합설립변경인가**처분을 받는 경우 당초 조합설립인가처분의 유효를 전제로 당해 주택재건축사업조합이 매도청구권 행사, 시공자 선정에 관한 총회 결의, 사업시행계획의 수립, 관리처분계획의 수립 등과 같은 **후속 행위를 하였다면** 당초 조합설립인가처분이 무효로 확인되거나 취소될 경우 그것이 유효하게 존재하는 것을 전제로 이루어진 위와 같은 후속 행위 역시 소급하여 효력을 상실하게 되므로, 특별한 사정이 없으면 위와 같은 형태의 조합설립변경인가가 있다고 하여 당초 조합설립인가처분의 무효확인을 구할 소의 이익이 소멸된다고 볼 수는 없다. 대법원 2012. 10. 25. 선고 2010두25107 판결

**0462** ○ 도시 및 주거환경정비법에 따른 **이전고시**는 (중략) 소유권을 분양받을 자에게 이전하고 가격의 차액에 상당하는 금액을 청산하거나 대지 또는 건축물을 정하지 않고 금전적으로 청산하는 **공법상 처분이다**. 대법원 2016. 12. 29. 선고 2013다73551 판결

# 공법상 계약, 사실행위와 행정지도

## 기출 지문 OX Check

**★★☆**
☐☐☐ **0463** 행정청이 자신과 상대방 사이의 법률관계를 일방적인 의사표시로 종료시켰다면 그 의사표시는 공법상 계약관계의 일방 당사자로서 대등한 지위에서 행하는 의사표시가 아니라 공권력행사로서 행정처분에 해당한다. 21. 지방 7급 (    )

**★★☆**
☐☐☐ **0464** 공법상 근무관계의 형성을 목적으로 하는 채용계약의 체결 과정에서 행정청의 일방적인 의사표시로 계약이 성립하지 아니한 경우, 관계 법령이 상대방의 법률관계에 관하여 구체적으로 어떻게 규정하고 있는지에 따라 의사표시가 항고소송의 대상이 되는 처분에 해당하는지 아니면 공법상 계약관계의 일방 당사자로서 대등한 지위에서 행하는 의사표시인지를 개별적으로 판단하여야 한다. 19. 국가 7급 (    )

☐☐☐ **0465** 공법상 계약을 체결하는 당사자의 일방은 행정주체이어야 하며, 행정주체에는 공무를 수탁받은 사인도 포함된다. 12. 지방 9급 (    )

☐☐☐ **0466** 공법상 계약은 행정주체와 사인 간에만 체결 가능하며, 행정주체 상호 간에는 공법상 계약이 성립할 수 없다. 17. 국가 9급 (    )

**★★★**
☐☐☐ **0467** 계약직공무원 채용계약해지의 의사표시는 일반공무원에 대한 징계처분과는 다르지만, 「행정절차법」의 처분절차에 의하여 근거와 이유를 제시하여야 한다. 24. 국가 9급 (    )

**★★★**
☐☐☐ **0468** 「행정기본법」에 따르면 신속히 처리할 필요가 있거나 사안이 경미한 경우에는 말 또는 서면으로 공법상 계약을 체결할 수 있다. 23. 지방 7급 (    )

**★☆☆**
☐☐☐ **0469** 행정청은 공법상 계약의 상대방을 선정하고 계약 내용을 정할 때 공법상 계약의 공공성과 제3자의 이해관계를 고려하여야 한다. 21. 지방 9급 (    )

**★☆☆**
☐☐☐ **0470** 공법상 계약에는 법률우위의 원칙이 적용된다. 21. 지방 9급 (    )

**★☆☆**
☐☐☐ **0471** 「지방공무원법」상 지방전문직공무원 채용계약에서 정한 채용기간이 만료한 경우에는 채용계약의 갱신이나 기간연장 여부는 기본적으로 지방자치단체장의 재량이다. 18. 국가 9급 (    )

**★★☆**
☐☐☐ **0472** 지방자치단체를 당사자로 하는 계약에 관하여는 그 계약의 성질이 사법상 계약인지 공법상 계약인지와 상관없이 원칙적으로 「지방자치단체를 당사자로 하는 계약에 관한 법률」의 규율이 적용된다고 보아야 한다. 25. 국가 7급 (    )

## 정답 & OX 풀이

**0463** ✕ 아래 464번의 해설 내용 참고.

**0464** ○ 행정청이 자신과 상대방 사이의 근로관계를 **일방적인 의사표시로 종료시켰다고 하더라도** 곧바로 그 의사표시가 행정청으로서 공권력을 행사하여 행하는 행정**처분이라고 단정할 수는 없고**, 관계 법령이 상대방의 근무관계에 관하여 구체적으로 어떻게 규정하고 있는지에 따라 그 의사표시가 항고소송의 대상이 되는 행정처분에 해당하는 것인지 아니면 공법상 계약관계의 일방 당사자로서 대등한 지위에서 행하는 의사표시인지 여부를 개별적으로 판단하여야 한다. 이러한 법리는 공법상 근무관계의 형성을 목적으로 하는 **채용계약의 체결 과정에서** 행정청의 일방적인 의사표시로 계약이 성립하지 아니하게 된 경우에도 **마찬가지**이다. 대법원 2014. 4. 24. 선고 2013두6244 판결

**0465** ○ 공법상 계약이란 공법적 효과를 발생시키는(공법상 법률관계의 변경을 가져오는) 것으로서 적어도 한쪽 당사자를 행정주체로 하는 계약(양 당사자 사이의 반대방향의 의사의 합치)을 말한다. 또한 토지보상법상 사업시행자와 같은 공무수탁사인은 행정주체의 지위를 가지게 되고, 그 지위에서 공법상 계약을 체결할 수도 있다.

**0466** ✕ 지방자치단체 간 업무협약을 체결하는 것과 같이 행정주체 상호 간에도 공법상 계약이 성립할 수 있다.

**0467** ✕ **계약직공무원 채용계약해지**의 의사표시는 일반공무원에 대한 징계처분과는 달라서 항고소송의 대상이 되는 처분 등의 성격을 가진 것으로 인정되지 아니하고, 일정한 사유가 있을 때에 국가 또는 지방자치단체가 채용계약 관계의 한쪽 당사자로서 대등한 지위에서 행하는 의사표시로 취급되는 것으로 이해되므로, 이를 징계해고 등에서와 같이 그 징계사유에 한하여 효력 유무를 판단하여야 하거나, 행정처분과 같이 **행정절차법**에 의하여 근거와 이유를 제시하여야 하는 것은 **아니다**. 대법원 2002. 11. 26. 선고 2002두5948 판결

**0468** ✕ 행정기본법 제27조(공법상 계약의 체결) ① 행정청은 법령등을 위반하지 아니하는 범위에서 행정목적을 달성하기 위하여 필요한 경우에는 공법상 법률관계에 관한 계약(이하 '공법상 계약'이라 한다)을 체결할 수 있다. 이 경우 계약의 목적 및 내용을 명확하게 적은 **계약서**를 작성하여야 한다.

**0469** ○ 행정기본법 제27조(공법상 계약의 체결) ② 행정청은 공법상 계약의 상대방을 선정하고 계약 내용을 정할 때 공법상 계약의 공공성과 제3자의 이해관계를 고려하여야 한다.

**0470** ○ 공법상 계약은 행정작용이므로 법령이나 행정법의 일반원칙에 위반되어서는 안 된다. 즉 공법상 계약에 대해서도 법률우위의 원칙은 적용된다.

**0471** ○ 지방전문직공무원 채용계약에서 정한 채용기간이 만료한 경우 채용계약을 갱신하거나 채용기간을 연장할 것인지 여부는 지방자치단체장의 **재량**에 맡겨져 있는 것으로 보아야 할 것이다. 대법원 1993. 9. 14. 선고 92누4611 판결

**0472** ○ 다른 법률에 특별한 규정이 있는 경우이거나 또는 지방계약법의 개별 규정의 규율내용이 매매, 도급 등과 같은 특정한 유형·내용의 계약을 규율대상으로 하고 있는 경우가 아닌 한, 지방자치단체를 당사자로 하는 계약에 관하여는 그 계약의 성질이 **공법상 계약인지 사법상 계약인지와 상관없이** 원칙적으로 지방계약법의 규율이 적용된다고 보아야 한다. 대법원 2020. 12. 10. 선고 2019다234617 판결

□□□ 0473 ★★☆ 공법상 계약이 법령 위반 등의 내용상 하자가 있는 경우에도 그 하자가 중대명백한 것이 아니면 취소할 수 있는 하자에 불과하고 이에 대한 다툼은 당사자소송에 의하여야 한다. 22. 국가 9급 (    )

□□□ 0474 ★★★ 공법상 계약의 한쪽 당사자가 다른 당사자를 상대로 효력을 다투거나 이행을 청구하는 소송은 공법상의 법률관계에 관한 분쟁이므로 분쟁의 실질이 공법상 권리·의무의 존부·범위에 관한 다툼이 아니라 손해배상액의 구체적인 산정방법·금액에 국한되는 등의 특별한 사정이 없는 한 당사자소송으로 제기하여야 한다. 23. 지방 9급 (    )

□□□ 0475 ★★☆ 공중보건의사 채용계약 해지의 의사표시에 대하여는 공법상의 당사자소송으로 그 의사표시의 무효확인을 청구할 수 있다. 21. 지방 9급 (    )

□□□ 0476 ★★☆ 채용계약상 특별한 약정이 없는 한, 지방계약직공무원에 대하여 「지방공무원법」, 「지방공무원 징계 및 소청 규정」에 정한 징계절차에 의하지 않고서는 보수를 삭감할 수 없다. 21. 국가 9급 (    )

□□□ 0477 지방자치단체가 근무기간을 정하여 임용하는 공무원으로 시민옴부즈만을 채용하는 행위는 공법상 계약에 해당한다. 23. 소방간부 (    )

□□□ 0478 ★★☆ 시립무용단원의 위촉은 공법상 계약에 해당하지만 해촉에 대하여는 민사소송으로 다투어야 한다.
24. 국가 7급 (    )

□□□ 0479 ★★☆ 광주광역시문화예술회관장의 단원 위촉은 광주광역시문화예술회관장이 행정청으로서 공권력을 행사하여 행하는 행정처분에 해당한다. 20. 지방 7급 (    )

□□□ 0480 ★★★ 중소기업 정보화지원사업에 대한 지원금출연협약의 해지 및 환수통보는 공법상 계약에 따른 의사표시가 아니라 행정청이 우월한 지위에서 행하는 공권력의 행사로서 행정처분이다. 21. 국가 9급 (    )

□□□ 0481 ★☆☆ 甲 주식회사가 국책사업인 '한국형헬기 개발사업'에 개발주관사업자 중 하나로 참여하여 국가 산하 중앙행정기관인 방위사업청과 체결한 '한국형헬기 민군겸용 핵심구성품 개발협약'의 법률관계는 공법관계에 해당한다. 25. 국가 9급 (    )

□□□ 0482 ★☆☆ 중앙행정기관인 방위사업청과 부품개발 협약을 체결한 기업이 협약을 이행하는 과정에서 환율변동 및 물가상승 등 외부적 요인으로 발생한 초과비용 지급에 대한 소송은 민사소송에 의한다. 23. 소방간부 (    )

□□□ 0483 ★★☆ 「사회기반시설에 대한 민간투자법」에 따라 지방자치단체와 유한회사 간 체결한 터널 민간투자사업 실시협약은 공법상 계약에 해당한다. 22. 국회 8급 (    )

□□□ 0484 읍·면장의 이장에 대한 직권면직행위는 행정처분이 아니라 공법상 계약에 따라 그 계약을 해지하는 의사표시이다. 미출 (    )

□□□ 0485 ★★☆ 교도소장이 특정 수형자를 '접견내용 녹음·녹화 및 접견 시 교도관 참여대상자'로 지정한 행위는 수형자의 구체적 권리의무에 직접적 변동을 가져오는 행위로서 항고소송의 대상이 되는 행정처분에 해당한다.
16. 국가 9급 (    )

## 정답 & OX 풀이

**0473** ✕ 행정작용 중 중대명백설에 따라 그 위법의 정도를 무효와 취소사유로 구분하는 것은 오직 공정력이 인정되는 행정처분밖에 없다. 따라서 공정력이 인정되지 않는 공법상 계약의 내용이 법령을 위반하는 등의 하자가 있다면 그 계약은 중대명백성을 따질 것도 없이 무조건 무효로 된다.

**0474** ○ 공법상 계약의 한쪽 당사자가 다른 당사자를 상대로 효력을 다투거나 이행을 청구하는 소송은 공법상의 법률관계에 관한 분쟁이므로 분쟁의 실질이 공법상 권리·의무의 존부·범위에 관한 다툼이 아니라 손해배상액의 구체적인 산정방법·금액에 국한되는 등의 특별한 사정이 없는 한 공법상 당사자소송으로 제기하여야 한다. 대법원 2021. 2. 4. 선고 2019다277133 판결

**0475** ○ 전문직공무원인 공중보건의사의 채용계약 해지의 의사표시는 일반공무원에 대한 징계처분과는 달라서 항고소송의 대상이 되는 처분 등의 성격을 가진 것으로 인정되지 아니하고, 일정한 사유가 있을 때에 관할 도지사가 채용계약 관계의 한쪽 당사자로서 대등한 지위에서 행하는 의사표시로 취급하고 있는 것으로 이해되므로, 공중보건의사 채용계약 해지의 의사표시에 대하여는 대등한 당사자간의 소송형식인 공법상의 당사자소송으로 그 의사표시의 무효확인을 청구할 수 있는 것이다. 대법원 1996. 5. 31. 선고 95누10617 판결

**0476** ○ 지방계약직공무원에 대해서도 채용계약상 특별한 약정이 없는 한, 지방공무원법 및 지방공무원징계및소청규정에 정한 징계절차에 의하지 아니하고는 보수를 삭감할 수 없다고 봄이 상당하다(주: 계약직공무원에 대한 징계처분은 '처분'인 것으로 본 사례). 대법원 2008. 6. 12. 선고 2006두16328 판결

**0477** ○ 지방계약직공무원인 옴부즈만 채용행위를 공법상 계약에 해당하는 것으로 본 사례. 대법원 2014. 4. 24. 선고 2013두6244 판결

**0478** ✕ 서울특별시립무용단 단원의 위촉은 공법상의 계약이라고 할 것이고, 따라서 그 단원의 해촉에 대하여는 공법상의 당사자소송으로 그 무효확인을 청구할 수 있다. 대법원 1995. 12. 22. 선고 95누4636 판결

**0479** ✕ 광주광역시문화예술회관장의 단원 위촉은 광주광역시문화예술회관장이 행정청으로서 공권력을 행사하여 행하는 행정처분이 아니라 공법상의 근무관계의 설정을 목적으로 하여 광주광역시와 단원이 되고자 하는 자 사이에 대등한 지위에서 의사가 합치되어 성립하는 공법상 근로계약에 해당한다고 보아야 할 것이므로, 광주광역시립합창단원으로서 위촉기간이 만료되는 자들의 재위촉 신청에 대하여 광주광역시문화예술회관장이 실기와 근무성적에 대한 평정을 실시하여 재위촉을 하지 아니한 것을 항고소송의 대상이 되는 불합격처분이라고 할 수는 없다. 대법원 2001. 12. 11. 선고 2001두7794 판결

**0480** ✕ 중소기업 정보화지원사업에 따른 지원금 출연을 위하여 중소기업청장이 체결하는 협약은 공법상 대등한 당사자 사이의 의사표시의 합치로 성립하는 공법상 계약에 해당하므로 (중략) 협약의 해지 및 그에 따른 환수통보는 공법상 계약에 따라 행정청이 대등한 당사자의 지위에서 하는 의사표시로 보아야 하고, 이를 행정청이 우월한 지위에서 행하는 공권력의 행사로서 행정처분에 해당한다고 볼 수는 없다. 대법원 2015. 8. 27. 선고 2015두41449 판결

**0481** ○ 국책사업인 '한국형 헬기 개발사업'(Korean Helicopter Program)에 개발주관사업자 중 하나로 참여하여 국가 산하 중앙행정기관인 방위사업청과 '한국형헬기 민군겸용 핵심구성품 개발협약'을 체결한 갑 주식회사가 협약을 이행하는 과정에서 환율변동 및 물가상승 등 외부적 요인 때문에 협약금액을 초과하는 비용이 발생하였다고 주장하면서 국가를 상대로 초과비용의 지급을 구하는 민사소송을 제기한 사안에서, 위 협약의 법률관계는 공법관계에 해당하므로 이에 관한 분쟁은 행정소송으로 제기하여야 한다고 한 사례. 대법원 2017. 11. 9. 선고 2015다215526 판결

**0482** ✕ 위 481번의 해설 내용 참고.

**0483** ○ 민간투자사업 실시협약의 성격을 공법상 계약으로 보아, 당사자소송으로 위 협약에 따른 재정지원금의 지급을 구하는 소를 적법한 소로 전제하여 본안 판단을 한 사례. 대법원 2019. 1. 31. 선고 2017두46455 판결

**0484** ○ 읍·면장의 이장에 대한 직권면직행위는 행정청으로서 공권력을 행사하여 행하는 행정처분이 아니라 서로 대등한 지위에서 이루어진 공법상 계약에 따라 그 계약을 해지하는 의사표시로 봄이 상당하다. 대법원 2012. 10. 25. 선고 2010두18963 판결

**0485** ○ 교도소장이 수형자를 '접견내용 녹음·녹화 및 접견 시 교도관 참여대상자'로 지정한 행위는 항고소송의 대상이 되는 '처분'에 해당한다. 대법원 2014. 2. 13. 선고 2013두20899 판결

□□□ **0486** ★☆☆ 수형자의 서신을 교도소장이 검열하는 행위는 행정심판이나 행정소송의 대상이 되는 행정처분으로 볼 수 있다. 11. 지방 7급 (     )

□□□ **0487** ★☆☆ 교도소 내 마약류 관련 수형자에 대한 교도소장의 소변강제채취는 권력적 사실행위나 헌법소원의 대상은 아니다. 23. 지방 9급 (     )

□□□ **0488** 구치소 내 과밀수용행위는 피청구인이 우월적 지위에서 청구인의 의사와 상관없이 일방적으로 행한 권력적 사실행위로서 헌법소원심판의 대상이 되는 공권력 행사에 해당한다. 25. 국가 7급 (     )

□□□ **0489** ★☆☆ 지도, 권고, 조언 등의 행정지도는 법령의 근거를 요하고 항고소송의 대상이 된다. 22. 국가 9급 (     )

□□□ **0490** ★☆☆ 행정지도는 작용법적 근거가 필요하지 않으므로, 비례원칙과 평등원칙에 구속되지 않는다.
19. 국가 9급 (     )

□□□ **0491** ★★★ 행정지도는 상대방의 의사에 반하여 부당하게 강요하여서는 안 된다. 19. 국가 9급 (     )

□□□ **0492** ★★★ 행정기관은 행정지도의 상대방이 행정지도에 따르지 않았다는 것을 이유로 불이익한 조치를 하여서는 아니 된다. 23. 지방 9급 (     )

□□□ **0493** ★★☆ 행정지도가 말로 이루어지는 경우에 상대방이 행정지도의 취지 및 내용, 행정지도를 하는 자의 신분에 관한 사항을 적은 서면의 교부를 요구하면 그 행정지도를 하는 자는 직무 수행에 특별한 지장이 없으면 이를 교부하여야 한다. 17. 국가 9급 (     )

□□□ **0494** ★★☆ 행정지도의 상대방은 행정지도의 내용에 동의하지 않는 경우 이를 따르지 않을 수 있으므로, 행정지도의 내용이나 방식에 대해 의견제출권을 갖지 않는다. 17. 국가 9급 (     )

□□□ **0495** ★★☆ 행정기관이 같은 행정목적을 실현하기 위하여 많은 상대방에게 행정지도를 하려는 경우에는 특별한 사정이 없으면 행정지도에 공통적인 내용이 되는 사항을 공표하여야 한다. 23. 지방 9급 (     )

□□□ **0496** ★★☆ 위법한 행정지도에 따라 행한 사인의 행위는 위법성이 조각되어 범법행위가 되지 않는다.
23. 지방 9급 (     )

□□□ **0497** ★★☆ 세무당국이 주류제조회사에 대하여 특정 업체와의 주류거래를 일정기간 중지하여 줄 것을 요청한 행위는 권고적 성격의 행위로서 행정처분이라고 볼 수 없다. 19. 국가 9급 (     )

□□□ **0498** ★★☆ 행정청이 위법 건축물에 대한 단전 및 전화통화 단절조치를 요청한 것은 항고소송의 대상이 되는 행정처분이라고 볼 수 없다. 23. 지방 9급 (     )

□□□ **0499** ★★☆ 성희롱 행위를 이유로 한 국가인권위원회의 인사조치권고에 대하여 성희롱 행위자로 결정된 자는 항고소송을 통해 다툴 수 있다. 25. 국가 7급 (     )

## 정답 & OX 풀이 ✏️

**0486** ○ **수형자의 서신을 교도소장이 검열**하는 행위는 이른바 권력적 사실행위로서 행정심판이나 행정소송의 대상이 되는 행정처분으로 볼 수 있다. 헌법재판소 1998. 8. 27. 선고 96헌마398 전원재판부

**0487** ✕ 마약류 관련 수형자에 대하여 **마약류반응검사를 위하여 소변**을 받아 제출하게 한 것은 권력적 사실행위로서 헌법재판소법 제68조 제1항의 공권력의 행사에 해당한다. 헌법재판소 2006. 7. 27. 선고 2005헌마277 결정

**0488** ○ **구치소 내 과밀수용행위**는 피청구인이 우월적 지위에서 청구인의 의사와 상관없이 일방적으로 행한 권력적 사실행위로서 헌법소원심판의 대상이 되는 공권력 행사에 해당한다. 헌법재판소 2016. 12. 29.자 2013헌마142 결정

**0489** ✕ 행정지도는 비권력적 사실행위이므로 법률의 근거를 필요로 하지 않고, 항고소송의 대상인 행정처분에도 해당하지 않는다.

**0490** ✕ 행정지도는 <u>비권력적 사실행위이므로 작용법적 근거가 필요하지 않으나</u>(즉 법률유보의 원칙은 적용되지 않음), 행정지도 또한 행정작용으로서 비례의 원칙 또는 평등의 원칙 등 행정법의 일반원칙을 준수하여야 한다(즉 법률우위의 원칙은 적용됨).

**0491** ○ 행정절차법 제48조(행정지도의 원칙) ① 행정지도는 그 목적 달성에 필요한 최소한도에 그쳐야 하며, 행정지도의 상대방의 의사에 반하여 부당하게 강요하여서는 아니 된다.

**0492** ○ 행정절차법 제48조(행정지도의 원칙) ② 행정기관은 행정지도의 상대방이 행정지도에 따르지 아니하였다는 것을 이유로 불이익한 조치를 하여서는 아니 된다.

**0493** ○ 행정절차법 제49조(행정지도의 방식) ② 행정지도가 말로 이루어지는 경우에 상대방이 제1항의 사항을 적은 서면의 교부를 요구하면 그 행정지도를 하는 자는 직무수행에 특별한 지장이 없으면 이를 교부하여야 한다.

**0494** ✕ 행정절차법 제50조(의견제출) 행정지도의 상대방은 해당 행정지도의 방식·내용 등에 관하여 행정기관에 의견제출을 할 수 있다.

**0495** ○ 행정절차법 제51조(다수인을 대상으로 하는 행정지도) 행정기관이 같은 행정목적을 실현하기 위하여 많은 상대방에게 행정지도를 하려는 경우에는 특별한 사정이 없으면 행정지도에 공통적인 내용이 되는 사항을 공표하여야 한다.

**0496** ✕ **위법한 관행**에 따라 허위신고행위에 이르렀다고 하여 그 범법행위가 사회상규에 위배되지 않는 **정당한 행위라고는 볼 수 없다** (주: 판례는 <u>위법한 행정지도에 따라 행한 사인의 행위는 법령에 명시적인 정함이 없는 한 위법성이 조각되지 않는 것으로, 즉 위법한 것으로 봄</u>). 대법원 1992. 4. 24. 선고 91도1609 판결

**0497** ○ 세무당국이 소외 회사에 대하여 원고와의 주류거래를 일정기간 중지하여 줄 것을 **요청**한 행위는 권고 내지 협조를 요청하는 권고적 성격의 행위로서 소외 회사나 원고의 법률상의 지위에 직접적인 법률상의 변동을 가져오는 <u>행정처분이라고 볼 수 없는</u> 것이므로 항고소송의 대상이 될 수 없다. 대법원 1980. 10. 27. 선고 80누395 판결

**0498** ○ 행정청이 위법 건축물에 대한 시정명령을 하고 나서 위반자가 이를 이행하지 아니하여 전기·전화의 공급자에게 그 위법 건축물에 대한 <u>전기·전화공급을 하지 말아 줄 것을 요청</u>한 행위는 권고적 성격의 행위에 불과한 것으로서 전기·전화공급자나 특정인의 법률상 지위에 직접적인 변동을 가져오는 것은 아니므로 이를 <u>항고소송의 대상이 되는 행정처분이라고 볼 수 없다.</u> 대법원 1996. 3. 22. 선고 96누433 판결

**0499** ○ 국가인권위원회의 성희롱결정과 이에 따른 시정조치의 권고는 성희롱 행위자로 결정된 자의 인격권에 영향을 미침과 동시에 공공기관의 장 또는 사용자에게 일정한 법률상의 의무를 부담시키는 것이므로 <u>국가인권위원회의 **성희롱결정 및 시정조치권고**는</u> 행정소송의 대상이 되는 행정처분에 해당한다고 보지 않을 수 없다. 대법원 2005. 7. 8. 선고 2005두487 판결

☐☐☐ **0500** ★☆☆ 교육인적자원부장관의 대학총장들에 대한 학칙시정요구는 법령에 따른 것으로 행정지도의 일종이지만, 단순한 행정지도로서의 한계를 넘어 헌법소원의 대상이 되는 공권력의 행사라고 볼 수 있다.

19. 국가 9급 (      )

☐☐☐ **0501** ★★★ 「국가배상법」이 정한 배상청구의 요건인 '공무원의 직무'에는 권력적 작용만이 아니라 행정지도와 같은 비권력적 작용도 포함된다. 25. 지방 7급 (      )

☐☐☐ **0502** ★★☆ 행정지도가 강제성을 띠지 않은 비권력적 작용으로서 행정지도의 한계를 일탈하지 아니하였다면, 그로 인하여 상대방에게 손해가 발생하였다 하더라도 행정기관은 손해배상책임이 없다. 24. 지방 9급 (      )

☐☐☐ **0503** 「행정기본법」상 자동적 처분은 항고소송의 대상이 된다. 23. 지방 9급 (      )

☐☐☐ **0504** ★★☆ 「행정기본법」상 자동적 처분을 할 수 있는 '완전히 자동화된 시스템'에는 '인공지능 기술을 적용한 시스템'이 포함되지 않는다. 23. 지방 9급 (      )

☐☐☐ **0505** ★☆☆ 「행정기본법」은 재량행위에 대해서 자동적 처분을 허용하지 않고 있다. 23. 지방 9급 (      )

☐☐☐ **0506** 자동화된 행정결정의 예로는 컴퓨터를 통한 중·고등학생의 학교배정, 신호등에 의한 교통신호 등이 있다.

23. 지방 9급 (      )

## 정답 & OX 풀이

**0500** O 교육인적자원부장관의 대학총장들에 대한 이 사건 **학칙시정요구**는 고등교육법 제6조 제2항, 동법시행령 제4조 제3항에 따른 것으로서 그 법적 성격은 대학총장의 임의적인 협력을 통하여 사실상의 효과를 발생시키는 행정지도의 일종이지만, 그에 따르지 않을 경우 일정한 불이익조치를 예정하고 있어 사실상 상대방에게 그에 따를 의무를 부과하는 것과 다를 바 없으므로 **단순한 행정지도로서의 한계를 넘어** 규제적·구속적 성격을 상당히 강하게 갖는 것으로서 **헌법소원의 대상이 되는 공권력의 행사**라고 볼 수 있다. 헌법재판소 2003. 6. 26. 선고 2002헌마337 결정

**0501** O 국가배상법이 정한 배상청구의 요건인 '공무원의 직무'에는 권력적 작용만이 아니라 행정지도와 같은 **비권력적 작용도 포함**되며 단지 **행정주체가 사경제주체로서 하는 활동만 제외**된다. 대법원 1998. 7. 10. 선고 96다38971 판결

**0502** O 행정지도가 강제성을 띠지 않은 비권력적 작용으로서 행정지도의 한계를 일탈하지 아니하였다면, 그로 인하여 상대방에게 어떤 손해가 발생하였다 하더라도 행정기관은 그에 대한 손해배상책임이 없다. 대법원 2008. 9. 25. 선고 2006다18228 판결

**0503** O 행정기본법 제20조(자동적 처분) 행정청은 법률로 정하는 바에 따라 완전히 자동화된 시스템(인공지능 기술을 적용한 시스템을 포함한다)으로 처분을 할 수 있다. 다만, 처분에 재량이 있는 경우는 그러하지 아니하다.

**0504** X 위 503번의 해설 내용 참고.

**0505** O 위 503번의 해설 내용 참고.

**0506** O 자동적 처분의 예로는 컴퓨터를 통한 학교배정, 신호등에 의한 교통신호 등이 있다.

Part

**02**

강성빈 행정법총론
**OX노트**

**행정쟁송법**

## 기출 지문 OX Check ✓

☐☐☐ **0507** 「행정심판법」에서는 의무이행심판제도를 두고 있지만, 「행정소송법」에서는 의무이행소송제도를 두고 있지 않다. 21. 국회 8급 (    )

★☆☆
☐☐☐ **0508** 행정청으로 하여금 일정한 행정처분을 하도록 명하는 이행판결을 구하는 소송이나 법원으로 하여금 행정청이 일정한 행정처분을 행한 것과 같은 효과가 있는 행정처분을 직접 행하도록 하는 형성판결을 구하는 소송은 허용되지 아니한다. 23. 국회 9급 (    )

★☆☆
☐☐☐ **0509** 「행정소송법」상 행정청이 일정한 처분을 하지 못하도록 그 부작위를 구하는 청구는 허용되지 않는 부적법한 소송이다. 15. 지방 9급 (    )

★☆☆
☐☐☐ **0510** 신축건물의 준공처분을 하여서는 안된다는 내용의 부작위 청구소송은 허용되지 않는다.
18. 교육행정직 (    )

☐☐☐ **0511** 총포·화약안전기술협회가 구체적인 회비를 산정·고지하는 처분을 하기 전이더라도 회비납부의무를 다투고자 하는 자는 협회를 상대로 회비납부의무의 부존재 확인을 구하는 확인소송을 제기할 수 있다.
미출 (    )

☐☐☐ **0512** 행정소송에 관하여 「행정소송법」에 특별한 규정이 없는 사항에 대하여는 「법원조직법」과 「민사소송법」 및 「민사집행법」의 규정을 준용한다. 21. 국가 9급 (    )

★★★
☐☐☐ **0513** 어떠한 처분이 상대방에게 권리의 설정 또는 의무의 부담을 명하거나 기타 법적인 효과를 발생하게 하는 등으로 그 상대방의 권리의무에 직접 영향을 미치는 행위라도 그 처분의 근거가 행정규칙에 규정되어 있다면, 이 경우에 그 처분은 항고소송의 대상이 되는 행정처분에 해당하지 않는다. 24. 국가 7급 (    )

★★★
☐☐☐ **0514** 어떠한 처분에 법령상 근거가 있는지, 「행정절차법」에서 정한 처분 절차를 준수하였는지는 소송요건 심사단계에서 고려하여야 한다. 25. 국가 7급 (    )

★☆☆
☐☐☐ **0515** 행정청의 행위가 '처분'에 해당하는지가 불분명한 경우에는 그에 대한 불복방법 선택에 중대한 이해관계를 가지는 상대방의 인식가능성과 예측가능성을 중요하게 고려하여 규범적으로 판단하여야 한다.
23. 국가 9급 (    )

★☆☆
☐☐☐ **0516** 상대방의 권리를 제한하는 행위라 하더라도 행정청 또는 그 소속기관이나 권한을 위임받은 공공단체 등의 행위가 아닌 한 이를 행정처분이라고 할 수 없다. 22. 지방 7급 (    )

## 정답 & OX 풀이 ✏

0507  O  행정심판법은 행정소송법과 달리 행정청의 위법 또는 부당한 거부처분이나 부작위에 대하여 일정한 처분을 하도록 하는 심판인 의무이행심판을 규정하고 있다.

0508  O  현행 행정소송법상 행정청으로 하여금 일정한 행정**처분을 하도록 명하는** 이행판결을 구하는 소송이나 법원으로 하여금 행정청이 일정한 행정처분을 행한 것과 같은 효과가 있는 행정**처분을 직접 행하도록 하는** 형성판결을 구하는 소송은 **허용되지 아니한다**. 대법원 1997. 9. 30. 선고 97누3200 판결

0509  O  행정소송법상 행정청이 일정한 처분을 하지 못하도록 그 **부작위를 구하는 청구**는 허용되지 않는 부적법한 소송이다. 대법원 2006. 5. 25. 선고 2003두11988 판결

0510  O  신축건물의 준공처분을 하여서는 아니된다는 내용의 부작위를 구하는 청구는 행정소송에서 허용되지 아니하는 것이므로 부적법하다. 대법원 1987. 3. 24. 선고 86누182 판결

0511  X  협회가 매년 구체적인 회비를 산정·고지하는 처분을 하기 **전**에 갑 회사가 협회를 상대로 구체적으로 정해진 바도 없는 **회비납부의무의 부존재 확인**을 곧바로 구하는 것은 (중략) 현행 행정소송법상 허용되지 않는 의무확인소송 또는 예방적 금지소송과 마찬가지로 **허용되지 않고**, 갑 회사로서는 협회가 매년 구체적인 회비를 산정·고지하는 처분을 하면 그 처분의 효력을 항고소송의 방식으로 다투어야 한다. 대법원 2021. 12. 30 선고 2018다241458 판결

0512  O  행정소송법 제8조(법적용예) ② 행정소송에 관하여 이 법에 특별한 규정이 없는 사항에 대하여는 법원조직법과 민사소송법 및 민사집행법의 규정을 준용한다.

0513  X  어떠한 처분의 근거가 행정규칙에 규정되어 있다고 하더라도, 그 처분이 상대방에게 권리의 설정 또는 의무의 부담을 명하거나 기타 법적인 효과를 발생하게 하는 등으로 그 **상대방의 권리의무에 직접 영향**을 미치는 행위라면, 이 경우에도 항고소송의 대상이 되는 행정처분에 해당한다. 대법원 2012. 9. 27. 선고 2010두3541 판결

0514  X  어떠한 처분에 **법령상 근거**가 있는지, 행정절차법에서 정한 **처분절차를 준수**하였는지는 **본안**에서 당해 처분이 **적법**한가를 판단하는 단계에서 고려할 요소이지, 소송요건 심사단계에서 고려할 요소가 아니다. 대법원 2020. 1. 16. 선고 2019다264700 판결

0515  O  행정청의 행위가 '처분'에 해당하는지가 불분명한 경우에는 그에 대한 불복방법 선택에 중대한 이해관계를 가지는 **상대방의 인식가능성**과 예측가능성을 중요하게 고려하여 규범적으로 판단하여야 한다. 대법원 2020. 4. 9 선고 2019두61137 판결

0516  O  상대방의 권리를 제한하는 행위라 하더라도 **행정청 또는 그 소속기관이나 권한을 위임받은 공공기관의 행위가 아닌 한** 이를 행정처분이라고 할 수 없다. 대법원 2008. 1. 31. 선고 2005두8269 판결

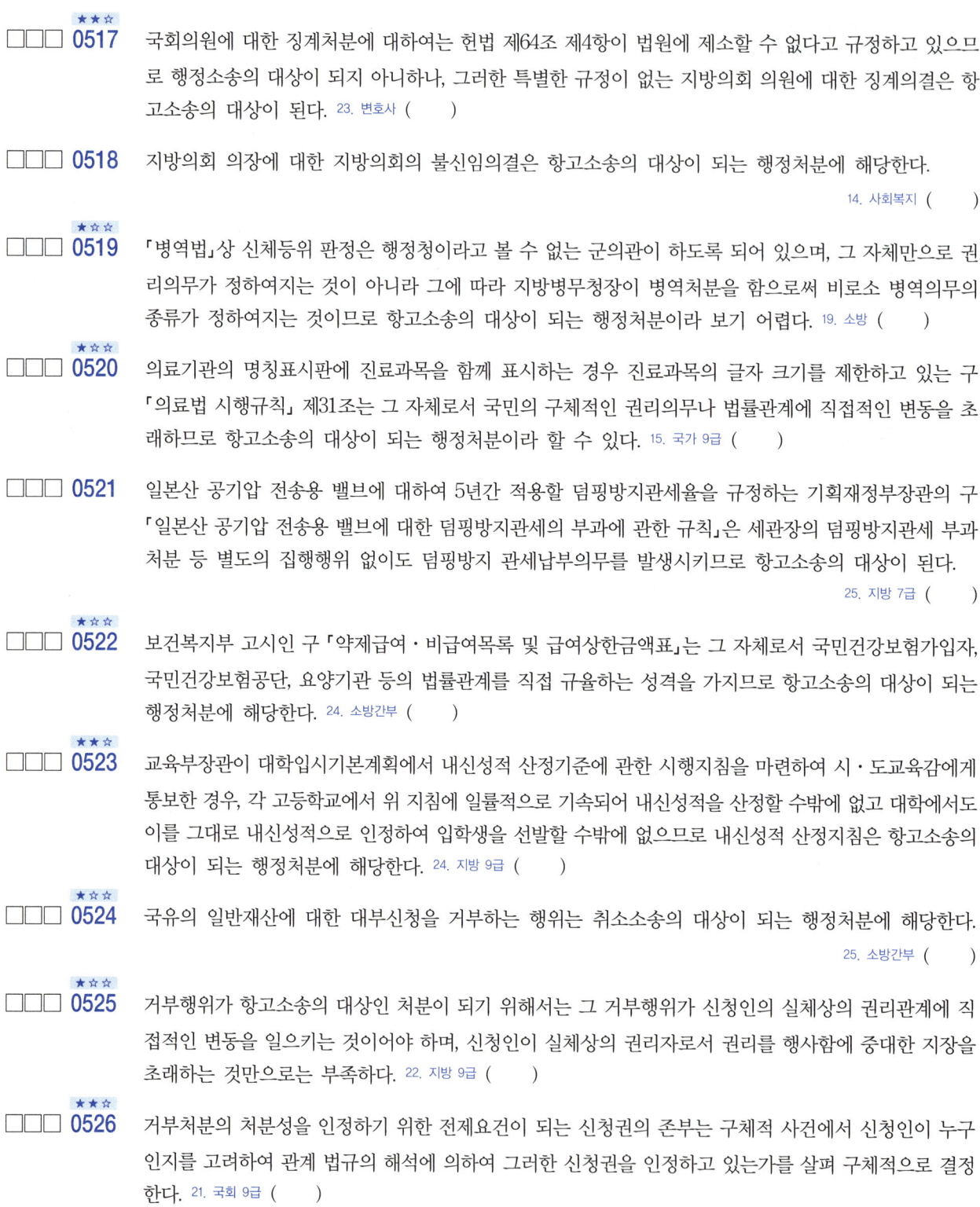

☐☐☐ **0517** ★★★
국회의원에 대한 징계처분에 대하여는 헌법 제64조 제4항이 법원에 제소할 수 없다고 규정하고 있으므로 행정소송의 대상이 되지 아니하나, 그러한 특별한 규정이 없는 지방의회 의원에 대한 징계의결은 항고소송의 대상이 된다. 23. 변호사 (      )

☐☐☐ **0518**
지방의회 의장에 대한 지방의회의 불신임의결은 항고소송의 대상이 되는 행정처분에 해당한다.
14. 사회복지 (      )

☐☐☐ **0519** ★★★
「병역법」상 신체등위 판정은 행정청이라고 볼 수 없는 군의관이 하도록 되어 있으며, 그 자체만으로 권리의무가 정하여지는 것이 아니라 그에 따라 지방병무청장이 병역처분을 함으로써 비로소 병역의무의 종류가 정하여지는 것이므로 항고소송의 대상이 되는 행정처분이라 보기 어렵다. 19. 소방 (      )

☐☐☐ **0520** ★☆☆
의료기관의 명칭표시판에 진료과목을 함께 표시하는 경우 진료과목의 글자 크기를 제한하고 있는 구 「의료법 시행규칙」 제31조는 그 자체로서 국민의 구체적인 권리의무나 법률관계에 직접적인 변동을 초래하므로 항고소송의 대상이 되는 행정처분이라 할 수 있다. 15. 국가 9급 (      )

☐☐☐ **0521**
일본산 공기압 전송용 밸브에 대하여 5년간 적용할 덤핑방지관세율을 규정하는 기획재정부장관의 구 「일본산 공기압 전송용 밸브에 대한 덤핑방지관세의 부과에 관한 규칙」은 세관장의 덤핑방지관세 부과처분 등 별도의 집행행위 없이도 덤핑방지 관세납부의무를 발생시키므로 항고소송의 대상이 된다.
25. 지방 7급 (      )

☐☐☐ **0522** ★☆☆
보건복지부 고시인 구 「약제급여·비급여목록 및 급여상한금액표」는 그 자체로서 국민건강보험가입자, 국민건강보험공단, 요양기관 등의 법률관계를 직접 규율하는 성격을 가지므로 항고소송의 대상이 되는 행정처분에 해당한다. 24. 소방간부 (      )

☐☐☐ **0523** ★★★
교육부장관이 대학입시기본계획에서 내신성적 산정기준에 관한 시행지침을 마련하여 시·도교육감에게 통보한 경우, 각 고등학교에서 위 지침에 일률적으로 기속되어 내신성적을 산정할 수밖에 없고 대학에서도 이를 그대로 내신성적으로 인정하여 입학생을 선발할 수밖에 없으므로 내신성적 산정지침은 항고소송의 대상이 되는 행정처분에 해당한다. 24. 지방 9급 (      )

☐☐☐ **0524** ★☆☆
국유의 일반재산에 대한 대부신청을 거부하는 행위는 취소소송의 대상이 되는 행정처분에 해당한다.
25. 소방간부 (      )

☐☐☐ **0525** ★☆☆
거부행위가 항고소송의 대상인 처분이 되기 위해서는 그 거부행위가 신청인의 실체상의 권리관계에 직접적인 변동을 일으키는 것이어야 하며, 신청인이 실체상의 권리자로서 권리를 행사함에 중대한 지장을 초래하는 것만으로는 부족하다. 22. 지방 9급 (      )

☐☐☐ **0526** ★★★
거부처분의 처분성을 인정하기 위한 전제요건이 되는 신청권의 존부는 구체적 사건에서 신청인이 누구인지를 고려하여 관계 법규의 해석에 의하여 그러한 신청권을 인정하고 있는가를 살펴 구체적으로 결정한다. 21. 국회 9급 (      )

## 정답 & OX 풀이

**0517** O **지방의회의 의원징계의결**은 그로 인해 의원의 권리에 직접 법률효과를 미치는 행정처분의 일종으로서 행정소송의 대상이 된다. 대법원 1993. 11. 26. 선고 93누7341 판결

**0518** O **지방의회 의장에 대한 불신임의결**은 의장으로서의 권한을 박탈하는 행정처분의 일종으로서 항고소송의 대상이 된다. 대법원 1994. 10. 11.자 94두23 결정

**0519** O 병역법상 **신체등위판정**은 행정청이라고 볼 수 없는 군의관이 하도록 되어 있으며, 그 자체만으로 바로 병역법상의 권리의무가 정하여지는 것이 아니라 그에 따라 지방병무청장이 병역처분을 함으로써 비로소 병역의무의 종류가 정하여지는 것이므로 항고소송의 대상이 되는 행정처분이라 보기 어렵다. 대법원 1993. 8. 27. 선고 93누3356 판결

**0520** X **의료기관의 명칭표시판**에 진료과목을 함께 표시하는 경우 글자 크기를 제한하고 있는 구 의료법 시행규칙 제31조는 그 자체로서 국민의 구체적인 권리의무나 법률관계에 직접적인 변동을 초래하지 아니하므로 항고소송의 대상이 되는 행정처분이라고 할 수 없다. 대법원 2007. 4. 12. 선고 2005두15168 판결

**0521** X 기획재정부장관이 갑 법인 등이 공급하는 일정 요건을 갖춘 일본산 공기압 전송용 밸브에 대하여 5년간 적용할 덤핑방지관세율을 규정하는 '일본산 공기압 전송용 밸브에 대한 덤핑방지관세의 부과에 관한 규칙'을 제정·공포하자, (중략) 위 시행규칙은 항고소송의 대상이 될 수 없고, 위 시행규칙의 취소를 구하는 소는 부적법하다. 대법원 2022. 12. 1. 선고 2019두48905 판결

**0522** O 보건복지부 고시인 **약제급여·비급여목록** 및 급여상한금액표는 다른 집행행위의 매개 없이 그 자체로서 국민건강보험가입자, 국민건강보험공단, 요양기관 등의 법률관계를 직접 규율하는 성격을 가지므로 항고소송의 대상이 되는 행정처분에 해당한다. 대법원 2006. 9. 22. 선고 2005두2506 판결

**0523** X 교육부장관이 내신성적 산정기준의 통일을 기하기 위해 대학입시기본계획의 내용에서 내신성적 산정기준에 관한 시행지침을 마련하여 시·도 교육감에서 통보한 것은 행정조직 내부에서 내신성적 평가에 관한 내부적 심사기준을 시달한 것에 불과하므로 **내신성적 산정지침**을 항고소송의 대상이 되는 행정처분으로 볼 수 없다. 대법원 1994. 9. 10. 선고 94두33 판결

**0524** X 지방자치단체장이 국유 잡종재산을 **대부**하여 달라는 신청을 거부한 것은 항고소송의 대상이 되는 행정처분이 아니므로 행정소송으로 그 취소를 구할 수 없다. 대법원 1998. 9. 22. 선고 98두7602 판결

**0525** X 국민의 적극적 행위 신청에 대하여 행정청이 그 신청에 따른 행위를 하지 않겠다고 거부한 행위가 항고소송의 대상이 되는 행정처분에 해당하는 것이라고 하려면, 그 신청한 행위가 공권력의 행사 또는 이에 준하는 행정작용이어야 하고, 그 거부행위가 신청인의 법률관계에 어떤 변동을 일으키는 것이어야 하며, 그 국민에게 그 행위발동을 요구할 법규상 또는 조리상의 신청권이 있어야 하는바, 여기에서 '**신청인의 법률관계에 어떤 변동**을 일으키는 것'이라는 의미는 신청인의 실체상의 권리관계에 직접적인 변동을 일으키는 것은 물론, 그렇지 않다 하더라도 신청인이 실체상의 권리자로서 **권리를 행사함에 중대한 지장을 초래**하는 것도 포함한다. 대법원 2007. 10. 11. 선고 2007두1316 판결

**0526** X 거부처분의 처분성을 인정하기 위한 전제요건이 되는 **신청권의 존부**는 구체적 사건에서 신청인이 누구인가를 고려하지 않고 관계 법규의 해석에 의하여 **일반 국민**에게 그러한 신청권을 인정하고 있는가를 살펴 **추상적**으로 결정되는 것이고, 신청인이 그 신청에 따른 단순한 **응답을 받을 권리**를 넘어서 신청의 인용이라는 만족적 결과를 얻을 권리를 의미하는 것은 아니다. 대법원 2009. 9. 10. 선고 2007두20638 판결

□□□ ★★★ **0527** 거부처분의 처분성을 인정하기 위한 전제 요건이 되는 신청권은 신청인이 그 신청에 따른 단순한 응답을 받을 권리를 넘어서 신청의 인용이라는 만족적 결과를 얻을 권리를 의미한다. 25. 지방 9급 (     )

□□□ **0528** 「민원사무 처리에 관한 법률」에서 민원사항의 신청에 대한 행정기관의 절차적인 접수의무를 규정하고 있다고 하더라도, 그로써 바로 민원인에게 그 민원에서 요구하는 행정기관의 행위에 대한 실체적인 신청권까지 인정되는 것이라고 볼 수 없다. 25. 지방 9급 (     )

□□□ ★★★ **0529** 인터넷 포털사이트의 개인정보 유출사고로 주민등록번호가 불법 유출되었음을 이유로 주민등록번호 변경신청을 하였으나 관할 구청장이 이를 거부한 경우, 그 거부행위는 처분에 해당하지 않는다.
25. 지방 9급 (     )

□□□ **0530** 건축계획심의신청에 대한 반려처분은 항고소송의 대상이 되는 행정처분에 해당한다. 15. 지방 9급 (     )

□□□ **0531** 산업재해보상보험 가입자인 사업주의 사업종류변경신청에 대한 근로복지공단의 반려행위는 항고소송의 대상이 되는 행정처분에 해당한다. 미출 (     )

□□□ **0532** 임용지원자가 특별채용 대상자로서 자격을 갖추고 있고 유사한 지위에 있는 자에 대하여 정규교사로 특별채용한 전례가 있다 하더라도, 교사로의 특별채용을 요구할 법규상 또는 조리상의 권리가 있다고 할 수 없다. 22. 국가 9급 (     )

□□□ ★★★ **0533** 건물철거명령 및 철거대집행계고를 한 후에 이에 불응하자 다시 제2차, 제3차의 계고를 하였다면 철거의무는 처음에 한 건물철거명령 및 철거대집행계고로 이미 발생하였고 그 이후에 한 제2차, 제3차의 계고는 새로운 철거의무를 부과한 것이 아니라 대집행 기한을 연기하는 통지에 불과하다. 23. 국가 9급 (     )

□□□ ★★☆ **0534** 거부처분이 있은 후 당사자가 다시 신청을 한 경우에는 그 내용이 새로운 신청을 하는 취지라면 관할 행정청이 이를 다시 거절하는 것은 새로운 거부처분이라고 보아야 한다. 25. 지방 7급 (     )

□□□ ★★★ **0535** 「국가를 당사자로 하는 계약에 관한 법률」에 따라 국가가 당사자가 되는 이른바 공공계약에 관한 법적 분쟁은 원칙적으로 행정법원의 관할 사항이다. 22. 국가 9급 (     )

□□□ ★★★ **0536** 지방자치단체가 일방 당사자가 되는 이른바 '공공계약'이 사법상 계약에 해당하는 경우에도 법령에 특별한 규정이 없다면 사적자치와 계약자유의 원칙 등 사법의 원리가 그대로 적용되지 않는다.
24. 국가 7급 (     )

□□□ ★☆☆ **0537** 구 「정부투자기관 관리기본법」의 적용 대상인 정부투자기관이 일방 당사자가 되는 계약은 사법상의 계약으로서 그에 관한 법령에 특별한 정함이 있는 경우를 제외하고는 사적 자치의 원칙이 그대로 적용된다.
21. 지방 7급 (     )

□□□ ★★★ **0538** 조달청장이 「예산회계법」에 따라 계약을 체결하거나 입찰보증금 국고귀속조치를 취하는 것은 사법관계에 해당한다. 23. 국가 9급 (     )

□□□ ★★★ **0539** 조달청장이 법령에 근거하여 입찰참가자격을 제한하는 것은 사법관계에 해당한다. 23. 국가 9급 (     )

## 정답 & OX 풀이

**0527** ✕ 앞쪽의 526번의 해설 내용 참고.

**0528** ○ **민원사무처리법**의 각 규정에서 민원사항의 신청에 대한 행정기관의 절차적인 접수의무를 규정하고 있다고 하더라도 그로써 바로 민원인에게 그 민원에서 요구하는 행정기관의 행위에 대한 **실체적인 신청권**까지 인정되는 것이라고 볼 수는 **없다**. 대법원 1999. 8. 24. 선고 97누7004 판결

**0529** ✕ 피해자의 의사와 무관하게 **주민등록번호가 유출**된 경우에는 조리상 주민등록번호의 변경을 요구할 신청권을 인정함이 타당하고, 구청장의 주민등록번호 변경신청 거부행위는 항고소송의 대상이 되는 행정처분에 해당한다. 대법원 2017. 6. 15. 선고 2013두2945 판결

**0530** ○ **건축계획심의신청에 대한 반려처분**은 항고소송의 대상이 되는 행정처분에 해당한다. 대법원 2007. 10. 11. 선고 2007두1316 판결

**0531** ○ 산업재해보상보험 가입자인 사업주의 **사업종류변경신청**에 대한 근로복지공단의 **반려행위**는 항고소송의 대상이 되는 행정처분에 해당한다. 대법원 2008. 5. 8. 선고 2007두10488 판결

**0532** ○ 교사에 대한 임용권자가 교육공무원법 제12조에 따라 임용지원자를 특별채용하는 경우, 임용지원자 등과 유사한 지위에 있는 전임강사에 대하여는 임용권자가 정규교사로 **특별채용한 전례**가 있다 하더라도 그러한 사정만으로 임용지원자가 임용권자에게 자신의 임용을 요구할 법규상 또는 조리상 권리가 없다고 한 사례. 대법원 2005. 4. 15. 선고 2004두11626 판결

**0533** ○ 행정대집행법상의 건물철거의무는 제1차 철거명령 및 계고처분으로서 발생하였고 **제2차의 계고처분**은 원고들에게 새로운 철거의무를 부과하는 것이 아니고 다만 대집행기한의 연기통지에 불과하므로 행정처분이 아니다. 대법원 1991. 1. 25. 선고 90누5962 판결

**0534** ○ 수익적 행정행위 신청에 대한 거부처분은 당사자의 신청에 대하여 관할 행정청이 거절하는 의사를 대외적으로 명백히 표시함으로써 성립되고, 거부처분이 있은 후 당사자가 **다시 신청**을 한 경우에는 신청의 제목 여하에 불구하고 그 내용이 새로운 신청을 하는 취지라면 관할 행정청이 이를 다시 거절하는 것은 **새로운 거부처분**으로 봄이 원칙이다. 대법원 2019. 4. 3. 선고 2017두52764 판결

**0535** ✕ 국가를 당사자로 하는 계약에 관한 법률에 따라 국가가 당사자가 되는 이른바 **공공계약**은 사경제 주체로서 상대방과 대등한 위치에서 체결하는 **사법상 계약**으로서 본질적인 내용은 사인 간의 계약과 다를 바가 없으므로, 그에 관한 법령에 특별한 정함이 있는 경우를 제외하고는 사적 자치와 계약자유의 원칙 등 사법의 원리가 그대로 적용된다(주: 민사소송의 대상이 되어 민사법원의 관할임). 대법원 2012. 9. 20.자 2012마1097 결정

**0536** ✕ 지방자치단체가 일방 당사자가 되는 이른바 '공공계약'이 사경제의 주체로서 상대방과 대등한 위치에서 체결하는 **사법상 계약**에 해당하는 경우 그에 관한 법령에 특별한 정함이 있는 경우를 제외하고는 사적 자치와 계약자유의 원칙 등 **사법의 원리가 그대로 적용**된다. 대법원 2018. 2. 13. 선고 2014두11328 판결

**0537** ○ 구 정부투자기관 관리기본법의 적용 대상인 정부투자기관이 일방 당사자가 되는 계약(이하 '공공계약'이라 한다)은 정부투자기관이 사경제의 주체로서 상대방과 대등한 위치에서 체결하는 **사법상의 계약**으로서 본질적인 내용은 사인 간의 계약과 다를 바가 없으므로 그에 관한 법령에 특별한 정함이 있는 경우를 제외하고는 사적 자치와 계약자유의 원칙 등 사법의 원리가 그대로 적용된다. 대법원 2014. 12. 24. 선고 2010다83182 판결

**0538** ○ 예산회계법(현 국가를 당사자로 하는 계약에 관한 법률)에 따라 체결되는 계약은 **사법상의 계약**이라고 할 것이고 동법상 **입찰보증금**은 사법상의 손해배상 예정으로서의 성질을 갖는 것이라고 할 것이므로 **입찰보증금의 국고귀속조치**는 국가가 사법상의 재산권의 주체로서 행위하는 것이지 공권력을 행사하는 것이거나 공권력작용과 일체성을 가진 것이 아니라 할 것이므로 이에 관한 분쟁은 행정소송이 아닌 **민사소송**의 대상이 될 수밖에 없다. 대법원 1983. 12. 27. 선고 81누366 판결

**0539** ✕ 국가를 당사자로 하는 계약에 관한 법률 또는 지방자치단체를 당사자로 하는 계약에 관한 **법률에 근거**하여 국가 또는 지방자치단체 등이 행하는 **입찰참가자격제한조치**는 공권력의 행사로서 처분성이 인정된다. 대법원 2018. 11. 29. 선고 2018두49390 판결

□□□ **0540** ★★★ 「공공기관의 운영에 관한 법률」에 따른 입찰참가자격제한조치는 행정처분에 해당한다. 23. 소방 (    )

□□□ **0541** ★★☆ 「공기업·준정부기관 회계사무규칙」에 의한 한국전력공사의 부정당업자제재처분은 항고소송의 대상이 된다. 23. 소방간부 (    )

□□□ **0542** ★★★ 공기업·준정부기관이 계약에 근거한 권리행사로서 입찰참가자격 제한 조치를 하였더라도 입찰참가자격 제한 조치는 행정처분이다. 23. 군무원 9급 (    )

□□□ **0543** ★☆☆ 공기업·준정부기관이 법령 또는 계약에 근거하여 선택적으로 입찰참가자격 제한 조치를 할 수 있는 경우, 계약상대방에 대한 입찰참가자격 제한 조치가 법령에 근거한 행정처분인지 아니면 계약에 근거한 권리행사인지는 원칙적으로 의사표시 해석의 문제이다. 23. 변호사 (    )

□□□ **0544** ★★☆ 공기업·준정부기관이 입찰을 거쳐 계약을 체결한 상대방에 대해 「공공기관의 운영에 관한 법률」 등에 따라 계약조건 위반을 이유로 입찰참가자격제한처분을 하기 위해서는 입찰공고와 계약서에 미리 계약조건과 그 계약조건을 위반할 경우 입찰참가자격 제한을 받을 수 있다는 사실을 모두 명시해야 한다.

24. 국회 8급 (    )

□□□ **0545** ★☆☆ 조달청이 계약상대자에 대하여 나라장터 종합쇼핑몰에서의 거래를 일정기간 정지하는 조치는, 비록 물품구매계약의 추가특수조건이라는 사법상 계약에 근거한 것이라고 하더라도 행정청인 조달청이 행하는 구체적 사실에 관한 법집행으로서의 공권력의 행사로서 그 상대방 회사의 권리·의무에 직접 영향을 미치므로 항고소송의 대상이 되는 행정처분에 해당한다. 21. 국회 8급 (    )

□□□ **0546** ★☆☆ 공공기관 입찰의 낙찰적격 심사기준인 점수를 감점한 조치는 항고소송의 대상이 되는 행정처분이다.

19. 소방간부 (    )

□□□ **0547** ★☆☆ 국가가 수익자인 수요기관을 위하여 국민을 계약상대자로 하여 체결하는 요청조달계약에는 다른 법률에 특별한 규정이 없는 한 당연히 「국가를 당사자로 하는 계약에 관한 법률」이 적용된다. 23. 소방 (    )

□□□ **0548** ★★☆ 요청조달계약에 적용되는 구 「국가를 당사자로 하는 계약에 관한 법률」의 조항은 국가가 사경제 주체로서 국민과 대등한 관계에 있음을 전제로 한 사법(私法)관계에 관한 규정에 한정된다. 25. 군무원 7급 (    )

□□□ **0549** ★★☆ 요청조달계약에 적용되는 「국가를 당사자로 하는 계약에 관한 법률」 조항은 국가가 사경제 주체로서 국민과 대등한 관계에 있음을 전제로 한 사법관계에 대한 규정뿐만 아니라, 고권적 지위에서 국민에게 침익적 효과를 발생시키는 행정처분에 대한 규정까지 적용된다. 23. 소방 (    )

□□□ **0550** ★★☆ 국세감액결정 처분은 이미 부과된 과세처분에 하자가 있음을 이유로 사후에 이를 일부 취소하는 처분이고, 취소의 효력은 판결 등에 의한 취소이거나 과세관청의 직권에 의한 취소이거나에 관계없이 그 부과처분이 있었을 당시로 소급하여 발생한다. 18. 지방 9급 (    )

□□□ **0551** ★★☆ 감액경정처분이 있는 경우, 항고소송의 대상은 당초의 부과처분 중 경정처분에 의하여 아직 취소되지 않고 남은 부분이고, 적법한 전심절차를 거쳤는지 여부도 당초 처분을 기준으로 판단하여야 한다.

25. 국가 7급 (    )

**정답 & OX 풀이** ✏️

0540 ○ 공기업·준정부기관이 법령 또는 계약에 근거하여 선택적으로 입찰참가자격 제한 조치를 할 수 있는 경우, 계약상대방에 대한 **입찰참가자격 제한 조치**가 **법령에 근거한 행정처분**인지 아니면 **계약에 근거한 권리행사**인지는 원칙적으로 의사표시의 해석 문제이다. 대법원 2018. 10. 25. 선고 2016두33537 판결

0541 ○ {구 **공기업·준정부기관 계약사무규칙**(주: 부령)에 근거하여 행한 입찰참가자격 제한처분에 대하여 취소소송이 제기된 사안에서} 소가 적법함을 전제로 본안판단을 행한 사례. 대법원 2014. 11. 27. 선고 2013두18964 판결

0542 ✕ 위 540번의 해설 내용 참고.

0543 ○ 위 540번의 해설 내용 참고.

0544 ○ 공기업·준정부기관이 입찰을 거쳐 계약을 체결한 상대방에 대해 위 규정들에 따라 **계약조건 위반**을 이유로 입찰참가자격제한 처분을 하기 위해서는 입찰공고와 **계약서에 미리** 계약조건과 그 계약조건을 위반할 경우 입찰참가자격 제한을 받을 수 있다는 사실을 모두 명시해야 한다. 대법원 2021. 11. 11. 선고 2021두43491 판결

0545 ○ (조달청이 사법상 계약의 성격을 갖는 물품구매계약 추가특수조건 규정에 따라 갑 회사에 대하여 6개월의 **나라장터 종합쇼핑몰 거래정지 조치**를 한 사안) 이 사건 거래정지 조치는 비록 추가특수조건이라는 사법상 계약에 근거한 것이기는 하지만 행정청인 조달청이 행하는 구체적 사실에 관한 법집행으로서의 공권력의 행사로서 그 상대방인 원고의 권리·의무에 직접 영향을 미치므로 항고소송의 대상에 해당한다고 봄이 타당하다. 대법원 2018. 11. 29. 선고 2015두52395 판결

0546 ✕ (한국철도시설공단이 갑 주식회사에 대하여 시설공사 입찰참가 당시 허위 실적증명서를 제출하였다는 이유로 향후 2년간 공사낙찰적격심사 시 종합취득점수의 10/100을 **감점**한다는 내용의 통보를 한 사안에서) 위 통보는 **사법상의 효력**을 가지는 통지행위에 불과하여 행정소송의 대상이 되는 행정처분이라고 할 수 없다고 한 사례. 대법원 2014. 12. 24. 선고 2010두6700 판결

0547 ○ 국가가 수익자인 수요기관을 위하여 국민을 계약상대자로 하여 체결하는 **요청조달계약**에는 다른 법률에 특별한 규정이 없는 한 당연히 **국가계약법이 적용**된다. 그러나 위 법리에 의하여 요청조달계약에 적용되는 국가계약법 조항은 국가가 사경제 주체로서 국민과 대등한 관계에 있음을 전제로 한 **사법관계에 관한 규정에 한정**되고, 고권적 지위에서 국민에게 침익적 효과를 발생시키는 **행정처분에 관한 규정까지 당연히 적용된다고 할 수 없다.** 대법원 2017. 6. 29. 선고 2014두14389 판결

0548 ○ 위 547번의 해설 내용 참고.

0549 ✕ 위 547번의 해설 내용 참고.

0550 ○ 국세 **감액결정 처분**은 이미 부과된 과세처분에 하자가 있음을 이유로 사후에 이를 **일부취소**하는 처분이므로, 취소의 효력은 그 취소된 국세 부과처분이 있었을 당시에 소급하여 발생하는 것이고, 이는 판결 등에 의한 취소이거나 과세관청의 직권에 의한 취소이거나에 따라 차이가 있는 것이 아니다. 대법원 1995. 9. 15. 선고 94다16045 판결

0551 ○ **감액처분**은 감액된 징수금 부분에 관해서만 법적 효과가 미치는 것으로서 당초 징수결정과 별개 독립의 징수금 결정처분이 아니라 그 실질은 처음 징수결정의 변경이고, 그에 의하여 징수금의 **일부취소**라는 징수의무자에게 유리한 결과를 가져오는 처분이므로 징수의무자에게는 그 취소를 구할 소의 이익이 없다. 이에 따라 감액처분으로도 아직 취소되지 않고 남아 있는 부분이 위법하다 하여 다투고자 하는 경우, 감액처분을 항고소송의 대상으로 할 수는 없고, 당초 징수결정 중 감액처분에 의하여 **취소되지 않고 남은 부분**을 항고소송의 대상으로 할 수 있을 뿐이며, 그 결과 **제소기간**의 준수 여부도 감액처분이 아닌 **당초 처분**을 기준으로 판단해야 한다. 대법원 2012. 9. 27. 선고 2011두27247 판결

□□□ **0552** 부가가치세 증액경정처분의 취소를 구하는 항고소송에서 납세의무자는 과세관청의 증액경정사유만 다툴 수 있을 뿐이지 당초 신고에 관한 과다신고사유는 함께 주장하여 다툴 수 없다. 18. 지방 9급 (      )

□□□ **0553** 증액경정처분이 있는 경우, 당초처분은 증액경정처분에 흡수되어 소멸하고, 소멸한 당초처분의 절차적 하자는 존속하는 증액경정처분에 승계되지 아니한다. 25. 국가 9급 (      )

□□□ **0554** 선행처분의 내용 중 일부만을 소폭 변경하는 후행처분이 있는 경우 선행처분도 후행처분에 의하여 변경되지 아니한 범위 내에서 존속하고, 후행처분은 선행처분의 내용 중 일부를 변경하는 범위 내에서 효력을 가지지만, 선행처분의 주요 부분을 실질적으로 변경하는 내용으로 후행처분을 한 경우에는 선행처분은 특별한 사정이 없는 한 그 효력을 상실한다. 25. 군무원 9급 (      )

□□□ **0555** 선행처분이 후행처분에 의하여 변경되지 아니한 범위 내에서 존속하고 후행처분은 선행처분의 내용 중 일부를 변경하는 범위 내에서 효력을 가지는 경우에, 선행처분에만 존재하는 취소사유를 이유로 후행처분의 취소를 청구할 수 있다. 24. 변호사 (      )

□□□ **0556** 검사의 불기소결정은 공권력의 행사에 포함되므로, 검사의 자의적인 수사에 의하여 불기소결정이 이루어진 경우 그 불기소결정은 처분에 해당한다. 20. 국가 9급 (      )

□□□ **0557** 「사회기반시설에 대한 민간투자법」상 민간투자사업의 사업시행자 지정은 공법상 계약이 아니라 행정처분에 해당한다. 20. 지방 7급 (      )

□□□ **0558** 「공유재산 및 물품 관리법」에 근거하여 공모제안을 받아 이루어지는 민간투자사업 '우선협상대상자 선정행위'나 '우선협상대상자 지위배제행위'에서 '우선협상대상자 지위배제행위'만이 항고소송의 대상인 처분에 해당한다. 24. 국가 9급 (      )

□□□ **0559** 공정거래위원회가 「하도급거래 공정화에 관한 법률」 제26조(관계 행정기관의 장의 협조)에 따라 관계 행정기관의 장에게 한 원사업자 또는 수급사업자에 대한 입찰참가자격의 제한을 요청한 결정은 항고소송의 대상이 되는 처분에 해당한다. 24. 국가 7급 (      )

□□□ **0560** 지방법무사회가 법무사의 사무원 채용승인 신청을 거부하거나 채용승인을 얻어 채용 중인 사람에 대한 채용승인을 취소하는 것은 처분에 해당한다. 21. 국회 8급 (      )

□□□ **0561** 총포·화약안전기술협회가 자신의 공행정활동에 필요한 재원을 마련하기 위하여 회비납부의무자에 대하여 한 '회비납부통지'는 납부의무자의 구체적인 부담금액을 산정·고지하는 '부담금 부과처분'으로서 항고소송의 대상이 된다. 23. 소방 (      )

□□□ **0562** 구 「산업집적활성화 및 공장설립에 관한 법률」에 따른 산업단지 입주계약의 해지통보는 행정청인 관리권자로부터 관리업무를 위탁받은 한국산업단지공단이 우월적 지위에서 그 상대방에게 일정한 법률상 효과를 발생하게 하는 것으로서 항고소송의 대상이 되는 행정처분에 해당한다. 25. 변호사 (      )

**정답 & OX 풀이**

**0552** ✕ 증액경정처분이 있는 경우, 당초 신고나 결정은 증액경정처분에 **흡수**됨으로써 독립한 존재가치를 잃게 된다고 보아야 하므로, 원칙적으로는 당초 신고나 결정에 대한 불복기간의 경과 여부 등에 관계없이 **증액경정처분만이** 항고소송의 심판대상이 되고, 납세의무자는 그 항고소송에서 당초 신고나 결정에 대한 위법사유도 함께 주장할 수 있다. 대법원 2009. 5. 14. 선고 2006두 17390 판결

**0553** ○ 증액경정처분이 있는 경우 당초처분은 증액경정처분에 흡수되어 소멸하고, 소멸한 당초처분의 **절차적 하자**는 존속하는 증액경 정처분에 **승계되지 아니한다**. 대법원 2010. 6. 24. 선고 2007두16493 판결

**0554** ○ 선행처분의 **주요 부분을 실질적으로 변경**하는 내용으로 후행처분을 한 경우에 선행처분은 특별한 사정이 없는 한 효력을 상실 하지만, 후행처분이 선행처분의 내용 중 **일부만을 소폭 변경**하는 정도에 불과한 경우에는 선행처분은 소멸하는 것이 아니라 후행처분에 의하여 변경되지 아니한 범위 내에서는 그대로 존속한다. 대법원 2020. 4. 9. 선고 2019두49953 판결

**0555** ✕ 선행처분이 후행처분에 의하여 변경되지 아니한 범위 내에서 존속하고 후행처분은 선행처분의 내용 중 일부를 변경하는 범위 내에서 효력을 가지는 경우에, (중략) 선행처분에만 존재하는 취소사유를 이유로 후행처분의 취소를 청구할 수는 없다. 대법원 2012. 12. 13. 선고 2010두20782,20799 판결

**0556** ✕ **검사의 불기소결정**에 대해서는 검찰청법에 의한 항고와 재항고, 형사소송법에 의한 재정신청에 의해서만 불복할 수 있는 것이 므로, 이에 대해서는 행정소송법상 항고소송을 제기할 수 없다. 대법원 2018. 9. 28. 선고 2017두47465 판결

**0557** ○ 사회기반시설에 대한 **민간투자법 상 민간투자사업의 사업시행자지정처분**은 행정처분이다. 대법원 2009. 4. 23. 선고 2007두 13159 판결

**0558** ✕ 지방자치단체의 장이 민간투자사업을 추진하는 과정에서 사업시행자를 지정하기 위한 전 단계에서 공모제안을 받아 일정한 심사를 거쳐 **우선협상대상자를 선정하는 행위**와 **이미 선정된 우선협상대상자를 그 지위에서 배제하는 행위**는 모두 항고소송의 대상이 되는 행정처분으로 보아야 한다. 대법원 2020. 4. 29. 선고 2017두31064 판결

**0559** ○ **공정거래위원회의 입찰참가자격제한 요청 결정**은 항고소송의 대상이 되는 처분에 해당한다고 보아야 한다. 대법원 2023. 2. 2. 선고 2020두48260 판결

**0560** ○ 법무사의 사무원 채용승인 신청에 대하여 소속 지방법무사회가 '**채용승인을 거부**'하는 조치 또는 일단 채용승인을 하였으나 법무사규칙 제37조 제6항을 근거로 '**채용승인을 취소**'하는 조치는 공법인인 지방법무사회가 행하는 구체적 사실에 관한 법집행 으로서 공권력의 행사 또는 그 거부에 해당하므로 항고소송의 대상인 '처분'이라고 보아야 한다. 대법원 2020. 4. 9. 선고 2015 다34444 판결

**0561** ○ 공법인인 총포·화약안전기술협회가 자신의 공행정활동에 필요한 재원을 마련하기 위하여 회비납부의무자에 대하여 한 '**회비 납부통지**'는 납부의무자의 구체적인 부담금액을 산정·고지하는 '부담금 부과처분'으로서 항고소송의 대상이 된다고 보아야 한다. 대법원 2021. 12. 30. 선고 2018다241458 판결

**0562** ○ 구 「산업집적활성화 및 공장설립에 관한 법률」에 따른 **산업단지 입주계약의 해지통보**는 (중략) 한국산업단지공단이 우월적 지 위에서 원고에게 일정한 법률상 효과를 발생하게 하는 것으로서 항고소송의 대상이 되는 행정처분에 해당한다고 보아야 할 것이다. 대법원 2011. 6. 30. 선고 2010두23859 판결

☐☐☐ **0563** ★☆☆ 택시회사들의 자발적 감차와 그에 따른 감차보상금의 지급 및 자발적 감차조치의 불이행에 따른 행정청의 직권 감차명령을 내용으로 하는 택시회사들과 행정청 간의 합의는 대등한 당사자 사이에서 체결한 공법상 계약에 해당하므로, 그에 따른 감차명령은 행정청이 우월한 지위에서 행하는 공권력의 행사로 볼 수 없다. 17. 국가 7급 (     )

☐☐☐ **0564** ★★★ 과학기술기본법령상 국가연구개발사업 협약의 해지 통보는 단순히 대등 당사자의 지위에서 형성된 공법상 계약을 계약당사자의 지위에서 종료시키는 의사표시에 불과하다. 25. 국가 9급 (     )

☐☐☐ **0565** ★★☆ 재단법인 한국연구재단이 A대학교 총장에게 연구개발비의 부당집행을 이유로 과학기술기본법령에 따라 '두뇌한국(BK)21 사업' 협약의 해지를 통보한 것은 공법상 계약을 계약당사자의 지위에서 종료시키는 의사표시에 해당한다. 19. 국가 7급 (     )

☐☐☐ **0566** ★★☆ 국가인권위원회가 진정에 대하여 각하 및 기각결정을 할 경우 피해자인 진정인은 인권침해 등에 대한 구제조치를 받을 권리를 박탈당하게 되므로, 국가인권위원회의 진정에 대한 각하 및 기각결정은 처분에 해당한다. 20. 국가 9급 (     )

☐☐☐ **0567** ★★☆ 진실·화해를 위한 과거사정리위원회의 진실규명결정은 항고소송의 대상이 되는 행정처분에 해당한다. 15. 지방 9급 (     )

☐☐☐ **0568** ★★☆ 친일반민족행위자재산조사위원회의 재산조사개시결정은 항고소송의 대상이 되는 행정처분에 해당한다. 13. 지방 9급 (     )

☐☐☐ **0569** ★★☆ 「교육공무원법」상 승진후보자 명부에 의한 승진심사 방식으로 행해지는 승진임용에서 승진후보자 명부에 포함되어 있던 후보자를 승진임용인사발령에서 제외하는 행위는 항고소송의 대상인 처분에 해당하지 않는다. 19. 지방 9급 (     )

☐☐☐ **0570** ★☆☆ 코로나바이러스감염증-19의 예방을 위하여 음식점 및 PC방 운영자 등에게 영업시간을 제한하거나 이용자 간 거리를 둘 의무를 부여하는 서울특별시고시들은 항고소송의 대상인 행정처분에 해당한다. 24. 국회 8급 (     )

☐☐☐ **0571** ★☆☆ 국립대학교 총장의 임용권한은 대통령에게 있으므로, 교육부장관이 대통령에게 임용제청을 하면서 대학에서 추천한 복수의 총장 후보자들 중 일부를 임용제청에서 제외한 행위는 처분에 해당하지 않는다. 20. 국가 9급 (     )

☐☐☐ **0572** ★☆☆ 교통안전공단이 구 「교통안전공단법」에 의거하여 교통안전 분담금 납부의무자에게 한 분담금납부통지는 행정처분이 아니다. 14. 국가 9급 (     )

☐☐☐ **0573** 구 「약관의 규제에 관한 법률」에 따른 공정거래위원회의 표준약관 사용권장행위는 항고소송의 대상이 되는 행정처분에 해당한다. 19. 서울시 9급 (     )

## 정답 & OX 풀이

**0563**  ✕  행정청은 면허 발급 이후에도 운송사업자의 동의 하에 여객자동차운송사업의 질서 확립을 위하여 운송사업자가 준수할 의무를 정하고 이를 위반할 경우 감차명령을 할 수 있다는 내용의 면허조건을 붙일 수 있고, **감차명령**은 행정소송법 제2조 제1항 제1호가 정한 처분으로서 항고소송의 대상이 된다. 대법원 2016. 11. 24. 선고 2016두45028 판결

**0564**  ✕  **과학기술기본법령상 사업 협약의 해지 통보**는 단순히 대등 당사자의 지위에서 형성된 공법상계약을 계약당사자의 지위에서 종료시키는 의사표시에 불과한 것이 아니라 행정청이 우월적 지위에서 연구개발비의 회수 및 관련자에 대한 국가연구개발사업 참여제한 등의 법률상 효과를 발생시키는 행정처분에 해당한다(재단법인 한국연구재단이 **두뇌한국(BK21) 사업협약 해지통보**를 한 것을 처분으로 본 사례). 대법원 2014. 12. 11. 선고 2012두28704 판결

**0565**  ✕  위 564번의 해설 내용 참고.

**0566**  ○  **진정에 대한 국가인권위원회의 각하 및 기각결정**은 피해자인 진정인의 권리행사에 중대한 지장을 초래하는 것으로서 항고소송의 대상이 되는 행정처분에 해당한다. 헌법재판소 2015. 3. 26. 선고 2013헌마214 결정

**0567**  ○  진실·화해를 위한 과거사정리 기본법 제26조에 따른 진실·화해를 위한 **과거사정리위원회의 진실규명결정**은 국민의 권리의무에 직접적으로 영향을 미치는 행위로서 항고소송의 대상이 되는 행정처분이다. 대법원 2013. 1. 16. 선고 2010두22856 판결

**0568**  ○  **친일반민족행위자재산조사위원회**의 **재산조사개시결정**은 조사대상자의 권리·의무에 직접 영향을 미치는 독립한 행정처분으로서 항고소송의 대상이 된다고 봄이 상당하다. 대법원 2009. 10. 15. 선고 2009두6513 판결

**0569**  ✕  **승진후보자 명부**에 포함되어 있던 후보자를 승진임용인사발령에서 제외하는 행위는 불이익처분으로서 항고소송의 대상인 처분에 해당한다. 대법원 2018. 3. 27. 선고 2015두47492 판결

**0570**  ○  **코로나바이러스**감염증-19의 예방을 위하여 음식점 및 PC방 운영자 등에게 영업시간을 제한하거나 이용자 간 거리를 둘 의무를 부여하는 서울특별시고시들은 항고소송의 대상인 행정처분에 해당한다. 헌법재판소 2023. 5. 25. 선고 2021헌마21 전원재판부 결정

**0571**  ✕  교육부장관이 대학에서 추천한 복수의 총장 후보자들 전부 또는 일부를 **임용제청에서 제외**하는 행위는 제외된 후보자들에 대한 불이익처분으로서 항고소송의 대상이 되는 처분에 해당한다. 대법원 2018. 6. 15. 선고 2016두57564 판결

**0572**  ✕  교통안전공단이 분담금 납부의무자에 대하여 한 **분담금 납부통지**는 그 납부의무자의 구체적인 분담금 납부의무를 확정시키는 효력을 갖는 행정처분이라고 보아야 할 것이고, 이는 그 분담금 체납자로부터 국세징수법에 의한 강제징수를 할 수 있음을 정한 규정이 없다고 하여도 마찬가지이다. 대법원 2000. 9. 8. 선고 2000다12716 판결

**0573**  ○  공정거래위원회의 '**표준약관 사용권장행위**'는 그 통지를 받은 해당 사업자 등에게 표준약관과 다른 약관을 사용할 경우 표준약관과 다르게 정한 주요내용을 고객이 알기 쉽게 표시하여야 할 의무를 부과하고, 그 불이행에 대해서는 과태료에 처하도록 되어 있으므로, 이는 사업자 등의 권리·의무에 직접 영향을 미치는 행정처분으로서 항고소송의 대상이 된다. 대법원 2010. 10. 14. 선고 2008두23184 판결

□□□ **0574** ★☆☆ 구 「표시·광고의 공정화에 관한 법률」 위반으로 공정거래위원회의 경고를 받은 경우 벌점을 부과받게 되고 이후 과징금의 부과 및 가중사유에 반영되더라도 그 경고는 행정소송의 대상이 되는 처분에 해당 하지 않는다. 25. 국가 7급 (     )

□□□ **0575** 사업시행자인 한국도로공사가 구 「지적법」에 따라 고속도로 건설공사에 편입되는 토지소유자들을 대위 하여 토지면적등록 정정신청을 하였으나 관할 행정청이 이를 반려하였다면, 이러한 반려행위는 항고소 송 대상이 되는 행정처분에 해당한다. 19. 지방 9급 (     )

□□□ **0576** 구 「농지법」상 농지처분의무의 통지는 통지를 전제로 농지처분명령 및 이행강제금부과 등의 일련의 절 차가 진행되는 점에서 독립한 행정처분이다. 21. 소방 (     )

□□□ **0577** ★☆☆ 검찰총장이 사무검사 및 사건평정을 기초로 「대검찰청 자체감사규정」에 근거하여 검사에 대하여 하는 '경고조치'는 항고소송의 대상이 되는 처분에 해당한다. 22. 변호사 (     )

□□□ **0578** ★☆☆ 검사의 직무상 의무 위반의 정도가 중하지 않아 「검사징계법」상 징계사유에 해당하지 않는데도 검찰총 장이 대검찰청 내부규정에 근거하여 경고조치를 한 것은 법률유보원칙에 반하므로 허용될 수 없다. 22. 변호사 (     )

□□□ **0579** ★★☆ 과세관청의 소득처분에 따른 소득금액변동통지는 항고소송의 대상이 되는 행정처분에 해당한다. 21. 지방 7급 (     )

□□□ **0580** 지적 소관청의 토지분할신청 거부행위는 항고소송의 대상이 되는 행정처분에 해당한다. 15. 지방 9급 (     )

□□□ **0581** ★☆☆ 금융감독원장으로부터 문책경고를 받은 금융기관의 임원이 일정기간 금융업종 임원선임의 자격제한을 받도록 관계법령에 규정되어 있는 경우, 금융기관 임원에 대한 문책경고는 상대방의 권리의무에 직접 영향을 미치는 행위이므로 행정처분에 해당한다. 18. 지방 9급 (     )

□□□ **0582** 공무원에 대한 불문경고조치는 항고소송의 대상이 되는 행정처분에 해당한다. 19. 소방 (     )

□□□ **0583** ★☆☆ 행정청이 양도인에 대하여 주택건설사업계획승인취소처분을 한 후 이를 양수인에게 통지한 경우, 양수 인에 대한 통지는 항고소송의 대상이 되는 행정처분이 아니다. 22. 국가 7급 (     )

□□□ **0584** ★☆☆ 시험승진후보자명부에서의 등재자 성명 삭제행위는 항고소송의 대상인 처분에 해당하지 않는다. 14. 지방 7급 (     )

□□□ **0585** 상표권자인 법인에 대한 청산종결등기가 되었음을 이유로 특허청장이 행한 상표권 말소등록 행위는 항 고소송의 대상이 되는 행정처분이다. 20. 지방 9급 (     )

□□□ **0586** ★☆☆ 재단법인 한국연구재단이 갑 대학교 총장에게 연구개발비의 부당집행을 이유로 두뇌한국(BK)21 사업 협약을 해지하고 연구팀장 을에 대한 대학 자체징계를 요구한 것은 항고소송의 대상인 행정처분에 해당 하지 않는다. 17. 지방 9급 (     )

# 정답 & OX 풀이 ✏

**0574** ✕  표시·광고의 공정화에 관한 법률 위반을 이유로 한 **공정거래위원회의 경고**는 (중략) 청구인들의 권리의무에 직접 영향을 미치는 처분으로서 행정소송의 대상이 된다. 헌법재판소 2012. 6. 27. 선고 2010헌마508 전원재판부

**0575** ○  (평택~시흥 간 고속도로 건설공사 사업시행자인 한국도로공사가 고속도로 건설공사에 편입되는 토지소유자들을 **대위하여 토지면적등록 정정신청**을 하였으나 화성시장이 이를 반려한 사안에서) 반려처분은 항고소송 대상이 되는 **행정처분에 해당한다.** 대법원 2011. 8. 25. 선고 2011두3371 판결

**0576** ○  **농지처분의무통지**는 단순한 관념의 통지에 불과하다고 볼 수는 없고, 상대방인 농지소유자의 의무에 직접 관계되는 독립한 행정처분으로서 항고소송의 대상이 된다. 대법원 2003. 11. 14. 선고 2001두8742 판결

**0577** ○  검찰총장이 사무검사 및 사건평정을 기초로 대검찰청 자체감사규정 등에 근거하여 검사에 대하여 하는 '**경고조치**'는 (중략) 검사의 권리 의무에 영향을 미치는 행위로서 항고소송의 대상이 되는 처분이라고 보아야 한다. 대법원 2021. 2. 10 선고 2020두47564 판결

**0578** ✕  검찰총장의 경고처분은 검사징계법에 따른 징계처분이 아니라 검찰청법 제7조 제1항, 제12조 제2항에 근거하여 검사에 대한 **직무감독권을 행사**하는 작용에 해당하므로, 검사의 직무상 의무 위반의 정도가 중하지 않아 검사징계법에 따른 '**징계사유**'에는 **해당하지 않더라도** 징계처분보다 낮은 수준의 감독조치로서 '경고처분'을 할 수 있고, 법원은 그것이 직무감독권자에게 주어진 재량권을 일탈·남용한 것이라는 특별한 사정이 없는 한 이를 존중하는 것이 바람직하다. 대법원 2021. 2. 10 선고 2020두47564 판결

**0579** ○  과세관청의 원천징수의무자인 법인에 대한 **소득금액변동통지**는 항고소송의 대상이 되는 조세행정처분이다. 대법원 2006. 4. 20. 선고 2002두1878 판결

**0580** ○  지적 소관청의 위와 같은 **토지분할신청에 대한 거부행위**는 국민의 권리관계에 영향을 미친다고 할 것이므로 항고소송의 대상이 되는 처분으로 보아야 한다. 대법원 1993. 3. 23. 선고 91누8968 판결

**0581** ○  금융기관의 임원에 대한 **금융감독원장의 문책경고**는 항고소송의 대상이 되는 행정처분에 해당한다. 대법원 2005. 2. 17. 선고 2003두14765 판결

**0582** ○  지방공무원에 대한 행정규칙에 의한 '**불문경고조치**'는 항고소송의 대상이 되는 행정처분에 해당한다. 대법원 2002. 7. 26. 선고 2001두3532 판결

**0583** ○  행정청이 주택건설사업의 **양수인에 대하여** 양도인에 대한 사업계획승인을 취소하였다는 사실을 통지한 것만으로는 양수인의 법률상 지위에 어떠한 변동을 일으키는 것은 아니므로 위 통지는 항고소송의 대상이 되는 행정처분이라고 할 수는 없다. 대법원 2000. 9. 26. 선고 99두646 판결

**0584** ○  **시험승진후보자명부에서의 삭제행위**는 결국 그 명부에 등재된 자에 대한 승진 여부를 결정하기 위한 행정청 내부의 준비과정에 불과하고, 그 자체가 어떠한 권리나 의무를 설정하거나 법률상 이익에 직접적인 변동을 초래하는 별도의 행정처분이 된다고 할 수 없다. 대법원 1997. 11. 14. 선고 97누7325 판결

**0585** ✕  상표권자인 법인에 대한 청산종결등기가 되었음을 이유로 한 **상표권의 말소등록**은 국민의 권리의무에 직접적으로 영향을 미치는 행위라고 할 수 없다. 대법원 2015. 10. 29. 선고 2014두2362 판결

**0586** ○  (재단법인 한국연구재단이 대학교 총장에게 연구개발비의 부당집행을 이유로 '두뇌한국(BK)21 사업' 협약을 해지하고 연구팀장에 대한 대학자체 징계 요구 등을 통보한 사안에서) **연구팀장에 대한 대학자체 징계 요구**는 항고소송의 대상이 되는 행정처분에 해당하지 않는다. 대법원 2014. 12. 11. 선고 2012두28704 판결

☆☆☆
□□□ **0587** 과세관청이 사업자등록을 관리하는 과정에서 위장사업자의 사업자명의를 직권으로 실사업자의 명의로 정정하는 행위는 사업자로서의 지위에 변동을 가져오는 것이므로 항고소송의 대상이 되는 행정처분으로 볼 수 있다. 24. 국회 9급 (      )

□□□ **0588** 「부가가치세법」상 사업자등록은 단순한 사업사실의 신고에 해당하므로, 과세관청이 직권으로 등록을 말소한 행위는 항고소송의 대상인 행정처분에 해당하지 않는다. 20. 국가 7급 (      )

★★☆
□□□ **0589** 「국가균형발전 특별법」에 따른 혁신도시 최종입지 선정행위는 항고소송의 대상이 되는 행정처분이다.
19. 서울시 9급 (      )

★★☆
□□□ **0590** 세무서장의 법인세 과세표준결정행위는 항고소송의 대상인 처분에 해당한다. 14. 지방 7급 (      )

★★☆
□□□ **0591** 자동차운전면허대장에 일정한 사항을 등재하는 행위와 운전경력증명서상의 기재행위는 행정소송의 대상이 되는 독립한 행정처분으로 볼 수 없다. 22. 국가 7급 (      )

□□□ **0592** 공정거래위원회의 고발조치 및 고발의결은 항고소송의 대상이 되는 행정처분에 해당한다.
12. 국가 7급 (      )

★★☆
□□□ **0593** 「국세기본법」에 따른 과세관청의 국세환급금결정은 항고소송의 대상이 되는 행정처분에 해당한다.
19. 서울시 9급 (      )

□□□ **0594** 사인 간의 법률관계의 존부를 공적으로 증명하는 법무법인의 공증행위는 항고소송의 대상이 되는 처분이다. 21. 국회 9급 (      )

★★☆
□□□ **0595** 갑 시장이 감사원으로부터 소속 공무원 을에 대하여 징계의 종류를 정직으로 정한 징계 요구를 받게 되자 감사원에 징계 요구에 대한 재심의를 청구하였고 감사원이 재심의청구를 기각한 경우, 감사원의 징계 요구와 재심의결정은 항고소송의 대상이 되는 행정처분에 해당한다. 21. 국회 8급 (      )

□□□ **0596** 권한 있는 장관이 행한 국립공원지정처분에 따라 공원관리청이 행한 경계측량 및 표지의 설치는 행정처분이다. 14. 국가 9급 (      )

□□□ **0597** 취소소송은 처분 등을 대상으로 하나, 재결취소소송의 경우에는 재결 자체에 고유한 위법이 있음을 이유로 하는 경우에 한한다. 20. 소방 (      )

★★☆
□□□ **0598** 「행정소송법」 제19조에서 말하는 '재결 자체에 고유한 위법'이란 원처분에는 없고 재결에만 있는 재결청의 권한 또는 구성의 위법, 재결의 절차나 형식의 위법, 내용의 위법 등을 뜻한다. 22. 국가 9급 (      )

★★☆
□□□ **0599** 행정처분에 대한 행정심판의 재결에 이유모순의 위법이 있다는 사유는 재결처분 자체에 고유한 하자로서 재결처분의 취소를 구하는 소송에서는 그 위법사유로서 주장할 수 있으나, 원처분의 취소를 구하는 소송에서는 그 취소를 구할 위법사유로서 주장할 수 없다. 24. 국가 7급 (      )

## 정답 & OX 풀이

0587 ✕ 과세관청이 사업자등록을 관리하는 과정에서 **위장사업자의 사업자명의를 직권으로 실사업자의 명의로 정정**하는 행위는 당해 사업사실 중 주체에 관한 정정기재일 뿐 그에 의하여 사업자로서의 지위에 변동을 가져오는 것이 아니므로 항고소송의 대상이 되는 <u>행정처분으로 볼 수 없다.</u> 대법원 2011. 1. 27. 선고 2008두2200 판결

0588 ○ 부가가치세법상의 **사업자등록**은 과세관청으로 하여금 부가가치세의 납세의무자를 파악하고 그 과세자료를 확보케 하려는 데 입법취지가 있는 것으로서, 이는 <u>단순한 사업사실의 신고로서 사업자가 소관 세무서장에서 소정의 사업자등록신청서를 **제출함으로써 성립**</u>되는 것이고, 사업자등록증의 교부는 이와 같은 등록사실을 증명하는 증서의 교부행위에 불과한 것이며, (중략) 과세관청의 **사업자등록 직권말소행위**는 불복의 대상이 되는 <u>행정처분으로 볼 수가 없다.</u> 대법원 2000. 12. 22. 선고 99두6903 판결

0589 ✕ 정부의 수도권 소재 공공기관의 지방이전시책을 추진하는 과정에서 <u>도지사가 도 내 특정시를 공공기관이 이전할 **혁신도시 최종 입지로 선정**</u>한 행위는 항고소송의 대상이 되는 행정처분이 아니다. 대법원 2007. 11. 15. 선고 2007두10198 판결

0590 ✕ **법인세과세표준결정**은 <u>항고소송의 대상이 되는 행정처분이라고 볼 수는 없다.</u> 대법원 1986. 1. 21. 선고 82누236 판결

0591 ○ **자동차운전면허대장상 일정한 사항의 등재행위**는 행정소송의 대상이 되는 <u>독립한 행정처분으로 볼 수 없고</u>, **운전경력증명서상의 기재행위** 역시 당해 운전면허 취득자에 대한 자동차운전면허대장상의 <u>기재사항을 옮겨 적는 것에 불과할 뿐이므로 운전경력증명서에 한 등재의 말소를 구하는 소는 부적법하다</u> 할 것이다. 대법원 1991. 9. 24. 선고 91누1400 판결

0592 ✕ <u>공정거래위원회의 **고발조치**</u>는 사직 당국에 대하여 형벌권 행사를 요구하는 행정기관 상호간의 행위에 불과하여 항고소송의 대상이 되는 행정처분이라 할 수 없으며, 더욱이 공정거래위원회의 **고발 의결**은 행정청 내부의 의사결정에 불과할 뿐 최종적인 처분은 아닌 것이므로 이 역시 <u>항고소송의 대상이 되는 행정처분이 되지 못한다.</u> 대법원 1995. 5. 12. 선고 94누13794 판결

0593 ✕ <u>국세환급금결정</u>이나 그 결정을 구하는 신청에 대한 **환급거부결정** 등은 <u>항고소송의 대상이 되는 처분이라고 볼 수 없다.</u> 대법원 1994. 12. 2. 선고 92누14250 판결

0594 ✕ 행정청이 한 행위가 단지 사인 간 법률관계의 존부를 공적으로 증명하는 공증행위에 불과하여 그 효력을 둘러싼 **분쟁의 해결이 사법원리에 맡겨져** 있거나 행위의 근거 법률에서 행정소송 이외의 **다른 절차에 의하여 불복할 것을 예정**하고 있는 경우에는 <u>항고소송의 대상이 될 수 없다고 보는 것이 타당하다(**법무법인의 공정증서 작성행위**는 항고소송의 대상이 되는 행정처분이 아니라고 본 사례).</u> 대법원 2012. 6. 14. 선고 2010두19720 판결

0595 ✕ **감사원의 징계 요구와 재심의결정**은 항고소송의 대상이 되는 <u>행정처분이라고 할 수 없다.</u> 대법원 2016. 12. 27. 선고 2014두5637 판결

0596 ✕ 건설부장관이 행한 국립공원지정처분은 그 결정 및 첨부된 도면의 공고로써 그 경계가 확정되는 것이고, <u>시장이 행한 **경계측량 및 표지의 설치**</u> 등은 <u>사실상의 행위로</u> 봄이 상당하며, 위와 같은 사실상의 행위를 가리켜 공권력행사로서의 <u>행정처분의 일부라고 볼 수 없다.</u> 대법원 1992. 10. 13. 선고 92누2325 판결

0597 ○ 행정소송법 제19조(취소소송의 대상) 취소소송은 처분등을 대상으로 한다. 다만, <u>재결취소소송의 경우에는 재결 자체에 **고유한 위법**</u>이 있음을 이유로 하는 경우에 한한다.

0598 ○ 행정소송법 제19조에서 말하는 '재결 자체에 고유한 위법'이란 **원처분에는 없고 재결에만 있는** 재결청의 권한 또는 구성의 위법, <u>재결의 절차나 형식의 위법, **내용의 위법** 등을 뜻하고, 그 중 내용의 위법에는 위법·부당하게 인용재결을 한 경우가 해당한다.</u> 대법원 1997. 9. 12. 선고 96누14661 판결

0599 ○ 행정처분에 대한 행정심판의 **재결에 이유모순의 위법이 있다는 사유**는 <u>재결처분 자체에 **고유한 하자**로서 재결처분의 취소를 구하는 소송에서는 그 위법사유로서 주장할 수 있으나, 원처분의 취소를 구하는 소송에서는 그 취소를 구할 위법사유로서 주장할 수 없다.</u> 대법원 1996. 2. 13. 선고 95누8027 판결

☐☐☐ **0600** ★★☆  행정심판청구가 부적법하지 않음에도 각하한 재결은 심판청구인의 실체심리를 받을 권리를 박탈한 것으로서 원처분에 없는 고유한 하자가 있는 경우에 해당하고, 따라서 위 재결은 취소소송의 대상이 된다. 　24. 국가 7급 (　　)

☐☐☐ **0601** ★★☆  제3자효를 수반하는 행정행위에 대한 행정심판청구에 있어서 그 청구를 인용하는 내용의 재결로 인하여 비로소 권리이익을 침해받게 되는 자는 그 인용재결에 대하여 다툴 필요가 있고, 그 인용재결은 원처분과 내용을 달리하는 것이므로 그 인용재결의 취소를 구하는 것은 원처분에는 없는 재결에 고유한 하자를 주장하는 셈이어서 당연히 항고소송의 대상이 된다. 　24. 국가 7급 (　　)

☐☐☐ **0602** ★★☆  제3자효 행정행위에 대하여 재결청이 직접 당해 사업계획승인처분을 취소하는 형성적 재결을 한 경우에는 그 재결 외에 그에 따른 행정청의 별도의 처분이 있지 않기 때문에 재결 자체를 쟁송의 대상으로 할 수 있다. 　21. 국가 7급 (　　)

☐☐☐ **0603**  처분이 아닌 자기완결적 신고의 수리에 대한 심판청구는 행정심판의 대상이 되지 아니하여 부적법 각하하여야 함에도 인용재결한 경우 이는 재결 자체에 고유한 위법이 있다고 할 것이다. 　20. 소방간부 (　　)

☐☐☐ **0604**  인용재결의 당부를 그 심판대상으로 하고 있는 인용재결의 취소를 구하는 당해 소송에서는 재결청이 심판청구인의 심판청구원인 사유를 배척한 판단 부분이 정당한가도 심리·판단하여야 한다. 　20. 소방간부 (　　)

☐☐☐ **0605** ★★☆  징계혐의자에 대한 감봉 1월의 징계처분을 견책으로 변경한 소청결정 중 그를 견책에 처한 조치는 재량권의 남용 또는 일탈로서 위법하다는 사유는 소청결정 자체에 고유한 위법을 주장하는 것이어서 소청결정의 취소사유가 된다. 　24. 국가 7급 (　　)

☐☐☐ **0606** ★★☆  행정청이 식품위생법령에 따라 영업자에게 행정제재처분을 한 후 당초 처분을 영업자에게 유리하게 변경하는 처분을 한 경우, 취소소송의 대상 및 제소기간 판단기준이 되는 처분은 유리하게 변경하는 처분이다. 　23. 소방간부 (　　)

☐☐☐ **0607** ★★☆  행정심판을 청구하여 기각재결을 받은 후 재결 자체에 고유한 위법이 있음을 주장하며 그 기각재결에 대하여 취소소송을 제기한 경우, 수소법원은 심리 결과 재결 자체에 고유한 위법이 없다면 각하판결을 하여야 한다. 　23. 지방 9급 (　　)

☐☐☐ **0608** ★★☆  국·공립학교 교원에 대한 징계처분의 경우에는 원 징계처분 자체가 행정처분이므로 그에 대하여 위원회에 소청심사를 청구하고 위원회의 기각결정이 있은 후 그에 불복하는 행정소송이 제기되더라도 그 심판대상은 원 징계처분이 되는 것이 원칙이다. 　22. 변호사 (　　)

☐☐☐ **0609**  국공립학교 교원의 경우에는 원처분주의에 따라 원처분만이 소의 대상이 된다. 　18. 서울시 9급 (　　)

☐☐☐ **0610** ★★☆  사립학교 교원에 대한 징계처분의 경우에는 학교법인 등의 징계처분은 행정처분이 아니므로 그에 대한 소청심사청구에 따라 위원회가 한 결정이 행정처분이고, 행정소송에서의 심판대상은 학교법인 등의 원 징계처분이 아니라 위원회의 결정이 되며, 따라서 피고도 행정청인 위원회가 된다. 　22. 변호사 (　　)

**정답 & OX 풀이**

0600 ○ 행정심판청구가 **부적법하지 않음에도 각하**한 재결은 심판청구인의 실체심리를 받을 권리를 박탈한 것으로서 <u>원처분에 없는 고유한 하자가 있는 경우</u>에 해당하고, 따라서 위 재결은 취소소송의 대상이 된다. 대법원 2001. 7. 27. 선고 99두2970 판결

0601 ○ 이른바 복효적 행정행위, 특히 **제3자효를 수반하는 행정행위**에 대한 행정심판청구에 있어서 그 <u>청구를 인용하는 내용의 재결로 인하여 비로소 권리이익을 침해받게 되는 자</u>는 그 인용재결에 대하여 다툴 필요가 있고, 그 인용재결은 원처분과 내용을 달리하는 것이므로 그 **인용재결의 취소를 구하는 것**은 <u>원처분에는 없는 재결에 고유한 하자를 주장하는 셈이어서 당연히 항고소송의 대상이 된다</u>고 할 것이고, 더구나 이 사건 재결과 같이 그 인용재결청인 피고 스스로가 직접 이 사건 <u>사업계획승인처분을 취소하는 형성적 재결</u>을 한 경우에는 그 재결 외에 그에 따른 행정청의 별도의 처분이 있지 않기 때문에 재결 자체를 쟁송의 대상으로 할 수밖에 없다고 할 것이다. 대법원 1997. 12. 23. 선고 96누10911 판결

0602 ○ 위 601번의 해설 내용 참고.

0603 ○ 행정청이 <u>골프장 사업계획승인</u>을 얻은 자의 사업시설 **착공계획서를 수리**한 것에 대하여 <u>인근 주민들이 그 수리처분의 취소를 구하는 행정심판을 청구</u>하자 재결청이 그 청구를 인용하여 **수리처분을 취소하는 형성적 재결**을 한 경우, 그 수리처분 취소 심판청구는 행정심판의 대상이 되지 아니하여 **부적법 각하하여야 함에도** 위 재결은 그 청구를 인용하여 수리처분을 취소하였으므로 재결 자체에 **고유한 하자가 있다**. 대법원 2001. 5. 29. 선고 99두10292 판결

0604 ○ 인용재결의 취소를 구하는 당해 소송에서는 재결청이 원처분의 취소 근거로 내세운 판단사유의 당부뿐만 아니라 재결청이 심판청구인의 심판청구원인 사유를 배척한 판단 부분이 정당한가도 심리·판단하여야 한다. 대법원 1997. 12. 23. 선고 96누10911 판결

0605 ✕ 징계혐의자에 대한 감봉 1월의 징계처분을 견책으로 변경한 소청결정 중 그를 **견책에 처한 조치**는 재량권의 남용 또는 일탈로서 <u>위법하다는 사유</u>는 소청결정 자체에 **고유한 위법을 주장하는 것으로 볼 수 없어** 소청결정의 취소사유가 될 수 없다. 대법원 1993. 8. 24. 선고 93누5673 판결

0606 ✕ 행정청이 식품위생법령에 따라 영업자에게 행정제재처분을 한 후 그 처분을 영업자에게 <u>유리하게 변경</u>하는 처분을 한 경우, 변경처분에 의하여 당초 처분은 소멸하는 것이 아니고 **당초부터** 유리하게 변경된 내용의 처분으로 존재하는 것이므로, 변경처분에 의하여 유리하게 변경된 내용의 행정제재가 위법하다 하여 그 취소를 구하는 경우 그 <u>취소소송의 대상은 **변경된 내용의 당초 처분**이지 변경처분은 아니고</u>, 제소기간의 준수 여부도 변경처분이 아닌 변경된 내용의 당초 처분을 기준으로 판단하여야 한다(주: 변경명령재결에 따른 변경처분이 있었던 사례임). 대법원 2007. 4. 27. 선고 2004두9302 판결

0607 ✕ 재결취소소송의 경우 재결 자체에 고유한 위법이 있는지 여부를 심리할 것이고, <u>재결 자체에 고유한 위법이 없는 경우</u>에는 원처분의 당부와는 상관없이 당해 재결취소소송은 이를 **기각**하여야 한다. 대법원 1994. 1. 25. 선고 93누16901 판결

0608 ○ **국·공립학교 교원에 대한 징계처분**의 경우에는 <u>원 징계처분 자체가 행정처분</u>이므로 그에 대하여 위원회에 소청심사를 청구하고 위원회의 결정이 있은 후 그에 불복하는 행정소송이 제기되더라도 그 <u>심판대상은 교육감 등에 의한 원 징계처분이 되는 것이 원칙</u>이다. 다만 위원회의 심사절차에 위법사유가 있다는 등 고유의 위법이 있는 경우에 한하여 위원회의 결정이 소송에서의 심판대상이 된다. 대법원 2013. 7. 25. 선고 2012두12297 판결

0609 ✕ 위 608번의 해설 내용 참고.

0610 ○ **사립학교 교원에 대한 징계처분**의 경우에는 <u>학교법인 등의 징계처분은 행정처분성이 없는 것</u>이고 그에 대한 <u>소청심사청구에 따라 위원회가 한 결정이 행정처분</u>이고 교원이나 학교법인 등은 그 결정에 대하여 행정소송으로 다투는 구조가 되므로, <u>행정소송에서의 심판대상은 학교법인 등의 원 징계처분이 아니라 **위원회의 결정**</u>이 되고, 따라서 <u>피고도 행정청인 위원회가 되는 것</u>이다. 대법원 2013. 7. 25. 선고 2012두12297 판결

□□□ **0611** ★☆☆ 감사원의 변상판정 처분에 대하여 위법 또는 부당하다고 인정하는 본인 등은 이 처분에 대하여 행정소송을 제기할 수 없고, 재결에 해당하는 재심의 판정에 대하여서만 감사원을 피고로 행정소송을 제기할 수 있다. 20. 지방 7급 (      )

□□□ **0612** ★☆☆ 지방노동위원회의 결정에 불복하여 중앙노동위원회의 재심판정이 있는 경우 지방노동위원회의 결정에 대해 행정소송을 제기할 수 있다. 21. 국회 9급 (      )

**정답 & OX 풀이**

0611  O  **감사원의 변상판정처분에** 대하여서는 행정소송을 제기할 수 없고, 재결에 해당하는 재심의 판정에 대하여서만 감사원을 피고로 하여 행정소송을 제기할 수 있다. 대법원 1984. 4. 10. 선고 84누91 판결

0612  X  노동위원회법 제27조(중앙노동위원회의 처분에 대한 소송) ① 중앙노동위원회의 처분에 대한 소송은 중앙노동위원회 위원장을 피고로 하여 처분의 송달을 받은 날부터 15일 이내에 제기하여야 한다(주: 지방노동위원회의 결정에 대해서는 재결주의가 적용되어 중앙노동위원회의 재심판정만이 항고소송의 대상이 됨).

## 기출 지문 OX Check

□□□ **0613** 자연물인 도롱뇽 또는 그를 포함한 자연 그 자체로서는 소송을 수행할 당사자능력을 인정할 수 없다.
15. 국가 9급 (  )

★☆☆
□□□ **0614** 원고적격의 요건으로서 법률상 이익에는 당해 처분의 근거 법률에 의하여 보호되는 직접적이고 구체적인 이익뿐만 아니라 간접적이거나 사실적·경제적 이해관계를 가지는 경우도 여기에 포함된다.
24. 국가 9급 (  )

★☆☆
□□□ **0615** 절대보존지역 변경처분에 대해 지역주민회와 주민들이 항고소송을 제기한 경우에는 절대보전지역 유지로 지역주민회와 주민들이 가지는 주거 및 생활환경상 이익은 지역의 경관 등이 보호됨으로써 누리는 법률상 이익이다. 17. 서울시 7급 (  )

★☆☆
□□□ **0616** 행정청의 상수원보호구역변경처분에 대해 그 상수원으로부터 급수를 받는 인근 지역주민은 해당 처분에 대한 취소를 구할 법률상 이익이 인정된다. 23. 소방간부 (  )

★☆☆
□□□ **0617** 생태·자연도 1등급으로 지정되었던 지역을 2등급 또는 3등급으로 변경하는 내용의 환경부장관의 결정에 대해 해당 1등급 권역의 인근 주민은 취소소송을 제기할 원고적격이 인정된다. 23. 국가 9급 (  )

★☆☆
□□□ **0618** 「환경정책기본법」 제6조의 규정 내용 등에 비추어 국민에게 구체적인 권리를 부여한 것으로 볼 수 없더라도 환경영향평가 대상지역 밖에 거주하는 주민에게 헌법상의 환경권 또는 「환경정책기본법」에 근거하여 공유수면매립면허처분과 농지개량사업 시행인가처분의 무효확인을 구할 원고적격이 있다.
17. 지방 9급 (  )

★☆☆
□□□ **0619** 재단법인인 수녀원은 소속된 수녀 등이 쾌적한 환경에서 생활할 수 있는 환경상 이익을 침해받는다면 매립목적을 택지조성에서 조선시설용지로 변경하는 내용의 공유수면매립목적 변경 승인처분의 무효확인을 구할 원고적격이 있다. 16. 지방 9급 (  )

□□□ **0620** 환경상 이익은 본질적으로 자연인에게 귀속되는 것으로서 단체는 환경상 이익의 침해를 이유로 행정소송을 제기할 수 없다. 23. 군무원 9급 (  )

★☆☆
□□□ **0621** 대한의사협회는 「국민건강보험법」상 요양급여행위, 요양급여비용의 청구 및 지급과 관련하여 직접적인 법률관계를 갖지 않고 있으므로, 보건복지부 고시인 구 「건강보험요양급여행위 및 그 상대가치점수」의 개정으로 인하여 자신의 법률상 이익을 침해당하였다고 할 수 없다. 25. 국가 7급 (  )

## 정답 & OX 풀이 ✍

**0613** ○ 자연물인 도롱뇽 또는 그를 포함한 자연 그 자체로서는 소송을 수행할 당사자능력을 인정할 수 없다. 대법원 2006. 6. 2.자 2004마1148 결정

**0614** ✕ 법률상 보호되는 이익이라 함은 당해 처분의 근거 법규 및 관련 법규에 의하여 보호되는 **개별적ㆍ직접적ㆍ구체적 이익**이 있는 경우를 말하고, 공익보호의 결과로 국민 일반이 공통적으로 가지는 일반적ㆍ간접적ㆍ추상적 이익이 생기는 경우에는 법률상 보호되는 이익이 있다고 할 수 없다. 대법원 2006. 3. 16. 선고 2006두330 전원합의체 판결

**0615** ✕ **절대보존지역**의 유지로 지역주민회와 주민들이 가지는 주거 및 생활환경상 이익은 지역의 경관 등이 보호됨으로써 반사적으로 누리는 것일 뿐 근거 법규 또는 관련 법규에 의하여 보호되는 개별적ㆍ직접적ㆍ구체적 이익이라고 할 수 없다. 대법원 2012. 7. 5. 선고 2011두13187 판결

**0616** ✕ **상수원보호구역 설정**을 통해 지역주민들이 가지는 이익은 상수원의 확보와 수질보호라는 공공의 이익이 달성됨에 따라 반사적으로 얻게 되는 이익에 불과하므로 지역주민들에 불과한 원고들에게는 위 상수원보호구역변경처분의 취소를 구할 법률상의 이익이 없다. 대법원 1995. 9. 26. 선고 94누14544 판결

**0617** ✕ **생태ㆍ자연도 1등급** 권역의 인근 주민들이 가지는 이익은 환경보호라는 공공의 이익이 달성됨에 따라 반사적으로 얻게 되는 이익에 불과하므로, 인근 주민에 불과한 자는 생태ㆍ자연도 등급권역을 1등급에서 일부는 2등급으로, 일부는 3등급으로 변경한 결정의 무효 확인을 구할 원고적격이 없다. 대법원 2014. 2. 21. 선고 2011두29052 판결

**0618** ✕ 환경영향평가 대상지역 밖에 거주하는 주민에게 헌법상의 **환경권** 또는 **환경정책기본법**에 근거하여 공유수면매립면허처분과 농지개량사업 시행인가처분의 무효확인을 구할 원고적격이 없다. 대법원 2006. 3. 16. 선고 2006두330 판결

**0619** ✕ 공유수면매립목적 변경 승인처분으로 **수녀원**에 소속된 **수녀** 등이 쾌적한 환경에서 생활할 수 있는 환경상 이익을 침해받는다고 하더라도 이를 가리켜 곧바로 수녀원의 법률상 이익이 침해된다고 볼 수 없고, 자연인이 아닌 수녀원은 쾌적한 환경에서 생활할 수 있는 이익을 향수할 수 있는 주체가 아니므로 위 처분으로 위와 같은 생활상의 이익이 직접적으로 침해되는 관계에 있다고 볼 수도 없으며, (중략) 수녀원에는 처분의 무효확인을 구할 원고적격이 없다. 대법원 2012. 6. 28. 선고 2010두2005 판결

**0620** ○ 위 619번의 해설 내용 참고.

**0621** ○ 사단법인 **대한의사협회**는 의료법에 의하여 의사들을 회원으로 하여 설립된 사단법인으로서, 국민건강보험법상 요양급여행위, 요양급여비용의 청구 및 지급과 관련하여 직접적인 법률관계를 갖지 않고 있으므로, 보건복지부 고시인 '건강보험요양급여행위 및 그 상대가치점수 개정'으로 인하여 자신의 법률상 이익을 침해당하였다고 할 수 없는 결과 위 고시의 취소를 구할 원고적격이 없다. 대법원 2006. 5. 25. 선고 2003두11988 판결

□□□ **0622** 임차인대표회의는 당해 주택에 거주하는 임차인과 달리 행정청의 분양전환승인처분이 승인의 요건을 갖추지 못하였음을 주장하여 그 취소소송을 제기할 원고적격이 없다. 미출 (      )

★☆☆
□□□ **0623** 국가는 허가권자인 지방자치단체의 장이 한 건축협의 거부행위에 대하여 법적 분쟁을 해결할 실효적인 다른 법적 수단이 없는 경우 허가권자를 상대로 항고소송을 통해 그 거부처분의 취소를 구할 수 있다.
22. 국회 9급 (      )

★☆☆
□□□ **0624** 지방자치단체 등이 건축물을 건축하기 위해 건축물 소재지 관할 허가권자인 지방자치단체의 장과 건축협의를 하였는데 허가권자인 지방자치단체의 장이 그 협의를 취소한 경우, 건축협의 취소는 항고소송의 대상인 행정처분에 해당한다. 25. 지방 7급 (      )

★☆☆
□□□ **0625** 국가가 국토이용계획과 관련한 지방자치단체의 장의 기관위임사무의 처리에 관하여 지방자치단체의 장을 상대로 취소소송을 제기하는 것은 허용되지 않는다. 22. 지방 7급 (      )

★☆☆
□□□ **0626** 법령이 특정한 행정기관으로 하여금 다른 행정기관에 제재적 조치를 취할 수 있도록 하면서, 그에 따르지 않으면 그 행정기관에 과태료 등을 과할 수 있도록 정하는 경우, 권리구제나 권리보호의 필요성이 인정된다면 예외적으로 그 제재적 조치의 상대방인 행정기관에게 항고소송의 원고적격을 인정할 수 있다.
19. 국가 7급 (      )

★★☆
□□□ **0627** 소방청장이 처분성이 인정되는 국민권익위원회의 조치요구에 불복하여 조치요구의 취소를 구하는 경우 항고소송의 원고적격이 인정된다. 21. 국가 9급 (      )

★☆☆
□□□ **0628** 국가기관인 시·도 선거관리위원회 위원장은 국민권익위원회가 그에게 소속직원에 대한 중징계요구를 취소하라는 등의 조치요구를 한 것에 대해서 취소소송을 제기할 원고적격을 가진다고 볼 수 없다.
16. 국가 9급 (      )

□□□ **0629** 행정처분의 직접 상대방이 아닌 제3자라 하더라도 당해 행정처분으로 인하여 법률상 보호되는 이익을 침해당한 경우에는 취소소송을 제기하여 그 당부의 판단을 받을 자격이 있다. 21. 군무원 9급 (      )

★☆☆
□□□ **0630** 경업자에 대한 행정처분이 경업자에게 불리한 내용이라면 그와 경쟁관계에 있는 기존의 업자에게는 특별한 사정이 없는 한 유리할 것이지만 기존의 업자는 그 행정처분의 무효확인 또는 취소를 구할 법률상 이익이 있다. 23. 국회 8급 (      )

★☆☆
□□□ **0631** 다른 약사에 대한 약국개설등록처분으로 인하여 조제 기회를 전부 또는 일부 상실하게 된 기존 약국개설자는 특별한 사정이 없는 한 해당 처분의 취소를 구할 법률상 이익이 없다. 미출 (      )

★☆☆
□□□ **0632** 인·허가 등 수익적 처분을 신청한 여러 사람이 상호 경쟁관계에 있다면, 그 처분이 타방에 대한 불허가 등으로 될 수 밖에 없는 때에도 수익적 처분을 받지 못한 사람은 처분의 직접 상대방이 아니므로 원칙적으로 당해 수익적 처분의 취소를 구할 수 없다. 22. 군무원 7급 (      )

★☆☆
□□□ **0633** 특별한 사정이 없는 한 경원관계에서 허가 등 수익적 처분을 받지 못한 사람은 자신에 대한 거부처분의 취소를 구할 소의 이익이 있다. 25. 지방 9급 (      )

## 정답 & OX 풀이

**0622** ✕ **임차인대표회의**는 행정청의 분양전환승인처분이 승인의 요건을 갖추지 못하였음을 주장하여 그 취소소송을 제기할 원고적격이 있다. 대법원 2010. 5. 13. 선고 2009두19168 판결

**0623** ○ 허가권자인 지방자치단체의 장이 국가에 대하여 **건축협의를 거부**하는 것은 (중략) 처분에 해당한다고 볼 수 있고, 이에 대한 법적 분쟁을 해결할 실효적인 다른 법적 수단이 없는 이상 국가 등은 허가권자를 상대로 항고소송을 통해 그 거부처분의 취소를 구할 수 있다고 해석된다. 대법원 2014. 3. 13. 선고 2013두15934 판결

**0624** ○ **건축협의 취소**는 상대방이 다른 지방자치단체 등 행정주체라 하더라도 '행정청이 행하는 구체적 사실에 관한 법집행으로서의 공권력 행사로서 처분에 해당한다고 볼 수 있고, 지방자치단체인 원고가 이를 다툴 실효적 해결 수단이 없는 이상, 원고는 건축물 소재지 관할 허가권자인 지방자치단체의 장을 상대로 항고소송을 통해 건축협의 취소의 취소를 구할 수 있다. 대법원 2014. 2. 27. 선고 2012두22980 판결

**0625** ○ 법원에 의한 판결을 받지 않고서도 (중략) 직접 필요한 조치를 할 수도 있으므로, 국가가 국토이용계획과 관련한 지방자치단체의 장의 **기관위임사무**의 처리에 관하여 지방자치단체의 장을 상대로 취소소송을 제기하는 것은 허용되지 않는다. 대법원 2007. 9. 20. 선고 2005두6935 판결

**0626** ○ 법령이 특정한 행정기관 등으로 하여금 다른 행정기관을 상대로 제재적 조치를 취할 수 있도록 하면서, 그에 따르지 않으면 그 행정기관에 대하여 과태료를 부과하거나 형사처벌을 할 수 있도록 정하는 경우가 있다. 이러한 경우에는 단순히 국가기관이나 행정기관의 내부적 문제라거나 권한 분장에 관한 분쟁으로만 볼 수 없다. 행정기관의 제재적 조치의 내용에 따라 '구체적 사실에 대한 법집행으로서 공권력의 행사'에 해당할 수 있고, 그러한 조치의 상대방인 행정기관이 입게 될 불이익도 명확하다. (중략) 따라서 이러한 권리구제나 권리보호의 필요성이 인정된다면 예외적으로 그 제재적 조치의 상대방인 행정기관 등에게 항고소송 원고로서의 **당사자능력과 원고적격을 인정**할 수 있다. 대법원 2018. 8. 1. 선고 2014두35379 판결

**0627** ○ 처분성이 인정되는 **국민권익위원회의 조치요구**에 불복하고자 하는 소방청장으로서는 조치요구의 취소를 구하는 항고소송을 제기하는 것이 유효·적절한 수단으로 볼 수 있으므로 **소방청장**이 예외적으로 당사자능력과 원고적격을 가진다. 대법원 2018. 8. 1. 선고 2014두35379 판결

**0628** ✕ (국민권익위원회가 乙 시·도선거관리위원회 위원장에게 '甲에 대한 중징계요구를 취소하고 향후 신고로 인한 신분상 불이익처분 및 근무조건상의 차별을 하지 말 것을 요구'하는 내용의 **조치요구**를 한 사안에서), 국가기관인 乙에게 위 조치요구의 취소를 구하는 소를 제기할 당사자능력, 원고적격 및 법률상 이익이 인정된다. 대법원 2013. 7. 25. 선고 2011두1214 판결

**0629** ○ 행정처분의 직접 상대방이 아닌 **제3자**라 하더라도 당해 행정처분으로 인하여 법률상 보호되는 이익을 침해당한 경우에는 취소소송을 제기하여 그 당부의 판단을 받을 자격이 있다. 대법원 2024. 3. 12. 선고 2021두58998 판결

**0630** ✕ 경업자에 대한 행정처분이 경업자에게 불리한 내용이라면 그와 경쟁관계에 있는 **기존의 업자에게는 특별한 사정이 없는 한 유리**할 것이므로 기존의 업자가 그 행정처분의 무효확인 또는 취소를 구할 이익은 없다고 보아야 한다. 대법원 2020. 4. 9 선고 2019두49953 판결

**0631** ✕ '의료기관의 처방약조제 기회를 공정하게 배분받을 기존 약국개설자의 이익'은 약국개설등록처분의 근거법규 및 관련 법규에 의하여 보호되는 개별적·직접적·구체적 이익이라고 할 수 있다. 그러므로 다른 약사에 대한 약국개설등록처분으로 인하여 조제 기회를 전부 또는 일부라도 상실하게 된 **기존 약국개설자**는 특별한 사정이 없는 한 해당 처분의 취소를 구할 법률상 이익이 **있다**. 대법원 2025. 9. 11. 선고 2024두34276 판결

**0632** ✕ 인·허가 등의 수익적 행정처분을 신청한 수인이 서로 경쟁관계에 있어서 일방에 대한 허가 등의 처분이 타방에 대한 불허가 등으로 귀결될 수밖에 없는 때(이른바 **경원관계**에 있는 경우) 허가 등의 처분을 받지 못한 자는 비록 경원자에 대하여 이루어진 허가 등 처분의 상대방이 아니라 하더라도 당해 처분의 취소를 구할 당사자적격이 있다. 대법원 1992. 5. 8. 선고 91누13274 판결

**0633** ○ 특별한 사정이 없는 한 경원관계에서 허가 등 처분을 받지 못한 사람은 자신에 대한 거부처분의 취소를 구할 소의 이익이 있다. 대법원 2015. 10. 29. 선고 2013두27517 판결

□□□ **0634** 환경영향평가에 관한 자연공원법령 및 환경영향평가법령들의 취지는 환경공익을 보호하려는 데 있으므로 환경영향평가 대상지역 안의 주민들이 수인한도를 넘는 환경침해를 받지 아니하고 쾌적한 환경에서 생활할 수 있는 개별적 이익까지 보호하는 데 있다고 볼 수는 없다. 17. 국가 9급 (      )

□□□ **0635** 처분의 근거 법규 또는 관련 법규에 그 처분으로써 이루어지는 행위 등 사업으로 인하여 환경상 침해를 받으리라고 예상되는 영향권의 범위가 구체적으로 규정되어 있는 경우, 그 영향권 내의 주민들에 대하여는 특단의 사정이 없는 한 환경상 이익에 대한 침해 또는 침해 우려가 있는 것으로 사실상 추정된다.
19. 국가 7급 (      )

□□□ **0636** 환경영향평가 대상지역 밖의 주민이라 할지라도 공유수면매립면허처분 등으로 인하여 그 처분 전과 비교하여 수인한도를 넘는 환경피해를 받거나 받을 우려가 있는 경우에는, 공유수면매립면허처분 등으로 인하여 환경상 이익에 대한 침해 또는 침해우려가 있다는 것을 입증함으로써 그 처분 등의 무효확인을 구할 원고적격을 인정받을 수 있다. 24. 지방 9급 (      )

□□□ **0637** 대한민국에서 출생하여 오랜 기간 대한민국 국적을 보유하면서 거주한 재외동포는 사증발급 거부처분의 취소를 구할 법률상 이익이 있다. 22. 국가 9급 (      )

□□□ **0638** 지방법무사회가 법무사의 사무원 채용승인 신청을 거부하여 사무원이 될 수 없게 된 자가 지방법무사회를 상대로 거부처분의 취소를 구하는 경우 항고소송의 원고적격이 인정된다. 21. 국가 9급 (      )

□□□ **0639** 학교법인에 의하여 임원으로 선임된 자는 자신에 대한 관할청의 임원취임승인신청 반려처분 취소소송의 원고적격이 있다. 16. 지방 9급 (      )

□□□ **0640** 재단법인 A연구재단이 B대학교 총장에게 연구개발비의 부당집행을 이유로 국가연구개발사업인 BK21 사업 협약을 해지하고 연구팀장 甲에 대한 국가연구개발사업의 3년간 참여제한 등을 명하는 통보를 한 경우, 甲은 위 협약 해지 통보의 효력을 다툴 법률상 이익이 있다. 25. 변호사 (      )

□□□ **0641** 교육감의 학교법인 이사장 및 학교장에 대한 호봉정정 및 급여환수 명령 등에 대하여, 호봉정정 및 급여환수의 대상인 사립학교 직원들은 항고소송으로 위 명령 등을 다툴 원고적격이 없다. 25. 변호사 (      )

□□□ **0642** 집합건물 공용부분의 대수선과 관련한 행정청의 허가, 사용승인 등 일련의 처분에 관하여는 처분의 직접 상대방 외에 해당 집합건물의 구분소유자에게도 취소를 구할 원고적격이 인정된다고 보는 것이 타당하다.
25. 군무원 9급 (      )

□□□ **0643** 약제를 제조·공급하는 제약회사는 보건복지부 고시인 「약제급여·비급여 목록 및 급여 상한금액표」 중 약제의 상한금액 인하 부분에 대하여 그 취소를 구할 원고적격이 있다. 19. 지방 9급 (      )

□□□ **0644** 예탁금회원제 골프장에 가입되어 있는 기존 회원은 그 골프장 운영자가 당초 승인을 받을 때 정한 예정 인원을 초과하여 회원을 모집하는 내용의 회원모집계획서에 대한 시·도지사의 검토결과통보의 취소를 구할 법률상 이익이 있다. 16. 국가 9급 (      )

**정답 & OX 풀이**

0634 ✕ 환경영향평가에 관한 위 자연공원법령 및 환경영향평가법령상의 관련 규정의 취지는 집단시설지구개발사업으로 인하여 직접적이고 중대한 환경피해를 입으리라고 예상되는 환경영향평가<u>**대상지역 안의 주민**들</u>이 개발 전과 비교하여 수인한도를 넘는 환경침해를 받지 아니하고 쾌적한 환경에서 생활할 수 있는 **개별적 이익까지도 이를 보호**하려는 데에 있다. 대법원 2001. 7. 27. 선고 99두2970 판결

0635 ○ 행정처분의 근거 법규 또는 관련 법규에 그 처분으로써 이루어지는 행위 등 사업으로 인하여 환경상 침해를 받으리라고 예상되는 영향권의 범위가 구체적으로 규정되어 있는 경우에는, 그 **영향권 내의 주민**들에 대하여는 당해 처분으로 인하여 직접적이고 중대한 환경피해를 입으리라고 예상할 수 있고, 이와 같은 <u>환경상의 이익은 주민 개개인에 대하여 개별적으로 보호되는 직접적·구체적 이익으로서 그들에 대하여는 특단의 사정이 없는 한 환경상 이익에 대한 **침해 또는 침해 우려가 있는 것으로 사실상 추정**</u>되어 법률상 보호되는 이익으로 인정됨으로써 원고적격이 인정된다. 대법원 2006. 12. 22. 선고 2006두14001 판결

0636 ○ 환경영향평가 **대상지역 밖의 주민**이라 할지라도 공유수면매립면허처분 등으로 인하여 그 처분 전과 비교하여 수인한도를 넘는 환경피해를 받거나 받을 우려가 있는 경우에는, 공유수면매립면허처분 등으로 인하여 <u>환경상 이익에 대한 침해 또는 침해우려가 있다는 것을 **입증함으로써**</u> 그 처분 등의 무효확인을 구할 <u>원고적격</u>을 인정받을 수 있다. 대법원 2006. 3. 16. 선고 2006두330 전원합의체 판결

0637 ○ <u>원고는 대한민국에서 출생하여 오랜 기간 **대한민국 국적을 보유하면서 거주한 사람**</u>이므로 이미 대한민국과 실질적 관련성이 있거나 대한민국에서 법적으로 보호가치 있는 이해관계를 형성하였다고 볼 수 있다. 따라서 원고는 이 사건 <u>사증발급 거부처분의 취소를 구할 법률상 이익</u>이 인정된다. 대법원 2019. 7. 11. 선고 2017두38874 판결

0638 ○ 지방법무사회의 사무원 채용승인 거부처분 또는 채용승인 취소처분에 대해서는 <u>처분 상대방인 법무사뿐만 아니라 그 때문에 **사무원이 될 수 없게 된 사람**</u>도 이를 다툴 원고적격이 인정되어야 한다. 대법원 2020. 4. 9. 선고 2015다34444 판결

0639 ○ <u>학교법인에 의하여 임원으로 선임된 사람에게는 관할청의 임원취임승인신청 반려처분을 다툴 수 있는 원고적격이 있다.</u> 대법원 2007. 12. 27. 선고 2005두9651 판결

0640 ○ (재단법인 한국연구재단이 대학교 총장에게 <u>두뇌한국(BK)21 사업 협약을 해지하고 연구팀장에 대한 국가연구개발사업의 3년간 참여제한 등을 명하는 통보를 하자 연구팀장이 통보의 취소를 청구한 사안에서) **연구팀장**은 위 사업에 관한 협약의 해지 통보의 효력을 다툴 법률상 이익이 있다</u>고 한 사례. 대법원 2014. 12. 11. 선고 2012두28704 판결

0641 ✕ (교육감이 사립학교 직원 갑 등이 소속된 학교법인의 이사장 및 학교장에게 소속 직원들의 유사경력 호봉환산이 과다하게 반영되었다는 이유로 호봉이 과다하게 산정된 직원들의 **호봉정정에 따른 급여를 5년의 범위 내에서 환수**하도록 하고 미이행 시 해당 직원들에 대한 재정결함 보조금(인건비) 지원을 중단하겠다는 내용의 시정명령을 한 사안에서) **사립학교 직원들**인 갑 등에게 각 소속 학교법인들에 대한 위 각 명령을 다툴 개별적·직접적·구체적 이해관계가 있다고 한 사례. 대법원 2023. 1. 12. 선고 2022두56630 판결

0642 ○ **집합건물 공용부분의 대수선**과 관련한 행정청의 허가, 사용승인 등 일련의 처분에 관하여는 <u>처분의 직접 상대방 외에 해당 집합건물의 구분소유자에게도 취소를 구할 원고적격이 인정된다.</u> 대법원 2024. 3. 12. 선고 2021두58998 판결

0643 ○ <u>보건복지부 고시인 약제급여·비급여목록 및 급여상한금액표로 인하여 자신이 제조·공급하는 약제의 상한금액이 인하됨에 따라 위와 같이 보호되는 법률상 이익이 침해당할 경우, **제약회사**는 위 고시의 취소를 구할 원고적격이 있다.</u> 대법원 2006. 9. 22. 선고 2005두2506 판결

0644 ○ **예탁금회원제 골프장의 기존회원**은 사업계획의 승인을 받을 때 정한 <u>예정인원을 초과하여 회원을 모집하는 내용의 회원모집계획서에 대한 시·도지사의 검토결과 통보의 취소를 구할 법률상의 이익이 있다.</u> 대법원 2009. 2. 26. 선고 2006두16243 판결

□□□ **0645** ★★☆ 외국 국적의 甲이 위명(僞名)인 乙 명의의 여권으로 대한민국에 입국한 뒤 乙 명의로 난민 신청을 하였고 법무부장관이 乙 명의를 사용한 甲을 직접 면담하여 조사한 후에 甲에 대하여 난민불인정 처분을 한 경우, 甲은 난민불인정 처분의 취소를 구할 법률상 이익이 없다. 23. 국가 7급 (      )

□□□ **0646** ★★☆ 「도시 및 주거환경정비법」상 조합설립추진위원회의 구성에 동의하지 아니한 정비구역 내의 토지 등 소유자는 조합설립추진위원회 설립승인처분의 취소를 구할 원고적격이 있다. 11. 국가 7급 (      )

□□□ **0647** ★★☆ 분양신청기간 내에 분양신청을 하지 않거나 분양신청을 철회함으로 인해 조합원의 지위를 상실한 토지 등 소유자도 사업시행계획의 무효확인 또는 취소를 구할 법률상 이익이 있다. 23. 소방 (      )

□□□ **0648** ★★☆ 기존의 고속형 시외버스운송사업자는 경업관계에 있는 직행형 시외버스운송사업자에 대한 사업계획변경인가처분의 취소를 구할 법률상 이익이 있다. 16. 지방 9급 (      )

□□□ **0649** ★★☆ 김해시장이 낙동강에 합류하는 하천수 주변의 토지에 구 「산업집적활성화 및 공장설립에 관한 법률」 제13조에 따라 공장설립을 승인하는 처분을 한 경우, 공장설립으로 수질오염 등이 발생할 우려가 있는 취수장에서 물을 공급받는 부산광역시 또는 양산시에 거주하는 주민들도 원고적격이 인정된다.
21. 소방간부 (      )

□□□ **0650** 분양전환승인 중 분양전환가격을 승인하는 부분은 분양계약의 효력을 보충하여 그 효력을 완성시켜주는 강학상 '인가'에 해당한다. 25. 국회 8급 (      )

□□□ **0651** ★★☆ 중국 국적자인 외국인이 사증발급 거부처분의 취소를 구하는 경우 항고소송의 원고적격이 인정된다.
21. 국가 9급 (      )

□□□ **0652** ★★☆ 「출입국관리법」상의 체류자격 및 사증발급의 기준과 절차에 관한 규정들은 대한민국의 출입국 질서와 국경관리라는 공익을 보호하려는 취지로 해석될 뿐이므로, 동법상 체류자격변경 불허가처분, 강제퇴거명령 등을 다투는 외국인에게는 해당 처분의 취소를 구할 법률상 이익이 인정되지 않는다.
19. 국가 7급 (      )

□□□ **0653** ★★☆ 건축물의 하자를 다투는 입주예정자들은 건물의 사용검사처분에 대해 제3자효 행정행위의 차원에서 행정소송을 통해 다툴 수 있다. 23. 국가 9급 (      )

□□□ **0654** ★★★ 개발제한구역 중 일부 취락을 개발제한구역에서 해제하는 내용의 도시관리계획변경결정에 대하여 개발제한구역 해제대상에서 누락된 토지의 소유자가 위 결정의 취소를 구하는 경우 항고소송의 원고적격이 인정된다. 25. 변호사 (      )

□□□ **0655** ★★☆ 원천납세의무자는 원천징수의무자에 대한 납세고지를 다툴 수 있는 원고적격이 없다. 15. 국가 9급 (      )

□□□ **0656** ★★☆ 영어 과목의 2종 교과용 도서에 대하여 검정신청을 하였다가 불합격결정처분을 받은 자는 자신들이 검정신청한 교과서의 과목과 전혀 관계가 없는 수학 과목의 교과용 도서에 대한 합격결정처분에 대하여 그 취소를 구할 법률상 이익이 없다. 24. 국가 9급 (      )

## 정답 & OX 풀이

**0645** ✕ (미얀마 국적의 갑이 **위명(僞名)**인 '을' **명의의 여권**으로 대한민국에 입국한 뒤 을 명의로 난민 신청을 하였으나 법무부장관이 을 명의를 사용한 갑을 직접 면담하여 조사한 후 갑에 대하여 난민불인정 처분을 한 사안에서) 처분의 상대방은 허무인이 아니라 '을'이라는 위명을 사용한 갑이므로, **갑은 처분의 취소를 구할 법률상 이익이 있다.** 대법원 2017. 3. 9. 선고 2013두16852 판결

**0646** ○ **조합설립추진위원회의 구성에 동의하지 아니한 정비구역 내의 토지 등 소유자**도 조합설립추진위원회 설립승인처분에 대하여 같은 법에 의하여 보호되는 직접적이고 구체적인 이익을 향유하므로 그 설립승인처분의 취소소송을 제기할 원고적격이 있다. 대법원 2007. 1. 25. 선고 2006두12289 판결

**0647** ○ **분양신청기간 내에 분양신청을 하지 않거나 분양신청을 철회**함으로 인해 조합원의 지위를 상실한 토지 등 소유자도 그때 분양신청을 함으로써 건축물 등을 분양받을 수 있으므로 **사업시행계획의 무효확인 또는 취소를 구할 법률상 이익이 있다.** 대법원 2014. 2. 27. 선고 2011두25173 판결

**0648** ○ 기존의 고속형 시외버스**운송**사업자에게 직행형 시외버스운송사업자에 대한 사업계획변경인가처분의 취소를 구할 법률상의 이익이 있다. 대법원 2010. 11. 11. 선고 2010두4179 판결

**0649** ○ (김해시장이 낙동강에 합류하는 하천수 주변의 토지에 구 산업집적활성화 및 공장설립에 관한 법률 제13조에 따라 공장설립을 승인하는 처분을 한 사안에서) 공장설립으로 수질오염 등이 발생할 우려가 있는 **취수장에서 물을 공급받는** 부산광역시 또는 양산시에 거주하는 주민들도 위 처분의 근거 법규 및 관련 법규에 의하여 법률상 보호되는 이익이 침해되거나 침해될 우려가 있는 주민으로서 원고적격이 인정된다. 대법원 2010. 4. 15. 선고 2007두16127 판결

**0650** ✕ 분양전환승인 중 **분양전환가격을 승인**하는 부분은 단순히 분양계약의 효력을 보충하여 그 효력을 완성시켜주는 **강학상 '인가'에 해당한다고 볼 수 없고, 임차인**들에게는 분양계약을 체결한 이후 분양대금이 강행규정인 임대주택법령에서 정한 산정기준에 의한 분양전환가격을 초과하였음을 이유로 부당이득반환을 구하는 민사소송을 제기하는 것과 별개로, **분양계약을 체결하기 전 또는 체결한 이후라도 항고소송을 통하여 분양전환승인의 효력을 다툴 법률상 이익(원고적격)이 있다**고 보아야 한다. 대법원 2020. 7. 23. 선고 2015두48129 판결

**0651** ✕ 우리 출입국관리법의 해석상 외국인에게는 사증발급 거부처분의 취소를 구할 법률상 이익이 인정되지 않는다. 대법원 2018. 5. 15. 선고 2014두42506 판결

**0652** ✕ 국적법상 **귀화불허가처분**이나 출입국관리법상 **체류자격변경 불허가처분, 강제퇴거명령** 등을 다투는 외국인은 대한민국에 적법하게 입국하여 상당한 기간을 체류한 사람이므로, **이미 대한민국과의 실질적 관련성 내지 대한민국에서 법적으로 보호가치 있는 이해관계를 형성한 경우**이어서, 해당 처분의 취소를 구할 법률상 이익이 인정된다. 대법원 2018. 5. 15. 선고 2014두42506 판결

**0653** ✕ 구 주택법상 입주자나 입주예정자는 **사용검사처분**의 취소를 구할 법률상 이익이 없다. 대법원 2014. 7. 24. 선고 2011두30465 판결

**0654** ✕ 개발제한구역 중 일부 취락을 개발제한구역에서 해제하는 내용의 도시관리계획변경결정에 대하여, **개발제한구역 해제대상에서 누락된 토지의 소유자**는 위 결정의 취소를 구할 법률상 이익이 없다. 대법원 2008. 7. 10. 선고 2007두10242 판결

**0655** ○ 소득처분에 따른 소득의 귀속자(주: **원천납세의무자**)는 법인(주: **원천징수의무자**)에 대한 소득금액변동통지의 취소를 구할 법률상 이익이 없다. 대법원 2013. 4. 26. 선고 2012두27954 판결

**0656** ○ **2종 교과용 도서**에 대하여 검정신청을 하였다가 불합격결정처분을 받은 자가 자신이 검정신청한 교과서의 과목과 전혀 관계가 없는 과목의 교과용 도서에 대한 합격결정처분에 대하여는 그 취소를 구할 법률상의 이익이 없다고 한 사례. 대법원 1992. 4. 24. 선고 91누6634 판결

□□□ **0657** 교육부장관이 甲 대학교를 설치·운영하는 乙 학교법인의 이사를 선임한 처분에 대하여 甲 대학교 교수
협의회와 전국대학노동조합 甲 대학교지부는 그 취소를 구할 법률상 이익이 있다. 22. 국회 9급 (    )

□□□ **0658** 면허받은 장의자동차운송사업구역을 위반하였음을 이유로 한 행정청의 과징금부과처분에 의하여 동종
업자의 영업이 보호되는 결과는 사업구역제도의 반사적 이익에 불과하기 때문에 그 과징금부과처분을
취소한 재결에 대하여 처분의 상대방이 아닌 제3자는 그 취소를 구할 법률상 이익이 없다.
25. 군무원 7급 (    )

□□□ **0659** 당초에 상품매도점포로서의 근린생활시설로 되어 있던 용도를 치과의원을 개설할 수 있도록 의원으로서
의 근린생활시설로 변경한 서울특별시장의 용도변경처분에 대하여 인근 치과의원 경영자에게는 취소소
송의 원고적격이 인정된다. 25. 군무원 7급 (    )

□□□ **0660** 처분등의 효과가 소멸된 뒤에도 그 처분등의 취소로 인하여 회복되는 법률상의 이익이 있는 자는 소를
제기할 수 있다. 10. 지방 9급 (    )

□□□ **0661** 행정처분의 무효확인 또는 취소를 구하는 소가 제소 당시에는 소의 이익이 있어 적법하였더라도, 소송
계속 중 처분청이 다툼의 대상이 되는 행정처분을 직권으로 취소했다면 원칙적으로 소의 이익이 소멸하여
부적법하다. 21. 소방간부 (    )

□□□ **0662** 행정처분의 취소를 구하는 소에서, 비록 행정처분의 위법을 이유로 취소판결을 받더라도 처분에 의하여
발생한 위법상태를 원상회복시키는 것이 불가능한 경우에는 원칙적으로 취소를 구할 법률상 이익이 없
으므로, 수소법원은 소를 각하하여야 한다. 22. 국가 9급 (    )

□□□ **0663** 행정처분의 취소를 구할 이익은 불이익처분의 상대방뿐만이 아니라 수익처분의 상대방에게도 인정되는
것이 원칙이다. 24. 지방 9급 (    )

□□□ **0664** 법인세 과세표준과 관련하여 과세관청이 법인의 소득처분 상대방에 대한 소득처분을 경정하면서 증액과
감액을 동시에 한 결과 전체로서 소득처분금액이 감소된 경우, 법인이 소득금액변동통지의 취소를 구할
소의 이익이 없다. 17. 지방 9급 (    )

□□□ **0665** 형식상 하자로 인하여 무효인 행정처분이 있은 후 행정청이 관계 법령에서 정한 형식을 갖추어 다시
동일한 행정처분을 하였다면 당해 행정처분은 종전의 무효인 행정처분과 관계없이 새로운 행정처분이라
고 보아야 한다. 23. 서울시 7급 (    )

□□□ **0666** 행정처분에 그 효력기간이 정하여져 있는 경우, 그 처분의 효력 또는 집행이 정지된 바 없다면 위 기간의
경과로 그 행정처분의 효력은 상실되므로 그 기간 경과 후에는 그 처분이 외형상 잔존함으로 인하여
어떠한 법률상 이익이 침해되고 있다고 볼 만한 별다른 사정이 없는 한 그 처분의 취소를 구할 법률상
이익이 없다. 23. 지방 7급 (    )

□□□ **0667** 이미 직위해제처분을 받아 직위해제된 공무원에 대하여 행정청이 새로운 사유에 기하여 직위해제처분을
하였다면, 이전 직위해제처분의 취소를 구하는 소송을 제기하는 것은 부적법하다. 23. 국가 7급 (    )

# 정답 & OX 풀이

**0657** ✕ (교육부장관이 사학분쟁조정위원회의 심의를 거쳐 갑 대학교를 설치·운영하는 을 학교법인의 이사 8인과 임시이사 1인을 선임한 데 대하여 갑 대학교 교수협의회와 총학생회 등이 이사선임처분의 취소를 구하는 소송을 제기한 사안에서) **갑 대학교 교수협의회와 총학생회**는 이사선임처분을 다툴 법률상 이익을 가지지만, **전국대학노동조합 갑 대학교지부**는 법률상 이익이 없다. 대법원 2015. 7. 23. 선고 2012두19496,19502 판결

**0658** ○ 면허받은 장의자동차운송사업구역에 위반하였음을 이유로 한 행정청의 과징금부과처분에 의하여 동종업자의 영업이 보호되는 결과는 사업구역제도의 반사적 이익에 불과하기 때문에 그 과징금부과처분을 취소한 재결에 대하여 처분의 상대방 아닌 제3자는 그 취소를 구할 법률상 이익이 없다. 대법원 1992. 12. 8. 선고 91누13700 판결

**0659** ✕ 의원으로서의 인근생활시설로 용도변경된 건물과 가까운 곳에서 치과의원을 경영하는 자는 그 용도변경처분의 취소를 구할 원고적격을 가지지 않는다고 한 사례. 대법원 1990. 5. 22. 선고 90누813 판결

**0660** ○ 행정소송법 제12조(원고적격) 취소소송은 처분등의 취소를 구할 법률상 이익이 있는 자가 제기할 수 있다. 처분등의 효과가 기간의 경과, 처분등의 집행 그 밖의 사유로 인하여 소멸된 뒤에도 그 처분등의 취소로 인하여 **회복되는 법률상 이익**이 있는 자의 경우에는 또한 같다.

**0661** ○ 행정처분의 무효확인 또는 취소를 구하는 소가 제소 당시에는 소의 이익이 있어 적법하였더라도, 소송 계속 중 처분청이 다툼의 대상이 되는 행정처분을 **직권으로 취소**하면 그 처분은 효력을 상실하여 더 이상 존재하지 않는 것이므로, 존재하지 않는 처분을 대상으로 한 항고소송은 원칙적으로 소의 이익이 소멸하여 부적법하다고 보아야 한다. 대법원 2020. 4. 9. 선고 2019두49953 판결

**0662** ○ 행정처분의 무효확인 또는 취소를 구하는 소에서, 비록 행정처분의 위법을 이유로 무효확인 또는 취소 판결을 받더라도 처분에 의하여 발생한 위법상태를 **원상으로 회복시키는 것이 불가능**한 경우에는 원칙적으로 무효확인 또는 취소를 구할 법률상 이익이 없다. 대법원 2016. 6. 10. 선고 2013두1638 판결

**0663** ✕ 행정처분이 수익적인 처분이거나 신청에 의하여 신청 내용대로 이루어진 처분인 경우에는 처분 상대방의 권리나 법률상 보호되는 이익이 침해되었다고 볼 수 없으므로 달리 **특별한 사정**이 없는 한 처분의 상대방은 그 취소를 구할 이익이 없다. 대법원 1995. 5. 26. 선고 94누7324 판결

**0664** ○ 과세관청이 직권으로 상대방에 대한 소득처분을 경정하면서 일부 항목에 대한 증액과 다른 항목에 대한 감액을 동시에 한 결과 전체로서 **소득처분금액이 감소**된 경우에는 그에 따른 소득금액변동통지가 납세자인 당해 법인에 불이익을 미치는 처분이 아니므로 당해 법인은 그 소득금액변동통지의 취소를 구할 이익이 없다. 대법원 2012. 4. 13. 선고 2009두5510 판결

**0665** ○ 절차상 또는 형식상 하자로 인하여 무효인 행정처분이 있은 후 행정청이 관계 법령에서 정한 절차 또는 형식을 갖추어 다시 동일한 행정처분을 하였다면 당해 행정처분은 종전의 무효인 행정처분과 관계없이 **새로운** 행정처분이라고 보아야 한다. 대법원 2014. 3. 13. 선고 2012두1006 판결

**0666** ○ 행정처분에 그 효력기간이 정하여져 있는 경우, 그 처분의 효력 또는 집행이 정지된 바 없다면 위 **기간의 경과**로 그 행정처분의 효력은 상실되므로 그 기간 경과 후에는 그 처분이 외형상 잔존함으로 인하여 어떠한 법률상 이익이 침해되고 있다고 볼 만한 별다른 사정이 없는 한 그 처분의 취소를 구할 법률상의 이익이 없다. 대법원 2002. 7. 26. 선고 2000두7254 판결

**0667** ○ 행정청이 공무원에 대하여 **새로운 직위해제사유에 기한 직위해제처분**을 한 경우 그 이전에 한 직위해제처분은 이를 묵시적으로 철회하였다고 봄이 상당하므로, 그 이전 처분의 취소를 구하는 부분은 존재하지 않는 행정처분을 대상으로 한 것으로서 그 소의 이익이 없어 부적법하다. 대법원 2003. 10. 10. 선고 2003두5945 판결

□□□ **0668** 제재적 행정처분에서 정한 제재기간의 경과로 그 효과가 소멸되었으나, 부령인 시행규칙의 형식으로 정한 처분기준에서 제재적 행정처분을 받은 것을 가중사유나 전제요건으로 삼아 장래의 제재적 행정처분을 하도록 정하고 있는 경우, 선행처분인 제재적 행정처분을 받은 상대방은 그 처분에서 정한 제재기간이 경과하였더라도 그 처분의 취소를 구할 법률상 이익이 존재한다. 22. 군무원 9급 (          )

□□□ **0669** 장래의 제재적 가중처분 기준을 대통령령이 아닌 부령의 형식으로 정한 경우에는 이미 제재기간이 경과한 제재적 처분의 취소를 구할 법률상 이익이 인정되지 않는다. 16. 국가 9급 (          )

□□□ **0670** 가중요건이 법령에 규정되어 있는 경우, 업무정지처분을 받은 후 새로운 제재처분을 받음이 없이 법률이 정한 기간이 경과하여 실제로 가중된 제재처분을 받을 우려가 없어졌다면 특별한 사정이 없는 한 업무정지처분의 취소를 구할 법률상 이익이 인정되지 않는다. 19. 국가 9급 (          )

□□□ **0671** 취소소송 계속 중에 처분청이 계쟁 처분을 직권으로 취소하더라도, 동일한 소송 당사자 사이에서 그 처분과 동일한 사유로 위법한 처분이 반복될 위험성이 있어 그 처분에 대한 위법성의 확인이 필요한 경우에는 그 처분의 취소를 구할 소의 이익이 있다. 23. 국가 7급 (          )

□□□ **0672** 행정처분과 동일한 사유로 위법한 처분이 반복될 위험성이 있어 행정처분의 위법성 확인 내지 불분명한 법률문제에 대한 해명이 필요한 경우에는 취소를 구할 소의 이익을 인정할 수 있는데, 그 행정처분과 동일한 사유로 위법한 처분이 반복될 위험성이 있는 경우란 해당 사건의 동일한 소송당사자 사이에서 반복될 위험이 있는 경우만을 의미한다. 24. 군무원 9급 (          )

□□□ **0673** 교도소장이 영치품인 티셔츠 사용을 재소자에게 불허한 행위는 항고소송의 대상이 되는 행정처분에 해당한다. 17. 지방 9급 (          )

□□□ **0674** 수형자의 영치품에 대한 사용신청 불허처분 후 수형자가 다른 교도소로 이송된 경우 원래 교도소로의 재이송 가능성이 소멸되었으므로 그 불허처분의 취소를 구할 소의 이익이 없다. 17. 지방 9급 (          )

□□□ **0675** 학교법인 임원취임승인의 취소처분 후 그 임원의 임기가 만료되고 구 「사립학교법」 소정의 임원결격사유기간마저 경과한 경우에 취임승인이 취소된 임원은 취임승인취소처분의 취소를 구할 소의 이익이 없다. 18. 지방 9급 (          )

□□□ **0676** 대집행계고처분 취소소송의 변론이 종결되기 전에 대집행영장에 의한 통지절차를 거쳐 사실행위로서 대집행의 실행이 완료된 경우에는 계고처분의 취소를 구할 법률상의 이익이 없다. 19. 지방 9급 (          )

□□□ **0677** 도지사가 도에서 설치·운영하는 지방의료원을 폐업하겠다는 결정을 발표하고 그에 따라 폐업을 위한 일련의 조치를 한 경우, 폐업결정은 공권력의 행사로서 행정처분에 해당한다. 23. 소방 (          )

□□□ **0678** 배출시설에 대한 설치허가가 취소된 후 그 배출시설이 철거되어 다시 가동할 수 없는 상태라도 그 취소처분이 위법하다는 판결을 받아 손해배상청구소송에서 이를 원용할 수 있다면 배출시설의 소유자는 당해 처분의 취소를 구할 법률상 이익이 있다. 18. 지방 9급 (          )

## 정답 & OX 풀이

**0668** ○ 제재적 행정처분이 그 처분에서 정한 제재기간의 경과로 인하여 그 효과가 소멸되었으나, **부령인 시행규칙** 또는 지방자치단체의 규칙의 형식으로 정한 처분기준에서 제재적 행정처분을 받은 것을 **가중사유나 전제요건으로 삼아** 장래의 제재적 행정처분을 하도록 정하고 있는 경우, 선행처분인 제재적 행정처분을 받은 상대방이 그 처분에서 정한 제재기간이 경과하였다 하더라도 그 처분의 취소를 구할 법률상 이익이 있다. 대법원 2006. 6. 22. 선고 2003두1684 판결

**0669** ✕ 위 668번의 해설 내용 참고.

**0670** ○ 업무정지처분을 받은 후 새로운 업무정지처분을 받음이 없이 1년이 경과하여 **실제로 가중된 제재처분을 받을 우려가 없어졌다면** 위 처분에서 정한 정지기간이 경과한 이상 특별한 사정이 없는 한 그 처분의 취소를 구할 법률상 이익이 없다. 대법원 2000. 4. 21. 선고 98두10080 판결

**0671** ○ 행정처분의 무효 확인 또는 취소를 구하는 소가 제소 당시에는 소의 이익이 있어 적법하였는데, 소송계속 중 해당 행정처분이 기간의 경과 등으로 그 효과가 소멸된 때에 처분이 취소되어도 원상회복이 불가능하다고 보이는 경우라도, 무효 확인 또는 취소로써 회복할 수 있는 다른 권리나 이익이 남아 있거나 또는 그 행정처분과 동일한 사유로 **위법한 처분이 반복될 위험성**이 있어 행정처분의 위법성 확인 내지 **불분명한 법률문제에 대한 해명이 필요**한 경우에는 행정의 적법성 확보와 그에 대한 사법통제, 국민의 권리구제 확대 등의 측면에서 예외적으로 그 처분의 취소를 구할 소의 이익을 인정할 수 있다. 여기에서 '그 행정처분과 동일한 사유로 위법한 처분이 반복될 위험성이 있는 경우'란 불분명한 법률문제에 대한 해명이 필요한 상황에 대한 대표적인 **예시일 뿐**이며, 반드시 '해당 사건의 동일한 소송 당사자 사이에서' 반복될 위험이 있는 경우만을 의미하는 것은 아니다. 대법원 2020. 12. 24. 선고 2020두30450 판결

**0672** ✕ 위 671번의 해설 내용 참고.

**0673** ○ 수형자의 **영치품에 대한 사용신청 불허처분** 후 수형자가 **다른 교도소로 이송되었다 하더라도** 수형자의 권리와 이익의 침해 등이 해소되지 않은 점 등에 비추어, 위 영치품 사용신청 불허처분의 **취소를 구할 이익이 있다.** 대법원 2008. 2. 14. 선고 2007두13203 판결

**0674** ✕ 위 673번의 해설 내용 참고.

**0675** ✕ 학교법인 임원취임승인의 취소처분 후 그 임원의 **임기가 만료**되고 구 사립학교법 제22조 제2호 소정의 **임원결격사유기간마저 경과**한 경우 또는 위 취소처분에 대한 취소소송 제기 후 **임시이사가 교체**되어 새로운 임시이사가 선임된 경우, 위 취임승인취소처분 및 당초의 임시이사선임처분의 취소를 구할 소의 이익이 있다. 대법원 2007. 7. 19. 선고 2006두19297 판결

**0676** ○ 대집행계고처분 취소소송의 변론종결 전에 대집행영장에 의한 통지절차를 거쳐 사실행위로서 **대집행의 실행이 완료**된 경우에는 행위가 위법한 것이라는 이유로 손해배상이나 원상회복 등을 청구하는 것은 별론으로 하고 처분의 취소를 구할 법률상 이익은 없다. 대법원 1993. 6. 8. 선고 93누6164 판결

**0677** ○ **도지사의 폐업결정**은 행정청이 행하는 구체적 사실에 관한 법집행으로서의 공권력 행사로서 입원환자들과 소속 직원들의 권리·의무에 직접 영향을 미치는 것이므로 항고소송의 대상에 해당한다(주: 지방의료원을 폐업 전의 상태로 되돌리는 원상회복이 불가능하다는 이유로 소의 이익을 부정한 사례). 대법원 2016. 8. 30. 선고 2015두60617 판결

**0678** ✕ 소음·진동배출시설에 대한 설치허가가 취소된 후 그 배출시설이 어떠한 경위로든 철거되어 다시 복구 등을 통하여 배출시설을 가동할 수 없는 상태라면 이는 배출시설 설치허가의 대상이 되지 아니하므로 외형상 설치허가취소행위가 잔존하고 있다고 하여도 특단의 사정이 없는 한 이제 와서 굳이 위 처분의 취소를 구할 법률상의 이익이 없고, 설령 원고가 이 사건 처분이 위법하다는 점에 대한 판결을 받아 피고에 대한 **손해배상청구소송에서 이를 원용**할 수 있다거나 위 배출시설을 다른 지역으로 이전하는 경우 행정상의 편의를 제공받을 수 있는 이익이 있다 하더라도, 그러한 이익은 사실적·경제적 이익에 불과하여 이 사건 처분의 취소를 구할 법률상 이익에 해당하지 않는다. 대법원 2002. 1. 11. 선고 2000두2457 판결

□□□ **0679** 이전고시가 효력을 발생한 후에는 조합원 등이 관리처분계획의 취소 또는 무효확인을 구할 법률상 이익이 없다. 16. 국가 7급 (    )

□□□ **0680** 건축허가가 「건축법」에 따른 이격거리를 두지 아니하고 건축물을 건축하도록 되어 있어 위법하다 하더라도 건축이 완료되어 위법한 처분을 취소한다 하더라도 원상회복이 불가능한 경우에는 그 취소를 구할 법률상 이익이 없다. 16. 국가 9급 (    )

□□□ **0681** 건축허가취소처분을 받은 건축물 소유자는 그 건축물이 완공된 후에도 여전히 취소처분의 취소를 구할 법률상 이익을 가진다. 22. 서울시 7급 (    )

□□□ **0682** 지방의회 의원에 대한 제명의결 취소소송 계속 중 의원의 임기가 만료된 경우에도 여전히 제명의결의 취소를 구할 법률상 이익이 인정된다. 23. 국가 9급 (    )

□□□ **0683** 한국방송공사 사장에 대한 해임처분의 무효확인 또는 취소소송 계속 중 임기가 만료되어 그 해임처분의 무효확인 또는 취소로 그 지위를 회복할 수는 없더라도 해임처분일부터 임기만료일까지 기간에 대한 보수 지급을 구할 수 있는 경우에는 해임처분의 무효확인 또는 취소를 구할 법률상 이익이 있다.
14. 국가 9급 (    )

□□□ **0684** 파면처분 취소소송의 사실심 변론종결 전에 금고 이상의 형을 선고받아 당연퇴직된 경우에도 해당 공무원은 파면처분의 취소를 구할 이익이 있다. 21. 지방 9급 (    )

□□□ **0685** 사립학교 교원이 소청심사청구를 하여 해임처분의 효력을 다투던 중 형사판결 확정 등 당연퇴직사유가 발생하여 교원의 지위를 회복할 수 없는 경우, 해임처분이 취소되거나 변경되면 해임처분일부터 당연퇴직사유 발생일까지의 기간에 대한 보수 지급을 구할 수 있는 경우라도 소청심사청구를 기각한 교원소청심사위원회 결정의 취소를 구할 법률상 이익이 없다. 25. 군무원 9급 (    )

□□□ **0686** 개발제한구역 안에서의 공장설립을 승인한 처분이 위법하다는 이유로 쟁송취소되었다면, 설령 그 승인처분에 기초한 공장건축허가처분이 잔존하는 경우에도 인근 주민들에게는 공장건축허가처분의 취소를 구할 법률상 이익이 없다. 25. 변호사 (    )

□□□ **0687** 서울대학교 불합격처분의 취소를 구하는 소송계속 중 당해연도의 입학시기가 지난 경우에도 불합격처분의 취소를 구할 법률상의 이익이 있다. 14. 지방 7급 (    )

□□□ **0688** 공장등록이 취소된 후 그 공장시설물이 철거되었고 다시 복구를 통하여 공장을 운영할 수 없는 상태라 하더라도 대도시 안의 공장을 지방으로 이전할 경우 조세감면 및 우선입주 등의 혜택이 관계 법률에 보장되어 있다면, 공장등록취소처분의 취소를 구할 법률상 이익이 인정된다. 19. 국가 9급 (    )

□□□ **0689** 공익근무요원 소집해제신청을 거부한 후에 원고가 계속하여 공익근무요원으로 복무함에 따라 복무기간 만료를 이유로 소집해제처분을 한 경우, 원고는 거부처분의 취소를 구할 소의 이익이 있다.
21. 지방 9급 (    )

## 정답 & OX 풀이

**0679** O 이전고시가 효력을 발생한 후에는 조합원 등이 관리처분계획의 취소 또는 무효확인을 구할 법률상 이익이 없다. 대법원 2012. 5. 24. 선고 2009두22140 판결

**0680** O 건축허가가 건축법 소정의 이격거리를 두지 아니하고 건축물을 건축하도록 되어 있어 위법하다 하더라도 이미 **건축공사가 완료**되었다면 **인접한 대지의 소유자**로서는 위 건축허가처분의 취소를 구할 소의 이익이 없다. 대법원 1992. 4. 24. 선고 91누11131 판결

**0681** O **건축허가취소처분을 받은 건축물 소유자**는 그 건축물이 완공된 후에도 여전히 위 취소처분의 취소를 구할 법률상 이익을 가진다고 보아야 한다. 대법원 2015. 11. 12. 선고 2015두47195 판결

**0682** O (지방의회 의원에 대한 제명의결 취소소송 계속 중 의원의 **임기가 만료**된 사안에서) 제명의결의 취소로 의원의 지위를 회복할 수는 없다 하더라도 제명의결시부터 임기만료일까지의 기간에 대한 **월정수당의 지급**을 구할 수 있는 등 여전히 그 제명의결의 취소를 구할 법률상 이익이 있다. 대법원 2009. 1. 30. 선고 2007두13487 판결

**0683** O 해임처분 무효확인 또는 취소소송 계속 중 임기가 만료되어 해임처분의 무효확인 또는 취소로 지위를 회복할 수는 없다고 할지라도, 그 무효확인 또는 취소로 해임처분일부터 임기만료일까지 기간에 대한 **보수 지급**을 구할 수 있는 경우에는 해임처분의 무효확인 또는 취소를 구할 법률상 이익이 있다. 대법원 2012. 2. 23. 선고 2011두5001 판결

**0684** O 파면처분취소소송의 사실심변론종결전에 동원고가 허위공문서등작성 죄로 징역 8월에 2년간 집행유예의 형을 선고받아 확정되었다면 원고는 지방공무원법 제61조의 규정에 따라 위 판결이 확정된 날 당연퇴직되어 그 공무원의 신문을 상실하고, 당연퇴직이나 파면이 퇴직급여에 관한 불이익의 점에 있어 동일하다 하더라도 최소한도 이 사건 파면처분이 있은 때부터 위 법규정에 의한 당연퇴직일자까지의 기간에 있어서는 파면처분의 취소를 구하여 그로 인해 박탈당한 이익의 회복을 구할 소의 이익이 있다 할 것이다. 대법원 1985. 6. 25. 선고 85누39 판결

**0685** X 사립학교 교원이 소청심사청구를 하여 해임처분의 효력을 다투던 중 형사판결 확정 등 **당연퇴직**사유가 발생하여 교원의 지위를 회복할 수 없더라도, 해임처분이 취소되거나 변경되면 해임처분일부터 당연퇴직사유 발생일까지의 기간에 대한 **보수 지급**을 구할 수 있는 경우에는 소청심사청구를 기각한 교원소청심사위원회 결정의 취소를 구할 법률상 이익이 있다. 대법원 2024. 2. 8. 선고 2022두50571 판결

**0686** X **개발제한구역 안에서의 공장설립을 승인한 처분**이 위법하다는 이유로 **쟁송취소**되었다고 하더라도 그 승인처분에 기초한 공장건축허가처분이 잔존하는 이상, 인근 주민들은 여전히 **공장건축허가처분**의 취소를 구할 법률상 이익이 있다. 대법원 2018. 7. 12. 선고 2015두3485 판결

**0687** O 원고들이 불합격처분의 취소를 구하는 이 사건 소송계속 중 **당해연도의 입학시기가 지났더라도** 당해년도의 합격자로 인정되면 다음연도의 입학시기에 입학할 수도 있다고 할 것이고, (중략) 원고들로서는 피고의 불합격처분의 적법 여부를 다툴만한 법률상의 이익이 있다. 대법원 1990. 8. 28. 선고 89누8255 판결

**0688** O 공장등록이 취소된 후 그 공장시설물이 **철거**되었다 하더라도 대도시 안의 공장을 지방으로 이전할 경우 조세특례제한법상의 세액공제 및 소득세 등의 **감면혜택**이 있고, 공업배치 및 공장설립에 관한 법률상의 간이한 이전절차 및 우선 입주의 혜택이 있는 경우, 그 공장등록취소처분의 취소를 구할 법률상의 이익이 있다. 대법원 2002. 1. 11. 선고 2000두3306 판결

**0689** X 공익근무요원 소집해제신청을 거부한 후에 원고가 계속하여 공익근무요원으로 복무함에 따라 복무기간 만료를 이유로 **소집해제처분**을 한 경우, 원고가 입게 되는 권리와 이익의 침해는 소집해제처분으로 해소되었으므로 위 거부처분의 취소를 구할 소의 이익이 없다. 대법원 2005. 5. 13. 선고 2004두4369 판결

□□□ **0690** ★☆☆
사법시험 제2차 시험 불합격처분 이후 새로 실시된 제2차 및 제3차 시험에 합격한 자는 불합격처분의 취소를 구할 협의의 소익이 없다. 15. 국가 9급 (      )

□□□ **0691** ★☆☆
현역병 입영대상으로 병역처분을 받은 자가 그 취소소송 중 모병에 응하여 현역병으로 자진 입대한 경우 현역병 입영처분의 취소를 구하는 소송은 소의 이익이 없다. 14. 사회복지 (      )

□□□ **0692** ★★☆
현역입영대상자가 현역병입영통지처분에 따라 현실적으로 입영을 한 후에는 처분의 집행이 종료되었고 입영으로 처분의 목적이 달성되어 실효되었으므로 입영통지처분을 다툴 법률상 이익이 인정되지 않는다.
19. 국가 9급 (      )

□□□ **0693** ★★☆
고등학교졸업학력검정고시에 합격하였다 하더라도, 고등학교에서 퇴학처분을 받은 자는 퇴학처분의 취소를 구할 협의의 소익이 있다. 25. 지방 9급 (      )

□□□ **0694** ★★☆
행정청이 한 처분등의 취소를 구하는 것보다 실효적이고 직접적인 구제수단이 있음에도 처분등의 취소를 구하는 것은 특별한 사정이 없는 한 분쟁해결의 유효적절한 수단이라고 할 수 없어 법률상 이익이 없다. 23. 소방 (      )

□□□ **0695** ★★☆
거부처분이 행정심판의 재결을 통해 취소된 경우 재결에 따른 후속처분이 아니라 그 재결의 취소를 구하는 것은 분쟁해결의 유효적절한 수단이라고 할 수 없어 소의 이익이 없다. 20. 군무원 7급 (      )

## 정답 & OX 풀이 ✎

**0690** O 사법시험 제2차 시험에 관한 <u>불합격처분 이후에 새로이 실시된 제2차 및 제3차 **시험에 합격**</u>하였을 경우에는 더 이상 위 불합격처분의 취소를 구할 <u>법률상 이익이 없다</u>. 대법원 2007. 9. 21. 선고 2007두12057 판결

**0691** O 현역병입영대상자로 병역처분을 받은 자가 그 취소소송 중 <u>모병에 응하여</u> 현역병으로 **자진 입대**한 경우, 그 처분의 위법을 다툴 실제적 효용 내지 이익이 없으므로 <u>소의 이익이 없다</u>. 대법원 1998. 9. 8. 선고 98두9165 판결

**0692** X 현역입영대상자로서는 **현실적으로 입영**을 하였다고 하더라도, 입영 이후의 법률관계에 영향을 미치고 있는 현역병입영통지처분 등을 한 관할지방병무청장을 상대로 위법을 주장하여 그 <u>취소를 구할 소송상의 이익이 있다</u>(주: 자진 입대가 아니라 강제 징집된 사례). 대법원 2003. 12. 26. 선고 2003두1875 판결

**0693** O 고등학교졸업이 대학입학자격이나 학력인정으로서의 의미밖에 없다고 할 수 없으므로 <u>고등학교졸업학력**검정고시에 합격**</u>하였다 하여 고등학교 학생으로서의 신분과 명예가 회복될 수 없는 것이니 **퇴학처분**을 받은 자로서는 퇴학처분의 위법을 주장하여 그 취소를 구할 <u>소송상의 이익이 있다</u>. 대법원 1992. 7. 14. 선고 91누4737 판결

**0694** O 처분 등의 취소를 구하는 것보다 **실효적이고 직접적인 구제수단**이 있음에도 처분 등의 취소를 구하는 것은 특별한 사정이 없는 한 분쟁해결의 유효적절한 수단이라고 할 수 없어 <u>법률상 이익이 있다고 할 수 없다</u>. 대법원 2017. 10. 31. 선고 2015두45045 판결

**0695** O **거부처분이 재결에서 취소**된 경우 <u>재결에 따른 후속처분이 아니라 그 재결의 취소를 구하는 것</u>은 실효적이고 직접적인 권리 구제수단이 될 수 없어 분쟁해결의 유효적절한 수단이라고 할 수 없으므로 <u>법률상 이익이 없다</u>. 대법원 2017. 10. 31. 선고 2015두45045 판결

## 기출 지문 OX Check

□□□ 0696 취소소송은 다른 법률에 특별한 규정이 없는 한 그 처분 등을 행한 행정청을 피고로 한다.

18. 서울시 9급 (      )

★★☆
□□□ 0697 취소소송에서 피고가 될 수 있는 행정청에는 대외적으로 의사를 표시할 수 있는 기관이 아니더라도 국가나 공공단체의 의사를 실질적으로 결정하는 기관이 포함된다. 24. 국가 7급 (      )

★☆☆
□□□ 0698 상급행정청의 지시에 의해 하급행정청이 자신의 명의로 처분을 하였다면, 당해 처분에 대한 취소소송에서는 지시를 내린 상급행정청이 피고가 된다. 20. 국가 9급 (      )

★☆☆
□□□ 0699 취소소송은 다른 법률에 특별한 규정이 없는 한 그 처분등을 행한 행정청을 피고로 하지만, 처분등이 있은 뒤에 그 처분등에 관계되는 권한이 다른 행정청에 승계된 때에는 이를 승계한 행정청을 피고로 한다. 24. 지방 9급 (      )

★☆☆
□□□ 0700 「국가공무원법」에 따른 처분, 그 밖에 본인의 의사에 반한 불리한 처분이나 부작위에 관한 행정소송을 제기할 때에 대통령의 처분 또는 부작위의 경우에는 소속 장관을 피고로 한다. 19. 지방 9급 (      )

□□□ 0701 대통령의 검사임용처분에 대한 취소소송의 피고는 법무부장관이 된다. 18. 지방 9급 (      )

★☆☆
□□□ 0702 국회의장이 행한 처분의 경우 국회사무총장이 피고가 된다. 14. 지방 7급 (      )

★☆☆
□□□ 0703 헌법재판소장이 소속직원에게 내린 징계처분에 대한 취소소송의 피고는 헌법재판소 사무처장이 된다.

18. 지방 9급 (      )

★☆☆
□□□ 0704 권한의 위임이나 위탁을 받아 수임행정청이 자신의 명의로 한 처분에 관한 취소소송은 원칙적으로 수임행정청을 피고로 하여 제기하여야 한다. 24. 국가 7급 (      )

★☆☆
□□□ 0705 「국세징수법」에 근거하여 한국자산관리공사가 행하는 공매의 대행은 세무서장의 공매권한의 위임에 해당하므로 한국자산관리공사의 공매처분에 대한 취소소송에서 피고는 한국자산관리공사이다.

23. 국가 7급 (      )

★☆☆
□□□ 0706 에스에이치공사가 택지개발사업 시행자인 서울특별시장으로부터 이주대책 수립권한을 포함한 택지개발사업에 따른 권한을 위임 또는 위탁받은 경우, 에스에이치공사 명의로 이루어진 이주대책에 관한 처분에 대한 취소소송의 피고는 에스에이치공사이다. 25. 지방 7급 (      )

## 정답 & OX 풀이

0696 O 행정소송법 제13조(피고적격) ① 취소소송은 다른 법률에 특별한 규정이 없는 한 그 **처분등을 행한 행정청**을 피고로 한다.

0697 X '**행정청**'이라 함은 국가 또는 공공단체의 기관으로서 국가나 공공단체의 의견을 결정하여 **외부에 표시**할 수 있는 권한, 즉 처분권한을 가진 기관을 말하고, 대외적으로 의사를 표시할 수 있는 기관이 아닌 내부기관은 실질적인 의사가 그 기관에 의하여 결정되더라도 피고적격을 갖지 못한다. 대법원 2014. 5. 16. 선고 2014두274 판결

0698 X 항고소송은 원칙적으로 소송의 대상인 행정처분 등을 외부적으로 **그의 명의로** 행한 행정청을 피고로 하여야 하는 것으로서, 그 행정처분을 하게 된 연유가 상급행정청이나 타행정청의 지시나 통보에 의한 것이라 하여 다르지 않고, 권한의 위임이나 위탁을 받아 **수임행정청이 자신의 명의**로 한 처분에 관하여도 마찬가지이다. 대법원 2013. 2. 28. 선고 2012두22904 판결

0699 O 행정소송법 제13조(피고적격) ① 취소소송은 다른 법률에 특별한 규정이 없는 한 그 처분등을 행한 행정청을 피고로 한다. 다만, 처분등이 있은 뒤에 그 처분등에 관계되는 권한이 다른 행정청에 승계된 때에는 **이를 승계한 행정청**을 피고로 한다.

0700 O 국가공무원법 제16조(행정소송과의 관계)
① 제75조에 따른 처분, 그 밖에 본인의 의사에 반한 불리한 처분이나 부작위에 관한 행정소송은 소청심사위원회의 심사·결정을 거치지 아니하면 제기할 수 없다.
② 제1항에 따른 행정소송을 제기할 때에는 **대통령**의 처분 또는 부작위의 경우에는 **소속 장관**(대통령령으로 정하는 기관의 장을 포함한다. 이하 같다)을, 중앙선거관리위원회위원장의 처분 또는 부작위의 경우에는 중앙선거관리위원회사무총장을 각각 피고로 한다.

0701 O 위 700번의 해설 내용 참고.

0702 O 국회사무처법 제4조(사무총장) ③ 의장이 한 처분에 대한 행정소송의 피고는 사무총장으로 한다.

0703 O 헌법재판소법 제17조(사무처) ⑤ 헌법재판소장이 한 처분에 대한 행정소송의 피고는 **헌법재판소 사무처장**으로 한다.

0704 O 위 698번의 해설 내용 참고.

0705 O 한국자산관리공사가 체납압류된 재산을 공매하는 것은 세무서장의 **공매권한 위임**에 의한 것으로 보아야 할 것이므로, 한국자산관리공사가 한 그 공매처분에 대한 취소 등의 항고소송을 제기함에 있어서는 수임청으로서 실제로 공매를 행한 **한국자산관리공사**를 피고로 하여야 하고, 위임청인 세무서장은 피고적격이 없다. 대법원 1997. 2. 28. 선고 96누1757 판결

0706 O 에스에이치공사가 택지개발사업 시행자인 서울특별시장으로부터 이주대책 수립권한을 포함한 택지개발사업에 따른 권한을 위임 또는 위탁받은 경우, 이주대책 대상자들이 **에스에이치공사 명의로** 이루어진 이주대책에 관한 처분에 대한 취소소송을 제기함에 있어 정당한 **피고는 에스에이치공사가** 된다고 한 사례. 대법원 2007. 8. 23. 선고 2005두3776 판결

□□□ **0707** 환경부장관의 권한을 위임받은 서울특별시장이 내린 처분에 대한 취소소송의 피고는 서울특별시장이 된다. 18. 지방 9급 (      )

★★★
□□□ **0708** 행정처분을 행할 적법한 권한 있는 상급행정청으로부터 내부위임을 받은 데 불과한 하급행정청이 권한 없이 행정처분을 한 경우 실제로 그 처분을 행한 하급행정청을 피고로 하여야 할 것이지 그 처분을 행할 적법한 권한 있는 상급행정청을 피고로 할 것은 아니다. 24. 지방 9급 (      )

★★★
□□□ **0709** 권한의 대리가 있는 경우, 대리 행정청이 대리관계를 표시하고 피대리 행정청을 대리하여 행정처분을 한 때에는 대리 행정청이 피고로 되어야 한다. 24. 국가 7급 (      )

★★☆
□□□ **0710** 대리권을 수여받은 데 불과하여 그 자신의 명의로는 행정처분을 할 권한이 없는 행정청의 경우 대리관계를 밝힘이 없이 그 자신의 명의로 행정처분을 하였다면 그에 대하여는 처분명의자인 당해 행정청이 항고소송의 피고가 되어야 하는 것이 원칙이다. 18. 서울시 9급 (      )

★★☆
□□□ **0711** 대리권을 수여받은 행정기관이 대리관계를 명시적으로 밝히지 않고 자신의 명의로 처분을 하였다면, 비록 처분명의자가 피대리 행정청 산하의 행정기관으로서 실제로 피대리 행정청으로부터 대리권한을 수여받아 피대리 행정청을 대리한다는 의사로 행정처분을 하였고 처분명의자는 물론 그 상대방도 그 행정처분이 피대리 행정청을 대리하여 한 것임을 알고서 이를 받아들였다 하더라도 그 처분의 취소소송에서의 피고는 처분명의자인 대리 행정기관이 되어야 한다. 22. 지방 7급 (      )

★☆☆
□□□ **0712** 구 「저작권법」상 저작권등록처분에 대한 무효확인소송에서 저작권심의조정위원회위원장이 피고가 된다.
14. 지방 7급 (      )

★★★
□□□ **0713** 중앙노동위원회의 처분에 대한 항고소송의 피고는 중앙노동위원회 위원장이 된다. 23. 지방 7급 (      )

★☆☆
□□□ **0714** 지방의회의 지방의회의원에 대한 징계의결에 대한 항고소송의 피고는 지방의회의장이 된다.
15. 국가 9급 (      )

★★★
□□□ **0715** 조례가 집행행위의 개입 없이도 그 자체로서 직접 국민의 구체적인 권리·의무나 법적 이익에 영향을 미치는 등의 법률상 효과를 발생하는 경우 무효확인소송의 피고는 당해 조례를 통과시킨 지방의회가 된다. 24. 지방 9급 (      )

★☆☆
□□□ **0716** 교육·학예에 관한 도의회의 조례에 대한 항고소송의 피고는 도의회가 된다. 15. 국가 9급 (      )

★☆☆
□□□ **0717** 서훈은 서훈대상자의 특별한 공적에 의하여 수여되는 고도의 일신전속적 성격을 가지는 것이므로 유족이라고 하더라도 처분의 상대방이 될 수 없다. 23. 국가 9급 (      )

★☆☆
□□□ **0718** 건국훈장 독립장이 수여된 망인에 대한 서훈취소를 국무회의에서 의결하고 대통령이 결재함으로써 서훈취소가 결정된 후에 국가보훈처장이 망인의 유족에게 독립유공자 서훈취소결정 통보를 하였다면 서훈취소처분 취소소송에서의 피고적격은 국가보훈처장에 있다. 23. 국가 9급 (      )

**정답 & OX 풀이**

0707  O  앞쪽의 698번의 해설 내용 참고.

0708  O  행정처분을 행할 적법한 권한 있는 상급행정청으로부터 **내부위임**을 받은 데 불과한 하급행정청이 **권한 없이 행정처분**을 한 경우에도 실제로 그 처분을 행한 **하급행정청을 피고**로 하여야 할 것이지 그 처분을 행할 적법한 권한 있는 상급행정청을 피고로 할 것은 아니다. 대법원 1994. 8. 12. 선고 94누2763 판결

0709  X  대리기관이 **대리관계를 표시**하고 피대리 행정청을 대리하여 행정처분을 한 때에는 **피대리 행정청**이 피고로 되어야 한다. 대법원 2018. 10. 25. 선고 2018두43095 판결

0710  O  대리권을 수여받은 데 불과하여 그 자신의 명의로는 행정처분을 할 권한이 없는 행정청의 경우 **대리관계를 밝힘이 없이 그 자신의 명의로** 행정처분을 하였다면 그에 대하여는 **처분명의자인 당해 행정청**이 항고소송의 피고가 되어야 하는 것이 원칙이지만, 비록 대리관계를 명시적으로 밝히지는 아니하였다 하더라도 처분명의자가 피대리 행정청 산하의 행정기관으로서 실제로 피대리 행정청으로부터 대리권한을 수여받아 피대리 행정청을 **대리한다는 의사로** 행정처분을 하였고 처분명의자는 물론 그 상대방도 그 행정처분이 피대리 행정청을 대리하여 한 것임을 **알고서** 이를 받아들인 예외적인 경우에는 **피대리 행정청이 피고**가 되어야 한다. 대법원 2006. 2. 23.자 2005부4 결정

0711  X  위 710번의 해설 내용 참고.

0712  X  저작권 등록처분에 대한 무효확인소송에서 피고적격은 저작권 등록업무의 처분청인 '**저작권심의조정위원회**'가 가진다. 대법원 2009. 7. 9. 선고 2007두16608 판결

0713  O  노동위원회법 제27조(중앙노동위원회의 처분에 대한 소송) ① 중앙노동위원회의 처분에 대한 소송은 **중앙노동위원회 위원장**을 피고로 하여 처분의 송달을 받은 날부터 15일 이내에 제기하여야 한다.

0714  X  지방의회의원에 대한 징계의결은 지방의회의장이 단독으로 행하는 것이 아닌 의원들이 의결하여 의회에서 행하는 것이므로, 그 징계의결에 대한 항고소송의 피고도 지방의회의장이 되는 것이 아닌 그 의결을 한 **지방의회**가 된다.

0715  X  **조례에 대한 무효확인소송**을 제기함에 있어서 행정소송법에 의하여 피고적격이 있는 처분등을 행한 행정청은, 행정주체인 지방자치단체 또는 지방자치단체의 내부적 의결기관으로서 지방자치단체의 의사를 외부에 표시한 권한이 없는 지방의회가 아니라, 구 지방자치법에 의하여 지방자치단체의 집행기관으로서 조례로서의 효력을 발생시키는 공포권이 있는 **지방자치단체의 장**이다. 대법원 1996. 9. 20. 선고 95누8003 판결

0716  X  시·도의 교육·학예에 관한 사무의 집행기관은 시·도 교육감이고 시·도 교육감에게 지방교육에 관한 조례안의 공포권이 있다고 규정되어 있으므로, **교육**에 관한 조례의 무효확인소송을 제기함에 있어서는 그 집행기관인 **시·도 교육감**을 피고로 하여야 한다. 대법원 1996. 9. 20. 선고 95누8003 판결

0717  O  **서훈**은 어디까지나 서훈대상자 본인의 공적과 영예를 기리기 위한 것이므로 비록 유족이라고 하더라도 제3자는 서훈수여 처분의 상대방이 될 수 없고, (중략) 이러한 서훈의 **일신전속적** 성격은 **서훈취소**의 경우에도 마찬가지이므로, 망인에게 수여된 서훈의 취소에서도 유족은 그 처분의 상대방이 되는 것이 아니다. 대법원 2014. 9. 26. 선고 2013두2518 판결

0718  X  (국무회의에서 건국훈장 독립장이 수여된 망인에 대한 서훈취소를 의결하고 대통령이 결재함으로써 서훈취소가 결정된 후 국가보훈처장이 망인의 유족에게 '독립유공자 서훈취소결정 통보'를 하자 유족이 국가보훈처장을 상대로 서훈취소결정의 무효 확인 등의 소를 제기한 사안에서) 유족이 서훈취소 처분을 행한 행정청(대통령)이 아니라 국가보훈처장을 상대로 제기한 위 소는 피고를 잘못 지정한 경우에 해당한다. 대법원 2014. 9. 26. 선고 2013두2518 판결

□□□ **0719** 「행정소송법」상 원고가 피고를 잘못 지정한 때에는 법원은 원고의 신청에 의하여 결정으로써 피고의 경정을 허가할 수 있다. 24. 지방 9급 (    )

□□□ **0720** 「행정소송법」 제14조에 의한 피고경정은 사실심변론종결시까지 허용된다. 23. 국회 9급 (    )

★☆☆
□□□ **0721** 취소소송에서 원고가 처분청 아닌 행정관청을 피고로 잘못 지정한 경우, 법원은 석명권의 행사 없이 소송요건의 불비를 이유로 소를 각하할 수 있다. 20. 국가 9급 (    )

★☆☆
□□□ **0722** 제소기간의 적용에 있어 '처분이 있음을 안 날'이란 처분의 존재를 현실적으로 안 날을 의미하는 것이 아니라 처분의 위법 여부를 인식한 날을 말한다. 23. 변호사 (    )

□□□ **0723** 처분서가 처분상대방의 주소지에 송달되는 등 사회통념상 처분이 있음을 처분상대방이 알 수 있는 상태에 놓인 때에는 반증이 없는 한 처분상대방이 처분이 있음을 알았다고 추정할 수 있다. 23. 변호사 (    )

★★☆
□□□ **0724** '처분이 있음을 안 날'은 처분이 있었다는 사실을 현실적으로 안 날을 의미하므로, 처분서를 송달받기 전 정보공개청구를 통하여 처분을 하는 내용의 일체의 서류를 교부받았다면 그 서류를 교부받은 날부터 제소기간이 기산된다. 21. 국가 9급 (    )

★★☆
□□□ **0725** 특정인에 대한 행정처분을 주소불명 등의 이유로 송달할 수 없어 관보·공보·게시판·일간신문 등에 공고한 경우에는, 공고가 효력을 발생하는 날에 상대방이 그 행정처분이 있음을 알았다고 보아야 한다. 25. 국가 7급 (    )

★★☆
□□□ **0726** 고시 또는 공고에 의하여 행정처분을 하는 경우 그 행정처분에 이해관계를 갖는 사람이 고시 또는 공고가 있었다는 사실을 현실적으로 알았는지 여부에 관계없이 고시 또는 공고가 효력을 발생한 날에 행정처분이 있음을 알았다고 보아야 한다. 25. 국가 7급 (    )

★★★
□□□ **0727** 행정청이 법정 심판청구기간보다 긴 기간으로 잘못 알린 경우에 그 잘못 알린 기간 내에 심판청구가 있으면 그 심판청구는 법정 심판청구기간 내에 제기된 것으로 본다는 취지의 「행정심판법」의 규정은 행정소송 제기에도 당연히 적용되는 규정이라고 할 수는 없다. 25. 국가 9급 (    )

★★★
□□□ **0728** 처분시에 행정청으로부터 행정심판 제기기간에 관하여 법정 심판청구기간보다 긴 기간으로 잘못 통지받은 경우에 보호할 신뢰 이익은 그 통지받은 기간 내에 행정소송을 제기한 경우에까지 확대되지 않는다. 22. 지방 9급 (    )

★★☆
□□□ **0729** 처분청이 처분을 하면서 행정심판 제기기간에 관하여 법정 심판청구기간보다 긴 기간으로 잘못 알렸다면 그 잘못 알린 기간 내에 제기된 항고소송은 「행정소송법」상 법정 제소기간을 도과하였더라도 제소기간을 준수한 것으로 본다. 25. 소방간부 (    )

□□□ **0730** 제3자효 행정행위의 경우 제3자가 어떠한 경위로든 행정처분이 있음을 안 이상 그 처분이 있음을 안 날로부터 90일 이내에 취소소송을 제기하여야 한다. 12. 지방 9급 (    )

# 정답 & OX 풀이

**0719** O 행정소송법 제14조(피고경정) ① 원고가 피고를 잘못 지정한 때에는 법원은 **원고의 신청**에 의하여 결정으로써 피고의 경정을 허가할 수 있다.

**0720** O 행정소송규칙 제6조(피고경정) 법 제14조제1항에 따른 피고경정은 **사실심 변론을 종결**할 때까지 할 수 있다.

**0721** X 원고가 피고를 잘못 지정하였다면 법원으로서는 당연히 **석명권**을 행사하여 원고로 하여금 피고를 경정하게 하여 소송을 진행케 하였어야 할 것임에도 불구하고 이러한 조치를 취하지 아니한 채 피고의 지정이 잘못되었다는 이유로 소를 각하한 것이 위법하다. 대법원 2004. 7. 8. 선고 2002두7852 판결

**0722** X 행정소송법 제20조 제2항 소정의 제소기간 기산점인 '**처분이 있음을 안 날**'이란 통지, 공고 기타의 방법에 의하여 당해 처분이 있었다는 사실을 **현실적으로 안 날**을 의미하고 구체적으로 그 행정처분의 위법 여부를 판단한 날을 가리키는 것은 아니다. 대법원 1991. 6. 28. 선고 90누6521 판결

**0723** O 처분서가 처분상대방의 주소지에 송달되는 등 사회통념상 처분이 있음을 처분상대방이 **알 수 있는 상태**에 놓인 때에는 반증이 없는 한 처분상대방이 처분이 있음을 **알았다고 추정**할 수 있다. 대법원 2017. 3. 9. 선고 2016두60577 판결

**0724** X 상대방이 통보서를 **송달받기 전**에 자신의 의무기록에 관한 정보공개를 청구하여 위 처분을 하는 내용의 통보서를 비롯한 일체의 서류를 교부받은 날부터 제소기간을 기산하여 위 소는 90일이 지난 후 제기한 것으로서 부적법하다고 본 원심판결에는 법리를 오해한 위법이 있다. 대법원 2014. 9. 25. 선고 2014두8254 판결

**0725** X **특정인에 대한** 행정처분을 주소불명 등의 이유로 송달할 수 없어 관보·공보·게시판·일간신문 등에 공고한 경우에는, 공고가 효력을 발생하는 날에 상대방이 그 행정처분이 있음을 알았다고 볼 수는 없고, 상대방이 당해 처분이 있었다는 사실을 **현실적으로 안 날**에 그 처분이 있음을 알았다고 보아야 한다. 대법원 2006. 4. 28. 선고 2005두14851 판결

**0726** O 통상 **고시 또는 공고**에 의하여 행정처분을 하는 경우에는 그 **처분의 상대방이 불특정 다수인**이고, 그 처분의 효력이 불특정 다수인에게 일률적으로 적용되는 것이므로, 그에 대한 행정심판 청구기간도 그 행정처분에 이해관계를 갖는 자가 고시 또는 공고가 있었다는 사실을 **현실적으로 알았는지 여부에 관계없이 고시가 효력을 발생하는 날**인 고시 또는 공고가 있은 후 5일이 경과한 날에 행정처분이 있음을 알았다고 보아야 한다. 대법원 2000. 9. 8. 선고 99두11257 판결

**0727** O [1] 행정청이 법정 심판청구기간보다 **긴 기간으로 잘못 알린 경우**에 그 잘못 알린 기간 내에 심판청구가 있으면 그 심판청구는 법정 심판청구기간 내에 제기된 것으로 본다는 취지의 **행정심판법** 제18조 제5항의 규정은 행정심판 제기에 관하여 적용되는 규정이지, **행정소송** 제기에도 당연히 적용되는 규정이라고 할 수는 **없다**.
　[2] 행정처분 시나 그 이후 행정청으로부터 행정심판 제기기간에 관하여 법정 심판청구기간보다 긴 기간으로 잘못 통지받은 경우에 보호할 **신뢰 이익**은 그 통지받은 기간 내에 행정심판을 제기한 경우에 한하는 것이지 **행정소송**을 제기한 경우에까지 **확대된다고 할 수 없다**. 대법원 2001. 5. 8. 선고 2000두6916 판결

**0728** O 위 727번의 해설 내용 참고.

**0729** X 위 727번의 해설 내용 참고.

**0730** O 행정처분의 상대방이 아닌 제3자는 일반적으로 처분이 있는 것을 바로 알 수 없는 처지에 있으므로 처분이 있은 날로부터 180일이 경과하더라도 특별한 사유가 없는 한 구 행정심판법 제18조 제3항 단서 소정의 정당한 사유가 있는 것으로 보아 심판청구가 가능하나, 그 **제3자**가 어떤 경위로든 행정**처분이 있음을 알았거나** 쉽게 알 수 있는 등 행정심판법 소정의 심판청구기간 내에 심판청구가 가능하였다는 사정이 있는 경우에는 그 때로부터 60일(주: 현행법상 90일) 이내에 행정심판을 청구하여야 한다. 대법원 1996. 9. 6. 선고 95누16233 판결

□□□ **0731** 행정청이 행정심판청구를 할 수 있다고 잘못 알려 행정심판청구를 한 경우에는 재결서 정본을 송달받은 날이 아닌 처분이 있음을 안 날로부터 제소기간이 기산된다. 21. 국가 9급 (    )

★☆☆
□□□ **0732** 처분의 불가쟁력이 발생하였고 그 이후에 행정청이 당해 처분에 대해 행정심판청구를 할 수 있다고 잘 못 알렸다면, 그 처분의 취소소송의 제소기간은 행정심판의 재결서를 받은 날부터 기산한다.
17. 지방 9급 (    )

★☆☆
□□□ **0733** 처분이 있음을 안 날부터 90일을 넘겨 청구한 부적법한 행정심판청구에 대한 재결이 있은 후 재결서를 송달받은 날부터 90일 이내에 원래의 처분에 대하여 취소소송을 제기하였다고 하여 취소소송이 다시 제소기간을 준수한 것으로 되는 것은 아니다. 25. 국가 9급 (    )

★☆☆
□□□ **0734** 행정청이 영업자에게 행정제재를 한 후 그 처분을 영업자에게 유리하게 변경하였고 그 변경처분에 의해 유리하게 변경된 내용의 행정제재가 위법하다고 소를 제기한 경우 제소기간의 준수 여부는 변경처분을 기준으로 판단한다. 23. 소방간부 (    )

★☆☆
□□□ **0735** 납세자의 이의신청에 의한 재조사결정에 따른 행정소송의 제소기간은 이의신청인 등이 재결청으로부터 재조사결정의 통지를 받은 날부터 기산한다. 17. 지방 9급 (    )

□□□ **0736** 처분 당시에는 취소소송의 제기가 법제상 허용되지 않아 소송을 제기할 수 없다가 위헌결정으로 인하여 비로소 취소소송을 제기할 수 있게 된 경우 객관적으로는 위헌결정이 있은 날, 주관적으로는 위헌결정이 있음을 안 날을 제소기간의 기산점으로 삼아야 한다. 15. 국회 8급 (    )

★★☆
□□□ **0737** 무효인 처분에 대해 무효선언을 구하는 취소소송을 제기하는 경우에는 제소기간의 제한이 없다.
22. 지방 9급 (    )

★★★
□□□ **0738** 취소소송의 제소기간에 관한 규정은 부작위위법확인소송에 준용되지 않으므로 행정심판 등 전심절차를 거친 경우에도 부작위위법확인소송에 있어서는 제소기간의 제한을 받지 않는다. 25. 국가 9급 (    )

★☆☆
□□□ **0739** 당사자소송에는 취소소송의 제소기간에 관한 규정이 준용되지 않으나, 법령에 제소기간이 정해져 있는 경우에 그 기간은 불변기간이다. 25. 국가 9급 (    )

□□□ **0740** 「도로교통법」에 따른 처분에 대해서는 행정심판의 재결을 거치지 아니하면 취소소송을 제기할 수 없다.
25. 군무원 9급 (    )

★☆☆
□□□ **0741** 「부가가치세법」상 과세처분의 무효선언을 구하는 의미에서 그 취소를 구하는 소송은 전심절차를 거칠 필요가 없다. 14. 사회복지 (    )

★☆☆
□□□ **0742** 필요적 행정심판전치주의가 적용되는 경우 처분의 집행 또는 절차의 속행으로 생길 중대한 손해를 예방하여야 할 긴급한 필요가 있는 때에는 재결을 거치지 아니하고 취소소송을 제기할 수 있으나, 이 경우에도 행정심판은 제기하여야 한다. 14. 사회복지 (    )

정답 & OX 풀이

0731 ✕ 행정소송법 제20조(제소기간) ① 취소소송은 처분등이 있음을 안 날부터 90일 이내에 제기하여야 한다. 다만, 제18조제1항 단서에 규정한 경우와 그 밖에 행정심판청구를 할 수 있는 경우 또는 행정청이 행정심판청구를 할 수 있다고 **잘못 알린** 경우에 행정심판청구가 있은 때의 기간은 **재결서의 정본을 송달받은 날부터** 기산한다.

0732 ✕ 이미 제소기간이 지남으로써 **불가쟁력이 발생**하여 불복청구를 할 수 없었던 경우라면 그 이후에 행정청이 행정심판청구를 할 수 있다고 **잘못 알렸다고 하더라도** 그 때문에 처분 상대방이 적법한 제소기간 내에 취소소송을 제기할 수 있는 기회를 상실하게 된 것은 아니므로 이러한 경우에 잘못된 안내에 따라 청구된 행정심판 재결서 정본을 송달받은 날부터 다시 취소소송의 제소기간이 기산되는 것은 아니다. 불가쟁력이 발생하여 더 이상 불복청구를 할 수 없는 처분에 대하여 행정청의 잘못된 안내가 있었다고 하여 처분 상대방의 불복청구 권리가 새로이 생겨나거나 부활한다고 볼 수는 없기 때문이다. 대법원 2012. 9. 27. 선고 2011두27247 판결

0733 ○ 처분이 있음을 **안 날부터 90일을 넘겨 청구한 부적법한** 행정심판청구에 대한 재결이 있은 후 재결서를 송달받은 날부터 90일 이내에 원래의 처분에 대하여 취소소송을 제기하였다고 하여 **취소소송이 다시 제소기간을 준수한 것으로 되는 것은 아니다**. 대법원 2011. 11. 24. 선고 2011두18786 판결

0734 ✕ 변경처분에 의하여 유리하게 변경된 내용의 행정제재가 위법하다 하여 그 취소를 구하는 경우 그 취소소송의 대상은 변경된 내용의 당초 처분이지 변경처분은 아니고, 제소기간의 준수 여부도 변경처분이 아닌 **변경된 내용의 당초 처분을 기준으로 판단**하여야 한다. 대법원 2007. 4. 27. 선고 2004두9302 판결

0735 ✕ 재조사결정은 처분청의 후속 처분에 의하여 그 내용이 보완됨으로써 이의신청 등에 대한 결정으로서의 효력이 발생한다고 할 것이므로, 재조사결정에 따른 심사청구기간이나 심판청구기간 또는 행정소송의 제소기간은 이의신청인 등이 **후속 처분의 통지를 받은 날부터** 기산된다고 봄이 상당하다. 대법원 2010. 6. 25. 선고 2007두12514 판결

0736 ○ 처분 당시에는 취소소송의 제기가 법제상 허용되지 않아 소송을 제기할 수 없다가 위헌결정으로 인하여 비로소 취소소송을 제기할 수 있게 된 경우, 객관적으로는 '**위헌결정이 있은 날**', 주관적으로는 '**위헌결정이 있음을 안 날**' 비로소 취소소송을 제기할 수 있게 되어 이때를 제소기간의 기산점으로 삼아야 한다. 대법원 2008. 2. 1. 선고 2007두20997 판결

0737 ✕ 행정처분의 당연무효를 선언하는 의미에서 취소를 구하는 행정소송을 제기한 경우에도 제소기간의 준수 등 취소소송의 제소요건을 갖추어야 한다. 대법원 1993. 3. 12. 선고 92누11039 판결

0738 ✕ 부작위위법확인의 소는 부작위상태가 계속되는 한 그 위법의 확인을 구할 이익이 있다고 보아야 하므로 원칙적으로 제소기간의 제한을 받지 않는다. 그러나 행정소송법 제38조 제2항이 제소기간을 규정한 같은 법 제20조를 부작위위법확인소송에 준용하고 있는 점에 비추어 보면, 행정심판 등 **전심절차를 거친 경우**에는 행정소송법 제20조가 정한 **제소기간 내에** 부작위위법확인의 소를 제기하여야 한다. 대법원 2009. 7. 23. 선고 2008두10560 판결

0739 ○ 행정소송법 제41조(제소기간) 당사자소송에 관하여 법령에 제소기간이 정하여져 있는 때에는 그 기간은 **불변기간으로** 한다.

0740 ○ 도로교통법 제142조(행정소송과의 관계) 이 법에 따른 처분으로서 해당 처분에 대한 행정소송은 행정심판의 재결을 거치지 아니하면 제기할 수 없다(주: 도로교통법에 따른 처분에 대해서는 행정심판 전치주의가 적용됨).

0741 ✕ **과세처분**에 대한 불복에 대해서는 국세기본법에 따라 취소소송을 제기하기 전에 반드시 심사청구 또는 심판청구절차를 거쳐야 한다(행정심판 **전치주의가 적용됨**). 한편, 행정심판 전치주의는 무효등확인소송에는 적용되지 않으나, **무효선언을 구하는 취소소송**의 경우 그 형식이 취소소송이므로 행정심판 **전치주의가 적용**된다. 따라서 과세처분의 무효선언을 구하는 의미에서 그 취소를 구하는 소송은 먼저 전심절차를 거쳐야 한다.

0742 ○ 행정소송법 제18조(행정심판과의 관계) ② 제1항 단서의 경우에도 다음 각호의 1에 해당하는 사유가 있는 때에는 행정심판의 **재결을 거치지 아니하고** 취소소송을 제기할 수 있다.
2. 처분의 집행 또는 절차의 속행으로 생길 중대한 손해를 예방하여야 할 긴급한 필요가 있는 때

□□□ **0743** 동종사건에 관하여 이미 행정심판의 기각재결이 있는 경우, 「행정소송법」상 필요적 전치주의가 적용되더라도, 행정심판을 청구하여야 하나 당해 처분에 대한 행정심판의 재결을 거치지 아니하고 취소소송을 제기할 수 있다. 17. 지방 9급 (        )

□□□ **0744** 기간경과 등의 부적법한 심판제기가 있었고, 행정심판위원회가 각하하지 않고 기각재결을 한 경우는 심판전치의 요건이 구비된 것으로 볼 수 있다. 17. 국가 7급 (        )

□□□ **0745** 필요적 행정심판전치주의가 적용되는 경우 행정심판전치 요건은 사실심 변론종결시까지 충족하면 된다.
14. 사회복지 (        )

□□□ **0746** 행정심판절차에서 주장하지 아니한 사항에 대해서도 원고는 취소소송에서 주장할 수 있다.
13. 국가 7급 (        )

□□□ **0747** 원고가 전심절차에서 주장하지 아니한 처분의 위법사유를 소송절차에서 새롭게 주장하였다고 하여 다시 그 처분에 대하여 별도의 전심절차를 거쳐야 하는 것은 아니다. 미출 (        )

□□□ **0748** 소청심사결정의 취소를 구하는 소송에서 소청심사단계에서 이미 주장된 사유만을 행정소송에서 판단대상으로 삼을 것은 아니고 소청심사결정 후에 생긴 사유가 아닌 이상 소청심사단계에서 주장하지 않은 사유도 행정소송에서 주장하는 것이 가능하다. 21. 국회 8급 (        )

□□□ **0749** 취소소송의 제1심 관할법원은 피고의 소재지를 관할하는 행정법원으로 함을 원칙으로 한다.
14. 국회 8급 (        )

□□□ **0750** 국가의 사무를 위임 또는 위탁 받은 공공단체 또는 그 장에 대하여 취소소송을 제기하는 경우에는 대법원 소재지를 관할하는 행정법원에 제기할 수 있다. 15. 서울시 7급 (        )

□□□ **0751** 토지의 수용에 대한 취소소송은 그 부동산 소재지를 관할하는 행정법원에 이를 제기할 수 있다.
23. 군무원 7급 (        )

□□□ **0752** 토지의 수용 기타 부동산 또는 특정의 장소에 관계되는 처분 등에 대한 취소소송은 그 부동산 또는 장소의 소재지를 관할하는 행정법원에 제기해야 하므로, 민사소송법상의 합의관할 및 변론관할에 관한 규정은 적용되지 않는다. 10. 국가 7급 (        )

□□□ **0753** 원고가 고의 또는 중대한 과실 없이 행정소송으로 제기하여야 할 사건을 민사소송으로 잘못 제기한 경우, 수소법원으로서는 만약 그 행정소송에 대한 관할도 동시에 가지고 있다면 이를 행정소송으로 심리·판단하여야 하고, 그 행정소송에 대한 관할을 가지고 있지 아니하다면 관할법원에 이송하여야 한다.
21. 군무원 9급 (        )

□□□ **0754** 원고가 고의 또는 중대한 과실 없이 행정소송으로 제기하여야 할 사건을 민사소송으로 잘못 제기한 경우, 행정소송에 대한 관할을 가지고 있지 아니한 수소법원은 당해 소송이 행정소송으로서의 제소기간을 도과한 것이 명백하더라도 관할법원에 이송하여야 한다. 22. 지방 7급 (        )

## 정답 & OX 풀이

**0743** ✕ 행정소송법 제18조(행정심판과의 관계) ③ 제1항 단서의 경우에 다음 각 호의 1에 해당하는 사유가 있는 때에는 <u>행정심판을 제기</u><u>함이 없이</u> 취소소송을 제기할 수 있다.
1. 동종사건에 관하여 이미 행정심판의 기각재결이 있은 때

**0744** ✕ 행정처분의 취소를 구하는 항고소송의 전심절차인 행정심판청구가 기간도과로 인하여 **부적법**한 경우에는 행정소송 역시 **전치**<br>**의 요건을 충족치 못한 것**이 되어 부적법 각하를 면치 못하는 것이고, 이 점은 <u>행정청이 행정심판의 제기기간을 도과한 부적법</u><br><u>한 심판에 대하여 그 부적법을 간과한 채 실질적 재결을 하였다 하더라도 달라지는 것이 아니다.</u> 대법원 1991. 6. 25. 선고 90누<br>8091 판결

**0745** ○ <u>전심절차를 밟지 아니한 채 증여세부과처분취소소송을 제기하였다면 제소당시로 보면 전치요건을 구비하지 못한 위법이 있다</u><br>할 것이지만, <u>소송계속 중 심사청구 및 심판청구를 하여 각 기각결정을 받았다면 원심</u>**변론종결일 당시에는** 위와 같은 전치요건<br>흠결의 하자는 치유되었다고 볼 것이다. 대법원 1987. 4. 28. 선고 86누29 판결

**0746** ○ 항고소송에 있어서 원고는 **전심절차에서 주장하지 아니한** 공격방어방법을 소송절차에서 주장할 수 있고 법원은 이를 심리하여<br>행정처분의 적법 여부를 판단할 수 있는 것이므로, <u>원고가 전심절차에서 주장하지 아니한 처분의 위법사유를 소송절차에서 새</u><br>롭게 주장하였다고 하여 다시 그 처분에 대하여 **별도의 전심절차를 거쳐야 하는 것은 아니다.** 대법원 1996. 6. 14. 선고 96누754<br>판결

**0747** ○ 위 746번의 해설 내용 참고.

**0748** ○ 교원소청심사위원회가 한 결정의 취소를 구하는 소송에서 그 결정의 적부는 결정이 이루어진 시점을 기준으로 판단하여야 하지<br>만, 그렇다고 하여 소청심사 단계에서 이미 주장된 사유만을 행정소송의 판단대상으로 삼을 것은 아니다. 따라서 소청심사 결정<br>후에 생긴 사유가 아닌 이상 **소청심사 단계에서 주장하지 아니한 사유도** 행정소송에서 주장할 수 있고, 법원도 이에 대하여<br>심리·판단할 수 있다. 대법원 2018. 7. 12. 선고 2017두65821 판결

**0749** ○ 행정소송법 제9조(재판관할) ① 취소소송의 <u>제1심 관할법원은</u> **피고의 소재지를** 관할하는 행정법원으로 한다.

**0750** ○ 행정소송법 제9조(재판관할) ② 제1항에도 불구하고 다음 각 호의 어느 하나에 해당하는 피고에 대하여 취소소송을 제기하는<br>경우에는 **대법원 소재지를** 관할하는 행정법원에 제기할 수 있다.
1. 중앙행정기관, 중앙행정기관의 부속기관과 합의제행정기관 또는 그 장
2. 국가의 사무를 위임 또는 위탁받은 공공단체 또는 그 장

**0751** ○ 행정소송법 제9조(재판관할) ③ 토지의 수용 기타 부동산 또는 특정의 장소에 관계되는 처분등에 대한 취소소송은 <u>그 **부동산**</u><br><u>또는 **장소**의 소재지를</u> 관할하는 행정법원에 이를 제기할 수 있다.

**0752** ✕ <u>토지관할은 임의관할이므로</u> 민사소송법상의 합의관할 및 변론관할에 관한 규정이 적용될 수 있다.

**0753** ○ 원고가 <u>고의 또는 중대한 과실 없이 행정소송으로 제기하여야 할 사건을 민사소송으로 잘못 제기한 경우</u>, 수소법원으로서는<br>만약 그 행정소송에 대한 **관할도 동시에 가지고 있다면** 이를 **행정소송으로 심리·판단**하여야 하고, 그 행정소송에 대한 **관할을**<br>**가지고 있지 아니**하다면 관할법원에 **이송**하여야 한다. 다만 해당 소송이 이미 행정소송으로서의 전심절차 및 제소기간을 도과<br>하였거나 행정소송의 대상이 되는 처분 등이 존재하지도 아니한 상태에 있는 등 **행정소송으로서의 소송요건을 결하고 있음이**<br>**명백**하여 행정소송으로 제기되었더라도 어차피 부적법하게 되는 경우에는 <u>이송할 것이 아니라 **각하**하여야 한다.</u> 대법원 2020.<br>10. 15. 선고 2020다222382 판결

**0754** ✕ 위 753번의 해설 내용 참고.

□□□ **0755** 당사자소송으로 서울행정법원에 제기할 것을 민사소송으로 지방법원에 제기하여 판결이 내려진 경우, 그 판결은 관할위반에 해당한다. 23. 국가 9급 (          )

□□□ **0756** 원고가 「행정소송법」상 항고소송으로 제기해야 할 사건을 민사소송으로 잘못 제기한 경우에 수소법원이 그 항고소송에 대한 관할을 가지고 있지 아니하여 관할법원에 이송하는 결정을 하였고, 그 이송결정이 확정된 후 원고가 항고소송으로 소 변경을 하였다면, 그 항고소송에 대한 제소기간의 준수 여부는 원칙적으로 처음에 소를 제기한 때를 기준으로 판단하여야 한다. 25. 소방간부 (          )

□□□ **0757** 민사소송인 소가 서울행정법원에 제기되었는데도 피고가 제1심법원에서 관할위반이라고 항변하지 않고 본안에서 변론을 한 경우에는 제1심법원에 변론관할이 생긴다. 23. 국가 9급 (          )

□□□ **0758** 민사사건을 행정소송 절차로 진행한 경우 특별한 사정이 없는 한 당해 소송은 그 자체로 위법하게 된다.

미출 (          )

□□□ **0759** 원고의 고의 또는 중대한 과실 없이 행정소송이 심급을 달리하는 법원에 잘못 제기된 경우에 수소법원은 관할법원에 이송한다. 23. 군무원 7급 (          )

**정답 & OX 풀이**

0755 ○ 이 사건 소는 제1심 관할법원인 서울행정법원에 제기되었어야 할 것인데도 서울북부지방법원에 제기되어 심리되었으므로 확인의 이익 유무에 앞서 **전속관할을 위반**한 위법이 있는바, 이송 후 행정법원의 허가를 얻어 이 사건이 조합설립인가처분에 대한 항고소송으로 변경될 수 있음을 고려해 보면 이송하더라도 부적법하게 되어 각하될 것이 명백한 경우에 해당한다고 보기는 어려우므로, 이 사건은 관할 법원으로 이송함이 마땅하다. 대법원 2009. 9. 24. 선고 2008다60568 판결

0756 ○ 원고가 행정소송법상 항고소송으로 제기해야 할 사건을 민사소송으로 잘못 제기한 경우에 수소법원이 그 항고소송에 대한 관할을 가지고 있지 아니하여 관할법원에 이송하는 결정을 하였고, 그 이송결정이 확정된 후 원고가 항고소송으로 소 변경을 하였다면, 그 항고소송에 대한 제소기간의 준수 여부는 원칙적으로 **처음에 소를 제기한 때**를 기준으로 판단하여야 한다. 대법원 2022. 11. 17. 선고 2021두44425 판결

0757 ○ 민사소송인 이 사건 소가 서울행정법원에 제기되었는데도 피고는 제1심법원에서 관할위반이라고 항변하지 아니하고 **본안에 대하여 변론**을 한 사실을 알 수 있는바, (중략) 행정소송법 제8조 제2항, 민사소송법 제30조에 의하여 제1심법원에 **변론관할이 생겼다**고 봄이 상당하다. 대법원 2013. 2. 28. 선고 2010두22368 판결

0758 ✕ 행정사건의 심리절차는 행정소송의 특수성을 감안하여 행정소송법이 정하고 있는 특칙이 적용될 수 있는 점을 제외하면 심리절차 면에서 민사소송 절차와 큰 차이가 없으므로, 특별한 사정이 없는 한 민사사건을 행정소송 절차로 진행한 것 자체가 **위법하다고 볼 수 없다**. 대법원 2018. 2. 13. 선고 2014두11328 판결

0759 ○ 행정소송법 제7조(사건의 이송) 민사소송법 제34조 제1항의 규정은 원고의 고의 또는 중대한 과실없이 행정소송이 **심급을 달리하는** 법원에 잘못 제기된 경우에도 적용한다.
　　민사소송법 제34조(관할위반 또는 재량에 따른 이송) ① 법원은 소송의 전부 또는 일부에 대하여 관할권이 없다고 인정하는 경우에는 결정으로 이를 관할법원에 이송한다.

## 주제 12 집행정지, 취소소송의 심리

### 기출 지문 OX Check

☐☐☐ **0760** 취소소송의 제기는 처분등의 효력이나 그 집행 또는 절차의 속행에 영향을 주지 아니한다.

16. 지방 9급 (　　)

★★☆
☐☐☐ **0761** 본안문제인 행정처분 자체의 적법여부는 집행정지 신청의 요건이 되지 아니하는 것이 원칙이지만, 본안소송의 제기 자체는 적법한 것이어야 한다. 21. 지방 9급 (　　)

★★☆
☐☐☐ **0762** 집행정지결정을 한 후에라도 본안소송이 취하되어 소송이 계속하지 아니한 것으로 되면 집행정지결정은 당연히 그 효력이 소멸되고 별도의 취소 조치를 필요로 하는 것은 아니다. 25. 지방 9급 (　　)

☐☐☐ **0763** 집행정지결정을 하려면 이에 대한 본안소송이 법원에 제기되어 계속 중임을 요하고, 집행정지신청 기각결정 후 본안소송이 취하되었다면, 그 기각결정에 대한 재항고는 그 실익이 없어 각하될 수밖에 없다.

24. 소방 (　　)

★★☆
☐☐☐ **0764** 행정처분의 무효란 행정처분이 처음부터 아무런 효력도 발생하지 아니한다는 의미이므로 무효등 확인소송에 대해서는 집행정지가 인정되지 아니한다. 24. 지방 9급 (　　)

★★☆
☐☐☐ **0765** 의대정원 증원배정 처분의 근거가 된 고등교육법령 및 「대학설립·운영 규정」은 의과대학의 학생정원 증원의 한계를 규정함으로써 의과대학에 재학 중인 학생들이 적절하게 교육받을 권리를 개별적·직접적·구체적으로 보호하고 있다고 볼 수 있다. 미출 (　　)

☐☐☐ **0766** 의과대학 교수, 전공의 또는 수험생은 의대정원 증원배정 처분의 집행정지를 구할 법률상 이익이 인정되지 않는다. 미출 (　　)

★★☆
☐☐☐ **0767** '회복하기 어려운 손해'란 금전보상이 불가능한 경우뿐만 아니라 금전보상으로는 사회관념상 행정처분을 받은 당사자가 참고 견딜 수 없거나 또는 참고 견디기가 현저히 곤란한 경우의 유형·무형의 손해를 말한다. 15. 사회복지 (　　)

☐☐☐ **0768** 과징금을 납부하기 위하여 무리하게 외부자금을 차입할 경우 자금사정이 악화되어 회사의 존립자체가 위태롭게 될 정도의 중대한 경영상의 위기를 맞게 될 우려가 있다는 사정은 집행정지 요건인 회복하기 어려운 손해에 해당한다. 22. 소방간부 (　　)

☐☐☐ **0769** 유흥접객영업허가의 취소처분으로 5,000여만 원의 시설비를 회수하지 못하게 된다면 생계까지 위협받을 수 있다는 등의 사정이 집행정지를 인정하기 위한 회복하기 어려운 손해가 생길 우려가 있는 경우에 해당하지 아니한다. 14. 국가 9급 (　　)

## 정답 & OX 풀이

**0760** O 행정소송법 제23조(집행정지) ① 취소소송의 제기는 처분등의 효력이나 그 집행 또는 절차의 속행에 **영향을 주지 아니한다.**

**0761** O 행정처분의 효력정지나 집행정지를 구하는 신청사건에서는 행정처분 자체의 적법 여부는 원칙적으로 판단의 대상이 아니고, (중략) 다만, 집행정지는 행정처분의 집행부정지원칙의 예외로서 인정되는 것이고, 또 본안에서 원고가 승소할 수 있는 가능성을 전제로 한 권리보호수단이라는 점에 비추어 보면, 집행정지사건 자체에 의하여도 신청인의 **본안청구가 적법한 것이어야 한다**는 것을 집행정지의 요건에 포함시키는 것이 옳다. 대법원 2010. 11. 26.자 2010무137 결정

**0762** O 집행정지결정을 한 후에라도 **본안소송이 취하**되어 소송이 계속하지 아니한 것으로 되면 집행정지결정은 **당연히 그 효력이 소멸**되는 것이고 별도의 취소조치를 필요로 하는 것이 아니다. 대법원 1975. 11. 11. 선고 75누97 결정

**0763** O 집행정지결정을 하려면 이에 대한 본안소송이 법원에 제기되어 계속 중임을 요하고, 따라서 집행정지신청 기각결정 후 본안소송이 취하되었다면 위 기각결정에 대한 재항고는 그 실익이 없어 각하될 수밖에 없다. 대법원 2019. 6. 27.자 2019무622 결정

**0764** X 행정소송법 제38조(준용규정) ① 제9조, 제10조, 제13조 내지 제17조, 제19조, 제22조 내지 제26조, 제29조 내지 제31조 및 제33조의 규정은 무효등 확인소송의 경우에 준용한다.
행정소송법 제23조(집행정지) (내용 생략)

**0765** O 이 사건 증원배정 처분의 근거가 된 고등교육법령 및 「대학설립·운영 규정」(대통령령)은 의과대학의 학생정원 증원의 한계를 규정함으로써 **의과대학에 재학 중인 학생들**이 적절하게 교육받을 권리를 **개별적·직접적·구체적으로 보호**하고 있다고 볼 여지가 충분하다. 대법원 2024. 6. 19.자 2024무689 결정

**0766** O **의과대학 교수, 전공의** 또는 **수험생** 지위에 있는 나머지 신청인들은 이 사건 증원배정 처분의 집행정지를 구할 법률상 이익이 인정되지 않는다. 대법원 2024. 6. 19.자 2024무689 결정

**0767** O 집행정지 요건인 '**회복하기 어려운 손해**'라 함은 특별한 사정이 없는 한 **금전으로 보상할 수 없는 손해**로서 이는 금전보상이 불능인 경우 내지는 금전보상으로는 사회관념상 행정처분을 받은 당사자가 참고 견딜 수 없거나 또는 참고 견디기가 현저히 곤란한 경우의 유형, 무형의 손해를 일컫는다. 대법원 2003. 10. 9.자 2003무23 결정

**0768** O 과징금을 납부하기 위하여 무리하게 외부자금을 신규차입하게 되면 주거래은행과의 재무구조개선약정을 지키지 못하게 되어 **사업자가 중대한 경영상의 위기**를 맞게 될 것으로 보이는 경우, 그 과징금납부명령의 처분으로 인한 손해는 효력정지 내지 집행정지의 적극적 요건인 '회복하기 어려운 손해'에 해당한다. 대법원 2001. 10. 10.자 2001무29 결정

**0769** O 유흥접객영업허가의 취소처분으로 **5,000여만원**의 시설비를 회수하지 못하게 된다면 생계까지 위협받게 되는 결과가 초래될 수 있다는 등의 사정은 위 처분의 존속으로 당사자에게 금전으로 보상할 수 없는 손해가 생길 우려가 있는 경우라고 볼 수 없다. 대법원 1991. 3. 2. 선고 91두1 판결

□□□ **0770** 회복하기 어려운 손해예방의 필요 등 집행정지의 적극적 요건에 관한 주장·소명책임은 원칙적으로 신청인에게 있으나, 공공복리에 중대한 영향을 미칠 우려가 없을 것 등 집행정지의 소극적 요건에 대한 주장·소명책임은 행정청에 있다. 22. 소방간부 (      )

□□□ **0771** 집행정지의 요건으로 규정하고 있는 '공공복리에 중대한 영향을 미칠 우려'가 없을 것이라고 할 때의 '공공복리'는 그 처분의 집행과 관련된 구체적이고도 개별적인 공익을 말하는 것으로서 이러한 집행정지의 소극적 요건에 대한 주장·소명책임은 행정청에게 있다. 23. 국가 9급 (      )

□□□ **0772** 처분의 취소가능성이 없음에도 처분의 효력이나 집행의 정지를 인정한다는 것은 집행정지제도의 취지에 반하므로 집행정지사건 자체에 의하여도 신청인의 본안청구가 이유 없음이 명백하지 않아야 한다는 것도 집행정지의 요건이다. 21. 지방 9급 (      )

□□□ **0773** 집행정지결정은 당사자의 신청이 있는 경우는 물론, 법원의 직권에 의해서도 행해질 수 있다.

15. 교육행정직 (      )

□□□ **0774** 처분의 효력정지는 처분 등의 집행 또는 절차의 속행을 정지함으로써 목적을 달성할 수 있는 경우에는 허용되지 아니한다. 21. 지방 9급 (      )

□□□ **0775** 집행정지결정은 판결이 아니므로 기속력은 인정되지 않는다. 16. 국가 9급 (      )

□□□ **0776** 집행정지결정의 효력은 결정 주문에서 정한 시기까지 존속하며 그 시기의 도래와 동시에 효력이 당연히 소멸한다. 16. 사회복지 (      )

□□□ **0777** 항고소송을 제기한 원고가 본안소송에서 패소확정판결을 받은 경우에는 집행정지결정의 효력이 소급적으로 소멸한다. 24. 국회 9급 (      )

□□□ **0778** 효력기간이 정해져 있는 제재적 행정처분에 대한 취소소송에서 법원이 본안소송의 판결 선고 시까지 집행정지결정을 하면, 처분에서 정해 둔 효력기간은 판결 선고 시까지 진행하지 않다가 판결이 선고되면 그때 집행정지결정의 효력이 소멸함과 동시에 처분의 효력이 당연히 부활하여 처분에서 정한 효력기간이 다시 진행한다. 24. 소방 (      )

□□□ **0779** 보조금 교부결정의 일부를 취소한 행정청의 처분에 대하여 법원이 효력정지결정을 하면서 주문에서 그 법원에 계속 중인 본안소송의 판결 선고 시까지 처분의 효력을 정지한다고 선언하였을 경우, 본안소송의 판결 선고에 의하여 정지결정의 효력은 소멸하지만 당초의 보조금교부결정취소 처분의 효력이 당연히 되살아나는 것은 아니다. 22. 소방간부 (      )

□□□ **0780** 제재처분에 대한 행정쟁송절차에서 처분에 대해 집행정지결정이 이루어졌더라도 본안에서 해당 처분이 최종적으로 적법한 것으로 확정되어 집행정지결정이 실효된 경우, 처분청은 당초 집행정지결정이 없었던 경우와 동등한 수준으로 해당 제재처분이 집행되도록 하여서는 아니 된다. 24. 소방 (      )

## 정답 & OX 풀이

**0770** O '회복하기 어려운 손해'와 같은 집행정지의 **적극적 요건**에 관한 주장·소명책임은 원칙적으로 **신청인측**에 있다. 대법원 1999. 12. 20.자 99무42 결정

**0771** O 집행정지의 요건으로 규정하고 있는 '공공복리에 중대한 영향을 미칠 우려'가 없을 것이라고 할 때의 '**공공복리**'는 그 처분의 집행과 관련된 **구체적**이고도 **개별적**인 공익을 말하는 것으로서 이러한 집행정지의 **소극적 요건**에 대한 주장·소명책임은 **행정청**에게 있다. 대법원 1999. 12. 20.자 99무42 결정

**0772** O 본안소송에서의 **처분의 취소가능성**이 없음에도 불구하고 처분의 효력정지나 집행정지를 인정한다는 것은 제도의 취지에 반하므로 집행정지사건 자체에 의하여도 신청인의 **본안청구가 이유 없음이 명백**할 때에는 행정처분의 효력정지나 **집행정지를 명할 수 없다**. 대법원 1992. 8. 7.자 92두30 결정

**0773** O 행정소송법 제23조(집행정지) ② 취소소송이 제기된 경우에 처분등이나 그 집행 또는 절차의 속행으로 인하여 생길 회복하기 어려운 손해를 예방하기 위하여 긴급한 필요가 있다고 인정할 때에는 본안이 계속되고 있는 법원은 당사자의 신청 또는 **직권**에 의하여 처분등의 효력이나 그 집행 또는 절차의 속행의 전부 또는 일부의 정지를 결정할 수 있다. 다만, 처분의 **효력정지**는 처분등의 **집행 또는 절차의 속행을 정지함으로써 목적을 달성**할 수 있는 경우에는 **허용되지 아니한다**.

**0774** O 위 773번의 해설 내용 참고.

**0775** X 행정소송법 제23조 제6항에 따라 집행정지결정에 대해서는 **취소판결의 기속력이 준용**되고, 따라서 집행정지결정은 당해 사건에 관하여 당사자인 행정청과 그 밖의 관계행정청을 기속한다.

**0776** O 행정소송법 제23조에 의한 집행정지결정의 효력은 결정주문에서 정한 시기까지 존속하며 그 시기의 도래와 동시에 효력이 당연히 소멸하는 것이다. 대법원 1999. 2. 23. 선고 98두14471 판결

**0777** X 집행정지결정의 효력은 결정 주문에서 정한 기간까지 존속하다가 그 기간이 만료되면 **장래에 향하여** 소멸한다. (중략) 항고소송을 제기한 원고가 본안소송에서 패소확정판결을 받았더라도 집행정지결정의 효력이 **소급하여 소멸하지 않는다**. 대법원 2020. 9. 3 선고 2020두34070 판결

**0778** O 효력기간이 정해져 있는 제재적 행정처분에 대한 취소소송에서 법원이 본안소송의 판결 선고 시까지 집행정지결정을 하면, 처분에서 정해 둔 효력기간(집행정지결정 당시 이미 일부 집행되었다면 그 나머지 기간)은 판결 선고 시까지 진행하지 않다가 판결이 선고되면 그때 집행정지결정의 효력이 소멸함과 동시에 처분의 효력이 **당연히 부활**하여 처분에서 정한 효력기간이 다시 진행한다. 대법원 2022. 2. 11. 선고 2021두40720 판결

**0779** X 보조금 교부결정의 일부를 취소한 행정청의 처분에 대하여 법원이 효력정지결정을 하면서 주문에서 그 법원에 계속 중인 본안소송의 판결 선고 시까지 처분의 효력을 정지한다고 선언하였을 경우, 본안소송의 판결 선고에 의하여 정지결정의 효력은 소멸하고 이와 동시에 당초의 보조금 교부결정 취소처분의 효력이 **당연히 되살아난다**. 대법원 2017. 7. 11. 선고 2013두25498 판결

**0780** X 제재처분에 대한 행정쟁송절차에서 처분에 대해 집행정지결정이 이루어졌더라도 본안에서 해당 처분이 최종적으로 **적법한 것으로 확정**되어 집행정지결정이 실효되고 제재처분을 다시 집행할 수 있게 되면, 처분청으로서는 당초 집행정지결정이 없었던 경우와 **동등한 수준으로 해당 제재처분이 집행되도록** 필요한 조치를 취하여야 한다. 대법원 2020. 9. 3. 선고 2020두34070 판결

□□□ **0781** 집행정지는 행정쟁송절차에서 실효적 권리구제를 확보하기 위한 잠정적 조치일 뿐이므로, 본안 확정판결로 해당 제재처분이 적법하다는 점이 확인되었다면 처분청은 제재처분의 상대방이 집행정지를 통해 집행정지가 이루어지지 않은 경우와 비교하여 제재를 덜 받게 되는 결과가 초래되도록 해서는 안 된다. 24. 변호사 (   )

□□□ **0782** 처분상대방이 집행정지결정을 받지 못했으나 본안소송에서 해당 제재처분이 위법함이 확인되어 취소하는 판결이 확정되면, 처분청은 그 제재처분으로 처분상대방에게 초래된 불이익한 결과를 제거하기 위하여 필요한 조치를 취하여야 한다. 22. 변호사 (   )

□□□ **0783** 집행정지의 결정에 대하여는 즉시항고할 수 있으며, 이 경우 집행정지의 결정에 대한 즉시항고에는 결정의 집행을 정지하는 효력이 없다. 18. 국가 7급 (   )

□□□ **0784** '처분등이나 그 집행 또는 절차의 속행으로 인한 손해발생의 우려' 등 적극적 요건에 관한 주장·소명책임은 원칙적으로 신청인 측에 있고, 이 요건을 결여하였다는 이유로 효력정지 신청을 기각한 결정에 대하여 행정처분 자체의 적법 여부를 가지고 불복사유로 삼을 수 없다. 24. 소방 (   )

□□□ **0785** 집행정지의 결정이 확정된 후 집행정지가 공공복리에 중대한 영향을 미치거나 그 정지사유가 없어진 때에는 당사자의 신청 또는 직권에 의하여 결정으로써 집행정지의 결정을 취소할 수 있다. 24. 국회 9급 (   )

□□□ **0786** 집행정지결정의 취소사유는 특별한 사정이 없는 한 집행정지결정이 확정된 이후에 발생한 것이어야 한다. 24. 변호사 (   )

□□□ **0787** 거부처분의 효력정지는 그 거부처분으로 인하여 신청인에게 생길 손해를 방지하는 데 필요하므로 신청인에게는 그 효력정지를 구할 이익이 있다. 21. 지방 9급 (   )

□□□ **0788** 「민사집행법」에 따른 가처분은 항고소송에서도 인정된다. 16. 국가 9급 (   )

□□□ **0789** 행정처분의 효력이나 집행 혹은 절차속행 등의 정지를 구하는 신청은 「행정소송법」상 집행정지신청의 방법으로서만 가능할 뿐 「민사소송법」상 가처분의 방법으로는 허용될 수 없다. 25. 지방 9급 (   )

□□□ **0790** 취소소송에서 쟁송의 대상이 되는 행정처분의 존부는 소송요건으로서 법원의 직권조사사항이고 자백의 대상이 될 수 없다. 23. 국가 7급 (   )

□□□ **0791** 피고인 처분청의 처분권한 유무는 피고적격의 문제이므로 법원의 직권조사사항이다. 23. 서울시 7급 (   )

□□□ **0792** 해당 처분을 다툴 법률상 이익이 있는지 여부는 직권조사사항으로 이에 관한 당사자의 주장은 직권발동을 촉구하는 의미밖에 없으므로, 원심법원이 이에 관하여 판단하지 않았다고 하여 판단유탈의 상고이유로 삼을 수 없다. 24. 지방 9급 (   )

□□□ **0793** 수소법원의 재판관할권 유무는 법원의 직권조사사항이며, 소송당사자에게도 관할위반을 이유로 하는 이송신청권이 인정된다. 25. 지방 9급 (   )

## 정답 & OX 풀이

**0781** O 본안 확정판결로 해당 제재처분이 적법하다는 점이 확인되었다면 제재처분의 상대방이 잠정적 집행정지를 통해 집행정지가 이루어지지 않은 경우와 비교하여 **제재를 덜 받게 되는 결과**가 초래되도록 해서는 **안 된다**. 대법원 2020. 9. 3. 선고 2020두 34070 판결

**0782** O 처분상대방이 집행정지결정을 받지 못했으나 본안소송에서 해당 **제재처분이 위법하다는 것이 확인**되어 취소하는 판결이 확정되면, 처분청은 그 제재처분으로 처분상대방에게 초래된 **불이익한 결과를 제거**하기 위하여 필요한 조치를 취하여야 한다. 대법원 2020. 9. 3. 선고 2020두34070 판결

**0783** O 행정소송법 제23조(집행정지) ⑤ 제2항의 규정에 의한 집행정지의 결정 또는 기각의 결정에 대하여는 **즉시항고**할 수 있다. 이 경우 집행정지의 결정에 대한 즉시항고에는 결정의 집행을 정지하는 효력이 **없다**.

**0784** O '처분 등이나 그 집행 또는 절차의 속행으로 인한 손해발생의 우려' 등 적극적 요건에 관한 주장·소명 책임은 원칙적으로 신청인 측에 있으며, 이러한 요건을 결여하였다는 이유로 효력정지 신청을 기각한 결정에 대하여 **행정처분 자체의 적법 여부**를 가지고 불복사유로 삼을 수 **없다**. 대법원 2011. 4. 21.자 2010무111 전원합의체 결정

**0785** O 행정소송법 제24조(집행정지의 취소) ① 집행정지의 결정이 **확정된 후** 집행정지가 **공공복리**에 중대한 영향을 미치거나 그 **정지사유가 없어진 때**에는 당사자의 신청 또는 직권에 의하여 결정으로써 집행정지의 결정을 취소할 수 있다.

**0786** O 행정소송법 제24조 제1항에서 규정하고 있는 **집행정지 결정의 취소사유**는 특별한 사정이 없는 한 집행정지 결정이 확정된 **이후에** 발생한 것이어야 하고, 그 중 '집행정지가 공공복리에 중대한 영향을 미치는 때'라 함은 일반적·추상적인 공익에 대한 침해의 가능성이 아니라 **당해 집행정지 결정과 관련된 구체적·개별적인 공익에 중대한 해를 입힐 개연성**을 말하는 것이다. 대법원 2005. 7. 15. 자 2005무16 결정

**0787** X 행정청에 대한 **거부처분의** 효력을 정지하더라도 거부처분이 없었던 것과 같은 상태, 즉 거부처분이 있기 전의 신청시의 상태로 되돌아가는 데에 불과하고 행정청에게 신청에 따른 처분을 하여야 할 의무가 생기는 것이 아니므로, 거부처분의 효력정지는 그 거부처분으로 인하여 신청인에게 생길 손해를 방지하는 데 아무런 보탬이 되지 아니하여 그 **효력정지를 구할 이익이 없다**. 대법원 1995. 6. 21.자 95두26 판결

**0788** X **항고소송**에 있어서는 행정소송법 제14조에 불구하고 민사소송법중 **가처분**에 관한 규정은 준용되지 **않는다**. 대법원 1980. 12. 22.자 80두5 결정

**0789** O 항고소송의 대상이 되는 행정처분의 효력이나 집행 혹은 절차속행 등의 정지를 구하는 신청은 행정소송법상 집행정지신청의 방법으로서만 가능할 뿐 민사소송법상 **가처분**의 방법으로는 허용될 수 **없다**. 대법원 2009. 11. 2.자 2009마596 결정

**0790** O 행정소송에서 쟁송의 대상이 되는 **행정처분의 존부**는 소송요건으로서 **직권조사사항**이고, 자백의 대상이 될 수 없는 것이므로, 설사 그 존재를 당사자들이 다투지 아니한다 하더라도 그 존부에 관하여 의심이 있는 경우에는 이를 직권으로 밝혀 보아야 할 것이다. 대법원 2004. 12. 24. 선고 2003두15195 판결

**0791** X 행정소송에 있어서 처분청의 **처분권한 유무**는 직권조사사항이 **아니다**. 대법원 1997. 6. 19. 선고 95누8669 전원합의체 판결

**0792** O 해당 처분을 다툴 **법률상 이익**이 있는지 여부는 직권조사사항으로 이에 관한 당사자의 주장은 **직권발동을 촉구**하는 의미밖에 없으므로, 원심법원이 이에 관하여 판단하지 않았다고 하여 **판단유탈**의 상고이유로 삼을 수 **없다**. 대법원 2017. 3. 9. 선고 2013두16852 판결

**0793** X 수소법원의 **재판관할권 유무**는 법원의 직권조사사항으로서 법원이 그 관할에 속하지 아니함을 인정한 때에는 민사소송법 제34조 제1항에 의하여 직권으로 이송결정을 하는 것이고, 소송당사자에게 관할위반을 이유로 하는 **이송신청권이 있는 것은 아니다**. 따라서 당사자가 관할위반을 이유로 한 이송신청을 한 경우에도 이는 단지 법원의 **직권발동을 촉구**하는 의미밖에 없다. 대법원 2018. 1. 19.자 2017마1332 결정

□□□ **0794** ★★☆ 당사자적격, 권리보호이익 등 소송요건은 직권조사사항으로서 당사자가 주장하지 아니하더라도 법원이 직권으로 조사하여 판단하여야 하고, 사실심 변론종결 이후에 소송요건이 흠결되거나 그 흠결이 치유된 경우 상고심에서도 이를 참작하여야 한다. 23. 군무원 9급 (     )

□□□ **0795** ★★☆ 무효등 확인소송의 제기 당시에 원고적격을 갖추었다면 상고심 계속중에 원고적격을 상실하더라도 그 소는 적법하다. 24. 지방 9급 (     )

□□□ **0796** ★★☆ 사실심에서 변론종결시까지 당사자가 주장하지 않던 직권조사사항에 해당하는 사항을 상고심에서 비로소 주장하는 경우 그 직권조사사항에 해당하는 사항은 상고심의 심판범위에 해당하지 않는다. 23. 국회 8급 (     )

□□□ **0797** ★★☆ 당사자가 확정된 취소판결의 존재를 사실심 변론종결시까지 주장하지 아니하였다고 하더라도 상고심에서 새로이 이를 주장·입증할 수 있다. 21. 군무원 7급 (     )

□□□ **0798** ★★☆ 결혼이민[F-6 (다)목] 체류자격을 신청한 외국인에 대하여 행정청이 그 요건을 충족하지 못하였다는 이유로 거부처분을 하는 경우 '그 요건을 갖추지 못하였다는 판단', 즉 '혼인파탄의 주된 귀책사유가 국민인 배우자에게 있지 않다는 판단' 자체가 처분사유가 되는바, 결혼이민[F-6 (다)목] 체류자격 거부처분 취소소송에서 그 처분사유에 관한 증명책임은 피고 행정청에 있다. 23. 지방 9급 (     )

□□□ **0799** ★★☆ 재량권의 일탈·남용에 관하여는 행정행위의 효력을 다투는 사람이 주장·증명책임을 부담한다. 24. 국가 9급 (     )

□□□ **0800** ★★☆ 행정처분의 당연무효를 주장하여 그 무효확인을 구하는 행정소송에 있어서는 피고 행정청이 그 행정처분에 중대·명백한 하자가 없음을 주장·입증할 책임이 있다. 24. 지방 9급 (     )

□□□ **0801** 징계사유인 성희롱 관련 형사재판에서 성희롱 행위가 있었다는 점을 합리적 의심을 배제할 정도로 확신하기 어렵다는 이유로 공소사실에 관하여 무죄가 선고되었다고 하여 그러한 사정만으로 행정소송에서 징계사유의 존재를 부정할 것은 아니다. 22. 국회 8급 (     )

□□□ **0802** ★★☆ 「행정소송법」에 따르면 법원은 필요하다고 인정할 때에는 직권으로 증거조사를 할 수 있으나, 당사자가 주장하지 아니한 사실에 대하여는 판단할 수 없다. 23. 지방 9급 (     )

□□□ **0803** 행정소송의 심리에 있어서는 당사자가 신청하지 아니한 사항에 대하여는 판결하지 못한다는 의미의 처분권주의가 적용된다. 23. 국회 8급 (     )

□□□ **0804** ★★☆ 취소소송의 직권심리주의를 규정하고 있는 「행정소송법」 제26조의 규정을 고려할 때, 행정소송에 있어서 법원은 원고의 청구범위를 초월하여 그 이상의 청구를 인용할 수 있다. 15. 지방 7급 (     )

□□□ **0805** 「행정소송법」 제26조는 행정소송에서 직권심리주의가 적용되도록 하고 있지만, 행정소송에서도 당사자주의나 변론주의의 기본 구도는 여전히 유지된다. 17. 국가 9급 (     )

## 정답 & OX 풀이

**0794** O 당사자적격, 권리보호이익 등 **소송요건**은 **직권조사사항**으로서 당사자가 **주장하지 아니하더라도** 법원이 직권으로 조사하여 판단하여야 하고, 사실심 변론종결 이후에 소송요건이 흠결되거나 그 흠결이 치유된 경우 **상고심에서도 이를 참작**하여야 한다. 대법원 2017. 8. 18. 선고 2016두52064 판결

**0795** X 원고적격은 소송요건의 하나이므로 사실심 변론종결시는 물론 **상고심에서도** 존속하여야 하고 이를 흠결하면 부적법한 소가 된다. 대법원 2007. 4. 12. 선고 2004두7924 판결

**0796** X 사실심에서 변론종결시까지 당사자가 주장하지 않던 **직권조사사항**에 해당하는 사항을 **상고심에서 비로소 주장**하는 경우 그 직권조사사항에 해당하는 사항은 상고심의 **심판범위에 해당**한다. 대법원 2004. 12. 24. 선고 2003두15195 판결

**0797** O **확정판결의 존부**는 당사자의 주장이 없더라도 법원이 이를 **직권으로** 조사하여 판단하지 않으면 안되고, 더 나아가 당사자가 확정판결의 존재를 **사실심변론종결시까지** 주장하지 아니하였더라도 **상고심에서 새로이** 이를 주장, 입증할 수 있는 것이다. 대법원 1989. 10. 10. 선고 89누1308 판결

**0798** O 결혼이민[F-6 (다)목] 체류자격을 신청한 외국인에 대하여 행정청이 그 요건을 충족하지 못하였다는 이유로 거부처분을 하는 경우에는 '그 요건을 갖추지 못하였다는 판단', 다시 말해 '혼인파탄의 주된 귀책사유가 국민인 배우자에게 있지 않다는 판단' 자체가 처분사유가 된다. (중략) 결혼이민[F-6 (다)목] 체류자격 거부처분 취소소송에서도 그 **처분사유**에 관한 증명책임은 피고 **행정청**에 있다. 대법원 2019. 7. 4. 선고 2018두66869 판결

**0799** O 자유재량에 의한 행정처분이 그 **재량권의 한계를 벗어난 것이어서 위법하다**는 점은 그 행정**처분의 효력을 다투는 자**가 이를 주장·입증하여야 하고 처분청이 그 재량권의 행사가 정당한 것이었다는 점까지 주장·입증할 필요는 없다. 대법원 1987. 12. 8. 선고 87누861 판결

**0800** X 행정처분의 당연무효를 구하는 소송에 있어서 그 **무효를 구하는 사람**에게 그 행정처분에 존재하는 **하자가 중대하고 명백하다**는 것을 주장 입증할 책임이 있다. 대법원 1984. 2. 28. 선고 82누154 판결

**0801** O 민사책임과 형사책임은 지도이념과 증명책임, 증명의 정도 등에서 서로 다른 원리가 적용되므로, 징계사유인 성희롱 관련 **형사재판**에서 성희롱 행위가 있었다는 점을 합리적 의심을 배제할 정도로 **확신하기 어렵다**는 이유로 공소사실에 관하여 **무죄가** 선고되었다고 하여 그러한 사정만으로 **행정소송에서 징계사유의 존재를 부정할 것은 아니다**. 대법원 2018. 4. 12. 선고 2017두74702 판결

**0802** X 행정소송법 제26조(직권심리) 법원은 필요하다고 인정할 때에는 **직권으로 증거조사**를 할 수 있고, 당사자가 **주장하지 아니한 사실에 대하여도 판단**할 수 있다.

**0803** O 행정소송에 있어서도 행정소송법 제14조에 의하여 민사소송법 제188조(주: 현행 민사소송법 제203조상 **처분권주의**)가 준용되어 법원은 당사자가 신청하지 아니한 사항에 대하여는 판결할 수 없는 것이다. 대법원 1987. 11. 10. 선고 86누491 판결

**0804** X 행정소송법 제26조는 법원이 필요하다고 인정할 때에는 직권으로 증거조사를 할 수 있고 당사자가 주장하지 아니한 사실에 대하여 판단할 수 있다고 규정하고 있으나, 이는 행정소송에 있어서 원고의 **청구범위를 초월**하여 그 이상의 청구를 인용할 수 있다는 뜻이 **아니라** 원고의 청구범위를 유지하면서 **그 범위 내에서** 필요에 따라 주장 외의 사실에 관하여 판단할 수 있다는 뜻이다. 대법원 1992. 3. 10. 선고 91누6030 판결

**0805** O 행정소송에 있어서 특단의 사정이 있는 경우를 제외하면 당해 행정처분의 적법성에 관하여는 당해 처분청이 이를 주장·입증하여야 하고, 행정소송에 있어서 **직권주의**가 가미되어 있다고 하여도 여전히 **당사자주의, 변론주의**를 기본 구조로 하는 이상 행정처분의 위법을 들어 그 취소를 청구함에 있어서는 직권조사사항을 제외하고는 그 취소를 구하는 자가 위법된 구체적인 사항을 먼저 주장하여야 한다. 대법원 1995. 7. 28. 선고 94누12807 판결

□□□ **0806** ★★☆ 법원은 행정소송에서 기록상 자료가 나타나 있다면 당사자가 주장하지 않았더라도 판단할 수 있다.

14. 국가 9급 (　　)

□□□ **0807** ★★☆ 법원이 어느 하나의 사유에 의한 과징금부과처분에 대하여 그 사유와 기본적 사실관계의 동일성이 인정되지 아니하는 다른 처분사유가 존재한다는 이유로 적법하다고 판단하는 것은 특별한 사정이 없는 한 직권심사주의의 한계를 넘는 것이 아니다. 22. 지방 7급 (　　)

□□□ **0808** ★★☆ 「행정소송법」에 따르면 법원은 당사자의 신청이 있는 때에는 결정으로써 재결을 행한 행정청에 대하여 행정심판에 관한 기록의 제출을 명할 수 있고, 제출명령을 받은 행정청은 지체없이 당해 행정심판에 관한 기록을 법원에 제출하여야 한다. 23. 지방 9급 (　　)

□□□ **0809** ★★☆ 취소소송과 그와 관련되는 손해배상·부당이득반환·원상회복 등 청구소송(이하 '관련청구소송'이라고 함)이 각각 다른 법원에 계속되고 있는 경우에 관련청구소송이 계속된 법원이 상당하다고 인정하는 때에는 당사자의 신청 또는 직권에 의하여 이를 취소소송이 계속된 법원으로 이송할 수 있다.

20. 변호사 (　　)

□□□ **0810** ★★☆ A처분과 관련된 원상회복청구소송이 다른 법원에 계속되고 있는 경우, 甲은 당해 취소소송을 원상회복청구소송이 계속되는 법원으로 이송해 줄 것을 사실심의 변론종결 전까지 신청할 수 있다.

25. 군무원 9급 (　　)

□□□ **0811** ★★☆ 처분과 관련되는 손해배상청구소송이 계속된 법원에 당해 처분에 대한 취소소송을 병합할 수는 없다.

25. 지방 9급 (　　)

□□□ **0812** ★★☆ 행정처분에 대한 무효확인과 취소청구는 서로 양립할 수 없는 청구로서 주위적·예비적 청구로서만 병합이 가능하고 선택적 청구로서의 병합은 허용되지 않는다. 21. 국회 8급 (　　)

□□□ **0813** ★★☆ 당사자소송이 부적법하여 각하되는 경우 그에 병합된 관련청구소송 역시 부적법 각하되어야 하는 것은 아니다. 13. 지방 9급 (　　)

□□□ **0814** ★★☆ 취소소송에 당해 처분의 취소를 선결문제로 하는 부당이득반환청구가 병합된 경우 그 청구가 인용되려면 소송절차에서 당해 처분의 취소가 확정되어야 한다. 25. 국가 7급 (　　)

□□□ **0815** 법원은 취소소송을 당해 처분등에 관계되는 사무가 귀속하는 국가 또는 공공단체에 대한 당사자소송 또는 취소소송 외의 항고소송으로 변경하는 것이 상당하다고 인정할 때에는 청구의 기초에 변경이 없는 한 사실심의 변론종결시까지 원고의 신청 또는 직권에 의하여 결정으로써 소의 변경을 허가할 수 있다.

22. 군무원 9급 (　　)

□□□ **0816** ★★☆ 원고가 고의 또는 중대한 과실 없이 당사자소송으로 제기하여야 할 것을 항고소송으로 잘못 제기한 경우에, 당사자소송으로서의 소송요건을 결하고 있음이 명백하여 당사자소송으로 제기되었더라도 어차피 부적법하게 되는 경우가 아닌 이상, 법원으로서는 원고가 당사자소송으로 소변경을 하도록 하여 심리·판단하여야 한다. 21. 변호사 (　　)

## 정답 & OX 풀이 ✏️

**0806** ○ 행정소송에서 **기록상 자료가 나타나 있다면** 당사자가 주장하지 않았더라도 판단할 수 있다. 대법원 2010. 2. 11. 선고 2009두18035 판결

**0807** ✕ 명의신탁등기 과징금과 장기미등기 과징금은 위반행위의 태양, 부과 요건, 근거 조항을 달리하므로, 각 과징금 부과처분의 사유는 상호 간에 **기본적 사실관계의 동일성**이 있다고 할 수 **없다**. 그러므로 그중 어느 하나의 처분사유에 의한 과징금 부과처분에 대하여 당해 처분사유가 아닌 **다른 처분사유가 존재한다는 이유로** 적법하다고 판단하는 것은 특별한 사정이 없는 한 행정소송법상 **직권심사주의의 한계를 넘는 것**으로서 허용될 수 없다. 대법원 2017. 5. 17. 선고 2016두53050 판결

**0808** ○ 행정소송법 제25조(행정심판기록의 제출명령)
① 법원은 **당사자의 신청**이 있는 때에는 결정으로써 재결을 행한 행정청에 대하여 <u>행정심판에 관한 기록의 제출을 명할 수 있다.</u>
② 제1항의 규정에 의한 제출명령을 받은 행정청은 지체없이 당해 행정심판에 관한 기록을 법원에 제출하여야 한다.

**0809** ○ 행정소송법 제10조(관련청구소송의 이송 및 병합) ① 취소소송과 다음 각호의 1에 해당하는 소송(이하 '관련청구소송'이라 한다)이 각각 다른 법원에 계속되고 있는 경우에 관련청구소송이 계속된 법원이 상당하다고 인정하는 때에는 당사자의 **신청 또는 직권**에 의하여 이를 **취소소송이 계속된 법원으로** 이송할 수 있다.
1. 당해 처분등과 관련되는 손해배상·부당이득반환·원상회복등 청구소송
2. 당해 처분등과 관련되는 취소소송

**0810** ✕ 위 809번의 해설 내용 참고(관련청구소송의 이송은 <u>관련청구소송을 취소소송이 계속된 법원으로 이송시키는 것이지, 그 반대의 경우는 허용되지 않음</u>).

**0811** ○ 행정소송법 제10조(관련청구소송의 이송 및 병합) ② **취소소송에는** 사실심의 변론종결시까지 **관련청구소송을** 병합하거나 피고 외의 자를 상대로 한 관련청구소송을 취소소송이 계속된 법원에 병합하여 제기할 수 있다(주: 관련청구소송의 병합은 **취소소송이 계속된 법원에** 손해배상청구소송 등 관련청구소송을 **병합할 수 있을 뿐**, 그 반대의 경우에는 병합이 허용되지 않음).

**0812** ○ 행정처분에 대한 <u>무효확인과 취소청구</u>는 서로 양립할 수 없는 청구로서 **주위적·예비적** 청구로서만 병합이 가능하고 <u>선택적 청구로서의 병합이나 단순 병합은 허용되지 아니한다.</u> 대법원 1999. 8. 20. 선고 97누6889 판결

**0813** ✕ 관련청구소송 병합은 **본래의** 당사자**소송이 적법할 것을** 요건으로 하는 것이어서 본래의 당사자소송이 부적법하여 **각하되면** 그에 병합된 관련청구소송도 소송요건을 흠결하여 부적합하므로 각하되어야 한다. 대법원 2011. 9. 29. 선고 2009두10963 판결

**0814** ✕ 취소소송에 병합할 수 있는 당해 처분과 관련되는 부당이득반환소송에는 당해 처분의 취소를 선결문제로 하는 부당이득반환청구가 포함되고, 이러한 부당이득반환청구가 인용되기 위해서는 **그 소송절차에서** 판결에 의해 당해 처분이 **취소되면 충분하고** 그 처분의 취소가 **확정되어야 하는 것은 아니라**고 보아야 한다. 대법원 2009. 4. 9. 선고 2008두23153 판결

**0815** ✕ 행정소송법 제21조(소의 변경) ① 법원은 취소소송을 당해 처분등에 관계되는 사무가 귀속하는 국가 또는 공공단체에 대한 당사자소송 또는 취소소송외의 항고소송으로 변경하는 것이 상당하다고 인정할 때에는 청구의 기초에 변경이 없는 한 사실심의 변론종결시까지 원고의 **신청에 의하여** 결정으로써 소의 변경을 허가할 수 있다(주: 처분권주의에 따라 <u>소의 변경은 법원이 직권으로 할 수는 없고 반드시 원고의 신청이 있어야 함</u>).

**0816** ○ 원고가 고의 또는 중대한 과실 없이 <u>당사자소송으로 제기하여야 할 것을 항고소송으로 잘못 제기한 경우</u>에, 당사자소송으로서의 소송요건을 결하고 있음이 명백하여 당사자소송으로 제기되었더라도 어차피 부적법하게 되는 경우가 아닌 이상, <u>법원으로서는 원고로 하여금 당사자소송으로 **소 변경을 하도록 하여** 심리·판단하여야 한다.</u> 대법원 2016. 5. 24. 선고 2013두14863 판결

☐☐☐ **0817** 처분변경으로 인한 소의 변경의 신청은 처분의 변경이 있음을 안 날로부터 90일 이내에 하여야 한다.
23. 국회 9급 (     )

★☆☆
☐☐☐ **0818** 청구취지를 변경하여 종전의 소가 취하되고 새로운 소가 제기된 것으로 변경되었다면 새로운 소에 대한 제소기간 준수여부는 원칙적으로 소의 변경이 있은 때를 기준으로 한다. 25. 지방 7급 (     )

★☆☆
☐☐☐ **0819** 어느 하나의 처분의 취소를 구하는 소에 당해 처분과 관련되는 처분의 취소를 구하는 청구를 추가적으로 병합한 경우, 추가적으로 병합된 소의 소제기 기간의 준수 여부는 그 청구취지의 추가신청이 있은 때를 기준으로 한다. 22. 지방 7급 (     )

★☆☆
☐☐☐ **0820** 보충역편입처분취소처분의 효력을 다투는 소에 공익근무요원복무중단처분, 현역병입영대상편입처분 및 현역병입영통지처분의 취소를 구하는 소를 추가적으로 병합한 경우, 각 추가된 소의 제소기간 준수 여부는 최초로 제기된 소인 보충역편입처분취소처분에 대한 소가 제기된 날을 기준으로 판단한다.
21. 지방 7급 (     )

★★☆
☐☐☐ **0821** 동일한 처분에 대하여 무효확인의 소를 제기하였다가 그 처분의 취소를 구하는 소를 추가적으로 병합한 경우, 주된 청구인 무효확인의 소가 적법한 제소기간 내에 제기되었다면 추가로 병합된 취소청구의 소도 적법하게 제기된 것으로 볼 수 있다. 24. 국가 7급 (     )

★★☆
☐☐☐ **0822** 당사자가 적법한 제소기간 내에 부작위위법확인의 소를 제기한 후 동일한 신청에 대하여 소극적 처분이 있다고 보아 처분취소소송으로 소를 교환적으로 변경한 후 부작위위법확인의 소를 추가적으로 병합한 경우 제소기간을 준수한 것으로 볼 수 있다. 25. 국가 7급 (     )

☐☐☐ **0823** 선행처분의 취소를 구하는 소를 제기하였다가 이후 후행처분의 취소를 구하는 청구취지를 추가한 경우라면, 선행처분이 종국적 처분을 예정하고 있는 일종의 잠정적 처분으로서 후행처분이 있을 경우 선행처분은 후행처분에 흡수되어 소멸되는 관계에 있다고 하더라도, 후행처분의 취소를 구하는 소의 제소기간은 그 청구취지의 추가신청이 있은 때를 기준으로 판단하여야 한다. 미출 (     )

★★☆
☐☐☐ **0824** 법원은 소송의 결과에 따라 권리 또는 이익의 침해를 받을 제3자가 있는 경우에는 당사자 또는 제3자의 신청 또는 직권에 의하여 결정으로써 그 제3자를 소송에 참가시킬 수 있다. 24. 소방간부 (     )

★★☆
☐☐☐ **0825** 특정 소송사건에서 당사자 일방을 보조하기 위하여 보조참가를 하려면 당해 소송의 결과에 대하여 사실상, 경제상 또는 감정상의 이해관계가 있으면 충분하며 법률상의 이해관계가 요구되는 것은 아니다.
15. 국가 9급 (     )

★★☆
☐☐☐ **0826** 「행정소송법」상 제3자 소송참가의 경우 참가인이 상소를 하였더라도, 소송당사자 본인인 피참가인은 참가인의 의사에 반하여 상소취하나 상소포기를 할 수 있다. 20. 지방 9급 (     )

☐☐☐ **0827** 행정소송의 결과에 따라 권리 또는 이익의 침해 우려가 있는 제3자는 당해 행정소송에 참가할 수 있으며, 이때 참가인인 제3자는 실제로 소송에 참가하여 소송행위를 하였는지 여부를 불문하고 판결의 효력을 받는다. 18. 지방 9급 (     )

## 정답 & OX 풀이

**0817** ✕ 행정소송법 제22조(처분변경으로 인한 소의 변경) ② 제1항의 규정에 의한 신청은 처분의 변경이 있음을 안 날로부터 **60일 이내**에 하여야 한다.

**0818** ○ 청구취지를 교환적으로 변경하여 종전의 소가 취하되고 새로운 소가 제기된 것으로 보게 되는 경우에 새로운 소에 대한 제소기간의 준수 등은 원칙적으로 소의 변경이 있는 때를 기준으로 하여 판단된다(주: 민사소송법에 따른 교환적 변경이 이루어진 사례임). 대법원 2013. 7. 11. 선고 2011두27544 판결

**0819** ○ 보충역편입처분취소처분의 효력을 다투는 소에 공익근무요원복무중단처분, 현역병입영대상편입처분 및 현역병입영통지처분의 취소를 구하는 청구를 **추가적으로 병합**한 경우, 공익근무요원복무중단처분, 현역병입영대상편입처분 및 현역병입영통지처분의 취소를 구하는 소의 소제기 기간의 준수 여부는 각 그 **청구취지의 추가·변경신청이 있은 때**를 기준으로 개별적으로 판단하여야 한다. 대법원 2004. 12. 10. 선고 2003두12257 판결

**0820** ✕ 위 819번의 해설 내용 참고.

**0821** ○ 행정처분의 무효확인을 구하는 소에는 특단의 사정이 없는 한 그 취소를 구하는 취지도 포함되어 있다고 보아야 하는 점 등에 비추어 볼 때, 동일한 행정처분에 대하여 무효확인의 소를 제기하였다가 그 후 그 처분의 취소를 구하는 소를 추가적으로 병합한 경우, 주된 청구인 **무효확인의 소가 적법한 제소기간 내에 제기**되었다면 **추가로 병합된 취소청구의 소도 적법**하게 제기된 것으로 봄이 상당하다. 대법원 2005. 12. 23. 선고 2005두3554 판결

**0822** ○ 당사자가 동일한 신청에 대하여 부작위위법확인의 소를 제기하였으나 그 후 소극적 처분이 있다고 보아 처분취소소송으로 소를 교환적으로 변경한 후 여기에 부작위위법확인의 소를 추가적으로 병합한 경우, **최초의 부작위위법확인의 소가 적법한 제소기간 내에 제기**된 이상 그 후 처분취소소송으로의 교환적 변경과 처분취소소송에의 추가적 변경 등의 과정을 거쳤다고 하더라도 여전히 **제소기간을 준수**한 것으로 봄이 상당하다. 대법원 2009. 7. 23. 선고 2008두10560 판결

**0823** ✕ 선행 처분의 취소를 구하는 소를 제기하였다가 이후 후행 처분의 취소를 구하는 청구취지를 추가한 경우에도, 선행 처분이 종국적 처분을 예정하고 있는 일종의 **잠정적 처분**으로서 후행 처분이 있을 경우 선행 처분은 후행 처분에 **흡수되어 소멸되는 관계**에 있고, 당초 선행 처분에 존재한다고 주장되는 위법사유가 후행 처분에도 마찬가지로 존재할 수 있는 관계여서 선행 처분의 취소를 구하는 소에 후행 처분의 취소를 구하는 취지도 포함되어 있다고 볼 수 있다면, 후행 처분의 취소를 구하는 소의 제소기간은 선행 처분의 취소를 구하는 **최초의 소가 제기된 때를 기준**으로 정하여야 한다. 대법원 2018. 11. 15. 선고 2016두48737 판결

**0824** ○ 행정소송법 제16조(제3자의 소송참가) ① 법원은 소송의 결과에 따라 권리 또는 이익의 침해를 받을 제3자가 있는 경우에는 당사자 또는 제3자의 신청 또는 직권에 의하여 결정으로써 그 제3자를 소송에 참가시킬 수 있다.

**0825** ✕ 행정소송법 제16조 소정의 제3자의 소송참가가 허용되기 위하여는 당해 소송의 결과에 따라 제3자의 권리 또는 이익이 침해되어야 하고, 이 때의 이익은 **법률상 이익**을 말하며 단순한 사실상의 이익이나 경제상의 이익은 포함되지 않는다. 대법원 2008. 5. 29. 선고 2007두23873 판결

**0826** ✕ 민사소송법 제67조는 공동소송인 가운데 한 사람의 소송행위는 **모두의 이익을 위하여서만** 효력을 가지는 것으로 규정하고 있으므로, 1인이 한 행위 중 참가인과 피참가인에게 유리한 행위는 효력이 생기는 반면, 일방에게라도 불리한 행위는 효력이 없다. 예컨대, 참가인이 상소를 제기하면 피참가인은 참가인의 의사에 반하여 상소를 취하·포기할 수 없다.

**0827** ○ 소송의 결과에 따라 권리 또는 이익의 침해를 받을 제3자는 그 소송에 참가할 수 있고, 이 경우 참가인은 현실적으로 소송행위를 하였는지 여부와 관계없이 참가한 소송의 판결의 효력을 받는다.

□□□ **0828** ★★☆ 처분을 취소하는 판결에 의하여 권리의 침해를 받은 제3자는 자기에게 책임 없는 사유로 인하여 소송에 참가하지 못함으로써 판결의 결과에 영향을 미칠 공격 또는 방어방법을 제출하지 못한 때에는 이를 이유로 확정된 종국 판결에 대하여 재심의 청구를 할 수 있다. 18. 지방 9급 (     )

□□□ **0829** 제3자에 의한 재심청구는 제3자가 항고소송의 확정판결이 있음을 안 날로부터 90일 이내, 판결이 확정된 날로부터 1년 이내에 제기하여야 한다. 24. 소방간부 (     )

□□□ **0830** ★★☆ 행정청은 「민사소송법」상의 보조참가를 할 수 있을 뿐만 아니라 「행정소송법」에 의한 소송참가를 할 수 있고 공법상 당사자소송의 원고가 된다. 24. 지방 9급 (     )

□□□ **0831** ★★☆ 행정소송에서 행정처분의 위법 여부는 행정처분이 있을 때의 법령과 사실상태를 기준으로 하여 판단하여야 하고 처분 후 법령의 개폐나 사실상태의 변동이 있다면 그러한 법령의 개폐나 사실상태의 변동에 의하여 처분의 위법성이 치유될 수 있다. 22. 소방 (     )

□□□ **0832** ★★☆ 부당해고 구제신청에 관한 중앙노동위원회의 결정에 대하여 취소소송을 제기하는 경우, 법원은 중앙노동위원회의 결정 후에 생긴 사유를 들어 그 결정의 적법 여부를 판단할 수 있다. 23. 국가 7급 (     )

□□□ **0833** 공정거래위원회의 과징금 납부명령이 재량권 일탈·남용으로 위법한지는 다른 특별한 사정이 없는 한 과징금 납부명령이 행하여진 '의결일' 당시의 사실상태를 기준으로 판단하여야 한다. 25. 국가 7급 (     )

□□□ **0834** 공정거래위원회의 법 위반행위에 대한 시정조치가 법 위반행위 자체가 존재하지 않음을 이유로 법원에서 취소된 경우, 그 위반행위를 위반횟수 가중을 위한 위반횟수 산정에서 제외했을 때 기존의 과징금 부과처분에 영향을 미치지 아니한다는 사정이 있더라도, 판결에 의해 취소된 법 위반행위를 기초로 한 과징금 부과처분은 위법하게 된다. 22. 국회 8급 (     )

□□□ **0835** 처분에 하자가 있더라도 처분청이 처분 이후에 새로운 사유를 추가하였다면, 처분 당시의 하자는 치유된다. 16. 지방 9급 (     )

□□□ **0836** ★★☆ 부작위위법확인소송의 경우 사실심의 구두변론종결시점의 법적·사실적 상황을 근거로 행정청의 부작위의 위법성을 판단하여야 한다. 22. 국가 7급 (     )

□□□ **0837** ★★☆ 법원은 행정처분 당시 행정청이 알고 있었던 자료뿐만 아니라 사실심 변론종결 당시까지 제출된 모든 자료를 종합하여 처분 당시 존재하였던 객관적 사실을 확정하고 그 사실에 기초하여 처분의 위법 여부를 판단할 수 있다. 23. 지방 9급 (     )

□□□ **0838** 처분청은 원고의 권리방어가 침해되지 않는 한도 내에서 당해 취소소송의 대법원 확정판결이 있기 전까지 처분사유의 추가·변경을 할 수 있다. 17. 국가 9급 (     )

□□□ **0839** ★★★ 처분사유의 추가·변경이 인정되기 위한 요건으로서의 기본적 사실관계의 동일성 유무는, 처분사유를 법률적으로 평가하기 이전의 구체적인 사실에 착안하여 그 기초인 사회적 사실관계가 기본적인 점에서 동일한지 여부에 따라 결정된다. 17. 국가 9급 (     )

**02**

## 정답 & OX 풀이

**0828** O  행정소송법 제31조(제3자에 의한 재심청구) ① 처분등을 취소하는 판결에 의하여 권리 또는 이익의 침해를 받은 **제3자**는 자기에게 **책임없는 사유로** 소송에 참가하지 못함으로써 판결의 결과에 영향을 미칠 공격 또는 방어방법을 제출하지 못한 때에는 이를 이유로 확정된 종국판결에 대하여 재심의 청구를 할 수 있다.

**0829** X  행정소송법 제31조(제3자에 의한 재심청구) ② 제1항의 규정에 의한 청구는 확정판결이 있음을 안 날로부터 **30일** 이내, 판결이 확정된 날로부터 **1년** 이내에 제기하여야 한다.

**0830** X  타인 사이의 항고소송에서 소송의 결과에 관하여 이해관계가 있다고 주장하면서 민사소송법 제71조에 의한 보조참가를 할 수 있는 제3자는 민사소송법상의 당사자능력 및 소송능력을 갖춘 자이어야 하므로 그러한 **당사자능력 및 소송능력이 없는 행정청**으로서는 **민사소송법상의 보조참가를 할 수는 없고** 다만 행정소송법 제17조 제1항에 의한 소송참가를 할 수 있을 뿐이다 (주: 또한 당사자능력이 없는 행정청은 당사자소송의 원고가 될 수도 없음. 당사자소송의 원고는 행정청이 아닌 행정주체가 되어야 함). 대법원 2002. 9. 24. 선고 99두1519 판결

**0831** X  행정소송에서 행정처분의 위법 여부는 **행정처분이 행하여졌을 때**의 법령과 사실 상태를 기준으로 하여 판단하여야 하고, **처분 후** 법령의 개폐나 사실상태의 변동에 의하여 **영향을 받지는 않는다**. 대법원 2008. 7. 24. 선고 2007두3930 판결

**0832** X  부당해고 구제신청에 관한 중앙노동위원회의 명령 또는 결정의 취소를 구하는 소송에서 그 명령 또는 결정이 적법한지는 그 명령 또는 결정이 이루어진 시점을 기준으로 판단하여야 하고, 그 명령 또는 결정 **후에 생긴 사유**를 들어 적법 여부를 판단할 수는 **없으나**, 그 명령 또는 결정의 기초가 된 사실이 동일하다면 노동위원회에서 주장하지 아니한 사유도 행정소송에서 주장할 수 있다. 대법원 2021. 7. 29. 선고 2016두64876 판결

**0833** O  공정거래위원회의 과징금 납부명령 등이 재량권 일탈·남용으로 위법한지 여부는 다른 특별한 사정이 없는 한 과징금 납부명령 등이 행하여진 '**의결일**' 당시의 사실상태를 기준으로 판단하여야 한다. 대법원 2019. 1. 31. 선고 2017두68110 판결

**0834** X  법 위반행위 자체가 존재하지 않아 위반행위에 대한 시정조치에 대하여 취소판결이 확정된 경우에 **위반 횟수 가중을 위한 횟수 산정에서 제외하더라도**, 그 사유가 과징금 부과처분에 영향을 미치지 아니하여 **처분의 정당성이 인정**되는 경우에는 그 처분을 **위법하다고 할 수 없다**. 대법원 2019. 7. 25. 선고 2017두55077 판결

**0835** X  행정처분의 적법 여부는 특별한 사정이 없는 한 그 처분 당시를 기준으로 하여 판단하여야 하고, 처분청이 **처분 이후에 추가한** 새로운 사유를 보태어 처분 당시의 흠을 치유시킬 수는 없다. 대법원 1996. 12. 20. 선고 96누9799 판결

**0836** O  부작위위법확인의 소는 (중략) **판결(사실심의 구두변론 종결)시를 기준**으로 그 부작위의 위법을 확인함으로써 행정청의 응답을 신속하게 하여 부작위 내지 무응답이라고 하는 소극적인 위법상태를 제거하는 것을 목적으로 하는 것이므로, (이하 생략) 대법원 1990. 9. 25. 선고 89누4758 판결

**0837** O  행정처분의 위법 여부를 판단하는 기준 시점에 관하여 판결 시가 아니라 처분 시라고 하는 **의미**는 행정처분이 있을 때의 법령과 사실상태를 기준으로 하여 위법 여부를 판단하며 처분 후 법령의 개폐나 사실상태의 변동에 영향을 받지 않는다는 뜻이지 **처분 당시 존재하였던 자료나 행정청에 제출되었던 자료만으로** 위법 여부를 판단한다는 의미는 **아니다**. 그러므로 처분 당시의 사실상태 등에 관한 증명은 **사실심 변론종결 당시까지** 할 수 있고, 법원은 행정처분 당시 행정청이 알고 있었던 자료뿐만 아니라 사실심 변론종결 당시까지 제출된 모든 자료를 종합하여 처분 당시 존재하였던 객관적 사실을 확정하고 그 사실에 기초하여 처분의 위법 여부를 판단할 수 있다. 대법원 2017. 4. 7. 선고 2014두37122 판결

**0838** X  행정소송규칙 제9조(처분사유의 추가·변경) 행정청은 **사실심 변론을 종결할 때까지** 당초의 처분사유와 **기본적 사실관계가 동일한 범위 내에서** 처분사유를 추가 또는 변경할 수 있다.

**0839** O  행정처분의 취소를 구하는 항고소송에 있어서, 처분청은 <u>당초 처분의 근거로 삼은 사유와 **기본적 사실관계가 동일성**이 있다고 인정되는 한도 내에서만</u> 다른 사유를 추가하거나 변경할 수 있고, 여기서 기본적 사실관계의 동일성 유무는 <u>처분사유를 법률적으로 평가하기 이전의 구체적인 사실에 착안하여 그 기초인 사회적 **사실관계**가 기본적인 점에서 동일한지 여부에 따라 결정</u>되며 이와 같이 <u>기본적 사실관계와 동일성이 인정되지 않는 별개의 사실을 들어 처분사유로 주장하는 것이 허용되지 않는다</u>. 대법원 2003. 12. 11. 선고 2001두8827 판결

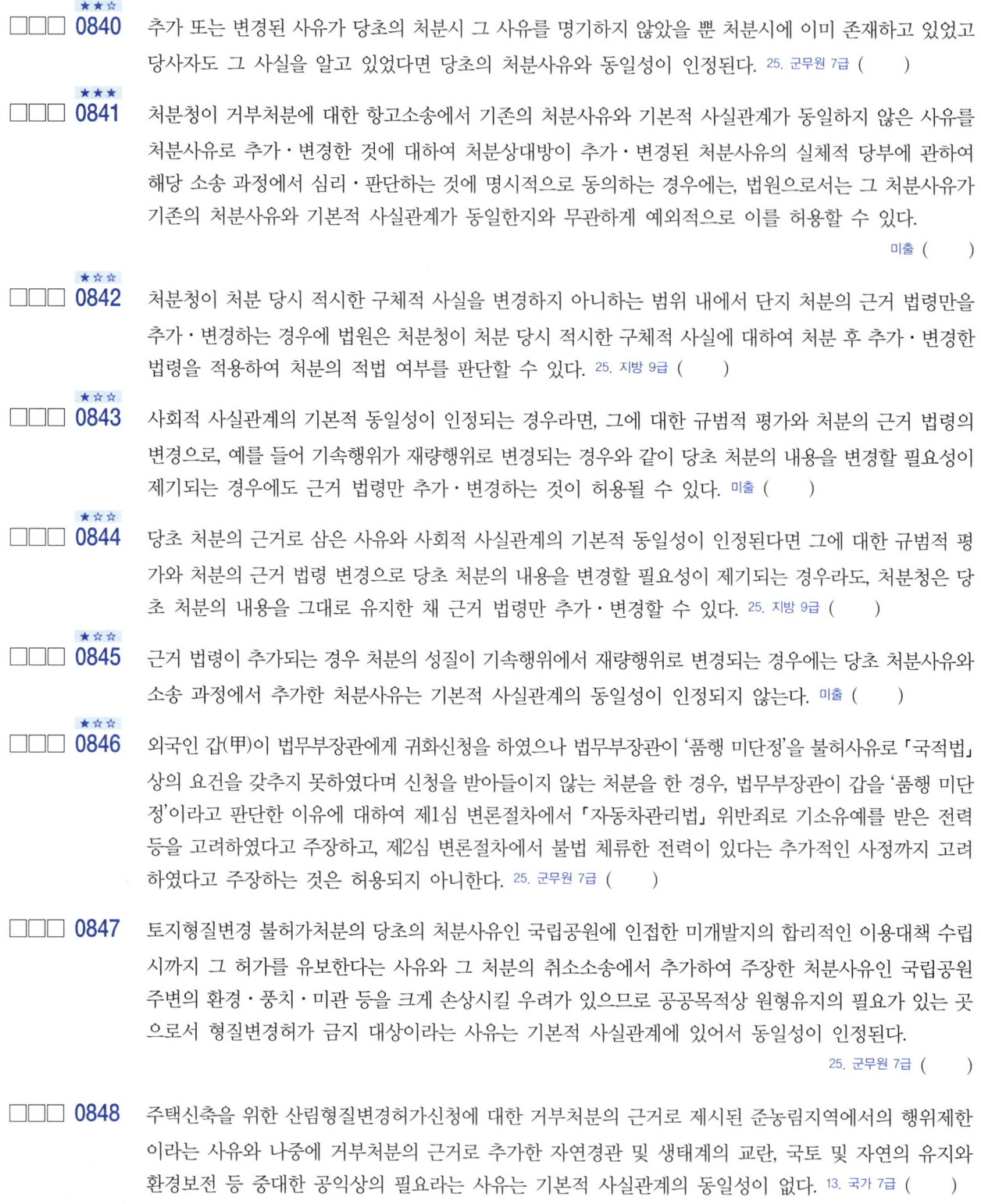

□□□ **0840** ★★☆ 추가 또는 변경된 사유가 당초의 처분시 그 사유를 명기하지 않았을 뿐 처분시에 이미 존재하고 있었고 당사자도 그 사실을 알고 있었다면 당초의 처분사유와 동일성이 인정된다. 25. 군무원 7급 (      )

□□□ **0841** ★★★ 처분청이 거부처분에 대한 항고소송에서 기존의 처분사유와 기본적 사실관계가 동일하지 않은 사유를 처분사유로 추가·변경한 것에 대하여 처분상대방이 추가·변경된 처분사유의 실체적 당부에 관하여 해당 소송 과정에서 심리·판단하는 것에 명시적으로 동의하는 경우에는, 법원으로서는 그 처분사유가 기존의 처분사유와 기본적 사실관계가 동일한지와 무관하게 예외적으로 이를 허용할 수 있다.
미출 (      )

□□□ **0842** ★★☆ 처분청이 처분 당시 적시한 구체적 사실을 변경하지 아니하는 범위 내에서 단지 처분의 근거 법령만을 추가·변경하는 경우에 법원은 처분청이 처분 당시 적시한 구체적 사실에 대하여 처분 후 추가·변경한 법령을 적용하여 처분의 적법 여부를 판단할 수 있다. 25. 지방 9급 (      )

□□□ **0843** ★★☆ 사회적 사실관계의 기본적 동일성이 인정되는 경우라면, 그에 대한 규범적 평가와 처분의 근거 법령의 변경으로, 예를 들어 기속행위가 재량행위로 변경되는 경우와 같이 당초 처분의 내용을 변경할 필요성이 제기되는 경우에도 근거 법령만 추가·변경하는 것이 허용될 수 있다. 미출 (      )

□□□ **0844** ★★☆ 당초 처분의 근거로 삼은 사유와 사회적 사실관계의 기본적 동일성이 인정된다면 그에 대한 규범적 평가와 처분의 근거 법령 변경으로 당초 처분의 내용을 변경할 필요성이 제기되는 경우라도, 처분청은 당초 처분의 내용을 그대로 유지한 채 근거 법령만 추가·변경할 수 있다. 25. 지방 9급 (      )

□□□ **0845** ★★☆ 근거 법령이 추가되는 경우 처분의 성질이 기속행위에서 재량행위로 변경되는 경우에는 당초 처분사유와 소송 과정에서 추가한 처분사유는 기본적 사실관계의 동일성이 인정되지 않는다. 미출 (      )

□□□ **0846** ★★☆ 외국인 갑(甲)이 법무부장관에게 귀화신청을 하였으나 법무부장관이 '품행 미단정'을 불허사유로 「국적법」 상의 요건을 갖추지 못하였다며 신청을 받아들이지 않는 처분을 한 경우, 법무부장관이 갑을 '품행 미단정'이라고 판단한 이유에 대하여 제1심 변론절차에서 「자동차관리법」 위반죄로 기소유예를 받은 전력 등을 고려하였다고 주장하고, 제2심 변론절차에서 불법 체류한 전력이 있다는 추가적인 사정까지 고려하였다고 주장하는 것은 허용되지 아니한다. 25. 군무원 7급 (      )

□□□ **0847** 토지형질변경 불허가처분의 당초의 처분사유인 국립공원에 인접한 미개발지의 합리적인 이용대책 수립 시까지 그 허가를 유보한다는 사유와 그 처분의 취소소송에서 추가하여 주장한 처분사유인 국립공원 주변의 환경·풍치·미관 등을 크게 손상시킬 우려가 있으므로 공공목적상 원형유지의 필요가 있는 곳으로서 형질변경허가 금지 대상이라는 사유는 기본적 사실관계에 있어서 동일성이 인정된다.
25. 군무원 7급 (      )

□□□ **0848** 주택신축을 위한 산림형질변경허가신청에 대한 거부처분의 근거로 제시된 준농림지역에서의 행위제한 이라는 사유와 나중에 거부처분의 근거로 추가한 자연경관 및 생태계의 교란, 국토 및 자연의 유지와 환경보전 등 중대한 공익상의 필요라는 사유는 기본적 사실관계의 동일성이 없다. 13. 국가 7급 (      )

## 정답 & OX 풀이

**0840** ✕ 추가 또는 변경된 사유가 당초의 처분시 그 사유를 명기하지 않았을 뿐 <u>**처분시에 이미 존재하고 있었고 당사자도 그 사실을 알고 있었다**</u> 하여 <u>당초의 처분사유와 **동일성이 있는 것이라 할 수 없다.**</u> 대법원 2003. 12. 11. 선고 2001두8827 판결

**0841** ◯ 처분청이 거부처분에 대한 항고소송에서 기존의 처분사유와 **기본적 사실관계가 동일하지 않은 사유**를 처분사유로 추가·변경한 것에 대하여 <u>처분상대방이 추가·변경된 처분사유의 실체적 당부에 관하여 해당 소송 과정에서 심리·판단하는 것에 **명시적으로 동의**</u>하는 경우에는, 법원으로서는 그 처분사유가 기존의 처분사유와 **기본적 사실관계가 동일한지와 무관하게** 예외적으로 <u>이를 **허용할 수 있다.**</u> 대법원 2024. 11. 28. 선고 2023두61349 판결

**0842** ◯ 처분청이 <u>처분 당시 적시한 **구체적 사실을 변경하지 아니하는 범위** 내에서 단지 처분의 근거 법령만을 추가·변경하는 것은 **새로운 처분사유의 추가라고 볼 수 없으므로**</u> 이와 같은 경우에는 처분청이 처분 당시 적시한 구체적 사실에 대하여 <u>처분 후 추가·변경한 법령을 적용하여 처분의 적법 여부를 판단하여도 무방하다.</u> 대법원 2011. 5. 26. 선고 2010두28106 판결

**0843** ✕ <u>사회적 사실관계의 **기본적 동일성이 인정되는 경우라고 하더라도**</u> 그에 대한 규범적 평가와 <u>처분의 근거 법령의 변경으로, 예를 들어 **기속행위가 재량행위로 변경되는** 경우와 같이, 당초 **처분의 내용을 변경할 필요성**이 제기되는 경우에는 해당 처분을 취소한 후 처분청으로 하여금 다시 처분절차를 거쳐 새로운 처분을 하도록 하여야 할 것이지 당초 처분의 내용을 그대로 유지한 채 근거 법령만 추가·변경하는 것은 허용될 수 없다.</u> 대법원 2024. 11. 28. 선고 2023두61349 판결

**0844** ✕ 위 843번의 해설 내용 참고.

**0845** ◯ <u>근거 법령의 추가를 통하여 위 제외처분의 성질이 **기속행위에서 재량행위로 변경**되고, 그로 인하여 위법사유와 당사자들의 공격방어방법 내용, 법원의 사법심사방식 등이 달라지며, 특히 종래의 법 위반 사실뿐만 아니라 처분의 적정성을 확보하기 위한 양정사실까지 새로 고려되어야 하므로, 당초 처분사유와 소송 과정에서 시장이 추가한 처분사유는 기초가 되는 사회적 **사실관계의 동일성이 인정되지 않는다.**</u> 대법원 2023. 11. 30. 선고 2019두38465 판결

**0846** ✕ **'품행 미단정'**이라는 판단 결과를 위 처분의 처분사유로 보아야 하는데, 법무장관이 원심에서 추가로 제시한 불법 체류 전력 등의 제반 사정은 불허가처분의 **처분사유 자체가 아니라** 그 근거가 되는 기초 사실 내지 평가요소에 지나지 않으므로, 법무장관은 <u>이러한 사정을 추가로 주장할 수 **있다.**</u> 대법원 2018. 12. 13. 선고 2016두31616 판결

**0847** ◯ 토지형질변경 불허가처분의 당초의 처분사유인 **국립공원에 인접한 미개발지의 합리적인 이용대책 수립 시까지 그 허가를 유보한다**는 사유와 그 처분의 취소소송에서 추가하여 주장한 처분사유인 **국립공원 주변의 환경·풍치·미관 등을 크게 손상시킬 우려**가 있으므로 공공목적상 원형유지의 필요가 있는 곳으로서 형질변경허가가 금지 대상이라는 사유는 <u>기본적 사실관계에 있어서 동일성이 인정된다</u>고 한 사례. 대법원 2001. 9. 28. 선고 2000두8684 판결

**0848** ✕ 주택신축을 위한 산림형질변경허가신청에 대하여 행정청이 거부처분을 하면서 당초 거부처분의 근거로 삼은 **준농림지역에서의 행위제한**이라는 사유와 나중에 거부처분의 근거로 추가한 <u>자연경관 및 생태계의 교란, 국토 및 자연의 유지와 **환경보전 등 중대한 공익상의 필요**라는 사유는 <u>기본적 사실관계에 있어서 동일성이 인정된다.</u> 대법원 2004. 11. 26. 선고 2004두4482 판결

☐☐☐ **0849** 행정청의 당초 처분사유인 기존 공동사업장과의 거리제한규정에 저촉된다는 사실과 피고 주장의 최소 주차용지에 미달한다는 사실은 기본적 사실관계에 있어서 동일성이 인정된다. 11. 사회복지 (      )

☐☐☐ **0850** 당초의 처분사유인 중기취득세의 체납과 그 후 추가된 처분사유인 자동차세의 체납은 기본적 사실관계의 동일성이 부정된다. 17. 서울시 9급 (      )

☐☐☐ **0851** 의료보험요양기관 지정취소처분의 당초의 처분사유인 구 「의료보험법」 제33조 제1항이 정하는 본인부담금 수납대장을 비치하지 아니한 사실과 항고소송에서 새로 주장한 처분사유인 같은 법 제33조 제2항이 정하는 보건복지부장관의 관계서류 제출명령에 위반하였다는 사실은 기본적 사실관계에 있어서 동일성이 인정되지 않는다. 11. 사회복지 (      )

☐☐☐ **0852** 주류면허 지정조건 중 제6호 무자료 주류판매 및 위장거래 항목을 근거로 한 면허취소 처분에 대한 항고소송에서, 지정조건 제2호 무면허판매업자에 대한 주류판매를 새로이 그 취소사유로 주장하는 것은 기본적 사실관계의 동일성이 인정된다. 17. 서울시 9급 (      )

☐☐☐ **0853** 석유판매업허가신청에 대하여, 관할 군부대장의 동의를 얻지 못하였다는 당초의 불허가 사유와, 토지가 탄약창에 근접한 지점에 있어 공익적인 측면에서 보아 허가신청을 불허한 것은 적법하다는 사유는 기본적 사실관계의 동일성이 인정된다. 13. 국가 7급 (      )

☐☐☐ **0854** 온천으로서의 이용가치, 기존의 도시계획 및 공공사업에의 지장 여부 등을 고려하여 온천발견신고수리를 거부한 것은 적법하다는 사유와, 규정온도가 미달되어 온천에 해당하지 않는다는 사유는 기본적 사실관계의 동일성이 인정된다. 22. 군무원 9급 (      )

☐☐☐ **0855** 甲이 제기한 원상복구명령 및 계고처분에 대한 취소소송에서, 행정청 乙은 처분 시에 제시한 '甲의 건축물은 건축허가를 받지 않은 건축물'이라는 처분사유에 '甲의 건축물은 신고를 하지 않은 가설건축물'이라는 처분사유를 추가할 수 있다. 23. 국가 7급 (      )

## 정답 & OX 풀이

**0849** ✕ 이 사건 처분사유인 기존 공동사업장과의 **거리제한규정에 저촉**된다는 사실과 최소 **주차용지에 미달**한다는 사실은 <u>기본적 사실</u> <u>관계를 달리</u>하는 것임이 명백하다. 대법원 1995. 11. 21. 선고 95누10952 판결

**0850** ○ 당초의 처분사유인 중기**취득세의 체납**과 그 후 추가된 처분사유인 **자동차세의 체납**은 각 세목, 과세년도, 납세의무자의 지위 및 체납액 등을 달리하고 있어 <u>기본적 사실관계가 동일하다고 볼 수 없다</u>. 대법원 1989. 6. 27. 선고 88누6160 판결

**0851** ○ 의료보험요양기관 지정취소처분의 당초의 처분사유인 구 의료보험법 제33조 제1항이 정하는 **본인부담금 수납대장을 비치하지 아니한 사실**과 항고소송에서 새로 주장한 처분사유인 같은 법 제33조 제2항이 정하는 보건복지부장관의 **관계서류 제출명령에 위반하였다는 사실**은 <u>기본적 사실관계의 동일성이 없다</u>. 대법원 2001. 3. 23. 선고 99두6392 판결

**0852** ✕ 주류면허 지정조건 중 제6호 **무자료 주류판매** 및 위장거래 항목을 근거로 한 면허취소처분에 대한 항고소송에서, 지정조건 제2호 **무면허판매업자에 대한 주류판매**를 새로이 그 취소사유로 주장하는 것은 <u>기본적 사실관계가 다른 사유</u>를 내세우는 것으로서 허용될 수 없다. 대법원 1996. 9. 6. 선고 96누7427 판결

**0853** ✕ 피고는 석유판매업허가신청에 대하여 당초 사업장소인 토지가 군사보호시설구역 내에 위치하고 있는 **관할 군부대장의 동의를 얻지 못하였다**는 이유로 이를 불허가하였다가, 소송에서 위 토지는 **탄약창에 근접한 지점에 위치**하고 있어 **공공의 안전과 군사시설의 보호**라는 공익적인 측면에서 보아 허가신청을 불허한 것은 적법하다는 것을 불허가사유로 추가한 경우, 양자는 <u>기본적 사실관계에 있어서의 동일성이 인정되지 아니하는 별개의 사유</u>라고 할 것이므로 이와 같은 사유를 불허가처분의 근거로 추가할 수 없다. 대법원 1991. 11. 8. 선고 91누70 판결

**0854** ✕ **규정온도가 미달**되어 온천에 해당하지 않는다는 사유와 **온천으로서의 이용가치**, 기존의 도시계획 및 공공사업에의 지장 여부 등을 고려했다는 사유는 기본적 사실관계가 <u>동일하지 않다</u>. 대법원 1992. 11. 24. 선고 92누3052 판결

**0855** ✕ 당초 처분사유인 '건축법 제11조 위반(갑의 건축물은 **건축허가를 받지 않은 건축물**이라는 사실)'과 추가한 추가사유인 '건축법 제20조 제3항 위반(갑의 건축물은 **신고를 하지 않은 가설건축물**이라는 사실)'은 그 기초인 사회적 <u>사실관계가 동일하다고 볼 수 없어 처분사유의 추가·변경이 허용되지 않는다</u>고 한 사례. 대법원 2021. 7. 29. 선고 2021두34756 판결

## 기출 지문 OX Check

□□□ **0856** 금전 부과처분 취소소송에서 부과처분이 위법한 것으로 판단된 경우 사실심 변론종결 시까지 제출된 자료에 의하여 적법하게 부과될 정당한 부과금액이 산출되는 때에는 부과처분 전부를 취소할 것이 아니라 정당한 부과금액을 초과하는 부분만 취소하여야 한다. 25. 군무원 9급 ( )

□□□ ★★☆ **0857** 행정청이 여러 개의 위반행위에 대하여 하나의 제재처분을 하였으나, 위반행위별로 제재처분의 내용을 구분하는 것이 가능하고 여러 개의 위반행위 중 일부의 위반행위에 대한 제재처분 부분만이 위법하다면, 법원은 제재처분 전부를 취소하여서는 아니 된다. 22. 국가 7급 ( )

□□□ **0858** 「국가유공자 등 예우 및 지원에 관한 법률」에 따른 여러 개의 상이에 대한 국가유공자요건비해당처분에 대한 취소소송에서 그 중 일부 상이만이 국가유공자요건이 인정되는 상이에 해당하는 경우, 국가유공자 요건비해당처분 중 그 요건이 인정되는 상이에 대한 부분만을 취소하여야 한다. 18. 지방 9급 ( )

□□□ ★★★ **0859** 처분을 할 것인지 여부와 처분의 정도에 관하여 재량이 인정되는 과징금 납부명령에 대하여 그 명령이 재량권을 일탈하였을 경우, 법원은 재량권의 범위 내에서 어느 정도가 적정한 것인지에 관하여 판단할 수 있고 그 일부를 취소할 수 있다. 24. 국가 9급 ( )

□□□ ★★★ **0860** 자동차운수사업면허조건 등을 위반한 사업자에 대한 과징금부과처분이 법이 정한 한도액을 초과하여 위법할 경우 법원으로서는 그 전부를 취소할 수밖에 없다. 25. 국가 9급 ( )

□□□ ★★☆ **0861** 법원은 원고의 청구가 이유있다고 인정하는 경우에도 처분등을 취소하는 것이 현저히 공공복리에 적합하지 아니하다고 인정하는 때에는 원고의 청구를 기각할 수 있다. 23. 지방 9급 ( )

□□□ ★★☆ **0862** 법원이 사정판결을 함에 있어서는 미리 원고가 그로 인하여 입게 될 손해의 정도와 배상방법 그 밖의 사정을 조사하여야 한다. 21. 지방 9급 ( )

□□□ ★★☆ **0863** 법원이 사정판결을 함에 있어서, 원고는 처분을 한 행정청을 상대로 손해배상, 제해시설의 설치 그 밖에 적당한 구제방법의 청구를 당해 취소소송이 계속된 법원에 병합하여 제기할 수 있다. 16. 국가 7급 ( )

□□□ ★★☆ **0864** 사정판결의 요건인 처분의 위법성은 변론 종결시를 기준으로 판단하고, 공공복리를 위한 사정판결의 필요성은 처분시를 기준으로 판단하여야 한다. 23. 국가 9급 ( )

□□□ ★★☆ **0865** 원고의 청구가 이유있다고 인정하는 경우에도 이를 인용하는 것이 현저히 공공복리에 적합하지 않다고 판단되면 법원은 피고 행정청의 주장이나 신청이 없더라도 사정판결을 할 수 있다. 22. 지방 9급 ( )

## 정답 & OX 풀이

**0856** O 일반적으로 금전 부과처분 취소소송에서 부과금액 산출과정의 잘못 때문에 부과처분이 위법한 것으로 판단되더라도 사실심 변론종결 시까지 제출된 자료에 의하여 <u>적법하게 부과될</u> **정당한 부과금액이 산출**되는 때에는 부과처분 전부를 취소할 것이 아니라 정당한 부과금액을 **초과하는 부분만 취소**하여야 한다. 대법원 2016. 7. 14. 선고 2015두4167 판결

**0857** O 행정청이 **여러 개의 위반행위**에 대하여 **하나의 제재처분**을 하였으나, <u>위반행위별로 제재처분의 내용을 구분하는 것이 가능하고</u> 여러 개의 위반행위 중 일부의 위반행위에 대한 제재처분 부분만이 위법하다면, 법원은 제재처분 중 **위법성이 인정되는 부분만 취소**하여야 하고 제재처분 전부를 취소하여서는 아니 된다. 대법원 2020. 5. 14. 선고 2019두63515 판결

**0858** O <u>여러 개의 상이에 대한 국가유공자요건비해당처분에 대한 취소소송에서 그 중 **일부 상이가 국가유공자요건이 인정되는 상이에 해당**하더라도 나머지 상이에 대하여 위 요건이 인정되지 아니하는 경우에는 국가유공자요건비해당처분 중 위 **요건이 인정되는 상이에 대한 부분만을 취소**하여야 할 것이고, 그 비해당처분 전부를 취소할 수는 없다고 할 것이다. 대법원 2012. 3. 29. 선고 2011두9263 판결

**0859** X 처분을 할 것인지 여부와 처분의 정도에 관하여 **재량**이 인정되는 과징금 납부명령에 대하여 그 명령이 재량권을 일탈하였을 경우, 법원으로서는 재량권의 일탈 여부만 판단할 수 있을 뿐이지 **재량권의 범위 내에서 어느 정도가 적정한 것인지**에 관하여는 판단할 수 **없어** 그 **전부를 취소**할 수밖에 없고, 법원이 적정하다고 인정하는 부분을 **초과한 부분만 취소할 수는 없다**. 대법원 2009. 6. 23. 선고 2007두18062 판결

**0860** O <u>자동차운수사업면허조건 등을 위반한 사업자에 대하여 행정청이 행정제재수단으로 사업 정지를 명할 것인지, 과징금을 부과할 것인지, 과징금을 부과키로 한다면 그 금액은 얼마로 할 것인지에 관하여 <u>재량권이 부여되었다</u> 할 것이므로 과징금부과처분이 **법이 정한 한도액을 초과**하여 위법할 경우 법원으로서는 그 **전부를 취소**할 수밖에 없고, 그 한도액을 초과한 부분이나 법원이 적정하다고 인정되는 부분을 **초과한 부분만을 취소할 수 없다**. 대법원 1998. 4. 10. 선고 98두2270 판결

**0861** O 행정소송법 제28조(사정판결) ① <u>원고의 청구가 이유있다고 인정하는 경우에도 **처분등을 취소하는 것이 현저히 공공복리에 적합하지 아니하다고 인정하는 때에는 법원은 <u>원고의 청구를 기각할 수 있다</u>. 이 경우 법원은 그 판결의 주문에서 그 처분등이 위법함을 명시하여야 한다.

**0862** O 행정소송법 제28조(사정판결) ② 법원이 사정판결을 함에 있어서는 <u>미리 원고가 그로 인하여 입게 될 손해의 정도와 배상방법 그 밖의 사정을 조사하여야 한다.

**0863** X 행정소송법 제28조(사정판결) ③ 원고는 <u>피고인 행정청이 속하는 **국가 또는 공공단체**를 상대로 손해배상, 제해시설의 설치 그 밖에 적당한 구제방법의 청구를 당해 취소소송등이 계속된 법원에 병합하여 제기할 수 있다.

**0864** X 사정판결을 함에 있어서도 처분의 **위법성**은 **처분시**를 기준으로 판단하고, **사정판결의 필요성이 있는지 여부**는 처분시가 아닌 **판결시(사실심 변론종결시)**를 기준으로 판단한다.

**0865** O <u>사정판결은 당사자의 명백한 주장이 없는 경우에도 기록에 나타난 여러 사정을 기초로 **직권으로 할 수 있다**. 대법원 2006. 9. 22. 선고 2005두2506 판결

☐☐☐ **0866** ★★☆ 사정판결의 경우에는 처분의 적법성이 아닌 처분의 위법성에 대하여 기판력이 발생한다.

19. 서울시 9급 (　　)

☐☐☐ **0867** ★★☆ 취소청구가 사정판결에 의하여 기각되거나 행정청이 처분등을 취소 또는 변경함으로 인하여 청구가 각하 또는 기각된 경우에는 소송비용은 피고의 부담으로 한다. 23. 국회 9급 (　　)

☐☐☐ **0868** ★★★ 사정판결은 항고소송 중 취소소송 및 무효등확인소송에서 인정되는 판결의 종류이다. 21. 지방 9급 (　　)

☐☐☐ **0869** ★★☆ 행정처분을 취소한다는 확정판결이 있으면 그 취소판결의 형성력에 의하여 당해 행정처분의 취소나 취소통지 등의 별도의 절차를 요하지 아니하고 당연히 취소의 효과가 발생한다. 24. 군무원 9급 (　　)

☐☐☐ **0870** ★★☆ 영업정지처분에 대한 취소소송에서 취소판결이 확정되면 처분청은 영업정지처분의 효력을 소멸시키기 위하여 영업정지처분을 취소하는 처분을 하여야 할 의무를 진다. 22. 지방 9급 (　　)

☐☐☐ **0871** ★★☆ 과세처분을 취소하는 판결이 확정되면 그 과세처분은 처분시에 소급하여 소멸하므로 그 뒤에 과세관청에서 그 과세처분을 경정하는 경정처분을 하였다면 이는 존재하지 않는 과세처분을 경정한 것으로서 그 하자가 중대하고 명백한 당연무효의 처분이다. 24. 국회 9급 (　　)

☐☐☐ **0872** ★★★ 취소판결의 효력은 원칙적으로 소급적이므로, 취소판결에 의해 취소된 영업허가취소처분 이후의 영업행위는 무허가영업에 해당하지 않는다. 20. 국가 9급 (　　)

☐☐☐ **0873** ★★☆ 운전면허취소처분이 위법하더라도 공정력이 인정되는 결과, 운전면허취소처분을 받은 자가 이후 당해 처분에 대한 취소소송기간 중 자동차를 운전하였다면, 그 이후 판결에 의해 운전면허취소처분이 취소되었더라도 무면허운전에 해당한다. 24. 소방간부 (　　)

☐☐☐ **0874** ★★☆ 조세부과처분을 취소하는 행정판결이 확정된 경우 부과처분의 효력은 처분 시에 소급하여 효력을 잃게 되므로 확정된 행정판결은 조세포탈에 대한 무죄를 인정할 명백한 증거에 해당한다. 22. 국가 9급 (　　)

☐☐☐ **0875** 「도시 및 주거환경정비법」상 주택재개발사업조합의 조합설립인가처분이 법원의 재판에 의하여 취소된 경우, 당해 주택재개발사업조합이 조합설립인가처분 취소 전에 도시정비법상 적법한 행정주체 또는 사업시행자로서 한 결의 등 처분은 달리 특별한 사정이 없는 한 소급하여 효력을 상실한다.

24. 군무원 9급 (　　)

☐☐☐ **0876** ★★☆ 처분등을 취소하는 확정판결은 당사자 이외의 제3자에게는 효력이 없다. 23. 지방 9급 (　　)

☐☐☐ **0877** ★★☆ 행정처분을 취소하는 확정판결이 있으면 그 취소판결 자체의 효력에 의해 그 행정처분을 기초로 하여 새로 형성된 제3자의 권리는 당연히 그 행정처분 전의 상태로 환원된다. 23. 국가 7급 (　　)

☐☐☐ **0878** 행정처분의 무효확인판결은 비록 형식상은 확인판결이라 하여도 그 확인판결의 효력은 그 취소판결의 경우와 같이 소송의 당사자는 물론 제3자에게도 미친다. 24. 국회 9급 (　　)

# 정답 & OX 풀이

**0866** O 기판력은 판결의 '주문'에 기재된 것에 대하여 발생하는데, 사정판결이 있는 경우 행정소송법 제28조에 따라 법원은 판결의 **주문에서 처분의 위법성을 명시**하여야 한다. 따라서 사정판결이 확정되면 사정판결의 대상이 된 행정처분이 **위법하다**는 점에 대하여 **기판력**이 발생한다.

**0867** O 행정소송법 제32조(소송비용의 부담) 취소청구가 제28조(주: **사정판결**)의 규정에 의하여 기각되거나 행정청이 처분등을 취소 또는 변경함으로 인하여 청구가 각하 또는 기각된 경우에는 소송비용은 **피고의 부담**으로 한다.

**0868** X 당연**무효**의 행정처분을 소송목적물로 하는 행정소송(주: 무효등확인소송)에서는 존치시킬 효력이 있는 행정행위가 없기 때문에 행정소송법 제28조 소정의 사정판결을 할 수 **없다**. 대법원 1996. 3. 22. 선고 95누5509 판결

**0869** O 행정처분을 취소한다는 확정판결이 있으면 그 취소판결의 형성력에 의하여 당해 행정처분의 취소나 취소통지 등의 별도의 절차를 요하지 아니하고 **당연히 취소의 효과가 발생**한다. 대법원 1991. 10. 11. 선고 90누5443 판결

**0870** X 위 869번의 해설 내용 참고(영업정지처분에 대한 취소판결이 확정되면 그 취소판결의 형성력에 의하여 영업정지처분은 당연히 그 효력을 상실하게 되고, 따라서 처분청이 영업정지처분을 취소하는 처분을 해야 할 의무를 지게 되는 것이 아님).

**0871** O 과세처분을 취소하는 판결이 확정되면 그 과세처분은 처분시에 소급하여 소멸하므로 그 뒤에 과세관청에서 그 과세처분을 경정하는 경정처분을 하였다면 이는 **존재하지 않는** 과세처분을 경정한 것으로서 그 하자가 중대하고 명백한 **당연무효**의 처분이다. 대법원 1989. 5. 9. 선고 88다카16096 판결

**0872** O 영업의 금지를 명한 영업허가취소처분 자체가 나중에 행정쟁송절차에 의하여 취소되었다면 그 영업허가취소처분은 그 **처분시에 소급하여 효력**을 잃게 되며, 그 영업허가취소처분에 복종할 의무가 원래부터 없었음이 확정되었다고 봄이 타당하고, 영업허가취소처분이 장래에 향하여서만 효력을 잃게 된다고 볼 것은 아니므로 그 영업허가취소처분 이후의 영업행위를 **무허가영업이라고 볼 수는 없다**. 대법원 1993. 6. 25. 선고 93도277 판결

**0873** X 피고인이 행정청으로부터 자동차 운전면허취소처분을 받았으나 나중에 그 행정처분 자체가 행정쟁송절차에 의하여 취소되었다면, 위 운전면허취소처분은 그 **처분시에 소급하여 효력**을 잃게 되고, 피고인은 위 운전면허취소처분에 복종할 의무가 원래부터 없었음이 후에 확정되었다고 봄이 타당할 것이고, 행정행위에 공정력의 효력이 인정된다고 하여 행정소송에 의하여 적법하게 취소된 운전면허취소처분이 단지 장래에 향하여서만 효력을 잃게 된다고 볼 수는 없다(주: 무면허운전에 대하여 **무죄판결**을 선고한 사례). 대법원 1999. 2. 5. 선고 98도4239 판결

**0874** O 조세의 부과처분을 취소하는 행정소송판결이 확정된 경우 그 조세부과처분의 효력은 처분시에 소급하여 효력을 잃게 되고 따라서 그 부과처분을 받은 사람은 그 처분에 따른 납부의무가 없다고 할 것이므로 위 확정된 행정판결은 조세포탈에 대한 무죄 내지 원판결이 인정한 죄보다 경한 죄를 인정할 명백한 증거라 할 것이다. 대법원 1985. 10. 22. 선고 83도2933 판결

**0875** O 도시 및 주거환경정비법상 주택재개발사업조합의 조합설립인가처분이 법원의 재판에 의하여 취소된 경우 그 **조합설립인가처분은 소급하여 효력**을 상실하고, 이에 따라 당해 주택재개발사업조합 역시 조합설립인가처분 당시로 **소급하여** 도시정비법상 주택재개발사업을 시행할 수 있는 행정주체인 공법인으로서의 **지위를 상실**하므로, 당해 주택재개발사업조합이 **조합설립인가처분 취소 전에** 도시정비법상 적법한 행정주체 또는 사업시행자로서 **한 결의 등 처분**은 달리 특별한 사정이 없는 한 **소급하여 효력을 상실**한다. 대법원 2012. 3. 29. 선고 2008다95885 판결

**0876** X 행정소송법 제29조(취소판결등의 효력) ① 처분등을 취소하는 확정판결은 제3자에 대하여도 효력이 **있다**.

**0877** X 행정처분을 취소하는 확정판결이 제3자에 대하여도 효력이 있다고 하더라도 일반적으로 판결의 효력은 주문에 포함한 것에 한하여 미치는 것이니 그 취소판결 자체의 효력으로써 그 행정처분을 기초로 하여 새로 형성된 제3자의 권리까지 당연히 그 행정처분 전의 상태로 환원되는 것이라고는 할 수 없고, 단지 취소판결의 존재와 취소판결에 의하여 형성되는 법률관계를 소송당사자가 아니었던 제3자라 할지라도 이를 용인하지 않으면 아니된다는 것을 의미하는 것에 불과하다 할 것이다. 대법원 1986. 8. 19. 선고 83다카2022 판결

**0878** O 행정소송법 제38조에 따라 준용되는 제29조에 의하여, 무효확인판결에 대해서도 제3자효가 인정된다.

> 행정소송법 제38조(준용규정) ①제9조, 제10조, 제13조 내지 제17조, 제19조, 제22조 내지 제26조, 제29조 내지 제31조 및 제33조의 규정은 무효등 확인소송의 경우에 준용한다.
> 행정소송법 제29조(취소판결등의 효력) ① 처분등을 취소하는 확정판결은 제3자에 대하여도 효력이 있다.

☐☐☐ **0879** ★★☆ 취소판결의 기판력은 소송물로 된 행정처분의 위법성 존부에 관한 판단에 미치는 것이므로 전소와 후소가 그 소송물을 달리하는 경우에는 전소 확정판결의 기판력이 후소에 미치지 아니한다. 25. 지방 9급 (　　)

☐☐☐ **0880** 처분의 취소를 구하는 청구에 대한 기각판결은 기판력이 발생하지 않는다. 22. 군무원 9급 (　　)

☐☐☐ **0881** 「행정소송법」은 기판력에 관한 명문의 규정을 두지 않아, 「행정소송법」 제8조제2항에 따라 「민사소송법」 상 기판력 규정이 준용된다. 25. 지방 9급 (　　)

☐☐☐ **0882** ★★☆ 전소의 판결이 확정된 경우 후소의 소송물이 전소의 소송물과 동일하지 않더라도 전소의 소송물에 관한 판단이 후소의 선결문제가 되는 경우에 후소에서 전소 판결의 판단과 다른 주장을 하는 것은 기판력에 반한다. 23. 국가 7급 (　　)

☐☐☐ **0883** ★★☆ 과세처분의 취소소송에서 청구가 기각된 확정판결의 기판력은 그 과세처분의 무효확인을 구하는 소송에는 미치지 아니한다. 25. 지방 9급 (　　)

☐☐☐ **0884** ★★☆ 공사중지명령의 상대방이 제기한 공사중지명령취소소송에서 기각판결이 확정된 경우 특별한 사정변경이 없더라도 그 후 상대방이 제기한 공사중지명령해제신청 거부처분취소소송에서는 그 공사중지명령의 적법성을 다시 다툴 수 있다. 22. 지방 9급 (　　)

☐☐☐ **0885** ★★☆ 취소소송의 피고는 처분청이므로 행정청을 피고로 하는 취소소송에 있어서의 기판력은 당해 처분이 귀속하는 국가 또는 공공단체에 미친다. 25. 지방 9급 (　　)

☐☐☐ **0886** ★★☆ 취소판결의 기판력과 기속력은 판결의 주문과 판결이유 중에 설시된 개개의 위법사유에까지 미친다.

16. 국가 7급 (　　)

☐☐☐ **0887** ★★☆ 취소소송의 기각판결이 확정되면 기판력은 발생하나 기속력은 발생하지 않는다. 16. 국가 9급 (　　)

☐☐☐ **0888** ★★☆ 취소소송이 기각되어 처분의 적법성이 확정된 이후에도 처분청은 당해 처분이 위법함을 이유로 직권취소할 수 있다. 15. 국가 7급 (　　)

☐☐☐ **0889** ★★☆ 취소판결의 기속력은 취소청구가 인용된 판결에서 인정되는 것으로서 당사자인 행정청과 그 밖의 관계 행정청에 확정판결의 취지에 따라 행동하여야 할 의무를 부과한다. 21. 변호사 (　　)

☐☐☐ **0890** ★★★ 취소 확정판결의 기속력은 판결의 주문 및 전제가 되는 처분등의 구체적 위법사유에 관한 판단에도 미치므로, 종전 처분이 판결에 의하여 취소되었다면 종전 처분의 처분사유와 기본적 사실관계에서 동일하지 않은 다른 사유를 들어서 새로이 동일한 내용을 처분하는 것 또한 확정판결의 기속력에 저촉된다.

23. 지방 9급 (　　)

☐☐☐ **0891** ★★★ 새로운 처분의 처분사유가 종전 처분의 처분사유와 기본적 사실관계에서 동일하지 않은 다른 사유에 해당하더라도, 처분사유가 종전 처분 당시 이미 존재하고 있었고 당사자가 이를 알고 있었다면 이를 내세워 새로이 처분을 하는 것은 확정판결의 기속력에 저촉된다. 21. 변호사 (　　)

# 정답 & OX 풀이

0879 ○ 취소판결의 기판력은 소송물로 된 행정처분의 위법성 존부에 관한 판단 그 자체에만 미치는 것이므로 전소와 후소가 그 **소송물을 달리하는 경우**에는 전소 확정판결의 기판력이 후소에 **미치지 아니한다.** 대법원 1996. 4. 26. 선고 95누5820 판결

0880 ✕ 기판력은 청구인용판결과 청구기각판결 모두 발생한다. 청구인용판결이 확정된 경우 소송물로 된 처분이 위법하다는 점에 대하여 기판력이 발생하고, 청구기각판결이 확정된 경우 처분이 적법하다는 점에 대하여 기판력이 발생한다.

0881 ○ 행정소송법은 기판력에 관한 명문의 규정을 두고 있지 않다. 따라서 행정소송법 제8조 제2항에 따라 민사소송법 제216조의 기판력에 관한 규정이 준용된다.

0882 ○ '**기판력**'이란 기판력 있는 전소 판결의 소송물과 동일한 후소를 허용하지 않음과 동시에, 후소의 소송물이 전소의 소송물과 동일하지는 않더라도 **전소의 소송물에 관한 판단이 후소의 선결문제**가 되거나 모순관계에 있을 때에는 후소에서 전소 판결의 판단과 **다른 주장**을 하는 것을 **허용하지 않는 작용**을 한다. 대법원 2016. 3. 24. 선고 2015두48235 판결

0883 ✕ 과세처분취소 **청구를 기각**하는 판결이 확정되면 그 처분이 **적법하다**는 점에 관하여 기판력이 생기고 그 후 원고가 다시 이를 무효라 하여 그 무효확인을 소구할 수는 없는 것이어서, 과세처분의 취소소송에서 청구가 기각된 확정판결의 기판력은 그 과세처분의 무효확인을 구하는 소송에도 **미친다.** 대법원 1996. 6. 25. 선고 95누1880 판결

0884 ✕ 행정청이 관련 법령에 근거하여 행한 공사중지명령의 상대방이 명령의 취소를 구한 소송에서 **패소**함으로써 그 명령이 **적법**한 것으로 이미 확정되었다면, 이후 이러한 공사중지명령의 상대방은 그 명령의 해제신청을 거부한 처분의 취소를 구하는 소송에서 그 **명령의 적법성을 다툴 수 없다.** 그와 같은 공사중지명령에 대하여 그 명령의 상대방이 해제를 구하기 위해서는 명령의 내용 자체로 또는 성질상으로 명령 이후에 원인사유가 해소되었음이 인정되어야 한다. 대법원 2014. 11. 27. 선고 2014두37665 판결

0885 ○ 과세처분 취소소송의 피고는 처분청이므로 행정청을 피고로 하는 취소소송에 있어서의 기판력은 당해 처분이 귀속하는 **국가 또는 공공단체에 미친다.** 대법원 1998. 7. 24. 선고 98다10854 판결

0886 ✕ **기판력**의 객관적 범위는 그 **판결의 주문**에 포함된 것, 즉 **소송물**로 주장된 법률관계의 존부에 관한 판단의 결론 그 자체에만 미치는 것이고 **판결이유**에 설시된 그 전제가 되는 법률관계의 존부에까지 미치는 것은 **아니다**(주: '기속력'과 달리 '기판력'은 판결의 주문에 포함된 것에 한하여만 미침). 대법원 1987. 6. 9. 선고 86다카2756 판결

0887 ○ 기판력은 청구인용 또는 청구기각판결을 불문하고 모든 확정판결에 발생하나, **기속력**은 확정된 **청구인용**판결에만 발생한다.

0888 ○ 기속력은 확정된 청구인용판결에만 발생한다. 따라서 취소소송의 **기각판결**이 확정된 후에도 그 판결에는 기속력이 발생하지 않으므로 처분청은 당해 처분을 **직권으로 취소할 수 있다.**

0889 ○ 취소 확정판결의 '**기속력**'은 취소 청구가 인용된 판결에서 인정되는 것으로서 당사자인 행정청과 그 밖의 관계행정청에게 확정판결의 취지에 따라 행동하여야 할 의무를 지우는 작용을 한다. 대법원 2016. 3. 24. 선고 2015두48235 판결

0890 ✕ 확정판결의 당사자인 처분 행정청은 종전 처분 후에 발생한 새로운 사유를 내세워 다시 처분을 할 수 있고, 새로운 처분의 처분사유가 종전 처분의 처분사유와 **기본적 사실관계에서 동일하지 않은** 다른 사유에 해당하는 이상, 처분사유가 종전 처분 당시 **이미 존재하고 있었고 당사자가 이를 알고 있었더라도** 이를 내세워 새로이 처분을 하는 것은 확정판결의 **기속력에 저촉되지 않는다.** 대법원 2016. 3. 24. 선고 2015두48235 판결

0891 ✕ 위 890번의 해설 내용 참고.

★★★
□□□ 0892 과세의 절차 내지 형식에 위법이 있어 과세처분을 취소하는 판결이 확정되었을 때는 그 확정판결의 기판력은 거기에 적시된 절차 내지 형식의 위법사유에 한하여 미치는 것이므로 과세관청은 그 위법사유를 보완하여 다시 새로운 과세처분을 할 수 있다. 24. 국가 9급 (    )

★★★
□□□ 0893 과세의 절차 내지 형식에 위법이 있어 과세처분을 취소하는 판결이 확정되었을 경우 과세관청은 그 위법사유를 보완하여 다시 새로운 과세처분을 할 수 있고, 그 새로운 과세처분은 확정판결에 의하여 취소된 종전의 과세처분과는 별개의 처분이다. 23. 지방 9급 (    )

★★☆
□□□ 0894 어떤 처분 내용의 적법성을 뒷받침하기 위하여 당초 처분사유와 기본적 사실관계의 동일성이 인정되는 다른 사유가 처분 당시에 이미 존재하고 있다면 처분청은 그 처분에 대한 취소소송의 사실심 변론종결 시까지 그 사유를 적극적으로 주장·증명하여 법원으로부터 그 처분이 적법하다는 판단을 받아야 한다. 25. 지방 9급 (    )

★★☆
□□□ 0895 소송에서 처분사유와 기본적 사실관계가 동일하여 추가·변경할 수 있는 다른 사유가 있었음에도 처분청이 이를 적절하게 주장·증명하지 못하여 법원이 그 처분을 위법하다고 판단하여 취소하는 판결이 확정되면, 처분청이 그 다른 사유를 근거로 다시 종전과 같은 내용의 처분을 하는 것은 허용되지 않는다. 24. 소방 (    )

★★☆
□□□ 0896 어떤 처분의 당초 처분사유와 기본적 사실관계의 동일성이 인정되지 않는 다른 사유가 있다면, 그 처분에 대한 취소소송에서 처분사유 추가·변경은 허용되지 않지만, 처분청이 그 처분에 대한 취소판결 확정 후 그 다른 사유를 근거로 별도의 처분을 하는 것은 허용된다. 24. 소방 (    )

★★★
□□□ 0897 거부처분 취소판결이 확정된 후, 사실심 변론종결 이후에 발생한 새로운 사유를 근거로 다시 거부처분을 하는 것은 기속력에 위반된다. 15. 국가 7급 (    )

★★★
□□□ 0898 행정청의 거부처분을 취소하는 판결이 확정된 경우, 취소사유가 행정처분의 절차의 위법으로 인한 것이라면 그 처분 행정청은 확정판결의 취지에 따라 그 위법사유를 보완하여 다시 종전의 신청에 대한 거부처분을 할 수 있다. 25. 지방 9급 (    )

★★☆
□□□ 0899 주민 등의 도시관리계획의 입안 제안을 거부하는 처분에 대하여 이익형량의 하자를 이유로 취소판결이 확정된 후에 행정청이 다시 이익형량을 하여 주민 등이 제안한 것과는 다른 내용의 계획을 수립한다면 이는 재처분의무를 이행한 것으로 볼 수 없다. 23. 국가 7급 (    )

★★☆
□□□ 0900 주민 등의 도시관리계획 입안 제안을 거부한 처분을 취소하는 판결이 확정된 후 행정청이 새로이 수립한 도시관리계획에 대해 제기된 취소소송에서, 도시관리계획의 내용이 취소판결의 기속력에 위배되지는 않는다고 하더라도 법원은 계획재량의 한계를 일탈한 것인지 여부를 별도로 심리·판단하여야 한다. 25. 변호사 (    )

★☆☆
□□□ 0901 임용기간이 만료된 교원의 재임용이 거부되었다가 그 재임용거부처분이 법원의 판결에 의하여 취소되었다면 이러한 취소판결로 인하여 당연히 그 교원은 재임용거부처분 당시로 소급하여 신분관계를 회복한다고 볼 수 있다. 24. 지방 7급 (    )

## 정답 & OX 풀이

**0892** O **절차 내지 형식의 위법**을 이유로 과세처분을 취소하는 판결이 확정된 경우에 그 확정판결의 기판력(주: 기속력을 의미함. 이하 같음)은 확정판결에 적시된 절차 내지 형식의 위법사유에 한하여 미친다고 할 것이므로 과세처분권자가 그 확정판결에 적시된 **위법사유를 보완**하여 행한 새로운 과세처분은 확정판결에 의하여 <u>취소된 종전의 과세처분과는</u> **별개의 처분**으로서 확정판결의 기판력에 **저촉되는 것은 아니다**. 대법원 1986. 11. 11. 선고 85누231 판결

**0893** O 위 892번의 해설 내용 참고.

**0894** O 어떤 처분 내용의 적법성을 뒷받침하기 위하여 당초 처분사유와 <u>기본적 사실관계의</u> **동일성이 인정되는** 다른 사유가 있다면 <u>처분청은 그 처분에 대한 취소소송의 사실심 변론종결 시까지 그 사유를 적극적으로 주장·증명하여 법원으로부터 그 처분이 적법하다는 판단을 받아야</u> 한다. 대법원 2020. 12. 24. 선고 2019두55675 판결

**0895** O 만약 소송에서 **추가·변경할 수 있는** 다른 사유가 있었음에도 처분청이 이를 적절하게 주장·증명하지 못하여 법원이 그 처분을 위법하다고 판단하여 <u>취소하는 판결이 확정되면</u>, 처분청이 <u>그 다른 사유를 근거로 다시 종전과 같은 내용의 처분을 하는 것은 허용되지 않는다</u>. 어떤 처분의 당초 처분사유와 <u>기본적 사실관계의</u> **동일성이 인정되지 않는** 다른 사유가 있다면, 그 처분에 대한 취소소송에서 <u>처분사유</u> **추가·변경은 허용되지 않지만**, 처분청이 그 처분에 대한 <u>취소판결 확정 후 그 다른 사유를 근거로</u> **별도의 처분을 하는 것은 허용된다**. 대법원 2020. 12. 24. 선고 2019두55675 판결

**0896** O 위 895번의 해설 내용 참고.

**0897** X 행정청의 <u>거부처분을 취소하는 판결이 확정된 경우에는</u> 그 처분을 행한 행정청은 판결의 취지에 따라 이전의 신청에 대하여 재처분할 의무가 있고, 이 경우 확정판결의 당사자인 처분 행정청은 그 행정소송의 <u>사실심 변론종결 이후 발생한</u> **새로운 사유를** 내세워 다시 이전의 신청에 대하여 **거부처분을 할 수 있으며**, <u>그러한 처분도 이 조항에 규정된 재처분에 해당한다</u>. 대법원 1999. 12. 28. 선고 98두1895 판결

**0898** O <u>행정청의 거부처분을 취소하는 판결이 확정된 경우에는</u> 그 처분을 행한 행정청이 판결의 취지에 따라 이전의 신청에 대하여 재처분할 의무가 있다고 할 것이나, 그 <u>취소사유가 행정처분의</u> **절차, 방법의 위법**으로 인한 것이라면 그 처분 행정청은 그 확정판결의 취지에 따라 그 **위법사유를 보완**하여 다시 종전의 신청에 대한 **거부처분을 할 수 있고**, <u>그러한 처분도 위 조항에 규정된 재처분에 해당한다</u>. 대법원 2005. 1. 14. 선고 2003두13045 판결

**0899** X 주민 등의 도시관리계획 입안 제안을 거부한 처분을 **이익형량에 하자가 있어 위법**하다고 판단하여 취소하는 판결이 확정되었더라도 행정청에게 그 입안 제안을 그대로 수용하는 내용의 도시관리계획을 수립할 의무가 있다고는 볼 수 없고, 행정청이 **다시 새로운 이익형량**을 하여 적극적으로 도시관리계획을 수립하였다면 취소판결의 기속력에 따른 **재처분의무를 이행한 것**이라고 보아야 한다. 다만 <u>취소판결의 기속력 위배 여부와 계획재량의 한계 일탈 여부는 별개의 문제이므로</u>, 행정청이 적극적으로 수립한 도시관리계획의 내용이 취소판결의 기속력에 위배되지는 않는다고 하더라도 **계획재량의 한계를 일탈한 것인지의 여부는 별도로 심리·판단하여야** 한다. 대법원 2020. 6. 25. 선고 2019두56135 판결

**0900** O 위 899번의 해설 내용 참고.

**0901** X <u>임용기간이 만료된 교원의 재임용이 거부되었다가 그</u> **재임용거부처분이 법원의 판결에 의하여 취소**되었다고 하더라도 임용권자는 <u>다시 재임용 심의를 하여 재임용 여부를 결정할 의무를 부담할 뿐</u>, 위와 같은 취소 판결로 인하여 당연히 그 교원이 재임용 거부처분 당시로 **소급하여 신분관계를 회복한다고 볼 수는 없다**. 대법원 2009. 3. 26. 선고 2009두416 판결

□□□ **0902** ★☆☆ 행정처분의 취소판결이 확정되면 그 판결에서 확인된 위법사유를 배제한 상태에서 다시 처분을 하거나 그 밖에 위법한 결과를 제거하는 조치를 할 의무가 있다. 21. 군무원 7급 (      )

□□□ **0903** 기속력은 당해 취소소송의 당사자인 행정청에 대해서만 효력을 미치며, 그 밖의 다른 행정청은 기속하지 않는다. 15. 국가 7급 (      )

□□□ **0904** ★★★ 취소판결의 기속력은 주로 판결의 실효성 확보를 위하여 인정되는 효력으로서 판결의 주문뿐만 아니라 그 전제가 되는 처분 등의 구체적 위법사유에 관한 이유 중의 판단에 대하여도 인정된다.
20. 국가 9급 (      )

□□□ **0905** ★☆☆ 취소판결의 당사자인 행정청이 행정소송의 사실심 변론종결 이전의 사유를 내세워 다시 확정판결과 저촉되는 행정처분을 하는 경우, 이러한 행정처분은 그 하자가 중대하고도 명백한 것이어서 당연무효이다.
21. 변호사 (      )

□□□ **0906** ★☆☆ 취소판결의 기속력에 반하는 처분은 그 하자가 중대하지만 명백하다고 볼 수는 없다. 25. 지방 9급 (      )

□□□ **0907** ★★★ 주택건설사업 승인신청 거부처분에 대한 취소의 확정판결이 있은 후 행정청이 재처분을 하였다 하더라도 그 재처분이 종전 거부처분에 대한 취소의 확정판결의 기속력에 반하는 경우, 「행정소송법」상 간접강제신청에 필요한 요건을 갖춘 것으로 보아야 한다. 18. 지방 9급 (      )

□□□ **0908** 주택건설사업 승인신청 거부처분의 취소를 명하는 판결이 확정되었음에도 행정청이 그에 따른 재처분을 하지 않은 채 위 취소소송 계속 중에 도시계획법령이 개정되었다는 이유를 들어 다시 거부처분을 한 사안에서, 개정된 법령에 종전 규정에 따른다는 경과규정이 있더라도 개정된 법령을 적용하여 다시 거부처분을 할 수 있고 그 거부처분은 종전 거부처분 취소판결의 기속력에 저촉되지 않으므로 간접강제가 허용되지 않는다. 23. 서울시 7급 (      )

□□□ **0909** ★☆☆ 간접강제결정에 기한 배상금은 확정판결에 따른 재처분의 지연에 대한 제재 또는 손해배상이라는 것이 판례의 입장이다. 13. 국가 7급 (      )

□□□ **0910** ★★☆ 특별한 사정이 없는 한 간접강제결정에서 정한 의무이행기한이 경과한 후에라도 확정판결의 취지에 따른 재처분의 이행이 있으면 더 이상 배상금의 추심은 허용되지 않는다. 21. 국가 7급 (      )

□□□ **0911** ★★☆ 취소 확정판결의 기속력에 대한 규정은 무효확인판결에도 준용되므로, 무효확인판결의 취지에 따른 처분을 하지 아니할 때에는 1심 수소법원은 간접강제결정을 할 수 있다. 21. 국가 7급 (      )

□□□ **0912** ★★★ 무효확인판결에는 취소판결의 기속력에 관한 규정이 준용되지 않는다. 24. 지방 9급 (      )

**정답 & OX 풀이**

**0902** O 어떤 행정처분을 위법하다고 판단하여 <u>취소하는 판결이 확정되면</u> 행정청은 취소판결의 기속력에 따라 그 판결에서 확인된 <u>위법 사유를 배제한 상태에서 다시 처분</u>을 하거나 그 밖에 <u>위법한 결과를 제거하는 조치</u>를 할 의무가 있다. 대법원 2019. 10. 17. 선고 2018두104 판결

**0903** X 행정소송법 제30조(취소판결등의 기속력) ① 처분등을 취소하는 확정판결은 그 사건에 관하여 <u>당사자인 행정청과 그 밖의 관계 행정청을 기속한다</u>.

**0904** O 처분 등을 취소하는 확정판결의 **기속력**은 주로 판결의 실효성 확보를 위하여 인정되는 효력으로서 판결의 **주문**뿐만 아니라 그 전제가 되는 처분 등의 구체적 위법사유에 관한 **이유 중의 판단**에 대하여도 인정된다. 대법원 2001. 3. 23. 선고 99두5238 판결

**0905** O 확정판결의 당사자인 처분행정청이 그 행정소송의 사실심 변론종결 이전의 사유를 내세워 다시 **확정판결과 저촉되는 행정처분**을 하는 것은 허용되지 않는 것으로서 이러한 행정처분은 <u>그 하자가 중대하고도 명백한 것이어서</u> **당연무효**라 할 것이다. 대법원 1990. 12. 11. 선고 90누3560 판결

**0906** X 위 905번의 해설 내용 참고.

**0907** O 거부처분에 대한 취소의 확정판결이 있음에도 행정청이 아무런 재처분을 하지 아니하거나, **재처분을 하였다 하더라도 그것이** 종전 거부처분에 대한 취소의 확정판결의 **기속력에 반하는 등으로 당연무효**라면 이는 아무런 재처분을 하지 아니한 때와 마찬가지라 할 것이므로 이러한 경우에는 행정소송법상 간접강제신청에 필요한 요건을 갖춘 것으로 보아야 한다. 대법원 2002. 12. 11.자 2002무22 결정

**0908** X 주택건설사업 승인신청 <u>거부처분의 취소를 명하는 판결이 확정되었음에도 행정청이 그에 따른 재처분을 하지 않은 채 위 취소 소송 계속 중에 도시계획법령이 개정되었다는 이유를 들어 다시 거부처분을 한 사안에서,</u> 개정된 도시계획법령에 그 시행 당시 이미 개발행위허가를 신청 중인 경우에는 **종전 규정에 따른다는 경과규정**을 두고 있으므로 위 사업승인신청에 대하여는 종전 규정에 따른 재처분을 하여야 함에도 불구하고 <u>개정 법령을 적용하여 새로운 거부처분을 한 것은 확정된 종전 거부처분 취소 판결의 기속력에 저촉되어 당연무효라고 한 사례.</u> 대법원 2002. 12. 11.자 2002무22 결정

**0909** X <u>간접강제결정에 기한 배상금은 확정판결의 취지에 따른 재처분의 지연에 대한</u> **제재나 손해배상이 아니고,** 재처분의 이행에 관한 심리적 강제수단에 불과한 것이므로, 특별한 사정이 없는 한 간접강제결정에서 정한 의무이행**기한이 경과한 후에라도** 확정 판결의 취지에 따른 재처분의 이행이 있으면 처분 상대방이 더 이상 배상금을 **추심하는 것은 허용되지 않는다**. 대법원 2004. 1. 15. 선고 2002두2444 판결

**0910** O 위 909번의 해설 내용 참고.

**0911** X 행정소송법 제38조 제1항이 <u>무효확인판결에 관하여 취소판결에 관한 규정을 준용함에 있어서 같은 법 제30조 제2항(주: 거부처 분 취소판결의 **기속력**)을 준용한다고 규정</u>하면서도 같은 법 제34조(주: **간접강제**)는 이를 준용한다는 규정을 두지 않고 있으므 로, 행정처분에 대하여 <u>무효확인 판결이 내려진 경우에는 그 행정처분이 거부처분인 경우에도 행정청에 판결의 취지에 따른 재처분의무가 인정될 뿐</u> 그에 대하여 **간접강제까지 허용되는 것은 아니**라고 할 것이다. 대법원 1998. 12. 24.자 98무37 판결

**0912** X 위 911번의 해설 내용 참고.

## 주제 14 그 밖의 항고소송, 당사자소송

**기출 지문 OX Check**

□□□ ★★★ **0913** 행정처분의 근거 법률에 의하여 보호되는 직접적이고 구체적인 이익이 있는 경우에는 「행정소송법」상 '무효확인을 구할 법률상 이익'이 있다고 보아야 하고, 이와 별도로 무효확인소송의 보충성이 요구되는 것은 아니다. 24. 국가 7급 (     )

□□□ ★★★ **0914** 무효확인소송에서 '무효확인을 구할 법률상 이익'이 있는지를 판단할 때, 행정처분의 무효를 전제로 한 이행소송 등과 같은 직접적인 구제수단이 있는지를 먼저 따질 필요는 없다. 20. 국가 7급 (     )

□□□ **0915** 압류등기가 말소된다고 하여도 압류처분이 외형적으로 효력이 있는 것처럼 존재하는 이상, 압류처분에 가한 압류등기가 경료되어 있는 경우에도 압류처분의 무효확인을 구할 이익이 있다. 17. 국회 8급 (     )

□□□ **0916** 행정처분의 무효확인을 구하는 소에는 원고가 그 처분의 취소를 구하지 아니한다고 밝히지 아니한 이상 그 처분이 당연무효가 아니라면 그 취소를 구하는 취지도 포함되어 있는 것으로 보아야 하고, 그와 같은 경우에 취소청구를 인용하려면 먼저 취소를 구하는 항고소송으로서의 제소요건을 구비하여야 한다. 23. 국회 8급 (     )

□□□ ★☆☆ **0917** 무효인 처분에 대하여 취소소송이 제기된 경우 소송제기요건이 구비되었다면 법원은 당해 소를 각하하여서는 아니 되며, 무효를 선언하는 의미의 취소판결을 하여야 한다. 14. 지방 9급 (     )

□□□ ★☆☆ **0918** 행정처분에 대하여 그 행정처분의 근거가 된 법률이 위헌이라는 이유로 무효확인청구의 소가 제기된 경우에는 다른 특별한 사정이 없는 한 법원으로서는 그 법률이 위헌인지 여부에 대하여는 판단할 필요 없이 그 무효확인청구를 각하하여야 한다. 18. 지방 9급 (     )

□□□ **0919** 어떠한 처분에 대하여 그 근거 법률에서 행정소송 이외의 다른 절차에 의하여 불복할 것을 예정하고 있는 경우, 그 처분이 「행정소송법」상 처분의 개념에 해당한다고 하더라도 그 처분의 부작위는 부작위위법확인소송의 대상이 될 수 없다. 20. 국가 9급 (     )

□□□ ★★★ **0920** 부작위위법확인의 소에 있어 당사자가 행정청에 대하여 어떠한 행정행위를 하여 줄 것을 요구할 수 있는 법규상 또는 조리상 권리를 갖고 있지 아니한 경우에는 원고적격이 없거나 항고소송의 대상인 위법한 부작위가 있다고 볼 수 없어 그 부작위위법확인의 소는 부적법하다. 24. 지방 9급 (     )

□□□ **0921** 부작위위법확인소송은 처분의 신청을 한 자로서 부작위의 위법의 확인을 구할 법률상의 이익이 있는 자만이 제기할 수 있다. 22. 국가 7급 (     )

## 정답 & OX 풀이

**0913** O 행정처분의 근거 법률에 의하여 보호되는 직접적이고 구체적인 이익이 있는 경우에는 행정소송법 제35조에 규정된 '무효확인을 구할 법률상 이익'이 있다고 보아야 하고, 이와 별도로 <u>무효확인소송의 보충성이 요구되는 것은 아니</u>므로 행정처분의 무효를 전제로 한 **이행소송** 등과 같은 직접적인 구제수단이 있는지 여부를 **따질 필요가 없다**고 해석함이 상당하다. 대법원 2008. 3. 20. 선고 2007두6342 전원합의체 판결

**0914** O 위 913번의 해설 내용 참고.

**0915** O 압류등기가 말소된다고 하여도 압류처분이 외형적으로 효력이 있는 것처럼 존재하는 이상 그 불안과 위험을 제거할 필요가 있다고 할 것이므로, <u>압류처분에 기한 압류등기가 경료되어 있는 경우에도 압류처분의 무효확인을 구할 이익이 있다.</u> 대법원 2003. 5. 16. 선고 2002두3669 판결

**0916** O <u>행정처분의 **무효확인을 구하는 청구**</u>에는 특별한 사정이 없는 한 그 처분의 **취소를 구하는 취지까지도 포함**되어 있다고 볼 수는 있으나 위와 같은 경우에 취소청구를 인용하려면 먼저 **취소를 구하는 항고소송으로서의 제소요건을 구비**한 경우에 한한다. 대법원 1986. 9. 23. 선고 85누838 판결

**0917** O <u>무효인 처분에 대해 취소소송을 제기한 경우, 제소기간의 준수 등 취소소송의 소송요건을 갖추었다면 법원은 **무효선언적 의미의 취소판결**</u>을 하여야 한다.

**0918** X <u>이미 **취소소송의 제기기간을 경과**하여 확정력이 발생한 행정처분에는 **위헌결정의 소급효가 미치지 않는다**고 보아야 할 것이므로, 어느 행정처분에 대하여 그 행정처분의 근거가 된 법률이 위헌이라는 이유로 무효확인청구의 소가 제기된 경우에는 다른 특별한 사정이 없는 한 법원으로서는 <u>그 법률이 **위헌인지 여부에 대하여는 판단할 필요 없이** 위 무효확인청구를 **기각**하여야 할 것이다. 대법원 1994. 10. 28. 선고 92누9463 판결

**0919** O 어떠한 처분(행정작용)에 대하여 그 근거 법률에서 행정소송 이외의 <u>다른 절차에 의하여 불복할 것을 예정하고 있는 경우</u>, 그러한 처분은 <u>항고소송의 대상이 되는 처분에 해당하지 않게 된다. 그런데 부작위위법확인소송은 오직 '처분의 부작위'</u>만을 그 대상으로 하므로, 결국 항고소송의 대상이 되는 <u>처분이 될 수 없는 행정작용의 부작위는 부작위위법확인소송의 대상이 될 수 없다.</u>

**0920** O 부작위위법확인의 소에 있어 당사자가 행정청에 대하여 어떠한 행정행위를 하여 줄 것을 요구할 수 있는 **법규상 또는 조리상 권리를 갖고 있지 아니한** 경우에는 <u>원고적격이 없거나 항고소송의 대상인 위법한 부작위가 있다고 볼 수 없어 그 부작위위법확인의 소는 **부적법**</u>하다. 대법원 1999. 12. 7. 선고 97누17568 판결

**0921** O 행정소송법 제36조(부작위위법확인소송의 원고적격) 부작위위법확인소송은 **처분의 신청을 한 자**로서 부작위의 위법의 확인을 구할 **법률상 이익**이 있는 자만이 제기할 수 있다.

□□□ 0922 처분의 신청 후에 원고에게 생긴 사정의 변화로 인하여, 그 처분에 대한 부작위가 위법하다는 확인을 받아도 종국적으로 침해되거나 방해받은 원고의 권리·이익을 보호·구제받는 것이 불가능하게 되었다면, 법원은 각하판결을 내려야 한다. 20. 국가 9급 (      )

□□□ 0923 소제기의 전후를 통하여 판결시까지 행정청이 그 신청에 대하여 적극 또는 소극의 처분을 함으로써 부작위 상태가 해소된 때에는 소의 이익을 상실하게 되어 당해 소는 각하를 면할 수가 없다.
18. 국회 8급 (      )

□□□ 0924 부작위위법확인소송에 있어서의 판결은 행정청의 특정 부작위의 위법 여부를 확인하는 데 그치고, 적극적으로 행정청에 대하여 일정한 처분을 할 의무를 직접 명하지는 않는다. 20. 군무원 7급 (      )

□□□ 0925 당사자소송이란 행정청의 처분등을 원인으로 하는 법률관계에 관한 소송, 그 밖에 공법상의 법률관계에 관한 소송으로서 그 법률관계의 한쪽 당사자를 피고로 하는 소송을 의미한다. 23. 지방 9급 (      )

★★★
□□□ 0926 국립의료원 부설 주차장에 관한 위탁관리용역운영계약은 공법상 계약에 해당한다. 25. 국가 9급 (      )

□□□ 0927 행정재산의 사용·수익 허가에 따른 사용료를 미납한 경우에 부과된 가산금의 징수를 다투는 소송은 행정소송에 해당한다. 18. 지방 9급 (      )

★★☆
□□□ 0928 국유재산의 무단점유에 대한 변상금부과는 공법관계에 해당한다. 23. 국가 9급 (      )

★☆☆
□□□ 0929 「수도법」에 의하여 지방자치단체인 수도사업자가 그 수돗물의 공급을 받는 자에게 하는 수도료 부과·징수와 이에 따른 수도료 납부관계는 공법상의 권리의무 관계이므로, 이에 관한 분쟁은 행정소송의 대상이다. 19. 국가 9급 (      )

★☆☆
□□□ 0930 법무사가 사무원을 채용할 때 소속 지방법무사회로부터 승인을 받아야 할 의무는 공법상 의무이다.
22. 국가 9급 (      )

★☆☆
□□□ 0931 국가나 지방자치단체에 근무하는 청원경찰의 징계처분에 대한 소송은 행정소송에 해당한다.
20. 군무원 7급 (      )

★☆☆
□□□ 0932 농지개량조합의 직원에 대한 징계처분은 사법관계에 해당한다. 15. 서울시 9급 (      )

★★★
□□□ 0933 납세의무자에 대한 국가의 부가가치세 환급세액 지급의무는 부당이득반환의무에 해당하므로, 그에 대한 지급청구는 민사소송의 절차에 따라야 한다. 22. 국가 7급 (      )

★☆☆
□□□ 0934 납세의무부존재확인의 소는 공법상의 법률관계 그 자체를 다투는 소송으로서 당사자소송이다.
19. 지방 9급 (      )

★★★
□□□ 0935 국가 등 행정주체가 확정된 조세채권의 소멸시효 중단을 위하여 납세의무자를 상대로 제기한 조세채권 존재확인의 소는 공법상 당사자소송에 해당한다. 18. 서울시 7급 (      )

## 정답 & OX 풀이

**0922** O 당사자의 신청이 있은 이후 당사자에게 생긴 사정의 변화로 인하여 위 부작위가 위법하다는 확인을 받는다고 하더라도 종국적으로 침해되거나 방해받은 **권리와 이익을 보호·구제받는 것이 불가능**하게 되었다면 그 부작위가 위법하다는 확인을 구할 이익은 없다. 대법원 2002. 6. 28. 선고 2000두4750 판결

**0923** O 소제기의 전후를 통하여 **판결시까지** 행정청이 그 신청에 대하여 적극 또는 소극의 처분을 함으로써 부작위상태가 해소된 때에는 소의 이익을 상실하게 되어 당해 소는 각하를 면할 수 없다. 대법원 1990. 9. 25. 선고 89누4758 판결

**0924** O 부작위위법확인판결의 취지는 피신청인이 신청인의 광주광역시 지방부이사관 승진임용신청에 대하여 **아무런 조치를 취하지 아니하는 것 자체가 위법함을 확인**하는 것일 뿐이다. 따라서 피신청인이 신청인을 승진임용하는 처분을 하는 경우는 물론이고, 승진임용을 거부하는 처분을 하는 경우에도 위 확정판결의 취지에 따른 처분을 하였다고 볼 것이다. 대법원 2010. 2. 5.자 2009무153 판결

**0925** O 행정소송법 제3조(행정소송의 종류) 행정소송은 다음의 네 가지로 구분한다.
　　2. 당사자소송: 행정청의 처분등을 원인으로 하는 법률관계에 관한 소송 그 밖에 공법상의 법률관계에 관한 소송으로서 그 법률관계의 한쪽 당사자를 피고로 하는 소송

**0926** × [1] 국유재산 등의 관리청이 하는 **행정재산의 사용·수익에 대한 허가**는 순전히 사경제주체로서 행하는 사법상의 행위가 아니라 관리청이 공권력을 가진 우월적 지위에서 행하는 **행정처분**으로서 특정인에게 행정재산을 사용할 수 있는 권리를 설정하여 주는 **강학상 특허**에 해당한다.
　　[2] **국립의료원 부설 주차장에 관한 위탁관리용역운영계약**의 실질은 **행정재산에 대한 사용·수익허가**이므로, 위 계약에 따른 가산금 지급채무의 부존재를 주장하여 구제를 받으려면, 적절한 **행정쟁송절차**를 통하여 권리관계를 다투어야 할 것이지, 이 사건과 같이 피고에 대하여 민사소송으로 위 지급의무의 부존재확인을 구할 수는 없는 것이다. 대법원 2006. 3. 9. 선고 2004다31074 판결

**0927** O 위 926번의 해설 내용 참고.

**0928** O 국유재산의 관리청이 **국유재산의 무단점유자에 대하여 하는 변상금부과**처분은 순전히 사경제 주체로서 행하는 사법상의 법률행위라 할 수 없고, 이는 관리청이 공권력을 가진 우월적 지위에서 행한 것으로서 행정소송의 대상이 되는 **행정처분**이라고 보아야 한다. 대법원 1988. 2. 23. 선고 87누1046 판결

**0929** O 수도법에 의하여 지방자치단체인 수도사업자가 수도물의 공급을 받는 자에 대하여 하는 **수도료의 부과·징수와 이에 따른 수도료의 납부관계**는 **공법상**의 권리의무관계라 할 것이므로 이에 관한 소송은 행정소송절차에 의하여야 한다. 대법원 1977. 2. 23. 선고 76다2517 판결

**0930** O 법무사에 대하여 지방법무사회로부터 채용승인을 얻어 사무원을 채용할 의무는 법무사법에 의하여 강제되는 **공법적 의무이다.** 대법원 2020. 4. 9. 선고 2015다34444 판결

**0931** O 국가나 지방자치단체에 근무하는 **청원경찰**은 국가공무원법이나 지방공무원법상의 공무원은 아니지만, 그 근무관계를 사법상의 고용계약관계로 보기는 어려우므로 그에 대한 **징계처분**의 시정을 구하는 소는 **행정소송**의 대상이지 민사소송의 대상이 아니다. 대법원 1993. 7. 13. 선고 92다47564 판결

**0932** × **농지개량조합**과 그 직원과의 관계는 사법상의 근로계약관계가 아닌 공법상의 특별권력관계이고, 그 조합의 직원에 대한 징계처분의 취소를 구하는 소송은 행정소송사항에 속한다. 대법원 1995. 6. 9. 선고 94누10870 판결

**0933** × 납세의무자에 대한 국가의 부가가치세 환급세액 지급의무에 대응하는 국가에 대한 납세의무자의 **부가가치세 환급세액** 지급청구는 민사소송이 아니라 행정소송법상 당사자소송의 절차에 따라야 한다. 대법원 2013. 3. 21. 선고 2011다95564 전원합의체 판결

**0934** O **납세의무부존재확인의 소**는 공법상의 법률관계 그 자체를 다투는 소송으로서 **당사자소송**이라 할 것이다. 대법원 2000. 9. 8. 선고 99두2765 판결

**0935** O 국가 등 과세주체가 당해 확정된 조세채권의 소멸시효 중단을 위하여 납세의무자를 상대로 제기한 **조세채권존재확인의 소**는 공법상 당사자소송에 해당한다. 대법원 2020. 3. 2. 선고 2017두41771 판결

□□□ 0936 ★★☆ 사업주가 당연가입자가 되는 고용보험 및 산재보험에서 보험료 납부의무부존재확인의 소는 당사자소송에 해당한다. 24. 국가 9급 (    )

□□□ 0937 ★★☆ 지방자치단체가 보조금 지급결정을 하면서 일정 기한 내에 보조금을 반환하도록 하는 교부조건을 부가한 경우, 보조금을 교부받은 사업자에 대한 지방자치단체의 보조금반환청구소송은 당사자소송에 해당한다. 24. 지방 7급 (    )

□□□ 0938 ★★☆ 구 「석탄산업법」상의 석탄가격안정지원금 지급청구에 관한 소송은 당사자소송에 해당한다. 24. 소방간부 (    )

□□□ 0939 ★★☆ 「석탄산업법」과 관련하여 피재근로자는 석탄산업합리화사업단이 한 재해위로금 지급거부의 의사표시에 불복이 있는 경우 공법상의 당사자소송을 제기하여야 한다. 20. 지방 7급 (    )

□□□ 0940 ★★☆ TV방송수신료 통합징수권한의 부존재확인은 당사자소송으로 다툴 수 있다. 22. 군무원 9급 (    )

□□□ 0941 ★☆☆ 「도시재개발법」에 의한 재개발조합의 조합원은 조합원의 자격 인정 여부에 관하여 다툼이 있는 경우 공법상의 당사자소송에 의하여 그 조합원 자격의 확인을 구할 수 있다. 22. 군무원 9급 (    )

□□□ 0942 ★☆☆ 주택재개발정비사업조합은 공법인에 해당하기 때문에, 조합과 조합장 또는 조합임원 사이의 선임, 해임 등을 둘러싼 법률관계는 공법상 법률관계로서, 그 조합장 또는 조합임원의 지위를 다투는 소송은 공법상 당사자소송에 의하여야 한다. 25. 국가 7급 (    )

□□□ 0943 ★☆☆ 중학교 의무교육의 위탁관계는 공법적 관계이다. 24. 소방간부 (    )

□□□ 0944 ★☆☆ 「국유림의 경영 및 관리에 관한 법률」에 따른 임산물매각계약은 사법상 계약에 해당한다. 24. 국회 8급 (    )

□□□ 0945 ★★★ 국유 일반재산의 대부행위는 사법관계에 해당한다. 23. 국가 9급 (    )

□□□ 0946 ★★☆ 국유일반재산에 관한 사용료의 납입고지는 항고소송의 대상이 되는 행정처분이다. 25. 국가 9급 (    )

□□□ 0947 ★★★ 국유재산 중 행정재산의 사용허가는 공법관계이나, 한국공항공단이 무상사용허가를 받은 행정재산에 대하여 하는 전대행위는 사법관계이다. 23. 국가 9급 (    )

□□□ 0948 ★★★ 공유 일반재산의 대부료 지급은 사법상 법률관계이므로 행정상 강제집행절차가 인정되더라도 따로 민사소송으로 대부료의 지급을 구하는 것이 허용된다. 22. 지방 9급 (    )

□□□ 0949 기부자가 기부채납한 부동산을 일정기간 무상 사용한 후에 한 사용허가기간 연장신청을 거부한 지방자치단체의 장의 행위는 사법상의 행위이다. 23. 군무원 9급 (    )

□□□ 0950 ★★★ 「공익사업을 위한 토지 등의 취득 및 보상에 관한 법률」상 사업시행자와 토지소유자 사이의 협의취득에 대한 분쟁은 민사소송으로 다투어야 한다. 23. 국가 9급 (    )

# 정답 & OX 풀이

**0936** O 사업주가 당연가입자가 되는 **고용보험 및 산재보험**에서 보험료 납부의무 부존재확인의 소는 공법상의 법률관계 자체를 다투는 소송으로서 **공법상 당사자소송**이다. 대법원 2016. 10. 13. 선고 2016다221658 판결

**0937** O (지방자치단체가 보조금 지급결정을 하면서 일정 기한 내에 보조금을 반환하도록 하는 교부조건을 부가한 사안에서) 보조사업 자의 지방자치단체에 대한 보조금 반환의무는 행정처분인 위 보조금 지급결정에 부가된 부관상 의무이고, 이러한 부관상 의무는 보조사업자가 지방자치단체에 부담하는 공법상 의무이므로, 보조사업자에 대한 **지방자치단체의 보조금반환청구**는 공법상 권리관계의 일방 당사자를 상대로 하여 공법상 의무이행을 구하는 청구로서 **당사자소송**의 대상이 된다. 대법원 2011. 6. 9. 선고 2011다2951 판결

**0938** O 석탄광업자가 석탄산업합리화사업단을 상대로 석탄산업법령 및 **석탄가격안정지원금** 지급요령에 의하여 지원금의 지급을 구하는 소송은 공법상의 법률관계에 관한 소송인 **공법상의 당사자소송**에 해당한다. 대법원 1997. 5. 30. 선고 95다28960 판결

**0939** O 피재근로자가 석탄산업합리화사업단에 대하여 가지는 **재해위로금의 지급청구권**은 위 규정이 정하는 지급요건이 충족되면 **당연히 발생함**과 아울러 그 금액도 확정되는 것이지 위 사업단의 지급결정 여부에 의하여 그 청구권의 발생이나 금액이 좌우되는 것이 아니므로 (중략) 위 사업단이 표시한 재해위로금 지급거부의 의사표시에 불복이 있는 경우에는 위 사업단을 상대로 그 지급거부의 의사표시에 대한 항고소송을 제기하여야 하는 것이 아니라 직접 공법상의 **당사자소송**을 제기하여야 한다. 대법원 1999. 1. 26. 선고 98두12598 판결

**0940** O **텔레비전방송수신료**의 징수업무를 위탁받아 자신의 고유업무와 관련된 고지행위와 결합하여 수신료를 징수할 권한이 있는지 여부를 다투는 이 사건 쟁송은 민사소송이 아니라 공법상의 법률관계를 대상으로 하는 것으로서 **당사자소송**에 의하여야 한다. 대법원 2008. 7. 24. 선고 2007다25261 판결

**0941** O 구 도시재개발법에 의한 **재개발조합**은 조합원에 대한 법률관계에서 적어도 특수한 존립목적을 부여받은 특수한 **행정주체**로서 (중략) **조합원의 자격** 인정 여부에 관하여 다툼이 있는 경우에는 그 단계에서는 아직 조합의 어떠한 처분 등이 개입될 여지는 없으므로 공법상의 당사자소송에 의하여 그 조합원 자격의 확인을 구할 수 있다. 대법원 1996. 2. 15. 선고 94다31235 판결

**0942** X 재개발조합과 **조합장 또는 조합임원 사이의 선임·해임** 등을 둘러싼 법률관계는 사법상의 법률관계로서 그 조합장 또는 조합임 원의 지위를 다투는 소송은 **민사소송**에 의하여야 할 것이다. 대법원 2009. 9. 24.자 2009마168,169 결정

**0943** O 중학교 **의무교육**의 위탁관계는 초·중등교육법 등 관련 법령에 의하여 정해지는 **공법적 관계**이다. 대법원 2015. 1. 29. 선고 2012두7387 판결

**0944** O 국유림의 경영 및 관리에 관한 법률에 따른 **임산물매각계약**은 **사법상 계약**이다. 대법원 2020. 5. 14. 선고 2018다298409 판결

**0945** O 국유잡종재산(현 **일반재산**)에 관한 관리 처분의 권한을 위임받은 기관이 국유잡종재산을 **대부**하는 행위는 국가가 사경제 주체로서 상대방과 대등한 위치에서 행하는 사법상의 계약이고 (중략) 국유잡종재산에 관한 **대부료의 납부고지** 역시 사법상의 이행청구에 해당하고, 이를 행정처분이라고 할 수 없다. 대법원 2000. 2. 11. 선고 99다61675 판결

**0946** X 위 945번의 해설 내용 참고.

**0947** O 한국공항공단이 무상사용허가를 받은 행정재산에 대하여 하는 **전대행위**는 통상의 사인간의 임대차와 다를 바가 없고(주: 사법 관계라는 의미), 그 임대차계약이 임차인의 사용승인신청과 임대인의 사용승인의 형식으로 이루어졌다고 하여 달리 볼 것은 아니다. 대법원 2004. 1. 15. 선고 2001다12638 판결

**0948** X 국유 일반재산의 **대부료 등의 징수**에 관하여는 국세징수법상 **체납처분**에 관한 규정을 준용한 간이하고 경제적인 특별구제절차 가 마련되어 있으므로, 특별한 사정이 없는 한 **민사소송의 방법**으로 대부료 등의 지급을 구하는 것은 **허용되지 아니한다**. 대법원 2014. 9. 4. 선고 2014다203588 판결

**0949** O **기부채납받은 공유재산을 무상으로 기부자에게 사용을 허용**하는 행위는 사경제주체로서 상대방과 대등한 입장에서 하는 사법 상 행위이지 행정청이 공권력의 주체로서 행하는 공법상 행위라고 할 수 없으므로, 기부자가 기부채납한 부동산을 일정기간 무상사용한 후에 한 **사용허가기간 연장신청을 거부**한 행정청의 행위도 단순한 사법상의 행위일 뿐 행정처분 기타 공법상 법률관계에 있어서의 행위는 아니다. 대법원 1994. 1. 25. 선고 93누7365 판결

**0950** O 공공용지 특례법에 따른 토지 등의 **협의취득**은 공공기관이 사경제주체로서 행하는 **사법상** 매매 내지 사법상 계약의 실질을 가진다. 대법원 2010. 11. 11. 선고 2010두14367 판결

□□□ **0951** ★☆☆ 공익사업을 위한 토지 등의 취득 및 보상에 관한 법령에 의한 협의취득은 사법상의 법률행위이지만 당사자 사이의 자유로운 의사에 따라 채무불이행책임이나 매매대금 과부족금에 대한 지급의무를 약정할 수 있는 것은 아니다. 24. 국가 9급 (     )

□□□ **0952** ★☆☆ 「공익사업을 위한 토지 등의 취득 및 보상에 관한 법률」상 환매권의 존부에 관한 확인을 구하는 소송 및 환매금액의 증감을 구하는 소송은 민사소송이다. 22. 국가 9급 (     )

□□□ **0953** ★★★ 조세부과처분의 당연무효를 전제로 하여 이미 납부한 세금의 반환을 청구하는 것은 민사상 부당이득반환청구로서 당사자소송이 아니라 민사소송절차에 따른다. 21. 국가 7급 (     )

□□□ **0954** ★★★ 「개발이익환수에 관한 법률」상 개발부담금부과처분이 취소된 경우 그 과오납금의 반환을 청구하는 소송은 행정소송에 해당한다. 25. 국가 9급 (     )

□□□ **0955** ★★☆ 지방자치단체가 사인과 체결한 자원회수시설에 대한 위탁운영협약은 사법상 계약에 해당하므로 그에 관한 다툼은 민사소송의 대상이 된다. 20. 지방 7급 (     )

□□□ **0956** ★☆☆ 폐기물처리업의 허가를 받은 甲이 A시 시장 乙과 「지방자치단체를 당사자로 하는 계약에 관한 법률」에 따라 재활용품의 수집·운반 업무를 대행하는 계약을 체결한 것은 공법상 계약에 해당한다.

23. 변호사 (     )

□□□ **0957** ★★☆ 서울특별시 지하철공사의 사장이 소속 직원에게 한 징계처분에 대한 불복절차는 민사소송에 의하여야 한다. 23. 군무원 9급 (     )

□□□ **0958** ★☆☆ 한국마사회의 기수에 대한 징계처분은 항고소송의 대상이 되는 행정처분에 해당한다. 22. 국가 7급 (     )

□□□ **0959** 종합유선방송위원회는 그 설치의 법적 근거, 법에 의하여 부여된 직무, 위원의 임명절차 등을 종합하여 볼 때 국가기관이고, 그 사무국 직원들의 근로관계는 공법상의 계약관계이므로, 사무국 직원들은 국가를 상대로 당사자소송으로 그 계약에 따른 임금과 퇴직금의 지급을 청구할 수 있다. 25. 군무원 9급 (     )

□□□ **0960** 지방자치단체의 관할구역 내에 있는 각급 학교에서 학교회계직원으로 근무하는 것을 내용으로 하는 근로계약은 공법상 계약에 해당한다. 21. 군무원 7급 (     )

□□□ **0961** ★★★ 공무원연금법령상 급여청구권은 법령상 요건이 충족되면 성립하는 권리이므로 급여의 신청에 대하여 공무원연금공단이 이를 거부한 경우 그 거부결정에 대한 항고소송은 허용되지 않는다. 23. 국가 7급 (     )

□□□ **0962** ★★☆ 군인연금법령상 급여를 받으려고 하는 사람이 국방부장관에게 급여지급을 청구하였으나 거부된 경우, 곧바로 국가를 상대로 한 당사자소송으로 급여의 지급을 청구할 수 있다. 22. 국가 9급 (     )

□□□ **0963** ★☆☆ 「민주화운동관련자 명예회복 및 보상 등에 관한 법률」에 의한 보상금지급청구소송은 당사자소송에 해당한다. 24. 소방간부 (     )

## 정답 & OX 풀이

**0951** ✕ 공익사업을 위한 토지 등의 취득 및 보상에 관한 법령에 의한 **협의취득**은 사법상의 법률행위이므로 당사자 사이의 **자유로운 의사에 따라** 채무불이행책임이나 매매대금 과부족금에 대한 지급의무를 **약정할 수 있다**. 대법원 2012. 2. 23. 선고 2010다 91206 판결

**0952** ○ 구 공익사업을 위한 토지 등의 취득 및 보상에 관한 법률 제91조에 규정된 **환매권의 존부에 관한 확인**을 구하는 소송 및 같은 조 제4항에 따라 **환매금액의 증감을 구하는 소송**은 **민사소송**에 해당한다. 대법원 2013. 2. 28. 선고 2010두22368 판결

**0953** ○ **조세부과처분이 당연무효**임을 전제로 하여 이미 납부한 세금의 반환을 청구하는 것은 민사상의 **부당이득**반환청구로서 민사소송절차에 따라야 한다. 대법원 1995. 4. 28. 선고 94다55019 판결

**0954** ✕ 개발부담금 부과처분이 취소된 이상 그 후의 **부당이득**으로서의 과오납금 반환에 관한 법률관계는 단순한 민사관계에 불과한 것이고, 행정소송 절차에 따라야 하는 관계로 볼 수 없다. 대법원 1995. 12. 22. 선고 94다51253 판결

**0955** ○ 지방자치단체가 A 주식회사를 **자원회수시설**과 부대시설의 운영·유지관리 등을 위탁할 민간사업자로 선정하고 A 주식회사와 체결한 위 시설에 관한 **위·수탁 운영 협약**은 사법상 계약에 해당한다. 대법원 2019. 10. 17. 선고 2018두60588 판결

**0956** ✕ 폐기물처리업의 허가를 받은 원고들이 피고의 시장으로부터 원고들이 진주시에서 발생하는 음식물류 폐기물의 수집·운반, 가로 청소, 재활용품의 수집·운반 업무를 대행할 것을 위탁받고, 각각 피고와 위 대행 업무에 관해 체결한 도급계약 및 위 계약체결 후 그 계약내용 중 일부를 변경하기로 한 변경계약을 **사법상 계약**으로 본 사례. 대법원 2018. 2. 13. 선고 2014두11328 판결

**0957** ○ **서울특별시지하철공사**의 임원과 직원의 근무관계의 성질은 **사법**관계에 속하므로, 위 지하철공사의 사장이 그 이사회의 결의를 거쳐 제정된 인사규정에 의거하여 소속직원에 대한 징계처분을 한 경우 이에 대한 불복절차는 민사소송에 의할 것이지 행정소송에 의할 수는 없다. 대법원 1989. 9. 12. 선고 89누2103 판결

**0958** ✕ **한국마사회**가 조교사 또는 기수의 면허를 부여하거나 취소하는 것은 국가 기타 행정기관으로부터 위탁받은 행정권한의 행사가 아니라 일반 사법상의 법률관계에서 이루어지는 단체 내부에서의 징계 내지 제재처분이다. 대법원 2008. 1. 31. 선고 2005두8269 판결

**0959** ✕ **종합유선방송위원**회는 그 설치의 법적 근거, 법에 의하여 부여된 직무, 위원의 임명절차 등을 종합하여 볼 때 국가기관이고, 그 사무국 직원들의 근로관계는 **사법상**의 계약관계이므로, 사무국 직원들은 국가를 상대로 **민사소송으로** 그 계약에 따른 임금과 퇴직금의 지급을 청구할 수 있다. 대법원 2001. 12. 24. 선고 2001다54038 판결

**0960** ✕ 지방자치단체의 관할구역 내에 있는 각급 학교에서 **학교회계직원**으로 근무하는 것을 내용으로 하는 근로계약은 사법상 계약이다. 대법원 2018. 5. 11. 선고 2015다237748 판결

**0961** ✕ **공무원연금**법령상 급여를 받으려고 하는 자는 우선 관계 법령에 따라 공무원연금공단에 급여지급을 신청하여 공무원연금공단이 이를 거부하거나 일부 금액만 인정하는 급여지급결정을 하는 경우 그 결정을 대상으로 **항고소송**을 제기하는 등으로 구체적 권리를 인정받아야 하고, 구체적인 권리가 발생하지 않은 상태에서 **곧바로** 공무원연금공단을 상대로 한 **당사자소송**으로 권리의 확인이나 급여의 지급을 소구하는 것은 **허용되지 아니한다**. 대법원 2017. 2. 9. 선고 2014두43264 판결

**0962** ✕ **군인연금법령상 급여**를 받으려고 하는 사람은 우선 관계 법령에 따라 국방부장관 등에게 급여지급을 청구하여 국방부장관 등이 이를 거부하거나 일부 금액만 인정하는 급여지급결정을 하는 경우 그 결정을 대상으로 **항고소송**을 제기하는 등으로 구체적 권리를 인정받은 다음 비로소 당사자소송으로 그 급여의 지급을 구해야 한다. 이러한 구체적인 권리가 발생하지 않은 상태에서 **곧바로** 국가를 상대로 한 **당사자소송**으로 급여의 지급을 소구하는 것은 **허용되지 않는다**. 대법원 2021. 12. 16. 선고 2019두 45944 판결

**0963** ✕ '**민주화운동**관련자 명예회복 및 보상 등에 관한 법률'에 따른 보상금 등의 지급을 구하는 소송은 **항고소송**이다. 대법원 2008. 4. 17. 선고 2005두16185 판결

□□□ **0964** ★★★
공무원연금공단의 인정에 의해 퇴직연금을 지급받아 오던 중 공무원연금법령 개정 등으로 퇴직연금 중 일부 금액에 대해 지급이 정지된 경우, 미지급퇴직연금에 대한 지급청구권은 공법상 권리로서 그의 지급을 구하는 소송은 항고소송이다. 21. 지방 7급 (     )

□□□ **0965** ★★☆
공무원연금관리공단이 「공무원연금법령」의 개정사실과 퇴직연금 수급자가 퇴직연금 중 일부금액의 지급정지대상자가 되었다는 사실을 통보한 경우, 위 통보는 항고소송의 대상이 되는 행정처분이다.
24. 군무원 9급 (     )

□□□ **0966** ★★☆
명예퇴직한 법관이 미지급 명예퇴직수당액에 대하여 가지는 권리는 명예퇴직수당 지급대상자 결정 절차를 거쳐 명예퇴직수당규칙에 의하여 확정된 공법상 법률관계에 관한 권리로서, 그 지급을 구하는 소송은 당사자소송에 해당하며, 그 법률관계의 당사자인 국가를 상대로 제기하여야 한다. 23. 지방 9급 (     )

□□□ **0967** ★☆☆
행정청이 공무원에게 국가공무원법령상 연가보상비를 지급하지 아니한 행위는 공무원의 연가보상비청구권을 제한하는 행위로서 항고소송의 대상이 되는 처분이다. 19. 지방 7급 (     )

□□□ **0968** ★☆☆
지방소방공무원이 자신이 소속된 지방자치단체를 상대로 제기한 초과근무수당의 지급을 구하는 청구에 관한 소송은 당사자소송의 절차에 따라야 한다. 24. 변호사 (     )

□□□ **0969** ★☆☆
구 「광주민주화운동 관련자 보상 등에 관한 법률」에 따른 보상금지급청구소송은 당사자소송에 해당한다.
15. 서울시 9급 (     )

□□□ **0970** ★☆☆
공법상 당사자소송에서는 이행소송이라는 직접적인 권리구제방법이 있다면 확인소송은 허용되지 않는다.
22. 변호사 (     )

□□□ **0971** ★☆☆
당사자소송은 국가·공공단체 그 밖의 권리주체를 피고로 한다. 18. 서울시 9급 (     )

□□□ **0972**
「국토의 계획 및 이용에 관한 법률」상 토지소유자 등이 도시·군계획시설 사업시행자의 토지의 일시 사용에 대하여 정당한 사유 없이 동의를 거부한 경우, 사업시행자가 토지소유자를 상대로 동의의 의사표시를 구하는 소송은 당사자소송으로 보아야 한다. 20. 국가 7급 (     )

## 정답 & OX 풀이

**0964** ✕ 공무원연금관리공단의 인정에 의하여 퇴직연금을 <u>지급받아 오던 중</u> 구 공무원연금**법령의 개정** 등으로 퇴직연금 중 일부 금액의 지급이 정지된 경우에는 **당연히 개정된 법령에 따라 퇴직연금이 확정**되는 것이지 같은 법 제26조 제1항에 정해진 공무원연금관리공단의 퇴직연금 결정과 통지에 의하여 비로소 그 금액이 확정되는 것이 아니므로, 공무원연금관리공단이 퇴직연금 중 일부 금액에 대하여 **지급거부의 의사표시를** 하였다고 하더라도 그 의사표시는 퇴직연금 청구권을 형성·확정하는 행정처분이 아니라 공법상의 법률관계의 한쪽 당사자로서 그 지급의무의 존부 및 범위에 관하여 나름대로의 <u>사실상·법률상 의견을 밝힌 것일 뿐이어서, 이를 **행정처분이라고 볼 수는 없고**</u>, 이 경우 미지급퇴직연금에 대한 지급청구권은 공법상 권리로서 그의 지급을 구하는 소송이 공법상의 법률관계에 관한 소송인 공법상 **당사자소송**에 해당한다. 대법원 2004. 7. 8. 선고 2004두244 판결

**0965** ✕ 공무원연금관리공단이 위와 같은 법령의 개정 사실과 퇴직연금 수급자가 퇴직연금 중 일부 금액의 **지급정지 대상자가 되었다는 사실을 통보**한 것은 단지 위와 같이 법령에서 정한 사유의 발생으로 퇴직연금 중 일부 금액의 지급이 정지된다는 점을 알려주는 <u>관념의 통지에 불과하고</u>, 그로 인하여 비로소 지급이 정지되는 것은 아니므로 <u>항고소송의 대상이 되는 **행정처분으로 볼 수 없다**.</u> 대법원 2004. 12. 24. 선고 2003두15195 판결

**0966** ◯ 명예퇴직수당은 명예퇴직수당 지급신청자 중에서 일정한 심사를 거쳐 피고가 명예퇴직수당 지급대상자로 결정한 경우에 비로소 지급될 수 있지만, <u>명예퇴직수당 지급대상자로 결정된 법관에 대하여 **지급할 수당액은** 명예퇴직수당규칙에 산정 기준이 **정해져 있으므로**,</u> 위 법관이 <u>이미 수령한 수당액이 위 규정에서 정한 정당한 명예퇴직수당액에 미치지 못한다고 주장하며 차액의 지급을 신청함에 대하여 법원행정처장이 **거부하는 의사를 표시**</u>했더라도, 그 의사표시는 명예퇴직수당액을 형성·확정하는 행정처분이 아니라 공법상의 법률관계의 한쪽 당사자로서 지급의무의 존부 및 범위에 관하여 자신의 의견을 밝힌 것에 불과하므로 **행정처분으로 볼 수 없다.** 결국 명예퇴직한 법관이 미지급 명예퇴직수당액에 대하여 가지는 권리는 명예퇴직수당 지급대상자 결정 절차를 거쳐 <u>명예퇴직수당규칙에 의하여 확정된 공법상 법률관계에 관한 권리로서, 그 지급을 구하는 소송은 행정소송법의 **당사자소송**에 해당</u>하며, 그 법률관계의 당사자인 <u>국가를 상대로 제기하여야 한다.</u> 대법원 2016. 5. 24. 선고 2013두14863 판결

**0967** ✕ <u>공무원의 **연가보상비**청구권은 공무원이 연가를 실시하지 아니하는 등 법령상 정해진 요건이 충족되면 **그 자체만으로** 지급기준일 또는 보수지급기관의 장이 정한 지급일에 구체적으로 발생하고 행정청의 지급결정에 의하여 비로소 발생하는 것은 아니라고 할 것이므로</u>, 행정청이 공무원에게 연가보상비를 지급하지 아니한 행위로 인하여 공무원의 연가보상비청구권 등 법률상 지위에 아무런 영향을 미친다고 할 수는 없으므로 <u>행정청의 연가보상비 부지급 행위는 항고소송의 대상이 되는 **처분이라고 볼 수 없다**.</u> 대법원 1999. 7. 23. 선고 97누10857 판결

**0968** ◯ <u>지방소방공무원의 **초과근무수당** 지급청구권은 법령의 규정에 의하여 직접 그 존부나 범위가 정하여지고 법령에 규정된 수당의 지급요건에 해당하는 경우에는 **곧바로 발생한다**</u>고 할 것이므로, 지방소방공무원이 자신이 소속된 지방자치단체를 상대로 초과근무수당의 지급을 구하는 청구에 관한 소송은 **당사자소송**의 절차에 따라야 한다. 대법원 2013. 3. 28. 선고 2012다102629 판결

**0969** ◯ **광주민주화운동** 관련자 보상 등에 관한 법률 제15조 본문의 규정에서 말하는 광주민주화운동 관련자 보상심의위원회의 결정을 거치는 것은 보상금 지급에 관한 소송을 제기하기 위한 전치요건에 불과하다고 할 것이므로 위 보상심의위원회의 결정은 <u>취소소송의 대상이 되는 행정처분이라고 할 수 없다. (중략) 그에 관한 소송은 행정소송법 제3조 제2호 소정의 **당사자소송**에 의하여야 할 것이며 보상금 등의 지급에 관한 법률관계의 주체는 대한민국이다.</u> 대법원 1992. 12. 24. 선고 92누3335 판결

**0970** ◯ 행정소송법은 당사자소송의 원고적격에 관한 규정을 두고 있지 않다. 그 결과 민사소송법이 준용되어, <u>당사자소송으로 확인소송을 제기함에 있어서는 **보충성(확인의 이익)이 요구**</u>된다.

**0971** ◯ 행정소송법 제39조(피고적격) 당사자소송은 <u>국가·공공단체 그 밖의 권리주체를</u> 피고로 한다.

**0972** ◯ 국토의 계획 및 이용에 관한 법률에서 정한 <u>토지의 소유자·점유자 또는 관리인이 사업시행자의 **일시 사용**에 대하여 정당한 사유 없이 동의를 거부하는 경우, 사업시행자는 해당 토지의 소유자 등을 상대로 동의의 의사표시를 구하는 소를 제기할 수 있다.</u> 이와 같은 토지의 일시 사용에 대한 동의의 의사표시를 할 의무는 '국토의 계획 및 이용에 관한 법률'에서 특별히 인정한 <u>공법상의 의무이므로, 그 의무의 존부를 다투는 소송은 행정소송법상 **당사자소송**이라고 보아야 한다.</u> 대법원 2019. 9. 9. 선고 2016다262550 판결

□□□ **0973** ★☆☆ 「행정소송법」상 당사자소송의 피고적격에 관한 규정은 당사자소송의 경우 피고적격이 인정되는 권리주체를 행정주체로 한정한다는 취지이므로, 사인을 피고로 하는 당사자소송을 제기할 수는 없다.
24. 국가 7급 (      )

□□□ **0974** ★☆☆ 국가 또는 공공단체가 당사자소송의 피고인 경우에는 관계행정청의 소재지를 피고의 소재지로 본다.
10. 국가 7급 (      )

□□□ **0975** ★☆☆ 당사자소송은 공법상 법률관계에 관한 소송이므로 이를 본안으로 하는 가처분에 대하여는 「민사집행법」상 가처분에 관한 규정이 준용되지 않는다. 23. 지방 9급 (      )

□□□ **0976** 관련청구소송의 이송 및 병합에 관한 「행정소송법」 제10조의 규정은 항고소송 이외에 당사자소송에는 준용되지 않는다. 20. 변호사 (      )

□□□ **0977** 당사자소송의 경우 법원은 필요하다고 인정할 때에는 직권으로 증거조사를 할 수 있으나, 당사자가 주장하지 않은 사실에 대하여는 판단하여서는 아니 된다. 21. 군무원 9급 (      )

□□□ **0978** ★☆☆ 「행정소송법」은 공법상 당사자소송을 민사소송으로 변경할 수 있는지에 관하여 명문의 규정을 두고 있지는 않으나, 공법상 당사자소송도 청구의 기초가 바뀌지 아니하는 한도 안에서 민사소송으로 소 변경이 가능하다. 24. 군무원 7급 (      )

□□□ **0979** ★☆☆ 민간투자사업 실시협약을 체결한 당사자가 공법상 당사자소송에 의하여 그 실시협약에 따른 재정지원금의 지급을 구하는 경우에, 수소법원은 주무관청이 재정지원금액을 산정한 절차 등에 위법이 있는지 여부를 심사할 수는 있지만 실시협약에 따른 적정한 재정지원금액이 얼마인지를 구체적으로 심리·판단할 수 없다. 22. 국가 7급 (      )

□□□ **0980** 공법상 당사자소송에서 재산권의 청구를 인용하는 판결을 하는 경우 가집행선고를 할 수 있다.
20. 지방 7급 (      )

□□□ **0981** 국가를 상대로 하는 당사자소송의 경우에는 가집행선고를 할 수 없다. 미출 (      )

□□□ **0982** 국가 또는 공공단체의 기관이 법률에 위반되는 행위를 한 때에 직접 자기의 법률상 이익과 관계없이 그 시정을 구하기 위하여 제기하는 소송을 기관소송이라 한다. 21. 소방 (      )

□□□ **0983** 민중소송 및 기관소송은 법률이 정한 자에 한하여 제기할 수 있다. 21. 소방 (      )

□□□ **0984** 「행정소송법」에서는 민중소송으로서 처분등의 취소를 구하는 소송에는 그 성질에 반하지 아니하는 한 취소소송에 관한 규정을 준용한다. 18. 교육행정직 (      )

## 정답 & OX 풀이

**0973** ✗ 행정소송법 제39조는, '당사자소송은 국가·공공단체 그 밖의 권리주체를 피고로 한다.'라고 규정하고 있다. 이것은 당사자소송의 경우 항고소송과 달리 '행정청'이 아닌 '권리주체'에게 피고적격이 있음을 규정하는 것일 뿐, 피고적격이 인정되는 권리주체를 행정주체로 한정한다는 취지가 아니므로, 이 규정을 들어 사인을 피고로 하는 당사자소송을 제기할 수 없다고 볼 것은 아니다. 대법원 2019. 9. 9. 선고 2016다262550 판결

**0974** ○ 행정소송법 제40조(재판관할) 제9조의 규정(주: 취소소송의 재판관할)은 당사자소송의 경우에 준용한다. 다만, 국가 또는 공공단체가 피고인 경우에는 관계행정청의 소재지를 피고의 소재지로 본다.

**0975** ✗ 당사자소송에 대하여는 행정소송법 제23조 제2항의 집행정지에 관한 규정이 준용되지 아니하므로, 이를 본안으로 하는 가처분에 대하여는 행정소송법 제8조 제2항에 따라 민사집행법상 가처분에 관한 규정이 준용되어야 한다. 대법원 2015. 8. 21.자 2015무26 결정

**0976** ✗ 행정소송법 제44조(준용규정) ② 제10조의 규정(관련청구소송의 이송 및 병합)은 당사자소송과 관련청구소송이 각각 다른 법원에 계속되고 있는 경우의 이송과 이들 소송의 병합의 경우에 준용한다.

**0977** ✗ 행정소송법 제44조(준용규정) ① 제14조 내지 제17조, 제22조, 제25조, 제26조, 제30조제1항, 제32조 및 제33조의 규정은 당사자소송의 경우에 준용한다.
행정소송법 제26조(직권심리) 법원은 필요하다고 인정할 때에는 직권으로 증거조사를 할 수 있고, 당사자가 주장하지 아니한 사실에 대하여도 판단할 수 있다.

**0978** ○ 행정소송법은 공법상 당사자소송을 민사소송으로 변경할 수 있는지에 관하여 명문의 규정을 두고 있지 않다. 그러나 공법상 당사자소송에서 민사소송으로의 소 변경이 금지된다고 볼 수 없다. (중략) 공법상 당사자소송에 대하여도 청구의 기초가 바뀌지 아니하는 한도 안에서 민사소송으로 소 변경이 가능하다고 해석하는 것이 타당하다. 대법원 2023. 6. 29. 선고 2022두44262 판결

**0979** ✗ 민간투자사업 실시협약을 체결한 당사자가 공법상 당사자소송에 의하여 그 실시협약에 따른 재정지원금의 지급을 구하는 경우에, 수소법원은 단순히 주무관청이 재정지원금액을 산정한 절차 등에 위법이 있는지 여부를 심사하는 데 그쳐서는 아니 되고, 실시협약에 따른 적정한 재정지원금액이 얼마인지를 구체적으로 심리·판단하여야 한다. 대법원 2019. 1. 31. 선고 2017두46455 판결

**0980** ○ 행정소송법 제8조 제2항에 의하면 행정소송에도 민사소송법의 규정이 일반적으로 준용되므로 법원으로서는 공법상 당사자소송에서 재산권의 청구를 인용하는 판결을 하는 경우 가집행선고를 할 수 있다. 대법원 2000. 11. 28. 선고 99두3416 판결

**0981** ✗ '국가를 상대로 하는 당사자소송의 경우에는 가집행선고를 할 수 없다.'라고 규정한 행정소송법 제43조는 국가가 당사자소송의 피고인 경우 가집행의 선고를 제한하여, 국가가 아닌 공공단체 그 밖의 권리주체가 피고인 경우에 비하여 합리적인 이유 없이 차별하고 있으므로 평등원칙에 반한다. 헌법재판소 2022. 2. 24. 선고 2020헌가12 전원재판부 결정

**0982** ✗ 행정소송법 제3조(행정소송의 종류) 행정소송은 다음의 네 가지로 구분한다.
  3. 민중소송: 국가 또는 공공단체의 기관이 법률에 위반되는 행위를 한 때에 직접 자기의 법률상 이익과 관계없이 그 시정을 구하기 위하여 제기하는 소송
  4. 기관소송: 국가 또는 공공단체의 기관상호간에 있어서의 권한의 존부 또는 그 행사에 관한 다툼이 있을 때에 이에 대하여 제기하는 소송. 다만, 헌법재판소법 제2조의 규정에 의하여 헌법재판소의 관장사항으로 되는 소송은 제외한다.

**0983** ○ 행정소송법 제45조(소의 제기) 민중소송 및 기관소송은 법률이 정한 경우에 법률에 정한 자에 한하여 제기할 수 있다.

**0984** ○ 행정소송법 제46조(준용규정) ① 민중소송 또는 기관소송으로서 처분등의 취소를 구하는 소송에는 그 성질에 반하지 아니하는 한 취소소송에 관한 규정을 준용한다.

## 기출 지문 OX Check

**★☆☆**
☐☐☐ **0985** 대통령의 처분 또는 부작위에 대하여는 다른 법률에서 행정심판을 청구할 수 있도록 정한 경우 외에는 행정심판을 청구할 수 없다. 19. 국가 9급 (          )

☐☐☐ **0986** 관계 행정기관의 장이 특별행정심판 또는 「행정심판법」에 따른 행정심판 절차에 대한 특례를 신설하거나 변경하는 법령을 제정·개정할 때에는 미리 중앙행정심판위원회와 협의하여야 한다. 24. 국회 8급 (          )

**★☆☆**
☐☐☐ **0987** 당사자의 신청에 대한 행정청의 부당한 거부처분에 대하여 일정한 처분을 하도록 하는 행정심판의 청구는 현행법상 허용되고 있다. 19. 국가 9급 (          )

**★☆☆**
☐☐☐ **0988** 당사자의 신청에 대한 행정청의 부당한 거부처분을 취소하는 행정심판은 현행법상 허용되지 않는다.
20. 지방 9급 (          )

**★☆☆**
☐☐☐ **0989** 국회사무총장의 처분에 대한 행정심판의 청구에 대해서는 국민권익위원회에 두는 중앙행정심판위원회에서 심리·재결한다. 21. 국회 8급 (          )

**★☆☆**
☐☐☐ **0990** 국가정보원장의 행정처분에 대한 행정심판은 국민권익위원회에 두는 중앙행정심판위원회가 관할한다.
14. 국가 9급 (          )

**★☆☆**
☐☐☐ **0991** 종로구청장의 처분이나 부작위에 대한 행정심판청구는 서울특별시 행정심판위원회에서 심리·재결하여야 한다. 19. 서울시 9급 (          )

☐☐☐ **0992** 시·도의 관할구역에 있는 둘 이상의 시·군·자치구 등이 공동으로 설립한 행정청의 처분에 대하여는 시·도지사 소속 행정심판위원회에서 심리·재결한다. 15. 지방 9급 (          )

☐☐☐ **0993** 중앙행정심판위원회의 위원장은 그 행정심판위원회가 소속된 행정청이 되며, 위원장이 부득이한 사유로 직무를 수행할 수 없거나 위원장이 필요하다고 인정하는 경우에는 위원장이 사전에 지명한 위원이 있는 경우 그 위원이 위원장의 직무를 대행한다. 21. 국회 8급 (          )

☐☐☐ **0994** 예외적으로 당해 지방자치단체의 조례에서 시·도행정심판위원회의 위원장을 공무원이 아닌 위원으로 정한 경우에 그는 상임으로 직무를 수행한다. 18. 교육행정직 (          )

☐☐☐ **0995** 행정심판에 있어서 사건의 심리·의결에 관한 사무에 관여하는 직원에게는 「행정심판법」 제10조의 위원의 제척·기피·회피가 적용되지 않는다. 15. 지방 9급 (          )

## 정답 & OX 풀이 ✎

**0985** O 행정심판법 제3조(행정심판의 대상) ② **대통령**의 처분 또는 부작위에 대하여는 <u>다른 법률에서 행정심판을 청구할 수 있도록</u> <u>정한 경우 외에는 행정심판을 청구할 수 없다</u>.

**0986** O 행정심판법 제4조(특별행정심판 등) ③ 관계 행정기관의 장이 **특별행정심판** 또는 이 법에 따른 행정심판 절차에 대한 특례를 신설하거나 변경하는 법령을 제정 · 개정할 때에는 <u>미리 중앙행정심판위원회와 협의하여야</u> 한다.

**0987** O 행정심판법 제5조(행정심판의 종류) 행정심판의 종류는 다음 각 호와 같다.
　3. **의무이행심판**: 당사자의 신청에 대한 행정청의 <u>위법</u> 또는 부당한 거부처분이나 부작위에 대하여 **일정한 처분을 하도록** 하는
　　행정심판

**0988** X <u>취소심판</u>의 대상에는 거부처분이 포함된다. 따라서 신청에 대한 <u>거부처분</u>에 대해서는 <u>의무이행심판</u>을 청구할 수도 있고 취소심판을 청구할 수도 있다.

**0989** X 행정심판법 제6조(행정심판위원회의 설치) ① 다음 각 호의 행정청 또는 그 소속 행정청의 처분 또는 부작위에 대한 행정심판의 청구에 대하여는 **다음 각 호의 행정청에 두는** 행정심판위원회에서 심리 · 재결한다.
　1. <u>감사원</u>, **국가정보원장**, 그 밖에 대통령령으로 정하는 대통령 소속기관의 장
　2. **국회사무총장** · 법원행정처장 · 헌법재판소사무처장 및 중앙선거관리위원회사무총장
　3. <u>국가인권위원회</u>, 그 밖에 지위 · 성격의 독립성과 특수성 등이 인정되어 대통령령으로 정하는 행정청

**0990** X 위 989번의 해설 내용 참고.

**0991** O 행정심판법 제6조(행정심판위원회의 설치) ③ 다음 각 호의 행정청의 처분 또는 부작위에 대한 심판청구에 대하여는 **시 · 도지사 소속으로** 두는 행정심판위원회에서 심리 · 재결한다.
　2. **시 · 도의 관할구역에 있는 시 · 군 · 자치구의 장**, 소속 행정청 또는 시 · 군 · 자치구의 의회(의장, 위원회의 위원장, 사무국장,
　　사무과장 등 의회 소속 모든 행정청을 포함한다)
　3. 시 · 도의 관할구역에 있는 둘 이상의 지방자치단체(**시 · 군 · 자치구**를 말한다) · 공공법인 등이 공동으로 설립한 행정청

**0992** O 위 991번의 해설 내용 참고.

**0993** X 행정심판법 제8조(중앙행정심판위원회의 구성) ② **중앙행정심판위원회**의 위원장은 국민권익위원회의 부위원장 중 1명이 되며, 위원장이 없거나 부득이한 사유로 직무를 수행할 수 없거나 위원장이 필요하다고 인정하는 경우에는 **상임위원**(상임으로 재직한 기간이 긴 위원 순서로, 재직기간이 같은 경우에는 연장자 순서로 한다)이 위원장의 직무를 대행한다.

**0994** X 행정심판법 제7조(행정심판위원회의 구성) ③ 제2항에도 불구하고 제6조제3항에 따라 <u>시 · 도지사 소속으로 두는 행정심판위원회</u>의 경우에는 해당 지방자치단체의 <u>조례로</u> 정하는 바에 따라 **공무원이 아닌 위원을 위원장**으로 정할 수 있다. 이 경우 위원장은 **비상임**으로 한다.

**0995** X 행정심판법 제10조(위원의 **제척 · 기피 · 회피**) ⑧ 사건의 심리 · 의결에 관한 사무에 관여하는 **위원 아닌 직원에게도** 제1항부터 제7항까지의 규정을 준용한다.

□□□ **0996** 종중이나 교회와 같은 비법인사단은 사단 자체의 명의로 행정심판을 청구할 수 없고 대표자가 청구인이 되어 행정심판을 청구하여야 한다. 23. 국회 8급 (　　)

□□□ **0997** 행정심판의 경우 여러 명의 청구인이 공동으로 심판청구를 할 때에는 청구인들 중에서 3명 이하의 선정대표자를 선정할 수 있고, 선정대표자가 선정되더라도 다른 청구인들은 그 선정대표자를 통해서만 그 사건에 관한 행위를 할 수 있는 것은 아니다. 24. 지방 7급 (　　)

□□□ **0998** 행정심판의 대상과 관련되는 권리나 이익을 양수한 특정승계인은 행정심판위원회의 허가를 받아 청구인의 지위를 승계할 수 있다. 18. 국가 9급 (　　)

□□□ **0999** 피청구인의 경정은 행정심판위원회에서 결정하며 언제나 당사자의 신청을 전제로 한다. 20. 지방 7급 (　　)

□□□ **1000** 행정심판 청구인이 경제적 능력으로 인해 대리인을 선임할 수 없는 경우에는 행정심판위원회에 국선대리인을 선임하여 줄 것을 신청할 수 있다. 19. 국가 9급 (　　)

□□□ **1001** 행정심판의 결과에 이해관계가 있는 제3자 또는 행정청은 행정심판위원회의 허가를 받아 그 사건에 참가할 수 있다. 15. 사회복지 (　　)

□□□ **1002** 행정심판청구는 엄격한 형식을 요하지 아니하는 서면행위이다. 15. 서울시 9급 (　　)

□□□ **1003** 법률상 이의신청을 제기해야 할 사람이 처분청에 표제를 '행정심판청구서'로 한 서류를 제출하였다면, 서류의 내용에 이의신청 요건에 맞는 불복취지와 사유가 충분히 기재되어 있다고 하여도 이를 처분에 대한 이의신청으로 볼 수 없다. 15. 지방 9급 (　　)

□□□ **1004** 심판청구서를 받은 행정청은 그 심판청구가 이유 있다고 인정할 때에는 심판청구의 취지에 따라 처분을 취소·변경 또는 확인을 하거나 신청에 따른 처분을 할 수 있고, 이를 청구인에게 알리고 행정심판위원회에 그 증명서류를 제출하여야 한다. 11. 지방 9급 (　　)

□□□ **1005** 취소심판이 제기된 경우, 행정청이 처분시에 심판청구 기간을 알리지 아니하였다 할지라도 당사자가 처분이 있음을 알게 된 날부터 90일이 경과하면 행정심판위원회는 부적법 각하재결을 하여야 한다.
16. 지방 9급 (　　)

□□□ **1006** 개별법률에서 정한 심판청구기간이 「행정심판법」이 정한 심판청구기간보다 짧은 경우, 행정청이 행정처분을 하면서 그 개별법률상 심판청구기간을 고지하지 아니하였다면 그 개별법률에서 정한 심판청구기간 내에 한하여 심판청구가 가능하다. 15. 서울시 9급 (　　)

□□□ **1007** 행정심판위원회는 당사자의 신청에 의한 경우는 물론 직권으로도 임시처분을 결정할 수 있다.
16. 국가 9급 (　　)

## 정답 & OX 풀이

**0996** ✕ 행정심판법 제14조(법인이 아닌 사단 또는 재단의 청구인 능력) 법인이 아닌 사단 또는 재단으로서 대표자나 관리인이 정하여져 있는 경우에는 **그 사단이나 재단의 이름으로** 심판청구를 할 수 있다.

**0997** ✕ 행정심판법 제15조(선정대표자)
① 여러 명의 청구인이 공동으로 심판청구를 할 때에는 청구인들 중에서 **3명 이하의** 선정대표자를 선정할 수 있다.
④ 선정대표자가 선정되면 다른 청구인들은 그 **선정대표자를 통해서만** 그 사건에 관한 행위를 할 수 있다.

**0998** ◯ 행정심판법 제16조(청구인의 지위 승계) ⑤ 심판청구의 대상과 관계되는 권리나 이익을 양수한 자는 위원회의 허가를 받아 청구인의 지위를 승계할 수 있다.

**0999** ✕ 행정심판법 제17조(피청구인의 적격 및 경정) ② 청구인이 피청구인을 잘못 지정한 경우에는 위원회는 **직권으로** 또는 당사자의 신청에 의하여 결정으로써 피청구인을 경정할 수 있다.

**1000** ◯ 행정심판법 제18조의2(국선대리인) ① 청구인이 경제적 능력으로 인해 대리인을 선임할 수 없는 경우에는 위원회에 **국선대리인**을 선임하여 줄 것을 신청할 수 있다.

**1001** ◯ 행정심판법 제20조(심판참가) ① 행정심판의 결과에 이해관계가 있는 제3자나 행정청은 해당 심판청구에 대한 제7조 제6항 또는 제8조 제7항에 따른 위원회나 소위원회의 의결이 있기 전까지 그 사건에 대하여 심판참가를 할 수 있다.

**1002** ◯ 행정심판청구는 엄격한 형식을 요하지 아니하는 서면행위이므로 행정청의 위법·부당한 처분으로 인하여 권리나 이익을 침해당한 사람이 당해 행정청에 그 처분의 취소나 변경을 구하는 취지의 서면을 제출하였다면 서면의 표제나 형식 여하에 불구하고 행정심판청구로 봄이 옳다. 대법원 1999. 6. 22. 선고 99두2772 판결

**1003** ✕ 이의신청을 제기해야 할 사람이 처분청에 표제를 '행정심판청구서'로 한 서류를 제출한 경우라 할지라도 서류의 내용에 이의신청 요건에 맞는 불복취지와 사유가 충분히 기재되어 있다면 표제에도 불구하고 이를 처분에 대한 이의신청으로 볼 수 있다. 대법원 2012. 3. 29. 선고 2011두26886 판결

**1004** ◯ 행정심판법 제25조(피청구인의 직권취소등)
① 제23조 제1항·제2항 또는 제26조 제1항에 따라 심판청구서를 받은 피청구인은 그 심판청구가 이유 있다고 인정하면 심판청구의 취지에 따라 직권으로 처분을 취소·변경하거나 확인을 하거나 신청에 따른 처분을 할 수 있다. 이 경우 서면으로 청구인에게 알려야 한다.
② 피청구인은 제1항에 따라 직권취소등을 하였을 때에는 청구인이 심판청구를 취하한 경우가 아니면 제24조 제1항 본문에 따라 심판청구서·답변서를 보낼 때 직권취소등의 사실을 증명하는 서류를 위원회에 함께 제출하여야 한다.

**1005** ✕ 행정심판법 제27조(심판청구의 기간) ⑥ 행정청이 심판청구 기간을 **알리지 아니한** 경우에는 제3항에 규정된 기간(주: 처분이 **있었던 날부터 180일**)에 심판청구를 할 수 있다.

**1006** ✕ 지방자치법에서 이의제출기간을 행정심판법 제18조 제3항 소정기간 보다 짧게 정하였다고 하여도 같은 법 제42조 제1항 소정의 고지의무에 관하여 달리 정하고 있지 아니한 이상 도로관리청인 피고가 이 사건 도로점용료 상당 부당이득금의 징수고지서를 발부함에 있어서 원고들에게 이의제출기간 등을 **알려주지 아니하였다면** 원고들은 지방자치법상의 이의제출기간에 구애됨이 없이 행정심판법 제18조 제6항, 제3항의 규정에 의하여 징수고지처분이 있은 날로부터 180일 이내에 이의를 제출할 수 있다고 보아야 할 것이다. 대법원 1990. 7. 10. 선고 89누6839 판결

**1007** ◯ 행정심판법 제31조(임시처분)
① 위원회는 처분 또는 부작위가 위법·부당하다고 상당히 의심되는 경우로서 처분 또는 부작위 때문에 당사자가 받을 우려가 있는 중대한 불이익이나 당사자에게 생길 급박한 위험을 막기 위하여 임시지위를 정하여야 할 필요가 있는 경우에는 **직권으로** 또는 당사자의 신청에 의하여 임시처분을 결정할 수 있다.
③ 제1항에 따른 임시처분은 제30조제2항에 따른 **집행정지로 목적을 달성**할 수 있는 경우에는 **허용되지 아니한다**.

□□□ **1008** 행정심판위원회는 처분 또는 부작위가 위법·부당하다고 상당히 의심되는 경우로서 처분 또는 부작위 때문에 당사자가 받을 우려가 있는 중대한 불이익이나 당사자에게 생길 급박한 위험을 막기 위하여 임시지위를 정하여야 할 필요가 있는 경우에는 집행정지로 목적을 달성할 수 있더라도 직권으로 또는 당사자의 신청에 의하여 임시처분을 결정할 수 있다. 23. 지방 7급 (    )

□□□ **1009** 「행정심판법」상 임시처분은 집행정지로 목적을 달성할 수 없는 경우 관할 행정심판위원회가 직권으로 또는 당사자의 신청에 의하여 결정할 수 있다. 25. 지방 9급 (    )

□□□ **1010** 행정심판위원회는 임시처분을 결정한 후에 임시처분이 공공복리에 중대한 영향을 미치는 경우에는 직권으로 또는 당사자의 신청에 의하여 이 결정을 취소할 수 있다. 19. 지방 9급 (    )

□□□ **1011** 행정심판의 대상에는 처분 또는 부작위의 위법성뿐만 아니라 부당성도 포함된다. 21. 소방 (    )

□□□ **1012** 행정심판위원회는 당사자가 주장하지 아니한 사실에 대하여 심리할 수 없다. 16. 지방 9급 (    )

□□□ **1013** 「행정심판법」은 구술심리를 원칙으로 하며, 당사자의 신청이 있는 때에는 서면심리로 할 것을 규정하고 있다. 13. 지방 7급 (    )

□□□ **1014** 행정심판 청구 후 피청구인인 행정청이 새로운 처분을 하거나 대상인 처분을 변경한 때에는 청구인은 새로운 처분이나 변경된 처분에 맞추어 청구의 취지 또는 이유를 변경할 수 있다. 15. 지방 9급 (    )

□□□ **1015** 행정심판청구의 변경결정이 있으면 처음 행정심판이 청구되었을 때부터 변경된 청구의 취지나 이유로 행정심판이 청구된 것으로 본다. 24. 국회 8급 (    )

□□□ **1016** 행정심판에서는 항고소송에서와 달리 처분청이 당초 처분의 근거로 삼은 사유와 기본적 사실관계가 동일성이 인정되지 않는 다른 사유를 처분사유로 추가하거나 변경할 수 있다. 18. 국가 9급 (    )

□□□ **1017** 행정심판에 있어서 행정처분의 위법·부당 여부는 원칙적으로 처분시를 기준으로 판단하여야 할 것이나, 재결 당시까지 제출된 모든 자료를 종합하여 처분 당시 존재하였던 객관적 사실을 확정하고 그 사실에 기초하여 처분의 위법·부당 여부를 판단할 수 있다. 15. 지방 9급 (    )

□□□ **1018** 청구인은 구두로 행정심판청구를 취하할 수 있다. 24. 소방간부 (    )

□□□ **1019** 행정심판위원회는 당사자의 권리 및 권한의 범위에서 직권으로 심판청구의 신속하고 공정한 해결을 위하여 조정을 할 수 있지만, 그 조정이 공공복리에 적합하지 아니하거나 해당 처분의 성질에 반하는 경우에는 그러하지 아니하다. 21. 국회 8급 (    )

□□□ **1020** 조정은 당사자가 합의한 사항을 조정서에 기재한 후 당사자가 서명 또는 날인함으로써 완성된다. 20. 지방 7급 (    )

□□□ **1021** 행정청의 부작위에 대한 의무이행심판은 심판청구기간 규정의 적용을 받지 않고, 사정재결이 인정되지 아니한다. 21. 지방 9급 (    )

## 정답 & OX 풀이

**1008** ✗ 앞쪽의 1007번의 해설 내용 참고.

**1009** ○ 앞쪽의 1007번의 해설 내용 참고.

**1010** ○ 행정심판법 제31조(임시처분) ② 제1항에 따른 임시처분에 관하여는 제30조제3항부터 제7항까지를 준용한다. 이 경우 같은 조 제6항 전단 중 '중대한 손해가 생길 우려'는 '중대한 불이익이나 급박한 위험이 생길 우려'로 본다.
행정심판법 제30조(집행정지) ④ 위원회는 집행정지를 결정한 후에 집행정지가 공공복리에 중대한 영향을 미치거나 그 정지사유가 없어진 경우에는 직권으로 또는 당사자의 신청에 의하여 집행정지 결정을 취소할 수 있다.

**1011** ○ 행정심판법 제1조(목적) 이 법은 행정심판 절차를 통하여 행정청의 **위법 또는 부당한** 처분이나 부작위로 침해된 국민의 권리 또는 이익을 구제하고, 아울러 행정의 적정한 운영을 꾀함을 목적으로 한다(주: 행정심판에 있어서는 행정소송의 경우와 달리 처분의 위법 여부를 심사하는 합법성 심사뿐만 아니라 적법한 처분의 당·부당 여부를 심사하는 **합목적성 심사**도 할 수 있음).

**1012** ✗ 행정심판법 제39조(직권심리) 위원회는 필요하면 당사자가 **주장하지 아니한 사실**에 대하여도 심리할 수 있다.

**1013** ✗ 행정심판법 제40조(심리의 방식) ① 행정심판의 심리는 구술심리나 서면심리로 한다. 다만, 당사자가 구술심리를 신청한 경우에는 서면심리만으로 결정할 수 있다고 인정되는 경우 외에는 구술심리를 하여야 한다.

**1014** ○ 행정심판법 제29조(청구의 변경) ② 행정심판이 청구된 후에 피청구인이 새로운 처분을 하거나 심판청구의 대상인 처분을 변경한 경우에는 청구인은 새로운 처분이나 변경된 처분에 맞추어 청구의 취지나 이유를 변경할 수 있다.

**1015** ○ 행정심판법 제29조(청구의 변경) ⑧ 청구의 변경결정이 있으면 **처음 행정심판이 청구되었을 때부터** 변경된 청구의 취지나 이유로 행정심판이 청구된 것으로 본다.

**1016** ✗ 행정처분의 취소를 구하는 항고소송에서 처분청은 당초 처분의 근거로 삼은 사유와 **기본적 사실관계가 동일성이** 있다고 인정되는 한도 내에서만 다른 사유를 추가 또는 변경할 수 있고, (중략) 이러한 법리는 행정심판 단계에서도 그대로 적용된다. 대법원 2014. 5. 16. 선고 2013두26118 판결

**1017** ○ 행정심판에 있어서 행정처분의 위법·부당 여부는 원칙적으로 **처분시**를 기준으로 판단하여야 할 것이나, 재결청은 처분 당시 존재하였거나 행정청에 제출되었던 자료뿐만 아니라, **재결 당시까지 제출된** 모든 자료를 종합하여 처분 당시 존재하였던 객관적 사실을 확정하고 그 사실에 기초하여 처분의 위법·부당 여부를 판단할 수 있다. 대법원 2001. 7. 27. 선고 99두5092 판결

**1018** ✗ 행정심판법 제42조(심판청구 등의 취하) ① 청구인은 심판청구에 대하여 제7조제6항 또는 제8조제7항에 따른 의결이 있을 때까지 **서면으로** 심판청구를 취하할 수 있다.

**1019** ✗ 행정심판법 제43조의2(조정) ① 위원회는 당사자의 권리 및 권한의 범위에서 **당사자의 동의를 받아** 심판청구의 신속하고 공정한 해결을 위하여 조정을 할 수 있다. 다만, 그 조정이 공공복리에 적합하지 아니하거나 해당 처분의 성질에 반하는 경우에는 그러하지 아니하다.

**1020** ✗ 행정심판법 제43조의2(조정) ③ 조정은 당사자가 합의한 사항을 조정서에 기재한 후 당사자가 서명 또는 날인하고 위원회가 이를 확인함으로써 성립한다.

**1021** ✗ 부작위에 대한 의무이행심판에 대해서는 심판청구기간 규정이 적용되지 않는다(심판청구기간의 제한이 없음). 그러나 부작위위법확인소송과 달리 부작위에 대한 의무이행심판에 있어서는 **사정재결이 인정된다**.

□□□ **1022** 무효확인심판을 제기한 경우, 행정심판위원회는 심판청구가 이유있다고 인정하면서도 이를 인용하는 것이 공공복리에 크게 위배된다고 인정하면 심판청구를 기각할 수 있다. 22. 지방 9급 (      )

□□□ **1023** 위원회는 직권에 의하여 심판청구의 대상이 되는 처분 또는 부작위 외의 사항에 대하여도 재결할 수 있다. 16. 교육행정직 (      )

□□□ **1024** 행정심판위원회는 심판청구의 대상이 되는 처분보다 청구인에게 불리한 재결을 하지 못한다.
16. 국가 9급 (      )

□□□ **1025** 영업정지 2월에 대한 행정심판의 심리과정에서 위원회가 청구인의 또 다른 법 위반 사실을 인지한 경우, 위원회는 당초의 영업정지 2월 처분과는 별도로 영업정지 1월을 추가하여 부과하는 재결을 할 수 있다.
23. 지방 9급 (      )

□□□ **1026** 처분의 상대방이 아닌 제3자가 심판청구를 한 경우 행정심판위원회는 재결서의 등본을 지체 없이 피청구인을 거쳐 처분의 상대방에게 송달하여야 한다. 24. 지방 7급 (      )

□□□ **1027** 취소심판의 인용재결에는 취소재결, 취소명령재결, 변경재결, 변경명령재결이 있다. 21. 국가 7급 (      )

□□□ **1028** 취소심판을 제기한 경우, 행정심판위원회는 심판청구가 이유가 있다고 인정하면 처분변경명령재결을 할 수 있다. 22. 지방 9급 (      )

□□□ **1029** 행정심판위원회는 심판의 대상이 되는 영업정지 2월의 처분을 과징금으로 변경할 수 없다.
23. 지방 9급 (      )

□□□ **1030** 의무이행심판의 청구가 이유 있다고 인정되는 경우에는 행정심판위원회는 직접 신청에 따른 처분을 할 수 없고, 피청구인에게 처분을 할 것을 명하는 재결을 할 수 있을 뿐이다. 21. 군무원 7급 (      )

□□□ **1031** 행정심판 재결의 내용이 처분청의 처분을 스스로 취소하는 것일 때에는 그 재결의 형성력이 발생하여 당해 행정처분은 별도의 행정처분을 기다릴 것 없이 당연히 취소되어 소멸된다. 24. 국가 9급 (      )

□□□ **1032** 행정심판의 재결이 확정되면 피청구인인 행정청을 기속하는 효력이 있고 그 처분의 기초가 된 사실관계나 법률적 판단이 확정되므로 이후 당사자 및 법원은 이에 모순되는 주장이나 판단을 할 수 없다.
21. 지방 9급 (      )

□□□ **1033** 재결에 의하여 취소되거나 무효 또는 부존재로 확인되는 처분이 당사자의 신청을 거부하는 것을 내용으로 하는 경우에는 그 처분을 한 행정청은 재결의 취지에 따라 다시 이전의 신청에 대한 처분을 하여야 한다. 21. 지방 9급 (      )

□□□ **1034** 당사자의 신청을 거부하는 처분에 대한 취소심판에서 인용재결이 내려진 경우, 의무이행심판과 달리 행정청은 재처분의무를 지지 않는다. 19. 지방 9급 (      )

## 정답 & OX 풀이

1022 ✕ 행정심판법 제44조(**사정재결**) ③ 제1항과 제2항은 <u>무효등확인심판에는 적용하지 아니한다</u>.

1023 ✕ 행정심판법 제47조(재결의 범위) ① 위원회는 <u>심판청구의 대상이 되는 처분 또는 부작위 **외의 사항**에 대하여는 **재결하지 못한다**</u>.

1024 ○ 행정심판법 제47조(재결의 범위) ② 위원회는 심판청구의 대상이 되는 처분보다 청구인에게 <u>불리한 재결을 하지 못한다</u>.

1025 ✕ 위 1024번의 해설 내용 참고.

1026 ○ 행정심판법 제48조(재결의 송달과 효력 발생) ④ <u>처분의 상대방이 아닌 제3자가 심판청구를 한 경우 위원회는 <u>재결서의 **등본**을 지체 없이 피청구인을 거쳐 <u>처분의 상대방에게 송달하여야 한다</u>.

1027 ✕ 행정심판법 제43조(재결의 구분) ③ 위원회는 취소심판의 청구가 이유가 있다고 인정하면 처분을 **취소** 또는 다른 처분으로 **변경**하거나 <u>처분을 다른 처분으로 **변경할 것을 피청구인에게 명**</u>한다(주: 취소명령재결은 포함되지 않음).

1028 ○ 위 1027번의 해설 내용 참고.

1029 ✕ 위 1027번의 해설 내용 참고.

1030 ✕ 행정심판법 제43조(재결의 구분) ⑤ 위원회는 의무이행심판의 청구가 이유가 있다고 인정하면 지체 없이 **신청에 따른 처분**을 하거나 <u>**처분을 할 것을 피청구인에게 명**</u>한다.

1031 ○ 행정심판 재결의 내용이 처분청에게 처분의 취소를 명하는 것이 아니라 <u>재결청이 스스로 처분을 취소하는 것일 때에는 그 <u>재결의 **형성력**에 의하여 당해 처분은 별도의 행정처분을 기다릴 것 없이 **당연히 취소되어 소멸**</u>되는 것이다. 대법원 1998. 4. 24. 선고 97누17131 판결

1032 ✕ 재결에 판결에서와 같은 기판력이 인정되는 것은 아니어서 재결이 확정된 경우에도 처분의 기초가 된 사실관계나 **법률적 판단이 확정**되고 당사자들이나 법원이 이에 기속되어 **모순되는 주장이나 판단을 할 수 없게 되는 것은 아니다**. 대법원 2015. 11. 27. 선고 2013다6759 판결

1033 ○ 행정심판법 제49조(재결의 기속력 등) ② <u>재결에 의하여 취소되거나 무효 또는 부존재로 확인되는 처분이 당사자의 **신청을 거부**하는 것을 내용으로 하는 경우에는 그 <u>처분을 한 행정청은 **재결의 취지에 따라 다시 이전의 신청에 대한 처분**을 하여야 한다</u>.

1034 ✕ 위 1033번의 해설 내용 참고(거부처분에 대한 취소재결이 있게 되면 처분청은 행정심판법 제49조 제2항에 따른 재처분의무를 지게 됨).

**★★☆**
□□□ **1035** 당사자의 신청을 거부하거나 부작위로 방치한 처분의 이행을 명하는 재결이 있으면 행정청은 지체 없이 이전의 신청에 대하여 재결의 취지에 따라 처분을 하여야 한다. 16. 지방 9급 (      )

□□□ **1036** 신청에 따른 처분이 절차의 위법 또는 부당을 이유로 재결로써 취소된 경우 적법한 절차에 따라 신청에 따른 처분을 하거나 신청을 기각하는 처분을 하여야 한다. 18. 소방간부 (      )

**★☆☆**
□□□ **1037** 법령의 규정에 따라 공고하거나 고시한 처분이 재결로써 취소되거나 변경되면 처분을 한 행정청은 지체 없이 그 처분이 취소 또는 변경되었다는 것을 공고하거나 고시하여야 한다. 20. 지방 7급 (      )

**★★☆**
□□□ **1038** 행정심판위원회의 기각재결이 있은 후에는 행정청은 원처분을 직권으로 취소할 수 없다.

22. 지방 9급 (      )

**★☆☆**
□□□ **1039** 조세부과처분이 국세청장에 대한 불복심사청구에 의하여 그 불복사유가 이유 있다고 인정되어 취소되었음에도 처분청이 동일한 사실에 관하여 부과처분을 되풀이한 것이라면 설령 그 부과처분이 감사원의 시정요구에 의한 것이라 하더라도 위법하다. 25. 소방 (      )

**★★★**
□□□ **1040** 재결의 기속력은 재결의 주문 및 그 전제가 된 요건사실의 인정과 판단, 즉 처분 등의 구체적 위법사유에 관한 판단에만 미친다. 23. 소방간부 (      )

**★★★**
□□□ **1041** 당사자의 신청을 받아들이지 않은 거부처분이 재결에서 취소된 경우에 행정청은 종전 거부처분 또는 재결 후에 발생한 새로운 사유를 내세워 다시 거부처분을 할 수 없다. 24. 지방 9급 (      )

**★☆☆**
□□□ **1042** 교원소청심사위원회의 결정은 학교법인에 대하여 기속력을 가지지만 기속력은 그 결정의 주문에 포함된 사항에 미치는 것이지 그 전제가 된 요건사실의 인정과 불리한 처분 등의 구체적 위법사유에 관한 판단에까지 미치는 것은 아니다. 24. 지방 9급 (      )

**★★☆**
□□□ **1043** 행정심판위원회는 처분이행명령재결이 있음에도 피청구인이 처분을 하지 않은 경우 당사자의 신청에 의해 기간을 정하여 서면으로 시정을 명하고 그 기간 안에 이행하지 않으면 원칙적으로 직접 처분을 할 수 있다. 20. 국가 9급 (      )

**★★☆**
□□□ **1044** 거부처분에 대한 취소심판이나 무효등확인심판청구에서 인용재결이 있었음에도 불구하고 피청구인인 행정청이 재결의 취지에 따른 처분을 하지 아니한 경우에는 당사자가 신청하면 행정심판위원회는 기간을 정하여 서면으로 시정을 명하고 그 기간에 이행하지 아니하면 직접 처분을 할 수 있다.

19. 서울시 9급 (      )

□□□ **1045** 정보공개명령재결은 행정심판위원회에 의한 직접처분의 대상이 된다. 21. 국가 7급 (      )

□□□ **1046** 행정심판위원회는 직접 처분을 하였을 때에는 그 사실을 해당 행정청에 통보하여야 하며, 그 통보를 받은 행정청은 행정심판위원회가 한 처분을 자기가 한 처분으로 보아 관계 법령에 따라 관리·감독 등 필요한 조치를 하여야 한다. 14. 지방 9급 (      )

**정답 & OX 풀이**

**1035** O 행정심판법 제49조(재결의 기속력 등) ③ 당사자의 <u>신청을 거부하거나 부작위로 방치한</u> **처분의 이행을 명하는 재결**이 있으면 행정청은 지체 없이 <u>이전의 신청에 대하여 재결의 취지에 따라 처분을 하여야 한다.</u>

**1036** O 행정심판법 제49조(재결의 기속력 등) ④ 신청에 따른 처분이 절차의 위법 또는 부당을 이유로 재결로써 취소된 경우에는 <u>제2항을 준용한다</u>(주: 행정청은 재결의 취지에 따라 다시 이전의 신청에 대한 처분을 하여야 하는데, 이 때 처분의 내용은 신청을 인용하는 것이 될 수도 있고, 신청을 거부하는 것이 될 수도 있음).

**1037** O 행정심판법 제49조(재결의 기속력 등) ⑤ 법령의 규정에 따라 공고하거나 고시한 처분이 재결로써 취소되거나 변경되면 처분을 한 행정청은 지체 없이 <u>그 처분이 취소 또는 변경되었다는 것을 공고하거나 고시하여야 한다.</u>

**1038** X 기속력은 인용재결에만 발생한다. 따라서 행정심판위원회의 **기각재결**이 확정된 후에도 그 재결에는 기속력이 발생하지 않으므로 처분청은 당해 처분을 **직권으로 취소할 수 있다.**

**1039** O 양도소득세 및 방위세부과처분이 국세청장에 대한 불복심사청구에 의하여 그 불복사유가 이유 있다고 인정되어 취소되었음에도 처분청이 **동일한 사실**에 관하여 부과처분을 되풀이한 것이라면 설령 그 부과처분이 감사원의 시정요구에 의한 것이라 하더라도 **위법하다.** 대법원 1986. 5. 27. 선고 86누127 판결

**1040** O 재결의 **기속력**은 재결의 **주문** 및 그 전제가 된 요건사실의 인정과 판단, 즉 처분 등의 **구체적 위법사유에 관한 판단**에만 미친다고 할 것이고, 종전 처분이 재결에 의하여 취소되었다 하더라도 종전 처분시와는 **다른 사유**를 들어서 처분을 하는 것은 기속력에 **저촉되지 않는다.** 대법원 2005. 12. 9. 선고 2003두7705 판결

**1041** X 당사자의 신청을 받아들이지 않은 <u>거부처분이 재결에서 취소된 경우에</u> 행정청은 종전 거부처분 또는 재결 후에 발생한 **새로운 사유**를 내세워 **다시 거부처분을 할 수 있다.** 대법원 2017. 10. 31. 선고 2015두45045 판결

**1042** X **교원소청심사위원회의 결정**은 학교법인 등에 대하여 기속력을 가지고 이는 그 결정의 **주문**에 포함된 사항뿐 아니라 그 전제가 된 요건사실의 인정과 판단, 즉 불리한 처분 등의 **구체적 위법사유에 관한 판단에까지** 미친다. 대법원 2018. 7. 12. 선고 2017두65821 판결

**1043** O 행정심판법 제50조(위원회의 직접 처분) ① 위원회는 피청구인이 <u>제49조 제3항</u>(주: **처분명령재결**)에도 불구하고 처분을 하지 아니하는 경우에는 <u>당사자가 **신청**하면 기간을 정하여 서면으로 시정을 명하고 그 기간에 이행하지 아니하면 직접 처분을 할 수 있다.</u> 다만, 그 처분의 성질이나 그 밖의 불가피한 사유로 위원회가 직접 처분을 할 수 없는 경우에는 그러하지 아니하다.

**1044** X 위 1043번의 해설 내용 참고(위원회의 **직접처분**은 **의무이행심판**에서 **처분명령재결**이 있는 경우에만 인정됨).

**1045** X 처분의 성질이나 그 밖의 불가피한 사유로 위원회가 직접 처분을 할 수 없는 경우에는 직접 처분을 할 수 없다(행정심판법 제50조 제1항 단서). **정보공개명령재결**이 있는 경우 설령 피청구인인 행정청이 위 명령에 따르지 않고 정보를 공개하지 않는다 하더라도 위원회는 공개청구의 대상이 된 정보를 보유·관리하고 있지 않기 때문에 처분의 성질상 직접 처분(정보공개처분)을 할 수 없다.

**1046** O 행정심판법 제50조(위원회의 직접 처분) ② 위원회는 제1항 본문에 따라 직접 처분을 하였을 때에는 그 사실을 해당 행정청에 통보하여야 하며, 그 통보를 받은 행정청은 위원회가 한 처분을 자기가 한 처분으로 보아 관계 법령에 따라 관리·감독 등 필요한 조치를 하여야 한다.

★★☆
□□□ **1047** 행정심판 인용재결에 따른 행정청의 재처분 의무에도 불구하고 행정청이 인용재결에 따른 처분을 하지 아니하는 경우에, 행정심판위원회는 청구인의 신청이 없어도 결정으로 일정한 배상을 하도록 명할 수 있다. 21. 지방 9급 (     )

□□□ **1048** 처분을 다른 처분으로 변경할 것을 명령하는 재결에 대해 행정청이 이를 따르지 않는 경우 간접강제제도에 의한 강제가 가능하다. 21. 국회 9급 (     )

□□□ **1049** 행정심판위원회는 사정의 변경이 있는 경우에는 당사자의 신청에 의하여 간접강제결정의 내용을 변경할 수 있으며, 변경결정을 하기 전에 신청 상대방의 의견을 들어야 한다. 22. 국회 8급 (     )

★☆☆
□□□ **1050** 청구인은 행정심판위원회의 간접강제 결정에 불복하는 경우 그 결정에 대하여 행정소송을 제기할 수 있다. 19. 지방 9급 (     )

★☆☆
□□□ **1051** 인용재결의 기속력은 피청구인과 그 밖의 관계 행정청에 미치고, 행정심판위원회의 간접강제 결정의 효력은 피청구인인 행정청이 소속된 국가·지방자치단체 또는 공공단체에 미친다. 21. 국가 7급 (     )

★☆☆
□□□ **1052** 간접강제의 결정서 정본은 「민사집행법」에 따른 강제집행에 관하여는 집행권원과 같은 효력을 가진다. 다만, 청구인이 해당 결정에 불복하는 소송을 제기한 경우에는 이러한 효력이 인정될 수 없다.
22. 국회 8급 (     )

★★☆
□□□ **1053** 행정심판의 재결에 대해서는 재결 자체에 고유한 위법이 있음을 이유로 하는 경우에 한하여 다시 행정심판을 청구할 수 있다. 22. 지방 9급 (     )

★★☆
□□□ **1054** 행정심판위원회가 영업정지처분을 취소하는 재결을 할 경우, 행정청은 이 인용재결의 취소를 구하는 행정소송을 제기할 수 없다. 23. 지방 9급 (     )

□□□ **1055** 행정청은 제3자인 이해관계인이 요구하면, 해당 처분이 행정심판의 대상이 되는 처분인지와 행정심판의 대상이 되는 경우 소관 위원회 및 심판청구 기간을 지체 없이 알려 주어야 한다. 24. 소방간부 (     )

★★★
□□□ **1056** 행정청이 행정처분을 하면서 상대방에게 불복절차에 관한 고지의무를 이행하지 않았다면 이는 절차적 하자로서 그 행정처분은 위법하게 된다. 25. 국가 9급 (     )

□□□ **1057** 피청구인 또는 행정심판위원회는 전자정보처리조직을 통하여 행정심판을 청구하거나 심판참가를 한 자가 동의한 경우에 전자정보처리조직과 그와 연계된 정보통신망을 이용하여 재결서나 「행정심판법」에 따른 각종 서류를 청구인 또는 참가인에게 송달할 수 있다. 23. 지방 7급 (     )

□□□ **1058** 「행정심판법」에 따른 서류의 송달에 관하여는 「행정절차법」 중 송달에 관한 규정을 준용한다.
19. 국가 9급 (     )

□□□ **1059** 중앙행정심판위원회는 심판청구를 심리·재결할 때에 처분 또는 부작위의 근거가 되는 명령 등이 상위 법령에 위반되면 관계 행정기관에 그 명령 등의 개정·폐지 등 적절한 시정조치를 요청할 수 있고, 그 사실을 법제처장에게 통보하여야 한다. 21. 국회 8급 (     )

**정답 & OX 풀이**

1047 ✕ 행정심판법 50조의2(위원회의 간접강제) ① 위원회는 피청구인이 **제49조 제2항**(제49조 제4항에서 준용하는 경우를 포함한다) 또는 **제3항**에 따른 처분을 하지 아니하면 **청구인의 신청**에 의하여 결정으로 상당한 기간을 정하고 피청구인이 그 기간 내에 이행하지 아니하는 경우에는 그 지연기간에 따라 일정한 배상을 하도록 명하거나 즉시 배상을 할 것을 명할 수 있다.

1048 ✕ 위 1047번의 해설 내용 참고(행정심판에서 간접강제가 인정되는 경우는 거부처분에 대한 **취소재결, 무효등확인재결** 또는 거부처분이나 부작위에 대한 **처분명령재결**이 있는 경우에 한정되고, 취소심판에서의 처분변경명령재결에 대해서는 간접강제를 허용하는 규정을 두고 있지 않은 결과 간접강제가 인정되지 않음).

1049 ○ 행정심판법 제50조의2(위원회의 간접강제)
② 위원회는 사정의 변경이 있는 경우에는 당사자의 신청에 의하여 제1항에 따른 결정의 내용을 변경할 수 있다.
③ 위원회는 제1항 또는 제2항에 따른 결정을 하기 전에 신청 상대방의 의견을 들어야 한다.

1050 ○ 행정심판법 제50조의2(위원회의 간접강제) ④ 청구인은 제1항 또는 제2항에 따른 결정(주: 위원회의 간접강제결정)에 불복하는 경우 그 결정에 대하여 행정소송을 제기할 수 있다.

1051 ○ 행정심판법 제49조(재결의 기속력 등) ① 심판청구를 인용하는 재결은 피청구인과 그 밖의 관계 행정청을 기속한다.
행정심판법 제50조의2(위원회의 간접강제) ⑤ 간접강제결정의 효력은 피청구인인 행정청이 소속된 **국가·지방자치단체 또는 공공단체**에 미치며, **결정서 정본**은 제4항에 따른 **소송제기와 관계없이**「민사집행법」에 따른 강제집행에 관하여는 **집행권원과 같은 효력**을 가진다. 이 경우 집행문은 위원장의 명에 따라 위원회가 소속된 행정청 소속 공무원이 부여한다.

1052 ✕ 위 1051번의 해설 내용 참고.

1053 ✕ 행정심판법 제51조(행정심판 재청구의 금지) 심판청구에 대한 재결이 있으면 그 재결 및 같은 처분 또는 부작위에 대하여 **다시 행정심판을 청구할 수 없다.**

1054 ○ **처분행정청**은 재결에 기속되어 재결의 취지에 따른 처분의무를 부담하게 되므로 이에 불복하여 **행정소송을 제기할 수 없다.**
대법원 1998. 5. 8. 선고 97누15432 판결

1055 ○ 행정심판법 제58조(행정심판의 고지) ② 행정청은 이해관계인이 요구하면 다음 각 호의 사항을 지체 없이 알려 주어야 한다. 이 경우 서면으로 알려 줄 것을 요구받으면 서면으로 알려 주어야 한다.
1. 해당 처분이 행정심판의 대상이 되는 처분인지
2. 행정심판의 대상이 되는 경우 소관 위원회 및 심판청구 기간

1056 ✕ 고지절차에 관한 규정은 행정처분의 상대방이 그 처분에 대한 행정심판의 절차를 밟는데 있어 편의를 제공하려는데 있으며 처분청이 위 규정에 따른 **고지의무를 이행하지 아니하였다**고 하더라도 경우에 따라서는 행정심판의 제기기간이 연장될 수 있는 것에 그치고 이로 인하여 심판의 대상이 되는 행정처분에 어떤 **하자가 수반된다고 할 수 없다.** 대법원 1987. 11. 24. 선고 87누529 판결

1057 ○ 행정심판법 제54조(전자정보처리조직을 이용한 송달 등) ① 피청구인 또는 위원회는 제52조제1항(주: 전자정보처리조직을 통한 심판청구)에 따라 행정심판을 청구하거나 심판참가를 한 자에게 전자정보처리조직과 그와 연계된 정보통신망을 이용하여 재결서나 이 법에 따른 각종 서류를 송달할 수 있다. 다만, 청구인이나 참가인이 동의하지 아니하는 경우에는 그러하지 아니하다.

1058 ✕ 행정심판법 제57조(서류의 송달) 이 법에 따른 서류의 송달에 관하여는 **「민사소송법」** 중 송달에 관한 규정을 준용한다.

1059 ○ 행정심판법 제59조(불합리한 법령 등의 개선) ① **중앙행정심판위원회**는 심판청구를 심리·재결할 때에 처분 또는 부작위의 근거가 되는 명령 등(대통령령·총리령·부령·훈령·예규·고시·조례·규칙 등을 말한다)이 법령에 근거가 없거나 상위 법령에 위배되거나 국민에게 과도한 부담을 주는 등 크게 불합리하면 관계 행정기관에 그 명령 등의 개정·폐지 등 적절한 시정조치를 요청할 수 있다. 이 경우 중앙행정심판위원회는 시정조치를 요청한 사실을 법제처장에게 통보하여야 한다.

□□□ **1060** 「행정기본법」에 따르면, 행정청의 처분에 이의가 있는 당사자는 처분을 받은 날부터 30일 이내에 해당 행정청 또는 감독청에 이의신청을 할 수 있다. 24. 국회 9급 (      )

□□□ **1061** 「행정기본법」에 따르면, 행정청은 이의신청을 받으면 부득이한 사유가 아니라면 그 신청을 받은 날부터 14일 이내에 그 이의신청에 대한 결과를 신청인에게 통지하여야 한다. 24. 소방간부 (      )

□□□ **1062** 「행정기본법」에 따르면, 이의신청을 한 경우에도 그 이의신청과 관계없이 「행정심판법」에 따른 행정심판 또는 「행정소송법」에 따른 행정소송을 제기할 수 있다. 24. 군무원 9급 (      )

□□□ **1063** 「행정기본법」에 따르면, 이의신청에 대한 결과를 통지받은 후 행정심판 또는 행정소송을 제기하려는 자는 그 결과를 통지받은 날부터 90일 이내에 행정심판 또는 행정소송을 제기할 수 있다. 23. 군무원 7급 (      )

□□□ **1064** 다른 법률에서 이의신청과 이에 준하는 절차에 대하여 정하고 있는 경우에도 그 법률에서 규정하지 아니한 사항에 관하여는 「행정기본법」에서 정하는 바에 따른다. 24. 소방간부 (      )

□□□ **1065** 공무원 인사관계 법령에 의한 징계 등 처분에 관한 사항에 대하여도 「행정기본법」상의 이의신청 규정이 적용된다. 23. 군무원 7급 (      )

□□□ **1066** 과태료 부과 및 징수에 관한 사항은 「행정기본법」에 따른 이의신청이 인정되지 아니한다.

24. 소방간부 (      )

□□□ **1067** 과세처분에 관한 이의신청절차에서 과세관청이 이의신청사유가 옳다고 인정하여 과세처분을 직권으로 취소한 이상 그 후 특별한 사유 없이 이를 번복하고 종전 처분을 되풀이하는 것은 허용되지 않는다.

24. 국가 7급 (      )

## 정답 & OX 풀이

**1060** ✕ 행정기본법 제36조(처분에 대한 이의신청) ① 행정청의 처분(「행정심판법」 제3조에 따라 같은 법에 따른 행정심판의 대상이 되는 처분을 말한다. 이하 이 조에서 같다)에 이의가 있는 당사자는 처분을 받은 날부터 **30일** 이내에 **해당 행정청**에 이의신청을 할 수 있다.

**1061** ○ 행정기본법 제36조(처분에 대한 이의신청) ② 행정청은 제1항에 따른 이의신청을 받으면 그 신청을 받은 날부터 **14일** 이내에 그 이의신청에 대한 결과를 신청인에게 통지하여야 한다. 다만, 부득이한 사유로 14일 이내에 통지할 수 없는 경우에는 그 기간을 만료일 다음 날부터 기산하여 **10일**의 범위에서 한 차례 연장할 수 있으며, 연장 사유를 신청인에게 통지하여야 한다.

**1062** ○ 행정기본법 제36조(처분에 대한 이의신청) ③ 제1항에 따라 이의신청을 한 경우에도 그 이의신청과 관계없이 「행정심판법」에 따른 행정심판 또는 「행정소송법」에 따른 행정소송을 제기할 수 있다.

**1063** ○ 행정기본법 제36조(처분에 대한 이의신청) ④ 이의신청에 대한 결과를 통지받은 후 행정심판 또는 행정소송을 제기하려는 자는 그 **결과를 통지받은 날**(제2항에 따른 통지기간 내에 결과를 통지받지 못한 경우에는 같은 항에 따른 통지기간이 만료되는 날의 다음 날을 말한다)부터 90일 이내에 행정심판 또는 행정소송을 제기할 수 있다.

**1064** ○ 행정기본법 제36조(처분에 대한 이의신청) ⑤ 다른 법률에서 이의신청과 이에 준하는 절차에 대하여 정하고 있는 경우에도 그 법률에서 규정하지 아니한 사항에 관하여는 이 조에서 정하는 바에 따른다.

**1065** ✕ 행정기본법 제36조(처분에 대한 이의신청) ⑦ 다음 각 호의 어느 하나에 해당하는 사항에 관하여는 이 조를 적용하지 아니한다.
1. **공무원 인사** 관계 법령에 따른 징계 등 처분에 관한 사항
6. **과태료** 부과 및 징수에 관한 사항

**1066** ○ 위 1065번의 해설 내용 참고.

**1067** ○ 과세처분에 관한 이의신청절차에서 과세관청이 이의신청 사유가 옳다고 인정하여 과세처분을 직권으로 취소한 이상 그 후 특별한 사유 없이 이를 번복하고 종전 처분을 되풀이하는 것은 허용되지 않는다. 대법원 2010. 9. 30. 선고 2009두1020 판결

# 강성빈 행정법총론
## OX노트

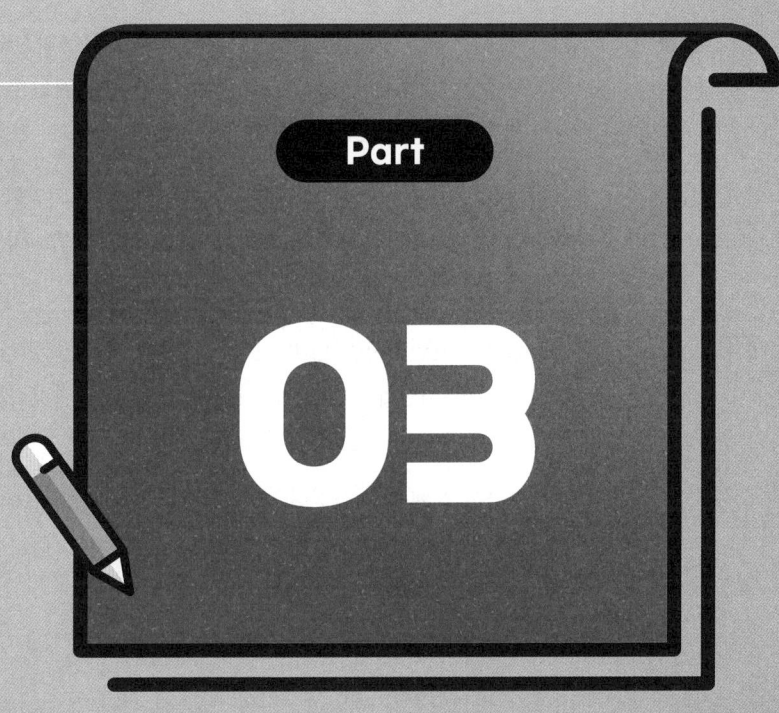

Part

03

행정법통론

**기출 지문 OX** Check

□□□ ★★☆ **1068** 통치행위의 개념을 인정한다고 하더라도 과도한 사법심사의 자제가 기본권을 보장하고 법치주의 이념을 구현하여야 할 법원의 책무를 태만히 하거나 포기하는 것이 되지 않도록 그 인정을 지극히 신중하게 하여야 하며, 그 판단은 오로지 사법부만에 의하여 이루어져야 한다. 25. 지방 9급 (    )

□□□ ★★☆ **1069** 헌법재판소는 대통령의 해외파병 결정은 국방 및 외교와 관련된 고도의 정치적 결단을 요하는 문제로서 헌법과 법률이 정한 절차를 지켜 이루어진 것이 명백한 이상 사법적 기준만으로 이를 심판하는 것은 자제되어야 한다고 판시하였다. 15. 국가 9급 (    )

□□□ ★★☆ **1070** 대통령의 사면권행사는 형의 선고의 효력 또는 공소권을 상실시키거나 형의 집행을 면제시키는 국가원수의 고유한 권한을 의미하며, 사법부의 판단을 변경하는 제도로서 권력분립의 원리에 대한 예외이다. 22. 군무원 7급 (    )

□□□ ★★☆ **1071** 남북정상회담 개최는 고도의 정치적 성격을 지니고 있는 행위로서 사법심사의 대상으로 하는 것은 적절치 못하므로 그 개최과정에서 당국에 신고하지 아니하거나 승인을 얻지 아니한 채 북한 측에 송금한 행위는 사법심사의 대상이 되지 않는다. 15. 국가 9급 (    )

□□□ ★★☆ **1072** 비상계엄의 선포와 그 확대행위가 국헌문란의 목적을 달성하기 위하여 행하여진 경우에는 법원은 그 자체가 범죄행위에 해당하는지의 여부에 관하여 심사할 수 있다. 15. 국가 9급 (    )

□□□ ★★☆ **1073** 대통령의 긴급재정경제명령은 고도의 정치적 결단에 의하여 발동되는 이른바 통치행위에 속하지만 그것이 국민의 기본권 침해와 직접 관련되는 경우에는 헌법재판소의 심판대상이 된다. 15. 국가 9급 (    )

□□□ ★★☆ **1074** 개성공단 전면중단 조치는 북한의 핵무기 개발로 인한 위기에 대처하기 위한 조치로서 국가안보와 관련된 대통령의 의사 결정을 포함하고 그러한 의사 결정은 고도의 정치적 결단을 요하는 문제이므로 사법심사의 대상에서 제외된다. 미출 (    )

□□□ ★★☆ **1075** 유신헌법에 의한 대통령의 긴급조치 제1호는 사법심사의 대상에서 배제되는 통치행위에 해당한다. 17. 소방간부 (    )

□□□ ★★☆ **1076** 신행정수도건설이나 수도이전문제는 그 자체로 고도의 정치적 결단을 요하므로 사법심사의 대상에서 제외되고, 그것이 국민의 기본권 침해와 관련되는 경우에도 헌법재판소의 심판대상이 될 수 없다. 17. 지방 9급 (    )

**1068** ○ 통치행위의 개념을 인정한다고 하더라도 과도한 사법심사의 자제가 기본권을 보장하고 법치주의 이념을 구현하여야 할 법원의 책무를 태만히 하거나 포기하는 것이 되지 않도록 그 인정을 지극히 신중하게 하여야 하며, 그 판단은 오로지 사법부만에 의하여 이루어져야 한다. 대법원 2004. 3. 26. 선고 2003도7878 판결

**1069** ○ **외국에의 국군의 파견결정**은 (중략) 국내 및 국제정치관계 등 제반상황을 고려하여 미래를 예측하고 목표를 설정하는 등 고도의 정치적 결단이 요구되는 사안이므로 사법심사의 대상이 되지 아니한다. 헌법재판소 2004. 4. 29. 선고 2003헌마814 결정

**1070** ○ **사면**은 형의 선고의 효력 또는 공소권을 상실시키거나, 형의 집행을 면제시키는 국가원수의 고유한 권한을 의미하며, 사법부의 판단을 변경하는 제도로서 권력분립의 원리에 대한 예외가 된다. 헌법재판소 2000. 6. 1. 선고 97헌바74 결정

**1071** ✕ 남북정상회담의 개최과정에서 재정경제부장관에게 신고하지 아니하거나 통일부장관의 협력사업 승인을 얻지 아니한 채 북한측에 사업권의 대가 명목으로 **송금한 행위** 자체는 헌법상 법치국가의 원리와 법 앞에 평등원칙 등에 비추어 볼 때 사법심사의 대상이 된다. 대법원 2004. 3. 26. 선고 2003도7878 판결

**1072** ○ **비상계엄**의 선포나 확대가 **국헌문란**의 목적을 달성하기 위하여 행하여진 경우에는 법원은 그 자체가 범죄행위에 해당하는지의 여부에 관하여 심사할 수 있다. 대법원 1997. 4. 17. 선고 96도3376 판결

**1073** ○ 비록 **고도의 정치적 결단**에 의하여 행해지는 국가작용이라고 할지라도 그것이 국민의 **기본권 침해**와 직접 관련되는 경우에는 당연히 헌법재판소의 심판대상이 될 수 있는 것일 뿐만 아니라, **긴급재정경제명령**은 법률의 효력을 갖는 것이므로 마땅히 헌법에 기속되어야 할 것이다(주 : 긴급재정경제명령도 국민의 기본권 침해와 직접 관련되는 경우 사법심사의 대상이 된다는 의미). 헌법재판소 1996. 2. 29. 선고 93헌마186 결정

**1074** ✕ **개성공단 전면중단 조치**가 고도의 정치적 결단을 요하는 문제이기는 하나, 조치 결과 개성공단 투자기업인 청구인들에게 기본권 제한이 발생하였고, 국민의 기본권 제한과 직접 관련된 공권력의 행사는 고도의 정치적 고려가 필요한 행위라도 헌법과 법률에 따라 결정하고 집행하도록 견제하는 것이 헌법재판소 본연의 임무이므로, 그 한도에서 헌법소원심판의 대상이 될 수 있다. 헌법재판소 2022. 1. 27. 선고 2016헌마364 전원재판부 결정

**1075** ✕ 유신헌법에 근거한 **긴급조치 제1호**는 국민의 기본권에 대한 제한과 관련된 조치로서 형벌법규와 국가형벌권의 행사에 관한 규정을 포함하고 있다. 그러므로 기본권 보장의 최후 보루인 법원으로서는 마땅히 긴급조치 제1호에 규정된 형벌법규에 대하여 사법심사권을 행사함으로써, 대통령의 긴급조치권 행사로 인하여 국민의 기본권이 침해되고 나아가 우리나라 헌법의 근본이념인 자유민주적 기본질서가 부정되는 사태가 발생하지 않도록 그 책무를 다하여야 할 것이다. 대법원 2010. 12. 16. 선고 2010도5986 판결

**1076** ✕ **신행정수도건설**이나 **수도이전**의 문제가 정치적 성격을 가지고 있는 것은 인정할 수 있지만, 그 자체로 고도의 정치적 결단을 요하여 사법심사의 대상으로 하기에는 부적절한 문제라고까지는 할 수 없다. 다만, 이 사건 법률의 위헌여부를 판단하기 위한 선결문제로서 신행정수도건설이나 수도이전의 문제를 **국민투표에 붙일지 여부에 관한 대통령의 의사결정**이 사법심사의 대상이 될 경우 위 의사결정은 고도의 정치적 결단을 요하는 문제여서 사법심사를 자제함이 바람직하다고는 할 수 있다. 그러나 대통령의 위 의사결정이 국민의 **기본권침해와 직접 관련**되는 경우에는 헌법재판소의 심판대상이 될 수 있고, 이에 따라 위 의사결정과 관련된 법률도 헌법재판소의 심판대상이 될 수 있다. 헌법재판소 2004. 10. 21. 선고 2004헌마554·566 결정

□□□ **1077** 헌법재판소는 「신행정수도의 건설을 위한 특별조치법」의 위헌확인사건에서 관습헌법은 성문헌법과 같은 헌법개정절차를 통해서 개정될 수 있다고 판시하였다. 12. 지방 9급 (      )

★☆☆
□□□ **1078** 서훈취소는 대통령이 국가원수로서 행하는 행위이지만 통치행위는 아니다. 23. 국가 9급 (      )

□□□ **1079** 한미연합 군사훈련의 일종인 2007년 전시증원연습을 하기로 한 대통령의 결정은 사법심사를 자제해야 하는 통치행위가 아니다. 20. 소방간부 (      )

□□□ **1080** 국가가 국민의 생명·신체의 안전에 대한 보호의무를 다하지 않았는지 여부를 헌법재판소가 심사할 때에는 국가가 이를 보호하기 위하여 적어도 적절하고 효율적인 최소한의 보호조치를 취하였는가 하는 '과소보호 금지원칙'의 위반 여부를 기준으로 삼는다. 21. 국가 9급 (      )

□□□ **1081** 국가보훈처장이 서훈추천 신청자에 대한 서훈추천을 거부한 것은 항고소송의 대상으로 볼 수는 없어 항고소송을 제기할 수는 없으나 행정권력의 부작위에 대한 헌법소원으로서 다툴 수 있다.
23. 국가 9급 (      )

□□□ **1082** 헌법에 의하여 체결·공포된 조약과 일반적으로 승인된 국제법규는 국내법과 동일한 효력을 갖는다.
11. 지방 9급 (      )

★☆☆
□□□ **1083** 학교급식을 위해 국내 우수농산물을 사용하는 자에게 식재료나 구입비의 일부를 지원하는 것 등을 내용으로 하는 지방자치단체의 조례안이 '1994년 관세 및 무역에 관한 일반협정'을 위반하여 위법한 이상, 그 조례안은 효력이 없다. 20. 국가 9급 (      )

★☆☆
□□□ **1084** 사인은 반덤핑부과처분이 세계무역기구(WTO) 협정위반이라는 이유로 직접 국내 법원에 회원국 정부를 상대로 그 처분의 취소를 구하는 소를 제기할 수 있다. 24. 지방 7급 (      )

★☆☆
□□□ **1085** 대법원의 판례가 법률해석의 일반적인 기준을 제시한 경우에 유사한 사건을 재판하는 하급심법원의 법관은 판례의 견해를 존중하여 재판하여야 하는 것이기 때문에, 판례가 사안이 서로 다른 사건을 재판하는 하급심법원도 직접 기속하는 효력이 있다. 25. 소방 (      )

□□□ **1086** 헌법재판소가 법률의 위헌 여부를 판단하기 위하여 한 법률해석에 대법원이나 각급 법원이 구속되는 것은 아니다. 10. 국가 9급 (      )

★☆☆
□□□ **1087** 대통령령, 총리령 및 부령은 특별한 규정이 없으면 공포한 날부터 20일이 경과함으로써 효력을 발생한다.
24. 소방간부 (      )

★☆☆
□□□ **1088** 국민의 권리 제한 또는 의무 부과와 직접 관련되는 법령은 긴급히 시행하여야 할 특별한 사유가 있는 경우를 제외하고는 공포일부터 적어도 30일이 경과한 날부터 시행되도록 하여야 한다. 20. 국가 9급 (      )

□□□ **1089** 헌법개정·법률·조약·대통령령·총리령 및 부령의 공포는 관보에 게재함으로써 한다.
21. 지방 9급 (      )

## 정답 & OX 풀이

**1077** O 서울이 우리나라의 수도인 점은 불문의 **관습헌법**이므로 **헌법개정절차에 의하여** 새로운 수도 설정의 헌법조항을 신설함으로써 실효되지 아니하는 한 헌법으로서의 효력을 가진다. 헌법재판소 2004. 10. 21. 선고 2004헌마554·566(병합) 전원재판부

**1078** O 비록 **서훈취소**가 대통령이 국가원수로서 행하는 행위라고 하더라도 법원이 사법심사를 자제하여야 할 고도의 정치성을 띤 행위라고 볼 수는 없다. 대법원 2015. 4. 23. 선고 2012두26920 판결

**1079** O **한미연합 군사훈련**은 (중략) 피청구인이 2007. 3.경에 한 이 사건 연습결정이 새삼 국방에 관련되는 고도의 정치적 결단에 해당하여 사법심사를 자제하여야 하는 통치행위에 해당된다고 보기 어렵다. 헌법재판소 2009. 5. 28. 선고 2007헌마369 결정

**1080** O 헌법재판소는 권력분립의 관점에서 소위 **과소보호금지원칙**을, 즉 국가가 국민의 법익보호를 위하여 적어도 적절하고 효율적인 **최소한**의 보호조치를 취했는가를 기준으로 심사하게 된다. 헌법재판소 1997. 1. 16. 선고 90헌마110 결정

**1081** X [1] 행정자치부장관에게 훈장을 요구할 수 있는 법규상 또는 조리상 권리를 갖는다고 볼 수 없으므로, 훈장수여신청에 대한 거부통지는 항고소송의 대상이 되는 처분으로 볼 수 없다. 서울고등법원 2005. 4. 27. 선고 2004누8790 판결
　　 [2] 국가보훈처장이 서훈추천 신청자에 대한 서훈추천을 하여 주어야 할 헌법적 작위의무가 있다고 할 수는 없으므로, 서훈추천을 거부한 것에 대하여 행정권력의 부작위에 대한 헌법소원으로서 다툴 수 없다. 헌법재판소 2005. 6. 30. 선고 2004헌마859 전원재판부

**1082** O 헌법 제6조 ① 헌법에 의하여 체결·공포된 조약과 일반적으로 승인된 국제법규는 **국내법**과 같은 효력을 가진다.

**1083** O 지방자치단체가 제정한 조례가 '1994년 관세 및 무역에 관한 일반협정'(General Agreement on Tariffs and Trade 1994)이나 '정부조달에 관한 협정'(Agreement on Government Procurement)에 위반되는 경우, 그 조례는 무효이다. 대법원 2005. 9. 9. 선고 2004추10 판결

**1084** X **WTO 협정**은 (중략) 사인에 대하여는 위 협정의 직접 효력이 미치지 아니한다고 보아야 할 것이므로, 위 협정에 따른 회원국 정부의 반덤핑부과처분이 **WTO 협정위반**이라는 이유만으로 **사인이 직접 국내 법원에** 회원국 정부를 상대로 그 처분의 취소를 구하는 소를 제기하거나 위 협정위반을 처분의 독립된 취소사유로 주장할 수는 **없다**. 대법원 2009. 1. 30. 선고 2008두17936 판결

**1085** X 대법원의 판례가 법률해석의 일반적인 기준을 제시한 경우에 유사한 사건을 재판하는 하급심법원의 법관은 판례의 견해를 존중하여 재판하여야 하는 것이나, 판례가 사안이 서로 다른 사건을 재판하는 하급심법원을 **직접 기속하는 효력이 있는 것은 아니다**. 대법원 1996. 10. 25. 선고 96다31307 판결

**1086** O 합헌적 법률해석을 포함하는 법령의 해석·적용 권한은 대법원을 최고법원으로 하는 법원에 전속하는 것이며, 헌법재판소가 법률의 위헌 여부를 판단하기 위하여 불가피하게 법원의 최종적인 법률해석에 앞서 법령을 해석하거나 그 적용 범위를 판단하더라도 헌법재판소의 법률해석에 대법원이나 각급 법원이 구속되는 것은 아니다. 대법원 2009. 2. 12. 선고 2004두10289 판결

**1087** O 법령공포법 제13조(시행일) 대통령령, 총리령 및 부령은 특별한 규정이 없으면 **공포한 날부터 20일**이 경과함으로써 효력을 발생한다.

**1088** O 법령공포법 제13조의2(법령의 시행유예기간) 국민의 **권리 제한** 또는 **의무 부과**와 직접 관련되는 법률, 대통령령, 총리령 및 부령은 긴급히 시행하여야 할 특별한 사유가 있는 경우를 제외하고는 공포일부터 적어도 **30일**이 경과한 날부터 시행되도록 하여야 한다.

**1089** O 법령공포법 제11조(공포 및 공고의 절차) ① 헌법개정·법률·조약·대통령령·총리령 및 부령의 공포와 헌법개정안·예산 및 예산 외 국고부담계약의 공고는 **관보에 게재**함으로써 한다.

☐☐☐ **1090** 관보의 내용 해석 및 적용 시기 등에 대하여 종이관보가 전자관보보다 우선적 효력을 가진다.

21. 지방 9급 (        )

★☆☆
☐☐☐ **1091** 「국회법」에 따라 하는 국회의장의 법률 공포는 서울특별시에서 발행되는 둘 이상의 일간신문에 게재함으로써 한다. 21. 지방 9급 (        )

☐☐☐ **1092** 법령의 공포일은 해당 법령을 게재한 관보 또는 신문이 발행된 날로 한다. 21. 지방 9급 (        )

☐☐☐ **1093** 조례와 규칙은 특별한 규정이 없으면 공포한 날부터 20일이 지나면 효력을 발생한다. 24. 소방 (        )

☐☐☐ **1094** 지방자치단체의 장에 의한 조례와 규칙의 공포는 해당 지방자치단체의 공보에 게재하는 방법으로 한다.

15. 지방 9급 (        )

☐☐☐ **1095** 지방자치단체의 조례를 지방의회의 의장이 공포하는 경우에는 일간신문에 게재함과 동시에 해당 지방자치단체의 인터넷 홈페이지에 게시하여야 한다. 15. 지방 9급 (        )

★☆☆
☐☐☐ **1096** 법령등의 시행일을 정하거나 계산할 때에는 법령등을 공포한 날부터 시행하는 경우 공포한 날을 시행일로 한다. 23. 소방간부 (        )

★☆☆
☐☐☐ **1097** 법령등의 시행일을 정하거나 계산할 때에는 법령등을 공포한 날부터 일정 기간이 경과한 날부터 시행하는 경우 법령등을 공포한 날을 첫날에 산입한다. 24. 국가 9급 (        )

★☆☆
☐☐☐ **1098** 법령등을 공포한 날부터 일정 기간이 경과한 날부터 시행하는 경우 그 기간의 말일이 토요일 또는 공휴일인 때에는 그 다음날로 기간이 만료한다. 22. 군무원 9급 (        )

★★☆
☐☐☐ **1099** 새로운 법령등은 법령등에 특별한 규정이 있는 경우를 제외하고는 그 법령등의 효력 발생 전에 완성되거나 종결된 사실관계 또는 법률관계에 대해서는 적용되지 아니한다. 21. 지방 7급 (        )

★★☆
☐☐☐ **1100** 진정소급입법은 허용되지 않는 것이 원칙이지만 국민이 소급입법을 예상할 수 있었거나 신뢰보호의 요청에 우선하는 심히 중대한 공익상의 사유가 소급입법을 정당화하는 경우에는 허용된다.

24. 국가 7급 (        )

★☆☆
☐☐☐ **1101** 법령을 소급적용하더라도 일반 국민의 이해에 직접 관계가 없는 경우, 오히려 그 이익을 증진시키는 경우, 불이익이나 고통을 제거하는 경우에도 법령의 소급적용은 허용되지 않는다. 12. 지방 9급 (        )

☐☐☐ **1102** 경과규정 등의 특별규정 없이 법령이 변경된 경우, 그 변경 전에 발생한 사항에 대하여 적용할 법령은 개정 후의 신법령이다. 14. 국가 9급 (        )

★☆☆
☐☐☐ **1103** 신법의 효력발생일까지 진행 중인 사건에 대하여 신법을 적용하는 것은 법률의 소급적용에 해당하므로 원칙적으로 허용될 수 없다. 23. 국가 7급 (        )

**정답 & OX 풀이**

**1090** ✕ 법령공포법 제11조(공포 및 공고의 절차) ④ 관보의 내용 해석 및 적용 시기 등에 대하여 종이관보와 전자관보는 **동일한 효력을** 가진다.

**1091** ○ 법령공포법 제11조(공포 및 공고의 절차) ② 「국회법」 제98조제3항 전단에 따라 하는 **국회의장의 법률 공포**는 서울특별시에서 발행되는 둘 이상의 일간신문에 게재함으로써 한다.

**1092** ○ 법령공포법 제12조(공포일·공고일) 제11조의 법령 등의 공포일 또는 공고일은 해당 법령 등을 게재한 관보 또는 신문이 발행된 날로 한다.

**1093** ○ 지방자치법 제32조(조례와 규칙의 제정 절차 등) ⑧ 조례와 규칙은 특별한 규정이 없으면 공포한 날부터 20일이 지나면 효력을 발생한다.

**1094** ○ 지방자치법 제33조(조례와 규칙의 공포 방법 등) ① 조례와 규칙의 공포는 해당 지방자치단체의 공보에 게재하는 방법으로 한다. 다만, 제32조제6항 후단에 따라 지방의회의 의장이 조례를 공포하는 경우에는 공보나 일간신문에 게재하거나 게시판에 게시한다.

**1095** ✕ 위 1094번의 해설 내용 참고.

**1096** ○ 행정기본법 제7조(법령등 시행일의 기간 계산) 법령등(훈령·예규·고시·지침 등을 포함한다. 이하 이 조에서 같다)의 시행일을 정하거나 계산할 때에는 다음 각 호의 기준에 따른다.
1. 법령등을 공포한 날부터 시행하는 경우에는 공포한 날을 시행일로 한다.
2. 법령등을 공포한 날부터 일정 기간이 경과한 날부터 시행하는 경우 법령등을 공포한 날을 **첫날에 산입하지 아니한다**.
3. 법령등을 공포한 날부터 일정 기간이 경과한 날부터 시행하는 경우 그 기간의 **말일이 토요일 또는 공휴일**인 때에는 **그 말일로 기간이 만료한다**.

**1097** ✕ 위 1096번의 해설 내용 참고.

**1098** ✕ 위 1096번의 해설 내용 참고.

**1099** ○ 행정기본법 제14조(법 적용의 기준) ① 새로운 법령등은 법령등에 특별한 규정이 있는 경우를 제외하고는 그 법령등의 효력 발생 전에 **완성되거나 종결된** 사실관계 또는 법률관계에 대해서는 **적용되지 아니한다**.

**1100** ○ 기존의 법에 의하여 형성되어 이미 굳어진 개인의 법적 지위를 사후입법을 통하여 박탈하는 것 등을 내용으로 하는 **진정소급입법**은 개인의 신뢰보호와 법적안정성을 내용을 하는 법치국가원리에 의하여 특단의 사정이 없는 한 헌법적으로 허용되지 아니하는 것이 원칙이며, 진정소급입법이 허용되는 예외적인 경우로는 일반적으로 국민이 소급입법을 예상할 수 있었거나 법적상태가 불확실하고 혼란스러웠거나 하여 **보호할만한 신뢰의 이익이 적은** 경우와 소급입법에 의한 **당사자의 손실이 없거나 아주 경미**한 경우, 그리고 신뢰보호의 요청에 우선하는 **심히 중대한 공익상의 사유**가 소급입법을 정당화하는 경우 등을 들 수 있다. 헌법재판소 1998. 9. 30. 선고 97헌바38 결정

**1101** ✕ 법령을 소급적용하더라도 일반 국민의 이해에 직접 관계가 없는 경우, 오히려 그 이익을 증진하는 경우, 불이익이나 고통을 제거하는 경우 등의 특별한 사정이 있는 경우에 한하여 예외적으로 법령의 소급적용이 허용된다. 대법원 2005. 5. 13. 선고 2004다8630 판결

**1102** ✕ 법령이 변경된 경우 신 법령이 피적용자에게 유리하여 이를 적용하도록 하는 경과규정을 두는 등의 특별한 규정이 없는 한 헌법 제13조 등의 규정에 비추어 볼 때 그 **변경 전에 발생한 사항**에 대하여는 변경 후의 신 법령이 아니라 **변경 전의 구 법령**이 적용되어야 한다. 대법원 2002. 12. 10. 선고 2001두3228 판결

**1103** ✕ 신법의 효력발생일 당시 종결되거나 완성되지 아니하고 **진행 중인 사건**에 대하여 신법을 적용하는 것은 **부진정 소급적용**에 해당하므로, 진정 소급적용의 경우와 달리 원칙적으로 **허용**된다.

□□□ **1104** ★☆☆ 수강신청 후에 징계요건을 완화하는 학칙개정이 이루어지고 이어 시험이 실시되어 그 개정학칙에 따라 대학이 성적 불량을 이유로 학생에 대하여 징계처분을 한 경우라면 이는 이른바 부진정소급효에 관한 것으로서 특별한 사정이 없는 한 위법이라고 할 수 없다. 22. 국가 9급 (      )

□□□ **1105** ★★☆ 개정 법령이 기존의 사실 또는 법률관계를 적용대상으로 하면서 국민의 재산권과 관련하여 종전보다 불리한 법률효과를 규정하고 있는 경우, 그러한 사실 또는 법률관계가 개정 법률이 시행되기 이전에 이미 완성 또는 종결된 것이 아니라면 소급입법금지원칙에 위반된다. 21. 국가 9급 (      )

□□□ **1106** 법령의 개정에 있어서 구 법령의 존속에 대한 당사자의 신뢰가 합리적이고도 정당하며, 법령의 개정으로 야기되는 당사자의 손해가 극심하여 새로운 법령으로 달성하고자 하는 공익적 목적이 그러한 신뢰의 파괴를 정당화할 수 없다면, 입법자는 경과규정을 두는 등 당사자의 신뢰를 보호할 적절한 조치를 하여야 한다. 24. 국회 8급 (      )

□□□ **1107** ★★★ 허가신청 후 허가기준이 변경되었다 하더라도 허가관청이 허가신청을 수리하고도 정당한 이유 없이 그 처리를 늦추어 그 사이에 허가기준이 변경된 것이 아닌 이상, 허가관청은 변경된 허가기준에 따라서 처분을 하여야 한다. 18. 지방 7급 (      )

□□□ **1108** ★☆☆ 행정처분은 그 근거 법령이 개정된 경우에도 경과규정에서 달리 정함이 없는 한 처분 당시 시행되는 개정 법령과 거기에서 정한 기준에 의하는 것이 원칙이고, 그러한 개정 법령의 적용과 관련하여서는 개정 전 법령의 존속에 대한 국민의 신뢰가 개정 법령의 적용에 관한 공익상의 요구보다 더 보호가치가 있다고 인정되는 경우에 그러한 국민의 신뢰를 보호하기 위하여 그 적용이 제한될 수 있는 여지가 있다. 24. 지방 7급 (      )

□□□ **1109** 장해급여 지급을 위한 장해등급 결정과 같이 행정청이 확정된 법률관계를 확인하는 처분을 하는 경우에는 처분시 법령을 적용하여야 한다. 14. 지방 7급 (      )

□□□ **1110** ★★☆ 법령등을 위반한 행위의 성립과 이에 대한 제재처분은 법령등에 특별한 규정이 있는 경우를 제외하고는 원칙적으로 제재처분 당시의 법령등에 따른다. 24. 소방 (      )

□□□ **1111** ★★☆ 법령위반 행위가 2022년 3월 23일 있은 후 법령이 개정되어 그 위반행위에 대한 제재처분 기준이 감경된 경우, 특별한 규정이 없다면 해당 제재처분에 대해서는 개정된 법령을 적용한다. 22. 국가 7급 (      )

□□□ **1112** 어떠한 법률조항에 대하여 헌법재판소가 헌법불합치결정을 하여 그 법률조항을 합헌적으로 개정 또는 폐지하는 임무를 입법자의 형성 재량에 맡긴 이상, 그 개선입법의 소급적용 여부와 소급적용의 범위는 원칙적으로 입법자의 재량에 달린 것이다. 24. 소방 (      )

## 정답 & OX 풀이 ✏

**1104** O 대학이 성적불량을 이유로 학생에 대하여 징계처분을 하는 경우에 있어서 <u>수강신청이 있은 후 징계요건을 완화하는 학칙개정이 이루어지고 이어 당해 시험이 실시되어 그 개정학칙에 따라 징계처분을 한 경우라면</u> 이는 이른바 **부진정소급효**에 관한 것으로서 구 학칙의 존속에 관한 학생의 신뢰보호가 대학당국의 학칙개정의 목적달성보다 더 중요하다고 인정되는 특별한 사정이 없는 한 위법이라고 할 수 없다. 대법원 1989. 7. 11. 선고 87누1123 판결

**1105** X <u>개정 법령이 기존의 사실 또는 법률관계를 적용대상으로 하면서 국민의 재산권과 관련하여 종전보다 불리한 법률효과를 규정하고 있는 경우에도</u> 그러한 사실 또는 법률관계가 개정법령이 시행되기 이전에 **이미 완성 또는 종결된 것이 아니라면** 이를 헌법상 금지되는 소급입법에 의한 재산권 침해라고 할 수는 없으며, 그러한 개정 법령의 적용과 관련하여서는 개정 전 법령의 존속에 대한 국민의 신뢰가 개정 법령의 적용에 관한 공익상의 요구보다 더 보호가치가 있다고 인정되는 경우에 그러한 국민의 신뢰를 보호하기 위하여 그 적용이 제한될 수 있는 여지가 있을 따름이다. 대법원 2009. 9. 10. 선고 2008두9324 판결

**1106** O 법령의 개정에 있어서 <u>구 법령의 존속에 대한 당사자의 신뢰가 합리적이고도 정당하며</u>, 법령의 개정으로 야기되는 당사자의 손해가 극심하여 새로운 법령으로 달성하고자 하는 공익적 목적이 그러한 신뢰의 파괴를 정당화할 수 없다면, 입법자는 **경과규정**을 두는 등 당사자의 **신뢰를 보호할 적절한 조치를** 하여야 한다. 대법원 2006. 11. 16. 선고 2003두12899 전원합의체 판결

**1107** O <u>허가 등의 행정처분은 원칙적으로 처분시의 법령과 허가기준에 의하여</u> 처리되어야 하고 허가신청 당시의 기준에 따라야 하는 것은 아니며, 비록 허가신청 후 허가기준이 변경되었다 하더라도 그 허가관청이 허가신청을 수리하고도 정당한 이유 없이 그 처리를 늦추어 그 사이에 허가기준이 변경된 것이 아닌 이상 **변경된 허가기준에 따라서 처분을 하여야 한다.** 대법원 2006. 8. 25. 선고 2004두2974 판결

**1108** O 행정처분은 <u>근거 법령이 개정된 경우에도</u> 경과규정에서 달리 정함이 없는 한 **처분 당시** 시행되는 개정 법령과 거기에서 정한 기준에 의하는 것이 원칙이고, 그러한 개정 법령의 적용과 관련하여서는 개정 전 법령의 존속에 대한 국민의 신뢰가 개정 법령의 적용에 관한 공익상의 요구보다 더 보호가치가 있다고 인정되는 경우에 그러한 국민의 신뢰를 보호하기 위하여 적용이 제한될 수 있는 여지가 있다(주: '신청에 따른 처분'의 기준시법에 관한 사례임). 대법원 2014. 7. 24. 선고 2012두23501 판결

**1109** X 산업재해보상보험법상 장해급여 지급을 위한 **장해등급 결정** 역시 <u>장해급여 지급청구권을 취득할 당시, 즉 그 지급사유 발생 당시의</u> 법령에 따르는 것이 원칙이다(주: **확인적 행정행위**의 경우 다른 일반적인 행정행위의 경우와는 달리 처분시가 아닌 <u>확인의 대상이 되는 사실관계의 발생·확정 당시 시행 중인 법령을 적용해야 함</u>). 대법원 2007. 2. 22. 선고 2004두12957 판결

**1110** X 행정기본법 제14조(법 적용의 기준) ③ <u>법령등을 위반한 행위의 성립과 이에 대한 **제재처분**은 법령등에 특별한 규정이 있는 경우를 제외하고는 법령등을 위반한 **행위 당시**의 법령등에 따른다.</u> 다만, 법령등을 위반한 행위 후 법령등의 변경에 의하여 그 행위가 법령등을 **위반한 행위에 해당하지 아니**하거나 제재처분 기준이 **가벼워진** 경우로서 해당 법령등에 특별한 규정이 없는 경우에는 **변경된 법령등**을 적용한다.

**1111** O 위 1110번의 해설 내용 참고.

**1112** O 어떠한 법률조항에 대하여 헌법재판소가 **헌법불합치결정**을 하여 그 법률조항을 합헌적으로 개정 또는 폐지하는 임무를 입법자의 형성 재량에 맡긴 이상, 그 개선입법의 소급적용 여부와 소급적용의 범위는 원칙적으로 입법자의 재량에 달린 것이다. 대법원 2008. 1. 17. 선고 2007두21563 판결

## 주제 17 행정법의 일반원칙

**기출 지문 OX Check**

☐☐☐ **1113** 「행정기본법」은 비례의 원칙을 명문으로 규정하고 있다. <sup>22. 국가 7급</sup> (     )

☐☐☐ **1114** 비례의 원칙은 법치국가원리에서 당연히 파생되는 헌법상의 기본원리이다. <sup>22. 지방 9급</sup> (     )

☐☐☐ **1115** 비례의 원칙은 행정에만 적용되는 원칙이므로 입법에서는 적용될 여지가 없다. <sup>20. 지방 9급</sup> (     )

☐☐☐ **1116** 자동차를 이용하여 범죄행위를 한 경우 범죄의 경중에 상관없이 반드시 운전면허를 취소하도록 한 규정은 비례의 원칙을 위반한 것이다. <sup>19. 국회 8급</sup> (     )

☐☐☐ **1117** 시장이 관내 코로나바이러스감염증-19 누적 확진자 수 증가에 따라 구 「감염병의 예방 및 관리에 관한 법률」에 따라 '관내 종교시설에 대한 집합금지' 등을 명하는 예방 조치를 한 것은 비례의 원칙과 평등의 원칙을 위반하여 관내 교회의 종교의 자유를 침해한 것으로 볼 수 있다. <sup>미출</sup> (     )

☐☐☐ **1118** 「도로교통법」 제148조의2 제1항 제1호의 「도로교통법」 제44조 제1항을 2회 이상 위반한' 것에 구 「도로교통법」 제44조 제1항을 위반한 음주운전 전과도 포함된다고 해석하는 것은 비례원칙에 위반된다.
<sup>13. 국가 9급</sup> (     )

☐☐☐ ★★☆ **1119** 평등원칙은 일체의 차별적 대우를 부정하는 절대적 평등을 의미하는 것이 아니라 입법과 법의 적용에 있어서 합리적인 근거가 없는 차별을 배제하는 상대적 평등을 뜻한다. <sup>21. 국가 9급</sup> (     )

☐☐☐ ★★☆ **1120** 지방의회의 조사·감사를 위해 채택된 증인의 불출석 등에 대한 과태료를 그 사회적 신분에 따라 차등 부과할 것을 규정한 조례안은 과태료를 부과하는 목적에 비추어 볼 때 그 합리성을 인정할 수 있어서 헌법에 규정된 평등의 원칙에 위배되지 않는다. <sup>25. 국가 9급</sup> (     )

☐☐☐ ★★☆ **1121** 입학전형 이의신청을 거부하는 경우 국립대학교 총장은 공권력을 행사하는 주체이자 기본권 수범자로서의 지위를 갖는다. <sup>24. 지방 7급</sup> (     )

☐☐☐ ★★☆ **1122** 국립대학교 법학전문대학원에 입학원서를 제출한 제칠일안식일예수재림교 신자 갑이 종교적 신념을 지키기 위해 면접 일정을 토요일 오후 마지막 순번으로 변경해 달라는 취지의 이의신청서를 제출했으나, 총장이 이를 거부하고 면접평가에 응시하지 않은 갑에게 불합격 통지를 한 것은 헌법상 평등원칙을 위반한 것으로 위법하므로, 그 불합격처분은 취소되어야 한다. <sup>미출</sup> (     )

## 정답 & OX 풀이

**1113** O 행정기본법 제10조(비례의 원칙) (내용 생략)

**1114** O 비례의 원칙은 법치국가 원리에서 당연히 파생되는 헌법상의 기본원리로서, **모든** 국가작용에 적용된다. 행정목적을 달성하기 위한 수단은 목적달성에 유효·적절하고, 가능한 한 최소침해를 가져오는 것이어야 하며, 아울러 그 수단의 도입에 따른 침해가 의도하는 공익을 능가하여서는 안 된다. 대법원 2019. 7. 11. 선고 2017두38874 판결

**1115** X 위 1114번의 해설 내용 참고.

**1116** O 이 사건 규정은 **자동차 등을 이용하여 범죄행위를** 하기만 하면 그 범죄행위가 얼마나 중한 것인지, 그러한 범죄행위를 행함에 있어 자동차 등이 당해 범죄 행위에 어느 정도로 기여했는지 등에 대한 <u>아무런 고려 없이 무조건 운전면허를 취소하도록</u> 하고 있으므로 (중략) <u>최소침해성의 원칙에 위반된다</u> 할 것이다. 헌법재판소 2005. 11. 24. 선고 2004헌가28 전원재판부

**1117** X 갑 광역시장이 관내 <u>코로나바이러스감염증-19</u> 누적 확진자 수 급증과 특정 교회에서의 집단감염 사례 등 확진자 증가 사실을 알리면서 (중략) '관내 **종교시설에 대한 집합금지**' 등을 명하는 예방 조치를 한 사안에서, 갑 시장이 위 처분을 하면서 <u>비례의 원칙과 평등의 원칙을 위반하여</u> 을 교회 등의 종교의 자유를 침해했다고 보기 어렵다고 한 사례. 대법원 2024. 7. 18. 선고 2022두43528 전원합의체 판결

**1118** X 도로교통법 제148조의2 제1항 제1호에서 정하고 있는 '도로교통법 제44조 제1항을 2회 이상 위반한' 것에 개정된 도로교통법이 시행되기 이전의 구 도로교통법 제44조 제1항을 위반한 음주운전 전과까지 포함되는 것으로 해석하는 것이 형벌불소급의 원칙이나 일사부재리의 원칙 또는 비례의 원칙에 위배된다고 할 수 없다. 대법원 2012. 11. 29. 선고 2012도10269 판결

**1119** O 헌법상 평등원칙은 본질적으로 같은 것을 자의적으로 다르게 취급함을 금지하는 것으로서, <u>일체의 차별적 대우를 부정하는 **절대적 평등**을 뜻하는 것이 **아니라**</u> 입법을 하고 법을 적용할 때에 **합리적인 근거가 없는 차별**을 하여서는 아니 된다는 **상대적 평등**을 뜻하므로, 합리적 근거가 있는 차별 또는 불평등은 평등의 원칙에 반하지 아니한다. 대법원 2018. 10. 25. 선고 2018두44302 판결

**1120** X 조례안이 지방의회의 감사 또는 조사를 위하여 출석요구를 받은 증인이 5급 이상 공무원인지 여부, 기관(법인)의 대표나 임원인지 여부 등 증인의 **사회적 신분에 따라 미리부터 과태료의 액수에 차등**을 두고 있는 경우, (중략) 부당한 차별대우라고 할 것이어서 헌법에 규정된 평등의 원칙에 위배되어 무효이다. 대법원 1997. 2. 25. 선고 96추213 판결

**1121** O **국립대학교 총장**은 <u>공권력을 행사하는 주체이자 기본권 수범자로서의 지위</u>를 갖는다. 대법원 2024. 4. 4. 선고 2022두56661 판결

**1122** O 국립대학교 법학전문대학원에 입학원서를 제출한 갑이 종교적 신념을 지키기 위해 **면접 일정을 토요일 오후 마지막 순번으로 변경해 달라는** 취지의 이의신청서를 제출했으나, 총장이 이를 **거부하고** 면접평가에 응시하지 않은 갑에게 **불합격 통지를** 한 사안에서, 갑의 면접일시 변경을 거부함으로써 갑이 종교적 신념을 이유로 받게 된 중대한 불이익을 방치한 <u>총장의 행위는 헌법상 평등원칙을 위반</u>한 것으로 위법하고, 위법하게 지정된 면접일정에 응시하지 않았음을 이유로 한 <u>불합격처분은 취소되어야 한다</u>고 한 사례. 대법원 2024. 4. 4. 선고 2022두56661 판결

□□□ **1123** 국민건강보험공단은 사회보장제도인 건강보험의 보험자로서 가입자와 피부양자의 자격 관리 등의 업무를 집행하는 공익법인으로서 기본권 보장의 수범자로서의 지위를 갖는다고 할 수 있으나, 공권력을 행사하는 주체로서의 지위까지 갖는 것은 아니다. 25. 소방 (      )

□□□ **1124** 국민건강보험공단이 직장가입자와 사실상 혼인관계에 있는 사람, 즉 이성 동반자와 달리 동성 동반자인 자를 피부양자로 인정하지 않고 처분을 한 것은 헌법상 평등원칙 위반에 해당한다. 25. 소방 (      )

□□□ **1125** 동일한 사항을 다르게 취급하는 것은 합리적 이유가 없는 차별이므로, 같은 정도의 비위를 저지른 자들은 비록 개전의 정이 있는지 여부에 차이가 있다고 하더라도 징계 종류의 선택과 양정에 있어 동일하게 취급받아야 한다. 20. 지방 9급 (      )

□□□ **1126** 행정청은 공익 또는 제3자의 이익을 현저히 해칠 우려가 있는 경우를 제외하고는 행정에 대한 국민의 정당하고 합리적인 신뢰를 보호하여야 한다. 23. 국가 7급 (      )

□□□ **1127** 신뢰보호의 원칙이 적용되기 위한 요건인 행정권의 행사에 관하여 신뢰를 주는 선행조치가 되기 위해서는 반드시 처분청 자신의 적극적인 언동이 있어야만 한다. 20. 지방 9급 (      )

□□□ **1128** 법령이나 비권력적 사실행위인 행정지도 등은 신뢰의 대상이 되는 선행조치에 포함되지 않는다.

19. 국가 7급 (      )

□□□ **1129** 행정청의 공적 견해표명이 있었는지 여부를 판단하는 데 있어 반드시 행정조직상의 형식적인 권한분장에 구애될 것은 아니고 담당자의 조직상의 지위와 임무, 당해 언동을 하게 된 구체적인 경위 및 그에 대한 상대방의 신뢰가능성에 비추어 실질에 의하여 판단하여야 한다. 24. 지방 9급 (      )

□□□ **1130** 행정청의 공적 견해표명이 있다고 인정하기 위해서는 적어도 담당자의 조직상 지위와 임무, 당해 언동을 하게 된 구체적인 경위 등에 비추어 그 언동의 내용을 신뢰할 수 있는 경우이어야 한다. 23. 국회 8급 (      )

□□□ **1131** 과세관청이 질의회신 등을 통하여 어떤 견해를 대외적으로 표명하였더라도 그것이 중요한 사실관계와 법적인 쟁점을 제대로 드러내지 아니한 채 질의한 데 따른 것이라면, 공적인 견해표명에 의하여 정당한 기대를 가지게 할 만한 신뢰가 부여된 경우로 볼 수 없다. 22. 소방 (      )

□□□ **1132** 비과세관행의 성립을 위해서는 과세관청 스스로 과세할 수 있음을 알면서도 어떤 특별한 사정 때문에 과세하지 않는다는 의사가 있고, 이와 같은 의사는 명시적 또는 묵시적으로 표시되어야 한다.

17. 지방 7급 (      )

□□□ **1133** 신뢰보호의 원칙에서 개인의 귀책사유라 함은 행정청의 견해표명의 하자가 상대방 등 관계자의 사실은폐나 기타 사위의 방법에 의한 신청행위 등 부정행위에 기인한 것이거나 그러한 부정행위가 없더라도 하자가 있음을 알았거나 중대한 과실로 알지 못한 경우 등을 의미한다. 24. 지방 9급 (      )

□□□ **1134** 상대방에게 귀책사유가 있어 그 신뢰의 보호가치가 인정되지 않는다면 신뢰보호의 원칙이 적용되지 않는데, 이때 귀책사유의 유무는 상대방을 기준으로 판단하여야 하고, 상대방으로부터 신청행위를 위임받은 수임인 등의 귀책사유 유무는 고려하지 않는다. 23. 지방 7급 (      )

**정답 & OX 풀이**

**1123** ✕ 특수공익법인인 **국민건강보험공단**은 공권력을 행사하는 주체이자 기본권 보장의 수범자로서의 지위를 갖는다. 대법원 2024. 7. 18. 선고 2023두36800 전원합의체 판결

**1124** ○ 갑이 **동성인 을과 교제**하다가 서로를 동반자로 삼아 함께 생활하기로 합의하고 동거하던 중 결혼식을 올린 뒤 국민건강보험공단에 건강보험 직장가입자인 을의 사실혼 배우자로 피부양자 자격취득 신고를 하여 피부양자 자격을 취득한 것으로 등록되었는데, 이 사실이 언론에 보도되자 국민건강보험공단이 갑을 피부양자로 등록한 것이 '착오 처리'였다며 갑의 피부양자 자격을 소급하여 상실시키고 지역가입자로 갑의 자격을 변경한 후 그동안의 지역가입자로서의 건강보험료 등을 납입할 것을 고지한 사안에서, 위 처분이 **행정절차법 제21조 제1항(주: 처분의 사전통지 등)과 헌법상 평등원칙을 위반**하여 위법하다고 한 사례. 대법원 2024. 7. 18. 선고 2023두36800 전원합의체 판결

**1125** ✕ **같은 정도의 비위**를 저지른 자들 사이에 있어서도 그 직무의 특성 등에 비추어, **개전의 정**이 있는지 여부에 따라 징계의 종류의 선택과 양정에 있어서 차별적으로 취급하는 것은, 사안의 성질에 따른 합리적 차별로서 이를 자의적 취급이라고 할 수 없는 것이어서 **평등원칙 내지 형평에 반하지 아니한다**. 대법원 1999. 8. 20. 선고 99두2611 판결

**1126** ○ 행정기본법 제12조(신뢰보호의 원칙) ① 행정청은 공익 또는 제3자의 이익을 현저히 해칠 우려가 있는 경우를 제외하고는 행정에 대한 국민의 정당하고 합리적인 신뢰를 보호하여야 한다.

**1127** ✕ 신뢰보호의 원칙의 요건이 되는 행정청의 선행조치에는 명시적·적극적 조치뿐만 아니라 묵시적·소극적 조치도 모두 포함된다.

**1128** ✕ 신뢰보호의 원칙의 요건이 되는 행정청의 선행조치에는 법령·처분·확약·행정계획·행정지도 등 사실행위를 포함한 일체의 조치가 포함된다.

**1129** ○ 과세관청의 공적 견해표명이 있었는지의 여부를 판단하는 데 있어 반드시 행정조직상의 형식적인 권한분장에 구애될 것은 아니고 담당자의 조직상의 지위와 임무, 당해 언동을 하게 된 구체적인 경위 및 그에 대한 납세자의 신뢰가능성에 비추어 **실질에 의하여** 판단하여야 한다. 대법원 1996. 1. 23. 선고 95누13746 판결

**1130** ○ 공적 견해표명이 있다고 인정하기 위해서는 적어도 담당자의 조직상 지위와 임무, 당해 언동을 하게 된 구체적인 경위 등에 비추어 그 언동의 **내용을 신뢰할 수 있는 경우이어야** 한다. 대법원 2021. 12. 30. 선고 2021두45671 판결

**1131** ○ 비록 과세관청이 질의회신 등을 통하여 어떤 견해를 표명하였다고 하더라도 그것이 중요한 사실관계와 법적인 쟁점을 제대로 드러내지 아니한 채 질의한 데 따른 것이라면 공적인 견해표명에 의하여 정당한 기대를 가지게 할 만한 신뢰가 부여된 경우라고 볼 수 없다. 대법원 2013. 12. 26. 선고 2011두5940 판결

**1132** ○ 국세기본법에 규정된 **비과세관행**이 성립하려면, 상당한 기간에 걸쳐 과세를 하지 아니한 객관적 사실이 존재할 뿐만 아니라, 과세관청 자신이 그 사항에 관하여 과세할 수 있음을 **알면서도** 어떤 특별한 사정 때문에 과세하지 않는다는 의사가 있어야 하며, 위와 같은 공적 견해나 의사는 명시적 또는 **묵시적**으로 표시되어야 하지만 묵시적 표시가 있다고 하기 위하여는 단순한 과세누락과는 달리 과세관청이 상당기간의 불과세 상태에 대하여 과세하지 않겠다는 의사표시를 한 것으로 볼 수 있는 사정이 있어야 한다. 대법원 2003. 9. 5. 선고 2001두7855 판결

**1133** ○ 개인의 귀책사유라 함은 행정청의 견해표명의 하자가 상대방 등 관계자의 사실은폐나 기타 사위의 방법에 의한 신청행위 등 **부정행위**에 기인한 것이거나 그러한 부정행위가 없더라도 하자가 있음을 **알았거나 중대한 과실**로 알지 못한 경우 등을 의미한다. 대법원 2008. 1. 17. 선고 2006두10931 판결

**1134** ✕ 귀책사유의 유무는 상대방과 그로부터 신청행위를 위임받은 수임인 등 **관계자 모두를 기준**으로 판단하여야 한다. 대법원 2002. 11. 8. 선고 2001두1512 판결

□□□ **1135** 법령 개정에 대한 신뢰와 관련하여, 법령에 따른 개인의 행위가 국가에 의하여 일정한 방향으로 유인된 경우에 특별히 보호가치가 있는 신뢰이익이 인정될 수 있다. 16. 지방 9급 (        )

□□□ **1136** 신뢰보호의 원칙은 행정청이 공적인 견해를 표명할 당시의 사정이 그대로 유지됨을 전제로 적용되는 것이 원칙이므로, 사후에 그와 같은 사정이 변경된 경우에는 특별한 사정이 없는 한 행정청이 그 견해표명에 반하는 처분을 하더라도 신뢰보호의 원칙에 위반된다고 할 수 없다. 25. 소방간부 (        )

□□□ **1137** 행정청이 공적인 견해에 반하는 행정처분을 함으로써 달성하려는 공익이 행정청의 공적 견해표명을 신뢰한 개인이 그 행정처분으로 인하여 입게 되는 이익의 침해를 정당화할 수 있을 정도로 강한 경우에는 그 행정처분은 위법하지 않다. 22. 소방 (        )

□□□ **1138** 시의 도시계획과장과 도시계획국장이 도시계획사업의 준공과 동시에 사업부지에 편입한 토지에 대한 완충녹지 지정을 해제함과 아울러 당초의 토지소유자들에게 환매하겠다는 약속을 했음에도 이를 믿고 토지를 협의매매한 토지소유자의 완충녹지지정해제신청을 거부한 것은 신뢰보호의 원칙을 위반하거나 재량권을 일탈·남용한 위법한 처분이다. 24. 국가 9급 (        )

□□□ **1139** 행정청이 외국인인 상대방에게 공신력이 있는 주민등록번호와 이에 따른 주민등록증을 부여한 행위는 그 상대방에게 대한민국 국적을 취득하였다는 공적인 견해를 표명한 것이라고 보아야 한다.

25. 변호사 (        )

□□□ **1140** 폐기물처리업에 대하여 사전에 관할 관청으로부터 사업계획 적합통보를 받고 막대한 비용을 들여 허가 요건을 갖춘 다음 허가신청을 하였음에도 다수 청소업자의 난립으로 안정적이고 효율적인 청소업무의 수행에 지장이 있다는 이유로 한 불허가처분은 신뢰보호의 원칙 및 비례의 원칙에 반하는 것으로서 재량권을 남용한 위법한 처분이다. 25. 국가 9급 (        )

□□□ **1141** 운전면허 취소사유에 해당하는 음주운전으로 적발되었으나 사무착오로 위반자에게 운전면허정지처분을 한 후, 위반자에게 다시 운전면허취소처분을 한 것은 신뢰보호원칙에 위배된다. 18. 소방간부 (        )

□□□ **1142** 「지방세법」에서 정한 취득세 등이 면제되는 '기술진흥단체'인지 여부에 관한 질의에 대하여 건설교통부 장관과 내무부장관이 비과세 의견으로 회신한 경우 공적인 견해표명에 해당한다. 22. 국회 9급 (        )

□□□ **1143** 도시계획구역 내 생산녹지로 답(畓)인 토지에 대하여 종교회관 건립을 이용목적으로 하는 토지거래계약 의 허가를 받으면서 담당공무원이 관련법규상 허용된다고 하여 이를 신뢰하고 건축준비를 하였으나 그 후 토지형질변경허가신청을 불허가한 것은 신뢰보호의 원칙에 위반된다. 19. 변호사 (        )

□□□ **1144** 면허세의 근거법령이 제정되어 폐지될 때까지의 4년 동안 과세관청이 면허세를 부과할 수 있음을 알면 서도 수출확대라는 공익상 필요에서 한 건도 부과한 일이 없었다면 비과세의 관행이 이루어졌다고 보아도 무방하다. 20. 지방 7급 (        )

## 정답 & OX 풀이

**1135** ○ 법률에 따른 개인의 행위가 단지 법률이 반사적으로 부여하는 기회의 활용을 넘어서 **국가에 의하여 일정 방향으로 유인**된 것이라면 **특별히 보호가치가 있는 신뢰이익**이 인정될 수 있고, 원칙적으로 개인의 신뢰보호가 국가의 법률개정이익에 우선된다고 볼 여지가 있다. 헌법재판소 2002. 11. 28. 선고 200헌바45 결정

**1136** ○ 신뢰보호의 원칙은 행정청이 공적인 견해를 표명할 당시의 사정이 그대로 유지됨을 전제로 적용되는 것이 원칙이므로, 사후에 그와 같은 사정이 변경된 경우에는 그 공적 견해가 더 이상 개인에게 신뢰의 대상이 된다고 보기 어려운 만큼, 특별한 사정이 없는 한 행정청이 그 견해표명에 반하는 처분을 하더라도 신뢰보호의 원칙에 위반된다고 할 수 없다. 대법원 2020. 6. 25. 선고 2018두34732 판결

**1137** ○ 행정청이 앞서 표명한 공적인 견해에 반하는 행정처분을 함으로써 **달성하려는 공익이** 행정청의 공적 견해표명을 신뢰한 개인이 그 행정처분으로 인하여 입게 되는 **이익의 침해를 정당화할 수 있을 정도로 강한** 경우에는 신뢰보호의 원칙을 들어 그 행정처분이 위법하다고는 할 수 없다. 대법원 2005. 11. 25. 선고 2004두6822 등 판결

**1138** ○ 시의 **도시계획과장과 도시계획국장**이 도시계획사업의 준공과 동시에 사업부지에 편입한 토지에 대한 완충녹지 지정을 해제함과 아울러 당초의 토지소유자들에게 환매하겠다는 **약속**을 했음에도, 이를 믿고 토지를 협의매매한 토지소유자의 완충녹지지정 해제신청을 거부한 것은, 행정상 신뢰보호의 원칙을 위반하거나 재량권을 일탈·남용한 위법한 처분이다. 대법원 2008. 10. 9. 선고 2008두6127 판결

**1139** ○ 행정청이 원고들에게 공신력이 있는 **주민등록번호**와 이에 따른 **주민등록증을 부여**한 행위는 원고들에게 **대한민국 국적을 취득**하였다는 공적인 견해를 표명한 것이라고 보아야 한다. 대법원 2024. 3. 12. 선고 2022두60011 판결

**1140** ○ **폐기물처리업**에 대하여 사전에 관할 관청으로부터 적정통보를 받고 막대한 비용을 들여 허가요건을 갖춘 다음 허가신청을 하였음에도 **다수 청소업자의 난립**으로 안정적이고 효율적인 청소업무의 수행에 지장이 있다는 이유로 한 불허가처분은 신뢰보호의 원칙 및 비례의 원칙에 반하는 것으로서 재량권을 남용한 위법한 처분이다. 대법원 1998. 5. 8. 선고 98두4061 판결

**1141** ○ **운전면허 취소사유**에 해당하는 음주운전을 적발한 경찰관의 소속 경찰서장이 사무착오로 위반자에게 **운전면허정지처분을** 한 상태에서 위반자의 주소지 관할 지방경찰청장이 위반자에게 **운전면허취소처분을 한 것은** 선행처분에 대한 당사자의 **신뢰 및 법적 안정성을** 저해하는 것으로서 허용될 수 없다. 대법원 2000. 2. 25. 선고 99두10520 판결

**1142** ○ 취득세 등이 면제되는 구 지방세법에 정한 '**기술진흥단체**'인지 여부에 관한 질의에 대하여 건설교통부장관과 내무부장관이 비과세 의견으로 회신한 경우, 공적인 견해표명에 해당한다. 대법원 2008. 6. 12. 선고 2008두1115 판결

**1143** ○ 종교법인이 도시계획구역 내 생산녹지로 답인 토지에 대하여 **종교회관 건립**을 이용목적으로 하는 토지거래계약의 허가를 받으면서 담당공무원이 관련 법규상 허용된다 하여 이를 신뢰하고 건축준비를 하였으나 그 후 당해 지방자치단체장이 다른 사유를 들어 토지형질변경허가신청을 불허가한 것은 신뢰보호원칙에 반한다. 대법원 1997. 9. 12. 선고 96누18380 판결

**1144** ○ 보세운송면허세의 부과근거이던 지방세법시행령이 1973.10.1 제정되어 1977.9.20에 폐지될때까지 4년 동안 그 면허세를 부과할 수 있는 정을 **알면서도** 피고가 수출확대라는 공익상 필요에서 한 건도 이를 부과한 일이 없었다면 납세자인 원고는 그것을 믿을 수 밖에 없고 그로써 비과세의 관행이 이루어졌다고 보아도 무방하다. 대법원 1980. 6. 10. 선고 80누6 전원합의체 판결

★☆☆
☐☐☐ **1145** 재건축조합에서 일단 내부 규범이 정립되면 조합원들은 특별한 사정이 없는 한 그것이 존속하리라는 신뢰를 가지게 되므로, 내부 규범을 변경할 경우 내부 규범 변경을 통해 달성하려는 이익이 종전 내부 규범의 존속을 신뢰한 조합원들의 이익보다 우월해야 한다. 22. 국회 9급 ( )

★★★
☐☐☐ **1146** 헌법재판소의 위헌결정은 행정청이 개인에 대하여 신뢰의 대상이 되는 공적인 견해를 표명한 것이라고 할 수 있으므로 그 결정에 관련한 개인의 행위에 대하여는 신뢰보호의 원칙이 적용된다. 24. 국가 9급 ( )

★★☆
☐☐☐ **1147** 병무청 담당부서의 담당공무원에게 공적 견해의 표명을 구하지 아니한 채 민원봉사 담당공무원이 상담에 응하여 안내한 것을 신뢰한 경우에도 신뢰보호의 원칙이 적용된다. 22. 국가 9급 ( )

★★☆
☐☐☐ **1148** 개발사업을 시행하기 전에 사건 토지 지상에 예식장 등을 건축하는 것이 관계 법령상 가능한지 여부를 질의하여 민원 부서로부터 '저촉사항 없음'이라고 기재된 민원예비심사 결과를 통보받았다면, 이는 이후의 개발부담금부과처분에 관하여 신뢰보호의 원칙을 적용하기 위한 공적인 견해표명을 한 것에 해당한다. 24. 국가 9급 ( )

★★☆
☐☐☐ **1149** 일반적으로 행정청이 폐기물처리업 사업계획에 대한 적정통보를 한 경우 이는 토지에 대한 형질변경신청을 허가하는 취지의 공적 견해표명까지도 포함한다. 21. 국가 9급 ( )

★★☆
☐☐☐ **1150** 관할관청이 폐기물처리업 사업계획에 대하여 적정통보를 한 것만으로도 그 사업부지 토지에 대한 국토이용계획변경신청을 승인하여 주겠다는 취지의 공적인 견해표명을 한 것으로 볼 수 있다. 20. 국가 9급 ( )

★☆☆
☐☐☐ **1151** 과세관청이 납세의무자에게 부가가치세 면세사업자용 사업자등록증을 교부한 행위는 그가 영위하는 사업에 관하여 부가가치세를 과세하지 아니함을 시사하는 언동이나 공적인 견해를 표명한 것으로 볼 수 없다. 25. 국가 9급 ( )

★★★
☐☐☐ **1152** 입법 예고를 통해 법령안의 내용을 국민에게 예고한 적이 있다고 하더라도 그것이 법령으로 확정되지 아니한 이상 국가가 이해관계자들에게 그 법령안에 관련된 사항을 약속하였다고 볼 수 없으며, 이러한 사정만으로 어떠한 신뢰를 부여하였다고 볼 수도 없다. 25. 국가 7급 ( )

★☆☆
☐☐☐ **1153** 국회에서 일정한 법률안을 심의하거나 의결한 적이 있다고 하더라도 그것이 법률로 확정되지 아니한 이상 국가가 이해관계자들에게 위 법률안에 관련된 사항을 약속하였다고 볼 수 없으며, 이러한 사정만으로 어떠한 신뢰를 부여하였다고 볼 수도 없다. 24. 국가 9급 ( )

★★☆
☐☐☐ **1154** 당초 정구장시설을 설치한다는 도시계획결정을 하였다가 정구장 대신 청소년 수련시설을 설치한다는 도시계획 변경결정 및 지적 승인을 한 경우 당초의 도시계획결정만으로는 도시계획사업의 시행자 지정을 받게 된다는 공적 견해를 표명했다고 할 수 없다. 19. 국가 7급 ( )

☐☐☐ **1155** 행정청이 지구단위계획을 수립하면서 그 권장용도를 판매·위락·숙박시설로 결정하여 고시하였다 하더라도 당해 지구 내에서 공익과 무관하게 언제든지 숙박시설에 대한 건축허가가 가능하다는 취지의 공적 견해를 표명한 것으로 볼 수 없다. 20. 소방 ( )

# 정답 & OX 풀이

**1145** O 재건축조합에서 일단 내부 규범이 정립되면 조합원들은 특별한 사정이 없는 한 그것이 존속하리라는 신뢰를 가지게 되므로, 내부 규범 변경을 통해 달성하려는 이익이 종전 내부 규범의 존속을 신뢰한 조합원들의 이익보다 우월해야 한다. 대법원 2020. 6. 25. 선고 2018두34732 판결

**1146** X 헌법재판소의 위헌결정은 행정청이 개인에 대하여 신뢰의 대상이 되는 공적인 견해를 표명한 것이라고 할 수 없으므로 그 결정에 관련한 개인의 행위에 대하여는 신뢰보호의 원칙이 적용되지 아니한다. 대법원 2003. 6. 27. 선고 2002두6965 판결

**1147** X 병무청 담당부서의 담당공무원에게 공적 견해의 표명을 구하는 정식의 서면질의 등을 하지 아니한 채 총무과 민원팀장에 불과한 공무원이 민원봉사차원에서 상담에 응하여 안내한 것을 신뢰한 경우, 신뢰보호 원칙이 적용되지 아니한다. 대법원 2003. 12. 26. 선고 2003두1875 판결

**1148** X 개발이익환수에 관한 법률에 정한 개발사업을 시행하기 전에, 행정청이 민원예비심사에 대하여 관련부서 의견으로 '**저촉사항 없음**'이라고 기재하였다고 하더라도, 이후의 개발부담금부과처분에 관하여 신뢰보호의 원칙을 적용하기 위한 요건인, 신뢰의 대상이 되는 공적인 견해표명을 한 것이라고는 보기 어렵다. 대법원 2006. 6. 9. 선고 2004두46 판결

**1149** X 일반적으로 폐기물처리업 사업계획에 대한 적정통보에 당해 토지에 대한 **형질변경허가**신청을 허가하는 취지의 공적 견해표명이 있는 것으로는 볼 수 **없다**. 대법원 1998. 9. 25. 선고 98두6494 판결

**1150** X 폐기물처리업 사업계획에 대하여 적정통보를 한 것만으로 그 사업부지 토지에 대한 **국토이용계획변경**신청을 승인하여 주겠다는 취지의 공적인 견해표명을 한 것으로 볼 수 **없다**고 한 사례. 대법원 2005. 4. 28. 선고 2004두8828 판결

**1151** O 과세관청이 납세의무자에게 **면세사업자등록증을 교부**하고 수년간 면세사업자로서 한 부가가치세 예정신고 및 확정신고를 받은 행위만으로는 과세관청이 납세의무자에게 그가 영위하는 사업에 관하여 **부가가치세를 과세하지 아니함을** 시사하는 언동이나 공적인 견해를 표명한 것이라 할 수 없다. 대법원 2002. 9. 4. 선고 2001두9370 판결

**1152** O **입법예고**를 통해 법령안의 내용을 국민에게 예고한 적이 있다고 하더라도 그것이 법령으로 확정되지 아니한 이상 국가가 이해관계자들에게 위 법령안에 관련된 사항을 약속하였다고 볼 수 없으며, 이러한 사정만으로 어떠한 신뢰를 부여하였다고 볼 수도 없다. 대법원 2018. 6. 15. 선고 2017다249769 판결

**1153** O **국회에서 일정한 법률안을 심의하거나 의결**한 적이 있다고 하더라도, 그것이 법률로 확정되지 아니한 이상 국가가 이해관계자들에게 위 법률안에 관련된 사항을 약속하였다고 볼 수 없으며, 이러한 사정만으로 어떠한 신뢰를 부여하였다고 볼 수도 없다. 대법원 2008. 5. 29. 선고 2004다33469 판결

**1154** O 당초 **정구장시설**을 설치한다는 도시계획결정을 하였다가 정구장 대신 청소년 수련시설을 설치한다는 도시계획 변경결정 및 지적승인을 한 경우, 당초의 도시계획결정만으로는 도시계획사업의 시행자 지정을 받게 된다는 공적인 견해를 표명하였다고 할 수 없다. 대법원 2000. 11. 10. 선고 2000두727 판결

**1155** O 행정청이 **지구단위계획**을 수립하면서 그 **권장용도**를 판매·위락·숙박시설로 결정하여 고시한 행위를 당해 지구 내에서는 공익과 무관하게 언제든지 숙박시설에 대한 건축허가가 가능하리라는 공적 견해를 표명한 것이라고 평가할 수는 없다. 대법원 2005. 11. 25. 선고 2004두6822 등 판결

☐☐☐ **1156** 과세관청이 비과세대상에 해당하는 것으로 잘못 알고 일단 비과세결정을 하였으나 그 후 과세표준과 세액의 탈루 또는 오류가 있는 것을 발견한 때에는, 이를 조사하여 결정할 수 있다. 13. 국가 7급 (　　)

☐☐☐ ★★★ **1157** 행정청이 단순한 착오로 어떠한 처분을 계속한 경우, 신뢰보호원칙상 행정청이 그와 배치되는 조치를 할 수 없는 행정관행이 성립하므로, 행정청이 추후 오류를 발견하여 합리적인 방법으로 변경하더라도 신뢰보호원칙에 위배된다. 23. 변호사 (　　)

☐☐☐ **1158** 국립공원 관리권한을 가진 행정청이 실제의 공원구역과 다르게 경계측량과 표지를 설치한 십수 년 후 착오를 발견하여 지형도를 수정한 조치는 신뢰보호원칙에 위배된다. 15. 사회복지 (　　)

☐☐☐ **1159** 교통사고가 일어난 지 1년 10개월이 지난 뒤 그 교통사고를 일으킨 택시에 대하여 운송사업면허를 취소한 경우, 택시운송사업자로서는 「자동차운수사업법」의 내용을 잘 알고 있어 교통사고를 낸 택시에 대하여 운송사업면허가 취소될 가능성을 예상할 수 있었으므로 별다른 행정조치가 없을 것으로 자신이 믿고 있었다 하여도 신뢰의 이익을 주장할 수는 없다. 13. 국가 9급 (　　)

☐☐☐ ★★★ **1160** 임용 당시 법령상 공무원임용 결격사유가 있었더라도 임용권자의 과실에 의하여 임용결격자임을 밝혀내지 못한 경우라면 그 임용행위가 당연무효가 된다고 할 수는 없다. 16. 국가 9급 (　　)

☐☐☐ ★★★ **1161** 국가가 임용결격사유가 있는 자에 대하여 결격사유가 있는 것을 알지 못하고 공무원으로 임용하였다가 나중에 결격사유가 있음을 발견하고 그 임용행위를 취소하는 경우 신의칙이 적용된다. 22. 지방 9급 (　　)

☐☐☐ ★★★ **1162** 행정청은 권한 행사의 기회가 있음에도 불구하고 장기간 권한을 행사하지 아니하여 국민이 그 권한이 행사되지 아니할 것으로 믿을 만한 정당한 사유가 있는 경우에는 그 권한을 행사해서는 아니 되지만, 공익 또는 제3자의 이익을 현저히 해칠 우려가 있는 경우는 예외이다. 24. 지방 9급 (　　)

☐☐☐ ★★★ **1163** 처분청이 착오로 행정서사업 허가처분을 한 후 20년이 다 되어서야 취소사유를 알고 행정서사업 허가를 취소한 경우, 그 허가취소처분은 실권의 법리에 저촉되는 것으로 보아야 한다. 19. 국가 7급 (　　)

☐☐☐ ★★★ **1164** 재량준칙이 공표된 것만으로는 행정의 자기구속의 원칙이 적용될 수 없고, 재량준칙이 되풀이 시행되어 행정관행이 성립한 경우에 행정의 자기구속의 원칙이 적용될 수 있다. 23. 지방 7급 (　　)

☐☐☐ ★★★ **1165** 재량권 행사의 준칙인 행정규칙의 공표만으로 상대방은 보호가치 있는 신뢰를 갖게 되었다고 볼 수 있다. 21. 지방 9급 (　　)

☐☐☐ ★★★ **1166** 평등의 원칙은 본질적으로 같은 것을 자의적으로 다르게 취급함을 금지하는 것이므로, 위법한 행정처분이 수차례에 걸쳐 반복적으로 행하여졌다면 행정청에 대하여 자기구속력을 갖게 된다. 22. 지방 9급 (　　)

☐☐☐ ★★★ **1167** 주택사업계획승인을 발령하면서 주택사업계획승인과 무관한 토지를 기부채납하도록 부관을 붙인 경우는 부당결부금지 원칙에 반해 위법하다. 22. 지방 9급 (　　)

# 정답 & OX 풀이

**1156** O 과세관청이 비과세대상에 해당하는 것으로 **잘못 알고** 일단 비과세결정을 하였으나 그 후 과세표준과 세액의 탈루 또는 <u>오류가 있는 것을 발견한 때에는</u>, 이를 조사하여 결정할 수 있다. 대법원 1991. 10. 22. 선고 90누9360 전원합의체 판결

**1157** X <u>단순히 **착오**로 어떠한 처분을 계속한 경우는 행정관행이 성립한 경우에 해당되지 않는다</u> 할 것이고, 따라서 처분청이 추후 오류를 발견하여 합리적인 방법으로 변경하는 것은 신뢰보호원칙에 위배되지 않는다. 대법원 1993. 6. 11. 선고 92누14021 판결

**1158** X <u>실제의 공원구역과 다르게 경계측량 및 표지를 설치한 십 수 년 후 **착오**를 발견하여 지형도를 수정한 조치가 신뢰보호의 원칙에 위배되거나 행정의 자기구속의 법리에 반하는 것이라 할 수 없다.</u> 대법원 1992. 10. 13. 선고 92누2325 판결

**1159** O 교통사고가 일어난지 **1년 10개월**이 지난 뒤 그 교통사고를 일으킨 택시에 대하여 <u>운송사업면허를 취소</u>하였더라도 택시운송사업자로서는 자동차운수사업법의 내용을 잘 알고 있어 교통사고를 낸 택시에 대하여 <u>운송사업면허가 취소될 가능성을 예상할</u> 수도 있었을 터이니, 자신이 별다른 행정조치가 없을 것으로 믿고 있었다 하여 바로 <u>신뢰의 이익을 주장할 수는 없다.</u> 대법원 1989. 6. 27. 선고 88누6283 판결

**1160** X <u>임용당시 공무원임용**결격사유**가 있었다면 비록 국가의 과실에 의하여 임용결격자임을 밝혀내지 못하였다 하더라도 그 임용행위는 **당연무효**로 보아야 한다.</u> 대법원 1987. 4. 14. 선고 86누459 판결

**1161** X 국가가 공무원임용결격사유가 있는 자에 대하여 결격사유가 있는 것을 알지 못하고 공무원으로 임용하였다가 <u>사후에 결격사유가 있는 자임을 발견하고 공무원 임용행위를 취소하는 것은 당사자에게 원래의 임용행위가 **당초부터 당연무효이었음을 통지**하여 확인시켜 주는 행위에 지나지 아니하는 것이므로, 그러한 의미에서 당초의 임용처분을 취소함에 있어서는 **신의칙 내지 신뢰의 원칙을 적용할 수 없고** 또 그러한 의미의 취소권은 시효로 소멸하는 것도 아니다.</u> 대법원 1987. 4. 14. 선고 86누459 판결

**1162** O 행정기본법 제12조(신뢰보호의 원칙) ② 행정청은 권한 행사의 기회가 있음에도 불구하고 **장기간 권한을 행사하지 아니하여** 국민이 그 권한이 행사되지 아니할 것으로 **믿을 만한 정당한 사유**가 있는 경우에는 그 권한을 행사해서는 아니 된다. 다만, <u>공익 또는 제3자의 이익을 현저히 해칠 우려가 있는 경우는 예외로 한다.</u>

**1163** X 원고가 **행정서사업 허가**를 받은 때로부터 <u>20년이 다되어 피고가 그 허가를 취소</u>한 것이기는 하나 피고가 취소사유를 알고서도 그렇게 장기간 취소권을 행사하지 않은 것이 아니고 (중략) 피고의 처분이 실권의 법리에 저촉된 것이라고 볼 수 있는 것도 아니다. 대법원 1988. 4. 27. 선고 87누915 판결

**1164** O 재량권 행사의 준칙인 행정규칙이 그 정한 바에 따라 되풀이 시행되어 **행정관행**이 이루어지게 되면 평등의 원칙이나 신뢰보호의 원칙에 따라 행정기관은 그 상대방에 대한 관계에서 <u>그 규칙에 따라야 할 **자기구속**을 받게 되므로</u>, 이러한 경우에는 특별한 사정이 없는 한 그를 위반하는 처분은 평등의 원칙이나 신뢰보호의 원칙에 위배되어 재량권을 일탈·남용한 위법한 처분이 된다(주: 재량준칙의 공표만으로는 상대방이 보호가치 있는 신뢰를 갖게 되었다고 볼 수 없음). 대법원 2009. 12. 24. 선고 2009두7967 판결

**1165** X 위 1164번의 해설 내용 참고.

**1166** X **위법한 행정처분**이 수차례에 걸쳐 반복적으로 행하여졌다 하더라도 그러한 처분이 위법한 것인 때에는 행정청에 대하여 **자기구속력을 갖게 된다고 할 수 없다.** 대법원 2009. 6. 25. 선고 2008두13132 판결

**1167** O 지방자치단체장이 사업자에게 주택사업계획승인을 하면서 그 주택사업과는 **아무런 관련이 없는** 토지를 기부채납하도록 하는 부관을 주택사업계획승인에 붙인 경우, 그 부관은 <u>부당결부금지의 원칙</u>에 위반되어 위법하다. 대법원 1997. 3. 11. 선고 96다49650 판결

☐☐☐ **1168** 건축물에 인접한 도로의 개설을 위한 도시계획사업시행허가처분은 건축물에 대한 건축허가처분과는 별개의 행정처분이므로 사업시행허가를 함에 있어 조건으로 내세운 기부채납의무를 이행하지 않았음을 이유로 한 건축물에 대한 준공거부처분은 「건축법」에 근거 없이 이루어진 것으로서 위법하다.

13. 국가 9급 (      )

★☆☆
☐☐☐ **1169** 행정청이 여러 종류의 자동차운전면허를 취득한 자에 대해 그 운전면허를 취소하는 경우, 취소사유가 특정 면허에 관한 것이 아니고 다른 면허와 공통된 것이거나 운전면허를 받은 사람에 관한 것일 경우에는 여러 면허를 전부 취소할 수 있다. 18. 지방 9급 (      )

★☆☆
☐☐☐ **1170** 제1종 보통면허로 운전할 수 있는 차량을 음주운전한 경우에도 이와 관련된 면허인 제1종 대형면허와 원동기장치자전거면허까지 취소할 수 있는 것은 아니다. 24. 국가 7급 (      )

★☆☆
☐☐☐ **1171** 공무원 임용신청 당시 잘못 기재된 호적상 출생연월일을 생년월일로 기재하고, 임용 후 36년 동안 이의를 제기하지 않다가, 정년을 1년 3개월 앞두고 정정된 출생연월일을 기준으로 정년연장을 요구하는 것은 신의성실의 원칙에 반한다. 21. 국가 9급 (      )

☐☐☐ **1172** 관할관청이 위법한 직업능력개발훈련과정 인정제한처분을 하여 사업주로 하여금 제때 훈련과정 인정신청을 할 수 없도록 하였음에도, 인정제한처분에 대한 취소판결 확정 후 사업주가 인정제한 기간 내에 실제로 실시하였던 훈련에 관하여 비용지원신청을 한 경우에, 사전에 훈련과정 인정을 받지 않았다는 이유만을 들어 훈련비용 지원을 거부하는 것은 신의성실의 원칙에 반하여 허용될 수 없다.

21. 국회 8급 (      )

☐☐☐ **1173** 근로자가 요양불승인에 대한 취소소송의 판결확정시까지 근로복지공단에 휴업급여를 청구하지 않았던 것에 대한 근로복지공단의 소멸시효 항변은 신의성실의 원칙에 반하여 허용될 수 없다. 21. 국회 8급 (      )

## 03

**정답 & OX 풀이**

1168 **O** 건축물에 인접한 <u>도로의 개설을 위한 도시계획사업시행허가처분</u>은 건축물에 대한 건축허가처분과는 별개의 행정처분이므로 사업시행허가를 함에 있어 조건으로 내세운 기부채납의무를 이행하지 않았음을 이유로 한 건축물에 대한 **준공거부처분**은 건축법에 근거 없이 이루어진 것으로서 <u>위법하다</u>. 대법원 1992. 11. 27. 선고 92누10364 판결

1169 **O** 한 사람이 여러 종류의 자동차운전면허를 취득하는 경우뿐 아니라 이를 취소 또는 정지함에 있어서도 <u>서로 별개의 것으로 취급하는 것이 원칙</u>이라 할 것이고 그 취소나 정지의 사유가 특정의 면허에 관한 것이 아니고 **다른 면허와 공통**된 것이거나 **운전면허를 받은 사람**에 관한 경우에는 여러 운전면허 **전부를 취소 또는 정지**할 수도 있다. 대법원 1992. 9. 22. 선고 91누8289 판결

1170 **X** [1] **제1종 보통면허**로 운전할 수 있는 승합자동차를 음주운전한 경우, 제1종 보통면허뿐만 아니라 **제1종 대형면허까지 취소**할 수 있다는 사례. 대법원 1997. 3. 11. 선고 96누15176 판결

[2] **제1종 보통면허**로 운전할 수 있는 차량을 음주운전한 경우에는 이와 관련된 **원동기장치자전거면허까지 취소**할 수 있는 것으로 보아야 한다. 대법원 1996. 11. 8. 선고 96누9959 판결

1171 **X** 지방공무원 임용신청 당시 **잘못 기재된 호적**상 출생연월일을 생년월일로 기재하고, 이에 근거한 공무원인사기록카드의 생년월일 기재에 대하여 처음 임용된 때부터 약 36년 동안 전혀 이의를 제기하지 않다가, 정년을 1년 3개월 앞두고 호적상 출생연월일을 정정한 후 그 출생연월일을 기준으로 **정년의 연장**을 요구하는 것이 <u>신의성실의 원칙에 반하지 않는다</u>. 대법원 2009. 3. 26. 선고 2008두21300 판결

1172 **O** 관할관청이 위법한 **직업능력개발훈련과정** 인정제한처분을 하여 사업주로 하여금 제때 훈련과정 인정신청을 할 수 없도록 하였음에도, 인정제한처분에 대한 취소판결 확정 후 사업주가 인정제한 기간 내에 실제로 실시하였던 훈련에 관하여 **비용지원신청**을 한 경우에, 관할관청은 단지 해당 훈련과정에 관하여 사전에 훈련과정 인정을 받지 않았다는 이유만을 들어 <u>훈련비용 지원을 거부할 수는 없음</u>이 원칙이다. 이러한 **거부행위**는 (중략) <u>신의성실의 원칙에 반하여 허용될 수 없다</u>. 대법원 2019. 1. 31. 선고 2016두52019 판결

1173 **O** 근로복지공단의 요양불승인처분에 대한 취소소송을 제기하여 승소확정판결을 받은 근로자가 요양으로 인하여 취업하지 못한 기간의 <u>휴업급여</u>를 청구한 경우 그 휴업급여청구권이 **시효완성**으로 소멸하였다는 근로복지공단의 항변은 신의성실의 원칙에 반하여 **허용될 수 없다**. 대법원 2008. 9. 18. 선고 2007두2173 전원합의체 판결

**기출 지문 OX** Check

□□□ **1174** ★☆☆
지방법무사회는 법무사 감독 사무를 수행하기 위하여 법률에 의하여 설립과 법무사의 회원 가입이 강제된 공법인으로서 법무사 사무원 채용승인에 관한 한 공권력 행사의 주체라고 보아야 한다.
24. 변호사 (　　)

□□□ **1175** ★☆☆
국가에 대한 행정처분도 가능하다. 25. 변호사 (　　)

□□□ **1176** ★☆☆
육군3사관학교 생도는 일반 국민보다 상대적으로 기본권이 더 제한될 수 있으나, 그러한 경우에도 법률유보원칙, 과잉금지원칙 등 기본권 제한의 헌법상 원칙들이 지켜져야 한다. 25. 지방 7급 (　　)

□□□ **1177** ★☆☆
육군3사관학교의 사관생도 행정예규에 따라 사관생도의 모든 사적 생활에서까지 예외 없이 금주의무를 이행할 것을 요구하면서 경위 등을 묻지 않고 일률적으로 2회 위반 시 원칙적으로 퇴학 조치하도록 정한 것은 사관생도의 기본권을 지나치게 침해하는 것은 아니다. 23. 국회 9급 (　　)

□□□ **1178** ★☆☆
구 「군인사법」 제47조의2가 군인의 복무에 관한 사항에 관한 규율권한을 대통령령에 위임하면서 다소 개괄적으로 위임하였다고 하여 헌법 제75조의 포괄위임금지원칙에 어긋난다고 보기 어렵다.
23. 국회 9급 (　　)

□□□ **1179** ★☆☆
구 「석탄산업법 시행령」상 재해위로금 청구권은 개인의 공권으로서 그 공익적 성격에 비추어 당사자의 합의에 의하여 이를 미리 포기할 수 없다. 25. 지방 7급 (　　)

□□□ **1180** ★☆☆
공무원연금 수급권과 같은 사회보장수급권은 헌법규정만으로는 이를 실현할 수 없어 법률에 의한 형성이 필요하고, 그 구체적인 내용 즉 수급요건 등은 법률에 의하여 비로소 확정된다. 24. 지방 9급 (　　)

□□□ **1181**
근로자가 퇴직급여를 청구할 수 있는 권리와 같은 이른바 사회적 기본권은 헌법 규정에 의하여 바로 도출되는 개인적 공권이라 할 수 없다. 12. 국가 9급 (　　)

□□□ **1182** ★★☆
「의료급여법」에 의하여 인정되는 의료급여수급권은 사회권적 기본권의 일종으로서 헌법을 통하여 직접 인정되는 헌법적 권리에 해당한다. 23. 지방 7급 (　　)

□□□ **1183** ★☆☆
다수의 검사 임용신청자 중 일부만을 검사로 임용하는 결정을 함에 있어, 임용신청자들에게 전형의 결과인 임용 여부의 응답을 할 것인지는 임용권자의 편의재량사항이다. 15. 국가 9급 (　　)

□□□ **1184**
재량권이 영으로 수축하는 경우 행정개입청구권은 무하자재량행사청구권으로 전환된다.
11. 사회복지 (　　)

## 정답 & OX 풀이

1174 ○ **지방법무사회**는 법무사 감독 사무를 수행하기 위하여 <u>법률에 의하여</u> 설립과 법무사의 회원 가입이 강제된 공법인으로서 <u>법무사</u> <u>사무원 채용승인에 관한 한 공권력 행사의 주체</u>라고 보아야 한다. 대법원 2020. 4. 9. 선고 2015다34444 판결

1175 ○ <u>수도료·전기료의 부과, 건축협의의 거부·취소 등</u>에 있어서는 **국가도 처분의 상대방이 될 수 있다.**

1176 ○ **사관생도**는 군 장교를 배출하기 위하여 국가가 모든 재정을 부담하는 특수교육기관인 육군3사관학교의 구성원으로서, 학교에 입학한 날에 육군 사관생도의 병적에 편입하고 준사관에 준하는 대우를 받는 특수한 신분관계에 있다. 따라서 그 존립 목적을 달성하기 위하여 필요한 한도 내에서 일반 국민보다 상대적으로 **기본권이 더 제한**될 수 있으나, 그러한 경우에도 <u>법률유보원칙,</u> 과잉금지원칙 등 기본권제한의 헌법상 원칙들을 지켜야 한다. 대법원 2018. 8. 30. 선고 2016두60591 판결

1177 ✕ (육군3사관학교 사관생도인 갑이 4회에 걸쳐 **학교 밖에서 음주**를 하여 '사관생도 행정예규' 제12조에서 정한 품위유지의무를 <u>위반하였다</u>는 이유로 육군3사관학교장이 교육운영위원회의 의결에 따라 갑에게 **퇴학처분**을 한 사안에서) 위 금주조항은 사관 생도의 일반적 행동자유권, 사생활의 비밀과 자유 등 기본권을 과도하게 제한하는 것으로서 무효이므로 위 금주조항을 적용하 여 내린 <u>퇴학처분은 위법</u>하다고 한 사례. 대법원 2018. 8. 30. 선고 2016두60591 판결

1178 ○ 군인사법은 헌법이 대통령에게 부여한 **군통수권**을 실질적으로 존중한다는 차원에서 **군인의 복무에 관한 사항을 규율**할 권한을 대통령령에 위임한 것이라 할 수 있고, 대통령령으로 규정될 내용 및 범위에 관한 <u>기본적인 사항을 **다소 광범위하게 위임하**</u> **였다 하더라도** 포괄위임금지원칙에 위배된다고 볼 수 없다. 따라서 이 사건 군인복무규율 조항은 이와 같은 군인사법 조항의 위임에 의하여 제정된 정당한 위임의 범위 내의 규율이라 할 것이므로 <u>법률유보원칙을 준수한 것이다.</u> 헌법재판소 2010. 10. 28. 선고 2008헌마638 전원재판부

1179 ○ <u>석탄산업법시행령 소정의</u> **재해위로금 청구권**은 개인의 공권으로서 그 공익적 성격에 비추어 당사자의 합의에 의하여 이를 미리 **포기할 수 없다.** 대법원 1998. 12. 23. 선고 97누5046 판결

1180 ○ **공무원연금 수급권**과 같은 사회보장수급권은 **사회적 기본권** 중의 하나로서, 이는 국가에 대하여 적극적으로 급부를 요구하는 것이므로 <u>헌법규정만으로는 이를 실현할 수 없어 법률에 의한 형성이 필요하고, 그 구체적인 내용 즉 수급요건, 수급권자의</u> <u>범위 및 급여금액 등은 법률에 의하여 비로소 확정된다.</u> 헌법재판소 2013. 9. 26. 선고 2011헌바272 전원재판부

1181 ○ <u>근로자가 **퇴직급여를 청구**할 수 있는 권리도 헌법상 바로 도출되는 것이 아니라 퇴직급여법 등 관련 법률이 구체적으로 정하</u> <u>는 바에 따라 비로소 인정될 수 있는 것이다.</u> 헌법재판소 2011. 7. 28. 선고 2009헌마408 결정

1182 ✕ 인간다운 생활을 할 권리인 **사회권적 기본권**은 국가가 재정형편 등 여러 가지 상황들을 종합적으로 고려하여 법률을 통하여 구체화함으로써 법률적 권리로 인정된다. 의료급여법에 의하여 인정되는 **의료급여수급권**도 이러한 법률적 권리에 해당한다. 헌법재판소 2020. 4. 23. 선고 2017헌마103 전원재판부 결정

1183 ✕ <u>검사의 임용 여부는 임용권자의 자유재량에 속하는 사항</u>이나, (중략) 법령상 검사임용 신청 및 그 처리의 제도에 관한 명문 규정이 없다고 하여도 조리상 임용권자는 임용신청자들에게 전형의 결과인 임용 여부의 **응답을 해줄 의무가 있다**고 할 것이며, <u>응답할 것인지 여부조차도 임용권자의 편의재량사항이라고는 할 수 없다.</u> 대법원 1991. 2. 12. 선고 90누5825 판결

1184 ✕ 재량권이 영으로 수축하는 경우 <u>무하자재량행사청구권이 행정개입청구권으로 전환된다.</u>

□□□ ★☆☆ **1185** 행정에 관한 기간의 계산에 관하여는 「행정기본법」 또는 다른 법령등에 특별한 규정이 있는 경우를 제외하고는 「민법」을 준용한다. 24. 국가 9급 (      )

□□□ ★☆☆ **1186** 법령등 또는 처분에서 국민의 권익을 제한하거나 의무를 부과하는 경우 권익이 제한되거나 의무가 지속되는 기간을 계산할 때에 기간을 일, 주, 월 또는 연으로 정한 경우에는 기간의 첫날을 산입한다. 다만, 그러한 기준을 따르는 것이 국민에게 불리한 경우에는 그러하지 아니하다. 24. 국가 9급 (      )

□□□ ★☆☆ **1187** 법령등에서 국민의 권익을 제한하는 경우, 권익이 제한되는 기간의 계산에 있어 기간의 말일이 토요일 또는 공휴일인 경우에는 기간은 그 익일로 만료한다. 22. 국회 8급 (      )

□□□ ★☆☆ **1188** 변상금부과처분이 당연무효인 경우, 당해 변상금부과처분에 의하여 납부한 오납금에 대한 납부자의 부당이득반환청구권의 소멸시효는 변상금부과처분의 부과시부터 진행한다. 20. 국가 9급 (      )

□□□ **1189** 「국유재산법」상 변상금부과처분에 대한 취소소송이 진행되는 동안에도 그 부과권의 소멸시효가 진행된다. 11. 국가 7급 (      )

□□□ ★☆☆ **1190** 「국가재정법」상 5년의 소멸시효가 적용되는 '금전의 급부를 목적으로 하는 국가의 권리'에는 국가의 사법(私法)상 행위에서 발생한 국가에 대한 금전채무도 포함된다. 16. 지방 9급 (      )

□□□ **1191** 납입고지에 의한 소멸시효의 중단은 그 납입고지에 의한 부과처분이 추후 취소되면 효력이 상실된다. 16. 지방 9급 (      )

□□□ ★☆☆ **1192** 조세에 관한 소멸시효가 완성된 후에 부과된 조세부과처분은 위법한 처분이지만 당연무효라고 볼 수는 없다. 16. 지방 9급 (      )

□□□ ★☆☆ **1193** 현행법상 행정목적을 위하여 제공된 행정재산에 대해서는 공용폐지가 되지 않는 한 「민법」상 취득시효 규정이 적용되지 않는다. 16. 국가 9급 (      )

□□□ ★☆☆ **1194** 「국유재산법」상 일반재산은 취득시효의 대상이 될 수 없다. 16. 지방 9급 (      )

□□□ ★☆☆ **1195** 사무처리의 긴급성으로 인하여 해양경찰의 직접적인 지휘를 받아 보조로 방제작업을 한 경우, 사인은 그 사무를 처리하며 지출한 필요비 내지 유익비의 상환을 국가에 대하여 민사소송으로 청구할 수 있다. 22. 국가 9급 (      )

□□□ ★☆☆ **1196** 甲 주식회사 소유의 유조선에서 원유가 유출되는 사고가 발생하자 乙 주식회사가 피해 방지를 위해 해양경찰의 직접적인 지휘를 받아 방제작업을 보조한 사안에서, 乙 회사는 사무관리에 근거하여 국가에 방제비용을 청구할 수 있다. 25. 지방 7급 (      )

□□□ ★☆☆ **1197** 조세환급금은 조세채무가 처음부터 존재하지 않거나 그 후 소멸하였음에도 불구하고 국가가 법률상 원인 없이 수령하거나 보유하고 있는 부당이득에 해당하고, 환급가산금은 그 부당이득에 대한 법정이자로서의 성질을 가진다. 25. 국가 9급 (      )

## 정답 & OX 풀이

**1185** O 행정기본법 제6조(행정에 관한 기간의 계산) ① 행정에 관한 기간의 계산에 관하여는 이 법 또는 다른 법령등에 특별한 규정이 있는 경우를 제외하고는 「민법」을 준용한다.

**1186** O 행정기본법 제6조(행정에 관한 기간의 계산) ② 법령등 또는 처분에서 국민의 권익을 제한하거나 의무를 부과하는 경우 권익이 제한되거나 의무가 지속되는 기간의 계산은 다음 각 호의 기준에 따른다. 다만, 다음 각 호의 기준에 따르는 것이 국민에게 불리한 경우에는 그러하지 아니하다.
1. 기간을 일, 주, 월 또는 연으로 정한 경우에는 기간의 **첫날을 산입한다**.
2. 기간의 말일이 토요일 또는 공휴일인 경우에도 기간은 **그 날로 만료한다**.

**1187** X 위 1186번의 해설 내용 참고.

**1188** X 변상금부과처분이 **당연무효**인 경우에 이 변상금부과처분에 의하여 납부자가 납부하거나 징수당한 오납금은 지방자치단체가 법률상 원인 없이 취득한 **부당이득**에 해당하고, 이러한 오납금에 대한 납부자의 부당이득반환청구권은 **처음부터** 법률상 원인이 없이 납부 또는 징수된 것이므로 **납부 또는 징수시**에 발생하여 확정되며, 그 때부터 소멸시효가 진행한다. 대법원 2005. 1. 27. 선고 2004다50143 판결

**1189** O 변상금 부과처분에 대한 취소소송이 진행되는 동안에도 그 부과권의 소멸시효가 진행된다. 대법원 2006. 2. 10. 선고 2003두5686 판결

**1190** O 구 예산회계법의 금전의 급부를 목적으로 하는 국가의 권리라 함은 금전의 급부를 목적으로 하는 권리인 이상 금전급부의 발생원인에 관하여는 아무런 제한이 없으므로 국가의 공권력의 발동으로 하는 행위는 물론 국가의 사법상의 행위에서 발생한 국가에 대한 금전채무도 포함한다. 대법원 1967. 7. 4. 선고 67다751 판결

**1191** X 납입고지에 의한 시효중단의 효력은 그 납입고지에 의한 부과처분이 취소되더라도 상실되지 않는다. 대법원 2000. 9. 8. 선고 98두19933 판결

**1192** X 조세에 관한 소멸시효가 완성되면 국가의 조세부과권과 납세의무자의 납세의무는 당연히 소멸한다 할 것이므로 소멸시효완성 후에 부과된 부과처분은 납세의무 없는 자에 대하여 부과처분을 한 것으로서 그와 같은 하자는 중대하고 명백하여 그 처분의 효력은 **당연무효**이다. 대법원 1985. 5. 14. 선고 83누655 판결

**1193** O **행정재산**은 공용폐지가 되지 아니하는 한 사법상 거래의 대상이 될 수 없으므로 **시효취득의 대상이 되지 아니하고**, 관재당국이 이를 모르고 행정재산을 매각하였다 하더라도 그 매매는 당연무효이다. 대법원 1996. 5. 28. 선고 95다52383 판결

**1194** X 위 1193번의 해설 내용 참고(행정재산과 달리 일반재산은 취득시효의 대상이 됨).

**1195** O [1] 타인의 사무가 국가의 사무인 경우, 사인이 처리한 국가의 사무가 사인이 국가를 대신하여 처리할 수 있는 성질의 것으로서, 사무 처리의 긴급성 등 국가의 사무에 대한 사인의 개입이 정당화되는 경우에 한하여 사무관리가 성립하고, 사인은 그 범위 내에서 국가에 대하여 국가의 사무를 처리하면서 지출된 필요비 내지 유익비의 상환을 청구할 수 있다.
[2] (甲 주식회사 소유의 유조선에서 원유가 유출되는 사고가 발생하자 해상 방제업 등을 영위하는 乙 주식회사가 피해 방지를 위해 해양경찰의 직접적인 지휘를 받아 방제작업을 보조한 사안에서) 乙 회사는 사무관리에 근거하여 국가에 방제비용을 청구할 수 있다고 본 원심판단을 수긍한 사례. 대법원 2014. 12. 11. 선고 2012다15602 판결

**1196** O 위 1195번의 해설 내용 참고.

**1197** O **조세환급금**은 조세채무가 처음부터 존재하지 않거나 그 후 소멸하였음에도 불구하고 국가가 법률상 원인 없이 수령하거나 보유하고 있는 부당이득에 해당하고, **환급가산금**은 그 부당이득에 대한 법정이자로서의 성질을 가진다. 대법원 2009. 9. 10. 선고 2009다11808 판결

□□□ **1198** 신고는 사인이 행하는 공법행위로 행정기관의 행위가 아니므로 「행정절차법」에는 신고에 관한 규정을 두고 있지 않다. 18. 국가 9급 (      )

★★★
□□□ **1199** 법령 등에서 행정청에 대하여 일정한 사항을 통지함으로써 의무가 끝나는 신고를 규정하고 있는 경우에는 법령상 요건을 갖춘 적법한 신고서를 발송하였을 때에 신고 의무가 이행된 것으로 본다.
16. 국가 9급 (      )

★★★
□□□ **1200** 「행정절차법」상 신고 요건으로는 신고서의 기재사항에 흠이 없고 필요한 구비서류가 첨부되어 있어야 하며, 신고의 기재사항은 그 진실함이 입증되어야 한다. 14. 국가 9급 (      )

★★★
□□□ **1201** 「행정절차법」은 '법령등에서 행정청에 일정한 사항을 통지함으로써 의무가 끝나는 신고'에 대하여 '그 밖에 법령등에 규정된 형식상의 요건에 적합할 것'을 그 신고의무 이행요건의 하나로 정하고 있다.
20. 지방 9급 (      )

★★★
□□□ **1202** 정보통신매체를 이용하여 학습비를 받고 불특정 다수인에게 원격 평생교육을 실시하기 위해 구 「평생교육법」에서 정한 형식적 요건을 모두 갖추어 신고한 경우, 행정청은 신고대상이 된 교육이나 학습이 공익적 기준에 적합하지 않는다는 등의 실체적 사유를 들어 신고 수리를 거부할 수 없다. 21. 지방 9급 (      )

★★★
□□□ **1203** 「건축법」상 수리를 요하지 않는 건축신고에 있어서는 원칙적으로 적법한 요건을 갖춰 신고하면 행정청의 수리 등 별도의 조치를 기다릴 필요 없이 건축행위를 할 수 있다고 보아야 한다. 24. 국가 7급 (      )

★★☆
□□□ **1204** 건축허가권자는 건축신고가 「건축법」, 「국토의 계획 및 이용에 관한 법률」 등 관계 법령에서 정하는 명시적인 제한에 배치되지 않는 경우에도 건축을 허용하지 않아야 할 중대한 공익상 필요가 있는 경우에는 건축신고의 수리를 거부할 수 있다. 24. 소방간부 (      )

★★★
□□□ **1205** 식품접객업 영업신고에 대해서는 「식품위생법」이 「건축법」에 우선 적용되므로, 영업신고가 「식품위생법」상의 신고요건을 갖춘 경우라면 그 영업신고를 한 해당 건축물이 「건축법」상 무허가건축물이라도 적법한 신고에 해당된다. 24. 국가 9급 (      )

★★★
□□□ **1206** 자기완결적 신고의 경우 적법한 요건을 갖춘 신고를 하면 신고의 대상이 되는 행위를 적법하게 할 수 있고, 별도로 행정청의 수리를 기다릴 필요가 없다. 23. 국가 7급 (      )

★★★
□□□ **1207** 「체육시설의 설치·이용에 관한 법률」상 당구장업은 적법한 요건을 갖춘 신고를 접수한 행정청의 수리행위가 있어야 신고로서의 효력이 발생한다. 23. 소방간부 (      )

★★★
□□□ **1208** 수리를 요하지 아니한 신고에 있어서 적법한 요건을 갖춘 신고의 경우에는 행정청의 수리처분 등 별단의 조처를 기다릴 필요 없이 그 접수시에 신고로서의 효력이 발생하는 것이므로 그 수리가 거부되었다고 하여 무신고 영업이 되는 것은 아니다. 25. 국가 9급 (      )

★★★
□□□ **1209** 구 「의료법 시행규칙」 제22조제3항에 의하면 의원개설 신고서를 수리한 행정관청이 소정의 신고필증을 교부하도록 되어있기 때문에 이와 같은 신고필증의 교부가 없으면 개설신고의 효력이 없다.
19. 지방 9급 (      )

## 정답 & OX 풀이

**1198** ✕ 행정절차법은 제40조에서 자기완결적 신고에 관한 규정을 두고 있다.

**1199** ✕ 행정절차법 제40조(신고)
① 법령등에서 행정청에 일정한 사항을 **통지함으로써 의무가 끝나는** 신고를 규정하고 있는 경우 신고를 관장하는 행정청은 신고에 필요한 구비서류, 접수기관, 그 밖에 법령등에 따른 신고에 필요한 사항을 게시(인터넷 등을 통한 게시를 포함한다)하거나 이에 대한 편람을 갖추어 두고 누구나 열람할 수 있도록 하여야 한다.
② 제1항에 따른 신고가 다음 각 호의 요건을 갖춘 경우에는 신고서가 접수기관에 **도달된 때**에 신고 의무가 이행된 것으로 본다.
  1. 신고서의 기재사항에 흠이 없을 것
  2. 필요한 구비서류가 첨부되어 있을 것
  3. 그 밖에 법령등에 규정된 **형식상의 요건**에 적합할 것

**1200** ✕ 위 1199번의 해설 내용 참고.

**1201** ○ 위 1199번의 해설 내용 참고.

**1202** ○ 정보통신매체를 이용하여 학습비를 받고 불특정 다수인에게 **원격평생교육**을 실시하기 위해 구 평생교육법 제22조 등에서 정한 형식적 요건을 모두 갖추어 신고한 경우, 행정청은 실체적 사유를 들어 신고 수리를 거부할 수 없다. 대법원 2011. 7. 28. 선고 2005두11784 판결

**1203** ○ 구 건축법 제9조 제1항에 의하여 신고를 함으로써 건축허가를 받은 것으로 간주되는 경우에는 건축을 하고자 하는 자가 적법한 요건을 갖춘 **건축신고**만 하면 행정청의 수리행위 등 별다른 조치를 기다릴 필요 없이 건축을 할 수 있다. 대법원 1999. 10. 22. 선고 98두18435 판결

**1204** ○ 건축허가권자는 **건축신고**가 건축법, 국토의 계획 및 이용에 관한 법률 등 관계 법령에서 정하는 명시적인 제한에 배치되지 않는 경우에도 건축을 허용하지 않아야 할 **중대한 공익상 필요**가 있는 경우에는 건축신고의 **수리를 거부할 수 있다**. 대법원 2019. 10. 31. 선고 2017두74320 판결

**1205** ✕ 식품위생법에 따른 식품접객업(일반음식점영업)의 영업신고의 요건을 갖춘 자라고 하더라도, 그 영업신고를 한 당해 건축물이 건축법 소정의 허가를 받지 아니한 **무허가 건물**이라면 **적법한 신고를 할 수 없다**. 대법원 2009. 4. 23. 선고 2008도6829 판결

**1206** ○ 위 1203번의 해설 내용 참고.

**1207** ✕ 체육시설업은 등록체육시설업과 신고체육시설업으로 나누어지고, 당구장업과 같은 **신고체육시설업**을 하고자 하는 자는 (중략) 적법한 요건을 갖춘 신고의 경우에는 행정청의 수리처분 등 별단의 조치를 기다릴 필요 없이 그 **접수시에 신고로서의 효력이 발생**하는 것이므로 그 수리가 거부되었다고 하여 **무신고 영업이 되는 것은 아니다**. 대법원 1998. 4. 24. 선고 97도3121 판결

**1208** ○ 위 1207번의 해설 내용 참고.

**1209** ✕ 의료법 시행규칙에 **의원개설 신고**서를 수리한 행정관청이 소정의 **신고필증을 교부**하도록 되어있다 하여도 이는 신고**사실의 확인행위**로서 신고필증을 교부하도록 규정한 것에 불과하고 그와 같은 신고필증의 교부가 없다 하여 개설신고의 효력을 부정할 수 없다. 대법원 1985. 4. 23. 선고 84도2953 판결

□□□ ★★★ **1210** 다른 법령에 의한 인허가가 의제되지 않는 일반적인 건축신고는 자기완결적 신고이므로 이에 대한 수리거부행위는 항고소송의 대상이 되는 처분이 아니다. 24. 국가 7급 (      )

□□□ ★★★ **1211** 「건축법」상의 착공신고의 경우에는 신고 그 자체로서 법적 절차가 완료되어 행정청의 처분이 개입될 여지가 없으므로, 행정청의 착공신고 반려행위는 항고소송의 대상인 처분에 해당하지 않는다.
20. 국가 9급 (      )

□□□ ★☆☆ **1212** 구 「체육시설의 설치·이용에 관한 법률」에 의한 골프장이용료 변경신고서는 행정청에 제출하여 접수된 때에 신고가 있었다고 볼 것이고, 행정청의 수리행위가 있어야만 하는 것은 아니다. 14. 국가 9급 (      )

□□□ **1213** 「부가가치세법」상의 사업자등록은 과세관청으로 하여금 부가가치세의 납세의무자를 파악하고 그 과세자료를 확보케 하려는데 입법취지가 있는 것으로써, 이는 단순한 사업사실의 신고로 사업자가 소관 세무서장에게 소정의 사업자등록신청서를 제출함으로써 성립되는 것이다. 13. 국가 7급 (      )

□□□ ★☆☆ **1214** 법령등으로 정하는 바에 따라 행정청에 일정한 사항을 통지하여야 하는 신고로서 법률에 신고의 수리가 필요하다고 명시되어 있는 경우에는 행정기관의 내부 업무 처리 절차로서 수리를 규정한 경우가 아닌 한, 행정청이 수리하여야 효력이 발생한다. 24. 소방간부 (      )

□□□ ★★★ **1215** 「건축법」상 인·허가의제 효과를 수반하는 건축신고는 특별한 사정이 없는 한 행정청이 그 실체적 요건에 관한 심사를 한 후 수리하여야 하는 이른바 '수리를 요하는 신고'이다. 24. 국가 7급 (      )

□□□ ★☆☆ **1216** 유료노인복지주택의 설치신고를 받은 행정관청은 그 유료노인복지주택의 시설 및 운용기준이 법령에 부합하는지와 설치신고 당시 부적격자들이 입소하고 있는지 여부를 심사할 수 있다. 14. 국가 9급 (      )

□□□ ★★★ **1217** 주민등록의 신고는 행정청에 도달하기만 하면 신고로서의 효력이 발생하는 것이 아니라 행정청이 수리한 경우에 비로소 신고의 효력이 발생한다. 20. 국가 9급 (      )

□□□ ★★★ **1218** 시장 등의 주민등록전입신고 수리 여부에 대한 심사는 「주민등록법」의 입법 목적의 범위 내에서 제한적으로 이루어져야 하는바, 전입신고자가 30일 이상 생활의 근거로서 거주할 목적으로 거주지를 옮기는지 여부가 심사 대상으로 되어야 한다. 23. 지방 9급 (      )

□□□ ★☆☆ **1219** 주민등록전입신고는 수리를 요하는 신고에 해당하지만, 이를 수리하는 행정청은 거주의 목적에 대한 판단 이외에 부동산투기 목적 등의 공익상의 이유를 들어 주민등록전입신고의 수리를 거부할 수는 없다.
16. 국가 9급 (      )

□□□ ★☆☆ **1220** 행정청은 주민등록전입신고의 수리 여부를 심사하는 단계에서 전입신고자가 거주의 목적 이외에 다른 이해관계에 관한 의도를 가지고 있는지 여부 및 전입신고를 수리함으로써 해당 지방자치단체에 미치는 영향이 있는지 등과 같은 사유를 고려하여야 한다. 25. 국회 8급 (      )

□□□ ★☆☆ **1221** 「노동조합 및 노동관계조정법」에 따른 노동조합의 설립신고는 근로자의 자주적이고 민주적인 단결권 행사를 보장하는 것에 취지가 있으므로 수리를 요하지 않는 신고에 해당한다. 22. 국회 9급 (      )

**1210** ✕ **건축신고 반려행위**는 <u>항고소송의 대상이 된다</u>. 대법원 2010. 11. 18. 선고 2008두167 전원합의체 판결

**1211** ✕ **착공신고 반려행위**는 <u>항고소송의 대상이 된다</u>. 대법원 2011. 6. 10. 선고 2010두7321 판결

**1212** ○ 구 체육시설의 설치·이용에 관한 법률 제18조에 의한 **골프장이용료 변경신고서**는 그 신고 자체가 위법하거나 그 신고에 무효 사유가 없는 한 이것이 도지사에게 <u>제출하여 접수된 때에 신고가 있었다고 볼 것이고</u>, 도지사의 <u>수리행위가 있어야만 신고가 있었다고 볼 것은 아니다</u>. 대법원 1993. 7. 6.자 93마635 판결

**1213** ○ 부가가치세법상의 **사업자등록**은 과세관청으로 하여금 부가가치세의 납세의무자를 파악하고 그 과세자료를 확보케 하려는 데 입법취지가 있는 것으로서, 이는 단순한 사업사실의 신고로서 <u>사업자가 소관 세무서장에서 소정의 사업자등록신청서를 **제출함으로써 성립**</u>되는 것이고, <u>사업자등록증의 교부는 이와 같은 등록사실을 증명하는 증서의 교부행위에 불과한 것이다</u>. 대법원 2000. 12. 22. 선고 99두6903 판결

**1214** ○ 행정기본법 제34조(수리 여부에 따른 신고의 효력) 법령등으로 정하는 바에 따라 행정청에 일정한 사항을 통지하여야 하는 신고로서 법률에 신고의 수리가 필요하다고 명시되어 있는 경우(행정기관의 <u>내부 업무 처리 절차로서 수리를 규정한 경우는 제외한다</u>)에는 <u>행정청이 수리하여야 효력이 발생한다</u>.

**1215** ○ **인·허가의제 효과를 수반하는 건축신고**는 일반적인 건축신고와는 달리, 특별한 사정이 없는 한 행정청이 그 **실체적 요건**에 관한 심사를 한 후 수리하여야 하는 이른바 '**수리를 요하는 신고**'로 보는 것이 옳다. 대법원 2011. 1. 20. 선고 2010두14954 전원합의체 판결

**1216** ○ **유료노인복지주택**의 설치신고를 받은 행정관청으로서는 그 유료노인복지주택의 <u>시설 및 운영기준이 위 법령에 부합하는지</u>와 아울러 그 유료노인복지주택이 <u>적법한 입소대상자에게 분양되었는지</u>와 설치신고 당시 **부적격자들이 입소하고 있지는 않은지** <u>여부까지 심사하여 그 신고의 수리 여부를 결정할 수 있다</u>. 대법원 2007. 1. 11. 선고 2006두14537 전원합의체 판결

**1217** ○ **주민등록의 신고**는 행정청에 도달하기만 하면 신고로서의 효력이 발생하는 것이 아니라 <u>행정청이 수리한 경우에 비로소 신고의 효력이 발생한다</u>. 대법원 2009. 6. 18. 선고 2008두10997 전원합의체 판결

**1218** ○ <u>전입신고를 받은 시장·군수 또는 구청장의 심사 대상은 전입신고자가 **30일 이상 생활의 근거로 거주할 목적으로 거주지를 옮기는지** 여부만으로 제한된다고 보아야 한다</u>. 따라서 <u>전입신고자가 **거주의 목적 이외에 다른 이해관계에 관한 의도**를 가지고 있는지 여부, 무허가 건축물의 관리, 전입신고를 수리함으로써 **당해 지방자치단체에 미치는 영향** 등과 같은 사유는 주민등록법이 아닌 다른 법률에 의하여 규율되어야 하고, 주민등록전입신고의 수리 여부를 심사하는 단계에서는 **고려 대상이 될 수 없다**.</u> 대법원 2009. 6. 18. 선고 2008두10997 전원합의체 판결

**1219** ○ **부동산투기나 이주대책 요구 등을 방지**할 목적으로 주민등록전입신고를 거부하는 것은 주민등록법의 입법 목적과 취지 등에 <u>비추어 허용될 수 없다</u>. 대법원 2009. 6. 18. 선고 2008두10997 전원합의체 판결

**1220** ✕ 위 1218번의 해설 내용 참고.

**1221** ✕ 행정관청은 **노동조합으로 설립신고**를 한 단체가 노동조합법 제2조 제4호 각 목에 해당하는지 여부를 **실질적으로 심사**할 수 있다(주: 노동조합 설립신고는 <u>실질적 심사가 허용되는 수리를 요하는 신고</u>라는 취지). 대법원 2014. 4. 10. 선고 2011두6998 판결

□□□ **1222** 행정관청은 노동조합으로 설립신고를 한 단체가 노동조합 및 노동관계조정법상의 요건에 해당하는지 여부에 대하여 실질적인 심사를 거쳐 반려여부를 결정할 수 없다. 17. 소방간부 (       )

★★☆
□□□ **1223** 「의료법」에 따라 정신과의원을 개설하려는 자가 법령에 규정되어 있는 요건을 갖추어 개설신고를 한 경우라도 관할 시장·군수·구청장은 법령에서 정한 요건 이외의 사유를 들어 의원급 의료기관 개설신고의 수리를 거부할 수 있다. 19. 지방 7급 (       )

★☆☆
□□□ **1224** 「의료법」 등 관련 법령이 정신병원 등의 개설에 관하여는 허가제로, 정신과의원 개설에 관하여는 신고제로 각 규정하고 있는 것은 합리적 차별로서 평등의 원칙에 반하지 않는다. 23. 지방 7급 (       )

★☆☆
□□□ **1225** 허가대상 건축물의 양수인이 구 「건축법 시행규칙」에 규정되어 있는 형식적 요건을 갖추어 시장·군수 등 행정관청에 적법하게 건축주의 명의변경을 신고한 때에는 행정관청은 그 신고를 수리하여야지 실체적인 이유를 내세워 신고의 수리를 거부할 수는 없다. 25. 국가 9급 (       )

□□□ **1226** 가설건축물 존치기간을 연장하려는 건축주 등이 법령에 규정되어 있는 제반 서류와 요건을 갖추어 행정청에 연장신고를 한 경우, 행정청으로서는 법령에서 요구하고 있지도 아니한 '대지사용승낙서' 등의 서류가 제출되지 아니하였거나, 대지소유권자의 사용승낙이 없다는 등의 사유를 들어 가설건축물 존치기간 연장신고의 수리를 거부하여서는 아니 된다. 19. 지방 7급 (       )

□□□ **1227** 숙박업을 하고자 하는 자가 법령이 정하는 시설과 설비를 갖추고 행정청에 신고를 하면 행정청은 공중위생관리법령의 규정에 따라 원칙적으로 이를 수리하여야 하므로, 새로 숙박업을 하려는 자가 기존에 다른 사람이 숙박업 신고를 한 적이 있는 시설 등의 소유권 등 정당한 사용권한을 취득하여 법령에서 정한 요건을 갖추어 신고하였다면, 행정청으로서는 특별한 사정이 없는 한 이를 수리하여야 하고, 기존의 숙박업 신고가 외관상 남아있다는 이유로 이를 거부할 수 없다. 18. 국가 9급 (       )

□□□ **1228** 임시도로 개설 목적으로 법령에 규정되어 있는 요건을 갖추어 산지일시사용신고를 한 경우, 신고서 또는 첨부서류에 흠이 있거나 거짓 또는 그 밖의 부정한 방법으로 신고를 한 것이 아닌 한, 행정청은 그 신고를 수리하여야 하고, 법령에서 정한 사유 이외의 다른 사유를 들어 신고 수리를 거부할 수 없다.
25. 변호사 (       )

★☆☆
□□□ **1229** 구 「유통산업발전법」에 따른 대규모점포의 개설등록 및 구 「재래시장 및 상점가 육성을 위한 특별법」에 따른 시장관리자 지정은 행정청이 실체적 요건에 관한 심사를 한 후 수리하여야 하는, 수리를 요하는 신고로서 행정처분에 해당한다. 25. 국가 7급 (       )

★★☆
□□□ **1230** 장기요양기관의 폐업신고 자체가 효력이 없음에도 행정청이 이를 수리한 경우, 그 수리행위가 당연무효로 되는 것은 아니다. 25. 국가 7급 (       )

★★☆
□□□ **1231** 수리를 요하는 신고에서 행정청의 수리행위에 신고필증 교부의 행위가 반드시 필요한 것은 아니다.
21. 지방 7급 (       )

# 정답 & OX 풀이

**1222** ✕ 앞쪽의 1221번의 해설 내용 참고.

**1223** ✕ 정신과**의원을 개설**하려는 자가 법령에 규정되어 있는 요건을 갖추어 개설신고를 한 때에, 행정청은 **원칙적으로 이를 수리하여** 신고필증을 교부하여야 하고, 법령에서 정한 요건 **이외의 사유를** 들어 의원급 의료기관 개설신고의 **수리를 거부할 수는 없다**. 대법원 2018. 10. 25. 선고 2018두44302 판결

**1224** ◯ 관련 법령이 정신병원 등의 개설에 관하여는 허가제로, 정신과의원 개설에 관하여는 신고제로 각 규정하고 있는 것은 각 의료기관의 개설 목적 및 규모 등 차이를 반영한 합리적 차별로서 평등의 원칙에 반한다고 볼 수 없다. 대법원 2018. 10. 25. 선고 2018두44302 판결

**1225** ◯ 허가대상 건축물의 양수인이 구 건축법 시행규칙에 규정되어 있는 형식적 요건을 갖추어 시장·군수 등 행정관청에 적법하게 **건축주의 명의변경을 신고**한 때에는 행정관청은 그 신고를 수리하여야지 **실체적인 이유를** 내세워 신고의 **수리를 거부할 수는 없다**. 대법원 2014. 10. 15. 선고 2014두37658 판결

**1226** ◯ 가설건축물 존치기간을 연장하려는 건축주 등이 법령에 규정되어 있는 제반 서류와 요건을 갖추어 행정청에 연장신고를 한 때에는 행정청은 원칙적으로 이를 수리하여 신고필증을 교부하여야 하고, 법령에서 정한 요건 이외의 사유를 들어 수리를 거부할 수는 없다. 따라서 행정청으로서는 **법령에서 요구하고 있지도 아니한** '대지사용승낙서' 등의 서류가 제출되지 아니하였거나, 대지소유권자의 사용승낙이 없다는 등의 사유를 들어 **가설건축물 존치기간 연장신고의 수리를 거부하여서는 아니 된다**. 대법원 2018. 1. 25. 선고 2015두35116 판결

**1227** ◯ 기존에 다른 사람이 숙박업 신고를 한 적이 있더라도 새로 숙박업을 하려는 자가 그 시설 등의 소유권 등 정당한 사용권한을 취득하여 법령에서 정한 요건을 갖추어 신고하였다면, 행정청으로서는 특별한 사정이 없는 한 이를 수리하여야 하고, 단지 해당 시설 등에 관한 **기존의 숙박업 신고가 외관상 남아있다는** 이유만으로 이를 **거부할 수 없다**. 대법원 2017. 5. 30. 선고 2017두34087 판결

**1228** ◯ **산지일시사용신고를** 받은 군수 등은 신고서 또는 첨부서류에 흠이 있거나 거짓 또는 그 밖의 부정한 방법으로 신고를 한 것이 아닌 한, 그 신고내용이 법령에서 정하고 있는 신고의 기준, 조건, 대상시설, 행위의 범위, 설치지역 및 설치조건 등을 **충족하는 경우에는 그 신고를 수리하여야 하고, 법령에서 정한 사유 외의 다른 사유를 들어 신고 수리를 거부할 수는 없다**. 대법원 2022. 11. 30. 선고 2022두50588 판결

**1229** ◯ 구 유통산업발전법에 따른 **대규모점포의 개설등록** 및 구 재래시장법에 따른 시장관리자 지정은 행정청이 실체적 요건에 관한 심사를 한 후 수리하여야 하는 이른바 '수리를 요하는 신고'로서 행정처분에 해당한다. 대법원 2019. 9. 10. 선고 2019다208953 판결

**1230** ✕ **장기요양기관의 폐업신고와 노인의료복지시설의 폐지신고**는, 행정청이 관계 법령이 규정한 요건에 맞는지를 심사한 후 수리하는 이른바 '수리를 필요로 하는 신고'에 해당한다. 그러나 행정청이 그 신고를 수리하였다고 하더라도, 신고서 위조 등의 사유가 있어 **신고행위 자체가 효력이 없다면**, 그 수리행위는 유효한 대상이 없는 것으로서, 수리행위 자체에 **중대·명백한 하자가 있는지를 따질 것도 없이** 당연히 **무효**이다. 대법원 2018. 6. 12. 선고 2018두33593 판결

**1231** ◯ 수리란 신고를 유효한 것으로 판단하고 법령에 의하여 처리할 의사로 이를 수령하는 수동적 행위이므로 수리행위에 신고필증 교부 등 행위가 꼭 필요한 것은 아니다. 대법원 2011. 9. 8. 선고 2009두6766 판결

□□□ **1232** 구 「장사 등에 관한 법률」상 납골당설치 신고는 수리를 요하지 않는 자기완결적 신고에 해당하므로, 형식적 요건을 갖춘 신고서가 접수기관에 도달한 때 곧바로 효력이 발생한다. 25. 국가 9급 (    )

□□□ **1233** 「수산업법」상 신고어업을 하려면 법령이 정한 바에 따라 관할 행정청에 신고하여야 하고, 행정청의 수리가 있을 때에 비로소 법적 효과가 발생하게 된다. 22. 지방 7급 (    )

□□□ **1234** 구 「체육시설의 설치·이용에 관한 법률」의 규정에 따라 체육시설의 회원을 모집하고자 하는 자의 '회원모집계획서 제출'은 수리를 요하는 신고이며, 이에 대하여 회원모집계획을 승인하는 시·도지사 등의 검토결과 통보는 수리행위로서 행정처분에 해당한다. 20. 국가 7급 (    )

□□□ **1235** 노동조합의 설립신고가 행정관청에 의하여 형식상 수리되었더라도 법에서 정한 실질적 요건을 갖추지 못하였다면, 실질적 요건이 흠결된 하자가 해소되거나 치유되는 등의 특별한 사정이 없는 한 그 설립은 무효이다. 25. 국가 7급 (    )

□□□ **1236** 신청인이 신청에 앞서 행정청의 허가업무 담당자에게 한 신청서의 내용에 대한 검토요청은 다른 특별한 사정이 없는 한 명시적이고 확정적인 신청의 의사표시로 보기 어렵다. 20. 국가 7급 (    )

□□□ **1237** 행정청에 처분을 구하는 신청은 문서로 함이 원칙이며, 행정청은 신청에 필요한 구비서류, 접수기관, 처리기간, 그 밖에 필요한 사항을 게시하거나 이에 대한 편람을 갖추어 두고 누구나 열람할 수 있도록 하여야 한다. 17. 지방 9급 (    )

□□□ **1238** 행정청은 처리기간이 '즉시'로 되어 있는 신청의 경우에는 접수증을 주지 아니할 수 있다.
23. 국가 9급 (    )

□□□ **1239** 행정청은 신청에 구비서류의 미비 등 흠이 있는 경우 접수를 거부하여야 한다. 23. 국가 9급 (    )

□□□ **1240** 행정청은 신청인의 편의를 위하여 다른 행정청에 신청을 접수하게 할 수 있다. 23. 국가 9급 (    )

□□□ **1241** 행정청은 다수의 행정청이 관여하는 처분을 구하는 신청을 접수한 경우에는 관계 행정청과의 신속한 협조를 통하여 그 처분이 지연되지 아니하도록 하여야 한다. 23. 국가 9급 (    )

□□□ **1242** 신청한 내용의 일부를 행정청이 받아들일 수 없는 경우에는 신청내용 전체를 배척하여야 하며 일부에 대해서 인용하는 처분을 할 수는 없다. 20. 변호사 (    )

□□□ **1243** 행정청은 사인의 신청에 구비서류의 미비와 같은 흠이 있는 경우 신청인에게 보완을 요구하여야 하는바, 이때 보완의 대상이 되는 흠은 원칙상 형식적·절차적 요건뿐만 아니라 실체적 발급요건상의 흠을 포함한다. 22. 지방 7급 (    )

**정답 & OX 풀이** ✏️

**1232** ✕ **납골당설치 신고**는 이른바 '수리를 요하는 신고'라 할 것이므로, 납골당설치 신고가 구 장사법 관련 규정의 모든 요건에 맞는 신고라 하더라도 신고인은 곧바로 납골당을 설치할 수는 없고, 이에 대한 행정청의 <u>수리처분이 있어야만</u> 신고한 대로 납골당을 설치할 수 있다. 대법원 2011. 9. 8. 선고 2009두6766 판결

**1233** ○ <u>수산업법 소정의 **어업의 신고**</u>는 행정청의 수리에 의하여 비로소 그 효과가 발생하는 이른바 '<u>수리를 요하는 신고</u>'라고 할 것이다. 대법원 2000. 5. 26. 선고 99다37382 판결

**1234** ○ 체육시설의 회원을 모집하고자 하는 자의 <u>시·도지사 등에 대한 **회원모집계획서 제출**</u>은 수리를 요하는 신고에서의 신고에 해당하며, <u>시·도지사 등의 **검토결과 통보**는 수리행위로서 행정처분에 해당한다.</u> 대법원 2009. 2. 26. 선고 2006두16243 판결

**1235** ○ **노동조합**이 헌법 제33조 제1항 및 그 헌법적 요청에 바탕을 둔 노동조합법 제2조 제4호가 규정한 **실질적 요건**을 갖추지 못하였다면, 설령 그 **설립신고가 행정관청에 의하여 형식상 수리되었더라도** 실질적 요건이 흠결된 하자가 해소되거나 치유되는 등의 특별한 사정이 없는 한 이러한 노동조합은 노동조합법상 그 **설립이 무효**로서 노동3권을 향유할 수 있는 주체인 노동조합으로서의 지위를 가지지 않는다고 보아야 한다. 대법원 2025. 7. 3. 선고 2023다251718 판결

**1236** ○ <u>신청인의 행정청에 대한 신청의 의사표시는 명시적이고 확정적인 것이어야 한다</u>고 할 것이므로 <u>신청인이 신청에 앞서 행정청의 허가업무 담당자에게 신청서의 내용에 대한 **검토를 요청**한 것만으로는 다른 특별한 사정이 없는 한 명시적이고 확정적인 신청의 의사표시가 있었다고 하기 어렵다.</u> 대법원 2004. 9. 24. 선고 2003두13236 판결

**1237** ○ 행정절차법 제17조(처분의 신청)
① 행정청에 처분을 구하는 신청은 문서로 하여야 한다. 다만, 다른 법령등에 특별한 규정이 있는 경우와 행정청이 미리 다른 방법을 정하여 공시한 경우에는 그러하지 아니하다.
③ 행정청은 신청에 필요한 구비서류, 접수기관, 처리기간, 그 밖에 필요한 사항을 게시(인터넷 등을 통한 게시를 포함한다)하거나 이에 대한 편람을 갖추어 두고 누구나 열람할 수 있도록 하여야 한다.

**1238** ○ 행정절차법 제17조(처분의 신청) ④ 행정청은 신청을 받았을 때에는 다른 법령등에 특별한 규정이 있는 경우를 제외하고는 그 접수를 보류 또는 거부하거나 부당하게 되돌려 보내서는 아니 되며, <u>신청을 접수한 경우에는 신청인에게 접수증을 주어야 한다.</u> 다만, <u>대통령령으로 정하는 경우에는 접수증을 주지 아니할 수 있다.</u>
행정절차법 시행령 제9조(접수증) 법 제17조제4항 단서에서 '대통령령이 정하는 경우'라 함은 다음 각 호의 1에 해당하는 신청의 경우를 말한다.
2. <u>처리기간이 '즉시'로 되어 있는 신청</u>

**1239** ✕ 행정절차법 제17조(처분의 신청) ⑤ 행정청은 신청에 <u>구비서류의 미비 등 흠이 있는 경우에는 보완에 필요한 상당한 기간을 정하여 지체 없이 신청인에게 **보완을 요구**하여야 한다.</u>

**1240** ○ 행정절차법 제17조(처분의 신청) ⑦ 행정청은 신청인의 편의를 위하여 다른 행정청에 신청을 접수하게 할 수 있다. 이 경우 행정청은 다른 행정청에 접수할 수 있는 신청의 종류를 미리 정하여 공시하여야 한다.

**1241** ○ 행정절차법 제18조(다수의 행정청이 관여하는 처분) 행정청은 다수의 행정청이 관여하는 처분을 구하는 신청을 접수한 경우에는 관계 행정청과의 신속한 협조를 통하여 그 처분이 지연되지 아니하도록 하여야 한다.

**1242** ✕ 처분청으로서는 국가유공자 등록신청에 대하여 단지 본인의 과실이 경합되어 있다는 등의 사유만이 문제가 된다면 <u>등록신청 전체를 단순 배척할 것이 아니라 그 신청을 **일부 받아들여** 지원대상자로 등록하는 처분을 하여야 한다.</u> 그럼에도 행정청이 등록 신청을 전부 배척하는 단순 거부처분을 하였다면 이는 위법한 것이니 그 처분은 전부 취소될 수밖에 없다. 대법원 2013. 7. 11. 선고 2013두2402 판결

**1243** ✕ 행정절차법 제17조 제5항은 (중략) 행정청으로 하여금 신청에 대하여 거부처분을 하기 전에 반드시 신청인에게 **신청의 내용이나 처분의 실체적 발급요건**에 관한 사항까지 보완할 기회를 부여하여야 할 **의무를 정한 것은 아니**라고 보아야 한다. 대법원 2020. 7. 23 선고 2020두36007 판결

□□□ **1244** ★☆☆ 행정청은 신청에 구비서류의 미비 등 흠이 있는 경우 원칙상 형식적·절차적인 요건만을 보완요구하여야 하므로 실질적인 요건에 관한 흠이 민원인의 단순한 착오나 일시적인 사정 등에 기인한 경우에도 보완을 요구할 수 없다. 23. 지방 9급 (    )

□□□ **1245** ★☆☆ 사인의 공법행위는 원칙적으로 발신주의에 따라 그 효력이 발생한다. 23. 지방 9급 (    )

□□□ **1246** ★★★ 「민법」상 비진의 의사표시의 무효에 관한 규정은 그 성질상 공무원이 한 사직(일괄사직)의 의사표시와 같은 사인의 공법행위에 적용되지 않는다. 22. 지방 7급 (    )

□□□ **1247** ★★☆ 사인의 공법상 행위는 명문으로 금지되거나 성질상 불가능한 경우가 아닌 한, 그에 의거한 행정행위가 행하여질 때까지는 자유로이 철회나 보정이 가능하다. 21. 지방 7급 (    )

□□□ **1248** ★★☆ 공무원의 사직의 의사표시는 상대방에게 도달한 후에는 철회할 수 없다. 23. 국가 7급 (    )

□□□ **1249** ★★☆ 공무원에 의해 제출된 사직원은 그에 터잡은 의원면직처분이 있을 때까지 철회될 수 있고, 일단 면직처분이 있고 난 이후에도 자유로이 취소 및 철회될 수 있다. 23. 지방 9급 (    )

□□□ **1250** ★★★ 신고납세방식의 조세의 경우 납세의무자의 신고행위가 중대하고 명백한 하자로 인하여 당연무효로 되지 아니하는 한 신고에 따라 납부한 세액이 바로 부당이득에 해당하는 것은 아니다. 23. 국가 7급 (    )

## 정답 & OX 풀이 ✐

**1244** ✕ <u>보완의 대상</u>이 되는 흠은 보완이 가능한 경우이어야 함은 물론이고, 그 내용 또한 <u>형식적·절차적인 요건</u>이거나, **실질적인 요건**에 관한 흠이 있는 경우라도 그것이 민원인의 **단순한 착오나 일시적인 사정** 등에 기한 경우 등이라야 한다. 대법원 2004. 10. 15. 선고 2003두6573 판결

**1245** ✕ 사인의 공법행위는 <u>도달주의 원칙</u>에 따라 사인의 공법행위가 <u>행정청에 도달한 때 그 효력</u>이 발생한다.

**1246** ○ <u>사직원 제출자의 내심의 의사가 사직할 뜻이 아니었다 하더라도 그 의사가 외부에 객관적으로 표시된 이상 그 의사는 **표시된 대로 효력**을 발하는 것이며, 민법 제107조 제1항 단서의 **비진의 의사표시의 무효**에 관한 규정은 그 성질상 **사인의 공법행위에 적용되지 아니**하므로 원고의 사직원을 받아들여 의원면직처분한 것을 당연무효라고 할 수 없다.</u> 대법원 2001. 8. 24. 선고 99두9971 판결

**1247** ○ <u>사인의 공법상 행위는 명문으로 금지되거나 성질상 불가능한 경우가 아닌 한 그에 따른 **행정행위가 행하여질 때까지** 자유로이 철회하거나 보정할 수 있다.</u> 대법원 2014. 7. 10. 선고 2013두7025 판결

**1248** ✕ 공무원이 한 사직 의사표시의 철회나 취소는 그에 터잡은 **의원면직처분이 있을 때까지** 할 수 있는 것이고, 일단 면직처분이 있고 난 이후에는 철회나 취소할 여지가 없다. 대법원 2001. 8. 24. 선고 99두9971 판결

**1249** ✕ 위 1248번의 해설 내용 참고.

**1250** ○ **신고납부방식**의 조세는 원칙적으로 납세의무자가 스스로 과세표준과 세액을 정하여 신고하는 행위에 의하여 납세의무가 구체적으로 확정되고, 그 납부행위는 신고에 의하여 확정된 구체적 납세의무의 이행으로 하는 것이며, 국가나 지방자치단체는 그와 같이 확정된 조세채권에 기하여 납부된 세액을 보유한다. 납세의무자의 **신고행위**가 중대하고 명백한 하자로 인하여 **당연무효로 되지 아니하는 한** 그것이 바로 **부당이득**에 해당한다고 할 수 **없다**. 대법원 2018. 11. 9. 선고 2015다221026 판결

Part

# 04

# 행정의 실효성 확보수단

**기출 지문 OX Check**

☐☐☐ **1251** 행정대집행은 「행정기본법」상 행정상 강제에 해당한다. 23. 국가 9급 (     )

☐☐☐ **1252** 행정상 강제조치에 관하여 「행정기본법」에서 정한 사항 이외의 사항을 다른 법률에서 정할 수 없다.
25. 지방 9급 (     )

★★★
☐☐☐ **1253** 보안처분 관계 법령에 따라 행하는 사항에 관하여는 「행정기본법」상 행정상 강제에 대한 규정이 적용된다.
25. 지방 9급 (     )

★★★
☐☐☐ **1254** 외국인의 출입국에 관한 사항에 관하여는 「행정기본법」상 행정상 강제 규정이 적용된다.
25. 지방 9급 (     )

★★★
☐☐☐ **1255** 관계 법령상 행정대집행의 절차가 인정되어 행정청이 행정대집행의 방법으로 건물의 철거 등 대체적 작위의무의 이행을 실현할 수 있는 경우에는 따로 민사소송의 방법으로 그 의무의 이행을 구할 수 없다.
22. 지방 7급 (     )

★★★
☐☐☐ **1256** 공법인이 대집행권한을 위탁받아 공무인 대집행 실시에 지출한 비용을 「행정대집행법」에 따라 강제징수할 수 있음에도 민사소송절차에 의하여 상환을 청구하는 것은 허용되지 않는다. 22. 지방 7급 (     )

☐☐☐ **1257** 「도시정비법」상 시장·군수가 아닌 사업시행자가 분양받는 자를 상대로 공법상 당사자소송의 방법으로 청산금을 청구하는 것은 특별한 사정이 없는 한 허용할 수 없다. 25. 군무원 7급 (     )

★★☆
☐☐☐ **1258** 국가는 국유재산의 무단점유자에 대하여 변상금부과·징수권의 행사와는 별도로 민사상 부당이득반환청구의 소를 제기할 수 없다. 25. 국가 9급 (     )

★★☆
☐☐☐ **1259** 권원 없이 국유재산에 설치한 시설물에 대하여 관리청이 행정대집행을 통해 철거를 하지 않는 경우 그 국유재산에 대하여 사용청구권을 가진 자는 국가를 대위하여 민사소송으로 그 시설물의 철거를 구할 수 있다. 22. 지방 9급 (     )

★★☆
☐☐☐ **1260** 「행정대집행법」에서는 행정청이 법령등에 따라 부과한 의무의 불이행에 대해서만 행정대집행의 대상으로 삼고 있고 법령등에서 직접 명령한 의무의 불이행에 대해서는 행정대집행의 대상으로 삼고 있지 않다.
25. 국가 7급 (     )

★★☆
☐☐☐ **1261** 대집행계고처분을 하기 위하여는 법령에 의하여 직접 명령되거나 법령에 근거한 행정청의 명령에 의한 의무자의 대체적 작위의무 위반행위가 있어야 한다. 25. 지방 7급 (     )

## 정답 & OX 풀이

**1251** ○ 행정기본법 제30조(행정상 강제) ① (생략)

　　　1. <u>행정대집행</u> : (생략)

**1252** ✕ 행정기본법 제30조(행정상 강제) ② 행정상 강제 조치에 관하여 <u>이 법에서 정한 사항 외에 필요한 사항은 따로 법률로 정한다.</u>

**1253** ✕ 행정기본법 제30조(행정상 강제) ③ 형사, 행형 및 **보안처분** 관계 법령에 따라 행하는 사항이나 **외국인의 출입국**·난민인정·귀화·국적회복에 관한 사항에 관하여는 <u>이 절을 적용하지 아니한다.</u>

**1254** ✕ 위 1253번의 해설 내용 참고.

**1255** ○ 관계 법령상 행정대집행의 절차가 인정되어 행정청이 **행정대집행의 방법으로** 건물의 철거 등 대체적 작위의무의 이행을 실현할 수 있는 경우에는 따로 <u>민사소송의 방법으로 그 의무의 이행을 구할 수 없다.</u> 대법원 2017. 4. 28. 선고 2016다213916 판결

**1256** ○ 공법인인 대한주택공사가 법령에 의하여 대집행권한을 위탁받아 공무인 대집행을 실시하기 위하여 지출한 비용을 행정대집행법 절차에 따라 **징수할 수 있음**에도 민사소송절차에 의하여 그 비용의 상환을 청구한 경우, 그 청구는 <u>소의 이익이 없어 부적법</u>하다. 대법원 2011. 9. 8. 선고 2010다48240 판결

**1257** ○ 도시 및 주거환경정비법에 규정된 <u>청산금의 **징수**</u>에 관하여는 <u>지방세**체납처분의 예에 의한 징수**</u> 또는 징수 위탁과 같은 간이하고 경제적인 특별구제절차가 마련되어 있으므로, 시장·군수가 사업시행자의 청산금 징수 위탁에 응하지 아니하였다는 등의 특별한 사정이 없는 한 시장·군수가 아닌 사업시행자가 이와 별개로 공법상 <u>당사자소송의 방법으로 청산금 청구를 할 수는 없다.</u> 대법원 2017. 4. 28. 선고 2016두39498 판결

**1258** ✕ 구 국유재산법에 의한 변상금 부과·징수권은 민사상 부당이득반환청구권과 법적 성질을 달리하므로, 국가는 <u>무단점유자를 상대로</u> **변상금 부과·징수권**의 행사와 별도로 국유재산의 소유자로서 민사상 **부당이득반환청구**의 소를 제기할 수 **있다**. 대법원 2014. 7. 16. 선고 2011다76402 전원합의체 판결

**1259** ○ 아무런 권원 없이 국유재산에 설치한 시설물에 대하여 행정청이 **행정대집행을 실시하지 않는** 경우, 그 국유재산에 대한 <u>사용청구권을 가지고 있는 자는 **국가를 대위하여 민사소송으로**</u> 그 시설물의 철거를 구할 수 있다. 대법원 2009. 6. 11. 선고 2009다1122 판결

**1260** ✕ 행정대집행법 제2조(대집행과 그 비용징수) <u>법률(법률의 위임에 의한 명령, 지방자치단체의 **조례를 포함**한다. 이하 같다)에 의하여 **직접명령**되었거나</u> 또는 법률에 의거한 행정청의 명령에 의한 행위로서 타인이 대신하여 행할 수 있는 행위를 의무자가 이행하지 아니하는 경우 다른 수단으로써 그 이행을 확보하기 곤란하고 또한 그 불이행을 방치함이 심히 공익을 해할 것으로 인정될 때에는 당해 행정청은 스스로 의무자가 하여야 할 행위를 하거나 또는 제삼자로 하여금 이를 하게 하여 그 비용을 의무자로부터 징수할 수 있다.

**1261** ○ 대집행계고처분을 하기 위하여는 <u>법령에 의하여 직접 명령되거나 법령에 근거한 행정청의 명령에 의한</u> 의무자의 대체적 작위의무 위반행위가 있어야 한다. 대법원 1996. 6. 28. 선고 96누4374 판결

□□□ **1262** ★☆☆
대체적 작위의무가 법률의 위임을 받은 조례에 의해 직접 부과된 경우에는 대집행의 대상이 되지 아니한다. 20. 국가 7급 (      )

□□□ **1263** ★☆☆
「행정대집행법」상 대집행의 대상이 되는 대체적 작위의무는 공법상 의무이어야 한다. 23. 국가 9급 (      )

□□□ **1264** ★★★
「공익사업을 위한 토지 등의 취득 및 보상에 관한 법률」상의 협의취득시에 매매대상 건물에 대한 철거의무를 부담하겠다는 취지의 약정을 건물소유자가 하였다고 하더라도, 그 철거의무는 대집행의 대상이 되지 않는다. 24. 지방 9급 (      )

□□□ **1265** ★★☆
공유재산 대부계약의 해지에 따른 원상회복으로 행정대집행의 방법에 의하여 그 지상물을 철거시킬 수 있다. 20. 국회 8급 (      )

□□□ **1266** ★★☆
행정청이 구 「토지구획정리사업법」상 토지구획정리사업의 환지예정지를 지정하고, 그 사업에 편입되는 건축물로서 지장물 소유자에게 지장물의 자진이전을 요구한 후 이에 응하지 않자 지장물의 이전에 대한 대집행을 계고하고 다시 대집행영장을 통지한 경우, 위 계고처분 등은 「행정대집행법」 제2조에 따라 명령된 지장물 이전의무가 없음에도 그러한 의무의 불이행을 사유로 행하여진 것이므로 위법하다. 25. 지방 9급 (      )

□□□ **1267** ★☆☆
공유수면에 설치한 건물을 철거하여 공유수면을 원상회복하여야 할 의무는 대체적 작위의무에 해당하므로 행정대집행의 대상이 된다. 20. 국가 9급 (      )

□□□ **1268** ★★★
도시공원시설 점유자의 퇴거 및 명도 의무는 「행정대집행법」에 의한 대집행의 대상이 아니다. 21. 지방 9급 (      )

□□□ **1269** ★★★
구 「토지수용법」상 피수용자가 기업자에 대하여 부담하는 수용대상 토지의 인도의무에는 명도도 포함되고, 이러한 명도의무는 특별한 사정이 없는 한 「행정대집행법」상 대집행의 대상이 된다. 24. 국가 9급 (      )

□□□ **1270** ★★☆
수용재결에 따른 행정청의 철거 및 퇴거명령에도 불구하고 甲이 토지 인도의무를 이행하지 않을 경우, 甲의 토지 인도의무는 공법상 의무에 해당하므로 그 권리에 끼칠 현저한 손해를 피하기 위한 경우라 하더라도 행정청이 그 권리를 피보전권리로 하는 민사상 명도단행가처분을 구할 수는 없다. 24. 국가 9급 (      )

□□□ **1271** ★★★
관계법령에 위반하여 장례식장 영업을 하고 있는 자에게 부과된 장례식장 사용중지의무는 공법상 의무로서 행정대집행의 대상이 된다. 22. 지방 9급 (      )

□□□ **1272** ★★★
법령이 일정한 행위를 금지하고 있는 경우, 그 금지규정으로부터 위반결과의 시정을 명하는 행정청의 처분권한은 당연히 도출되므로 행정청은 그 금지규정에 근거하여 시정을 명하고 행정대집행에 나아갈 수 있다. 22. 지방 7급 (      )

□□□ **1273** ★★★
부작위의무도 대체적 작위의무로 전환하는 규정을 두고 있는 경우에는 대체적 작위의무로 전환한 후에 대집행의 대상이 될 수 있다. 23. 지방 7급 (      )

# 정답 & OX 풀이

**1262** ✕ 앞쪽의 1260번의 해설 내용 참고.

**1263** ○ 행정대집행법상 <u>대집행의 대상이 되는 대체적 작위의무는 공법상 의무</u>이어야 할 것이다. 대법원 2006. 10. 13. 선고 2006두7096 판결

**1264** ○ 구 공공용지의 취득 및 손실보상에 관한 특례법에 따른 토지 등의 **협의취득**은 공공사업에 필요한 토지 등을 그 소유자와의 협의에 의하여 취득하는 것으로서 공공기관이 사경제주체로서 행하는 **사법상** 매매 내지 사법상 계약의 실질을 가지는 것이므로, 그 협의취득시 건물소유자가 매매대상 건물에 대한 철거의무를 부담하겠다는 취지의 약정을 하였다고 하더라도 이러한 철거의무는 공법상의 의무가 될 수 없고, 이 경우에도 행정대집행법을 준용하여 대집행을 허용하는 별도의 규정이 없는 한 위와 같은 철거의무는 행정대집행법에 의한 **대집행의 대상이 되지 않는다.** 대법원 2006. 10. 13. 선고 2006두7096 판결

**1265** ○ 공유재산의 점유자가 그 공유재산에 관하여 대부계약 외 달리 정당한 권원이 있다는 자료가 없는 경우 그 **대부계약이 적법하게 해지**된 이상 그 <u>점유자의 공유재산에 대한 점유는 정당한 이유 없는 점유</u>라 할 것이고, 따라서 지방자치단체의 장은 지방재정법 제85조에 의하여 <u>행정대집행의 방법으로 그 지상물을 철거시킬 수 있다.</u> 대법원 2001. 10. 12. 선고 2001두4078 판결

**1266** ○ (행정청이 토지구획정리사업의 환지예정지를 지정하고 그 사업에 편입되는 건축물 등 지장물의 소유자 또는 임차인에게 <u>지장물의 **자진이전을 요구**</u>한 후 이에 응하지 않자 지장물의 이전에 대한 대집행을 계고하고 다시 대집행영장을 통지한 사안에서) 위 계고처분 등은 행정대집행법 제2조에 따라 **명령된 지장물 이전의무가 없음에도** 그러한 의무의 불이행을 사유로 행하여진 것으로 위법하다고 한 사례. 대법원 2010. 6. 24. 선고 2010두1231 판결

**1267** ○ **건물을 철거**하여 이 사건 공유수면을 원상회복하여야 할 의무는 대체적 작위의무에 해당하므로 행정대집행의 대상이 된다. 대법원 2017. 4. 28. 선고 2016다213916 판결

**1268** ○ 도시공원시설인 매점의 관리청이 그 공동점유자 중의 1인에 대하여 소정의 기간 내에 위 <u>매점으로부터 **퇴거**</u>하고 이에 부수하여 그 판매 시설물 및 상품을 **반출**하지 아니할 때에는 이를 대집행하겠다는 내용의 계고처분은 그 주된 목적이 매점의 원형을 보존하기 위하여 점유자가 설치한 불법 시설물을 철거하고자 하는 것이 아니라, 매점에 대한 **점유자의 점유를 배제**하고 그 **점유 이전**을 받는 데 있다고 할 것인데, 이러한 의무는 그것을 강제적으로 실현함에 있어 직접적인 실력행사가 필요한 것이지 **대체적 작위의무에 해당하는 것은 아니어서** 직접강제의 방법에 의하는 것은 별론으로 하고 행정대집행법에 의한 대집행의 대상이 되는 것은 아니다. 대법원 1998. 10. 23. 선고 97누157 판결

**1269** ✕ 피수용자 등이 기업자에 대하여 부담하는 수용대상 토지의 인도의무에 관한 구 토지수용법 제63조, 제64조, 제77조 규정에서의 '인도'에는 명도도 포함되는 것으로 보아야 하고, 이러한 **명도의무**는 그것을 강제적으로 실현하면서 직접적인 실력행사가 필요한 것이지 **대체적 작위의무라고 볼 수 없으므로** 특별한 사정이 없는 한 행정대집행법에 의한 <u>대집행의 대상이 될 수 있는 것이 아니다.</u> 대법원 2005. 8. 19. 선고 2004다2809 판결

**1270** ✕ 구 토지수용법의 규정에 따라 피수용자 등이 기업자에 대하여 부담하는 <u>수용대상 토지의 인도 또는 그 지장물의 명도의무 등이</u> 비록 공법상의 법률관계라고 하더라도, 그 권리를 피보전권리로 하는 **명도단행가처분**은 그 권리에 끼칠 현저한 손해를 피하거나 급박한 위험을 방지하기 위하여 또는 그 밖의 필요한 이유가 있을 경우에는 **허용**될 수 있다. 대법원 2005. 8. 19. 선고 2004다2809 판결

**1271** ✕ 관계 법령에 위반하여 장례식장 영업을 하고 있는 자의 **장례식장 사용중지의무**는 <u>비대체적 부작위 의무이므로</u> 행정대집행법 제2조의 규정에 의한 <u>대집행의 대상이 아니다.</u> 대법원 2005. 9. 28. 선고 2005두7464 판결

**1272** ✕ 단순한 <u>부작위의무의 위반</u>, 즉 관계 법령에 정하고 있는 절대적 금지나 허가를 유보한 상대적 금지를 위반한 경우에는 당해 법령에서 그 위반자에 대하여 위반에 의하여 생긴 유형적 결과의 **시정을 명하는 행정처분의 권한**을 인정하는 **규정을 두고 있지 아니한 이상**, **법치주의의 원리**에 비추어 볼 때 위와 같은 **부작위의무로부터** 그 의무를 위반함으로써 생긴 결과를 시정하기 위한 **작위의무를 당연히 끌어낼 수는 없으며**, 또 위 <u>금지규정(특히 허가를 유보한 상대적 금지규정)으로부터 작위의무, 즉 **위반결과의 시정을 명하는 권한이 당연히 추론되는 것도 아니다.**</u> 대법원 1996. 6. 28. 선고 96누4374 판결

**1273** ○ 위 1272번의 해설 내용 참고.

□□□ **1274** 위반 결과의 시정을 명하는 권한은 금지규정으로부터 당연히 추론되는 것은 아니다. 21. 국가 7급 (     )

□□□ **1275** 부작위의무 위반행위에 대하여 대체적 작위의무로 전환하는 규정이 없는 경우, 부작위의무 위반결과의 시정을 명하는 원상복구명령은 무효이고, 원상복구명령의 실효성 확보를 위한 대집행의 계고처분 역시 무효이다. 22. 국회 8급 (     )

□□□ **1276** 「건축법」에 위반하여 증·개축함으로써 철거의무가 있더라도 그 철거의무를 대집행하기 위한 계고처분을 하려면 다른 방법으로는 그 이행의 확보가 어렵고, 그 불이행을 방치함이 심히 공익을 해하는 것으로 인정되는 경우에 한한다. 20. 지방 7급 (     )

□□□ **1277** 무허가증축부분으로 인하여 건물의 미관이 나아지고 증축부분을 철거하는 데 비용이 많이 소요된다고 하더라도 건물철거대집행계고처분을 할 요건에 해당된다. 20. 지방 7급 (     )

□□□ **1278** 「행정대집행법」 제2조에 따른 대집행의 실시여부는 행정청의 재량에 속하지 않는다. 17. 국가 9급 (     )

□□□ **1279** 「행정대집행법」상 건물철거 대집행은 다른 방법으로는 이행의 확보가 어렵고 불이행을 방치함이 심히 공익을 해하는 것으로 인정될 때에 한하여 허용되고, 이러한 요건의 주장·입증책임은 처분 행정청에 있다. 19. 지방 7급 (     )

□□□ **1280** 계고를 함에 있어서 그 행위의 내용과 범위는 반드시 시정명령서나 대집행계고서에 의하여서만 특정되어야 하는 것은 아니고, 그 처분 전후에 송달된 문서나 기타 사정을 종합하여 이를 특정할 수 있으면 족하다. 23. 소방간부 (     )

□□□ **1281** 상당한 의무이행기간을 부여하지 아니한 대집행계고처분이 있었다면, 설령 행정청이 대집행영장으로써 대집행의 시기를 늦추었더라도 그 대집행계고처분은 적법절차에 위배한 것으로 위법한 처분이 된다. 21. 군무원 7급 (     )

□□□ **1282** 계고서라는 명칭의 1장의 문서로서 건축물의 철거명령과 동시에 그 소정기한 내에 자진철거를 하지 아니할 때에는 대집행할 뜻을 미리 계고한 경우, 「건축법」에 의한 철거명령과 「행정대집행법」에 의한 계고처분은 각 그 요건이 충족되었다고 볼 수 없다. 24. 지방 9급 (     )

□□□ **1283** 철거명령에서 주어진 일정기간이 자진철거에 필요한 상당한 기간이라고 하여도 그 기간 속에는 계고시에 필요한 '상당한 이행기간'이 포함되어 있다고 볼 수 없다. 19. 지방 9급 (     )

□□□ **1284** 위법한 건물이 2인 이상의 공유인 경우 공유자 1인에 대한 계고처분은 다른 공유자에 대하여는 그 효력이 없다. 25. 국회 8급 (     )

□□□ **1285** 행정대집행을 함에 있어 비상시 또는 위험이 절박한 경우에 당해 행위의 급속한 실시를 요하여 절차를 취할 여유가 없을 때에는 계고 및 대집행영장 통지 절차를 생략할 수 있다. 21. 소방 (     )

□□□ **1286** 행정청은 해가 지기 전에 대집행을 착수한 경우라도 해가 진 후에는 대집행을 할 수 없다.
25. 지방 7급 (     )

# 정답 & OX 풀이

**1274** O 앞쪽의 1272번의 해설 내용 참고.

**1275** O 부작위의무 위반행위에 대하여 대체적 작위의무로 **전환하는 규정을 두고 있지 아니**하므로 위 금지규정으로부터 그 위반결과의 시정을 명하는 **원상복구명령을 할 수 있는 권한이 도출되는 것은 아니다.** 결국 행정청의 원고에 대한 원상복구명령은 **권한 없는 자의 처분으로 무효**라고 할 것이고, 위 원상복구명령이 당연무효인 이상 후행처분인 계고처분의 효력에 당연히 영향을 미쳐 그 **계고처분 역시 무효**로 된다. 대법원 1996. 6. 28. 선고 96누4374 판결

**1276** O 건축법에 위반하여 증·개축함으로써 철거의무가 있더라도 행정대집행법 제2조에 의하여 그 철거의무를 대집행하기 위한 계고처분을 하려면 다른 방법으로는 그 이행의 확보가 어렵고, 그 불이행을 방치함이 심히 공익을 해하는 것으로 인정되는 경우에 한한다. 대법원 1989. 7. 11. 선고 88누11193 판결

**1277** O 무허가증축부분으로 인하여 건물의 미관이 나아지고 위 증축부분을 철거하는 데 비용이 많이 소요된다고 하더라도 위 무허가증축부분을 그대로 방치한다면 (중략) 더 큰 공익을 심히 해할 우려가 있다고 보이므로 건물철거대집행계고처분을 할 요건에 해당된다. 대법원 1992. 3. 10. 선고 91누4140 판결

**1278** X 대집행의 요건이 충족되는 경우에 행정청이 반드시 대집행을 하여야 하는 것인지 문제되는데, 판례는 대집행권한의 행사를 행정청의 재량으로 본다(대법원 1996. 10. 11. 선고 96누8086 판결 등).

**1279** O 건축법에 위반하여 건축한 것이어서 철거의무가 있는 건물이라 하더라도 그 철거의무를 대집행하기 위한 계고처분을 하려면 다른 방법으로는 이행의 확보가 어렵고 불이행을 방치함이 심히 공익을 해하는 것으로 인정될 때에 한하여 허용되고 이러한 요건의 주장·입증책임은 처분 **행정청**에 있다. 대법원 1993. 9. 14. 선고 92누16690 판결

**1280** O 대집행의 계고를 함에 있어서 의무자가 이행하여야 할 행위와 그 의무불이행시 대집행할 행위의 내용 및 범위는 **반드시 대집행 계고서에 의하여서만 특정되어야 하는 것은 아니고** 그 처분 전후에 송달된 문서나 기타 사정을 **종합하여** 이를 특정할 수 있으면 족하다. 대법원 1992. 3. 10. 선고 91누4140 판결

**1281** O **상당한 의무이행기간**을 부여하지 아니한 대집행계고처분이 있었다면, 설사 피고가 대집행영장으로써 대집행의 시기를 늦추었더라도 위 대집행계고처분은 상당한 이행기한을 정하여 한 것이 아니어서 대집행의 적법절차에 위배한 것으로 위법한 처분이라고 할 것이다. 대법원 1990. 9. 14. 선고 90누2048 판결

**1282** X 계고서라는 명칭의 **1장의 문서**로서 일정기간 내에 위법건축물의 **자진철거를 명함**과 동시에 그 소정기한 내에 자진철거를 하지 아니할 때에는 **대집행할 뜻을 미리 계고**한 경우라도 건축법에 의한 **철거명령**과 행정대집행법에 의한 **계고처분**은 독립하여 있는 것으로서 **각 그 요건이 충족되었다**고 볼 것이고, 이 경우 철거명령에서 주어진 일정기간이 **자진철거에 필요한 상당한 기간**이라면 그 기간 속에는 계고시에 필요한 '상당한 이행기간'도 **포함되어 있다**고 보아야 할 것이다. 대법원 1992. 6. 12. 선고 91누13564 판결

**1283** X 위 1282번의 해설 내용 참고.

**1284** O 위법한 건물의 공유자 1인에 대한 계고처분은 다른 공유자에 대하여는 그 효력이 없다. 대법원 1994. 10. 28. 선고 94누5144 판결

**1285** O 행정대집행법 제3조(대집행의 절차) ③ **비상시 또는 위험이 절박**한 경우에 있어서 당해 행위의 **급속한 실시**를 요하여 전2항에 규정한 수속(주: **계고 및 대집행영장 통지**)을 취할 여유가 없을 때에는 그 수속을 거치지 아니하고 대집행을 할 수 있다.

**1286** X 행정대집행법 제4조(대집행의 실행 등) ① 행정청(제2조에 따라 대집행을 실행하는 제3자를 포함한다)은 **해가 뜨기 전이나 해가 진 후**에는 대집행을 하여서는 아니 된다. 다만, 다음 각 호의 어느 하나에 해당하는 경우에는 그러하지 아니하다.
2. 해가 지기 전에 대집행을 착수한 경우

□□□ **1287** 건물의 점유자가 철거의무자일 때에도 건물철거의무에 퇴거의무가 포함되어 있지 않으므로 별도로 퇴거를 명하는 집행권원이 필요하다. 24. 국가 7급 (      )

□□□ **1288** 행정청이 건물 철거의무를 행정대집행의 방법으로 실현하는 과정에서, 건물을 점유하고 있는 철거의무자들에 대하여 제기한 건물퇴거를 구하는 소송은 적법하다. 20. 국가 9급 (      )

□□□ **1289** 행정청은 퇴거를 명하는 집행권원이 없더라도 건물철거 대집행 과정에서 부수적으로 철거의무자인 건물의 점유자들에 대해 퇴거 조치를 할 수 있다. 22. 지방 9급 (      )

□□□ **1290** 철거대상건물의 점유자들이 적법한 행정대집행을 위력을 행사하여 방해하는 경우, 행정청은 필요하다면 「경찰관 직무집행법」에 근거한 위험발생 방지조치 차원에서 경찰의 도움을 받을 수 있다.
25. 지방 7급 (      )

□□□ **1291** 대집행 비용은 원칙상 의무자가 부담하며 행정청은 그 비용액과 납기일을 정하여 의무자에게 문서로 납부를 명하여야 한다. 20. 지방 9급 (      )

□□□ **1292** 대집행에 요한 비용은 「국세징수법」의 예에 의하여 징수할 수 있다. 23. 국가 9급 (      )

□□□ **1293** 대집행에 요한 비용에 대하여서는 행정청은 사무비의 소속에 따라 국세와 동일한 순위의 선취득권을 가지며, 대집행에 요한 비용을 징수하였을 때에는 그 징수금은 국고의 수입으로 한다. 23. 국가 9급 (      )

□□□ **1294** 대집행에 요한 비용을 징수하였을 때에는 그 징수금은 사무비의 소속에 따라 국고 또는 지방자치단체의 수입으로 한다. 21. 지방 9급 (      )

□□□ **1295** 후행처분인 대집행비용납부명령 취소청구 소송에서 선행처분인 계고처분이 위법하다는 이유로 대집행비용납부명령의 취소를 구할 수 없다. 21. 지방 9급 (      )

□□□ **1296** 대집행에 대하여는 행정심판을 제기할 수 있다. 21. 지방 9급 (      )

□□□ **1297** 이행강제금은 심리적 압박을 통하여 간접적으로 의무이행을 확보하는 수단인 행정벌과는 달리 의무이행의 강제를 직접적인 목적으로 하므로, 강학상 직접강제에 해당한다. 19. 국가 9급 (      )

□□□ **1298** 이행강제금은 행정상 간접적인 강제집행 수단이다. 23. 지방 7급 (      )

□□□ **1299** 「건축법」상 이행강제금은 시정명령의 불이행이라는 과거의 위반행위에 대한 제재이다. 24. 지방 9급 (      )

□□□ **1300** 형사처벌과 이행강제금은 병과될 수 있다. 20. 지방 9급 (      )

□□□ **1301** 부작위의무나 비대체적 작위의무 뿐만 아니라 대체적 작위의무의 위반에 대하여도 이행강제금을 부과할 수 있다. 24. 소방간부 (      )

□□□ **1302** 「건축법」상 위반건축물에 대한 행정대집행과 이행강제금은 합리적인 재량에 의해 선택하여 활용하는 이상 중첩적인 제재에 해당한다고 볼 수 없다. 23. 국가 7급 (      )

## 정답 & OX 풀이

**1287** ✕ 건물의 점유자가 철거의무자일 때에는 **건물철거의무에 퇴거의무도 포함**되어 있는 것이어서 별도로 **퇴거를 명하는 집행권원이 필요하지 않다**(주: 점유자들에 대한 퇴거를 명하는 것을 구하는 소송은 소의 이익이 없음). 따라서 행정청이 행정대집행의 방법으로 건물철거의무의 이행을 실현할 수 있는 경우에는 건물철거 대집행 과정에서 부수적으로 건물의 점유자들에 대한 **퇴거조치를 할 수 있는 것**이고, 그 점유자들이 적법한 행정대집행을 위력을 행사하여 방해하는 경우 형법상 공무집행방해죄가 성립하므로, 필요한 경우에는 「경찰관 직무집행법」에 근거한 위험발생 방지조치 또는 형법상 공무집행방해죄의 범행방지 내지 현행범체포의 차원에서 경찰의 도움을 받을 수도 있다. 대법원 2017. 4. 28. 선고 2016다213916 판결

**1288** ✕ 위 1287번의 해설 내용 참고.

**1289** ○ 위 1287번의 해설 내용 참고.

**1290** ○ 위 1287번의 해설 내용 참고.

**1291** ○ 행정대집행법 제5조(비용납부명령서) 대집행에 요한 비용의 징수에 있어서는 실제에 요한 비용액과 그 납기일을 정하여 의무자에게 문서로써 그 납부를 명하여야 한다.

**1292** ○ 행정대집행법 제6조(비용징수) ① 대집행에 요한 비용은 국세징수법의 예에 의하여 징수할 수 있다.

**1293** ✕ 행정대집행법 제6조(비용징수)
② 대집행에 요한 비용에 대하여서는 행정청은 사무비의 소속에 따라 **국세에 다음가는** 순위의 선취득권을 가진다.
③ 대집행에 요한 비용을 징수하였을 때에는 그 징수금은 사무비의 소속에 따라 국고 또는 지방자치단체의 수입으로 한다.

**1294** ○ 위 1293번의 해설 내용 참고.

**1295** ✕ 후행처분인 대집행비용납부명령의 취소를 청구하는 소송에서 청구원인으로 선행처분인 **계고처분이 위법**한 것이기 때문에 그 계고처분을 전제로 행하여진 **대집행비용납부명령도 위법**한 것이라는 주장을 할 수 있다. 대법원 1993. 11. 9. 선고 93누14271 판결

**1296** ○ 행정대집행법 제7조(행정심판) 대집행에 대하여는 행정심판을 제기할 수 있다.

**1297** ✕ 건축법상 **이행강제금**은 일정한 기한까지 의무를 이행하지 않을 때에는 일정한 금전적 부담을 과할 뜻을 미리 계고함으로써 의무자에게 심리적 압박을 주어 **장래에** 그 의무를 이행하게 하려는 행정상 **간접적인** 강제집행 수단의 하나로서 **과거의** 일정한 법률위반 행위에 대한 제재로서의 **형벌**이 아니라 장래의 의무이행의 확보를 위한 강제수단일 뿐이어서 범죄에 대하여 국가가 형벌권을 실행한다고 하는 과벌에 해당하지 아니하므로 헌법 제13조 제1항이 금지하는 이중처벌금지의 원칙이 적용될 여지가 없다. 헌법재판소 2011. 10. 25. 선고 2009헌바140 결정

**1298** ○ 위 1297번의 해설 내용 참고.

**1299** ✕ 위 1297번의 해설 내용 참고.

**1300** ○ 위 1297번의 해설 내용 참고.

**1301** ○ 이행강제금은 **대체적 작위의무**의 위반에 대하여도 부과될 수 있다. 또한 행정청은 개별사건에 있어서 위반내용, 위반자의 시정의지 등을 감안하여 **대집행과 이행강제금을 선택적으로 활용**할 수 있으며, 이처럼 그 합리적인 재량에 의해 선택하여 활용하는 이상 **중첩적인 제재에 해당한다고 볼 수 없다**. 헌법재판소 2004. 2. 26. 선고 2001헌바80 결정

**1302** ○ 위 1301번의 해설 내용 참고.

□□□ **1303** ★☆☆ 「건축법」상 허가권자는 이행강제금을 부과하기 전에 이행강제금을 부과·징수한다는 뜻을 미리 문서로써 계고하여야 한다. 19. 지방 9급 (    )

□□□ **1304** ★☆☆ 사용자가 이행하여야 할 행정법상 의무의 내용을 초과하는 것을 '불이행 내용'으로 기재한 이행강제금 부과 예고서에 의하여 이행강제금 부과 예고를 한 다음 이를 이행하지 않았다는 이유로 이행강제금을 부과하였다면, 초과한 정도가 근소하다는 등의 특별한 사정이 없는 한 이행강제금 부과 예고는 위법하며, 이에 터 잡은 이행강제금 부과처분 역시 위법하다. 19. 국가 7급 (    )

□□□ **1305** ★★★ 행정청은 의무자가 행정상 의무를 이행할 때까지 이행강제금을 반복하여 부과할 수 있지만, 의무자가 의무를 이행하면 이미 부과한 이행강제금이라도 징수할 수 없다. 25. 국가 7급 (    )

□□□ **1306** ★☆☆ 「건축법」상 이행강제금은 반복하여 부과·징수될 수 있다. 20. 지방 9급 (    )

□□□ **1307** ★☆☆ 「건축법」상 행정청은 의무자가 행정상 의무를 이행할 때까지 이행강제금을 반복하여 부과할 수 있으나, 의무자가 의무를 이행하면 새로운 이행강제금의 부과를 즉시 중지하여야 하고 이미 부과한 이행강제금은 징수하지 아니한다. 21. 지방 7급 (    )

□□□ **1308** ★☆☆ 개발제한구역법에 따른 행정청의 시정명령 불이행에 대한 이행강제금의 부과·징수를 위한 계고는 시정명령을 불이행한 경우에 취할 수 있는 절차라 할 것이고, 따라서 이행강제금을 부과·징수할 때마다 그에 앞서 시정명령 절차를 다시 거쳐야 할 필요는 없다. 24. 소방간부 (    )

□□□ **1309** ★☆☆ 「농지법」에 따른 이행강제금을 부과할 때에는 그때마다 이행강제금을 부과·징수한다는 뜻을 미리 문서로 알려야 하고, 이와 같은 절차를 거치지 아니한 채 이행강제금을 부과하는 것은 이행강제금 제도의 취지에 반하는 것으로써 위법하다. 21. 지방 7급 (    )

□□□ **1310** ★★★ 「건축법」상 시정명령을 받은 의무자가 이행강제금이 부과되기 전에 그 의무를 이행하였더라도 그 시정명령에서 정한 기간을 지나서 이행한 경우라면 행정청은 이행강제금을 부과할 수 있다. 23. 국가 7급 (    )

□□□ **1311** ★☆☆ 「부동산 실권리자명의 등기에 관한 법률」상 장기미등기자가 이행강제금 부과 전에 등기신청의무를 이행하였더라도 동법에 규정된 기간이 지나서 등기신청의무를 이행하였다면 이행강제금을 부과할 수 있다. 21. 지방 9급 (    )

□□□ **1312** ★★☆ 「공정거래법」상 기업결합 제한위반행위자에 대한 이행강제금이 부과되기 전에 시정조치를 이행하거나 부작위 의무를 명하는 시정조치 불이행을 중단한 경우, 과거의 시정조치 불이행기간에 대하여 이행강제금을 부과할 수 있다. 미출 (    )

□□□ **1313** ★★★ 장기간 시정명령을 이행하지 아니하였더라도, 그 기간 중에는 시정명령의 이행 기회가 제공되지 아니하였다가 뒤늦게 시정명령의 이행 기회가 제공된 경우라면, 시정명령의 이행 기회 제공을 전제로 한 1회분의 이행강제금만을 부과할 수 있고, 시정명령의 이행 기회가 제공되지 아니한 과거의 기간에 대한 이행강제금까지 한꺼번에 부과할 수는 없으며 이를 위반하여 이루어진 이행강제금 부과처분은 무효이다. 25. 지방 7급 (    )

## 정답 & OX 풀이

**1303** O 건축법 제80조(이행강제금) ③ 허가권자는 제1항 및 제2항에 따른 <u>이행강제금을 부과하기 전에</u> 제1항 및 제2항에 따른 <u>이행강제금을 부과·징수한다는 뜻을 **미리 문서로써 계고**</u>하여야 한다.

**1304** O 사용자가 <u>이행하여야 할 행정법상 **의무의 내용을 초과**</u>하는 것을 '불이행 내용'으로 기재한 이행강제금 부과 예고서에 의하여 <u>이행강제금 부과 예고</u>를 한 다음 이를 이행하지 않았다는 이유로 이행강제금을 부과하였다면, <u>초과한 정도가 근소하다는</u> 등의 특별한 사정이 없는 한 **이행강제금 부과 예고**는 이행강제금 제도의 취지에 반하는 것으로서 **위법**하고, <u>이에 터 잡은 **이행 강제금 부과처분 역시 위법**</u>하다. 대법원 2015. 6. 24. 선고 2011두2170 판결

**1305** X 행정기본법 제31조(이행강제금) ⑤ 행정청은 의무자가 행정상 의무를 이행할 때까지 이행강제금을 **반복하여 부과**할 수 있다. 다만, 의무자가 <u>의무를 이행하면</u> 새로운 이행강제금의 **부과를 즉시 중지**하되, <u>이미 부과한 이행강제금은</u> **징수하여야 한다**.

**1306** O 건축법 제80조(이행강제금) ⑤ 허가권자는 최초의 시정명령이 있었던 날을 기준으로 하여 **1년에 2회** 이내의 범위에서 해당 지방자치단체의 조례로 정하는 횟수만큼 그 시정명령이 이행될 때까지 **반복하여** 제1항 및 제2항에 따른 이행강제금을 부과·징수할 수 있다.

**1307** X 건축법 제80조(이행강제금) ⑥ 허가권자는 제79조 제1항에 따라 시정명령을 받은 자가 이를 이행하면 새로운 이행강제금의 <u>부과를 즉시 중지</u>하되, <u>이미 부과된 이행강제금은 징수하여야 한다</u>.

**1308** O 개발제한구역의 지정 및 관리에 관한 특별조치법상 이행강제금의 부과·징수를 위한 계고는 시정명령을 불이행한 경우에 취할 수 있는 절차라 할 것이고, 따라서 <u>이행강제금을 부과·징수할 때마다 그에 앞서 **시정명령 절차를 다시 거쳐야 할 필요는 없다**</u>. 대법원 2013. 12. 12. 선고 2012두19137 판결

**1309** O 농지법에 따른 이행강제금을 부과할 때에는 **그때마다** 이행강제금을 부과·징수한다는 뜻을 **미리 문서로 알려야** 하고, 이와 같은 절차를 거치지 아니한 채 이행강제금을 부과하는 것은 이행강제금 제도의 취지에 반하는 것으로서 위법하다. 대법원 2018. 11. 2.자 2018마5608 결정

**1310** X 이행강제금의 본질상 건축법상 시정명령을 받은 의무자가 <u>이행강제금이 **부과되기 전**에 그 의무를 이행한 경우에는 비록 **시정명령에서 정한 기간을 지나서 이행한 경우라도** 이행강제금을 **부과할 수 없다**</u>. 대법원 2018. 1. 25. 선고 2015두35116 판결

**1311** X 장기미등기자가 이행강제금 **부과 전에** 등기신청의무를 이행하였다면 이행강제금의 부과로써 이행을 확보하고자 하는 목적은 이미 실현된 것이므로 부동산실명법에 규정된 **기간이 지나서 등기신청의무를 이행한 경우라 하더라도** 이행강제금을 **부과할 수 없다**. 대법원 2016. 6. 23. 선고 2015두36454 판결

**1312** O **공정거래법**상 기업결합 제한위반행위자에 대한 **이행강제금**이 부과되기 전에 시정조치를 이행하거나 부작위 의무를 명하는 시정조치 불이행을 중단한 경우 **과거의** 시정조치 불이행기간에 대하여 이행강제금을 **부과할 수 있다**. 대법원 2019. 12. 12 선고 2018두63563 판결

**1313** O 비록 건축주 등이 <u>장기간 시정명령을 이행하지 아니하였더라도</u>, 그 기간 중에는 <u>시정명령의 이행 기회가 제공되지 아니하였다가 뒤늦게 시정명령의 이행 기회가 제공된 경우라면</u>, 시정명령의 <u>이행 기회 제공을 전제로 한 1회분의 이행강제금만을 부과할 수 있고</u>, **시정명령의 이행 기회가 제공되지 아니한 과거의 기간에 대한 이행강제금까지 한꺼번에 부과할 수는 없다**. 그리고 이를 위반하여 이루어진 이행강제금 부과처분은 법규의 중요한 부분을 위반한 것으로서, 그러한 하자는 **중대**할 뿐만 아니라 객관적으로도 **명백**하다. 대법원 2016. 7. 14. 선고 2015두46598 판결

□□□ **1314** 「건축법」상 시정명령을 받은 의무자가 그 시정명령의 취지에 부합하는 의무를 이행하기 위한 정당한 방법으로 행정청에 신청 또는 신고를 하였으나 행정청이 위법하게 이를 거부 또는 반려함으로써 결국 그 처분이 취소되기에 이르렀더라도, 이행강제금 제도의 취지에 비추어 볼 때 그 시정명령의 불이행을 이유로 이행강제금을 부과할 수 있다. 23. 국가 9급 (       )

□□□ **1315** 행정청은 이행강제금을 부과받은 자가 납부기한까지 이행강제금을 내지 아니하면 국세강제징수의 예 또는 「지방행정제재·부과금의 징수 등에 관한 법률」에 따라 징수한다. 24. 지방 9급 (       )

□□□ **1316** 「건축법」상 이행강제금 납부의 최초 독촉은 징수처분으로서 항고소송의 대상이 되는 행정처분이 될 수 있다. 19. 지방 9급 (       )

□□□ **1317** 「농지법」상 이행강제금 부과처분에 대한 불복은 「비송사건절차법」에 따른 재판절차뿐만 아니라 「행정 소송법」상 항고소송 절차에 따를 수 있다. 23. 지방 9급 (       )

□□□ **1318** 관할청이 「농지법」상의 이행강제금 부과처분을 하면서 재결청에 행정심판을 청구하거나 관할 행정법원에 행정소송을 할 수 있다고 잘못 안내한 경우 행정법원의 항고소송 재판관할이 생긴다. 22. 국가 9급 (       )

□□□ **1319** 「건축법」상 이행강제금의 부과에 대해서는 항고소송을 제기할 수 없고 「비송사건절차법」에 따라 재판을 청구할 수 있다. 17. 지방 9급 (       )

□□□ **1320** 사망한 건축주에 대하여 「건축법」상 이행강제금이 부과된 경우 그 이행강제금 납부의무는 상속인에게 승계된다. 23. 국가 7급 (       )

□□□ **1321** 「건축법」상 이행강제금을 부과받은 사람이 이행강제금사건의 제1심결정 후 항고심결정이 있기 전에 사망한 경우, 항고심결정은 당연무효이고, 이미 사망한 사람의 이름으로 제기된 재항고는 보정할 수 없는 흠결이 있는 것으로서 부적법하다. 24. 지방 9급 (       )

□□□ **1322** 「식품위생법」상 영업소 폐쇄명령을 받은 후에도 계속하여 영업을 하는 경우 해당 영업소를 폐쇄하는 조치는 행정상 즉시강제의 수단에 해당한다. 21. 국가 9급 (       )

□□□ **1323** 「출입국관리법」상의 외국인 등록의무를 위반한 사람에 대한 강제퇴거는 행정상 즉시강제에 해당한다. 13. 국가 9급 (       )

□□□ **1324** 직접강제는 행정대집행이나 이행강제금 부과의 방법으로는 행정상 의무 이행을 확보할 수 없거나 그 실현이 불가능한 경우에 실시하여야 한다. 24. 지방 9급 (       )

□□□ **1325** 행정청은 직접강제를 하기 전에 미리 의무자에게 적절한 이행기간을 정하여 그 기한까지 행정상 의무를 이행하지 아니하면 직접강제를 한다는 뜻을 문서로 계고하여야 한다. 24. 국회 9급 (       )

□□□ **1326** 독촉절차 없이 압류처분을 하였다고 하더라도 이러한 사유만으로는 압류처분을 무효로 되게 하는 중대하고도 명백한 하자가 되지 아니한다. 25. 소방간부 (       )

## 정답 & OX 풀이

**1314** ✕ 시정명령을 받은 의무자가 그 시정명령의 취지에 부합하는 <u>의무를 이행하기 위한</u> **정당한 방법으로** 행정청에 신청 또는 신고를 하였으나 행정청이 **위법하게** 이를 거부 또는 반려함으로써 결국 그 처분이 취소되기에 이르렀다면, 특별한 사정이 없는 한 그 <u>시정명령의 불이행을 이유로</u> **이행강제금을 부과할 수는 없다**. 대법원 2018. 1. 25. 선고 2015두35116 판결

**1315** ○ 행정기본법 제31조(이행강제금의 부과) ⑥ 행정청은 이행강제금을 부과받은 자가 납부기한까지 이행강제금을 내지 아니하면 <u>국세강제징수의 예</u> 또는 「지방행정제재·부과금의 징수 등에 관한 법률」에 따라 **징수한다**.

**1316** ○ 납부독촉에도 불구하고 이행강제금을 납부하지 않으면 체납절차에 의하여 이행강제금을 징수할 수 있고, 이때 <u>이행강제금 납부</u>의 **최초 독촉**은 징수처분으로서 항고소송의 대상이 되는 **행정처분**이 될 수 있다. 대법원 2009. 12. 24. 선고 2009두14507 판결

**1317** ✕ **농지법**은 농지 처분명령에 대한 <u>이행강제금 부과처분에 불복하는 자가</u> 그 처분을 고지받은 날부터 30일 이내에 부과권자에게 <u>이의를 제기할 수 있고</u>, 이의를 받은 부과권자는 지체 없이 관할 법원에 그 사실을 통보하여야 하며, 그 통보를 받은 관할 법원은 **비송사건절차법에 따른 과태료 재판에 준하여 재판**을 하도록 정하고 있다. 따라서 농지법에 따른 이행강제금 부과처분에 불복하는 경우에는 비송사건절차법에 따른 재판절차가 적용되어야 하고, 행정소송법상 **항고소송의 대상은 될 수 없다**. 농지법이 위와 같이 이행강제금 부과처분에 대한 불복절차를 분명하게 규정하고 있으므로, <u>이와 다른 불복절차를 허용할 수는 없다</u>. 설령 관할청이 이행강제금 부과처분을 하면서 재결청에 행정심판을 청구하거나 관할 행정법원에 행정소송을 할 수 있다고 **잘못 안내**하거나 관할 행정심판위원회가 **각하재결이 아닌 기각재결**을 하면서 관할 법원에 행정소송을 할 수 있다고 **잘못 안내**하였다고 하더라도, 그러한 잘못된 안내로 행정법원의 **항고소송 재판관할이 생긴다고 볼 수도 없다**. 대법원 2019. 4. 11. 선고 2018두42955 판결

**1318** ✕ 위 1317번의 해설 내용 참고.

**1319** ✕ <u>건축법상 이행강제금 부과처분은 행정처분</u>이므로 그에 대한 불복은 행정소송법상 <u>항고소송을 제기</u>해야 하는 것이지, <u>비송사건절차법</u>이 적용되는 것이 아니다.

**1320** ✕ <u>건축법상 이행강제금 납부의무</u>는 상속인 기타의 사람에게 승계될 수 없는 **일신전속적**인 성질의 것이므로 **이미 사망한 사람**에게 <u>이행강제금을 부과하는 내용의 처분이나 결정</u>은 **당연무효**이고, 이행강제금을 부과받은 사람의 이의에 의하여 비송사건절차법에 의한 재판절차가 개시된 후에 그 이의한 사람이 사망한 때에는 사건 자체가 목적을 잃고 <u>절차가 종료</u>한다. 대법원 2006. 12. 8.자 2006마470 판결

**1321** ○ 구 건축법상 <u>이행강제금을 부과받은 사람</u>이 이행강제금사건의 제1심 결정 후 항고심결정이 있기 전에 사망한 경우, 항고심결정은 **당연무효**이고, <u>이미 사망한 사람</u>의 이름으로 제기된 재항고는 보정할 수 없는 흠결이 있는 것으로서 **부적법**하다. 대법원 2006. 12. 8.자 2006마470 결정

**1322** ✕ <u>영업소 폐쇄명령에 따른</u> **의무의 불이행**을 이유로 영업소를 폐쇄하는 조치를 하는 것은, 의무의 부과와 그에 따른 의무의 불이행을 전제로 하는 '**직접강제**'에 해당한다.

**1323** ✕ <u>외국인 등록의무를 위반</u>한 사람에 대한 강제퇴거는, <u>의무의 부과와 그에 따른 의무의 불이행</u>을 전제로 하는 '**직접강제**'에 해당한다.

**1324** ○ 행정기본법 제32조(직접강제) ① 직접강제는 **행정대집행이나 이행강제금 부과**의 방법으로는 행정상 **의무 이행을 확보할 수 없거나** 그 실현이 **불가능한 경우**에 실시하여야 한다.

**1325** ○ 행정기본법 제32조(직접강제) ③ 직접강제의 계고 및 통지에 관하여는 제31조 제3항 및 제4항을 준용한다.
행정기본법 제31조(이행강제금의 부과) ③ 행정청은 이행강제금을 부과하기 전에 미리 의무자에게 적절한 이행기간을 정하여 그 기한까지 행정상 의무를 이행하지 아니하면 이행강제금을 부과한다는 뜻을 문서로 계고하여야 한다.

**1326** ○ 참가압류처분에 앞서 **독촉절차**를 거치지 아니하였고 또 참가압류조서에 납부기한을 잘못 기재한 잘못이 있다고 하더라도 이러한 위법사유만으로는 참가압류처분을 무효로 할 만큼 **중대하고도 명백한 하자**라고 볼 수 **없다**. 대법원 1992. 3. 10. 선고 91누6030 판결

☐☐☐ **1327** 체납자는 압류된 재산에 대하여 법률상의 처분을 할 수 있다. 16. 교육행정직 (      )

☐☐☐ **1328** 세무공무원이 체납처분을 하기 위하여 질문·검사 또는 수색을 하거나 재산을 압류할 때에는 그 신분을 표시하는 증표를 지니고 이를 관계자에게 보여 주어야 한다. 19. 국가 9급 (      )

☐☐☐ **1329** 체납자가 사망한 후 체납자명의의 재산에 대하여 한 압류는 그 재산을 상속한 상속인에 대하여 한 것으로 본다. 10. 국가 7급 (      )

☐☐☐ ★☆☆ **1330** 납세자가 아닌 제3자의 재산을 대상으로 한 압류처분은 당연무효이다. 22. 국가 7급 (      )

☐☐☐ **1331** 세무 공무원이 국세의 징수를 위해 납세자의 재산을 압류하는 경우 그 재산의 가액이 징수할 국세액을 초과한다면 당해 압류처분은 무효이다. 17. 국가 9급 (      )

☐☐☐ **1332** 「국세징수법」상의 체납처분에서 압류재산의 매각은 공매를 통해서만 이루어지며 수의계약으로 해서는 안 된다. 15. 국가 9급 (      )

☐☐☐ **1333** 세무서장은 한국자산관리공사로 하여금 공매를 대행하게 할 수 있으며, 이 경우 공매는 세무서장이 한 것으로 본다. 15. 국가 9급 (      )

☐☐☐ ★☆☆ **1334** 한국자산관리공사가 인터넷을 통하여 재공매(입찰)하기로 한 결정 자체는 상대방의 법적 지위나 권리·의무에 직접 영향을 주는 것으로 행정처분에 해당한다. 16. 국가 7급 (      )

☐☐☐ ★★☆ **1335** 「국세징수법」상 공매통지에 하자가 있는 경우, 다른 특별한 사정이 없는 한 체납자는 공매통지 자체를 항고소송의 대상으로 삼아 그 취소 등을 구할 수 있다. 20. 국가 9급 (      )

☐☐☐ ★★☆ **1336** 과세관청이 체납처분으로서 행하는 공매는 우월한 공권력의 행사로서 행정소송의 대상이 되는 행정처분이나, 공매에 의하여 재산을 매수한 자는 그 공매처분이 취소된 경우에 그 취소처분의 위법을 주장하여 행정소송을 제기할 법률상 이익이 없다. 24. 지방 9급 (      )

☐☐☐ ★★☆ **1337** 공매처분을 하면서 체납자에게 공매통지를 하지 않았거나 공매통지를 하였지만 그것이 적법하지 아니하다 하더라도 공매처분 자체는 위법하지 않다. 23. 지방 9급 (      )

☐☐☐ ★☆☆ **1338** 체납자 등은 다른 권리자에 대한 공매통지의 하자를 들어 공매처분의 위법사유로 주장할 수 있다.
23. 군무원 7급 (      )

☐☐☐ ★★☆ **1339** 과세관청의 체납자 등에 대한 공매통지는 국가의 강제력에 의하여 진행되는 공매절차에서 체납자 등의 권리 내지 재산상 이익을 보호하기 위하여 법률로 규정한 절차적 요건에 해당하지만, 그 통지를 하지 아니한 채 공매처분을 하였다 하여도 그 공매처분이 당연무효로 되는 것은 아니다. 16. 지방 9급 (      )

☐☐☐ **1340** 청산 후 배분하거나 충당하고 남은 금액이 있으면 이를 체납자에게 지급하여야 한다. 16. 교육행정직 (      )

**1327** ✕ 국세징수법 제43조(처분의 제한) ① 세무공무원이 재산을 압류한 경우 <u>체납자는 압류한 재산에 관하여 양도, 제한물권의 설정, 채권의 영수, 그 밖의 처분을 할 수 없다.</u>

**1328** ○ 국세징수법 제38조(증표 등의 제시) 세무공무원은 다음 각 호의 어느 하나를 하는 경우 그 <u>신분을 나타내는 증표 및 압류·수색 등 통지서를 지니고 이를 관계자에게 보여 주어야 한다.</u>
1. 제31조에 따른 압류, 2. 제35조에 따른 수색, 3. 제36조에 따른 질문·검사

**1329** ○ 국세징수법 제27조(상속 또는 합병의 경우 강제징수의 속행 등) ② 제1항을 적용할 때 <u>체납자가 사망한 후 체납자 명의의 재산에 대하여 한 압류는 그 재산을 상속한 상속인에 대하여 한 것으로 본다.</u>

**1330** ○ <u>납세자가 아닌 **제3자의 재산**을 대상으로 한 압류처분은 그 처분의 내용이 법률상 실현될 수 없는 것이어서 **당연무효**이다.</u> 대법원 2012. 4. 12. 선고 2010두4612 판결

**1331** ✕ 세무공무원이 국세의 징수를 위해 납세자의 재산을 <u>압류하는 경우 그 재산의 가액이 징수할 국세액을 초과한다 하여 위 압류가 당연무효의 처분이라고는 할 수 없다.</u> 대법원 1986. 11. 11. 선고 86누479 판결

**1332** ✕ 국세징수법 제65조(매각 방법) ① 압류재산은 <u>공매 또는 수의계약으로 매각한다.</u>

**1333** ○ 국세징수법 제103조(공매등의 대행) ① 관할 세무서장은 공매등에 전문지식이 필요하거나 그 밖에 직접 공매등을 하기에 적당하지 아니하다고 인정되는 경우 대통령령으로 정하는 바에 따라 <u>한국자산관리공사에 공매등을 대행하게 할 수 있다.</u> 이 경우 <u>공매등은 관할 세무서장이 한 것으로 본다.</u>

**1334** ✕ 한국자산공사가 당해 부동산을 인터넷을 통하여 <u>재**공매(입찰)하기로 한 결정** 자체는 내부적인 의사결정에 불과하여 항고소송의 대상이 되는 행정처분이라고 볼 수 없다.</u> 대법원 2007. 7. 27. 선고 2006두8464 판결

**1335** ✕ 한국자산공사의 **공매통지**는 <u>공매사실 자체를 체납자에게 알려주는 데 불과한 것으로서, 통지의 상대방의 법적 지위나 권리·의무에 직접 영향을 주는 것이 아니라고 할 것이므로 이것 역시 행정처분에 해당한다고 할 수 없다.</u> 대법원 2007. 7. 27. 선고 2006두8464 판결

**1336** ✕ 과세관청이 체납처분으로서 행하는 **공매**는 <u>우월한 공권력의 행사로서 행정소송의 대상이 되는 공법상의 **행정처분**이며 공매에 의하여 재산을 **매수한 자**는 그 **공매처분이 취소**된 경우에 그 취소처분의 위법을 주장하여 행정소송을 제기할 **법률상 이익이 있다.**</u> 대법원 1984. 9. 25. 선고 84누201 판결

**1337** ✕ 체납자 등에 대한 **공매통지**는 국가의 강제력에 의하여 진행되는 공매에서 체납자 등의 권리 내지 재산상의 이익을 보호하기 위하여 법률로 규정한 **절차적 요건**이라고 보아야 하며, <u>공매처분을 하면서 체납자 등에게 공매통지를 하지 않았거나 공매통지를 하였더라도 그것이 적법하지 아니한 경우에는 **절차상의 흠**이 있어 그 공매처분은 **위법하다.**</u> 대법원 2008. 11. 20. 선고 2007두18154 판결

**1338** ✕ <u>체납자 등은 **자신에 대한 공매통지의 하자만을** 공매처분의 위법사유로 주장할 수 있을 뿐 **다른 권리자에 대한 공매통지의 하자**를 들어 공매처분의 위법사유로 주장하는 것은 **허용되지 않는다.**</u> 대법원 2008. 11. 20. 선고 2007두18154 전원합의체 판결

**1339** ○ 체납자 등에 대한 **공매통지**는 국가의 강제력에 의하여 진행되는 공매절차에서 체납자 등의 권리 내지 재산상 이익을 보호하기 위하여 법률로 규정한 **절차적 요건**에 해당하지만, 그 <u>통지를 하지 아니한 채 공매처분을 하였다 하여도 그 공매처분이 **당연무효로 되는 것은 아니다.**</u> 대법원 2012. 7. 26. 선고 2010다50625 판결

**1340** ○ 국세징수법 제97조(국가 또는 지방자치단체의 재산에 관한 권리의 매각대금의 배분) ② 관할 세무서장은 제1항에 따라 배분하고 <u>남은 금액은 체납자에게 지급한다.</u>

□□□ **1341** 과세관청의 압류처분에 대해서는 심사청구 또는 심판청구 중 하나에 대한 결정을 거친 후 행정소송을 제기하여야 한다. 15. 국가 9급 (    )

★☆☆
□□□ **1342** 조세부과처분에 취소사유인 하자가 있는 경우 그 하자는 후행 강제징수절차인 독촉·압류·매각·청산 절차에 승계된다. 19. 국가 9급 (    )

★☆☆
□□□ **1343** 구 「지방세징수법」상 지방세의 결손처분은 국세의 결손처분과 마찬가지로 더 이상 납세의무가 소멸하는 사유가 아니라 체납처분을 종료하는 의미만을 가지고, 결손처분의 취소는 국민의 권리와 의무에 영향을 미치는 행정처분이 아니다. 24. 지방 7급 (    )

★☆☆
□□□ **1344** 즉시강제란 법령 또는 행정처분에 의한 선행의 구체적 의무의 불이행으로 인한 목전의 급박한 장해를 제거할 필요가 있는 경우에 행정기관이 즉시 국민의 신체 또는 재산에 실력을 행사하여 행정상의 필요한 상태를 실현하는 작용을 말한다. 19. 국가 9급 (    )

★☆☆
□□□ **1345** 직접강제는 현재의 급박한 행정상의 장해를 제거하기 위한 경우로서 그 성질상 행정상 의무의 이행을 명하는 것만으로는 행정목적을 달성하기 곤란한 경우 행정청이 국민의 신체 또는 재산에 실력을 행사하여 그 행정목적을 달성하는 것으로서, 다른 수단으로는 행정목적을 달성할 수 없는 경우에만 허용되며 이 경우에도 최소한으로만 실시하여야 한다. 25. 국가 7급 (    )

★☆☆
□□□ **1346** 행정상 즉시강제는 과거의 의무위반에 대하여 가해지는 제재이다. 22. 국가 9급 (    )

★☆☆
□□□ **1347** 행정상 즉시강제는 직접강제와는 달리 행정상 강제집행에 해당하지 않는다. 21. 국가 9급 (    )

□□□ **1348** 행정상 즉시강제가 목전에 급박한 장해를 예방하기 위한 경우에는 예외적으로 법률의 근거가 없이도 발동될 수 있다는 것이 일반적인 견해이다. 22. 국가 9급 (    )

□□□ **1349** 행정상 즉시강제는 항고소송의 대상이 되는 처분의 성질을 갖는다. 22. 국가 9급 (    )

□□□ **1350** 행정상 즉시강제 중 강제 건강진단과 예방접종은 대인적 강제수단에 해당한다. 22. 국가 9급 (    )

□□□ **1351** 「소방기본법」상의 소방활동에 방해가 되는 물건 등에 대한 강제처분, 「식품위생법」상의 위해식품에 대한 압류, 「마약류 관리에 관한 법률」상의 승인을 받지 못한 마약류에 대한 폐기는 모두 행정상 즉시강제에 해당한다. 13. 국가 9급 (    )

★☆☆
□□□ **1352** 즉시강제는 다른 수단으로는 행정목적을 달성할 수 없는 경우에만 허용되며, 이 경우에도 최소한으로만 실시하여야 한다. 22. 국가 9급 (    )

□□□ **1353** 즉시강제를 실시하기 위하여 현장에 파견되는 집행책임자는 그가 집행책임자임을 표시하는 증표를 보여주어야 하며, 즉시강제의 이유와 내용을 고지하여야 한다. 24. 소방간부 (    )

★☆☆
□□□ **1354** 구 「음반·비디오물 및 게임물에 관한 법률」상 불법게임물에 대한 수거 및 폐기조치는 행정상 즉시강제에 해당한다. 23. 지방 9급 (    )

**정답 & OX 풀이**

**1341** O 강제징수에 대한 불복에는 **행정심판 전치주의**가 적용되어, 국세기본법에 따른 심사청구 또는 심판청구 중 하나에 대한 결정을 거친 후 행정소송을 제기할 수 있다.

**1342** X **조세의 부과처분**과 압류 등의 **체납처분**은 **별개**의 행정처분으로서 **독립성**을 가지므로 부과처분에 하자가 있더라도 그 부과처분이 취소되지 아니하는 한 그 부과처분에 의한 체납처분은 위법이라고 할 수는 없다. 대법원 1987. 9. 22. 선고 87누383 판결

**1343** O 지방세의 **결손처분**은 국세의 결손처분과 마찬가지로 더 이상 납세의무가 소멸하는 사유가 아니라 체납처분을 종료하는 의미만을 가지게 되었고, **결손처분의 취소** 역시 국민의 권리와 의무에 영향을 미치는 행정처분이 아니라 과거에 종료되었던 체납처분 절차를 다시 시작한다는 행정절차로서의 의미만을 가지게 되었다고 할 것이다. 대법원 2019. 8. 9. 선고 2018다272407 판결

**1344** X 행정기본법 제30조(행정상 강제) ① (생략)
   5. **즉시강제** : 현재의 급박한 행정상의 장해를 제거하기 위한 경우로서 다음 각 목의 어느 하나에 해당하는 경우에 행정청이 곧바로 국민의 신체 또는 재산에 실력을 행사하여 행정목적을 달성하는 것
      가. 행정청이 미리 행정상 의무 이행을 명할 시간적 여유가 없는 경우
      나. 그 성질상 행정상 의무의 이행을 명하는 것만으로는 행정목적 달성이 곤란한 경우
   (주: 행정상 **강제집행인 직접강제**와 달리 **즉시강제는 의무의 불이행을 전제로 하지 않음**)

**1345** X 위 1344번의 해설 내용 참고.

**1346** X 위 1344번의 해설 내용 참고.

**1347** O 위 1344번의 해설 내용 참고.

**1348** X 침익적 행정작용인 행정상 즉시강제를 하기 위해서는 법률유보의 원칙에 따라 법률의 근거가 필요하다.

**1349** O 행정상 즉시강제는 **권력적 사실행위**로서 항고소송의 대상이 되는 행정처분에 해당한다.

**1350** O 강제 건강진단과 예방접종은 모두 사람을 대상으로 하는 것이므로 대인적 강제수단에 해당한다.

**1351** O 모두 의무의 부과와 그에 따른 의무의 불이행을 전제로 하지 않는 '즉시강제'에 해당한다.

**1352** O 행정기본법 제33조(즉시강제) ① 즉시강제는 **다른 수단으로는 행정목적을 달성할 수 없는** 경우에만 허용되며, 이 경우에도 **최소한**으로만 실시하여야 한다.

**1353** O 행정기본법 제33조(즉시강제) ② 즉시강제를 실시하기 위하여 현장에 파견되는 집행책임자는 그가 집행책임자임을 표시하는 증표를 보여 주어야 하며, 즉시강제의 이유와 내용을 고지하여야 한다.

**1354** O 행정상 즉시강제는 상대방의 임의이행을 기다릴 시간적 여유가 없을 때 하명 없이 바로 실력을 행사하는 것으로서, 그 본질상 급박성을 요건으로 하고 있어 법관의 영장을 기다려서는 그 목적을 달성할 수 없다고 할 것이므로, 원칙적으로 **영장주의가 적용되지 않는다**고 보아야 할 것이다. 따라서 관계행정청이 **등급분류**를 받지 아니하거나 등급분류를 받은 게임물과 다른 내용의 게임물을 발견한 경우 관계공무원으로 하여금 이를 수거·폐기하게 할 수 있도록 한 구 음반·비디오물 및 게임물에 관한 법률 규정은 영장주의에 위반되거나 헌법에 위반되지 아니한다. 헌법재판소 2002. 10. 31. 선고 2000헌가12 결정

☐☐☐ ★☆☆ **1355** 구「음반·비디오물 및 게임물에 관한 법률」상 등급분류를 받지 아니한 게임물을 발견한 경우 관계행정청이 관계공무원으로 하여금 이를 수거·폐기하게 할 수 있도록 한 규정은 헌법상 영장주의와 피해 최소성의 요건을 위배하는 과도한 입법으로 헌법에 위반된다. 14. 지방 9급 (    )

☐☐☐ ★☆☆ **1356** 지방의회에서의 사무감사·조사를 위한 증인의 동행명령장제도는 현행범 체포와 같이 사후에 영장을 발부받지 아니하면 목적을 달성할 수 없는 긴박성이 있다고 인정할 수 있다. 23. 소방간부 (    )

☐☐☐ ★☆☆ **1357** 재범의 위험성이 현저한 자를 상대로 긴급히 보호할 필요가 있는 경우에 단기간의 동행보호를 허용한 구「사회안전법」상 동행보호규정은 사전영장주의를 규정한 헌법규정에 반한다. 14. 지방 9급 (    )

☐☐☐ ★☆☆ **1358** 국가는 경찰관의 적법한 직무집행으로 인하여 손실발생의 원인에 대하여 책임이 없는 자가 경찰관의 직무집행에 자발적으로 협조하거나 물건을 제공하여 생명·신체 또는 재산상의 손실을 입은 경우에는 손실을 보상하지 아니한다. 25. 국가 7급 (    )

## 정답 & OX 풀이 🖋

1355 ✕ 앞쪽의 1354번의 해설 내용 참고.

1356 ✕ 지방의회에서의 사무감사·조사를 위한 증인의 **동행명령장제도**도 증인의 신체의 자유를 억압하여 일정 장소로 인치하는 것으로서 헌법 제12조 제3항의 '체포 또는 구속'에 준하는 사태로 보아야 할 것이고, 거기에 현행범 체포와 같이 사후에 영장을 발부받지 아니하면 목적을 달성할 수 없는 긴박성이 있다고 인정할 수는 없을 것이다. (중략) 동행명령장을 법관이 아닌 의장이 발부하고 이에 기하여 증인의 신체의 자유를 침해하여 증인을 일정 장소에 인치하도록 규정된 조례안은 영장주의원칙을 규정한 헌법 제12조 제3항에 위반한 것이다. 대법원 1995. 6. 30. 선고 93추83 판결

1357 ✕ 구 사회안전법 소정의 **동행보호**규정은 재범의 위험성이 현저한 자를 상대로 긴급히 보호할 필요가 있는 경우에 한하여 단기간의 동행보호를 허용한 것으로서 그 요건을 엄격히 해석하는 한, 동 규정 자체가 사전영장주의를 규정한 헌법규정에 반한다고 볼 수는 없다. 대법원 1997. 6. 13. 선고 96다56115 판결

1358 ✕ 경찰관직무집행법 제11조의2(손실보상) ① 국가는 경찰관의 적법한 직무집행으로 인하여 다음 각 호의 어느 하나에 해당하는 손실을 입은 자에 대하여 정당한 보상을 하여야 한다.
1. 손실발생의 원인에 대하여 책임이 없는 자가 생명·신체 또는 재산상의 손실을 입은 경우(손실발생의 원인에 대하여 책임이 없는 자가 경찰관의 직무집행에 자발적으로 협조하거나 물건을 제공하여 생명·신체 또는 재산상의 손실을 입은 경우를 포함한다)

# 주제 20 행정벌

□□□ **1359** ★☆☆ 어떤 행정법규 위반행위에 대해 과태료를 과할 것인지 행정형벌을 과할 것인지는 기본적으로 입법재량에 속한다. 14. 지방 9급 (    )

□□□ **1360** ★☆☆ 과실범을 처벌한다는 명문의 규정이 없더라도 행정형벌법규의 해석에 의하여 과실행위도 처벌한다는 뜻이 도출되는 경우에는 과실범도 처벌될 수 있다. 19. 국가 9급 (    )

□□□ **1361** ★☆☆ 구 「대기환경보전법」에 따라 배출허용기준을 초과하는 배출가스를 배출하는 자동차를 운행하는 행위를 처벌하는 규정은 과실범의 경우에 적용하지 아니한다. 14. 국가 9급 (    )

□□□ **1362** 양벌규정은 행위자에 대한 처벌규정임과 동시에 그 위반행위의 이익귀속주체인 영업주에 대한 처벌규정이다. 22. 국가 9급 (    )

□□□ **1363** ★★☆ 종업원의 위반행위에 대해 사업주도 처벌하는 경우, 사업주가 지는 책임은 무과실책임이다.

22. 국가 9급 (    )

□□□ **1364** ★★★ 양벌규정에 의한 영업주의 처벌은 금지위반행위자인 종업원의 처벌에 종속되는 것이므로 영업주만 따로 처벌할 수는 없다. 22. 지방 9급 (    )

□□□ **1365** ★★★ 종업원의 범죄성립이나 처벌이 영업주 처벌의 전제조건이 되는 것은 아니다. 22. 국가 9급 (    )

□□□ **1366** 양벌규정에 의한 법인의 처벌은 어디까지나 행정적 제재처분일 뿐 형벌과는 성격을 달리한다.

22. 국가 9급 (    )

□□□ **1367** ★☆☆ 「개인정보 보호법」에 따르면, 죄형법정주의의 원칙상 '법인격 없는 공공기관'을 「개인정보 보호법」 소정의 양벌규정에 의하여 처벌할 수 없고, 그 경우 행위자 역시 위 양벌규정으로 처벌할 수 없다.

24. 국가 9급 (    )

□□□ **1368** ★★★ 지방자치단체 소속 공무원이 지방자치단체 고유의 자치사무를 수행하던 중 구 「도로법」에 위반하는 행위를 한 경우 지방자치단체는 구 「도로법」상 양벌규정에 따라 처벌대상이 되는 법인에 해당한다.

23. 지방 9급 (    )

□□□ **1369** ★☆☆ 국가가 그의 사무의 일부를 지방자치단체의 장에게 위임하여 처리하게 하는 기관위임사무의 경우 지방자치단체는 양벌규정에 의한 처벌대상이 되는 법인에 해당한다고 볼 수 없다. 25. 국가 7급 (    )

## 정답 & OX 풀이

**1359** O 어떤 행정법규위반의 행위에 대하여 이를 단지 간접적으로 행정상의 질서에 장애를 줄 위험성이 있음에 불과한 경우로 보아 행정질서벌인 과태료를 과할 것인지 아니면 직접적으로 행정목적과 공익을 침해한 행위로 보아 행정형벌을 과할 것인지는 기본적으로 입법권자가 제반사정을 고려하여 결정할 입법재량에 속하는 문제이다. 헌법재판소 1998. 5. 28. 선고 96헌바83 결정

**1360** O 아래 1361번의 해설 내용 참고(과실행위를 처벌하는 명문의 규정이 없는 경우에도 법규의 해석에 의하여 과실행위도 처벌한다는 뜻이 도출되는 경우에는 과실행위를 처벌할 수 있음).

**1361** X 법정의 배출허용기준을 초과하는 배출가스를 배출하면서 자동차를 운행하는 행위를 처벌하고자 하는 대기환경보전법의 규정은 고의범 즉, 자동차의 운행자가 그 자동차에서 배출되는 배출가스가 소정의 운행 자동차 배출허용기준을 초과한다는 점을 실제로 인식하면서 운행한 경우는 물론이고, 과실범 즉, 운행자의 과실로 인하여 그러한 내용을 인식하지 못한 경우도 함께 처벌하는 규정이라고 해석함이 상당하다. 대법원 1993. 9. 10. 선고 92도1136 판결

**1362** O 같은 법 제57조의 양벌규정은 (중략) 행위자의 처벌규정임과 동시에 그 위반행위의 이익귀속주체인 업무주에 대한 처벌규정이다. 대법원 1999. 7. 15. 선고 95도2870 전원합의체 판결

**1363** X 양벌규정에 의한 영업주의 처벌은 금지위반행위자인 종업원의 처벌에 종속하는 것이 아니라 독립하여 그 자신의 종업원에 대한 선임감독상의 과실로 인하여 처벌되는 것이므로 종업원의 범죄성립이나 처벌이 영업주 처벌의 전제조건이 될 필요는 없다. 대법원 2006. 2. 24. 선고 2005도7673 판결

**1364** X 위 1363번의 해설 내용 참고.

**1365** O 위 1363번의 해설 내용 참고.

**1366** X 양벌규정이란 행위자와 함께 행위자 이외의 자에 대하여 '형벌'을 부과하도록 한 개별법상의 규정을 의미하고, 형벌능력이 있는 법인도 양벌규정의 대상이 될 수 있다.

**1367** O 개인정보 보호법은 양벌규정에 의하여 처벌되는 개인정보처리자로는 같은 법 제74조 제2항에서 '법인 또는 개인'만을 규정하고 있을 뿐이고, 법인격 없는 공공기관에 대하여도 위 양벌규정을 적용할 것인지 여부에 대하여는 명문의 규정을 두고 있지 않으므로, 죄형법정주의의 원칙상 '법인격 없는 공공기관'을 위 양벌규정에 의하여 처벌할 수 없고, 그 경우 행위자 역시 위 양벌규정으로 처벌할 수 없다. 대법원 2021. 10. 28. 선고 2020도1942 판결

**1368** O 지방자치단체가 그 고유의 자치사무를 처리하는 경우에는 지방자치단체는 국가기관의 일부가 아니라 국가기관과는 별도의 독립한 공법인이므로, 지방자치단체 소속 공무원이 지방자치단체 고유의 자치사무를 수행하던 중 도로법의 규정에 의한 위반행위를 한 경우에는 지방자치단체는 도로법의 양벌규정에 따라 처벌대상이 되는 법인에 해당한다. 대법원 2005. 11. 10. 선고 2004도2657 판결

**1369** O 항만순찰 등 업무는 부산광역시장이 국가로부터 위임받은 기관위임사무에 해당한다고 봄이 상당하고, 이러한 경우에 지방자치단체인 피고인을 양벌규정에 의한 처벌대상이 되는 법인에 해당하는 것으로 보아 처벌할 수는 없으므로 피고인에게는 이 사건 자동차관리법 위반죄가 성립할 수 없다. 대법원 2009. 6. 11. 선고 2008도6530 판결

□□□ **1370** 종업원 등의 범죄에 대해 법인에게 어떠한 잘못이 있는지를 전혀 묻지 않고, 곧바로 그 종업원 등을 고용한 법인에게도 종업원 등에 대한 처벌조항에 규정된 벌금형을 과하도록 규정하는 것은 책임주의에 반한다.
17. 국가 9급 (     )

□□□ **1371** 법인 대표자의 법규위반행위에 대한 법인의 책임은 법인 자신의 법규위반행위로 평가될 수 있는 행위에 대한 법인의 직접책임이다. 22. 국가 9급 (     )

□□□ **1372** 「관세법」상 통고처분을 할 것인지의 여부는 관세청장 또는 세관장의 재량에 맡겨져 있고, 따라서 관세청장 또는 세관장이 관세범에 대하여 통고처분을 하지 아니한 채 고발하였다는 것만으로는 그 고발 및 이에 기한 공소의 제기가 부적법하게 되는 것은 아니다. 20. 군무원 9급 (     )

□□□ **1373** 경찰서장이 범칙행위에 대하여 통고처분을 한 이상, 통고처분에서 정한 범칙금 납부 기간까지는 원칙적으로 경찰서장은 즉결심판을 청구할 수 없고, 검사도 동일한 범칙행위에 대하여 공소를 제기할 수 없다.
21. 지방 9급 (     )

□□□ **1374** 특별한 사정이 없는 이상 경찰서장은 범칙행위에 대한 형사소추를 위하여 이미 한 통고처분을 임의로 취소할 수 없다. 24. 소방간부 (     )

□□□ **1375** 행정법규 위반자가 통고처분에 의해 부과된 금액을 납부하면 과벌절차가 종료되며 동일한 사건에 대하여 다시 처벌받지 아니한다. 15. 지방 9급 (     )

□□□ **1376** 구 「도로교통법」상 범칙금 납부통고서를 받은 자가 그 범칙금을 납부한 경우 그 범칙행위에 대하여 다시 벌받지 아니한다고 규정하고 있는바, 이는 범칙금의 납부에 확정재판의 효력에 준하는 효력을 인정하는 취지로 해석하여야 한다. 21. 서울시 7급 (     )

□□□ **1377** 통고처분에 의해 범칙금을 납부한 경우, 그 납부의 효력에 따라 다시 벌 받지 아니하게 되는 행위사실은 범칙금 통고의 이유에 기재된 당해 범칙행위 자체에 한정될 뿐, 그 범칙행위와 동일성이 인정되는 범칙행위에는 미치지 않는다. 17. 국가 7급 (     )

□□□ **1378** 지방국세청장 또는 세무서장이 「조세범 처벌절차법」에 따라 통고처분을 거치지 아니하고 즉시 고발하였다면 이로써 조세범칙사건에 대한 조사 및 처분 절차는 종료되고 형사사건 절차로 이행되어 지방국세청장 또는 세무서장으로서는 동일한 조세범칙행위에 대하여 더 이상 통고처분을 할 권한이 없다.
23. 국가 7급 (     )

□□□ **1379** 지방국세청장이 조세범칙행위에 대하여 고발을 한 후에 동일한 조세범칙행위에 대하여 통고처분을 하여 조세범칙행위자가 이를 이행하였다면, 고발에 따른 형사절차의 이행은 일사부재리의 원칙에 반하여 위법하게 된다. 22. 군무원 7급 (     )

□□□ **1380** 행정법규 위반자가 법정기간 내에 통고처분에 의해 부과된 금액을 납부하지 않으면 「비송사건절차법」에 의해 처리된다. 15. 지방 9급 (     )

**정답 & OX 풀이**

1370  O  '심판대상조항 중 법인의 종업원 관련 부분'은 **종업원** 등의 범죄행위에 관하여 비난할 근거가 되는 법인의 의사결정 및 행위구조, 즉 종업원 등이 저지른 행위의 결과에 대한 **법인의 독자적인 책임**에 관하여 전혀 규정하지 않은 채, 단순히 법인이 고용한 종업원 등이 업무에 관하여 범죄행위를 하였다는 이유만으로 법인에 대하여 형사처벌을 과하고 있는바, 이는 다른 사람의 범죄에 대하여 그 책임 유무를 묻지 않고 형벌을 부과하는 것으로서, 헌법상 법치국가의 원리 및 죄형법정주의로부터 도출되는 **책임주의원칙에 반한다**. 헌법재판소 2013. 10. 24. 선고 2013헌가18 전원재판부

1371  O  법인 대표자의 범죄행위에 대하여는 법인이 자신의 행위에 대한 책임을 부담하는 것이다. 법인 **대표자의 법규위반행위에 대한 법인의 책임**은, 법인 자신의 법규위반행위로 평가될 수 있는 행위에 대한 **법인의 직접책임**으로서, 대표자의 고의에 의한 위반행위에 대하여는 법인 자신의 고의에 의한 책임을, 대표자의 과실에 의한 위반행위에 대하여는 법인 자신의 과실에 의한 책임을 부담하는 것이다. 따라서 '심판대상조항 중 법인의 대표자 관련 부분'은 대표자의 책임을 요건으로 하여 법인을 처벌하는 것이므로 **책임주의원칙에 반하지 아니한다**. 헌법재판소 2013. 10. 24. 선고 2013헌가18 전원재판부

1372  O  통고처분을 할 것인지의 여부는 관세청장 또는 세관장의 **재량**에 맡겨져 있고, 따라서 관세청장 또는 세관장이 관세범에 대하여 통고처분을 하지 아니한 채 고발하였다는 것만으로는 그 고발 및 이에 기한 공소의 제기가 부적법하게 되는 것은 아니다. 대법원 2007. 5. 11. 선고 2006도1993 판결

1373  O  경찰서장이 범칙행위에 대하여 통고처분을 한 이상, 범칙자의 위와 같은 절차적 지위를 보장하기 위하여 통고처분에서 정한 범칙금 납부기간까지는 원칙적으로 경찰서장은 **즉결심판을 청구할 수 없고**, 검사도 동일한 범칙행위에 대하여 **공소를 제기할 수 없다**고 보아야 한다. 대법원 2020. 4. 29. 선고 2017도13409 판결

1374  O  특별한 사정이 없는 이상 경찰서장은 범칙행위에 대한 형사소추를 위하여 이미 한 **통고처분을 임의로 취소할 수 없다**. 대법원 2021. 4. 1. 선고 2020도15194 판결

1375  O  통고처분에 따른 범칙금 납부의무를 이행한 경우, 과벌절차는 종료되며 **일사부재리의 원칙**이 적용되어 동일한 사건에 대해 다시 처벌받지 아니한다.

1376  O  도로교통법은 범칙금 납부통고서를 받은 사람이 그 범칙금을 납부한 경우 그 범칙행위에 대하여 다시 벌 받지 아니한다고 규정하고 있는바, 이는 범칙금의 납부에 **확정재판의 효력에 준하는 효력**을 인정하는 취지로 해석하여야 한다. 대법원 2002. 11. 22. 선고 2001도849 판결

1377  X  범칙금의 납부에 확정판결에 준하는 효력이 인정됨에 따라 다시 벌받지 아니하게 되는 행위사실은 범칙금 통고의 이유에 기재된 당해 범칙행위 자체 및 그 범칙행위와 **동일성이 인정되는 범칙행위**에 한정된다고 해석함이 상당하다. 대법원 2002. 11. 22. 선고 2001도849 판결

1378  O  지방국세청장 또는 세무서장이 조세범 처벌절차법에 따라 통고처분을 거치지 아니하고 즉시 **고발**하였다면 이로써 조세범칙사건에 대한 조사 및 처분 절차는 종료되고 형사사건 절차로 이행되어 지방국세청장 또는 세무서장으로서는 동일한 조세범칙행위에 대하여 더 이상 **통고처분을 할 권한이 없다**. 대법원 2016. 9. 28. 선고 2014도10748 판결

1379  X  지방국세청장 또는 세무서장이 조세범칙행위에 대하여 **고발을 한 후에** 동일한 조세범칙행위에 대하여 **통고처분**을 하였더라도, 이는 법적 권한 소멸 후에 이루어진 것으로서 특별한 사정이 없는 한 **효력이 없고**, 조세범칙행위자가 이러한 통고처분을 이행하였더라도 조세범 처벌절차법에서 정한 **일사부재리의 원칙이 적용될 수 없다**. 대법원 2016. 9. 28. 선고 2014도10748 판결

1380  X  도로교통법에서 규정하는 경찰서장의 통고처분은 행정소송의 대상이 되는 **행정처분이 아니므로** 그 처분의 취소를 구하는 소송은 부적법하고, 도로교통법상의 통고처분을 받은 자가 그 처분에 대하여 이의가 있는 경우에는 통고처분에 따른 범칙금의 납부를 이행하지 아니함으로써 경찰서장의 **즉결심판**청구에 의하여 법원의 심판을 받을 수 있게 될 뿐이다. 대법원 1995. 6. 29. 선고 95누4674 판결

□□□ **1381** ★★★ 「도로교통법」상 경찰서장의 통고처분은 행정소송의 대상이 되는 행정처분이 아니다. 22. 국가 7급 (      )

□□□ **1382** ★★☆ 통고처분은 상대방의 임의의 승복을 그 발효요건으로 하기 때문에 그 자체만으로는 통고이행을 강제하거나 상대방에게 아무런 권리·의무를 형성하지 않으므로 행정심판이나 행정소송의 대상으로서의 처분성을 인정할 수 없다. 23. 지방 9급 (      )

□□□ **1383** ★★☆ 구 「행형법」에 의한 징벌을 받은 뒤에 형사처벌을 한다고 하여 일사부재리의 원칙에 반하는 것은 아니다.
22. 국가 7급 (      )

□□□ **1384** ★★☆ 행정질서벌인 과태료는 죄형법정주의의 규율 대상이다. 21. 국가 7급 (      )

□□□ **1385** ★★☆ 구 「주택건설촉진법」의 규정을 위반하여 주택을 공급한 자에게 과태료를 부과한다고 하여 주택을 공급한 자와 제3자 간에 체결한 주택공급계약의 사법적 효력까지 부인된다고 볼 수는 없다. 24. 국가 7급 (      )

□□□ **1386** ★★☆ 지방자치단체의 조례도 과태료 부과의 근거가 될 수 있다. 16. 국가 9급 (      )

□□□ **1387** ★★☆ 질서위반행위의 성립과 과태료 처분은 행위시의 법률에 따른다. 21. 국회 9급 (      )

□□□ **1388** ★★☆ 질서위반행위 후 법률이 변경되어 그 행위가 질서위반행위에 해당하지 아니하게 되거나 과태료가 변경되기 전의 법률보다 가볍게 된 때에는 법률에 특별한 규정이 없는 한 변경된 법률을 적용하여야 한다.
23. 지방 9급 (      )

□□□ **1389** ★★☆ 「질서위반행위규제법」상 법원의 과태료 재판이 확정된 후에는 법률이 변경되어 그 행위가 질서위반행위에 해당하지 아니하게 된 경우라 하더라도 과태료의 집행을 면제하지 못한다. 22. 국가 7급 (      )

□□□ **1390** ★★☆ 질서위반행위에 대하여 과태료를 부과하는 근거 법령이 개정되어 행위 시의 법률에 의하면 과태료 부과 대상이었지만 재판 시의 법률에 의하면 부과대상이 아니게 된 때에는 개정 법률의 부칙 등에서 행위 시의 법률을 적용하도록 명시하는 등 특별한 사정이 없는 한 재판 시의 법률을 적용하여야 하므로 과태료를 부과할 수 없다. 24. 국가 7급 (      )

□□□ **1391** ★☆☆ 질서위반행위는 행정질서벌이므로 대한민국 영역 밖에서 질서위반행위를 한 대한민국의 국민에게는 적용되지 않는다. 10. 지방 9급 (      )

□□□ **1392** ★★☆ 과태료의 부과·징수, 재판 및 집행 등의 절차에 관한 다른 법률의 규정 중 「질서위반행위규제법」의 규정에 저촉되는 것은 「질서위반행위규제법」이 정하는 바에 따른다. 24. 국가 9급 (      )

□□□ **1393** ★☆☆ 법률에 따르지 아니하고는 어떤 행위도 질서위반행위로 과태료를 부과하지 아니한다. 21. 지방 9급 (      )

□□□ **1394** ★★★ 「질서위반행위규제법」에 따르면 고의 또는 과실이 없는 질서위반행위는 과태료를 부과하지 아니한다.
24. 국가 7급 (      )

## 정답 & OX 풀이

1381 O 앞쪽의 1380번의 해설 내용 참고.

1382 O 통고처분은 상대방의 임의의 승복을 그 발효요건으로 하기 때문에 그 자체만으로는 통고이행을 강제하거나 상대방에게 아무런 권리의무를 형성하지 않으므로 행정심판이나 행정소송의 대상으로서의 **처분성을 부여할 수 없고**, 통고처분에 대하여 이의가 있으면 통고내용을 이행하지 않음으로써 고발되어 **형사재판절차**에서 (이하 생략). 헌법재판소 1998. 5. 28. 선고 96헌바4 전원 재판부

1383 O 피고인이 행형법에 의한 징벌을 받아 그 집행을 종료하였다고 하더라도 **행형법상의 징벌**은 수형자의 교도소 내의 준수사항위반에 대하여 과하는 행정상의 질서벌의 일종으로서 형법 법령에 위반한 행위에 대한 형사책임과는 그 목적, 성격을 달리하는 것이므로 **징벌을 받은 뒤에 형사처벌**을 한다고 하여 일사부재리의 원칙에 반하는 것은 아니다. 대법원 2000. 10. 27. 선고 2000도3874 판결

1384 X **과태료**는 행정상의 질서유지를 위한 행정질서벌에 해당할 뿐 형벌이라고 할 수 없어 **죄형법정주의**의 규율대상에 해당하지 **아니한다**. 헌법재판소 1998. 5. 28. 선고 96헌바83 결정

1385 O 구 주택건설촉진법은 '제32조 제2호의 규정을 위반하여 주택을 공급한 자'를 과태료에 처하도록 규정하고 있으나, 주택공급계약이 위 법 규정에 위반하였다고 하더라도 그 **사법적 효력**까지 부인된다고 할 수는 없다. 대법원 2007. 8. 23. 선고 2005다59475 등 판결

1386 O 질서위반행위규제법 제2조(정의) 이 법에서 사용하는 용어의 뜻은 다음과 같다.
1. '**질서위반행위**'란 법률(지방자치단체의 **조례를 포함**한다. 이하 같다)상의 의무를 위반하여 과태료를 부과하는 행위를 말한다.

1387 O 질서위반행위규제법 제3조(법 적용의 시간적 범위) ① 질서위반행위의 성립과 과태료 처분은 **행위 시**의 법률에 따른다.

1388 O 질서위반행위규제법 제3조(법 적용의 시간적 범위) ② 질서위반행위 후 법률이 변경되어 그 행위가 질서위반행위에 **해당하지 아니하게** 되거나 과태료가 변경되기 전의 법률보다 **가볍게** 된 때에는 법률에 특별한 규정이 없는 한 **변경된 법률**을 적용한다.

1389 X 질서위반행위규제법 제3조(법 적용의 시간적 범위) ③ 행정청의 과태료 처분이나 법원의 과태료 재판이 **확정된 후** 법률이 변경되어 그 행위가 질서위반행위에 **해당하지 아니하게** 된 때에는 변경된 법률에 특별한 규정이 없는 한 과태료의 **징수 또는 집행을 면제**한다.

1390 O 질서위반행위에 대하여 과태료를 부과하는 근거 법령이 개정되어 **행위 시의 법률에 의하면** 과태료 부과대상이었지만 재판 시의 법률에 의하면 부과대상이 아니게 된 때에는 개정 법률의 부칙 등에서 행위 시의 법률을 적용하도록 명시하는 등 특별한 사정이 없는 한 **재판 시의 법률을 적용**하여야 하므로 과태료를 부과할 수 없다. 대법원 2017. 4. 7. 자 2016마1626 결정

1391 X 질서위반행위규제법 제4조(법 적용의 장소적 범위) ② 이 법은 대한민국 영역 밖에서 질서위반행위를 한 **대한민국의 국민**에게 적용한다.

1392 O 질서위반행위규제법 제5조(다른 법률과의 관계) 과태료의 부과·징수, 재판 및 집행 등의 절차에 관한 다른 법률의 규정 중 이 법의 규정에 저촉되는 것은 **이 법으로 정하는 바**에 따른다.

1393 O 질서위반행위규제법 제6조(질서위반행위 법정주의) 법률에 따르지 아니하고는 어떤 행위도 질서위반행위로 과태료를 부과하지 아니한다.

1394 O 질서위반행위규제법 제7조(고의 또는 과실) **고의 또는 과실**이 없는 질서위반행위는 과태료를 부과하지 아니한다.

□□□ **1395** 「질서위반행위규제법」에 따르면 과태료는 행정법규위반이라는 객관적 사실에 대하여 과해지는 것으로 법령상 책임자로 규정된 자에게 부과되고, 위반자의 고의·과실을 요하지 않는다. 25. 국가 7급 (    )

□□□ **1396** 질서위반행위를 한 자가 자신의 책임 없는 사유로 위반행위에 이르렀다고 주장하는 경우 법원은 그 내용을 살펴 행위자에게 고의나 과실이 있는지를 따져보아야 한다. 23. 국가 7급 (    )

□□□ **1397** 자신의 행위가 위법하지 아니한 것으로 오인하고 행한 질서위반행위는 그 오인에 정당한 이유가 있는 때에 한하여 과태료를 부과하지 아니한다. 23. 국가 9급 (    )

□□□ **1398** 다른 법률에 특별한 규정이 없는 경우, 14세가 되지 아니한 자의 질서위반행위는 과태료를 부과하지 아니한다. 20. 국가 9급 (    )

□□□ **1399** 심신장애로 인하여 행위의 옳고 그름을 판단할 능력이 없거나 그 판단에 따른 행위를 할 능력이 없는 자의 질서위반행위는 과태료를 부과하지 아니한다. 23. 지방 7급 (    )

□□□ **1400** 심신장애로 인하여 행위의 옳고 그름을 판단할 능력이 미약한 자의 질서위반행위는 과태료를 감경한다.
미출 (    )

□□□ **1401** 스스로 심신장애 상태를 일으켜 질서위반행위를 한 자에 대하여는 과태료를 감경한다. 19. 국가 7급 (    )

□□□ **1402** 「질서위반행위규제법」상 개인의 대리인이 업무에 관하여 그 개인에게 부과된 법률상의 의무를 위반한 때에는 행위자인 대리인에게 과태료를 부과한다. 17. 국가 9급 (    )

□□□ **1403** 과태료와 같은 행정질서벌은 행정질서유지를 위한 의무의 위반이라는 객관적 사실에 대하여 과하는 제재이므로 현실적인 행위자가 아니더라도 법령상 책임자로 규정된 자에게 부과된다. 23. 소방 (    )

□□□ **1404** 2인 이상이 질서위반행위에 가담한 때에는 각자가 질서위반행위를 한 것으로 본다. 17. 교육행정직 (    )

□□□ **1405** 신분에 의하여 성립하는 질서위반행위에 신분이 없는 자가 가담한 때에는 신분이 없는 자에 대하여는 질서위반행위가 성립하지 않는다. 23. 국가 9급 (    )

□□□ **1406** 신분에 의하여 과태료를 감경 또는 가중하거나 과태료를 부과하지 아니하는 때에는 그 신분의 효과는 신분이 없는 자에게는 미치지 않는다. 21. 국가 7급 (    )

□□□ **1407** 하나의 행위가 2 이상의 질서위반행위에 해당하는 경우에는 각 질서위반행위에 대하여 정한 과태료 중 가장 중한 과태료를 부과한다. 23. 국가 9급 (    )

□□□ **1408** 하나의 행위가 2 이상의 질서위반행위에 해당하는 경우를 제외하고 2 이상의 질서위반행위가 경합하는 경우에는 가장 중한 과태료에 그 1/2을 가산한다. 다만, 다른 법령(지방자치단체의 조례를 포함한다)에 특별한 규정이 있는 경우에는 그 법령으로 정하는 바에 따른다. 19. 변호사 (    )

# 정답 & OX 풀이✏️

1395 ✕ 앞쪽의 1394번의 해설 내용 참고.

1396 ○ 질서위반행위규제법은 과태료의 부과대상인 질서위반행위에 대하여도 책임주의 원칙을 채택하였으므로, 질서위반행위를 한 자가 자신의 **책임 없는 사유**로 위반행위에 이르렀다고 주장하는 경우 법원으로서는 그 내용을 살펴 행위자에게 **고의나 과실**이 있는지를 따져보아야 한다. 대법원 2011. 7. 14.자 2011마364 결정

1397 ○ 질서위반행위규제법 제8조(위법성의 착오) 자신의 행위가 위법하지 아니한 것으로 **오인**하고 행한 질서위반행위는 그 오인에 **정당한 이유**가 있는 때에 한하여 과태료를 부과하지 아니한다.

1398 ○ 질서위반행위규제법 제9조(책임연령) **14세**가 되지 아니한 자의 질서위반행위는 과태료를 부과하지 아니한다. 다만, 다른 법률에 특별한 규정이 있는 경우에는 그러하지 아니하다.

1399 ○ 질서위반행위규제법 제10조(심신장애)
① 심신장애로 인하여 행위의 옳고 그름을 판단할 능력이 **없거나** 그 판단에 따른 행위를 할 능력이 **없는** 자의 질서위반행위는 과태료를 **부과하지 아니한다**.
② 심신장애로 인하여 제1항에 따른 능력이 **미약**한 자의 질서위반행위는 과태료를 **감경한다**.
③ **스스로 심신장애** 상태를 일으켜 질서위반행위를 한 자에 대하여는 제1항 및 제2항을 적용하지 아니한다.

1400 ○ 위 1399번의 해설 내용 참고.

1401 ✕ 위 1399번의 해설 내용 참고.

1402 ✕ 질서위반행위규제법 제11조(법인의 처리 등) ① **법인의 대표자**, **법인 또는 개인**의 대리인·사용인 및 그 밖의 종업원이 업무에 관하여 법인 또는 그 개인에게 부과된 법률상의 의무를 위반한 때에는 **법인 또는 그 개인에게** 과태료를 부과한다.

1403 ○ 과태료와 같은 행정질서벌은 행정질서유지를 위한 의무의 위반이라는 객관적 사실에 대하여 과하는 제재이므로 반드시 현실적인 행위자가 아니라도 **법령상 책임자**로 규정된 자에게 부과된다. 대법원 2000. 5. 26. 선고 98두5972 판결

1404 ○ 질서위반행위규제법 제12조(다수인의 질서위반행위 가담) ① 2인 이상이 질서위반행위에 가담한 때에는 **각자가** 질서위반행위를 한 것으로 본다.

1405 ✕ 질서위반행위규제법 제12조(다수인의 질서위반행위 가담) ② 신분에 의하여 **성립**하는 질서위반행위에 신분이 없는 자가 가담한 때에는 신분이 없는 자에 대하여도 질서위반행위가 **성립한다**.

1406 ○ 질서위반행위규제법 제12조(다수인의 질서위반행위 가담) ③ 신분에 의하여 과태료를 **감경 또는 가중**하거나 과태료를 부과하지 아니하는 때에는 그 신분의 효과는 신분이 없는 자에게는 **미치지 아니한다**.

1407 ○ 질서위반행위규제법 제13조(수개의 질서위반행위의 처리)
① **하나의 행위**가 2 이상의 질서위반행위에 해당하는 경우에는 각 질서위반행위에 대하여 정한 과태료 중 **가장 중한** 과태료를 부과한다.
② 제1항의 경우를 제외하고 2 이상의 질서위반행위가 **경합**하는 경우에는 각 질서위반행위에 대하여 정한 과태료를 **각각 부과한다**. 다만, 다른 법령(지방자치단체의 조례를 포함한다. 이하 같다)에 특별한 규정이 있는 경우에는 그 법령으로 정하는 바에 따른다.

1408 ✕ 위 1407번의 해설 내용 참고.

□□□ **1409** ★★☆ 행정청에 의해 부과된 과태료는 질서위반행위가 종료된 날(다수인이 질서위반행위에 가담한 경우에는 최종행위가 종료된 날을 말한다)부터 5년간 징수하지 아니하거나 집행하지 아니하면 시효로 인하여 소멸한다. 20. 국가 9급 (      )

□□□ **1410** ★☆☆ 행정청이 질서위반행위에 대하여 과태료를 부과하고자 하는 때에는 미리 당사자에게 대통령령으로 정하는 사항을 통지하고, 10일 이상의 기간을 정하여 의견을 제출할 기회를 주어야 한다. 20. 국가 9급 (      )

□□□ **1411** ★★☆ 행정청은 질서위반행위가 종료된 날(다수인이 질서위반행위에 가담한 경우에는 최종행위가 종료된 날을 말한다)부터 5년이 경과한 경우에는 해당 질서위반행위에 대하여 과태료를 부과할 수 없다.
23. 지방 7급 (      )

□□□ **1412** ★☆☆ 행정청은 당사자가 납부기한까지 과태료를 납부하지 아니한 때에는 납부기한을 경과한 날부터 체납된 과태료에 대하여 100분의 5에 상당하는 가산금을 징수한다. 19. 소방간부 (      )

□□□ **1413** 과태료는 당사자가 과태료 부과처분에 대하여 이의를 제기하지 아니한 채 이의제기 기한이 종료한 후 사망한 경우에는 그 상속재산에 대하여 집행할 수 있다. 14. 사회복지 (      )

□□□ **1414** ★★★ 행정청의 과태료 부과에 불복하는 당사자는 과태료 부과 통지를 받은 날부터 90일 이내에 관할 법원에 취소소송을 제기할 수 있다. 23. 지방 7급 (      )

□□□ **1415** ★★☆ 행정청의 과태료 부과에 불복하는 당사자는 그 통지를 받은 날부터 60일 이내에 해당 행정청에 서면으로 이의제기를 할 수 있다. 23. 지방 9급 (      )

□□□ **1416** ★★★ 행정청의 과태료 부과에 불복하는 이의제기가 있더라도 과태료 부과처분은 그 효력을 상실하지 않는다.
21. 국가 7급 (      )

□□□ **1417** ★★★ 과태료 사건은 다른 법령에 특별한 규정이 있는 경우를 제외하고는 과태료 부과관청의 소재지의 지방법원 또는 그 지원의 관할로 한다. 23. 국가 7급 (      )

□□□ **1418** ★☆☆ 과태료재판의 경우, 법원은 직권으로 사실의 탐지와 필요하다고 인정하는 증거의 조사를 하여야 한다.
미출 (      )

□□□ **1419** ★☆☆ 과태료 재판의 경우 법원은 기록상 현출되어 있는 사항에 관하여 직권으로 증거조사를 하고 이를 기초로 하여 판단할 수 있으나, 행정청의 과태료 부과처분사유와 기본적 사실관계에 있어서 동일성이 인정되는 한도 내에서만 과태료를 부과할 수 있다. 25. 국가 7급 (      )

□□□ **1420** ★☆☆ 법원이 하는 과태료재판에는 원칙적으로 행정소송에서와 같은 신뢰보호의 원칙이 적용된다.
22. 지방 9급 (      )

□□□ **1421** 행정청이 위반사실을 적발하면 과태료를 부과받을 자의 주소지를 관할하는 지방법원에 통보하여야 하고, 당해 법원은 「비송사건절차법」에 따라 결정으로써 과태료를 부과한다. 23. 국가 9급 (      )

정답 & OX 풀이

**1409** ✕ 질서위반행위규제법 제15조(과태료의 시효) ① 과태료는 행정청의 <u>과태료 부과처분이나 법원의 과태료 재판이</u> **확정된 후** 5년간 징수하지 아니하거나 집행하지 아니하면 시효로 인하여 소멸한다.

**1410** ○ 질서위반행위규제법 제16조(사전통지 및 의견 제출 등) ① 행정청이 질서위반행위에 대하여 과태료를 부과하고자 하는 때에는 미리 당사자(제11조 제2항에 따른 고용주등을 포함한다. 이하 같다)에게 대통령령으로 정하는 사항을 통지하고, <u>**10일** 이상의 기간을 정하여 의견을 제출할 기회를 주어야 한다.</u>

**1411** ○ 질서위반행위규제법 제19조(과태료 부과의 제척기간) ① 행정청은 <u>질서위반</u>**행위가 종료**된 날(다수인이 질서위반행위에 가담한 경우에는 최종행위가 종료된 날을 말한다)부터 <u>5년이 경과</u>한 경우에는 해당 질서위반행위에 대하여 <u>과태료를 **부과할 수 없다**.</u>

**1412** ✕ 질서위반행위규제법 제24조(가산금 징수 및 체납처분 등) ① 행정청은 당사자가 납부기한까지 과태료를 납부하지 아니한 때에는 납부기한을 경과한 날부터 체납된 과태료에 대하여 **100분의 3**에 상당하는 가산금을 징수한다.

**1413** ○ 질서위반행위규제법 제24조의2(상속재산 등에 대한 집행) ① 과태료는 당사자가 과태료 부과처분에 대하여 <u>이의를 제기하지</u> 아니한 채 제20조 제1항에 따른 기한이 종료한 후 사망한 경우에는 그 **상속재산에 대하여 집행**할 수 있다.

**1414** ✕ <u>과태료처분의 당부는 최종적으로 **비송사건절차법**에 의한 절차에 의하여만 판단되어야 한다고 보아야 할 것이므로 위와 같은 과태료처분은 행정소송의 대상이 되는 **행정처분이라고 볼 수 없다.**</u> 대법원 1993. 11. 23. 선고 93누16833 판결

**1415** ○ 질서위반행위규제법 제20조(이의제기) ① 행정청의 과태료 부과에 불복하는 당사자는 제17조 제1항에 따른 과태료 부과 통지를 받은 날부터 **60일** 이내에 해당 행정청에 서면으로 이의제기를 할 수 있다.

**1416** ✕ 질서위반행위규제법 제20조(이의제기) ② 제1항에 따른 <u>이의제기가 있는 경우에는</u> 행정청의 <u>과태료 부과처분은 그 **효력을 상실한다.**</u>

**1417** ✕ 질서위반행위규제법 제25조(관할 법원) 과태료 사건은 다른 법령에 특별한 규정이 있는 경우를 제외하고는 **당사자**의 주소지의 지방법원 또는 그 지원의 관할로 한다.

**1418** ○ 질서위반행위규제법 제33조(직권에 의한 사실탐지와 증거조사) ① <u>법원은 **직권으로** 사실의 탐지와 필요하다고 인정하는 증거의 조사를 하여야 한다.</u>

**1419** ○ 과태료재판의 경우, <u>법원으로서는 **기록상 현출**되어 있는 사항에 관하여 직권으로 증거조사를 하고 이를 기초로 하여 판단할 수 있는 것이나, 그 경우 행정청의 과태료부과처분사유와 **기본적 사실관계에서 동일성**이 인정되는 한도 내에서만 과태료를 부과할 수 있다.</u> 대법원 2012. 10. 19.자 2012마1163 결정

**1420** ✕ <u>법원이 **비송사건절차법**에 따라서 하는 과태료 재판은 관할 관청이 부과한 과태료처분에 대한 당부를 심판하는 **행정소송절차가 아니라** 법원이 **직권으로** 개시·결정하는 것이므로</u>, 원칙적으로 <u>과태료 재판에서는 행정소송에서와 같은 신뢰보호의 원칙 위반 여부가 문제로 되지 아니하고</u>, (생략) (주: 비송재판인 과태료 재판에 있어서는 행정소송에서와 같은 신뢰보호의 원칙이 적용되지 않음). 대법원 2006. 4. 28.자 2003마715 결정

**1421** ✕ 질서위반행위규제법 제21조(법원에의 통보) ① 제20조제1항에 따른 <u>이의제기를 받은 행정청</u>은 이의제기를 받은 날부터 14일 이내에 이에 대한 의견 및 증빙서류를 첨부하여 관할 법원에 통보하여야 한다(주: <u>행정청이 관할 법원에 통보하는 경우는</u> 질서위반행위 사실을 적발한 때가 아니라, 상대방이 이의를 제기한 때임).

□□□ **1422** 과태료 재판은 이유를 붙인 결정으로써 하며, 결정은 당사자와 검사에게 고지함으로써 효력이 발생한다.
21. 소방 (      )

□□□ **1423** ★★☆ 「질서위반행위규제법」에 따르면, 당사자와 검사는 과태료 재판에 대하여 즉시항고를 할 수 있으며, 이 경우 항고는 집행정지의 효력이 있다. 24. 국가 9급 (      )

□□□ **1424** 과태료의 재판은 판사의 명령으로 집행하며, 이 경우 그 명령은 집행력 있는 집행권원과 동일한 효력이 있다. 12. 지방 9급 (      )

□□□ **1425** ★☆☆ 법원이 심문 없이 과태료 재판을 하고자 하는 때에는 당사자와 검사는 특별한 사정이 없는 한 약식재판의 고지를 받은 날부터 7일 이내에 이의신청을 할 수 있다. 23. 지방 9급 (      )

□□□ **1426** 과태료의 고액상습체납자에 대해서도 자유를 박탈하는 제재인 감치처분을 행할 수는 없다.
11. 지방 9급 (      )

□□□ **1427** ★★★ 행정법상의 질서벌인 과태료의 부과처분과 형사처벌은 그 성질이나 목적을 달리하는 별개의 것이므로 행정법상의 질서벌인 과태료를 납부한 후에 형사처벌을 한다고 하여 이를 일사부재리의 원칙에 반하는 것이라고 할 수는 없다. 23. 국가 9급 (      )

□□□ **1428** 임시운행허가기간을 벗어난 무등록차량을 운행한 자는 과태료와 별도로 형사처벌의 대상이 된다.
14. 국가 9급 (      )

## 정답 & OX 풀이

**1422** O 질서위반행위규제법 제36조(재판) ① 과태료 재판은 이유를 붙인 **결정**으로써 한다.
질서위반행위규제법 제37조(결정의 고지) ① 결정은 당사자와 검사에게 **고지함으로써** 효력이 생긴다.

**1423** O 질서위반행위규제법 제38조(항고) ① 당사자와 검사는 과태료 재판에 대하여 **즉시항고**를 할 수 있다. 이 경우 항고는 **집행정지의 효력이 있다.**

**1424** X 질서위반행위규제법 제42조(과태료 재판의 집행) ① 과태료 재판은 **검사**의 명령으로써 집행한다. 이 경우 그 명령은 집행력 있는 집행권원과 동일한 효력이 있다.

**1425** O 질서위반행위규제법 제44조(**약식재판**) 법원은 상당하다고 인정하는 때에는 제31조제1항에 따른 심문 없이 과태료 재판을 할 수 있다.
질서위반행위규제법 제45조(이의신청) ① 당사자와 검사는 제44조에 따른 약식재판의 고지를 받은 날부터 **7일** 이내에 이의신청을 할 수 있다.

**1426** X 질서위반행위규제법 제54조(고액·상습체납자에 대한 제재) ① 법원은 검사의 청구에 따라 결정으로 **30일**의 범위 이내에서 과태료의 납부가 있을 때까지 다음 각 호의 사유에 모두 해당하는 경우 체납자(법인인 경우에는 대표자를 말한다. 이하 이 조에서 같다)를 **감치**에 처할 수 있다.

**1427** O 행정법상의 질서벌인 과태료의 부과처분과 형사처벌은 그 성질이나 목적을 달리하는 별개의 것이므로 행정법상의 질서벌인 과태료를 납부한 후에 형사처벌을 한다고 하여 이를 **일사부재리의 원칙에 반하는 것이라고 할 수는 없고,** 따라서 **임시운행허가기간**을 벗어나 무등록차량을 운행한 자에 대한 과태료의 제재와 형사처벌은 일사부재리의 원칙에 반하지 않는다. 대법원 1996. 4. 12. 선고 96도158 판결

**1428** O 위 1427번의 해설 내용 참고.

## 기출 지문 OX Check ✔

☐☐☐ **1429** 조세에 관한 사항, 「근로기준법」상 근로감독관의 직무에 관한 사항, 금융감독기관의 감독·검사·조사 및 감리에 관한 사항에 대하여는 「행정조사기본법」을 적용하지 아니한다. 12. 지방 9급 (    )

★☆☆
☐☐☐ **1430** 「행정조사기본법」 제4조(행정조사의 기본원칙)는 조세·보안처분에 관한 사항에 대하여 적용하지 아니한다. 22. 국가 7급 (    )

☐☐☐ **1431** 행정조사는 조사목적을 달성하는 데 필요한 최소한의 범위 안에서 실시하여야 한다. 16. 국가 9급 (    )

★☆☆
☐☐☐ **1432** 행정조사는 법령등의 위반에 대한 처벌에 중점을 두되 법령등을 준수하도록 유도하여야 한다.
24. 군무원 7급 (    )

★★★
☐☐☐ **1433** 「행정조사기본법」은 행정조사 실시를 위한 일반적인 근거규범으로서 행정기관은 다른 법령 등에서 따로 행정조사를 규정하고 있지 않더라도 「행정조사기본법」을 근거로 행정조사를 실시할 수 있다. 23. 국가 9급
(    )

★☆☆
☐☐☐ **1434** 「행정조사기본법」 제5조 단서에서 정한 '조사대상자의 자발적인 협조를 얻어 실시하는 행정조사'는 개별 법령 등에서 행정조사를 규정하고 있는 경우에도 실시할 수 있다. 24. 국가 7급 (    )

★☆☆
☐☐☐ **1435** 행정조사는 법령등 또는 행정조사운영계획으로 정하는 바에 따라 정기적으로 실시함을 원칙으로 하나, 법령등의 위반에 대한 신고를 받거나 민원이 접수된 경우에는 수시조사를 할 수 있다. 24. 국회 8급 (    )

★☆☆
☐☐☐ **1436** 조사대상자는 법령 등에서 규정하고 있는 경우에 한하여 조사대상 선정기준에 대한 열람을 행정기관의 장에게 신청할 수 있다. 15. 지방 9급 (    )

★☆☆
☐☐☐ **1437** 조사대상자가 조사대상 선정기준에 대한 열람을 신청한 경우에 행정기관은 그 열람이 당해 행정조사업무를 수행할 수 없을 정도로 조사활동에 지장을 초래한다는 이유로 열람을 거부할 수 없다.
18. 지방 9급 (    )

☐☐☐ **1438** 행정조사를 행하는 행정기관에는 법령 및 조례·규칙에 따라 행정권한이 있는 기관뿐만 아니라 그 권한을 위임 또는 위탁받은 법인·단체 또는 그 기관이나 개인이 포함된다. 18. 지방 9급 (    )

★☆☆
☐☐☐ **1439** 조사대상자의 동의가 있는 경우 해가 뜨기 전이나 해가 진 뒤에도 현장조사가 가능하다.
17. 서울시 9급 (    )

## 정답 & OX 풀이 ✏️

**1429** O 행정조사기본법 제3조(적용범위) ② 다음 각 호의 어느 하나에 해당하는 사항에 대하여는 <u>이 법을 적용하지 아니한다</u>.
　4. 「근로기준법」 제101조에 따른 **근로감독관**의 직무에 관한 사항
　5. **조세·형사·행형 및 보안처분**에 관한 사항
　6. **금융감독기관**의 감독·검사·조사 및 감리에 관한 사항

**1430** X 행정조사기본법 제3조(적용범위) ③ 제2항에도 불구하고 제4조(**행정조사의 기본원칙**), 제5조(행정조사의 근거) 및 제28조(정보통신수단을 통한 행정조사)는 제2항 각 호의 사항에 대하여 **적용한다**.

**1431** O 행정조사기본법 제4조(행정조사의 기본원칙) ① 행정조사는 <u>조사목적</u>을 달성하는데 필요한 **최소한**의 범위 안에서 실시하여야 하며, 다른 목적 등을 위하여 조사권을 남용하여서는 아니 된다.

**1432** X 행정조사기본법 제4조(행정조사의 기본원칙) ④ 행정조사는 법령등의 위반에 대한 처벌보다는 **법령등을 준수하도록 유도**하는 데 중점을 두어야 한다.

**1433** X 행정조사기본법 제5조(행정조사의 근거) 행정기관은 법령등에서 행정조사를 **규정하고 있는 경우에 한하여** 행정조사를 실시할 수 있다. 다만, 조사대상자의 **자발적인 협조**를 얻어 실시하는 행정조사의 경우에는 그러하지 아니하다.

**1434** O 행정조사기본법 제5조 단서에서 정한 '<u>조사대상자의 **자발적인 협조**를 얻어 실시하는 행정조사</u>'는 개별 법령 등에서 행정조사를 **규정하고 있는 경우에도** 실시할 수 있다. 대법원 2016. 10. 27. 선고 2016두41811 판결

**1435** O 행정조사기본법 제7조(조사의 주기) 행정조사는 법령등 또는 행정조사운영계획으로 정하는 바에 따라 **정기적**으로 실시함을 원칙으로 한다. 다만, 다음 각 호 중 어느 하나에 해당하는 경우에는 **수시조사**를 할 수 있다.
　4. **법령등의 위반**에 대한 신고를 받거나 민원이 접수된 경우

**1436** X 행정조사기본법 제8조(조사대상의 선정)
　② <u>조사대상자</u>는 조사대상 선정기준에 대한 열람을 행정기관의 장에게 신청할 수 있다.
　③ 행정기관의 장이 제2항에 따라 열람신청을 받은 때에는 <u>다음 각 호의 어느 하나에 해당하는 경우를 제외하고</u> 신청인이 조사대상 선정기준을 <u>열람할 수 있도록 하여야 한다</u>.
　　1. 행정기관이 당해 <u>행정조사업무</u>를 수행할 수 없을 정도로 조사활동에 지장을 초래하는 경우
　　2. 내부고발자 등 제3자에 대한 보호가 필요한 경우

**1437** X 위 1436번의 해설 내용 참고.

**1438** O 행정조사기본법 제2조(정의) 이 법에서 사용하는 용어의 정의는 다음과 같다.
　2. '**행정기관**'이란 법령 및 조례·규칙에 따라 행정권한이 있는 기관과 그 권한을 <u>위임 또는 위탁받은 법인·단체 또는 그 기관이나 개인</u>을 말한다.

**1439** O 행정조사기본법 제11조(현장조사) ② 제1항에 따른 현장조사는 **해가 뜨기 전이나 해가 진 뒤**에는 할 수 없다. 다만, 다음 각 호의 어느 하나에 해당하는 경우에는 <u>그러하지 아니하다</u>.
　1. <u>조사대상자(대리인 및 관리책임이 있는 자를 포함한다)가 **동의**한 경우</u>
　2. 사무실 또는 사업장 등의 업무**시간**에 행정조사를 실시하는 경우
　3. 해가 뜬 후부터 해가 지기 전까지 행정조사를 실시하는 경우에는 조사**목적**의 달성이 불가능하거나 **증거인멸**로 인하여 조사대상자의 법령등의 위반 여부를 확인할 수 없는 경우

□□□ **1440** 사무실 또는 사업장 등의 업무시간에 행정조사를 실시하는 경우에도 현장조사는 해가 뜨기 전이나 해가 진 뒤에는 할 수 없다. 24. 국회 8급 (     )

□□□ **1441** 「행정조사기본법」상 조사원이 가택·사무실 또는 사업장 등에 출입하여 현장조사를 실시하는 경우, 그 권한을 나타내는 증표를 지니고 이를 조사대상자에게 내보여야 한다. 24. 국가 7급 (     )

□□□ **1442** 행정기관의 장은 조사원이 조사목적의 달성을 위하여 한 시료채취로 조사대상자에게 손실을 입힌 때에는 그 손실을 보상하여야 한다. 23. 국가 9급 (     )

□□□ **1443** 조사원이 현장조사 중에 자료·서류·물건 등을 영치하는 경우에 조사대상자의 생활이나 영업이 사실상 불가능하게 될 우려가 있는 때에는 조사원은 증거인멸의 우려가 있는 경우가 아니라면 사진촬영 등의 방법으로 영치에 갈음할 수 있다. 18. 국가 7급 (     )

□□□ **1444** 행정기관의 장은 당해 행정기관 내의 2 이상의 부서가 동일하거나 유사한 업무분야에 대하여 동일한 조사대상자에게 행정조사를 실시하는 경우에는 공동조사를 하여야 한다. 23. 국가 9급 (     )

□□□ **1445** 정기조사 또는 수시조사를 실시한 행정기관의 장은 조사대상자의 자발적인 협조를 얻어 실시하는 경우가 아닌 한, 동일한 사안에 대하여 동일한 조사대상자를 재조사하여서는 아니 된다. 18. 지방 9급 (     )

□□□ **1446** 행정기관의 장은 조사대상자의 신상이나 사업비밀 등이 유출될 우려가 있으므로 인터넷 등 정보통신망을 통하여 조사대상자로 하여금 자료의 제출 등을 하게 할 수 없다. 23. 국가 9급 (     )

□□□ **1447** 「행정조사기본법」에 따르면, 행정조사를 실시하는 경우 조사개시 7일 전까지 조사대상자에게 출석요구서, 보고요구서·자료제출요구서, 현장출입조사서를 서면으로 통지하여야 하나, 조사대상자의 자발적인 협조를 얻어 행정조사를 실시하는 경우에는 미리 서면으로 통지하지 않고 행정조사의 개시와 동시에 이를 조사대상자에게 제시할 수 있다. 18. 국가 9급 (     )

□□□ **1448** 「행정조사기본법」상 행정조사를 실시하기 전에 관련 사항을 미리 통지하는 경우 증거인멸 등으로 행정조사의 목적을 달성할 수 없다고 판단되는 때에는, 행정기관의 장은 행정조사 종료 후 지체 없이 행정조사의 목적 등을 조사대상자에게 구두로 통지할 수 있다. 24. 지방 9급 (     )

□□□ **1449** 「행정조사기본법」에 따르면 조사대상자의 자발적인 협조를 얻어 행정조사를 실시하고자 하는 경우 조사대상자는 문서·전화·구두 등의 방법으로 당해 행정조사를 거부할 수 있다. 23. 지방 9급 (     )

□□□ **1450** 자발적인 협조에 따라 실시하는 행정조사에 대하여 조사 대상자가 조사에 응할 것인지에 대한 응답을 하지 아니 하는 경우에는 법령 등에 특별한 규정이 없는 한 그 조사에 동의한 것으로 본다.

24. 지방 9급 (     )

□□□ **1451** 조사대상자에 의한 조사원 교체신청은 그 이유를 명시한 서면으로 행정기관의 장에게 하여야 한다.

15. 지방 9급 (     )

## 정답 & OX 풀이

**1440** ✕ 앞쪽의 1439번의 해설 내용 참고.

**1441** ○ 행정조사기본법 제11조(현장조사) ③ 제1항 및 제2항에 따라 <u>현장조사를 하는 조사원은 그 권한을 나타내는 증표를 지니고 이를</u> <u>조사대상자에게 내보여야 한다.</u>

**1442** ○ 행정조사기본법 제12조(시료채취) ② 행정기관의 장은 제1항에 따른 <u>시료채취로 조사대상자에게 손실을 입힌 때에는 대통령령</u> 으로 정하는 절차와 방법에 따라 <u>그 손실을 보상</u>하여야 한다.

**1443** ○ 행정조사기본법 제13조(자료등의 영치) ② 조사원이 제1항에 따라 <u>자료등을 영치하는 경우에 조사대상자의 **생활이나 영업이**</u> **사실상 불가능**하게 될 우려가 있는 때에는 조사원은 <u>자료등을 **사진으로 촬영하거나 사본을 작성**</u>하는 등의 방법으로 영치에 갈음할 수 있다. 다만, **증거인멸의 우려**가 있는 자료등을 영치하는 경우에는 그러하지 아니하다.

**1444** ○ 행정조사기본법 제14조(공동조사) ① 행정기관의 장은 다음 각 호의 어느 하나에 해당하는 행정조사를 하는 경우에는 <u>공동조사</u> <u>를 하여야 한다.</u>
　1. 당해 행정기관 내의 2 이상의 부서가 <u>동일하거나 유사한 업무분야에 대하여 동일한 조사대상자에게 행정조사를 실시하는</u> 경우

**1445** ✕ 행정조사기본법 제15조(중복조사의 제한) ① 제7조에 따라 정기조사 또는 수시조사를 실시한 행정기관의 장은 <u>동일한 사안에</u> <u>대하여 동일한 조사대상자를 재조사 하여서는 아니 된다.</u> 다만, 당해 행정기관이 이미 조사를 받은 조사대상자에 대하여 <u>위법행</u> <u>위가 의심되는 **새로운 증거**를 확보한 경우에는 그러하지 아니하다.</u>

**1446** ✕ 행정조사기본법 제28조(정보통신수단을 통한 행정조사) ① 행정기관의 장은 <u>인터넷 등 정보통신망을 통하여 조사대상자로 하여</u> <u>금 자료의 제출 등을 하게 할 수 있다.</u>

**1447** ○ 행정조사기본법 제17조(조사의 사전통지) ① 행정조사를 실시하고자 하는 행정기관의 장은 제9조에 따른 출석요구서, 제10조에 따른 보고요구서·자료제출요구서 및 제11조에 따른 현장출입조사서를 <u>조사개시 **7일 전**까지 조사대상자에게 **서면으로 통지하**</u> **여야 한다.** 다만, 다음 각 호의 어느 하나에 해당하는 경우에는 <u>행정조사의 개시와 동시에</u> 출석요구서등을 조사대상자에게 제시 하거나 행정조사의 목적 등을 조사대상자에게 **구두로** 통지할 수 있다.
　1. 행정조사를 실시하기 전에 관련 사항을 미리 통지하는 때에는 **증거인멸** 등으로 행정조사의 목적을 달성할 수 없다고 판단되 는 경우
　2. 「통계법」 제3조 제2호에 따른 지정**통계**의 작성을 위하여 조사하는 경우
　3. 제5조 단서에 따라 조사대상자의 **자발적인 협조**를 얻어 실시하는 행정조사의 경우

**1448** ✕ 위 1447번의 해설 내용 참고.

**1449** ○ 행정조사기본법 제20조(자발적인 협조에 따라 실시하는 행정조사) ① 행정기관의 장이 제5조 단서에 따라 조사대상자의 <u>자발적</u> <u>인 협조를 얻어 행정조사를 실시하고자 하는 경우 조사대상자는 문서·전화·구두 등의 방법으로 당해 행정조사를 거부할 수</u> <u>있다.</u>

**1450** ✕ 행정조사기본법 제20조(자발적인 협조에 따라 실시하는 행정조사) ② 제1항에 따른 행정조사에 대하여 조사대상자가 <u>조사에</u> <u>응할 것인지에 대한 응답을 하지 아니하는 경우에는 법령등에 특별한 규정이 없는 한 그 조사를 거부한 것으로 본다.</u>

**1451** ○ 행정조사기본법 제22조(조사원 교체신청)
　① 조사대상자는 <u>조사원에게 공정한 행정조사를 기대하기 어려운 사정이 있다고 판단되는 경우에는 행정기관의 장에게 당해</u> <u>조사원의 교체를 신청할 수 있다.</u>
　② 제1항에 따른 <u>교체신청은 그 이유를 명시한 서면으로 행정기관의 장에게 하여야 한다.</u>

☐☐☐ **1452** 행정기관의 장은 법령등에 특별한 규정이 있는 경우를 제외하고는 행정조사의 결과를 확정한 날부터 7일 이내에 그 결과를 조사대상자에게 통지하여야 한다. 22. 국가 7급 (        )

☐☐☐ **1453** 행정기관의 장은 법령 등에서 규정하고 있는 조사사항을 조사대상자로 하여금 스스로 신고하도록 하는 자율신고제도를 운영할 수 있다. 20. 소방 (        )

☐☐☐ **1454** 행정기관의 장은 조사대상자가 자율신고제도에 따라 신고한 내용이 거짓의 신고라고 인정할 만한 근거가 있거나 신고내용을 신뢰할 수 없는 경우를 제외하고는 그 신고내용을 행정조사에 갈음하여야 한다.
12. 지방 9급 (        )

☐☐☐ **1455** 우편물 통관검사절차에서 이루어지는 우편물 개봉 등의 검사는 행정조사의 성격을 가지는 것으로서 수사기관의 강제처분이라고 할 수 없으므로, 압수·수색영장 없이 검사가 진행되었다 하더라도 특별한 사정이 없는 한 위법하다고 볼 수 없다. 24. 지방 9급 (        )

☐☐☐ **1456** 세관공무원이 「마약류 불법거래 방지에 관한 특례법」에 따른 조치의 일환으로 특정한 수출입물품을 개봉하여 검사하고 그 내용물의 점유를 취득한 행위는 수출입물품에 대한 적정한 통관 등을 목적으로 실시하는 행정조사라는 점에서 사전 또는 사후 영장을 요하지 않는다. 25. 소방 (        )

☐☐☐ **1457** 위법한 세무조사를 통하여 수집된 과세자료에 기초하여 과세처분을 하였더라도 그러한 사정만으로 그 과세처분이 위법하게 되는 것은 아니다. 24. 소방간부 (        )

☐☐☐ **1458** 「국세기본법」상 금지되는 재조사에 기하여 과세처분을 하는 것은 과세관청이 그러한 재조사로 얻은 과세자료를 배제하고서도 동일한 과세처분이 가능한 경우라면 적법하다. 22. 국회 8급 (        )

☐☐☐ **1459** 납세자 등이 대답하거나 수인할 의무가 없고 납세자의 영업의 자유 등을 침해하거나 세무조사권이 남용될 염려가 없는 조사행위라 하더라도 재조사가 금지되는 세무조사에 해당한다. 24. 국가 7급 (        )

☐☐☐ **1460** 음주운전 여부에 대한 조사 과정에서 운전자 본인의 동의를 받지 아니하고 법원의 영장 없이 채혈조사를 한 결과를 근거로 한 운전면허 정지·취소처분은 특별한 사정이 없는 한 위법한 처분으로 볼 수밖에 없다. 22. 소방간부 (        )

☐☐☐ **1461** 시료채취의 방법 등이 시료채취의 방법, 오염물질 측정의 방법 등을 정한 구 「수질오염공정시험기준」에서 정한 절차에 위반되었다면 그에 기초하여 내려진 행정처분은 그 자체로 위법하게 된다.
24. 국회 9급 (        )

☐☐☐ **1462** 행정조사는 처분성이 인정되지 않으므로 세무조사결정이 위법하더라도 이에 대해서는 항고소송을 제기할 수 없다. 24. 지방 9급 (        )

☐☐☐ **1463** 헌법 제12조 제1항에서 규정하고 있는 적법절차의 원칙은 형사소송절차에 국한되지 않고 모든 국가작용 전반에 대하여 적용되는 원칙이므로 세무공무원의 세무조사권의 행사에서도 적법절차의 원칙은 준수되어야 한다. 18. 국가 9급 (        )

# 정답 & OX 풀이

1452 ○ 행정조사기본법 제24조(조사결과의 통지) 행정기관의 장은 법령등에 특별한 규정이 있는 경우를 제외하고는 <u>행정조사의 결과를</u> 확정한 날부터 **7일** 이내에 그 결과를 조사대상자에게 통지하여야 한다.

1453 ○ 행정조사기본법 제25조(자율신고제도)
① 행정기관의 장은 법령등에서 규정하고 있는 <u>조사사항을 조사대상자로 하여금 스스로 신고하도록 하는 제도를 운영**할 수**</u> **있다.**
② 행정기관의 장은 조사대상자가 제1항에 따라 <u>신고한 내용이 거짓의 신고라고 인정할 만한 근거가 있거나 신고내용을 신뢰할 수 없는 경우를 제외하고는 그 신고내용을 행정조사에 갈음**할 수 있다.**</u>

1454 ✕ 위 1453번의 해설 내용 참고.

1455 ○ **우편물 통관**검사절차에서 이루어지는 우편물의 개봉, 시료채취, 성분분석 등의 검사는 수출입물품에 대한 적정한 통관 등을 목적으로 한 **행정조사**의 성격을 가지는 것으로서 <u>수사기관의 강제처분이라고 할 수 없으므로,</u> 압수·수색**영장 없이** 우편물의 개봉, 시료채취, 성분분석 등 검사가 진행되었다 하더라도 특별한 사정이 없는 한 <u>위법하다고 볼 수 없다.</u> 대법원 2013. 9. 26. 선고 2013도7718 판결

1456 ✕ **마약류 불법거래 방지**에 관한 특례법에 따른 조치의 일환으로 **특정한** 수출입물품을 개봉하여 검사하고 그 내용물의 점유를 <u>취득한 행위</u>는 위에서 본 수출입물품에 대한 적정한 통관 등을 목적으로 조사를 하는 경우와는 달리, **범죄수사**인 압수 또는 수색에 해당하여 사전 또는 사후에 **영장을 받아야 한다.** 대법원 2017. 7. 18. 선고 2014도8719 판결

1457 ✕ <u>세무조사가 과세자료의 수집 또는 신고내용의 정확성 검증이라는 본연의 목적이 아니라 부정한 목적을 위하여 행하여진 것이라면</u> 이는 세무조사에 중대한 <u>위법사유가 있는 경우에 해당하고 **위법한 세무조사**에 의하여 수집된 과세자료를 기초로 한</u> **과세처분 역시 위법하다.** 대법원 2016. 12. 15. 선고 2016두47659 판결

1458 ✕ <u>금지되는 재조사에 기하여 과세처분을 하는 것은 단순히 당초 과세처분의 오류를 경정하는 경우에 불과하다는 등의 특별한 사정이 없는 한 **그 자체로 위법**하고, 이는 과세관청이 그러한 재조사로 얻은 과세자료를 과세처분의 근거로 삼지 않았다거나 이를 배제하고서도 동일한 과세처분이 가능한 경우라고 하여 달리 볼 것은 아니다.</u> 대법원 2017. 12. 13. 선고 2016두55421 판결

1459 ✕ <u>납세자 등이 대답하거나 수인할 의무가 없고 납세자의 영업의 자유 등을 침해하거나 세무조사권이 남용될 염려가 없는 조사행위까지 재조사가 금지되는 '세무조사'에 해당한다고 볼 것은 아니다.</u> 대법원 2017. 3. 16. 선고 2014두8360 판결

1460 ○ **음주운전** 여부에 대한 조사 과정에서 <u>운전자 본인의 동의를 받지 아니하고 또한 법원의 영장도 없이</u> **채혈조사**를 한 결과를 근거로 한 <u>운전면허 정지·취소 처분은 도로교통법 제44조 제3항을 위반한 것으로서 특별한 사정이 없는 한 **위법한 처분**으로 볼 수밖에 없다.</u> 대법원 2016. 12. 27. 선고 2014두46850 판결

1461 ✕ 수질오염물질을 측정하는 경우 <u>시료채취의 방법, 오염물질 측정의 방법 등을 정한 구 **수질오염공정시험기준**은</u> 형식 및 내용에 비추어 <u>행정기관 내부의 사무처리준칙에 불과하므로 일반 국민이나 법원을 구속하는 **대외적 구속력은 없다.**</u> 따라서 <u>시료채취의 방법 등이 위 고시에서 정한 절차에 위반된다고 하여</u> 그러한 사정만으로 곧바로 그에 기초하여 내려진 행정처분이 **위법하다고 볼 수는 없고,** 관계 법령의 규정 내용과 취지 등에 비추어 절차상 하자가 채취된 시료를 객관적인 자료로 활용할 수 없을 정도로 중대한지에 따라 판단되어야 한다. 대법원 2022. 9. 16. 선고 2021두58912 판결

1462 ✕ **세무조사결정**은 납세의무자의 권리·의무에 직접 영향을 미치는 공권력의 행사에 따른 행정작용으로서 <u>항고소송의 대상이 된다.</u> 대법원 2011. 3. 10. 선고 2009두23617 판결

1463 ○ 헌법 제12조 제1항에서 규정하고 있는 **적법절차의 원칙**은 형사소송절차에 국한되지 아니하고 **모든** 국가작용 전반에 대하여 적용된다. (중략) 세무공무원의 세무조사권의 행사에서도 적법절차의 원칙은 마땅히 준수되어야 한다. 대법원 2014. 6. 26. 선고 2012두911 판결

☐☐☐ **1464** 영업정지에 갈음하여 부과되는 이른바 변형된 과징금의 부과 여부는 통상 행정청의 재량행위이다.

22. 국가 9급 (      )

☐☐☐ **1465** 구 「독점규제 및 공정거래에 관한 법률」 소정의 부당지원행위에 대한 과징금은 부당지원행위의 억지라는 행정목적을 실현하기 위한 행정상 제재금으로서의 성격에 부당이득환수적 요소도 부가되어 있으므로 국가형벌권 행사로서의 처벌에 해당하지 아니한다. 24. 국가 9급 (      )

☐☐☐ **1466** 과징금은 행정상 제재금이고 범죄에 대한 국가 형벌권의 실행이 아니므로 행정법규 위반에 대해 벌금 이외에 과징금을 부과하는 것은 이중처벌금지의 원칙에 위반되지 않는다. 22. 국가 9급 (      )

☐☐☐ **1467** 「행정기본법」 제28조제1항에 과징금 부과의 법적 근거를 마련하였으므로 행정청은 직접 이 규정에 근거하여 과징금을 부과할 수 있다. 22. 지방 7급 (      )

☐☐☐ **1468** 과징금의 근거가 되는 법률에는 과징금에 관한 부과·징수 주체, 부과 사유, 상한액, 가산금을 징수하려는 경우 그 사항, 과징금 또는 가산금 체납 시 강제징수를 하려는 경우 그 사항을 명확하게 규정하여야 한다. 24. 국가 9급 (      )

☐☐☐ **1469** 「부동산 실권리자명의 등기에 관한 법률」상 명의신탁자에 대한 과징금의 부과 여부는 행정청의 재량행위이다. 22. 국가 9급 (      )

☐☐☐ **1470** 「부동산 실권리자명의 등기에 관한 법률」상 실권리자명의 등기의무에 위반하여 부과된 과징금 채무는 대체적 급부가 가능한 의무이므로 과징금을 부과받은 자가 사망한 경우 그 상속인에게 포괄승계된다.

23. 국가 7급 (      )

☐☐☐ **1471** 甲이 현실적인 위반행위자가 아닌 법령상 책임자인 경우에도 甲에게 과징금을 부과할 수 있다.

22. 지방 9급 (      )

☐☐☐ **1472** 과징금부과처분은 원칙적으로 위반자의 고의·과실을 요하지 아니하나, 위반자의 의무 해태를 탓할 수 없는 정당한 사유가 있는 등의 특별한 사정이 있는 경우에는 이를 부과할 수 없다. 22. 지방 7급 (      )

☐☐☐ **1473** 「독점규제 및 공정거래에 관한 법률」상의 과징금은 법이 규정한 범위 내에서 그 부과처분 당시까지 부과관청이 확인한 사실을 기초로 일의적으로 확정되어야 할 것이지, 추후에 부과금 산정기준이 되는 새로운 자료가 나왔다고 하여 새로운 부과처분을 할 수 있는 것은 아니다. 22. 국가 9급 (      )

☐☐☐ **1474** 관할 행정청이 여객자동차운송사업자의 여러 가지 위반행위를 인지하였다면 전부에 대하여 일괄하여 최고한도 내에서 하나의 과징금 부과처분을 하는 것이 원칙이고, 인지한 위반행위 중 일부에 대해서만 우선 과징금 부과처분을 하고 나머지에 대해서는 차후에 별도의 과징금 부과처분을 하는 것은 다른 특별한 사정이 없는 한 허용되지 않는다. 24. 국가 9급 (      )

## 정답 & OX 풀이

**1464** O 영업정지처분에 갈음하는 과징금인 '변형된 과징금'이 규정되어 있는 경우, 변형된 과징금을 부과할 것인지 아니면 영업정지처분을 내릴 것인지는 통상 행정청의 재량에 속한다.

**1465** O 구 독점규제 및 공정거래에 관한 법률 제24조의2에 의한 부당내부거래에 대한 **과징금**은 **행정상의 제재금**으로서의 기본적 성격에 **부당이득환수**적 요소도 부가되어 있는 것이라 할 것이고, 이를 두고 헌법 제13조 제1항에서 금지하는 **국가형벌권** 행사로서의 '처벌'에 해당한다고는 할 수 **없으므로**, 공정거래법에서 형사처벌과 아울러 과징금의 병과를 예정하고 있더라도 **이중처벌금지원칙에 위반된다고 볼 수 없다**. 헌법재판소 2003. 7. 24. 선고 2001헌가25 결정

**1466** O 위 1465번의 해설 내용 참고.

**1467** X 행정기본법 제28조(과징금의 기준) ① 행정청은 법령등에 따른 의무를 위반한 자에 대하여 법률로 정하는 바에 따라 그 위반행위에 대한 제재로서 과징금을 부과할 수 있다(주: 개별법의 정함이 있어야 그에 근거하여 과징금의 부과가 가능함).

**1468** O 행정기본법 제28조(과징금의 기준) ② 과징금의 근거가 되는 법률에는 과징금에 관한 다음 각 호의 사항을 명확하게 규정하여야 한다.
1. 부과·징수 주체, 2. 부과 사유, 3. 상한액, 4. 가산금을 징수하려는 경우 그 사항, 5. 과징금 또는 가산금 체납 시 강제징수를 하려는 경우 그 사항

**1469** X 부동산 실권리자명의 등기에 관한 법률 및 시행령 상 **명의신탁자**에 대하여 과징금을 부과할 것인지 여부는 **기속행위**에 해당한다. 대법원 2007. 7. 12. 선고 2005두17287 판결

**1470** O 부동산 실권리자명의 등기에 관한 법률 제5조에 의하여 부과된 과징금 채무는 대체적 급부가 가능한 의무이므로 위 과징금을 부과받은 자가 사망한 경우 그 **상속인에게 포괄승계**된다. 대법원 1999. 5. 14. 선고 99두35 판결

**1471** O 과징금부과처분은 반드시 현실적인 행위자가 아니라도 **법령상 책임자**로 규정된 자에게 부과되고 원칙적으로 위반자의 **고의·과실을 요하지 아니**하나, 위반자의 의무 해태를 탓할 수 없는 정당한 사유가 있는 등의 특별한 사정이 있는 경우에는 이를 부과할 수 없다. 대법원 2014. 10. 15. 선고 2013두5005 판결

**1472** O 위 1471번의 해설 내용 참고.

**1473** O 공정거래법상 부과되는 과징금은 법이 규정한 범위 내에서 그 부과처분 당시까지 부과관청이 확인한 사실을 기초로 **일의적으로 확정되어야 할 것**이고, 그렇지 아니하고 부과관청이 과징금을 부과하면서 추후에 부과금 산정 기준이 되는 **새로운 자료**가 나올 경우에는 과징금액이 **변경**될 수도 있다고 **유보**한다든지, 실제로 추후에 새로운 자료가 나왔다고 하여 **새로운 부과처분을 할 수는 없다**. 대법원 1999. 5. 28. 선고 99두1571 판결

**1474** O 관할 행정청이 여객자동차운송사업자의 **여러 가지 위반행위를 인지**하였다면 **전부에 대하여 일괄하여** 5,000만 원의 최고한도 내에서 **하나의 과징금** 부과처분을 하는 것이 원칙이고, 인지한 여러 가지 위반행위 중 일부에 대해서만 우선 과징금 부과처분을 하고 나머지에 대해서는 차후에 별도의 과징금 부과처분을 하는 것은 다른 특별한 사정이 없는 한 허용되지 않는다. 대법원 2021. 2. 4. 선고 2020두48390 판결

□□□ **1475** 관할 행정청이 여객자동차운송사업자가 범한 여러 가지 위반행위 중 일부만 인지하여 과징금 부과처분을 하였는데 그 후 과징금 부과처분 시점 이전에 이루어진 다른 위반행위를 인지하여 이에 대하여 별도의 과징금 부과처분을 하게 되는 경우, 종전 과징금 부과처분의 대상이 된 위반행위와 추가 과징금 부과처분의 대상이 된 위반행위에 대하여 일괄하여 하나의 과징금 부과처분을 하는 경우와의 형평을 고려하여 추가 과징금 부과처분의 처분양정이 이루어져야 한다. 23. 국가 9급 (      )

□□□ **1476** 과징금은 한꺼번에 납부하는 것이 원칙이나 행정청은 과징금을 부과받은 자가 재해 등으로 재산에 현저한 손실을 입어 전액을 한꺼번에 내기 어렵다고 인정될 때에는 그 납부기한을 연기하거나 분할납부하게 할 수 있다. 23. 소방간부 (      )

□□□ **1477** 행정기본법령에 따르면, 과징금 납부 의무자가 과징금을 분할 납부하려는 경우에는 납부기한 7일 전까지 과징금의 분할 납부를 신청하는 문서에 해당 사유를 증명하는 서류를 첨부하여 행정청에 신청해야 한다. 24. 국가 9급 (      )

□□□ **1478** 가산세는 납세자가 정당한 이유 없이 법에 규정된 신고, 납세 등 각종 의무를 위반한 경우에 개별세법이 정하는 바에 따라 부과되는 행정상의 제재로서 납세자의 고의·과실 또한 중요한 고려 요소가 된다. 23. 국가 7급 (      )

□□□ **1479** 「법인세법」상 가산세는 형벌이 아니므로 행위자의 고의 또는 과실·책임능력·책임조건 등을 고려하지 아니하며, 조세의 부과절차에 따라 과징할 수 있다. 21. 지방 7급 (      )

□□□ **1480** 세법상 가산세는 과세권 행사 및 조세채권 실현을 용이하게 하기 위하여 납세자가 정당한 이유 없이 법에 규정된 신고, 납세 등의 의무를 위반한 경우에 개별세법에 따라 부과하는 행정상 제재로서, 납세자의 고의·과실은 고려되지 아니하고 법령의 부지·착오 등은 그 의무위반을 탓할 수 없는 정당한 사유에 해당하지 아니한다. 19. 국가 9급 (      )

□□□ **1481** 납세의무자가 세무공무원의 잘못된 설명을 믿고 그 신고납부의무를 이행하지 아니한 경우에는 그것이 관계 법령에 어긋나는 것임이 명백하다고 하더라도 정당한 사유가 있는 경우에 해당한다. 17. 지방 7급 (      )

□□□ **1482** 가산세는 세법에서 규정하는 의무의 성실한 이행을 확보하기 위하여 세법에 따라 산출한 본세액에 가산하여 징수하는 조세로서, 본세에 감면사유가 인정된다면 가산세도 감면대상에 포함된다. 23. 국가 7급 (      )

□□□ **1483** 행정재산의 사용·수익 허가에 따른 사용료에 대하여는 「국세징수법」에 따라 가산금과 중가산금을 징수할 수 있고, 이는 미납분에 관한 지연이자의 의미로 부과되는 부대세의 일종이다. 12. 국가 9급 (      )

□□□ **1484** 국세를 납부기한까지 납부하지 아니하면 과세권자의 가산금 확정절차 없이 「국세징수법」 제21조에 의하여 가산금이 당연히 발생하고 그 액수도 확정된다. 17. 국가 9급 (      )

**정답 & OX 풀이**

1475 **O** 관할 행정청이 여객자동차운송사업자가 범한 여러 가지 위반행위 중 <u>일부만 인지</u>하여 과징금 부과처분을 하였는데 그 후 과징금 부과처분 시점 이전에 이루어진 **다른 위반행위를 인지**하여 이에 대하여 별도의 과징금 부과처분을 하게 되는 경우에도 종전 과징금 부과처분의 대상이 된 위반행위와 추가 과징금 부과처분의 대상이 된 위반행위에 대하여 **일괄하여 하나의** 과징금 부과처분을 하는 경우와의 **형평을 고려하여** 추가 과징금 부과처분의 처분양정이 이루어져야 한다. 다시 말해, 행정청이 <u>전체 위반행위에 대하여 하나의 과징금 부과처분을 할 경우에 산정되었을 정당한 과징금액에서 이미 부과된 과징금액을 뺀 나머지 금액을 한도로 하여서만 추가 과징금 부과처분을 할 수 있다.</u> 대법원 2021. 2. 4. 선고 2020두48390 판결

1476 **O** 행정기본법 제29조(과징금의 납부기한 연기 및 분할 납부) 과징금은 **한꺼번에** 납부하는 것을 원칙으로 한다. 다만, 행정청은 과징금을 부과받은 자가 다음 각 호의 어느 하나에 해당하는 사유로 과징금 전액을 한꺼번에 내기 어렵다고 인정될 때에는 그 **납부기한을 연기**하거나 **분할 납부**하게 할 수 있으며, 이 경우 필요하다고 인정하면 담보를 제공하게 할 수 있다.
1. 재해 등으로 재산에 현저한 손실을 입은 경우

1477 **X** 행정기본법 시행령 제7조(과징금의 납부기한 연기 및 분할 납부) ① 과징금 납부 의무자는 법 제29조 각 호 외의 부분 단서에 따라 과징금 납부기한을 연기하거나 과징금을 분할 납부하려는 경우에는 <u>납부기한 **10일** 전까지</u> 과징금 납부기한의 연기나 과징금의 분할 납부를 신청하는 문서에 같은 조 각 호의 사유를 증명하는 서류를 첨부하여 행정청에 신청해야 한다.

1478 **X** 세법상 **가산세**는 과세권의 행사 및 조세채권의 실현을 용이하게 하기 위하여 납세자가 정당한 이유 없이 법에 규정된 신고, 납세 등 각종 의무를 위반한 경우에 개별세법이 정하는 바에 따라 부과되는 행정상의 제재로서 납세자의 **고의, 과실은 고려되지 않는** 반면, (중략) 그 의무해태를 탓할 수 없는 정당한 사유가 있는 경우에는 이를 과할 수 없다. 대법원 2005. 1. 27. 선고 2003 두13632 판결

1479 **O** <u>가산세는 **형벌이 아니므로**</u> 행위자의 고의 또는 과실·책임능력·책임조건 등을 고려하지 아니하고 가산세 과세요건의 충족 여부만을 확인하여 조세의 부과 절차에 따라 과징할 수 있다. 헌법재판소 2006. 7. 27. 선고 2004헌가13 전원재판부

1480 **O** **법령의 부지**는 그 <u>정당한 사유에 해당한다고 볼 수 없다.</u> 대법원 1999. 12. 28. 선고 98두3532 판결

1481 **X** 납세의무자가 **세무공무원의 잘못된 설명**을 믿고 그 신고납부의무를 이행하지 아니하였다 하더라도 그것이 관계 법령에 어긋나는 것임이 명백한 때에는 그러한 사유만으로 정당한 사유가 있다고 볼 수 없다. 대법원 1997. 8. 22. 선고 96누15404 판결

1482 **X** **가산세**는 세법에서 규정하는 의무의 성실한 이행을 확보하기 위하여 세법에 따라 산출한 **본세액에 가산하여 징수하는 독립된 조세**로서, **본세에 감면사유가 인정된다고 하여 가산세도 감면대상에 포함되는 것이 아니고**, 반면에 그 의무를 이행하지 아니한 데 대한 정당한 사유가 있는 경우에는 본세 납세의무가 있더라도 가산세는 부과하지 않는다. 대법원 2018. 11. 29. 선고 2015두 56120 판결

1483 **O** 국세징수법이 규정하는 **가산금**과 중가산금은 국세가 납부기한까지 납부되지 않은 경우 <u>미납분에 관한 **지연이자**의 의미로 부과되는 부대세의 일종이다.</u> 대법원 2014. 4. 10. 선고 2013다217764 판결

1484 **O** 다음 쪽의 1485번의 해설 내용 참고.

☐☐☐ **1485** 구「국세징수법」상 가산금 또는 중가산금의 고지는 항고소송의 대상이 되는 처분이 아니다.
23. 지방 9급 (      )

☐☐☐ **1486** 「행정절차법」에 따르면, 행정청은 위반사실등의 공표를 할 때에는 특별한 사정이 없는 한 미리 당사자에게 그 사실을 통지하고 의견제출의 기회를 주어야 하며, 의견제출의 기회를 받은 당사자는 공표 전에 관할 행정청에 서면이나 말 또는 정보통신망을 이용하여 의견을 제출할 수 있다. 23. 국가 7급 (      )

☐☐☐ **1487** 「행정절차법」에 따르면, 위반사실등의 공표에 관하여 당사자가 의견진술의 기회를 포기한다는 뜻을 명백히 밝힌 경우라도 행정청은 미리 당사자에게 그 사실을 통지하고 의견제출의 기회를 주어야 한다.
24. 소방 (      )

☐☐☐ **1488** 「행정절차법」에 따르면, 행정청은 위반사실등의 공표를 하기 전에 당사자가 공표와 관련된 의무의 이행, 원상회복, 손해배상 등의 조치를 마친 경우에는 위반사실등의 공표를 하지 아니할 수 있다. 24. 소방 (      )

☐☐☐ **1489** 「행정절차법」에 따르면, 행정청은 공표된 내용이 사실과 다른 것으로 밝혀지거나 공표에 포함된 처분이 취소된 경우라도 당사자가 원하지 아니하면 정정한 내용을 공표하지 아니할 수 있다. 24. 소방 (      )

☐☐☐ **1490** 병무청장이「병역법」에 따라 병역의무 기피자의 인적사항 등을 인터넷 홈페이지에 게시하는 등의 방법으로 공개한 경우 병무청장의 공개결정은 항고소송의 대상이 되는 행정처분이다. 23. 국가 9급 (      )

☐☐☐ **1491** 병무청장이「병역법」에 따라 병역의무 기피자의 인적사항 등을 공개하기로 하는 행정결정을 공개 대상자에게 미리 통보하지 않은 것이 적절한지는 본안에서 해당 처분이 적법한가를 판단하는 단계에서 고려할 요소이다. 미출 (      )

☐☐☐ **1492** 「병역법」에 따라 관할 지방병무청장이 1차로 병역의무기피자 인적사항 공개 대상자 결정을 하고 그에 따라 병무청장이 같은 내용으로 최종적 공개결정을 하였더라도, 해당 공개 대상자는 관할 지방병무청장의 공개 대상자 결정을 다툴 수 있다. 22. 국가 7급 (      )

☐☐☐ **1493** 일정한 법규위반 사실이 행정처분의 전제사실이자 형사법규의 위반사실이 되는 경우, 형사판결이 확정되기 전에 그 위반사실을 이유로 제재처분을 하였다면 절차적 위반에 해당한다. 22. 국가 7급 (      )

☐☐☐ **1494** 행정법규 위반에 대하여 가하는 제재조치는 반드시 현실적인 행위자가 아니라도 법령상 책임자로 규정된 자에게 부과되고 특별한 사정이 없는 한 위반자에게 고의나 과실이 없더라도 부과할 수 있다.
22. 국가 7급 (      )

☐☐☐ **1495** 「행정기본법」에 따르면, 당사자가 인허가나 신고의 위법성을 경과실로 알지 못한 경우에도「행정기본법」상 제재처분의 제척기간인 5년이 지나면 제재처분을 할 수 없다. 23. 국가 9급 (      )

☐☐☐ **1496** 「행정기본법」상 제재처분 제척기간의 적용 대상인 제재처분은 '인허가의 정지·취소·철회, 등록 말소, 영업소 폐쇄와 정지를 갈음하는 과징금 부과'에 한정된다. 25. 국가 9급 (      )

## 정답 & OX 풀이 ✔

**1485** ◯ 국세징수법이 규정하는 **가산금** 또는 중가산금은 국세를 납부기한까지 납부하지 아니하면 과세청의 확정절차 없이도 법률 규정에 의하여 **당연히 발생**하는 것이므로 **가산금** 또는 중가산금의 **고지**가 항고소송의 대상이 되는 처분이라고 볼 수 없다. 대법원 2005. 6. 10. 선고 2005다15482 판결

**1486** ◯ 행정절차법 제40조의3(위반사실 등의 공표)
③ 행정청은 위반사실등의 공표를 할 때에는 미리 당사자에게 그 사실을 통지하고 의견제출의 기회를 주어야 한다. 다만, 다음 각 호의 어느 하나에 해당하는 경우에는 그러하지 아니하다.
3. 당사자가 의견진술의 기회를 **포기**한다는 뜻을 명백히 밝힌 경우
④ 제3항에 따라 의견제출의 기회를 받은 당사자는 공표 전에 관할 행정청에 서면이나 말 또는 정보통신망을 이용하여 의견을 제출할 수 있다.

**1487** ✕ 위 1486번의 해설 내용 참고.

**1488** ◯ 행정절차법 제40조의3(위반사실 등의 공표) ⑦ 행정청은 위반사실등의 공표를 하기 전에 당사자가 공표와 관련된 의무의 이행, 원상회복, 손해배상 등의 조치를 마친 경우에는 위반사실등의 공표를 하지 아니할 수 있다.

**1489** ◯ 행정절차법 제40조의3(위반사실 등의 공표) ⑧ 행정청은 공표된 내용이 사실과 다른 것으로 밝혀지거나 공표에 포함된 처분이 취소된 경우에는 그 내용을 정정하여, 정정한 내용을 지체 없이 해당 공표와 같은 방법으로 공표된 기간 이상 공표하여야 한다. 다만, 당사자가 **원하지 아니하면** 공표하지 아니할 수 있다.

**1490** ◯ 병무청장이 병역법에 따라 병역의무 기피자의 인적사항 등을 인터넷 홈페이지에 게시하는 등의 방법으로 공개한 경우 **병무청장의 공개결정**을 항고소송의 대상이 되는 행정처분으로 보아야 한다. 대법원 2019. 6. 27. 선고 2018두49130 판결

**1491** ◯ 병무청장이 그러한 행정결정을 공개 대상자에게 미리 통보하지 않은 것이 적절한지는 **본안에서** 해당 처분이 적법한가를 판단하는 단계에서 고려할 요소이며, 병무청장이 그러한 행정결정을 공개 대상자에게 미리 통보하지 않았다거나 처분서를 작성·교부하지 않았다는 점만으로 항고소송의 대상적격을 부정하여서는 아니 된다. 대법원 2019. 6. 27. 선고 2018두49130 판결

**1492** ✕ 관할 지방병무청장이 1차로 공개 대상자 결정을 하고, 그에 따라 병무청장이 같은 내용으로 최종적 공개결정을 하였다면, 공개 대상자는 **병무청장의 최종적 공개결정**만을 다투는 것으로 충분하고, 관할 **지방병무청장의 공개 대상자 결정**을 별도로 다툴 **소의 이익은 없어진다**. 대법원 2019. 6. 27. 선고 2018두49130 판결

**1493** ✕ 일정한 법규 위반 사실이 행정처분의 전제사실이자 형사법규의 위반 사실이 되는 경우에 동일한 행위에 관하여 독립적으로 행정처분이나 형벌을 부과하거나 이를 **병과할 수 있다.** 법규가 예외적으로 형사소추 선행 원칙을 규정하고 있지 않은 이상 **형사판결 확정에 앞서** 일정한 위반사실을 들어 **행정처분**을 하였다고 하여 절차적 위반이 있다고 할 수 없다. 대법원 2017. 6. 19. 선고 2015두59808 판결

**1494** ◯ 행정법규 위반에 대한 제재조치는 행정목적의 달성을 위하여 행정법규 위반이라는 객관적 사실에 착안하여 가하는 제재이므로, 반드시 현실적인 행위자가 아니라도 법령상 책임자로 규정된 자에게 부과되고, 특별한 사정이 없는 한 위반자에게 **고의나 과실이 없더라도** 부과할 수 있다. 대법원 2017. 5. 11. 선고 2014두8773 판결

**1495** ◯ 행정기본법 제23조(제재처분의 제척기간)
① 행정청은 법령등의 위반행위가 종료된 날부터 **5년**이 지나면 해당 위반행위에 대하여 **제재처분**(인허가의 정지·취소·철회, 등록 말소, 영업소 폐쇄와 정지를 갈음하는 과징금 부과를 말한다. 이하 이 조에서 같다)을 할 수 없다.
② 다음 각 호의 어느 하나에 해당하는 경우에는 제1항을 적용하지 아니한다.
2. 당사자가 인허가나 신고의 위법성을 알고 있었거나 **중대한 과실**로 알지 못한 경우

**1496** ◯ 위 1495번의 해설 내용 참고.

□□□ **1497** 「행정기본법」에 따르면, 행정청은 법령등의 위반행위가 종료된 날부터 5년이 지나면 원칙적으로 해당 위반행위에 대하여 제재처분을 할 수 없으나, 행정심판의 재결이나 법원의 판결에 따라 제재처분이 취소·철회된 경우에는 재결이나 판결이 확정된 날부터 1년(합의제행정기관은 2년)이 지나기 전까지는 그 취지에 따른 새로운 제재처분을 할 수 있다. 미출 (      )

□□□ **1498** 「행정기본법」에 따르면, 행정청은 법령등의 위반행위가 종료된 날부터 5년이 지나면 원칙적으로 해당 위반행위에 대하여 제재처분을 할 수 없으나, 다른 법률에서 이보다 짧거나 긴 기간을 규정하고 있으면 그 법률에서 정하는 바에 따른다. 24. 군무원 7급 (      )

□□□ **1499** 효력기간이 정해져 있는 제재적 행정처분의 효력이 발생한 이후에도 행정청은 특별한 사정이 없는 한 상대방에 대한 별도의 처분으로써 효력기간의 시기와 종기를 다시 정할 수 있다. 25. 국가 9급 (      )

□□□ **1500** 효력기간이 정해져 있는 제재적 행정처분의 효력이 발생한 후에 별도의 처분으로 효력기간의 시기와 종기를 다시 정했다면, 당초의 제재처분은 실효되고 새로운 처분이 있는 것으로 본다. 24. 국회 8급 (      )

□□□ **1501** 구 「화물자동차 운수사업법」 시행령에서 정한 '위반행위의 횟수에 따른 가중처분기준'이 적용되려면 선행 위반행위에 대한 선행 제재처분이 반드시 구 시행령에서 정한 제재처분기준에 명시된 처분내용대로 이루어진 경우여야 함은 물론 그 처분에 재량권을 일탈·남용한 하자가 없어야 한다. 미출 (      )

□□□ **1502** 시정명령이란 행정법령의 위반행위로 초래된 위법상태의 제거 내지 시정을 명하는 행정행위를 말하는 것으로서, 그 위법행위의 결과가 더 이상 존재하지 않는다면 시정명령을 할 수 없다. 18. 지방 7급 (      )

□□□ **1503** 「독점규제 및 공정거래에 관한 법률」상의 시정명령은 과거의 위반행위는 물론 가까운 장래에 반복될 우려가 있는 위반행위에 대해서도 할 수 있다. 25. 소방간부 (      )

□□□ **1504** 구 「산림법」에 의해 형질변경허가를 받지 아니하고 산림을 형질변경한 자가 사망한 경우, 해당 토지의 소유권을 승계한 상속인은 그 복구의무를 부담하지 않으므로, 행정청은 그 상속인에 대하여 복구명령을 할 수 없다. 21. 국가 7급 (      )

□□□ **1505** 관할청이 시정을 요구하면서 부여한 기간이 너무 불합리하거나 부당하지 않는 한 단기간이라는 이유만으로 그 시정 요구가 위법하다고 볼 수는 없다. 24. 지방 7급 (      )

□□□ **1506** 규제권한발동에 관해 행정청의 재량을 인정하는 「건축법」의 규정은 소정의 사유가 있는 경우 행정청에 건축물의 철거 등을 명할 수 있는 권한을 부여한 것일 뿐만 아니라, 행정청에 그러한 의무가 있음을 규정한 것이다. 15. 국가 9급 (      )

## 정답 & OX 풀이✏

1497 ○ 행정기본법 제23조(제재처분의 제척기간) ③ 행정청은 제1항에도 불구하고 행정심판의 재결이나 법원의 판결에 따라 제재처분이 취소·철회된 경우에는 재결이나 판결이 확정된 날부터 **1년**(합의제행정기관은 **2년**)이 지나기 전까지는 그 취지에 따른 새로운 제재처분을 할 수 있다.

1498 ○ 행정기본법 제23조(제재처분의 제척기간) ④ 다른 법률에서 제1항 및 제3항의 기간보다 **짧거나 긴 기간**을 규정하고 있으면 그 법률에서 정하는 바에 따른다.

1499 ○ 효력기간이 정해져 있는 제재적 행정처분의 효력이 발생한 이후에도 행정청은 특별한 사정이 없는 한 상대방에 대한 별도의 처분으로써 효력기간의 **시기와 종기를 다시 정할 수 있다**. 이는 당초의 제재적 행정처분이 **유효함을 전제로** 그 구체적인 집행시기만을 변경하는 후속 변경처분이다. (중략) 이러한 후속 변경처분 권한은 특별한 사정이 없는 한 당초의 제재적 행정처분의 효력이 유지되는 동안에만 인정된다. 당초의 제재적 행정처분에서 정한 효력기간이 경과하면 그로써 처분의 집행은 종료되어 처분의 효력이 소멸하는 것이므로, 그 후 동일한 사유로 다시 제재적 행정처분을 하는 것은 위법한 이중처분에 해당한다. 대법원 2022. 2. 11. 선고 2021두40720 판결

1500 ✕ 위 1499번의 해설 내용 참고.

1501 ✕ 화물자동차 운수사업법 시행령상 '위반행위의 횟수에 따른 가중처분기준'이 적용되려면 실제 선행 위반행위가 있고 그에 대하여 유효한 제재처분이 이루어졌음에도 그 제재처분일로부터 1년 이내에 다시 같은 내용의 위반행위가 적발된 경우이면 족하다고 보아야 한다. 선행 위반행위에 대한 선행 제재처분이 반드시 구 시행령 [별표 1] 제재처분기준 제2호에 명시된 처분내용대로 이루어진 경우이어야 할 필요는 없으며, 선행 제재처분에 처분의 종류를 잘못 선택하거나 처분양정에서 재량권을 일탈·남용한 하자가 있었던 경우라고 해서 달리 볼 것은 아니다. 대법원 2020. 5. 28. 선고 2017두73693 판결

1502 ○ **시정명령**은 법 위반의 행위가 있음을 확인하거나 재발방지 등을 위한 조치를 취하는 것이 아니라, 당해 위반행위로 인하여 현실로 존재하는 **위법한 결과를 바로잡는 것**을 내용으로 하는 것이므로, 비록 법 위반행위가 있었더라도 하도급대금 채무의 불발생 또는 변제, 상계, 정산 등 사유 여하를 불문하고 **위반행위의 결과가 더 이상 존재하지 아니한다면**, 그 결과의 시정을 명하는 내용의 시정명령을 할 여지는 없다고 보아야 한다. 대법원 2002. 11. 26. 선고 2001두3099 판결

1503 ○ **시정명령**의 내용은 과거의 위반행위에 대한 중지는 물론 **가까운 장래에 반복될 우려가 있는** 동일한 유형의 행위의 반복금지까지 명할 수는 있는 것으로 해석함이 상당하다. 대법원 2003. 2. 20. 선고 2001두5347 전원합의체 판결

1504 ✕ 구 산림법령상 채석허가는 **대물적** 허가의 성질을 가지는 점 등을 감안하여 보면, 수허가자가 사망한 경우 특별한 사정이 없는 한 수허가자의 상속인이 수허가자로서의 지위를 승계한다고 봄이 상당하다. (중략) 산림을 무단형질변경한 자가 사망한 경우 당해 토지의 소유권 또는 점유권을 승계한 상속인은 그 복구의무를 부담한다고 봄이 상당하고, 따라서 관할 행정청은 그 **상속인에 대하여 복구명령을 할 수 있다**고 보아야 한다. 대법원 2005. 8. 19. 선고 2003두9817 판결

1505 ○ 관할청이 시정을 요구하면서 부여한 기간이 너무 불합리하거나 부당하지 않는 한 **단기간**이라는 이유만으로 그 시정 요구가 **위법하다고 볼 수는 없다**. 대법원 2007. 7. 19. 선고 2006두19297 전원합의체 판결

1506 ✕ 건축법 및 기타 관계 법령에 국민이 행정청에 대하여 제3자에 대한 건축허가의 취소나 준공검사의 취소 또는 제3자 소유의 건축물에 대한 철거 등의 조치를 요구할 수 있다는 취지의 **규정이 없고**, 같은 법 제69조 제1항 및 제70조 제1항은 각 조항 소정의 사유가 있는 경우에 시장·군수·구청장에게 건축허가 등을 취소하거나 건축물의 철거 등 필요한 조치를 명할 수 있는 권한 내지 권능을 부여한 것에 불과할 뿐, 시장·군수·구청장에게 그러한 의무가 있음을 규정한 것은 아니므로 위 조항들도 그 근거규정이 될 수 없으며, 그 밖에 **조리상** 이러한 권리가 인정된다고 볼 수도 **없다**. 대법원 1999. 12. 7. 선고 97누17568 판결

# 강성빈 행정법총론
## OX노트

Part

**05**

# 행정절차와 행정정보

# 주제 22 / 행정절차, 인허가의제

## 기출 지문 OX Check ✓

□□□ **1507** ★☆☆
헌법 제12조 제1항과 제3항은 형사사건의 적법절차에 관한 규정이므로 행정절차에는 적용되지 아니한다.
14. 사회복지 (   )

□□□ **1508** ★☆☆
하나의 납세고지서에 의하여 복수의 과세처분을 함께하는 경우에는 과세처분별로 그 세액과 산출근거 등을 구분하여 기재함으로써 납세의무자가 각 과세처분의 내용을 알 수 있도록 해야 한다.
20. 국가 7급 (   )

□□□ **1509** ★★☆
「행정절차법」상 사전통지 및 의견제출에 대한 권리를 부여하고 있는 '당사자등'에는 불이익처분의 직접 상대방인 당사자와 행정청이 직권으로 또는 신청에 따라 행정절차에 참여하게 한 이해관계인, 그 밖에 제3자가 포함된다. 23. 지방 9급 (   )

□□□ **1510**
행정응원을 위하여 파견된 직원은 당해 직원의 복무에 관하여 다른 법령 등에 특별한 규정이 없는 한, 응원을 요청한 행정청의 지휘·감독을 받는다. 21. 소방 (   )

□□□ **1511**
행정응원에 드는 비용은 응원을 요청한 행정청이 부담하며, 그 부담금액 및 부담방법은 응원을 하는 행정청이 결정한다. 22. 서울시 7급 (   )

□□□ **1512**
법인이 아닌 사단 또는 재단도 행정절차에서 당사자등이 될 수 있다. 25. 군무원 9급 (   )

□□□ **1513** ★☆☆
처분에 관한 권리 또는 이익을 사실상 양수한 자는 행정청의 승인을 받아 당사자등의 지위를 승계할 수 있다. 22. 국회 8급 (   )

□□□ **1514** ★☆☆
다수의 당사자등에 의해 선정된 대표자가 있는 경우에는 당사자등은 직접 또는 그 대표자를 통하여 행정절차에 관한 행위를 할 수 있다. 25. 국가 9급 (   )

□□□ **1515** ★☆☆
다수의 당사자등이 공동으로 행정절차에 관한 행위를 할 때에는 대표자를 선정할 수 있고, 다수의 대표자가 있는 경우 그중 1인에 대한 행정청의 행위는 모든 당사자등에게 효력이 있지만, 행정청의 통지는 대표자 모두에게 하여야 그 효력이 있다. 23. 국가 7급 (   )

□□□ **1516** ★☆☆
행정절차에 관하여는 「행정절차법」이 다른 법률 규정에 우선하여 적용된다. 21. 서울시 7급 (   )

□□□ **1517** ★☆☆
지방의회의 동의를 얻어 행하는 처분에 대해서는 「행정절차법」이 적용되지 아니한다. 14. 사회복지 (   )

□□□ **1518** ★☆☆
헌법재판소의 심판을 거쳐 행하는 사항 및 「병역법」에 따른 징집·소집에 대해서는 「행정절차법」이 적용되지 아니한다. 20. 지방 7급 (   )

# 정답 & OX 풀이 ✏️

**1507** ✕ **적법절차의 원칙**은 헌법조항에 규정된 형사절차상의 제한된 범위 내에서만 적용되는 것이 아니라 국가작용으로서 <u>기본권제한과 관련되든 관련되지 않</u>든 **모든** 입법작용 및 행정작용에도 광범위하게 적용된다. 헌법재판소 1992. 12. 24. 선고 92헌가8 결정

**1508** ○ 하나의 납세고지서에 의하여 복수의 과세처분을 함께 하는 경우에는 <u>과세처분별로 그 세액과 산출근거 등을 구분하여 기재함</u>으로써 납세의무자가 각 과세처분의 내용을 알 수 있도록 해야 한다. 대법원 2012. 10. 18. 선고 2010두12347 판결

**1509** ✕ 행정절차법 제2조(정의) 이 법에서 사용하는 용어의 뜻은 다음과 같다.
　　4. '**당사자등**'이란 다음 각 목의 자를 말한다.
　　　　가. 행정청의 <u>처분에 대하여 직접 그 상대가 되는 당사자</u>
　　　　나. <u>행정청이 직권으로 또는 신청에 따라 행정절차에 **참여하게 한** 이해관계인</u>
　　　　　　(주: 따라서 그 밖에 제3자는 포함되지 않음)

**1510** ○ 행정절차법 제8조(행정응원) ⑤ 행정응원을 위하여 <u>파견된 직원은 **응원을 요청한** 행정청의 지휘·감독을 받는다</u>. 다만, 해당 직원의 복무에 관하여 다른 법령등에 특별한 규정이 있는 경우에는 그에 따른다.

**1511** ✕ 행정절차법 제8조(행정응원) ⑥ 행정응원에 드는 <u>비용은 **응원을 요청한** 행정청이 부담</u>하며, 그 부담금액 및 부담방법은 응원을 요청한 행정청과 응원을 하는 행정청이 **협의하여 결정**한다.

**1512** ○ 행정절차법 제9조(당사자등의 자격) 다음 각 호의 어느 하나에 해당하는 자는 행정절차에서 <u>당사자등이 될 수 있다</u>.
　　2. 법인, **법인이 아닌 사단 또는 재단**

**1513** ○ 행정절차법 제10조(지위의 승계) ④ <u>처분에 관한 권리 또는 이익을 사실상 양수한 자는 행정청의 승인을 받아 당사자등의 지위</u>를 승계할 수 있다.

**1514** ✕ 행정절차법 제11조(대표자) ⑤ 대표자가 있는 경우에는 당사자등은 그 **대표자를 통하여서만** 행정절차에 관한 행위를 할 수 있다.

**1515** ○ 행정절차법 제11조(대표자)
　　① 다수의 당사자등이 공동으로 행정절차에 관한 행위를 할 때에는 <u>대표자를 선정할 수 있다</u>.
　　⑥ <u>다수의 대표자가 있는 경우 그중 **1인에 대한** 행정청의 행위는 **모든** 당사자등에게 효력이 있다</u>. 다만, <u>행정청의 **통지**는 대표자 **모두에게 하여야** 그 효력이 있다</u>.

**1516** ✕ 행정절차법 제3조(적용 범위) ① 처분, 신고, 확약, 위반사실 등의 공표, 행정계획, 행정상 입법예고, 행정예고 및 행정지도의 절차에 관하여 <u>다른 법률에 특별한 규정이 있는 경우를 제외하고는 이 법에서 정하는 바에 따른다</u>.

**1517** ○ 행정절차법 제3조(적용 범위) ② 이 법은 다음 각 호의 어느 하나에 해당하는 사항에 대하여는 <u>적용하지 아니한다</u>.
　　1. 국회 또는 **지방의회**의 의결을 거치거나 동의 또는 승인을 받아 행하는 사항
　　3. **헌법재판소**의 심판을 거쳐 행하는 사항
　　9. 「**병역법**」에 따른 **징집·소집**, (이하 생략)

**1518** ○ 위 1517번의 해설 내용 참고.

□□□ ★★☆ **1519** 행정절차법령이 '공무원 인사관계 법령에 의한 처분에 관한 사항'에 대하여 「행정절차법」의 적용이 배제되는 것으로 규정하고 있는 이상, '공무원 인사관계 법령에 의한 처분에 관한 사항' 전부에 대해 「행정절차법」의 적용이 배제되는 것으로 보아야 한다. 24. 지방 9급 (     )

□□□ ★★★ **1520** 「국가공무원법」상 직위해제처분은 공무원의 인사상 불이익을 주는 처분이므로 「행정절차법」상 사전통지 및 의견청취절차를 거쳐야 한다. 21. 지방 9급 (     )

□□□ ★★☆ **1521** 「군인사법」에 따라 당해 직무를 수행할 능력이 없다고 인정하여 장교를 보직해임 하는 경우, 처분의 근거와 이유 제시 등에 관하여 「행정절차법」의 규정이 적용된다. 21. 국가 7급 (     )

□□□ ★☆☆ **1522** 구 「국적법」에 따른 귀화는 성질상 행정절차를 거치기 곤란하거나 거칠 필요가 없다고 인정되는 사항이 아니므로, 처분의 이유제시를 규정한 「행정절차법」이 적용된다. 25. 국가 9급 (     )

□□□ ★★☆ **1523** 공정거래위원회의 시정조치 및 과징금납부명령에 「행정절차법」 소정의 의견청취절차 생략사유가 존재하면 공정거래위원회는 「행정절차법」을 적용하여 의견청취절차를 생략할 수 있다. 19. 지방 9급 (     )

□□□ ★★☆ **1524** 별정직 공무원인 대통령기록관장에 대한 직권면직 처분에는 처분의 사전통지 및 의견청취 등에 관한 「행정절차법」 규정이 적용되지 않는다. 22. 국가 9급 (     )

□□□ ★☆☆ **1525** 산업기능요원편입취소처분에 대해서는 「행정절차법」이 적용되지 아니한다. 20. 지방 7급 (     )

□□□ ★★☆ **1526** 공무원 인사관계 법령에 따른 처분에 관하여는 「행정절차법」 적용을 배제하고 있으므로, 군인사법령에 의하여 진급예정자명단에 포함된 자에 대하여 의견제출의 기회를 부여하지 아니하고 진급선발취소처분을 한 것이 절차상 하자가 있어 위법하다고 할 수 없다. 24. 국가 9급 (     )

□□□ ★★☆ **1527** 징계심의대상자가 선임한 변호사가 징계위원회에 출석하여 징계심의대상자를 위하여 필요한 의견을 진술하는 것은 방어권 행사의 본질적 내용에 해당하므로, 행정청은 특별한 사정이 없는 한 이를 거부할 수 없다. 19. 서울시 9급 (     )

□□□ ★★☆ **1528** 「행정절차법 시행령」 제2조 제8호는 '학교·연수원 등에서 교육·훈련의 목적을 달성하기 위하여 학생·연수생들을 대상으로 하는 사항'을 「행정절차법」이 적용되지 않는 경우로 규정하고 있으나 생도의 퇴학처분과 같이 신분을 박탈하는 징계처분은 여기에 해당한다고 할 수 없다. 22. 국회 8급 (     )

□□□ ★★☆ **1529** 육군3사관학교의 사관생도에 대한 징계절차에서 징계심의대상자가 대리인으로 선임한 변호사가 징계위원회 심의에 출석하여 진술하려고 하였음에도, 징계권자나 그 소속 직원이 변호사가 징계위원회의 심의에 출석하는 것을 막은 후 내린 징계위원회의 징계의결에 따른 징계처분은 특별한 사정이 없는 한 위법하여 원칙적으로 취소되어야 한다. 24. 지방 9급 (     )

□□□ ★★★ **1530** 대통령이 한국방송공사 사장을 해임하면서 사전통지절차를 거치지 않은 경우에는 그 해임처분은 위법하다. 22. 국가 9급 (     )

정답 & OX 풀이

1519 ✕ 공무원 인사 관계 법령에 의한 처분에 관한 사항 **전부**에 대하여 행정절차법의 적용이 배제되는 것이 **아니라 성질상** 행정절차를 거치기 곤란하거나 불필요하다고 인정되는 처분이나 행정절차에 **준하는** 절차를 거치도록 하고 있는 처분의 경우에만 행정절차법의 적용이 배제된다. 대법원 2007. 9. 21. 선고 2006두20631 판결

1520 ✕ 국가공무원법상 **직위해제처분**은 당해 행정작용의 성질상 행정절차를 거치기 곤란하거나 불필요하다고 인정되는 사항 또는 행정절차에 준하는 절차를 거친 사항에 해당하므로, 처분의 사전통지 및 의견청취 등에 관한 행정절차법의 규정이 별도로 적용되지 않는다. 대법원 2014. 5. 16. 선고 2012두26180 판결

1521 ✕ 군인사법상 **보직해임처분**은 당해 행정작용의 성질상 행정절차를 거치기 곤란하거나 불필요하다고 인정되는 사항 또는 행정절차에 준하는 절차를 거친 사항에 해당하므로, 처분의 근거와 이유 제시 등에 관한 구 행정절차법의 규정이 별도로 적용되지 아니한다고 봄이 상당하다. 대법원 2014. 10. 15. 선고 2012두5756 판결

1522 ✕ 구 국적법 제5조 각호와 같이 **귀화**는 요건이 항목별로 구분되어 구체적으로 규정되어 있다. 그리고 성질상 행정절차를 거치기 곤란하거나 거칠 필요가 없다고 인정되어 처분의 이유제시 등을 규정한 행정절차법이 적용되지 않는다. 대법원 2018. 12. 13. 선고 2016두31616 판결

1523 ✕ **공정거래위원회**의 시정조치 및 과징금납부명령에 행정절차법 소정의 의견청취절차 생략사유가 존재한다고 하더라도, 공정거래위원회는 행정절차법을 적용하여 의견청취절차를 생략할 수는 없다. 대법원 2001. 5. 8. 선고 2000두10212 판결

1524 ✕ 공무원 인사관계 법령에 의한 처분에 관한 사항이라 하더라도 전부에 대하여 행정절차법의 적용이 배제되는 것이 아니라, **성질상** 행정절차를 거치기 곤란하거나 불필요하다고 인정되는 처분이나 행정절차에 **준하는** 절차를 거치도록 하고 있는 처분의 경우에만 행정절차법의 적용이 배제되는 것으로 보아야 하고, 이러한 법리는 '공무원 인사관계 법령에 의한 처분'에 해당하는 **별정직 공무원**에 대한 직권면직 처분의 경우에도 마찬가지로 적용된다(주: 별정직 공무원에 대한 직권면직처분에 대해서는 행정절차법이 **적용된다**는 의미). 대법원 2013. 1. 16. 선고 2011두30687 판결

1525 ✕ 지방병무청장이 병역법 규정에 따라 산업기능요원에 대하여 한 **산업기능요원 편입취소처분**은 (중략) 행정절차법상의 '처분의 사전통지'와 '의견제출 기회의 부여'등의 절차를 거쳐야 한다. 대법원 2002. 9. 6. 선고 2002두554 판결

1526 ✕ **진급예정자 명단에 포함된 자의 진급선발을 취소**하는 처분은 행정절차법의 적용이 제외되는 경우에 해당한다고 할 수 없으며, (중략) 의견제출의 기회를 부여하지 아니한 채 진급선발을 취소하는 처분을 한 것은 절차상 하자가 있어 위법하다. 대법원 2007. 9. 21. 선고 2006두20631 판결

1527 ⭕ 징계와 같은 불이익처분절차에서 징계심의대상자에게 **변호사를 통한 방어권의 행사를 보장**하는 것이 필요하고, 징계심의대상자가 선임한 변호사가 징계위원회에 출석하여 징계심의대상자를 위하여 필요한 의견을 진술하는 것은 방어권 행사의 본질적 내용에 해당하므로, 행정청은 특별한 사정이 없는 한 이를 거부할 수 없다. 대법원 2018. 3. 13. 선고 2016두33339 판결

1528 ⭕ 행정절차법 시행령은 '학교·연수원 등에서 교육·훈련의 목적을 달성하기 위하여 학생·연수생들을 대상으로 하는 사항'을 행정절차법의 적용이 제외되는 경우로 규정하고 있으나, 이는 교육과정과 내용의 구체적 결정, 과제의 부과, 성적의 평가, 공식적 징계에 이르지 아니한 질책·훈계 등과 같이 **교육·훈련의 목적을 직접 달성**하기 위하여 행하는 사항을 말하는 것으로 보아야 하고, 생도에 대한 퇴학처분과 같이 신분을 박탈하는 징계처분은 여기에 해당한다고 볼 수 없다. 대법원 2018. 3. 13. 선고 2016두33339 판결

1529 ⭕ 육군3사관학교의 사관생도에 대한 징계절차에서 징계심의대상자가 대리인으로 선임한 변호사가 징계위원회 심의에 출석하여 진술하려고 하였음에도, 징계권자나 그 소속 직원이 **변호사가 징계위원회의 심의에 출석하는 것을 막았다면** 징계위원회 심의·의결의 절차적 정당성이 상실되어 그 징계의결에 따른 징계처분은 위법하여 원칙적으로 취소되어야 한다. 대법원 2018. 3. 13. 선고 2016두33339 판결

1530 ⭕ 대통령의 **한국방송공사 사장에 대한 해임**처분에도 행정절차법이 적용된다고 할 것이다(대통령의 해임처분에 행정절차법을 위반한 위법이 있으나 절차나 처분형식의 하자가 중대하고 명백하다고 볼 수 없어 당연무효가 아닌 취소 사유에 해당한다고 본 사례). 대법원 2012. 2. 23. 선고 2011두5001 판결

□□□ **1531** ★☆☆ 처분기준의 설정·공표의 규정은 침익적 처분뿐만 아니라 수익적 처분의 경우에도 적용된다.

23. 국가 9급 (    )

□□□ **1532** 인허가의제의 경우 관련 인허가 행정청은 관련 인허가의 처분기준을 주된 인허가 행정청에 제출하여야 하고, 주된 인허가 행정청은 제출받은 관련 인허가의 처분기준을 통합하여 공표하여야 한다. 미출 (    )

□□□ **1533** ★☆☆ 처분기준을 공표하는 것이 해당 처분의 성질상 현저히 곤란하거나 공공의 안전 또는 복리를 현저히 해치는 것으로 인정될 만한 상당한 이유가 있는 경우에는 처분기준을 공표하지 아니할 수 있다.

23. 지방 9급 (    )

□□□ **1534** ★★☆ 행정청이 처분기준 사전공표 의무를 위반하여 미리 공표하지 아니한 기준을 적용하여 처분을 하였다고 하더라도, 그러한 사정만으로 곧바로 해당 처분에 취소사유에 이를 정도의 흠이 존재한다고 볼 수는 없다.

23. 국가 7급 (    )

□□□ **1535** ★★☆ 행정청이 미리 공표한 처분기준인 행정규칙을 따랐는지 여부가 처분의 적법성을 판단하는 결정적인 지표가 되지 못하는 것과 마찬가지로, 행정청이 미리 공표하지 않은 처분기준을 적용하였는지 여부도 처분의 적법성을 판단하는 결정적인 지표가 될 수 없다. 25. 변호사 (    )

□□□ **1536** ★☆☆ 행정청은 침익적 행정처분의 경우에만 이유를 제시하여야 하고 수익적 행정처분의 경우에는 이유제시를 하지 않아도 무방하다. 23. 국회 9급 (    )

□□□ **1537** ★☆☆ 행정청은 당사자의 신청 내용을 모두 그대로 인정하는 처분을 하는 경우에도 처분 후 당사자가 요청하는 경우에는 그 근거와 이유를 제시하여야 한다. 25. 지방 9급 (    )

□□□ **1538** ★☆☆ 「행정절차법」상 행정청은 처분을 할 때에 단순·반복적인 처분 또는 경미한 처분으로서 당사자가 그 이유를 명백히 알 수 있는 경우에는 처분 후 당사자가 요청하더라도 당사자에게 그 근거와 이유를 제시하지 않아도 된다. 24. 지방 9급 (    )

□□□ **1539** ★☆☆ 긴급히 처분을 할 필요가 있는 경우, 처분 후 당사자가 요청하더라도 행정청은 그 근거와 이유를 제시하지 않아도 된다. 25. 지방 9급 (    )

□□□ **1540** 과세처분 시 납세고지서에 법으로 규정한 과세표준 등의 기재가 누락되면 그 과세처분 자체가 위법한 처분이 되어 취소의 대상이 된다. 22. 지방 9급 (    )

□□□ **1541** ★★★ 처분 당시 당사자가 어떠한 근거와 이유로 처분이 이루어진 것인지를 충분히 알 수 있어서 그에 불복하여 행정구제절차로 나아가는 데에 별다른 지장이 없었던 것으로 인정되는 경우에도 처분서에 처분의 근거와 이유가 구체적으로 명시되어 있지 않았다면 그 처분은 위법하다. 25. 지방 9급 (    )

□□□ **1542** ★★★ 행정청이 처분을 하면서 당사자가 그 근거를 알 수 있을 정도로 이유를 제시한 경우에는 처분의 근거와 이유를 구체적으로 명시하지 않았더라도 그로 말미암아 그 처분이 위법하다고 볼 수는 없다.

23. 지방 9급 (    )

## 정답 & OX 풀이

**1531** ○ 행정절차법 제20조가 정하고 있는 처분기준의 설정·공표 의무는 '공통의 처분절차'로서 침익적 처분과 수익적 처분 모두에 대해서 적용된다.

**1532** ○ 행정절차법 제20조(처분기준의 설정·공표) ② 「행정기본법」 제24조에 따른 인허가의제의 경우 관련 인허가 행정청은 관련 인허가의 처분기준을 주된 인허가 행정청에 제출하여야 하고, 주된 인허가 행정청은 제출받은 관련 인허가의 처분기준을 통합하여 공표하여야 한다. 처분기준을 변경하는 경우에도 또한 같다.

**1533** ○ 행정절차법 제20조(처분기준의 설정·공표) ③ 제1항에 따른 처분기준을 공표하는 것이 해당 처분의 **성질상** 현저히 곤란하거나 **공공의 안전 또는 복리**를 현저히 해치는 것으로 인정될 만한 상당한 이유가 있는 경우에는 처분기준을 공표하지 아니할 수 있다.

**1534** ○ 행정청이 행정절차법 제20조 제1항의 처분기준 사전공표 의무를 위반하여 **미리 공표하지 아니한 기준을 적용하여 처분**을 하였다고 하더라도, 그러한 사정만으로 **곧바로** 해당 처분에 **취소사유**에 이를 정도의 흠이 존재한다고 볼 수는 **없다**. 대법원 2020. 12. 24. 선고 2018두45633 판결

**1535** ○ 행정청이 미리 공표한 기준, 즉 행정규칙을 따랐는지 여부가 처분의 적법성을 판단하는 결정적인 지표가 되지 못하는 것과 마찬가지로, 행정청이 **미리 공표하지 않은 기준을 적용하였는지** 여부도 처분의 **적법성을 판단하는 결정적인 지표가 될 수 없다**. 대법원 2020. 12. 24. 선고 2018두45633 판결

**1536** ✕ 행정절차법 제23조가 정하고 있는 처분의 이유제시 의무는 '공통의 처분절차'로서 침익적 처분과 수익적 처분 모두에 대해서 적용된다.

**1537** ✕ 행정절차법 제23조(처분의 이유 제시)
① 행정청은 처분을 할 때에는 다음 각 호의 어느 하나에 해당하는 경우를 제외하고는 당사자에게 그 근거와 이유를 제시하여야 한다.
1. 신청 내용을 **모두** 그대로 인정하는 처분인 경우
2. 단순·반복적인 처분 또는 경미한 처분으로서 당사자가 그 이유를 **명백히** 알 수 있는 경우
3. **긴급히** 처분을 할 필요가 있는 경우
② 행정청은 제1항 **제2호 및 제3호**의 경우에 처분 후 당사자가 요청하는 경우에는 그 근거와 이유를 제시하여야 한다(주: 제1항 제1호의 경우에는 당사자의 요청에도 불구하고 이유제시의무가 없음).

**1538** ✕ 위 1537번의 해설 내용 참고.

**1539** ✕ 위 1537번의 해설 내용 참고.

**1540** ○ 납세고지서에 과세표준등의 기재를 누락시킨 하자가 있는 때에는 적법한 부과결정의 고지라 볼 수 없어 부과처분자체가 위법한 것이므로 설사 납세의무자가 사실상 과세표준과 세액 등을 알고 쟁송에 이르렀다 하여 그 위법이 치유될 수는 없다 할 것이다. 대법원 1984. 6. 26. 선고 83누679 판결

**1541** ✕ 처분 당시 당사자가 어떠한 근거와 이유로 처분이 이루어진 것인지를 충분히 알 수 있어서 그에 **불복하여 행정구제절차로 나아가는 데에 별다른 지장이 없었던 것**으로 인정되는 경우에는 처분서에 처분의 근거와 이유가 **구체적으로 명시되어 있지 않았다고 하더라도** 그로 말미암아 그 처분이 위법한 것으로 된다고 할 수는 없다. 대법원 2013. 11. 14. 선고 2011두18571 판결

**1542** ○ 일반적으로 당사자가 근거규정 등을 명시하여 신청하는 인·허가 등을 거부하는 처분을 함에 있어 당사자가 그 **근거를 알 수 있을 정도로 상당한 이유를 제시**한 경우에는 당해 처분의 근거 및 이유를 **구체적 조항 및 내용까지 명시하지 않았더라도** 그로 말미암아 그 처분이 위법한 것이 된다고 할 수 없다. 대법원 2002. 5. 17. 선고 2000두8912 판결

★★★
□□□ **1543** 당사자가 근거규정 등을 명시하여 신청하는 인·허가 등을 거부하는 처분을 함에 있어 당사자가 그 근거를 알 수 있을 정도로 상당한 이유를 제시한 경우에는 당해 처분의 근거 및 이유를 구체적 조항 및 내용까지 명시하지 않았더라도 그로 말미암아 그 처분이 위법한 것이 된다고 할 수 없다.

22. 국가 7급 (　　　)

★☆☆
□□□ **1544** 교육부장관이 부적격사유가 없는 후보자들 사이에서 어떤 후보자를 상대적으로 더욱 적합하다고 판단하여 국립대학교의 총장으로 임용제청을 하였다면, 그러한 임용제청행위 자체로서 이유제시의무를 다한 것이다. 22. 지방 9급 (　　　)

□□□ **1545** 교육부장관이 어떤 후보자를 총장 임용에 부적격하다고 판단하여 배제하고 다른 후보자를 임용제청하는 경우라면 그러한 임용제청행위 자체로서「행정절차법」상 이유제시의무를 다한 것이다. 미출 (　　　)

□□□ **1546** 행정청은 공공의 안전 또는 복리를 위하여 긴급히 처분을 할 필요가 있어 처분을 말로써 하는 경우, 당사자가 요청하면 지체 없이 해당 처분에 관한 문서를 주어야 한다. 15. 교육행정직 (　　　)

★★☆
□□□ **1547** 외국인의 출입국에 관한 사항은「행정절차법」이 적용되지 않으므로, 미국국적을 가진 교민에 대한 사증 거부처분에 대해서도 처분의 방식에 관한「행정절차법」제24조는 적용되지 않는다. 20. 국회 8급 (　　　)

★★☆
□□□ **1548** 「행정절차법」상 문서주의 원칙에도 불구하고, 행정청의 처분서의 문언만으로는 행정청이 어떤 처분을 하였는지 불분명하다는 등 특별한 사정이 있는 때에는 처분 경위나 처분 이후의 상대방의 태도 등 다른 사정을 고려하여 처분서의 문언과 달리 그 처분의 내용을 해석할 수도 있다. 22. 지방 7급 (　　　)

★★☆
□□□ **1549** 행정청이 행정처분을 하면서 논리적으로 당연히 수반되어야 하는 의사표시를 명시적으로 하지 않았으면, 그것이 행정청의 추단적 의사에 부합하고 상대방이 이를 알 수 있는 경우에도, 행정처분에 이와 같은 의사표시가 묵시적으로 포함되어 있다고 볼 수 없다. 25. 국가 9급 (　　　)

★★☆
□□□ **1550** 보건복지부장관이 어린이집의 평가등급 부여결정을 하면서 어린이집 운영자에게 문서 또는 전자문서로 고지하지 않고 어린이집정보공개포털 홈페이지를 통해 위 결정을 공표한 것은「행정절차법」이 정한 처분방식을 위반한 절차적 하자가 있다고 볼 수 없다. 25. 지방 7급 (　　　)

□□□ **1551** 행정청은 처분에 오기, 오산 기타 이에 준하는 명백한 잘못이 있는 때에는 직권 또는 신청에 의하여 지체 없이 정정하고 이를 당사자에게 통지하여야 한다. 12. 지방 9급 (　　　)

□□□ **1552** 행정청은 부득이한 사유로 공표한 처리기간 내에 처분을 처리하기 곤란한 경우에는 해당 처분의 처리기간의 범위에서 한 번만 그 기간을 연장할 수 있다. 16. 지방 9급 (　　　)

★★☆
□□□ **1553** 처분의 처리기간에 관한 규정은 강행규정이므로 행정청이 처리기간이 지나 처분을 하였다면 이는 처분을 취소할 절차상 하자로 볼 수 있다. 23. 국가 7급 (　　　)

★★☆
□□□ **1554** 행정청은 당사자에게 사전통지를 하면서 의견제출에 필요한 기간을 10일 이상으로 고려하여 정하여 통지하여야 한다. 22. 군무원 7급 (　　　)

## 정답 & OX 풀이

**1543** O 앞쪽의 1542번의 해설 내용 참고.

**1544** O **부적격사유가 없는** 후보자들 사이에서 어떤 후보자를 상대적으로 더욱 적합하다고 판단하여 임용제청하는 경우, (중략) 교육부장관이 어떤 후보자를 총장으로 **임용제청하는 행위 자체에** 그가 총장으로 더욱 적합하다는 정성적 평가 결과가 당연히 포함되어 있는 것으로, 이로써 행정절차법상 **이유제시의무를 다한 것**이라고 보아야 한다. 여기에서 나아가 교육부장관에게 개별 심사항목이나 고려요소에 대한 평가 결과를 더 자세히 밝힐 의무까지는 없다. 대법원 2018. 6. 15. 선고 2016두57564 판결

**1545** X 교육부장관이 어떤 후보자를 총장 임용에 **부적격하다고 판단**하여 배제하고 다른 후보자를 임용제청하는 경우라면 배제한 후보자에게 연구윤리 위반, 선거부정, 그 밖의 비위행위 등과 같은 부적격사유가 있다는 점을 **구체적으로 제시할 의무**가 있다. 대법원 2018. 6. 15. 선고 2016두57564 판결

**1546** O 행정절차법 제24조(처분의 방식) ② 제1항에도 불구하고 공공의 안전 또는 복리를 위하여 긴급히 처분을 할 필요가 있거나 사안이 경미한 경우에는 말, 전화, 휴대전화를 이용한 문자 전송, 팩스 또는 전자우편 등 문서가 아닌 방법으로 처분을 할 수 있다. 이 경우 당사자가 요청하면 지체 없이 처분에 관한 문서를 주어야 한다.

**1547** X **사증발급 신청에 대한 거부처분**이 성질상 행정절차법 제24조에서 정한 '처분서 작성·교부'를 할 필요가 없거나 곤란하다고 일률적으로 단정하기 어렵다. (중략) 피고의 사증발급 거부처분에는 행정절차법 제24조 제1항을 위반한 하자가 있다. 대법원 2019. 7. 11. 선고 2017두38874 판결

**1548** O 행정청이 문서로 처분을 한 경우 원칙적으로 처분서의 문언에 따라 어떤 처분을 하였는지 확정하여야 한다. 그러나 처분서의 문언만으로는 행정청이 어떤 처분을 하였는지 **불분명**한 경우에는 처분 경위와 목적, 처분 이후 상대방의 태도 등 여러 사정을 고려하여 처분서의 **문언과 달리** 처분의 내용을 해석할 수 있다. 대법원 2020. 10. 29 선고 2017다269152 판결

**1549** X 행정청이 행정처분을 하면서 **논리적으로 당연히 수반되어야 하는** 의사표시를 명시적으로 하지 않았다고 하더라도, 그것이 행정청의 추단적 의사에도 부합하고 상대방도 이를 알 수 있는 경우에는 행정처분에 위와 같은 의사표시가 **묵시적으로** 포함되어 있다고 볼 수 있다. 대법원 2020. 10. 29 선고 2017다269152 판결

**1550** O 보건복지부장관이 이 사건 공표를 통해 어린이집의 평가등급 부여결정을 외부에 표시한 것은 구 행정절차법 제24조 제1항 본문에서 정한 '다른 법령 등에 특별한 규정이 있는 경우'에 해당하므로, 피고 장관이 이 사건 평가등급 부여결정을 하면서 이를 처분상대방인 원고에게 문서 또는 전자문서로 고지하지 않은 것에 구 행정절차법 제24조 제1항에서 정한 처분의 방식을 위반한 절차적 하자가 있다고 보기 어렵다. 대법원 2023. 12. 7. 선고 2022두52522 판결

**1551** O 행정절차법 제25조(처분의 정정) 행정청은 처분에 오기, 오산 또는 그 밖에 이에 준하는 명백한 잘못이 있을 때에는 직권으로 또는 신청에 따라 지체 없이 정정하고 그 사실을 당사자에게 통지하여야 한다.

**1552** O 행정절차법 제19조(처리기간의 설정·공표) ② 행정청은 부득이한 사유로 제1항에 따른 처리기간 내에 처분을 처리하기 곤란한 경우에는 해당 처분의 처리기간의 범위에서 한 번만 그 기간을 연장할 수 있다.

**1553** X 처리기간에 관한 규정은 **훈시규정**에 불과할 뿐 강행규정이라고 볼 수 없다. 행정청이 처리기간이 지나 처분을 하였더라도 이를 처분을 취소할 **절차상 하자로 볼 수 없다.** 대법원 2019. 12. 13. 선고 2018두41907 판결

**1554** O 행정절차법 제21조(**처분의 사전통지**) ③ 제1항제6호에 따른 기한은 의견제출에 필요한 기간을 **10일** 이상으로 고려하여 정하여야 한다.

□□□ **1555** 상대방의 귀책사유로 야기된 처분의 하자를 이유로 수익적 행정행위를 취소하는 경우에는 특별한 규정이 없는 한 「행정절차법」상 사전통지의 대상이 되지 않는다. 16. 국가 9급 (    )

★★★
□□□ **1556** 수익적 행정행위의 신청에 대한 거부처분은 직접 당사자의 권익을 제한하는 처분에 해당하므로, 그 거부처분은 「행정절차법」상 처분의 사전통지대상이 된다. 24. 국회 9급 (    )

★☆☆
□□□ **1557** 국민건강보험공단의 자격변경(직장가입자의 피부양자를 지역가입자로 변경)처분은 처분 상대방의 피부양자 자격을 소급하여 박탈하는 내용을 포함하므로, 국민건강보험공단은 위 처분에 앞서 상대방에게 「행정절차법」 제21조 제1항에 따라 사전통지를 하거나 의견 제출의 기회를 주어야 하고, 이를 하지 않은 것은 절차상 하자에 해당한다. 25. 소방 (    )

★★☆
□□□ **1558** 행정청은 행정처분으로 인하여 권익을 침해받게 되는 제3자에 대하여 처분의 원인이 되는 사실과 처분의 내용 및 법적 근거를 미리 통지하여야 한다. 17. 지방 7급 (    )

★★★
□□□ **1559** 국가에 대해 행정처분을 할 때에도 사전 통지, 의견청취, 이유 제시와 관련한 「행정절차법」이 그대로 적용된다고 보아야 한다. 24. 국회 9급 (    )

★☆☆
□□□ **1560** 대형마트 영업시간 제한 등 처분의 대상인 대규모점포 중 개설자의 직영매장 외에 개설자로부터 임차하여 운영하는 임대매장이 병존하는 경우, 전체 매장에 대하여 법령상 대규모점포 등의 유지·관리 책임을 지는 개설자만이 그 처분상대방이 되므로, 임대매장의 임차인들을 상대로 별도의 사전통지 등 절차를 거칠 필요가 없다. 21. 서울시 7급 (    )

★☆☆
□□□ **1561** 법령등에서 요구된 자격이 없거나 없어지게 되면 반드시 일정한 처분을 하여야 하는 경우에 그 자격이 없거나 없어지게 된 사실이 법원의 재판에 의하여 객관적으로 증명된 경우에는 사전통지를 생략할 수 있다. 22. 국가 9급 (    )

★☆☆
□□□ **1562** 법령등에서 요구된 자격이 없거나 없어지게 되면 반드시 일정한 처분을 하여야 하는 경우에 그 자격이 없거나 없어지게 된 사실이 법원의 재판 등에 의하여 객관적으로 증명된 경우 행정청은 당사자에게 처분의 근거와 이유를 제시하지 않을 수 있다. 25. 군무원 9급 (    )

★★★
□□□ **1563** 고시의 방법으로 불특정 다수인을 상대로 권익을 제한하는 처분을 하는 경우, 상대방에게 사전에 통지하여 의견제출 기회를 주어야 한다. 24. 소방간부 (    )

★☆☆
□□□ **1564** 「도로법」 제25조 제3항에 의한 도로구역변경고시의 경우는 「행정절차법」상 사전통지나 의견청취의 대상이 되는 처분에 해당한다. 21. 국가 7급 (    )

★☆☆
□□□ **1565** 처분상대방이 이미 행정청에 위반사실을 시인하였다는 사정은 사전통지의 예외가 적용되는 '의견청취가 현저히 곤란하거나 명백히 불필요하다고 인정될 만한 상당한 이유가 있는 경우'에 해당한다.
17. 국가 7급 (    )

# 정답 & OX 풀이

**1555** ✕ 상대방의 귀책사유가 있는지 여부는 행정절차법상 사전통지의 생략사유로 규정되어 있지 않으므로, 상대방의 귀책사유로 야기된 처분의 하자를 이유로 수익적 행정행위를 취소하는 경우에도 특별한 규정이 없는 한 그 처분은 사전통지의 대상이 된다.

**1556** ✕ 신청에 따른 처분이 이루어지지 아니한 경우에는 아직 당사자에게 권익이 부과되지 아니하였으므로 특별한 사정이 없는 한 신청에 대한 거부처분이라고 하더라도 직접 당사자의 권익을 제한하는 것은 아니어서 **신청에 대한 거부처분**을 여기에서 말하는 '당사자의 권익을 제한하는 처분'에 해당한다고 할 수 없는 것이어서 처분의 **사전통지대상이 된다고 할 수 없다.** 대법원 2003. 11. 28. 선고 2003두674 판결

**1557** ○ 국민건강보험공단의 자격변경(**직장가입자의 피부양자를 지역가입자로 변경**)처분은 갑의 피부양자 자격을 소급하여 박탈하는 내용을 포함하므로, 국민건강보험공단은 위 처분에 앞서 갑에게 행정절차법 제21조 제1항에 따라 사전통지를 하거나 의견 제출의 기회를 주어야 하고, 이를 하지 않은 것은 절차상 하자에 해당한다. 대법원 2024. 7. 18. 선고 2023두36800 전원합의체 판결

**1558** ✕ 불이익처분의 직접 상대방인 **당사자 또는 행정청이 참여하게 한 이해관계인**이 아닌 제3자에 대하여는 사전통지 및 의견제출에 관한 행정절차법 제21조, 제22조가 적용되지 않는다. 대법원 2009. 4. 23. 선고 2008두686 판결

**1559** ○ **국가에 대해 행정처분**을 할 때에도 사전 통지, 의견청취, 이유 제시와 관련한 **행정절차법이 그대로 적용된다**고 보아야 한다. 대법원 2023. 9. 21. 선고 2023두39724 판결

**1560** ○ **영업시간 제한** 등 처분의 대상인 대규모점포 중 개설자의 직영매장 이외에 개설자에게서 임차하여 운영하는 임대매장이 병존하는 경우에도, 전체 매장에 대하여 법령상 대규모점포 등의 유지·관리 책임을 지는 **개설자만이** 처분상대방이 되고, 임대매장의 **임차인**이 별도로 처분상대방이 되는 것은 **아니다.** 대법원 2015. 11. 19. 선고 2015두295 전원합의체 판결

**1561** ○ 행정절차법 제21조(**처분의 사전통지**) ④ 다음 각 호의 어느 하나에 해당하는 경우에는 제1항에 따른 통지를 하지 아니할 수 있다.
2. 법령등에서 요구된 자격이 없거나 없어지게 되면 **반드시** 일정한 처분을 하여야 하는 경우에 그 자격이 없거나 없어지게 된 사실이 법원의 재판 등에 의하여 객관적으로 증명된 경우

**1562** ✕ 위 1561번의 해설 내용 참고(해당 사유는 '처분의 사전통지'의 생략사유가 되는 것이지, '처분의 이유제시'의 생략사유가 되는 것이 아님).

**1563** ✕ '고시'의 방법으로 **불특정 다수인**을 상대로 의무를 부과하거나 권익을 제한하는 처분은 **성질상** 의견제출의 기회를 주어야 하는 상대방을 특정할 수 없으므로, 이와 같은 처분에 있어서까지 구 행정절차법 제22조 제3항에 의하여 그 상대방에게 의견제출의 기회를 주어야 한다고 해석할 것은 아니다. 대법원 2014. 10. 27. 선고 2012두7745 판결

**1564** ✕ 도로법이 **도로구역**을 결정하거나 변경할 경우 이를 **고시**에 의하도록 하면서, 그 도면을 일반인이 열람할 수 있도록 한 점 등을 종합하여 보면, 도로구역을 변경한 이 사건 처분은 행정절차법 제21조 제1항의 사전통지나 제22조 제3항의 의견청취의 대상이 되는 처분은 아니라고 할 것이다. 대법원 2008. 6. 12. 선고 2007두1767 판결

**1565** ✕ '의견청취가 현저히 곤란하거나 명백히 불필요하다고 인정될 만한 상당한 이유가 있는 경우'에 해당하는지는 해당 행정**처분의 성질**에 비추어 판단하여야 하며, 처분상대방이 이미 행정청에 **위반사실을 시인**하였다거나 처분의 사전통지 이전에 의견을 진술할 기회가 있었다는 사정을 고려하여 판단할 것은 아니다. 대법원 2016. 10. 27. 선고 2016두41811 판결

□□□ **1566** 「건축법」상의 공사중지명령에 대한 사전통지를 하고 의견제출의 기회를 준다면 많은 액수의 손실보상금을 기대하여 공사를 강행할 우려가 있다는 사정은 사전통지 및 의견제출절차의 예외사유에 해당하지 아니한다. 10. 지방 7급 (      )

□□□ **1567** 「행정절차법 시행령」 제13조 제2호에서 정한 의견청취절차의 예외사유는 법원의 재판 등에 따라 처분의 전제가 되는 사실이 객관적으로 증명되면 행정청이 반드시 일정한 처분을 해야 하는 경우 등 의견청취가 행정청의 처분 여부나 그 수위 결정에 영향을 미치지 못하는 경우를 의미한다. 미출 (      )

★☆☆
□□□ **1568** 행정청의 처분으로 의무가 부과되거나 권익이 제한되는 경우라도 당사자가 의견진술의 기회를 포기한다는 뜻을 명백히 표시한 경우에는 의견청취를 생략할 수 있다. 22. 국가 9급 (      )

□□□ **1569** 청문은 행정청이 어떠한 처분을 하기 전에 당사자 등의 의견을 직접 듣는 절차일 뿐, 증거를 조사하는 절차는 아니다. 18. 지방 7급 (      )

★☆☆
□□□ **1570** 행정청이 신분·자격의 박탈 처분을 할 때에는 당사자등의 신청이 있는 경우에 한하여 청문을 한다.
17. 국가 9급 변형 (      )

★★★
□□□ **1571** 행정처분의 상대방에 대한 청문통지서가 반송되었거나 행정처분의 상대방이 청문일시에 불출석하였다는 이유만으로 행정청이 관계 법령상 그 실시가 요구되는 청문을 실시하지 아니하고 한 침해적 행정처분은 위법하다. 23. 지방 9급 (      )

★★★
□□□ **1572** 행정청이 당사자와 사이에 도시계획사업의 시행과 관련한 협약을 체결하면서 관련 법령상 요구되는 청문절차를 배제하는 조항을 두었다면, 이는 청문을 실시하지 않아도 되는 예외적인 경우에 해당한다.
25. 소방간부 (      )

★★★
□□□ **1573** 퇴직연금의 환수결정은 당사자에게 의무를 과하는 처분이기는 하나 관련 법령에 따라 당연히 환수금액이 정하여지는 것이므로, 퇴직연금의 환수결정에 앞서 당사자에게 의견진술의 기회를 주지 아니하여도 「행정절차법」에 어긋나지 아니한다. 25. 국가 9급 (      )

★☆☆
□□□ **1574** 지방자치단체의 장이 「공유재산 및 물품관리법」에 근거하여 민간투자사업을 추진하던 중 우선협상대상자 지위를 박탈하는 처분을 하기 위하여 반드시 청문을 실시할 의무가 있다고 볼 수는 없다.
24. 경찰간부 (      )

□□□ **1575** 청문 주재자는 당사자의 신청을 받아 행정청이 선정한다. 16. 교육행정직 (      )

□□□ **1576** 행정청은 다수 국민에게 불편이나 부담을 주는 처분을 하려는 경우에는 청문 주재자를 2명 이상으로 선정할 수 있다. 23. 군무원 7급 (      )

□□□ **1577** 행정청이 청문을 실시하고자 하는 경우에 처분의 사전통지를 청문이 시작되는 날부터 10일 전까지 당사자 등에게 하여야 한다. 12. 지방 9급 (      )

**정답 & OX 풀이**

**1566** ○ 건축법상의 공사중지명령에 대한 <u>사전통지를 하고 의견제출의 기회를 준다면</u> 많은 액수의 손실보상금을 기대하여 공사를 강행할 우려가 있다는 사정은 사전통지 및 의견제출절차의 <u>예외사유에 해당하지 아니한다</u>. 대법원 2004. 5. 28. 선고 2004두1254 판결

**1567** ○ 행정절차법 시행령 제13조 제2호는 법원의 재판 등에 따라 처분의 전제가 되는 사실이 객관적으로 증명되면 행정청이 반드시 일정한 처분을 해야 하는 경우 등 의견청취가 행정청의 **처분 여부나 그 수위 결정에 영향을 미치지 못하는** 경우를 의미한다고 보아야 한다. 처분의 전제가 되는 '일부' 사실만 증명된 경우이거나 의견청취에 따라 행정청의 **처분 여부나 처분 수위가 달라질 수 있는** 경우라면 위 예외사유에 해당하지 않는다. 대법원 2020. 7. 23. 선고 2017두66602 판결

**1568** ○ 행정절차법 제22조(의견청취) ④ 제1항부터 제3항까지의 규정에도 불구하고 제21조제4항 각 호의 어느 하나에 해당하는 경우와 <u>당사자가 의견진술의 기회를 **포기**한다는 뜻을 명백히 표시한 경우에는 의견청취를 하지 아니할 수 있다.

**1569** ✕ 행정절차법 제2조(정의) 이 법에서 사용하는 용어의 뜻은 다음과 같다.
5. '**청문**'이란 행정청이 어떠한 <u>처분을 하기 전에 당사자등의 의견을 직접 듣고 증거를 조사하는</u> 절차를 말한다.

**1570** ✕ 행정절차법 제22조(의견청취) ① 행정청이 처분을 할 때 다음 각 호의 어느 하나에 해당하는 경우에는 **청문을 한다**.
3. 다음 각 목의 처분을 하는 경우
나. <u>신분·자격의 박탈</u>

**1571** ○ 행정처분의 상대방에 대한 **청문통지서가 반송**되었다거나, 행정처분의 상대방이 **청문일시에 불출석**하였다는 이유로 청문을 실시하지 아니하고 한 침해적 행정처분은 위법하다. 대법원 2001. 4. 13. 선고 2000두3337 판결

**1572** ✕ 행정청이 당사자와 사이에 도시계획사업의 시행과 관련한 **협약을 체결**하면서 관계 법령 및 행정절차법에 규정된 <u>청문의 실시 등 의견청취절차를 배제하는 조항</u>을 두었다고 하더라도, (중략) 이러한 협약이 체결되었다고 하여 <u>청문의 실시에 관한 규정의 적용이 배제된다거나 청문을 실시하지 않아도 되는 예외적인 경우에 해당한다고 할 수 없다</u>. 대법원 2004. 7. 8. 선고 2002두8350 판결

**1573** ○ **퇴직연금의 환수결정**은 당사자에게 의무를 과하는 처분이기는 하나, <u>관련 **법령에 따라 당연히** 환수금액이 정하여지는 것이므로</u>, 퇴직연금의 환수결정에 앞서 <u>당사자에게 의견진술의 기회를 주지 아니하여도 행정절차법 제22조 제3항이나 신의칙에 어긋나지 아니한다</u>. 대법원 2000. 11. 28. 선고 99두5443 판결

**1574** ○ 지방자치단체의 장이 공유재산 및 물품관리법에 근거하여 민간투자사업을 추진하던 중 **우선협상대상자 지위를 박탈**하는 처분을 하기 위하여 <u>반드시 청문을 실시할 의무가 있다고 볼 수는 없다</u>(주: <u>신분·자격의 박탈을 '임의적 청문사유'로 규정했던 구법이 적용된 사례임</u>). 대법원 2020. 4. 29. 선고 2017두31064 판결

**1575** ✕ 행정절차법 제28조(청문 주재자) ① 행정청은 소속 직원 또는 대통령령으로 정하는 자격을 가진 사람 중에서 청문 주재자를 공정하게 선정하여야 한다(주: <u>청문 주재자는 당사자의 신청을 받아 선정하는 것이 아님</u>).

**1576** ○ 행정절차법 제28조(청문 주재자) ② 행정청은 다음 각 호의 어느 하나에 해당하는 처분을 하려는 경우에는 **청문 주재자를 2명 이상**으로 선정할 수 있다. 이 경우 선정된 청문 주재자 중 1명이 청문 주재자를 대표한다.
2. **다수 국민**에게 불편이나 부담을 주는 처분

**1577** ○ 행정절차법 제21조(처분의 사전 통지) ② 행정청은 청문을 하려면 <u>청문이 시작되는 날부터 **10일** 전까지 제1항 각 호의 사항을 당사자등에게 통지하여야 한다</u>.

□□□ **1578** 청문은 당사자가 공개를 신청하거나 청문 주재자가 필요하다고 인정하는 경우 공개할 수 있다. 다만,
공익 또는 제3자의 정당한 이익을 현저히 해칠 우려가 있는 경우에는 공개하여서는 아니 된다.

24. 국가 9급 (    )

□□□ **1579** 청문에서 당사자등이 의견서를 제출한 경우에는 그 내용을 출석하여 진술한 것으로 본다.

22. 국회 8급 (    )

□□□ **1580** 행정청은 직권으로 또는 당사자의 신청에 따라 여러 개의 사안을 병합하거나 분리하여 청문을 할 수
있다.  17. 국가 9급 (    )

□□□ **1581** 청문주재자는 직권으로 또는 당사자의 신청에 따라 필요한 조사를 할 수 있으며, 당사자 등이 주장하지
아니한 사실에 대하여도 조사할 수 있다.  14. 국가 9급 (    )

□□□ **1582** 당사자등은 청문조서의 내용을 열람·확인할 수 있을 뿐, 그 청문조서에 이의가 있더라도 정정을 요구할
수는 없다.  21. 지방 9급 (    )

□□□ **1583** 청문 주재자는 당사자등의 전부 또는 일부가 정당한 사유 없이 청문기일에 출석하지 아니한 경우라도
이들에게 다시 의견진술 및 증거제출의 기회를 주지 아니하고는 청문을 마칠 수 없다.  15. 국가 9급 (    )

□□□ **1584** 행정청은 처분을 함에 있어서 청문조서, 청문주재자의 의견서, 그 밖의 관계서류 등을 충분히 검토하고
상당한 이유가 있다고 인정하는 경우에는 청문결과를 반영하여야 한다.  11. 사회복지 (    )

□□□ **1585** 행정청은 온라인공청회를 개최하는 경우 공청회와 병행하여 실시할 수 없다.  16. 지방 9급 (    )

□□□ **1586** 공청회가 개최는 되었으나 정상적으로 진행되지 못하고 무산된 횟수가 2회인 경우 온라인공청회를 단독
으로 개최할 수 있다.  23. 국가 9급 (    )

□□□ **1587** 행정청은 공청회의 발표자를 관련전문가 중에서 우선적으로 지명 또는 위촉하여야 하며, 적절한 발표자
를 선정하지 못하거나 필요한 경우에만 발표를 신청한 자 중에서 지명할 수 있다.  10. 지방 9급 (    )

□□□ **1588** 도시계획시설인 추모공원 건립을 위해 지방자치단체, 비영리법인, 일반 기업 등이 공동발족한 추모공원
건립추진협의회에서 후보지 주민들의 의견을 청취하기 위하여 추진협의회 명의로 개최한 공청회의 경우
「행정절차법」에서 정한 절차를 준수하여야 한다.  24. 소방간부 (    )

□□□ **1589** 이해관계가 있는 제3자는 자신의 신청 또는 행정청의 직권에 의하여 행정절차에 참여하여 처분 전에
그 처분의 관할 행정청에 서면이나 말로 또는 정보통신망을 이용하여 의견제출을 할 수 있다.

18. 지방 9급 (    )

□□□ **1590** 행정청은 처분 후 2년 이내에 당사자등이 요청하는 경우에는 청문·공청회 또는 의견제출을 위하여 제
출받은 서류나 그 밖의 물건을 반환하여야 한다.  22. 국회 8급 (    )

## 정답 & OX 풀이

**1578** O 행정절차법 제30조(청문의 공개) 청문은 <u>당사자가 공개를 신청</u>하거나 <u>청문 주재자가 필요하다고 인정</u>하는 경우 **공개할 수 있다.** 다만, <u>공익 또는 제3자의 정당한 이익을 현저히 해칠 우려가 있는 경우</u>에는 공개하여서는 아니 된다.

**1579** O 행정절차법 제31조(청문의 진행) ③ 당사자등이 <u>의견서를 제출한 경우</u>에는 <u>그 내용을 **출석하여 진술한 것으로 본다.**</u>

**1580** O 행정절차법 제32조(청문의 병합·분리) 행정청은 <u>직권으로 또는 당사자의 신청에 따라</u> 여러 개의 사안을 <u>병합하거나 분리하여</u> 청문을 할 수 있다.

**1581** O 행정절차법 제33조(증거조사) ① 청문 주재자는 **직권으로** 또는 당사자의 신청에 따라 필요한 조사를 할 수 있으며, **당사자등이 주장하지 아니한** 사실에 대하여도 조사할 수 있다.

**1582** X 행정절차법 제34조(청문조서) ② 당사자등은 <u>청문조서의 내용을 열람·확인</u>할 수 있으며, <u>이의가 있을 때에는 그 **정정을 요구할 수 있다.**</u>

**1583** X 행정절차법 제35조(청문의 종결) ② 청문 주재자는 당사자등의 전부 또는 일부가 **정당한 사유 없이** 청문기일에 출석하지 아니하거나 제31조 제3항에 따른 의견서를 제출하지 아니한 경우에는 이들에게 <u>다시 의견진술 및 증거제출의 기회를 주지 아니하고</u> 청문을 **마칠 수 있다.**

**1584** O 행정절차법 제35조의2(청문결과의 반영) 행정청은 처분을 할 때에 제35조 제4항에 따라 받은 청문조서, 청문 주재자의 의견서, 그 밖의 관계 서류 등을 충분히 검토하고 <u>상당한 이유가 있다고 인정</u>하는 경우에는 청문결과를 반영하여야 한다.

**1585** X 행정절차법 제38조의2(온라인공청회) ① 행정청은 제38조에 따른 공청회와 **병행하여서만** 정보통신망을 이용한 공청회(이하 '온라인공청회'라 한다)를 실시할 수 있다.

**1586** X 행정절차법 제38조의2(온라인공청회) ② 제1항에도 불구하고 <u>다음 각 호의 어느 하나에 해당하는 경우</u>에는 **온라인공청회를 단독으로** 개최할 수 있다.
2. 제38조에 따른 공청회가 행정청이 책임질 수 없는 사유로 개최되지 못하거나 개최는 되었으나 정상적으로 진행되지 못하고 무산된 횟수가 **3회 이상**인 경우

**1587** X 행정절차법 제38조의3(공청회의 주재자 및 발표자의 선정) ② <u>공청회의 발표자</u>는 발표를 신청한 사람 중에서 행정청이 선정한다. 다만, 발표를 신청한 사람이 없거나 공청회의 공정성을 확보하기 위하여 필요하다고 인정하는 경우에는 다음 각 호의 사람 중에서 <u>지명하거나 위촉할 수 있다.</u>

**1588** X 묘지공원과 화장장의 후보지를 선정하는 과정에서 서울특별시, 비영리법인, 일반 기업 등이 공동 발족한 협의체인 **추모공원건립추진협의회**가 후보지 주민들의 의견을 청취하기 위하여 **그 명의로** 개최한 공청회는 행정청이 도시계획시설결정을 하면서 개최한 공청회가 아니므로, 위 공청회의 개최에 관하여 <u>행정절차법에서 정한 절차를 준수하여야 하는 것은 아니다.</u> 대법원 2007. 4. 12. 선고 2005두1893 판결

**1589** O 행정절차법 제27조(의견제출) ① **당사자등**(주: 처분의 직접 상대방 및 행정청이 직권으로 또는 신청에 따라 행정절차에 참여하게 한 이해관계인)은 <u>처분 전에 그 처분의 관할 행정청에 서면이나 말로 또는 정보통신망을 이용하여 의견제출</u>을 할 수 있다.

**1590** X 행정절차법 제22조(의견청취) ⑥ 행정청은 <u>처분 후 **1년** 이내</u>에 당사자등이 요청하는 경우에는 청문·공청회 또는 의견제출을 위하여 <u>제출받은 서류나 그 밖의 물건을 반환하여야 한다.</u>

05

□□□ **1591** 상위법령 등의 단순한 집행을 위해 총리령을 제정하려는 경우, 행정상 입법예고를 하지 아니할 수 있다.

19. 국가 9급 (    )

□□□ **1592** 법제처장은 입법예고를 하지 아니한 법령안의 심사 요청을 받은 경우에 입법예고를 하는 것이 적당하다고 판단할 때에는 해당 행정청에 입법예고를 권고하거나 직접 예고할 수 있다. 18. 지방 7급 (    )

□□□ **1593** 행정청은 대통령령을 입법예고하는 경우에는 이를 국회 소관 상임위원회에 제출하여야 한다.

18. 국가 9급 (    )

□□□ **1594** 입법예고기간은 예고할 때 정하되, 특별한 사정이 없으면 40일(자치법규는 20일) 이상으로 한다.

15. 지방 7급 (    )

□□□ **1595** 행정청은 행정입법안에 관하여 공청회를 마친 후 입법할 때까지 새로운 사정이 발견되어 공청회를 다시 개최할 필요가 있다고 인정할 때에는 공청회를 다시 개최하여야 한다. 25. 국가 9급 (    )

□□□ **1596** 행정예고기간은 예고 내용의 성격 등을 고려하여 정하되, 20일 이상으로 한다. 다만, 행정목적을 달성하기 위하여 긴급한 필요가 있는 경우에는 행정예고기간을 단축할 수 있고, 이 경우 단축된 행정예고기간은 7일 이상으로 한다. 21. 지방 7급 변형 (    )

□□□ **1597** 인·허가의제는 의제되는 행위에 대하여 본래적으로 권한을 갖는 행정기관의 권한행사를 보충하는 것이므로 법령의 근거가 없는 경우에도 인정된다. 24. 소방간부 (    )

□□□ **1598** 인허가의제를 받으려면 주된 인허가를 신청할 때 관련 인허가에 필요한 서류를 함께 제출하여야 한다. 다만, 불가피한 사유로 함께 제출할 수 없는 경우에는 관련 인허가 행정청이 별도로 정하는 기한까지 제출할 수 있다. 24. 변호사 (    )

□□□ **1599** 인·허가의 근거 법령인 건축법령에서 절차간소화를 위하여 관련 인·허가를 의제 처리할 수 있는 근거 규정을 둔 경우, 주된 인·허가를 신청하려는 사업시행자는 반드시 관련 인·허가 의제 처리를 동시에 신청해야 한다. 25. 국가 9급 (    )

□□□ **1600** 건축주가 건축물을 건축하기 위해서는 「건축법」상 건축허가와 「국토의 계획 및 이용에 관한 법률」상 개발행위(건축물의 건축) 허가를 각각 별도로 신청하여야 하는 것이 아니라, 「건축법」상 건축허가절차에서 관련 인허가의제 제도를 통해 두 허가의 발급 여부가 동시에 심사·결정되도록 하여야 한다.

25. 지방 7급 (    )

□□□ **1601** 건축주의 건축계획이 「건축법」상 건축허가기준을 충족하더라도 국토계획법상 개발행위 허가기준을 충족하지 못한 경우 건축행정청은 「건축법」상 건축허가를 발급하면서 국토계획법상 개발행위(건축물의 건축) 허가가 의제되지 않은 것으로 처리해야 한다. 미출 (    )

□□□ **1602** 「행정기본법」에 따르면, 주된 인허가 행정청은 주된 인허가를 하기 전에 관련 인허가에 관하여 미리 관련 인허가 행정청과 협의하여야 한다. 24. 소방간부 (    )

**정답 & OX 풀이**

1591 ○ 행정절차법 제41조(행정상 입법예고) ① 법령등을 제정·개정 또는 폐지하려는 경우에는 해당 입법안을 마련한 행정청은 이를 예고하여야 한다. 다만, 다음 각 호의 어느 하나에 해당하는 경우에는 예고를 하지 아니할 수 있다.
　　 2. 상위 법령등의 **단순한 집행**을 위한 경우

1592 ○ 행정절차법 제41조(행정상 입법예고) ③ **법제처장**은 입법예고를 하지 아니한 법령안의 심사 요청을 받은 경우에 입법예고를 하는 것이 적당하다고 판단할 때에는 해당 행정청에 입법예고를 권고하거나 직접 예고할 수 있다.

1593 ○ 행정절차법 제42조(예고방법) ② 행정청은 **대통령령**을 입법예고하는 경우 국회 소관 상임위원회에 이를 제출하여야 한다.

1594 ○ 행정절차법 제43조(예고기간) 입법예고기간은 예고할 때 정하되, 특별한 사정이 없으면 **40일(자치법규는 20일) 이상**으로 한다.

1595 ✕ 입법예고를 규정한 행정절차법 제45조에서는 공청회의 재개최를 규정한 행정절차법 제39조의3을 준용하고 있지 않다. 또한 공청회의 재개최 여부는 행정청의 의무가 아닌 재량에 속한다.

1596 ✕ 행정절차법 제46조(행정예고)
　　 ③ 행정예고기간은 예고 내용의 성격 등을 고려하여 정하되, **20일 이상**으로 한다.
　　 ④ 제3항에도 불구하고 행정목적을 달성하기 위하여 긴급한 필요가 있는 경우에는 행정예고기간을 단축할 수 있다. 이 경우 단축된 행정예고기간은 **10일 이상**으로 한다.

1597 ✕ **인허가의제** 제도는 관련 인허가 행정청의 권한을 제한하거나 박탈하는 효과를 가진다는 점에서 법률 또는 법률의 위임에 따른 법규명령의 근거가 있어야 한다. 대법원 2022. 9. 7. 선고 2020두40327 판결

1598 ✕ 행정기본법 제24조(인허가의제의 기준) ② 인허가의제를 받으려면 주된 인허가를 신청할 때 관련 인허가에 필요한 서류를 함께 제출하여야 한다. 다만, 불가피한 사유로 함께 제출할 수 없는 경우에는 **주된** 인허가 행정청이 별도로 정하는 기한까지 제출할 수 있다.

1599 ✕ 관련 인허가 의제 제도는 사업시행자의 이익을 위하여 만들어진 것이므로, 사업시행자가 반드시 관련 **인허가 의제 처리를 신청할 의무가 있는 것은 아니다.** 대법원 2020. 7. 23. 선고 2019두31839 판결

1600 ○ 건축주가 건축물을 건축하기 위해서는 건축법상 **건축허가**와 국토계획법상 **개발행위(건축물의 건축) 허가**를 각각 별도로 신청하여야 하는 것이 아니라, 건축법상 건축허가절차에서 관련 인허가 의제 제도를 통해 두 허가의 발급 여부가 **동시에 심사·결정**되도록 하여야 한다. 대법원 2020. 7. 23. 선고 2019두31839 판결

1601 ✕ 건축주의 건축계획이 건축법상 건축허가기준을 충족하더라도 국토계획법상 개발행위 허가기준을 충족하지 못한 경우에는 해당 건축물의 건축은 법질서상 허용되지 않는 것이므로, 건축행정청은 건축법상 건축허가를 발급하면서 국토계획법상 개발행위 (건축물의 건축) 허가가 의제되지 않은 것으로 처리하여서는 안 되고, 건축법상 **건축허가의 발급을 거부**하여야 한다. 대법원 2020. 7. 23. 선고 2019두31839 판결

1602 ○ 행정기본법 제24조(인허가의제의 기준) ③ 주된 인허가 행정청은 주된 인허가를 하기 전에 관련 인허가에 관하여 미리 관련 인허가 행정청과 협의하여야 한다.

**★★☆**
**1603** 「행정기본법」에 따르면, 관련 인허가 행정청은 주된 인허가 행정청으로부터 관련 인허가에 관하여 협의를 요청받으면 그 요청을 받은 날부터 20일 이내에 의견을 제출하여야 하고, 그 기간 내에 협의 여부에 관하여 의견을 제출하지 않으면 주된 인허가 행정청은 재협의를 요청하여야 한다. 24. 국회 8급 (    )

**★★☆**
**1604** 「행정기본법」에 따르면, 관련 인허가에 필요한 심의, 의견청취 등 절차에 관하여는 법률에 인허가의제 시에도 해당 절차를 거친다는 명시적인 규정이 있는 경우에만 이를 거친다. 24. 변호사 (    )

**★★☆**
**1605** 주택건설사업계획 승인권자가 구 「주택법」에 따라 도시·군관리계획 결정권자와 협의를 거쳐 관계 주택건설사업계획을 승인하면 도시·군관리계획결정이 이루어진 것으로 의제되고, 이러한 협의 절차와 별도로 「국토의 계획 및 이용에 관한 법률」 등에서 정한 도시·군관리계획 입안을 위한 주민 의견청취 절차를 거칠 필요는 없다. 25. 국가 7급 (    )

**★★☆**
**1606** 「건축법」에서 관련 인·허가 의제 제도를 둔 취지는 인·허가 의제사항 관련 법률에 따른 각각의 인·허가 요건에 관한 일체의 심사를 배제하려는 것이 아니다. 21. 국가 9급 (    )

**★★☆**
**1607** 도시계획시설인 주차장에 대한 건축허가신청을 받은 행정청으로서는 「건축법」상 허가 요건뿐 아니라 그에 의해 의제되는 국토의 계획 및 이용에 관한 법령이 정한 도시계획시설사업에 관한 실시계획인가 요건도 충족하는 경우에 한하여 이를 허가해야 한다. 22. 지방 7급 (    )

**★★☆**
**1608** 건축물의 건축이 「국토의 계획 및 이용에 관한 법률」상 개발행위에 해당할 경우 그 건축의 허가권자는 국토계획법령의 개발행위허가기준을 확인하여야 하므로, 국토계획법상 건축물의 건축에 관한 개발행위허가가 의제되는 건축허가신청이 국토계획법령이 정한 개발행위허가기준에 부합하지 아니하면 허가권자로서는 이를 거부할 수 있다. 21. 국가 9급 (    )

**1609** 공유수면 점용허가를 필요로 하는 채광계획 인가신청에 대하여, 공유수면 관리청이 공유수면 점용을 허용하지 않기로 결정한 경우, 채광계획 인가관청은 이를 사유로 채광계획 인가신청을 반려할 수 없다.
16. 국회 8급 (    )

**★★☆**
**1610** 인허가의제에 있어서, 주된 행정청과 관련 행정청 간에 협의가 된 사항에 대해서는 협의 성립시점에 관련 인허가를 받은 것으로 의제된다. 24. 변호사 (    )

**★★☆**
**1611** 인허가의제의 효과는 주된 인허가의 해당 법률에 규정된 관련 인허가에 한정된다. 25. 지방 9급 (    )

**★★☆**
**1612** 인허가의제의 경우 주된 인허가 행정청은 관련 인허가를 직접 한 것으로 보아 관계 법령에 따른 관리·감독 등 필요한 조치를 하여야 한다. 25. 군무원 7급 (    )

**★★☆**
**1613** 주된 인·허가에 관한 사항을 규정하고 있는 법률에서 주된 인·허가가 있으면 다른 법률에 의한 인·허가를 받은 것으로 의제한다는 규정을 둔 경우, 주된 인·허가가 있으면 다른 법률에 의하여 인·허가를 받았음을 전제로 하는 그 다른 법률의 모든 규정들까지 적용되는 것은 아니다. 25. 지방 7급 (    )

## 정답 & OX 풀이

**1603** X 행정기본법 제24조(인허가의제의 기준) ④ 관련 인허가 행정청은 제3항에 따른 협의를 요청받으면 그 요청을 받은 날부터 **20일 이내에 의견을 제출하여야 한다**. 이 경우 전단에서 정한 기간 내에 협의 여부에 관하여 의견을 제출하지 아니하면 **협의가 된 것**으로 본다.

**1604** O 행정기본법 제24조(인허가의제의 기준) ⑤ 제3항에 따라 협의를 요청받은 관련 인허가 행정청은 해당 법령을 위반하여 협의에 응해서는 아니 된다. 다만, **관련 인허가에 필요한** 심의, 의견 청취 등 **절차**에 관하여는 법률에 인허가의제 시에도 해당 절차를 거친다는 **명시적인 규정이 있는 경우에만** 이를 거친다.

**1605** O 주택건설사업계획 승인권자가 구 주택법 제17조 제3항에 따라 도시·군관리계획 결정권자와 협의를 거쳐 관계 주택건설사업계획을 승인하면 같은 조 제1항 제5호에 따라 도시·군관리계획결정이 이루어진 것으로 의제되고, 이러한 **협의 절차와 별도로** 국토의 계획 및 이용에 관한 법률 제28조 등에서 정한 **도시·군관리계획 입안을 위한 주민 의견청취 절차를 거칠 필요는 없다**. 대법원 2018. 11. 29. 선고 2016두38792 판결

**1606** O 건축법에서 인허가의제 제도를 둔 취지는, 인허가의제사항과 관련하여 건축허가의 관할 행정청으로 창구를 단일화하고 절차를 간소화하며 비용과 시간을 절감함으로써 국민의 권익을 보호하려는 것이지, 인허가의제사항 관련 법률에 따른 **각각의 인허가 요건에 관한 일체의 심사**를 배제하려는 것으로 보기는 어려우므로, 도시계획시설인 주차장에 대한 건축허가신청을 받은 행정청으로서는 건축법상 허가 요건뿐 아니라 국토의 계획 및 이용에 관한 법령이 정한 도시계획시설사업에 관한 실시계획인가 **요건도 충족하는 경우에 한하여** 이를 허가해야 한다. 대법원 2015. 7. 9. 선고 2015두39590 판결

**1607** O 위 1606번의 해설 내용 참고.

**1608** O 국토계획법상 건축물의 건축에 관한 개발행위허가가 의제되는 건축허가신청이 국토계획법령이 정한 개발행위허가기준에 부합하지 아니하면 허가권자로서는 이를 **거부**할 수 있다. 대법원 2016. 8. 24. 선고 2016두35762 판결

**1609** X 공유수면 점용허가를 필요로 하는 채광계획 인가신청에 대하여도, 공유수면 관리청이 재량적 판단에 의하여 공유수면 점용의 허가 여부를 결정할 수 있고, 그 결과 공유수면 점용을 허용하지 않기로 결정하였다면, 채광계획 인가관청은 이를 사유로 하여 채광계획을 인가하지 아니할 수 있는 것이다. 대법원 2002. 10. 11. 선고 2001두151 판결

**1610** X 행정기본법 제25조(인허가의제의 효과) ① 제24조제3항·제4항에 따라 협의가 된 사항에 대해서는 **주된 인허가를 받았을 때** 관련 인허가를 받은 것으로 본다.

**1611** O 행정기본법 제25조(인허가의제의 효과) ② 인허가의제의 효과는 **주된** 인허가의 해당 법률에 규정된 관련 인허가에 한정된다.

**1612** X 행정기본법 제26조(인허가의제의 사후관리 등) ① 인허가의제의 경우 **관련** 인허가 행정청은 관련 인허가를 직접 한 것으로 보아 관계 법령에 따른 관리·감독 등 필요한 조치를 하여야 한다.

**1613** O 주된 인허가에 관한 사항을 규정하고 있는 법률에서 주된 인허가가 있으면 다른 법률에 의한 인허가를 받은 것으로 의제한다는 규정을 둔 경우, 주된 인허가가 있으면 다른 법률에 의한 인허가가 있는 것으로 보는 데 그치고, 거기에서 더 나아가 다른 법률에 의하여 인허가를 받았음을 전제로 하는 **그 다른 법률의 모든 규정**들까지 적용되는 것은 **아니다**. 대법원 2016. 11. 24. 선고 2014두47686 판결

□□□ **1614** 주된 인·허가에 의해 의제되는 인·허가는 원칙적으로 주된 인·허가로 인한 사업을 시행하는 데 필요한 범위 내에서만 그 효력이 유지되는 것은 아니므로, 주된 인·허가로 인한 사업이 완료된 이후에도 효력이 있다. 16. 지방 7급 (     )

★★★
□□□ **1615** 행정청이 건축불허가처분을 하면서 그 처분사유로 건축불허가 사유뿐만 아니라 그 의제의 대상이 되는 형질변경불허가 사유나 농지전용불허가 사유를 들고 있다고 하여 그 건축불허가처분 외에 별개로 형질변경불허가처분이나 농지전용불허가처분이 존재하는 것은 아니다. 22. 지방 7급 (     )

★★★
□□□ **1616** 건축허가를 받은 경우에 토지형질변경허가나 농지전용허가를 받은 것으로 보는 인허가의제의 경우, 건축허가권자가 건축불허가처분을 하면서 그 처분사유로 건축불허가사유뿐만 아니라 형질변경불허가사유나 농지전용불허가사유를 들고 있다면, 그 건축불허가처분에 대한 쟁송과는 별개로 형질변경불허가처분이나 농지전용불허가처분에 대한 쟁송을 제기하여야 한다. 22. 국회 9급 (     )

★★★
□□□ **1617** 주된 인허가에 의해 의제된 인허가는 통상적인 인허가와 동일한 효력을 가지나, '부분 인허가의제'가 허용되는 경우 의제된 인허가의 취소나 철회는 허용되지 않으므로 이해관계인이 의제된 인허가의 위법함을 다투고자 하는 경우에는 주된 인허가처분을 항고소송의 대상으로 삼아야 한다. 25. 국가 9급 (     )

★☆☆
□□□ **1618** 인·허가 의제에 관계기관의 장과 협의가 요구되는 경우, 주된 인·허가를 하기 전에 의제되는 모든 인·허가 사항에 관하여 관계기관의 장과 사전협의를 거쳐야 한다. 16. 지방 7급 (     )

# 정답 & OX 풀이

**1614** ✕ 실시계획승인에 의해 의제되는 도로공사시행허가 및 도로점용허가는 원칙적으로 당해 택지개발사업을 시행하는 데 **필요한 범위 내에서만** 그 효력이 유지된다고 보아야 한다. 따라서 원고가 이 사건 택지개발사업과 관련하여 그 사업시행의 일환으로 이 사건 도로예정지 또는 도로에 전력관을 매설하였다고 하더라도 사업시행**완료 후** 이를 계속 유지·관리하기 위해 도로를 점용하는 것에 대한 도로점용허가까지 그 실시계획 승인에 의해 의제된다고 볼 수는 **없다.** 대법원 2010. 4. 29. 선고 2009두18547 판결

**1615** ◯ **건축불허가처분**을 하면서 그 처분사유로 건축불허가사유뿐만 아니라 형질변경불허가사유나 농지전용불허가사유를 들고 있다고 하여 그 건축불허가처분 외에 별개로 **형질변경불허가처분**이나 농지전용불허가처분이 **존재하는 것이 아니므로,** 그 건축불허가처분을 받은 사람은 그 **건축불허가처분에 관한 쟁송에서** 건축법상의 건축불허가사유뿐만 아니라 같은 도시계획법상의 형질변경불허가사유나 농지법상의 농지전용불허가사유에 관하여도 다툴 수 있는 것이지, 그 건축불허가처분에 관한 쟁송과는 별개로 형질변경불허가처분이나 농지전용불허가처분에 관한 쟁송을 제기하여 이를 다투어야 하는 것은 아니며, 그러한 쟁송을 제기하지 아니하였어도 형질변경불허가사유나 농지전용불허가사유에 관하여 불가쟁력이 생기지 아니한다. 대법원 2001. 1. 16. 선고 99두10988 판결

**1616** ✕ 위 1615번의 해설 내용 참고.

**1617** ✕ 의제된 인허가는 통상적인 인허가와 **동일한 효력**을 가지므로, 적어도 '부분 인허가 의제'가 허용되는 경우에는 그 효력을 제거하기 위한 법적 수단으로 **의제된 인허가의 취소나 철회가 허용**될 수 있고, 이러한 직권 취소·철회가 가능한 이상 그 **의제된** 인허가에 대한 **쟁송취소 역시 허용**된다. 따라서 주택건설사업계획 승인처분에 따라 의제된 인허가가 위법함을 다투고자 하는 이해관계인은, 주택건설사업계획 승인처분의 취소를 구할 것이 아니라 **의제된 인허가의 취소를 구하여야** 하며, **의제된 인허가는** 주택건설사업계획 승인처분과 **별도로 항고소송의 대상이 되는 처분**에 해당한다. 대법원 2018. 11. 29. 선고 2016두38792 판결

**1618** ✕ 구 지원특별법 제11조에 의한 사업시행승인을 하는 경우 같은 법 제29조 제1항에 규정된 사업 관련 모든 인허가의제 사항에 관하여 관계 행정기관의 장과 **일괄하여 사전 협의**를 거칠 것을 요건으로 하는 것은 **아니고,** 사업시행승인 후 인허가의제 사항에 관하여 관계 행정기관의 장과 **협의**를 거치면 그때 해당 인허가가 의제된다고 보는 것이 타당하다. 대법원 2012. 2. 9. 선고 2009두16305 판결

## 기출 지문 OX Check

□□□ **1619** ★☆☆
국민의 알 권리의 내용에는 일반 국민 누구나 국가에 대하여 보유·관리하고 있는 정보의 공개를 청구할 수 있는 이른바 일반적인 정보공개청구권이 포함된다. 21. 국가 9급 (    )

□□□ **1620** ★☆☆
지방자치단체는 그 소관 사무에 관하여 법령의 범위에서 정보공개에 관한 조례를 정할 수 있다.
23. 국가 7급 (    )

□□□ **1621**
청주시의회에서 의결한 청주시 행정정보공개조례안은 행정에 대한 주민의 알 권리의 실현을 그 근본내용으로 하면서도 이로 인한 개인의 권익침해 가능성을 배제하고 있으므로, 이를 들어 주민의 권리를 제한하거나 의무를 부과하는 조례라고는 단정할 수 없고 따라서 그 제정에 있어서 반드시 법률의 개별적 위임이 따로 필요한 것은 아니다. 13. 국가 9급 (    )

□□□ **1622**
사립학교에 대하여 「교육관련기관의 정보공개에 관한 특례법」이 적용되는 경우에도 「공공기관의 정보공개에 관한 법률」을 적용할 수 없는 것은 아니다. 17. 지방 9급 (    )

□□□ **1623** ★☆☆
「형사소송법」은 형사재판확정기록의 공개 여부 등에 대하여 「공공기관의 정보공개에 관한 법률」과 달리 규정하고 있으므로, 형사재판확정기록의 공개에 관하여는 「공공기관의 정보공개에 관한 법률」에 의한 공개청구가 허용되지 아니한다. 22. 국가 7급 (    )

□□□ **1624**
군검사가 공소제기된 사건과 관련하여 보관하고 있는 서류 또는 물건에 관하여는 피고인이나 변호인의 정보공개법에 의한 정보공개청구가 허용되지 아니한다. 미출 (    )

□□□ **1625**
「정보공개법」상 정보란 공공기관이 직무상 작성 또는 취득하여 관리하고 있는 문서(전자문서를 포함한다) 및 전자매체를 비롯한 모든 매체 등에 기록된 사항을 말한다. 22. 군무원 7급 (    )

□□□ **1626** ★★☆
국·공립의 초등학교는 공공기관의 정보공개에 관한 법령상 공공기관에 해당하지만, 사립 초등학교는 이에 해당하지 않는다. 16. 국가 9급 (    )

□□□ **1627** ★★☆
「유아교육법」에 따른 사립유치원은 공공기관의 정보공개에 관한 법령상 공공기관에 해당하지 않는다.
24. 지방 9급 (    )

□□□ **1628** ★★☆
사립대학교는 「정보공개법」 시행령에 따른 정보공개의무를 지는 공공기관에 해당하나, 국비의 지원을 받는 범위 내에서만 그러한 공공기관의 성격을 가진다. 22. 국회 8급 (    )

# 정답 & OX 풀이

**1619** O **알 권리**의 핵심은 정부가 보유하고 있는 정보에 대한 국민의 알 권리, 즉 국민의 정부에 대한 **일반적** 정보공개를 구할 권리(청구권적 기본권)라고 할 것이며, 이러한 알 권리의 실현은 법률의 제정이 뒤따라 이를 구체화시키는 것이 충실하고도 바람직하지만, 그러한 법률이 제정되어 있지 않다고 하더라도 불가능한 것은 아니고 헌법 제21조에 의해 직접 보장될 수 있다. 헌법재판소 1991. 5. 13. 선고 90헌마133 결정

**1620** O 정보공개법 제4조(적용 범위) ② 지방자치단체는 그 소관 사무에 관하여 **법령의 범위**에서 정보공개에 관한 조례를 정할 수 있다.

**1621** O 청주시의회에서 의결한 청주시행정**정보공개조례안**은 행정에 대한 주민의 알 권리의 실현을 그 근본내용으로 하면서도 이로 인한 개인의 권익침해 가능성을 배제하고 있으므로 이를 들어 주민의 권리를 제한하거나 의무를 부과하는 조례라고는 단정할 수 없고 따라서 그 제정에 있어서 반드시 법률의 개별적 위임이 따로 필요한 것은 아니다. 대법원 1992. 6. 23. 선고 92추17 판결

**1622** O 학교에 대하여 교육기관정보공개법이 적용된다고 하여 더 이상 정보공개법을 적용할 수 없게 되는 것은 아니라고 할 것이다. 대법원 2013. 11. 28. 선고 2011두5049 판결

**1623** O **형사소송법** 제59조의2는 형사재판확정기록의 공개 여부나 공개 범위, 불복절차 등에 대하여 구 공공기관의 정보공개에 관한 법률과 달리 규정하고 있는 것으로 정보공개법 제4조 제1항에서 정한 '정보의 공개에 관하여 다른 법률에 특별한 규정이 있는 경우'에 해당한다. 따라서 **형사재판확정기록의 공개**에 관하여는 정보공개법에 의한 공개청구가 허용되지 아니한다. 대법원 2016. 12. 15. 선고 2013두20882 판결

**1624** O **군사법원법**은 정보공개법 제4조 제1항에서 정한 '정보의 공개에 관하여 다른 법률에 특별한 규정이 있는 경우'에 해당한다. 따라서 **군검사가 공소제기**된 사건과 관련하여 보관하고 있는 서류 또는 물건에 관하여는 피고인이나 변호인의 정보공개법에 의한 정보공개청구가 허용되지 아니한다. 대법원 2024. 5. 30. 선고 2022두65559 판결

**1625** O 정보공개법 제2조(정의) 이 법에서 사용하는 용어의 뜻은 다음과 같다.
1. '**정보**'란 공공기관이 직무상 작성 또는 취득하여 관리하고 있는 문서(전자문서를 포함한다) 및 전자매체를 비롯한 모든 형태의 매체 등에 기록된 사항을 말한다.

**1626** X 정보공개법 시행령 제2조(공공기관의 범위) 「공공기관의 정보공개에 관한 법률」 제2조 제3호 마목에서 "대통령령으로 정하는 기관"이란 다음 각 호의 기관 또는 단체를 말한다.
1. 「유아교육법」, 「초·중등교육법」, 「고등교육법」에 따른 **각급 학교** 또는 그 밖의 다른 법률에 따라 설치된 학교(주: 국·공립학교와 사립학교 모두 정보공개법상 공공기관에 해당함)

**1627** X 위 1626번의 해설 내용 참고.

**1628** X 정보공개법 **시행령** 제2조 제1호가 정보공개의무를 지는 공공기관의 하나로 사립대학교를 들고 있는 것이 모법인 구 공공기관의 정보공개에 관한 법률의 위임 범위를 벗어났다거나 사립대학교가 **국비의 지원**을 받는 범위 내에서만 공공기관의 성격을 가진다고 볼 수 없다. 대법원 2006. 8. 24. 선고 2004두2783 판결

□□□ **1629** 한국방송공사는「공공기관의 정보공개에 관한 법률 시행령」제2조제4호에 규정된 '특별법에 따라 설립된 특수법인'에 해당한다. 17. 지방 9급 (      )

□□□ **1630** '한국증권업협회'는 정보공개의무를 지는 '특별법에 의하여 설립된 특수법인'에 해당한다.
17. 국가 9급 (      )

★★☆
□□□ **1631** 모든 국민은 정보의 공개를 청구할 권리를 가진다. 23. 지방 9급 (      )

★★☆
□□□ **1632** 국내에 일정한 주소를 두고 있지 않은 외국인이 학술대회 발표를 위해 1주일간 체류하는 경우에는 정보공개청구권자가 될 수 없다. 24. 소방간부 (      )

★★★
□□□ **1633** 정보공개청구권자에는 자연인은 물론 법인, 권리능력 없는 사단·재단도 포함되고, 법인, 권리능력 없는 사단·재단 등의 경우에는 설립목적을 불문한다. 25. 국회 8급 (      )

□□□ **1634** 「공공기관의 정보공개에 관한 법률」은 모든 국민을 정보공개청구권자로 규정하고 있는데, 이에는 자연인은 물론 법인, 권리능력 없는 사단·재단, 지방자치단체 등이 포함된다. 16. 국가 7급 (      )

★☆☆
□□□ **1635** 정보공개청구는 시민단체의 정보공개청구와 같이 개인적인 이해관계가 없는 공익을 위한 경우에도 인정된다. 14. 지방 7급 (      )

★★☆
□□□ **1636** 「공공기관의 정보공개에 관한 법률」은 정보공개청구권자가 공개를 청구하는 정보와 어떤 관련성을 가질 것을 요구하거나 정보공개청구의 목적에 특별한 제한을 두고 있지 아니하므로 정보공개청구권자의 권리구제 가능성 등은 정보의 공개 여부 결정에 아무런 영향을 미치지 못한다. 22. 지방 9급 (      )

★☆☆
□□□ **1637** 해당 정보를 취득 또는 활용할 의사가 전혀 없이 정보공개 제도를 이용하여 사회통념상 용인될 수 없는 부당한 이득을 얻으려 하거나, 오로지 공공기관의 담당 공무원을 괴롭힐 목적으로 정보공개청구를 하는 경우 권리 남용에 해당함이 명백하므로 정보공개청구권의 행사가 허용되지 아니한다. 23. 지방 9급 (      )

★☆☆
□□□ **1638** 정보공개를 청구한 목적이 손해배상소송에 제출할 증거자료를 획득하기 위한 것이었고 그 소송이 이미 종결되었다면, 그러한 정보공개청구는 권리남용에 해당한다. 19. 국가 7급 (      )

□□□ **1639** 「공공기관의 정보공개에 관한 법률」에 따라 중앙행정기관은 전자적 형태로 보유·관리하는 정보 중 공개대상으로 분류된 정보를 국민의 정보공개 청구가 없더라도 정보통신망을 활용한 정보공개시스템 등을 통하여 공개하여야 한다. 24. 국가 7급 (      )

□□□ **1640** 국민의 알 권리에서 파생되는 정부의 공개의무는 특별한 사정이 없는 한 국민의 적극적인 정보수집행위나 특정의 정보에 대한 공개청구가 있는 경우에야 비로소 존재하는 것은 아니다. 25. 소방 (      )

★★★
□□□ **1641** 「공공기관의 정보공개에 관한 법률」상 공개청구의 대상이 되는 정보란 공공기관이 직무상 작성 또는 취득하여 현재 보유·관리하고 있는 원본인 문서만을 의미한다. 21. 국가 9급 (      )

## 정답 & OX 풀이

**1629** ○ **한국방송공사(KBS)**는 공공기관의 정보공개에 관한 법률 시행령 제2조 제4호의 '특별법에 의하여 설립된 특수법인'으로서 정보공개의무가 있는 공공기관의 정보공개에 관한 법률 제2조 제3호의 '공공기관'에 해당한다. 대법원 2010. 12. 23. 선고 2008두13101 판결

**1630** ✕ **한국증권업협회**는 공공기관의 정보공개에 관한 법률 시행령 제2조 제4호의 '특별법에 의하여 설립된 특수법인'에 해당한다고 보기 어렵다. 대법원 2010. 4. 29. 선고 2008두5643 판결

**1631** ○ 정보공개법 제5조(정보공개 청구권자) ① **모든 국민**은 정보의 공개를 청구할 권리를 가진다.

**1632** ✕ 정보공개법 시행령 제3조(외국인의 정보공개 청구) 법 제5조제2항에 따라 정보공개를 청구할 수 있는 **외국인**은 다음 각 호의 어느 하나에 해당하는 자로 한다.
1. 국내에 일정한 주소를 두고 거주하거나 **학술·연구**를 위하여 **일시적**으로 체류하는 사람
2. 국내에 사무소를 두고 있는 법인 또는 단체

**1633** ○ 여기에서 말하는 국민에는 자연인은 물론 법인, **권리능력 없는** 사단·재단도 포함되고, 법인, 권리능력 없는 사단·재단 등의 경우에는 **설립목적을 불문**한다(주: 이해관계가 없는 시민단체의 공익을 위한 정보공개청구를 인정한 사례). 대법원 2003. 12. 12. 선고 2003두8050 판결

**1634** ✕ **지방자치단체**는 공공기관의 정보공개에 관한 법률 제5조에서 정한 정보공개청구권자인 '국민'에 해당되지 아니한다. 서울행정법원 2005. 10. 12. 선고 2005구합10484 판결

**1635** ○ 위 1633번의 해설 내용 참고.

**1636** ○ 공공기관의 정보공개에 관한 법률은 정보공개 청구권자가 공개를 청구하는 정보와 어떤 관련성을 가질 것을 요구하거나 정보공개청구의 목적에 특별한 제한을 두고 있지 아니하므로 정보공개 청구권자의 **권리구제 가능성** 등은 정보의 공개 여부 결정에 아무런 **영향을 미치지 못한다**. 대법원 2017. 9. 7. 선고 2017두44558 판결

**1637** ○ 실제로는 해당 정보를 취득 또는 활용할 의사가 전혀 없이 정보공개 제도를 이용하여 사회통념상 용인될 수 없는 **부당한 이득을** 얻으려 하거나, 오로지 공공기관의 **담당공무원을 괴롭힐 목적**으로 정보공개청구를 하는 경우처럼 **권리의 남용**에 해당하는 것이 명백한 경우에는 정보공개청구권의 행사를 허용하지 아니하는 것이 옳다. 대법원 2014. 12. 24. 선고 2014두9349 판결

**1638** ✕ 정보공개를 청구한 목적이 이 사건 손해배상소송에 제출할 증거자료를 획득하기 위한 것이었고 위 **소송이 이미 종결되었다고 하더라도**, 원고가 오로지 피고를 괴롭힐 목적으로 정보공개를 구하고 있다는 등의 특별한 사정이 없는 한, 위와 같은 사정만으로는 원고가 이 사건 소송을 계속하고 있는 것이 권리남용에 해당한다고 볼 수 없다. 대법원 2004. 9. 23. 선고 2003두1370 판결

**1639** ○ 정보공개법 제8조의2(공개대상 정보의 원문공개) 공공기관 중 중앙행정기관 및 대통령령으로 정하는 기관은 전자적 형태로 보유·관리하는 정보 중 공개대상으로 분류된 정보를 국민의 정보공개 청구가 없더라도 정보통신망을 활용한 정보공개시스템 등을 통하여 공개하여야 한다.

**1640** ✕ 알 권리에서 파생되는 **정부의 공개의무**는 특별한 사정이 없는 한 국민의 적극적인 정보수집행위, 특히 특정한 정보에 대한 **공개청구가 있는 경우에야 비로소 존재**한다. 헌법재판소 2004. 12. 16. 선고 2002헌마579 전원재판부

**1641** ✕ 공공기관의 정보공개에 관한 법률상 공개청구의 대상이 되는 정보란 공공기관이 직무상 작성 또는 취득하여 **현재 보유·관리하고 있는 문서에 한정되는 것이기는 하나, 그 문서가 반드시 **원본일 필요는 없다**. 대법원 2006. 5. 25. 선고 2006두3049 판결

☐☐☐ ★☆☆ **1642** 전자적 형태로 보유·관리되는 정보의 경우에 그 정보가 청구인이 구하는 대로 되어 있지 않더라도 공개청구를 받은 공공기관이 공개청구대상정보의 기초자료를 검색하여 청구인이 구하는 대로 편집할 수 있으며, 그 작업이 당해 기관의 업무수행에 별다른 지장을 초래하지 않는다면 그 공공기관이 공개청구대상정보를 보유·관리하고 있는 것으로 볼 수 있다. 23. 지방 7급 (    )

☐☐☐ ★☆☆ **1643** 「공공기관의 정보공개에 관한 법률」의 입법취지 및 위와 같은 규정 형식에 비추어 보면, 여기에서 말하는 공공기관이 보유·관리하는 정보라 함은 당해 공공기관이 작성하여 보유·관리하고 있는 정보뿐만 아니라 경위를 불문하고 당해 공공기관이 보유·관리하고 있는 모든 정보를 의미한다. 25. 군무원 7급 (    )

☐☐☐ ★☆☆ **1644** 다른 법률 또는 법률에서 위임한 대통령령 및 부령에 따라 비밀이나 비공개사항으로 규정된 정보는 비공개의 대상이 된다. 14. 지방 7급 (    )

☐☐☐ ★☆☆ **1645** 「공공기관의 정보공개에 관한 법률」에 의하면 "다른 법률 또는 법률에서 위임한 명령에 의하여 비밀 또는 비공개 사항으로 규정된 정보"는 이를 공개하지 아니할 수 있다고 규정하고 있는바, 여기에서 '법률에 의한 명령'은 정보의 공개에 관하여 법률의 구체적인 위임 아래 제정된 법규명령(위임명령)을 의미한다. 20. 지방 9급 (    )

☐☐☐ ★★☆ **1646** 학교폭력대책자치위원회가 피해학생의 보호를 위한 조치, 가해학생에 대한 조치, 학교폭력과 관련된 분쟁의 조정 등에 관하여 심의한 결과를 기재한 회의록은 「공공기관의 정보공개에 관한 법률」 소정의 비공개대상 정보에 해당한다. 24. 국가 9급 (    )

☐☐☐ ★☆☆ **1647** 국가정보원이 그 직원에게 지급하는 현금급여 및 월초수당에 관한 정보는 비공개대상 정보에 해당한다. 14. 지방 9급 (    )

☐☐☐ **1648** 감사원장의 감사결과가 군사2급비밀에 해당한다고 하여 공공기관의 정보공개에 관한 법률 제9조 제1항 제1호에 의하여 공개하지 아니할 수는 없다. 10. 지방 9급 (    )

☐☐☐ ★★☆ **1649** 교육공무원의 근무성적평정 결과를 공개하지 아니한다고 규정하고 있는 「교육공무원 승진규정」을 근거로 정보공개청구를 거부하는 것은 위법하다. 20. 국가 7급 (    )

☐☐☐ ★★☆ **1650** 법무부령인 「검찰보존사무규칙」은 행정기관 내부의 사무처리준칙인 행정규칙이지만, 「검찰보존사무규칙」상의 열람·등사의 제한은 「공공기관의 정보공개에 관한 법률」 제9조제1항제1호의 '다른 법률 또는 법률에 의한 명령에 의하여 비공개사항으로 규정된 경우'에 해당한다. 23. 지방 9급 (    )

☐☐☐ ★★☆ **1651** 「보안관찰법」 소정의 보안관찰 관련 통계자료는 「공공기관의 정보공개에 관한 법률」 소정의 비공개대상정보에 해당하지 않는다. 25. 국가 7급 (    )

☐☐☐ ★★☆ **1652** 「공공기관의 정보공개에 관한 법률」 제9조제1항제4호의 '진행 중인 재판에 관련된 정보'에 해당한다는 사유로 정보공개를 거부하기 위해서는 그 정보가 진행 중인 재판의 소송기록 그 자체에 포함된 내용이어야 한다. 21. 지방 7급 (    )

## 정답 & OX 풀이

**1642** O **전자적 형태로 보유·관리되는 정보**의 경우에는, 그 <u>정보가 청구인이 구하는 대로는 되어 있지 않다고 하더라도</u>, 공개청구를 받은 공공기관이 공개청구대상정보의 <u>기초자료를 전자적 형태로 보유·관리하고 있고</u>, 당해 기관에서 통상 사용되는 컴퓨터 하드웨어 및 소프트웨어와 기술적 전문지식을 사용하여 그 기초자료를 검색하여 <u>청구인이 구하는 대로</u> **편집**할 수 있으며, 그러한 작업이 당해 기관의 컴퓨터 시스템 운용에 <u>별다른 지장을 초래하지 아니한다면</u>, 그 공공기관이 <u>공개청구대상정보를 보유·관리하고 있는 것으로 볼 수 있다</u>. 대법원 2010. 2. 11. 선고 2009두6001 판결

**1643** O 여기에서 말하는 <u>공공기관이 보유·관리하는 정보</u>라 함은 당해 공공기관이 작성하여 보유·관리하고 있는 정보뿐만 아니라 **경위를 불문하고 당해 공공기관이 보유·관리하고 있는 모든 정보**를 의미한다고 할 것이다. 대법원 2008. 9. 25. 선고 2008두8680 판결

**1644** X 정보공개법 제9조(비공개 대상 정보) ① 공공기관이 보유·관리하는 정보는 공개 대상이 된다. 다만, 다음 각 호의 어느 하나에 해당하는 정보는 공개하지 아니할 수 있다.

1. 다른 법률 또는 법률에서 위임한 명령(국회규칙·대법원규칙·헌법재판소규칙·중앙선거관리위원회규칙·**대통령령** 및 조례로 한정한다)에 따라 비밀이나 비공개 사항으로 규정된 정보

**1645** O 공공기관의 정보공개에 관한 법률 제9조 제1항 제1호에서 '법률이 위임한 명령'에 의하여 비밀 또는 비공개 사항으로 규정된 정보는 공개하지 아니할 수 있다고 할 때의 '법률이 위임한 명령'은 정보의 공개에 관하여 법률의 구체적인 위임 아래 제정된 법규명령(**위임명령**)을 의미한다. 대법원 2006. 10. 26. 선고 2006두11910 판결

**1646** O **학교폭력대책자치위원회의 회의록**은 공공기관의 정보공개에 관한 법률 제9조 제1항 제1호의 '다른 법률 또는 법률이 위임한 명령에 의하여 비밀 또는 비공개 사항으로 규정된 정보'에 해당하고, 또한 같은 법 제9조 제1항 제5호의 '공개될 경우 업무의 공정한 수행에 현저한 지장을 초래한다고 인정할 만한 상당한 이유가 있는 정보'에도 해당한다. 대법원 2010. 6. 10. 선고 2010두2913 판결

**1647** O **국가정보원**이 그 직원에게 지급하는 현금급여 및 월초수당에 관한 정보는 (중략) 공공기관의 정보공개에 관한 법률 제9조 제1항 제1호의 비공개대상정보인 '다른 법률에 의하여 <u>비공개 사항으로 규정된 정보</u>'에 해당한다. 대법원 2010. 12. 23. 선고 2010두14800 판결

**1648** X 국방부의 **한국형 다목적 헬기**(KMH) 도입사업에 대한 감사원장의 감사결과보고서가 군사2급비밀에 해당하는 이상 공공기관의 정보공개에 관한 법률 제9조 제1항 제1호에 의하여 <u>공개하지 아니할 수 있다</u>. 대법원 2006. 11. 10. 선고 2006두9351 판결

**1649** O 교육공무원승진규정 제26조에서 **근무성적평정의 결과**를 공개하지 아니한다고 규정하고 있다고 하더라도 위 **교육공무원승진규정**은 법률이 위임한 명령에 해당하지 아니하므로 위 규정을 근거로 <u>정보공개청구를 거부하는 것은 잘못이다</u>. 대법원 2006. 10. 26. 선고 2006두11910 판결

**1650** X **검찰보존사무규칙**은 비록 법무부령으로 되어 있으나, 그 중 **불기소사건기록** 등의 열람·등사에 대하여 제한하고 있는 부분은 <u>위임 근거가 없어 행정기관 내부의 사무처리준칙으로서 행정규칙에 불과하므로</u>, 위 규칙에 의한 열람·등사의 제한을 구 정보공개법 제7조 제1항 제1호의 '다른 법률 또는 법률에 의한 명령에 의하여 <u>비공개사항으로 규정된 경우</u>'에 해당한다고 볼 수 없다. 대법원 2004. 9. 23. 선고 2003두1370 판결

**1651** X 보안관찰법 소정의 **보안관찰 관련 통계자료**는 공공기관의 정보공개에 관한 법률 제7조 제1항 제2호 소정의 공개될 경우 <u>국가안전보장·국방·통일·외교관계</u> 등 국가의 중대한 이익을 해할 우려가 있는 정보, 또는 제3호 소정의 공개될 경우 <u>국민의 생명·신체 및 재산의 보호 기타 공공의 안전과 이익을 현저히 해할 우려가 있다고 인정되는 정보</u>에 해당한다. 대법원 2004. 3. 18. 선고 2001두8254 판결

**1652** X '**진행 중인 재판에 관련된 정보**'에 해당한다는 사유로 정보공개를 거부하기 위하여는 <u>반드시 그 정보가 진행 중인 재판의 소송기록 자체에 포함된 내용일 필요는 없다</u>. 그러나 재판에 관련된 일체의 정보가 그에 해당하는 것은 아니고 진행 중인 재판의 심리 또는 재판결과에 **구체적으로 영향을 미칠 위험**이 있는 정보에 한정된다고 보는 것이 타당하다. 대법원 2011. 11. 24. 선고 2009두19021 판결

★★☆
□□□ **1653** 비공개대상정보로 '진행 중인 재판에 관련된 정보'는 재판에 관련된 일체의 정보가 그에 해당하는 것은 아니고, 진행 중인 재판의 심리 또는 재판결과에 구체적으로 영향을 미칠 위험이 있는 정보에 한정된다.
20. 국가 7급 (     )

★★☆
□□□ **1654** 공개청구된 정보가 수사의견서인 경우 수사의 방법 및 절차 등이 공개되더라도 수사기관의 직무수행을 현저히 곤란하게 하지 않는 때에는 비공개대상정보에 해당하지 않는다. 20. 국가 7급 (     )

★★☆
□□□ **1655** 교도소에 수용 중이던 재소자가 담당 교도관들을 상대로 가혹행위를 이유로 형사고소 및 민사소송을 제기하면서 그 증명자료의 확보를 위해 정보공개를 요청한 '근무보고서'는 비공개대상정보이다.
13. 국가 9급 (     )

★★☆
□□□ **1656** 재소자가 교도관의 가혹행위를 이유로 형사고소 및 민사소송을 제기하면서 그 증명자료 확보를 위해 '징벌위원회 회의록' 등의 정보공개를 요청한 경우, 징벌위원회 회의록 중 징벌절차 진행 부분은 비공개 사유에 해당한다.
25. 국가 9급 (     )

★★☆
□□□ **1657** 의사결정과정에 제공된 회의관련자료나 의사결정과정이 기록된 회의록은 의사가 결정되거나 의사가 집행된 경우에는 더 이상 의사결정과정에 있는 사항 그 자체라고는 할 수 없으므로 비공개대상정보에 포함될 수 없다.
22. 지방 7급 (     )

★★☆
□□□ **1658** 「공공기관의 정보공개에 관한 법률」 제9조제1항제5호의 '공개될 경우 업무의 공정한 수행에 현저한 지장을 초래한다고 인정할 만한 상당한 이유가 있는 경우'란 공개될 경우 업무의 공정한 수행이 객관적으로 현저하게 지장을 받을 것이라는 고도의 개연성이 존재하는 경우를 의미한다. 23. 소방간부 (     )

★★☆
□□□ **1659** 학교환경위생구역 내 금지행위 해제결정에 관한 학교환경위생정화위원회의 회의록에 기재된 발언내용에 대한 해당 발언자의 인적사항 부분에 관한 정보는 비공개대상에 해당하지 아니한다. 22. 지방 9급 (     )

★★☆
□□□ **1660** 독립유공자서훈 공적심사위원회의 심의·의결 과정 및 그 내용을 기재한 회의록은 독립유공자 등록에 관한 신청당사자의 알 권리 보장과 공정한 업무수행을 위해서 공개되어야 한다. 19. 국회 8급 (     )

★★☆
□□□ **1661** 문제은행 출제방식을 채택하고 있는 치과의사 국가시험의 문제지와 정답지는 비공개정보에 해당한다.
25. 군무원 9급 (     )

★★☆
□□□ **1662** 사법시험 제2차 시험의 답안지와 시험문항에 대한 채점위원별 채점 결과는 비공개정보에 해당한다.
13. 국가 9급 (     )

★★☆
□□□ **1663** '2002학년도부터 2005학년도까지의 대학수학능력시험 원데이터'는 연구목적으로 그 정보의 공개를 청구하는 경우 「공공기관의 정보공개에 관한 법률」 소정의 비공개대상정보에 해당한다. 24. 국가 9급 (     )

★★☆
□□□ **1664** 도시공원위원회의 회의관련자료 및 회의록은 시장 등의 결정의 대외적 공표행위가 있은 후에는 이를 의사결정과정이나 내부검토과정에 있는 사항이라고 할 수 없고 위 위원회의 회의관련자료 및 회의록을 공개하더라도 업무의 공정한 수행에 지장을 초래할 염려가 없으므로 공개대상이 된다. 23. 지방 7급 (     )

## 정답 & OX 풀이 ✎

**1653** O 앞쪽의 1652번의 해설 내용 참고.

**1654** O **수사기록 중의 의견서**, 보고문서, 메모, 법률검토, 내사자료 등은 '수사에 관한 사항으로서 공개될 경우 그 직무수행을 현저히 곤란하게 한다고 인정할 만한 상당한 이유가 있는 정보'에 해당하나, 공개청구대상인 정보가 의견서 등에 해당한다고 하여 곧바로 정보공개법 제9조 제1항 제4호에 규정된 비공개대상정보라고 볼 것은 아니고, 의견서 등의 **실질적인 내용**을 구체적으로 살펴 수사의 방법 및 절차 등이 공개됨으로써 수사기관의 **직무수행을 현저히 곤란하게 한다고 인정**할 만한 상당한 이유가 있어야만 위 비공개대상정보에 해당한다. 대법원 2017. 9. 7. 선고 2017두44558 판결

**1655** X (재소자가 교도관의 가혹행위를 이유로 형사고소 및 민사소송을 제기하면서 그 증명자료 확보를 위해 '근무보고서'와 '징벌위원회 회의록' 등의 정보공개를 요청하였으나 교도소장이 이를 거부한 사안에서) **근무보고서**는 비공개대상정보에 해당한다고 볼 수 없고, 징벌위원회 회의록 중 **비공개 심사·의결 부분**은 비공개사유에 해당하지만 **징벌절차 진행 부분**은 비공개사유에 해당하지 않는다고 보아 분리 공개가 허용된다고 한 사례. 대법원 2009. 12. 10. 선고 2009두12785 판결

**1656** X 위 1655번의 해설 내용 참고.

**1657** X 정보공개법 제9조 제1항 제5호에서의 '감사·감독·검사·시험·규제·입찰계약·기술개발·인사관리·의사결정과정 또는 내부검토과정에 있는 사항'은 비공개대상정보를 **예시적으로** 열거한 것이라고 할 것이므로 **의사결정과정에 제공된 회의관련 자료나 의사결정과정이 기록된 회의록** 등은 의사가 결정되거나 의사가 집행된 경우에는 더 이상 의사결정과정에 있는 사항 그 자체라고는 할 수 없으나, 의사결정과정에 있는 사항에 **준하는 사항**으로서 비공개대상정보에 **포함될 수 있다**. 대법원 2003. 8. 22. 선고 2002두12946 판결

**1658** O '공개될 경우 업무의 공정한 수행에 현저한 지장을 초래한다고 인정할 만한 상당한 이유가 있는 경우'란 공개될 경우 업무의 공정한 수행이 객관적으로 현저하게 지장을 받을 것이라는 **고도의 개연성**이 존재하는 경우를 의미한다. 대법원 2010. 2. 25. 선고 2007두9877 판결

**1659** X 학교환경위생구역 내 금지행위(숙박시설) 해제결정에 관한 **학교환경위생정화위원회의 회의록**에 기재된 발언내용에 대한 해당 발언자의 인적사항 부분에 관한 정보는 공공기관의 정보공개에 관한 법률 제9조 제1항 제5호 소정의 **비공개대상**에 해당한다. 대법원 2003. 8. 22. 선고 2002두12946 판결

**1660** X **독립유공자 서훈** 공적심사위원회의 심의·의결 과정 및 그 내용을 기재한 회의록은 비공개대상에 해당한다. 대법원 2014. 7. 24. 선고 2013두20301 판결

**1661** O 문제은행 출제방식을 채택하고 있는 **치과의사 국가시험**의 문제지와 정답지는 비공개대상에 해당한다. 대법원 2007. 6. 15. 선고 2006두15936 판결

**1662** X **사법시험 제2차 시험의 답안지** 열람은 시험문항에 대한 **채점위원별 채점 결과**의 열람과 달리 사법시험업무의 수행에 현저한 지장을 초래한다고 볼 수 없다. 대법원 2003. 3. 14. 선고 2000두6114 판결

**1663** X '2002년도 및 2003년도 국가 수준 **학업성취도평가 자료**'는 비공개대상정보에 해당하는 부분이 있으나, '2002학년도부터 2005학년도까지의 **대학수학능력시험 원데이터**'는 연구목적으로 그 정보의 공개를 청구하는 경우 위 조항의 **비공개대상정보에 해당하지 않는다**. 대법원 2010. 2. 25. 선고 2007두9877 판결

**1664** O **도시공원위원회**의 심의 후 그 심의사항들에 대한 시장 등의 결정의 **대외적 공표행위가 있기 전**까지는 위 위원회의 **회의관련자료 및 회의록**은 비공개대상정보에 해당한다고 할 것이고, 다만 (중략) 시장 등의 결정의 **대외적 공표행위가 있은 후**에는 위 위원회의 회의관련자료 및 회의록은 공개대상이 된다. 대법원 2000. 5. 30. 선고 99추85 판결

□□□ **1665** ★★☆ 외국 또는 외국 기관으로부터 비공개를 전제로 입수한 정보는 비공개를 전제로 하였다는 이유만으로 비공개대상정보에 해당한다. 20. 국가 7급 (      )

□□□ **1666** ★★☆ 직무를 수행한 공무원의 성명과 직위는 공개될 경우 개인의 사생활의 비밀 또는 자유를 침해할 우려가 있다면 비공개대상정보에 해당한다. 15. 지방 9급 (      )

□□□ **1667** ★★☆ 국민의 알권리를 두텁게 보호하기 위해 「공공기관의 정보공개에 관한 법률」 제9조 제1항 제6호 본문의 규정에 따라 비공개대상이 되는 정보는 이름·주민등록번호 등 '개인식별정보'로 한정된다.
20. 지방 9급 (      )

□□□ **1668** ★★☆ 「공공기관의 정보공개에 관한 법률」상 '공개하는 것이 공익 또는 개인의 권리구제를 위하여 필요하다고 인정되는 정보'에 해당하는지 여부는 비공개에 의하여 보호되는 개인의 사생활의 비밀 등 이익과 공개에 의하여 보호되는 국정운영의 투명성 확보 등의 공익 또는 개인의 권리구제 등 이익을 비교·교량하여 구체적 사안에 따라 신중히 판단하여야 한다. 24. 국가 9급 (      )

□□□ **1669** 공공기관이 보유·관리하고 있는 개인정보의 공개에 관하여는 구 「정보공개법」 제9조제1항제6호가 「개인정보 보호법」에 우선하여 적용된다. 미출 (      )

□□□ **1670** ★★☆ 공무원이 직무와 관련 없이 개인적 자격으로 금품을 수령한 정보는 공개대상이 되는 정보이다.
19. 소방간부 (      )

□□□ **1671** ★★☆ 불기소처분기록 중 피의자신문조서 등에 기재된 피의자 등의 인적사항 이외의 진술내용이 개인의 사생활의 비밀 또는 자유를 침해할 우려가 인정된다면 비공개대상에 해당한다. 18. 지방 9급 (      )

□□□ **1672** 지방자치단체의 업무추진비 세부항목별 집행내역 및 그에 관한 증빙서류에 포함된 개인에 관한 정보는 「공공기관의 정보공개에 관한 법률」 소정의 '공개하는 것이 공익을 위하여 필요하다고 인정되는 정보'에 해당하여 공개대상이 된다. 19. 지방 9급 (      )

□□□ **1673** ★★☆ 사면대상자들의 사면실시건의서와 그와 관련된 국무회의 안건자료는 공개대상이 되는 정보이다.
25. 군무원 7급 (      )

□□□ **1674** ★★☆ 비공개대상인 '법인 등의 경영·영업상 비밀'은 「부정경쟁방지 및 영업비밀보호에 관한 법률」 제2조 제2호에 규정된 '영업비밀'에 한하지 않고, '타인에게 알려지지 아니함이 유리한 사업활동에 관한 일체의 정보' 또는 '사업활동에 관한 일체의 비밀사항'을 말한다. 14. 지방 9급 (      )

□□□ **1675** 법인 등이 거래하는 금융기관의 계좌번호에 관한 정보는 영업상 비밀에 관한 사항으로서 「공공기관의 정보공개에 관한 법률」상 비공개대상정보에 해당한다. 16. 국가 7급 (      )

□□□ **1676** ★★☆ 대한주택공사가 보유하고 있는 아파트재건축주택조합의 조합원들에게 제공될 무상보상평수의 사업수익성 등을 검토한 자료는 비공개대상정보에 해당하지 않는다. 25. 국가 7급 (      )

## 정답&OX 풀이

**1665** ✕ **외국 또는 외국 기관으로부터 비공개를 전제로 정보를 입수**하였다는 이유만으로 이를 공개할 경우 업무의 공정한 수행에 <u>현저한 지장을 받을 것이라고 단정할 수는 없다.</u> 다만 위와 같은 사정은 정보 제공자와의 관계, 정보 제공자의 의사, 정보의 취득 경위, 정보의 내용 등과 함께 업무의 공정한 수행에 현저한 지장이 있는지를 판단할 때 <u>고려하여야 할 형량 요소이다.</u> 대법원 2018. 9. 28. 선고 2017두69892 판결

**1666** ✕ 정보공개법 제9조(비공개 대상 정보) ① (생략)
6. 해당 정보에 포함되어 있는 성명·주민등록번호 등 「개인정보 보호법」 제2조 제1호에 따른 개인정보로서 공개될 경우 **사생활의 비밀 또는 자유를 침해할 우려가 있다고 인정되는 정보.** 다만, 다음 각 목에 열거한 사항은 <u>제외한다.</u>
라. <u>직무를 수행한 **공무원의 성명·직위**</u>

**1667** ✕ 정보공개법 제9조 제1항 제6호 본문의 규정에 따라 비공개대상이 되는 정보에는 구 공공기관의 정보공개에 관한 법률의 <u>이름·주민등록번호 등 정보 형식이나 유형을 기준으로 비공개대상정보에 해당하는지를 판단하는 '개인식별정보'</u>뿐만 아니라 그 외에 정보의 내용을 구체적으로 살펴 '개인에 관한 사항의 공개로 개인의 내밀한 내용의 비밀 등이 알려지게 되고, 그 결과 인격적·정신적 내면생활에 지장을 초래하거나 **자유로운 사생활**을 영위할 수 없게 될 위험성이 있는 정보'도 **포함된다**고 새겨야 한다. 대법원 2012. 6. 18. 선고 2011두2361 판결

**1668** ○ 여기에서 '공개하는 것이 개인의 권리구제를 위하여 필요하다고 인정되는 정보'에 해당하는지 여부는 비공개에 의하여 보호되는 개인의 사생활의 비밀 등의 이익과 공개에 의하여 보호되는 개인의 권리구제 등의 이익을 <u>**비교·교량하여** 구체적 사안에 따라 신중히 판단하여야 한다.</u> 대법원 2012. 6. 28. 선고 2011두16735 판결

**1669** ○ 공공기관이 보유·관리하고 있는 개인정보의 공개에 관하여는 구 **정보공개법** 제9조제1항제6호가 「개인정보 보호법」에 <u>우선하여 적용된다.</u> 대법원 2021. 11. 11. 선고 2015두53770 판결

**1670** ✕ 공무원이 **직무와 관련 없이** 개인적인 자격으로 간담회·연찬회 등 행사에 참석하고 금품을 수령한 정보는 정보공개법 제9조 제1항 제6호 단서 (다)목 소정의 '<u>공개하는 것이 공익을 위하여 필요하다고 인정되는 정보</u>'에 해당하지 않는다. 대법원 2003. 12. 12. 선고 2003두8050 판결

**1671** ○ 불기소처분 기록 중 **피의자신문조서** 등에 기재된 피의자 등의 인적사항 이외의 진술내용 역시 개인의 <u>사생활의 비밀 또는 자유를 침해할 우려가 인정되는 경우 정보공개법 제9조 제1항 제6호 본문 소정의 비공개대상에 해당한다.</u> 대법원 2012. 6. 18. 선고 2011두2361 전원합의체 판결

**1672** ✕ <u>지방자치단체의 업무추진비 세부항목별 집행내역 및 그에 관한 증빙서류에 포함된 **개인에 관한 정보**는 '공개하는 것이 공익을 위하여 필요하다고 인정되는 정보'에 해당하지 않는다</u>고 한 사례. 대법원 2003. 3. 11. 선고 2001두6425 판결

**1673** ○ 사면대상자들의 **사면실시건의서**와 그와 관련된 국무회의 안건자료에 관한 정보는 <u>비공개대상에 해당하지 않는다.</u> 대법원 2006. 12. 7. 선고 2005두241 판결

**1674** ○ 정보공개법 소정의 '법인 등의 **경영·영업상 비밀**'은 부정경쟁방지법 제2조 제2호 소정의 '영업비밀'에 한하지 않고, '타인에게 <u>알려지지 아니함이 유리한 사업활동에 관한 **일체의 정보**</u>' 또는 '<u>사업활동에 관한 **일체의 비밀사항**</u>'으로 해석함이 상당하다. 대법원 2008. 10. 23. 선고 2007두1798 판결

**1675** ○ 법인 등이 거래하는 금융기관의 **계좌번호**에 관한 정보는 법인 등의 영업상 비밀에 관한 사항으로서 공개될 경우 법인 등의 정당한 이익을 현저히 해할 우려가 있다고 인정되는 정보에 해당한다. 대법원 2004. 8. 20. 선고 2003두8302 판결

**1676** ○ 아파트재건축주택조합의 조합원들에게 제공될 **무상보상평수의 사업수익성** 등을 검토한 자료가 구 공공기관의 정보공개에 관한 법률 제7조 제1항에서 정한 <u>비공개대상정보에 해당하지 않는다</u>고 한 사례. 대법원 2006. 1. 13. 선고 2003두9459 판결

□□□ **1677** 공개될 경우 부동산 투기로 특정인에게 이익 또는 불이익을 줄 우려가 있다고 인정되는 정보는 비공개 대상에 해당한다. 18. 지방 9급 (   )

□□□ **1678** 정보의 공개를 청구하는 자는 해당 정보를 보유하거나 관리하고 있는 공공기관에 정보공개 청구서를 제출하거나 말로써 정보의 공개를 청구할 수 있다. 24. 국회 9급 (   )

□□□ **1679** 청구대상정보를 기재할 때는 사회일반인의 관점에서 청구대상정보의 내용과 범위를 확정할 수 있을 정도로 특정하여야 한다. 24. 지방 9급 (   )

□□□ **1680** 공공기관은 정보공개의 청구를 받으면 그 청구를 받은 날부터 10일 이내에 공개 여부를 결정하여야 하나 부득이한 사유로 이 기간 이내에 공개 여부를 결정할 수 없는 때에는 그 기간이 끝나는 날의 다음 날부터 기산하여 10일의 범위에서 공개 여부 결정기간을 연장할 수 있다. 17. 국가 9급 (   )

□□□ **1681** 공공기관은 공개 청구된 공개 대상 정보의 전부 또는 일부가 제3자와 관련이 있다고 인정할 때에는 그 사실을 제3자에게 지체 없이 통지하여야 하며, 필요한 경우에는 그의 의견을 들을 수 있다.
23. 국회 8급 (   )

□□□ **1682** 공공기관은 공개 청구된 정보가 공공기관이 보유·관리하지 아니하는 정보인 경우로서 「민원 처리에 관한 법률」에 따른 민원으로 처리할 수 있는 경우에는 민원으로 처리할 수 있다. 21. 지방 9급 (   )

□□□ **1683** 정보공개를 청구하여 정보공개 여부에 대한 결정의 통지를 받은 자가 정당한 사유 없이 해당 정보의 공개를 다시 청구하는 경우, 공공기관은 종전 청구와의 내용적 유사성·관련성 등을 고려하여 해당 청구를 종결 처리할 수 있다. 23. 국회 8급 (   )

□□□ **1684** 행정소송의 재판기록 일부의 정보공개청구에 대한 비공개결정은 전자문서로 통지할 수 없다.
19. 국가 9급 (   )

□□□ **1685** 행정청이 정보를 공개하는 경우에 그 정보의 원본이 더럽혀지거나 파손될 우려가 있거나 그 밖에 상당한 이유가 있다고 인정할 때에는 그 정보의 사본·복제물을 공개할 수 있다. 24. 지방 9급 (   )

□□□ **1686** 공공기관이 공개청구의 대상이 된 정보를 공개는 하되, 청구인이 신청한 공개방법 이외의 방법으로 공개하기로 하는 결정을 한 경우 이는 정보공개방법만을 달리 한 것이므로 일부 거부처분이라 할 수 없다.
23. 국가 7급 (   )

□□□ **1687** 공개방법을 선택하여 정보공개를 청구하였더라도 공공기관은 정보공개청구자가 선택한 방법에 따라 정보를 공개하여야 하는 것은 아니며, 원칙적으로 그 공개방법을 선택할 재량권이 있다. 24. 국가 9급 (   )

□□□ **1688** 공개를 거부한 정보에 비공개대상정보에 해당하는 부분과 공개가 가능한 부분이 혼합되어 있고, 공개청구의 취지에 어긋나지 아니하는 범위 안에서 두 부분을 분리할 수 있을 때에는 청구취지의 변경이 없더라도 공개가 가능한 부분만의 일부취소를 명할 수 있다. 21. 지방 7급 (   )

## 정답 & OX 풀이 ✎

**1677** ○ 정보공개법 제9조 제1항(비공개 대상 정보) ① (생략)

8. 공개될 경우 <u>부동산 투기, 매점매석</u> 등으로 특정인에게 이익 또는 불이익을 줄 우려가 있다고 인정되는 정보

**1678** ○ 정보공개법 제10조(정보공개의 청구방법) ① 정보의 공개를 청구하는 자는 해당 정보를 보유하거나 관리하고 있는 공공기관에 다음 각 호의 사항을 적은 <u>정보공개 청구서를 제출하거나</u> **말로써** 정보의 공개를 청구할 수 있다.

**1679** ○ 청구대상정보를 기재함에 있어서는 <u>사회**일반인의 관점에서**</u> 청구대상정보의 내용과 범위를 확정할 수 있을 정도로 **특정함을 요한다.** 대법원 2007. 6. 1. 선고 2007두2555 판결

**1680** ○ 정보공개법 제11조(정보공개 여부의 결정)

① 공공기관은 제10조에 따라 정보공개의 청구를 받으면 그 청구를 받은 날부터 **10일** 이내에 공개 여부를 결정하여야 한다.
② 공공기관은 부득이한 사유로 제1항에 따른 기간 이내에 공개 여부를 결정할 수 없을 때에는 그 기간이 끝나는 날의 다음 날부터 기산하여 **10일**의 범위에서 공개 여부 결정기간을 연장할 수 있다. 이 경우 공공기관은 연장된 사실과 연장 사유를 청구인에게 지체 없이 문서로 통지하여야 한다.

**1681** ○ 정보공개법 제11조(정보공개 여부의 결정) ③ 공공기관은 공개 청구된 공개 대상 정보의 전부 또는 일부가 제3자와 관련이 있다고 인정할 때에는 <u>그 사실을 제3자에게 지체 없이 통지하여야</u> 하며, 필요한 경우에는 그의 의견을 들을 수 있다.

**1682** ○ 정보공개법 제11조(정보공개 여부의 결정) ⑤ 공공기관은 정보공개 청구가 다음 각 호의 어느 하나에 해당하는 경우로서 「<u>민원 처리에 관한 법률</u>」에 따른 민원으로 처리할 수 있는 경우에는 **민원으로 처리할 수 있다.**
1. 공개 청구된 정보가 공공기관이 <u>보유·관리하지 아니하는</u> 정보인 경우
2. 공개 청구의 내용이 진정·질의 등으로 이 법에 따른 정보공개 청구로 보기 어려운 경우

**1683** ○ 정보공개법 제11조의2(반복 청구 등의 처리) ① 공공기관은 정보공개를 청구하여 <u>정보공개 여부에 대한 결정의 통지를 받은</u> 자가 정당한 사유 없이 해당 정보의 공개를 **다시 청구**하는 경우 또는 정보공개 청구가 민원처리법에 따른 민원으로 처리되었으나 다시 같은 청구를 하는 경우에는 관련 사정을 종합적으로 고려하여 해당 청구를 **종결 처리**할 수 있다.

**1684** ✕ (甲이 재판기록 일부의 정보공개를 청구한 데 대하여 서울행정법원장이 민사소송법 제162조를 이유로 소송기록의 정보를 비공개한다는 결정을 전자문서로 통지한 사안에서) 비공개결정 당시 정보의 비공개결정은 구 공공기관의 정보공개에 관한 법률 제13조 제4항에 의하여 **전자문서로 통지할 수 있다**고 본 사례. 대법원 2014. 4. 10. 선고 2012두17384 판결

**1685** ○ 정보공개법 제13조(정보공개 여부 결정의 통지) ④ 공공기관은 제1항에 따라 정보를 공개하는 경우에 그 정보의 <u>원본이 더럽혀지거나 파손될 우려가 있거나</u> 그 밖에 상당한 이유가 있다고 인정할 때에는 그 정보의 <u>사본·복제물을 공개할 수 있다.</u>

**1686** ✕ <u>청구인에게는 **특정한 공개방법을 지정**하여 정보공개를 청구할 수 있는 **법령상 신청권**이 있다.</u> 따라서 공공기관이 공개청구의 대상이 된 정보를 공개는 하되, 청구인이 신청한 공개방법 이외의 방법으로 공개하기로 하는 결정을 하였다면, 이는 <u>정보공개청구 중 정보공개방법에 관한 부분에 대하여 **일부 거부처분**을 한 것이고, 청구인은 그에 대하여 항고소송으로 다툴 수 있다. 대법원 2016. 11. 10. 선고 2016두44674 판결

**1687** ✕ 정보공개를 청구하는 자가 공공기관에 대해 정보의 사본 또는 출력물의 교부의 방법으로 공개방법을 선택하여 정보공개청구를 한 경우에 공개청구를 받은 <u>공공기관으로서는</u> 같은 법 제8조 제2항에서 규정한 정보의 사본 또는 복제물의 교부를 제한할 수 있는 사유에 해당하지 않는 한 <u>정보공개청구자가 선택한 공개방법에 따라 정보를 공개하여야 하므로</u> 그 **공개방법을 선택할 재량권이 없다.** 대법원 2003. 12. 12. 선고 2003두8050 판결

**1688** ○ 법원이 행정기관의 정보공개거부처분의 위법 여부를 심리한 결과 <u>공개를 거부한 정보에 비공개대상 정보에 해당하는 부분과 공개가 가능한 부분이 혼합되어 있고 공개청구의 취지에 어긋나지 아니하는 범위 안에서 두 부분을 분리할 수 있음을 인정할</u> 수 있을 때에는 **청구취지의 변경이 없더라도** 공개가 가능한 정보에 관한 부분만의 **일부취소를 명할 수 있다.** 대법원 2004. 12. 9. 선고 2003두12707 판결

☐☐☐ **1689** 정보의 부분 공개가 허용되는 경우란 당해 정보에서 비공개대상정보에 관련된 기술 등을 제외 혹은 삭제하고 나머지 정보만 공개하는 것이 가능하고 나머지 부분의 정보만으로도 공개의 가치가 있는 경우를 의미한다. 24. 국가 9급 (      )

☐☐☐ **1690** 법령 등에 따라 공개를 목적으로 작성된 정보로서 즉시 또는 말로 처리가 가능한 정보라도 정보공개 여부의 결정에 따른 절차를 거쳐 공개하여야 한다. 24. 국회 9급 (      )

☐☐☐ **1691** 정보공개가 결정되고 공개에 오랜 시간이 걸리지 않는 정보는 구술로도 공개할 수 있다. 11. 국가 9급 (      )

☐☐☐ **1692** 정보의 공개 및 우송 등에 드는 비용은 정보공개청구를 받은 행정청이 부담한다. 21. 지방 9급 (      )

☐☐☐ **1693** 정보의 공개 및 우송 등에 소요되는 비용은 실비의 범위에서 청구인이 부담하나, 공개를 청구하는 정보의 사용 목적이 공공복리의 유지·증진을 위하여 필요하다고 인정되는 경우에는 그 비용을 감면할 수 있다. 15. 지방 9급 (      )

☐☐☐ **1694** 청구인이 정보공개와 관련한 공공기관의 비공개 결정 또는 부분 공개 결정에 대하여 불복이 있거나 정보공개 청구 후 20일이 경과하도록 정보공개 결정이 없는 때에는 공공기관으로부터 정보공개 여부의 결정 통지를 받은 날 또는 정보공개 청구 후 20일이 경과한 날부터 7일 이내에 해당 공공기관에 문서로 이의신청을 할 수 있다. 24. 국회 8급 (      )

☐☐☐ **1695** 정보비공개결정에 대하여 이의신청이 있는 경우 국가기관등은 정보공개심의회를 개최해야 하는데, 법령에 따라 비밀로 규정된 정보에 대한 청구에 해당하는 경우에는 정보공개심의회를 개최하지 아니할 수 있다. 25. 국가 9급 (      )

☐☐☐ **1696** 공공기관은 이의신청을 받은 날부터 7일 이내에 그 이의신청에 대하여 결정하고 그 결과를 청구인에게 지체없이 문서로 통지하여야 한다. 11. 지방 9급 (      )

☐☐☐ **1697** 청구인이 정보공개와 관련한 공공기관의 결정에 대하여 불복이 있거나 정보공개청구 후 10일이 경과하도록 정보공개 결정이 없는 때에는 「행정심판법」에서 정하는 바에 따라 행정심판을 청구할 수 있다. 23. 지방 9급 (      )

☐☐☐ **1698** 정보공개청구인은 공공기관의 비공개결정에 불복하는 행정심판을 청구하려면 「공공기관의 정보공개에 관한 법률」에서 정하는 이의신청 절차를 거쳐야 한다. 23. 국가 7급 (      )

☐☐☐ **1699** 행정청의 정보공개거부에 대해서는 정보공개의 이행을 구하는 당사자소송을 제기하여 다툴 수 있다. 22. 국가 9급 (      )

☐☐☐ **1700** 정보공개청구권은 법률상 보호되는 구체적인 권리이므로 청구인이 공공기관에 대하여 정보공개를 청구하였다가 거부처분을 받은 것 자체가 법률상 이익의 침해에 해당한다. 25. 소방간부 (      )

☐☐☐ **1701** 정보공개를 청구한 자는 공개청구한 정보에 대해 개별·구체적 이익이 없는 경우에도 행정청의 정보공개거부에 대해 취소소송으로 다툴 수 있다. 22. 국가 9급 (      )

## 정답 & OX 풀이

**1689** O 정보의 부분 공개가 허용되는 경우란 그 정보의 공개방법 및 절차에 비추어 당해 정보에서 비공개대상정보에 관련된 기술 등을 **제외 혹은 삭제**하고 나머지 정보만을 공개하는 것이 가능하고 나머지 부분의 정보만으로도 공개의 가치가 있는 경우를 의미한다. 대법원 2009. 12. 10. 선고 2009두12785 판결

**1690** X 정보공개법 제16조(**즉시 처리가 가능한 정보**의 공개) 다음 각 호의 어느 하나에 해당하는 정보로서 **즉시 또는 말로 처리가 가능한 정보**에 대해서는 제11조에 따른 **절차를 거치지 아니하고** 공개하여야 한다.
1. 법령 등에 따라 공개를 목적으로 작성된 정보
2. 일반국민에게 알리기 위하여 작성된 각종 홍보자료
3. 공개하기로 결정된 정보로서 공개에 오랜 시간이 걸리지 아니하는 정보
4. 그 밖에 공공기관의 장이 정하는 정보

**1691** O 위 1690번의 해설 내용 참고.

**1692** X 정보공개법 제17조(비용 부담)
① 정보의 공개 및 우송 등에 드는 비용은 실비의 범위에서 **청구인**이 부담한다.
② 공개를 청구하는 정보의 사용 목적이 공공복리의 유지 · 증진을 위하여 필요하다고 인정되는 경우에는 제1항에 따른 비용을 **감면할 수 있다**.

**1693** O 위 1692번의 해설 내용 참고.

**1694** X 정보공개법 제18조(이의신청) ① 청구인이 정보공개와 관련한 공공기관의 비공개 결정 또는 부분 공개 결정에 대하여 불복이 있거나 정보공개 청구 후 20일이 경과하도록 정보공개 결정이 없는 때에는 공공기관으로부터 정보공개 여부의 결정 통지를 받은 날 또는 정보공개 청구 후 20일이 경과한 날부터 **30일** 이내에 해당 공공기관에 문서로 이의신청을 할 수 있다.

**1695** O 정보공개법 제18조(이의신청) ② 국가기관등은 제1항에 따른 이의신청이 있는 경우에는 심의회를 개최하여야 한다. 다만, 다음 각 호의 어느 하나에 해당하는 경우에는 심의회를 개최하지 아니할 수 있으며 개최하지 아니하는 사유를 청구인에게 문서로 통지하여야 한다.
1. 심의회의 심의를 이미 거친 사항
2. 단순 · 반복적인 청구
3. **법령에 따라 비밀**로 규정된 정보에 대한 청구

**1696** O 정보공개법 제18조(이의신청) ③ 공공기관은 이의신청을 받은 날부터 **7일** 이내에 그 이의신청에 대하여 결정하고 그 결과를 청구인에게 지체 없이 문서로 통지하여야 한다. 다만, 부득이한 사유로 정하여진 기간 이내에 결정할 수 없을 때에는 그 기간이 끝나는 날의 다음 날부터 기산하여 **7일**의 범위에서 연장할 수 있으며, 연장 사유를 청구인에게 통지하여야 한다.

**1697** X 정보공개법 제19조(행정심판) ① 청구인이 정보공개와 관련한 공공기관의 결정에 대하여 불복이 있거나 정보공개 청구 후 **20일**이 경과하도록 정보공개 결정이 없는 때에는 「행정심판법」에서 정하는 바에 따라 행정심판을 청구할 수 있다. 이 경우 국가기관 및 지방자치단체 외의 공공기관의 결정에 대한 감독행정기관은 관계 중앙행정기관의 장 또는 지방자치단체의 장으로 한다.

**1698** X 정보공개법 제19조(행정심판) ② 청구인은 제18조에 따른 **이의신청 절차를 거치지 아니하고** 행정심판을 청구할 수 **있다**.

**1699** X 정보공개청구에 대한 거부는 **거부처분**이므로 이에 대한 쟁송의 형태는 **항고소송**에 해당한다.

**1700** O 정보공개청구권은 법률상 보호되는 구체적인 권리이므로 청구인이 공공기관에 대하여 정보공개를 청구하였다가 **거부처분을 받은 것 자체가** 법률상 이익의 침해에 해당한다. 대법원 2004. 8. 20. 선고 2003두8302 판결

**1701** O 위 1700번의 해설 내용 참고.

□□□ ★★★ 1702 정보공개거부처분의 취소를 구하는 행정소송에서 정보공개청구인이 정보공개거부처분을 받은 것 외에 추가로 법률상 이익이 있어야 하는 것도 아니며, 정보공개청구의 대상이 되는 정보가 이미 공개되어 있다는 사정만으로 소의 이익이 없는 것도 아니다. 24. 국가 7급 (     )

□□□ ★★☆ 1703 정보공개가 신청된 정보를 공공기관이 보유·관리하고 있지 아니한 경우에는 특별한 사정이 없는 한 정보공개거부처분의 취소를 구할 법률상의 이익이 없다. 21. 국가 9급 (     )

□□□ ★★☆ 1704 공개청구의 대상이 되는 정보가 인터넷 등을 통하여 공개되어 인터넷검색 등을 통하여 쉽게 알 수 있는 경우에는 비공개결정이 정당화될 수 있다. 21. 국가 7급 (     )

□□□ ★★★ 1705 정보공개거부처분의 취소를 구하는 소송에서 공공기관이 청구정보를 증거 등으로 법원에 제출하여 법원을 통하여 그 사본을 청구인에게 교부 또는 송달되게 하여 결과적으로 청구인에게 정보를 공개하는 셈이 되었다면, 당해 정보의 비공개결정의 취소를 구할 소의 이익은 소멸된다. 25. 지방 7급 (     )

□□□ ★★☆ 1706 견책의 징계처분을 받은 자가 소속기관의 장에게 징계위원회에 참여한 징계위원의 성명과 직위에 대한 정보공개청구를 하였으나 해당 정보가 비공개 대상이라는 이유로 거부된 경우, 그 견책처분에 대한 취소소송의 기각판결이 확정되었다면 정보공개거부처분의 취소를 구할 법률상 이익은 인정되지 않는다. 24. 국가 7급 (     )

□□□ ★★☆ 1707 정보공개청구인이 공공기관의 비공개 결정 또는 부분 공개 결정에 대한 이의신청을 하여 공공기관으로부터 이의신청에 대한 결과를 통지받은 후 취소소송을 제기하는 경우, 그 제소기간은 이의신청에 대한 결과를 통지받은 날부터 기산한다. 24. 국가 7급 (     )

□□□ ★☆☆ 1708 공개를 구하는 정보를 공공기관이 한때 보유·관리하였으나 후에 그 정보가 담긴 문서등이 폐기되어 존재하지 않게 된 것이라면 그 정보를 더 이상 보유·관리하고 있지 아니하다는 점에 대한 증명책임은 공공기관에게 있다. 21. 국가 9급 (     )

□□□ ★☆☆ 1709 공공기관이 정보공개를 거부하는 경우에는 어느 부분이 어떠한 법익 또는 기본권과 충돌되어 비공개사유에 해당하는지를 주장·증명하여야 하고, 그에 이르지 아니한 채 개괄적인 사유만을 들어 공개를 거부하는 것은 허용되지 아니한다. 22. 지방 9급 (     )

□□□ ★☆☆ 1710 정보공개 관련결정에 대하여 행정소송이 제기된 경우에 재판장은 필요시 당사자 없이 비공개로 해당정보를 열람할 수 있다. 15. 국가 9급 (     )

□□□ ★★★ 1711 정보공개거부처분 취소소송에서 공개청구의 취지에 어긋나지 아니하는 범위 안에서 공개를 거부한 정보가 비공개대상정보에 해당하는 부분과 공개가 가능한 부분으로 분리될 수 있다고 인정되면 법원은 공개가 가능한 부분을 특정하고 판결의 주문에 공개가 가능한 정보에 관한 부분만을 취소한다고 표시해야 한다. 23. 국가 7급 (     )

## 정답 & OX 풀이

**1702** O 공개청구의 대상이 되는 정보가 이미 공개되어 있다거나 다른 방법으로 손쉽게 알 수 있다는 사정만으로 소의 이익이 없다거나 비공개결정이 정당화될 수 없다. 또한, 청구인이 공공기관에 대하여 정보공개를 청구하였다가 거부처분을 받은 이상, **그 자체로** 공개거부처분의 취소를 구할 법률상 이익이 인정되고, 그 외에 추가로 어떤 법률상 이익이 있을 것을 요하지 않는다. 대법원 2022. 5. 26. 선고 2022두34562 판결

**1703** O 만일 공개청구자가 특정한 바와 같은 정보를 공공기관이 **보유·관리하고 있지 않은** 경우라면 특별한 사정이 없는 한 해당 정보에 대한 공개거부처분에 대하여는 취소를 구할 법률상 이익이 없다. 대법원 2013. 1. 24. 선고 2010두18918 판결

**1704** X 공개청구의 대상이 되는 정보가 이미 다른 사람에게 공개하여 널리 알려져 있다거나 인터넷이나 관보 등을 통하여 공개하여 **인터넷검색**이나 도서관에서의 열람 등을 통하여 쉽게 알 수 있다는 사정만으로는 소의 이익이 없다거나 비공개결정이 정당화될 수는 없다. 대법원 2008. 11. 27. 선고 2005두15694 판결

**1705** X 청구인이 정보공개거부처분의 취소를 구하는 소송에서 공공기관이 **청구정보를 증거 등으로 법원에 제출**하여 법원을 통하여 그 사본을 청구인에게 교부 또는 송달되게 하여 결과적으로 청구인에게 정보를 공개하는 셈이 되었다고 하더라도, 이러한 **우회적인 방법**은 정보공개법이 예정하고 있지 아니한 방법으로서 정보공개법에 의한 공개라고 볼 수는 없으므로, 당해 정보의 비공개결정의 취소를 구할 **소의 이익은 소멸되지 않는다.** 대법원 2016. 12. 15. 선고 2012두11409 판결

**1706** X (견책의 징계처분을 받은 갑이 사단장에게 징계위원회에 참여한 징계위원의 성명과 직위에 대한 정보공개청구를 하였으나 위 정보가 비공개사유에 해당한다는 이유로 공개를 거부한 사안에서) 비록 징계처분 취소사건에서 갑의 **청구를 기각하는 판결이 확정되었더라도** 이러한 사정만으로 위 처분의 취소를 구할 이익이 없어지지 않고, 사단장이 갑의 정보공개청구를 거부한 이상 갑으로서는 여전히 정보공개거부처분의 취소를 구할 법률상 이익이 있으므로, 이와 달리 본 원심판결에 법리오해의 잘못이 있다고 한 사례. 대법원 2022. 5. 26. 선고 2022두33439 판결

**1707** O 청구인이 공공기관의 비공개 결정 또는 부분 공개 결정에 대한 이의신청을 하여 공공기관으로부터 이의신청에 대한 결과를 통지받은 후 취소소송을 제기하는 경우 그 제소기간은 **이의신청에 대한 결과를 통지받은 날부터** 기산한다고 봄이 타당하다. 대법원 2023. 7. 27. 선고 2022두52980 판결

**1708** O **공개청구자**는 그가 공개를 구하는 정보를 공공기관이 보유·관리하고 있을 상당한 개연성이 있다는 점에 대하여 입증할 책임이 있으나, 공개를 구하는 정보를 공공기관이 한때 보유·관리하였으나 후에 그 정보가 담긴 문서들이 **폐기되어 존재하지 않게 된 것**이라면 그 정보를 더 이상 보유·관리하고 있지 않다는 점에 대한 증명책임은 **공공기관**에 있다. 대법원 2013. 1. 24. 선고 2010두18918 판결

**1709** O **공공기관**으로서는 (중략) 어느 부분이 어떠한 법익 또는 기본권과 충돌되어 같은 법 제9조제1항 몇 호에서 정하고 있는 **비공개사유**에 해당하는지를 주장·입증하여야만 할 것이며, 그에 이르지 아니한 채 개괄적인 사유만을 들어 공개를 거부하는 것은 허용되지 아니한다. 대법원 2003. 12. 11. 선고 2001두8827 판결

**1710** O 정보공개법 제20조(행정소송) ② **재판장**은 필요하다고 인정하면 당사자를 참여시키지 아니하고 제출된 공개 청구 정보를 비공개로 열람·심사할 수 있다.

**1711** O 법원이 정보공개거부처분의 위법 여부를 심리한 결과, 공개가 거부된 정보에 비공개대상정보에 해당하는 부분과 공개가 가능한 부분이 혼합되어 있으며, 공개청구의 취지에 어긋나지 아니하는 범위 안에서 두 부분을 분리할 수 있다고 인정할 수 있을 때에는, 공개가 거부된 정보 중 공개가 가능한 부분을 특정하고, 판결의 **주문에 정보공개거부처분 중 공개가 가능한 정보에 관한 부분만을 취소한다고 표시**하여야 한다. 대법원 2010. 2. 11. 선고 2009두6001 판결

□□□ 1712 공공기관은 공개 청구된 공개대상정보의 전부 또는 일부가 제3자와 관련이 있다고 인정할 때에는 그 사실을 제3자에게 지체 없이 통지하여야 하며, 공개 청구된 사실을 통지받은 제3자는 그 통지를 받은 날부터 3일 이내에 해당 공공기관에 대하여 자신과 관련된 정보를 공개하지 아니할 것을 요청할 수 있다. 22. 국회 8급 (    )

□□□ 1713 공공기관이 보유·관리하고 있는 정보가 제3자와 관련이 있는 경우, 제3자의 비공개요청이 있다는 사유만으로도 「공공기관의 정보공개에 관한 법률」상 정보의 비공개사유에 해당한다. 25. 국가 9급 (    )

□□□ 1714 제3자가 자신과 관련된 정보를 공개하지 아니할 것을 요청하였음에도 불구하고 공공기관이 공개 결정을 한 경우, 그 제3자는 해당 공공기관에 문서로 이의신청을 하거나 행정심판 또는 행정소송을 제기할 수 있다. 23. 국회 8급 (    )

□□□ 1715 공공기관은 제3자의 비공개요청에도 불구하고 공개결정을 하는 때에는 공개결정일과 공개실시일의 사이에 최소한 20일의 간격을 두어야 한다. 11. 사회복지 (    )

□□□ 1716 헌법재판소는 개인정보자기결정권을 사생활의 비밀과 자유, 일반적 인격권 등을 이념적 기초로 하는 독자적 기본권으로서 헌법에 명시되지 않은 기본권으로 보고 있다. 18. 국가 9급 (    )

□□□ 1717 「개인정보 보호법」상 '개인정보'란 살아있는 개인에 관한 정보로서 사자(死者)나 법인의 정보는 포함되지 않는다. 23. 국회 8급 (    )

□□□ 1718 해당 정보만으로는 특정 개인을 알아볼 수 없는 경우에는 다른 정보와 쉽게 결합하여 알아볼 수 있다 하더라도 개인정보에 해당하지 아니한다. 25. 지방 7급 (    )

□□□ 1719 가명정보는 원래의 상태로 복원하기 위한 추가 정보의 사용·결합 없이는 특정 개인을 알아볼 수 없는 정보이기 때문에 「개인정보 보호법」상 개인정보에 해당하지 않는다. 21. 소방간부 (    )

□□□ 1720 개인정보처리자란 업무를 목적으로 개인정보파일을 운용하기 위하여 스스로 또는 다른 사람을 통하여 개인정보를 처리하는 공공기관, 법인, 단체 및 개인 등을 말한다. 12. 지방 9급 (    )

□□□ 1721 「개인정보 보호법」은 공공기관에 의해 처리되는 정보뿐만 아니라 민간에 의해 처리되는 정보까지 보호대상으로 하고 있다. 14. 국가 9급 (    )

□□□ 1722 개인정보자기결정권의 보호대상이 되는 개인정보는 반드시 개인의 내밀한 영역에 속하는 정보에 국한되지 않고 공적 생활에서 형성되었거나 이미 공개된 개인정보까지 포함한다. 21. 국가 9급 (    )

□□□ 1723 개인의 고유성, 동일성을 나타내는 지문은 그 정보주체를 타인으로부터 식별가능하게 하는 개인정보이다. 21. 지방 9급 (    )

□□□ 1724 개인정보처리자는 개인정보를 익명 또는 가명으로 처리하여도 개인정보 수집목적을 달성할 수 있는 경우 익명처리가 가능한 경우에는 익명에 의하여, 익명처리로 목적을 달성할 수 없는 경우에는 가명에 의하여 처리될 수 있도록 하여야 한다. 23. 군무원 9급 (    )

# 정답 & OX 풀이

**1712** O　정보공개법 제21조(제3자의 비공개 요청 등) ① 제11조제3항에 따라 <u>공개 청구된 사실을 통지받은 제3자</u>는 그 <u>통지를 받은 날부터 **3일** 이내에 해당 공공기관에 대하여 <u>자신과 관련된 정보를 공개하지 아니할 것을 요청할 수 있다.</u>

**1713** X　<u>제3자의 비공개요청이 있다는 사유만으로</u> 정보공개법상 <u>정보의 비공개사유에 해당한다고 볼 수 없다.</u> 대법원 2008. 9. 25. 선고 2008두8680 판결

**1714** O　정보공개법 제21조(제3자의 비공개 요청 등)
②　제1항에 따른 <u>비공개 요청</u>에도 불구하고 <u>공공기관이 공개 결정</u>을 할 때에는 공개 결정 이유와 공개 실시일을 분명히 밝혀 지체 없이 문서로 통지하여야 하며, <u>제3자는 해당 공공기관에 문서로 이의신청을 하거나 행정심판 또는 행정소송을 제기할 수 있다.</u> 이 경우 <u>이의신청은 통지를 받은 날부터 **7일** 이내에 하여야 한다.</u>
③　공공기관은 제2항에 따른 <u>공개 결정일과 공개 실시일 사이에 최소한 **30일**의 간격을 두어야 한다.</u>

**1715** X　위 1714번의 해설 내용 참고.

**1716** O　개인정보자기결정권의 헌법상 근거로는 헌법 제17조의 <u>사생활의 비밀과 자유</u>, 헌법 제10조 제1문의 <u>인간의 존엄과 가치 및 행복추구권에 근거를 둔 일반적 인격권</u> 또는 위 조문들과 동시에 우리 헌법의 자유민주적 기본질서 규정 또는 국민주권원리와 민주주의원리 등을 고려할 수 있으나, (중략) **개인정보자기결정권**은 이들을 이념적 기초로 하는 **독자적 기본권**으로서 헌법에 명시되지 아니한 기본권이라고 보아야 할 것이다. 헌법재판소 2005. 5. 26. 선고 99헌마513 등 결정

**1717** O　개인정보 보호법 제2조(정의) 이 법에서 사용하는 용어의 뜻은 다음과 같다.
1. '**개인정보**'란 **살아 있는 개인**에 관한 정보로서 다음 각 목의 어느 하나에 해당하는 정보를 말한다.
　나. 해당 정보만으로는 특정 개인을 알아볼 수 없더라도 **다른 정보와 쉽게 결합하여** 알아볼 수 있는 정보. 이 경우 쉽게 결합할 수 있는지 여부는 다른 정보의 입수 가능성 등 개인을 알아보는 데 소요되는 시간, 비용, 기술 등을 합리적으로 고려하여야 한다.
　다. 가목 또는 나목을 제1호의2에 따라 **가명처리**함으로써 원래의 상태로 복원하기 위한 추가 정보의 사용·결합 없이는 특정 개인을 알아볼 수 없는 정보(이하 '**가명정보**'라 한다)

**1718** X　위 1717번의 해설 내용 참고.

**1719** X　위 1717번의 해설 내용 참고.

**1720** O　개인정보 보호법 제2조(정의) 이 법에서 사용하는 용어의 뜻은 다음과 같다.
5. '**개인정보처리자**'란 업무를 목적으로 개인정보파일을 운용하기 위하여 <u>스스로 또는 다른 사람을 통하여 개인정보를 처리하는 공공기관, 법인, 단체 및 개인 등</u>을 말한다.

**1721** O　위 1720번의 해설 내용 참고.

**1722** O　개인정보자기결정권의 보호대상이 되는 **개인정보**는 개인의 신체, 신념, 사회적 지위, 신분 등과 같이 인격주체성을 특징짓는 사항으로서 <u>개인의 **동일성을 식별**할 수 있게 하는 일체의 정보</u>를 의미하며, <u>반드시 개인의 내밀한 영역에 속하는 정보에 국한되지 않고 **공적 생활에서 형성**되었거나 **이미 공개된 개인정보**까지도 **포함한다.**</u> 대법원 2016. 3. 10. 선고 2012다105482 판결

**1723** O　개인의 고유성, 동일성을 나타내는 **지문**은 그 정보주체를 타인으로부터 식별가능하게 하는 개인정보이므로, 시장·군수 또는 구청장이 개인의 지문정보를 수집하고, 경찰청장이 이를 보관·전산화하여 범죄수사목적에 이용하는 것은 모두 개인정보자기결정권을 제한하는 것이다. 헌법재판소 2005. 5. 26. 선고 99헌마513 등 전원재판부

**1724** O　개인정보 보호법 제3조(개인정보 보호 원칙) ⑦ 개인정보처리자는 개인정보를 익명 또는 가명으로 처리하여도 개인정보 수집목적을 달성할 수 있는 경우 <u>익명처리가 가능한 경우에는 **익명**에 의하여</u>, 익명처리로 목적을 달성할 수 없는 경우에는 **가명**에 의하여 처리될 수 있도록 하여야 한다.

□□□ **1725** 정보주체는 자신의 개인정보 처리와 관련하여 개인정보의 처리 정지, 정정·삭제 및 파기를 요구할 권리를 가진다. 12. 지방 9급 (    )

□□□ **1726** 개인정보 보호에 관한 사무를 독립적으로 수행하기 위하여 행정안전부 소속으로 개인정보 보호위원회를 둔다. 21. 국회 9급 (    )

★☆☆
□□□ **1727** 개인정보처리자는 공공기관이 법령 등에서 정하는 소관 업무의 수행을 위하여 불가피한 경우에는 개인정보를 수집할 수 있으며 그 수집 목적의 범위에서 이용할 수 있다. 23. 군무원 9급 (    )

★☆☆
□□□ **1728** 개인정보처리자는 공중위생 등 공공의 안전과 안녕을 위하여 긴급히 필요한 경우에는 개인정보를 수집할 수 있으며 그 수집 목적의 범위에서 이용할 수 있다. 24. 국가 7급 (    )

★☆☆
□□□ **1729** 개인정보처리자는 정보주체가 필요한 최소한의 정보 외의 개인정보 수집에 동의하지 아니한다는 이유로 정보주체에게 재화 또는 서비스의 제공을 거부하여서는 아니 된다. 24. 국가 7급 (    )

★☆☆
□□□ **1730** 이미 공개된 개인정보를 정보주체의 동의가 있었다고 객관적으로 인정되는 범위 내에서 처리를 할 때는 정보주체의 별도의 동의는 불필요하다고 보아야 하고, 별도의 동의를 받지 아니하였다고 하여 「개인정보 보호법」을 위반한 것으로 볼 수 없다. 21. 국가 9급 (    )

★☆☆
□□□ **1731** 재판사무를 담당하는 수소법원이 그 재판권에 기하여 법에서 정해진 방식에 따라 행하는 공권적 통지행위로서 여러 소송서류 등을 송달하는 경우에는 '개인정보처리자'로서 개인정보를 제공한 것으로 볼 수 있다. 미출 (    )

★☆☆
□□□ **1732** 개인정보처리자는 보유기간의 경과, 개인정보의 처리 목적 달성, 가명정보의 처리 기간 경과 등 그 개인정보가 불필요하게 되었을 때에는, 다른 법령에 따라 보존하여야 하는 경우를 제외하고는 지체 없이 그 개인정보를 파기하여야 한다. 23. 군무원 9급 (    )

□□□ **1733** 개인정보처리자의 지휘·감독을 받아 개인정보를 처리하는 자인 개인정보취급자가 개인정보처리자의 업무 수행을 위하여 개인정보를 이전받는 경우, 위와 같은 개인정보취급자는 「개인정보 보호법」 제19조에서 말하는 '개인정보처리자로부터 개인정보를 제공받은 자'에 해당하지 않는다. 미출 (    )

□□□ **1734** 불특정 다수가 이용하는 목욕실, 화장실, 발한실, 탈의실 등에의 영상정보처리기기 설치는 대통령령으로 정하는 바에 따라 안내판 설치 등 필요한 조치를 취하는 경우에만 허용된다. 16. 지방 7급 (    )

★☆☆
□□□ **1735** 고정형 영상정보처리기기운영자는 고정형 영상정보처리기기의 설치 목적과 다른 목적으로 고정형 영상정보처리기기를 임의로 조작하거나 다른 곳을 비춰서는 아니 되며, 녹음기능은 사용할 수 없다.
24. 국가 7급 (    )

★☆☆
□□□ **1736** 불특정 다수가 이용하는 목욕실, 화장실 등 개인의 사생활을 현저히 침해할 우려가 있는 장소의 내부를 볼 수 있는 곳에서라도 소방공무원이 화재 발생시 인명의 구조·구급을 위하여 필요한 경우에는 이동형 영상정보처리기기로 개인정보에 해당하는 사람 또는 그 사람과 관련된 사물의 영상을 촬영할 수 있다.
25. 소방 (    )

## 정답 & OX 풀이

**1725** O  개인정보 보호법 제4조(정보주체의 권리) 정보주체는 자신의 개인정보 처리와 관련하여 다음 각 호의 권리를 가진다.
4. 개인정보의 <u>처리 정지, 정정·삭제 및 파기를 요구할 권리</u>

**1726** X  개인정보 보호법 제7조(개인정보 보호위원회) ① 개인정보 보호에 관한 사무를 독립적으로 수행하기 위하여 **국무총리** 소속으로 개인정보 보호위원회를 둔다.

**1727** O  개인정보 보호법 제15조(개인정보의 수집·이용) ① 개인정보처리자는 다음 각 호의 어느 하나에 해당하는 경우에는 개인정보를 <u>수집할 수 있으며</u> 그 수집 목적의 범위에서 이용할 수 있다.
3. 공공기관이 법령 등에서 정하는 <u>소관 업무의 수행을 위하여</u> **불가피**한 경우
7. 공중위생 등 공공의 안전과 안녕을 위하여 **긴급히** 필요한 경우

**1728** O  위 1727번의 해설 내용 참고.

**1729** O  개인정보 보호법 제16조(개인정보의 수집 제한) ③ 개인정보처리자는 정보주체가 필요한 최소한의 정보 **외의** 개인정보 수집에 <u>동의하지 아니한다는 이유로</u> 정보주체에게 <u>재화 또는 서비스의 제공을</u> **거부하여서는 아니 된다**.

**1730** O  <u>이미 공개된 개인정보를 정보주체의 동의가 있었다고 객관적으로 인정되는 범위</u> 내에서 수집·이용·제공 등 처리를 할 때는 정보주체의 **별도의 동의는 불필요**하다고 보아야 하고, 별도의 동의를 받지 아니하였다고 하여 개인정보 보호법 제15조나 제17조를 위반한 것으로 볼 수 없다. 대법원 2016. 8. 17. 선고 2014다235080 판결

**1731** X  개개의 사건에 대하여 재판사무를 담당하는 법원(**수소법원**)은 '개인정보처리자'에서 제외된다고 보는 것이 타당하다. 재판사무를 담당하는 법원(**수소법원**)이 그 재판권에 기하여 법에서 정해진 방식에 따라 행하는 공권적 통지행위로서 여러 **소송서류 등을 송달**하는 경우에는 '**개인정보처리자**'로서 개인정보를 제공한 것으로 볼 수 **없다**. 대법원 2024. 12. 12. 선고 2021도12868 판결

**1732** O  개인정보 보호법 제21조(개인정보의 파기) ① 개인정보처리자는 보유기간의 경과, 개인정보의 처리 목적 달성, 가명정보의 처리 기간 경과 등 그 <u>개인정보가 불필요</u>하게 되었을 때에는 지체 없이 그 개인정보를 **파기**하여야 한다. 다만, <u>다른 법령에 따라 보존하여야 하는 경우에는</u> <u>그러하지 아니하다</u>.

**1733** O  임직원, 파견근로자, 시간제근로자 등 <u>개인정보처리자의</u> **지휘·감독을 받아** 개인정보를 처리하는 자인 **개인정보취급자**가 개인정보처리자의 업무 수행을 위하여 개인정보를 이전받는 경우 위와 같은 개인정보취급자는 '<u>개인정보처리자로부터 개인정보를</u> **제공받은 자**'에 <u>해당하지 않는다</u>. 대법원 2025. 2. 13. 선고 2020도14713 판결

**1734** X  개인정보 보호법 제25조(고정형 영상정보처리기기의 설치·운영 제한) ② 누구든지 불특정 다수가 이용하는 <u>목욕실, 화장실, 발한실, 탈의실 등</u> 개인의 사생활을 현저히 침해할 우려가 있는 장소의 내부를 볼 수 있도록 고정형 영상정보처리기기를 설치·운영하여서는 아니 된다. 다만, 교도소, 정신보건 시설 등 법령에 근거하여 사람을 구금하거나 보호하는 시설로서 대통령령으로 정하는 시설에 대하여는 <u>그러하지 아니하다</u>.

**1735** O  개인정보 보호법 제25조(고정형 영상정보처리기기의 설치·운영 제한) ⑤ 고정형 영상정보처리기기운영자는 고정형 영상정보처리기기의 <u>설치 목적과 다른 목적으로</u> **고정형 영상정보처리기기**를 임의로 조작하거나 다른 곳을 비춰서는 아니 되며, **녹음기능은 사용할 수 없다**.

**1736** O  개인정보 보호법 제25조의2(**이동형 영상정보처리기기**의 운영 제한) ② 누구든지 불특정 다수가 이용하는 <u>목욕실, 화장실, 발한실, 탈의실 등</u> 개인의 사생활을 현저히 침해할 우려가 있는 장소의 내부를 볼 수 있는 곳에서 이동형 영상정보처리기기로 사람 또는 그 사람과 관련된 사물의 영상을 촬영하여서는 아니 된다. 다만, <u>인명의 구조·구급 등을</u> 위하여 필요한 경우로서 대통령령으로 정하는 경우에는 그러하지 아니하다.
개인정보 보호법 시행령 제27조(이동형 영상정보처리기기 운영 제한의 예외) 법 제25조의2제2항 단서에서 '대통령령으로 정하는 경우' 범죄, 화재, 재난 또는 이에 준하는 상황에서 **인명의 구조·구급** 등을 위하여 사람 또는 그 사람과 관련된 사물의 영상(<u>개인정보에 해당하는 경우로 한정한다</u>)의 촬영이 필요한 경우를 말한다.

□□□ **1737** 개인정보 처리위탁에 있어 수탁자는 정보제공자의 관리·감독 아래 위탁받은 범위 내에서만 개인정보를 처리하게 되지만, 위탁자로부터 위탁사무 처리에 따른 대가를 지급받는 이상 개인정보 처리에 관하여 독자적인 이익을 가지므로, 그러한 수탁자는 「개인정보 보호법」 제17조에 의해 개인정보처리자가 정보주체의 개인정보를 제공할 수 있는 '제3자'에 해당한다. 21. 국가 9급 (     )

□□□ **1738** 정보주체는 「행정기본법」 제20조에 따른 행정청의 자동적 처분이 자신의 권리 또는 의무에 중대한 영향을 미치는 경우에는 해당 개인정보처리자에 대하여 해당 결정을 거부할 수 있는 권리를 가진다.
24. 국가 7급 (     )

★☆☆
□□□ **1739** 개인정보처리자의 「개인정보 보호법」 위반행위로 손해를 입은 정보주체는 개인정보처리자에게 손해배상을 청구할 수 있고, 그 개인정보처리자는 고의 또는 과실이 없음을 입증하지 않으면 책임을 면할 수 없다. 18. 국가 9급 (     )

★☆☆
□□□ **1740** 개인정보처리자의 고의 또는 중대한 과실로 인하여 개인정보가 분실된 경우로서 정보주체에게 손해가 발생한 때에는 법원은 그 손해액의 3배를 넘지 아니하는 범위에서 손해배상액을 정할 수 있다.
미출 (     )

★☆☆
□□□ **1741** 정보주체가 개인정보처리자의 「개인정보 보호법」 위반행위로 입은 손해에 대해 그 배상을 청구하는 경우, 개인정보처리자가 「개인정보 보호법」을 위반한 행위를 하였다는 사실 자체는 정보주체가 주장·증명하여야 한다. 미출 (     )

★☆☆
□□□ **1742** 국가 및 지방자치단체, 개인정보 보호단체 및 기관, 정보주체, 개인정보처리자는 정보주체의 피해 또는 권리침해가 다수의 정보주체에게 같거나 비슷한 유형으로 발생하는 경우로서 대통령령으로 정하는 사건에 대하여는 분쟁조정위원회에 일괄적인 분쟁조정(집단분쟁조정)을 의뢰 또는 신청할 수 있다.
23. 국회 8급 (     )

★☆☆
□□□ **1743** 개인정보 단체소송은 개인정보처리자가 「개인정보보호법」상의 집단분쟁조정을 거부하거나 집단분쟁조정의 결과를 수락하지 아니한 경우에 법원의 허가를 받아 제기할 수 있다. 16. 지방 9급 (     )

□□□ **1744** 「개인정보 보호법」에는 개인정보 단체소송을 제기할 수 있는 단체에 대한 제한을 두고 있지 않으므로 법인격이 있는 단체라면 어느 단체든지 권리침해 행위의 금지·중지를 구하는 소송을 제기할 수 있다.
18. 국가 9급 (     )

□□□ **1745** 「소비자기본법」에 따라 공정거래위원회에 등록한 소비자단체가 개인정보 단체소송을 제기하려면 그 단체의 정회원수가 1백명 이상이어야 한다. 16. 지방 9급 (     )

□□□ **1746** 개인정보처리자가 「개인정보 보호법」 제49조에 따른 집단분쟁조정의 결과를 수락하지 아니한 경우, 「소비자기본법」 제29조에 따라 공정거래위원회에 등록한 후 1년이 경과한 소비자단체는 법원에 권리침해 행위의 중지를 구하는 단체소송을 제기할 수 있다. 23. 국회 8급 (     )

★☆☆
□□□ **1747** 단체소송의 원고는 변호사를 소송대리인으로 선임하여야 한다. 21. 소방 (     )

## 정답 & OX 풀이

**1737** ✕ 개인정보 처리위탁에 있어 **수탁자는** 위탁자로부터 위탁사무 처리에 따른 대가를 지급받는 것 외에는 개인정보 처리에 관하여 **독자적인 이익을 가지지 않고**, 정보제공자의 관리·감독 아래 위탁받은 범위 내에서만 개인정보를 처리하게 되므로, 개인정보 보호법 제17조와 정보통신망법 제24조의2에 정한 **'제3자'에 해당하지 않는다**. 대법원 2017. 4. 7. 선고 2016도13263 판결

**1738** ✕ 개인정보 보호법 제37조의2(자동화된 결정에 대한 정보주체의 권리 등) ① 정보주체는 완전히 자동화된 시스템(인공지능 기술을 적용한 시스템을 포함한다)으로 개인정보를 처리하여 이루어지는 결정(「행정기본법」 제20조에 따른 행정청의 자동적 처분은 **제외**한다)이 자신의 권리 또는 의무에 중대한 영향을 미치는 경우에는 해당 개인정보처리자에 대하여 해당 결정을 거부할 수 있는 권리를 가진다.

**1739** ○ 개인정보 보호법 제39조(손해배상책임) ① 정보주체는 개인정보처리자가 이 법을 위반한 행위로 손해를 입으면 개인정보처리자에게 손해배상을 청구할 수 있다. 이 경우 그 **개인정보처리자는** 고의 또는 과실이 없음을 입증하지 아니하면 책임을 면할 수 없다.

**1740** ✕ 개인정보 보호법 제39조(손해배상책임) ③ 개인정보처리자의 고의 또는 중대한 과실로 인하여 개인정보가 분실·도난·유출·위조·변조 또는 훼손된 경우로서 정보주체에게 손해가 발생한 때에는 법원은 그 손해액의 **5배**를 넘지 아니하는 범위에서 손해배상액을 정할 수 있다. 다만, 개인정보처리자가 고의 또는 중대한 과실이 없음을 증명한 경우에는 그러하지 아니하다.

**1741** ○ **개인정보 보호법 제39조 제1항은** 정보주체가 개인정보처리자의 개인정보 보호법 위반행위로 입은 손해의 배상을 청구하는 경우에 개인정보처리자의 고의나 과실을 증명하는 것이 곤란한 점을 감안하여 그 증명책임을 개인정보처리자에게 **전환하는 것일 뿐**이고, **개인정보처리자가 개인정보 보호법을 위반한 행위를 하였다는 사실 자체는** 정보주체가 주장·증명하여야 한다. 대법원 2024. 5. 17. 선고 2018다262103 판결

**1742** ○ 개인정보 보호법 제49조(집단분쟁조정) ① **국가 및 지방자치단체, 개인정보 보호단체 및 기관,** 정보주체, 개인정보처리자는 정보주체의 피해 또는 권리침해가 다수의 정보주체에게 같거나 비슷한 유형으로 발생하는 경우로서 대통령령으로 정하는 사건에 대하여는 분쟁조정위원회에 일괄적인 분쟁조정(이하 '집단분쟁조정'이라 한다)을 의뢰 또는 신청할 수 있다.

**1743** ○ 개인정보 보호법 제51조(단체소송의 대상 등) 다음 각 호의 어느 하나에 해당하는 단체는 개인정보처리자가 제49조에 따른 **집단분쟁조정을 거부**하거나 집단분쟁조정의 **결과를 수락하지 아니한** 경우에는 법원에 권리침해 행위의 금지·중지를 구하는 소송(이하 '**단체소송**'이라 한다)을 제기할 수 있다.
   1. 「소비자기본법」 제29조에 따라 공정거래위원회에 등록한 소비자단체로서 다음 각 목의 요건을 모두 갖춘 단체
      가. 정관에 따라 상시적으로 정보주체의 권익증진을 주된 목적으로 하는 단체일 것
      나. 단체의 정회원수가 **1천명** 이상일 것
      다. 「소비자기본법」 제29조에 따른 등록 후 **3년**이 경과하였을 것

**1744** ✕ 위 1743번의 해설 내용 참고.

**1745** ✕ 위 1743번의 해설 내용 참고.

**1746** ✕ 위 1743번의 해설 내용 참고.

**1747** ○ 개인정보 보호법 제53조(소송대리인의 선임) 단체소송의 원고는 변호사를 소송대리인으로 선임하여야 한다.

□□□ **1748** 개인정보 단체소송을 허가하거나 불허가하는 법원의 결정에 대하여는 불복할 수 없다. 16. 지방 9급 (    )

□□□ **1749** 개인정보 단체소송에 관하여 「개인정보보호법」에 특별한 규정이 없는 경우에는 「행정소송법」을 적용한다.

16. 지방 9급 (    )

**정답 & OX 풀이**

1748 ✕ 개인정보 보호법 제55조(소송허가요건 등) ② 단체소송을 허가하거나 불허가하는 결정에 대하여는 <u>즉시항고할 수 있다.</u>

1749 ✕ 개인정보 보호법 제57조(「민사소송법」의 적용 등) ① <u>단체소송에 관하여 이 법에 특별한 규정이 없는 경우에는 **「민사소송법」**을 적용한다.</u>

MEMO

# 강성빈 행정법총론
## OX노트

# 행정상 손해전보

## 기출 지문 OX Check

☐☐☐ **1750** 국가나 지방자치단체의 손해배상 책임에 관하여는 「국가배상법」에 규정된 사항 외에는 「민법」에 따른다. 다만, 「민법」 외의 법률에 다른 규정이 있을 때에는 그 규정에 따른다. 미출 (          )

☐☐☐ ★☆☆ **1751** 국가배상소송을 제기하는 경우 민사소송이 아니라 공법상 당사자소송으로 제기하여야 한다.
24. 지방 9급 (          )

☐☐☐ ★★★ **1752** 「국가배상법」상 '공무원'이라 함은 널리 공무를 위탁받아 실질적으로 공무에 종사하고 있는 일체의 자를 가리키는 것으로서, 단지 공무의 위탁이 일시적인 사항에 관한 활동을 위한 것은 포함되지 않는다.
24. 지방 9급 (          )

☐☐☐ ★☆☆ **1753** 서울특별시 강서구 교통할아버지사건과 같은 경우 공무를 위탁받아 수행하는 일반 사인은 「국가배상법」 제2조 제1항에 따른 공무원이 될 수 없다. 19. 소방간부 (          )

☐☐☐ ★☆☆ **1754** 통장이 전입신고서에 확인인을 찍는 행위는 공무를 위탁받아 실질적으로 공무를 수행하는 것이라고 보아야 하므로, 통장은 그 업무범위 내에서는 「국가배상법」 소정의 공무원에 해당한다. 24. 지방 7급 (          )

☐☐☐ ★★★ **1755** 국가배상의 요건인 '공무원의 직무'에는 국가나 지방자치단체의 비권력적 작용과 사경제 주체로서 하는 작용이 포함된다. 25. 지방 7급 (          )

☐☐☐ ★☆☆ **1756** 국가의 철도운행사업과 관련하여 발생한 사고로 인한 손해배상청구의 경우 그 사고에 공무원이 간여하였다고 하더라도 「국가배상법」이 아니라 「민법」이 적용되어야 한다. 21. 국가 7급 (          )

☐☐☐ **1757** 도로개설 등 공사로 인한 무허가건물의 강제철거와 관련하여 이루어지는 지방자치단체의 그 철거건물 소유자에 대한 시영아파트 분양권부여 등의 업무는, 사경제주체로서의 활동이므로 지방자치단체의 공권력행사로 보기 어렵다고 할 것이다. 16. 지방 7급 (          )

☐☐☐ ★★★ **1758** 행위 자체의 외관을 객관적으로 관찰하여 공무원의 직무행위로 보여진다 하더라도 그것이 실질적으로 직무행위에 해당하지 않는다면 그 행위는 「국가배상법」 소정의 '직무를 집행하면서' 행한 것으로 볼 수 없다. 24. 소방간부 (          )

☐☐☐ ★★★ **1759** 공무원들의 공무원증 발급 업무를 하는 공무원이 다른 공무원의 공무원증을 위조하는 행위는 「국가배상법」상의 직무집행에 해당하지 않는다. 24. 지방 7급 (          )

## 정답 & OX 풀이 ✏️

**1750** ○ 국가배상법 제8조(다른 법률과의 관계) 국가나 지방자치단체의 손해배상 책임에 관하여는 <u>이 법에 규정된 사항 외에는 「민법」</u>에 따른다. 다만, 「민법」 외의 법률에 다른 규정이 있을 때에는 그 규정에 따른다.

**1751** ✕ <u>국가배상청구소송은 **민사소송**으로 제기하여야 한다.</u>

**1752** ✕ 국가배상법 제2조 소정의 '**공무원**'이라 함은 <u>국가공무원법이나 지방공무원법에 의하여 공무원으로서의 신분을 가진 자에 국한하지 않고, **널리 공무를 위탁받아 실질적으로 공무에 종사하고 있는 일체의 자**를 가리키는 것으로서, 공무의 위탁이 **일시적이고 한정적인 사항**에 관한 활동을 위한 것이어도 달리 볼 것은 아니다.</u> 대법원 2001. 1. 5. 선고 98다39060 판결

**1753** ✕ '**교통할아버지**'로 선정된 노인이 위탁받은 업무 범위를 넘어 교차로 중앙에서 교통정리를 하다가 교통사고를 발생시킨 경우, 지방자치단체가 국가배상법 제2조 소정의 배상책임을 부담한다. 대법원 2001. 1. 5. 선고 98다39060 판결

**1754** ○ **통장**이 전입신고서에 확인인을 찍는 행위는 공무를 위탁받아 실질적으로 공무를 수행하는 것이라고 보아야 하므로, 통장은 그 업무범위 내에서는 국가배상법 제2조 소정의 공무원에 해당한다. 대법원 1991. 7. 9. 선고 91다5570 판결

**1755** ✕ 국가배상법이 정한 배상청구의 요건인 '**공무원의 직무**'에는 <u>권력적 작용만이 아니라 행정지도와 같은 **비권력적** 작용도 포함되나 행정주체가 **사경제주체**로서 하는 활동만 **제외**된다.</u> 대법원 1998. 7. 10. 선고 96다38971 판결

**1756** ○ 국가의 **철도운행사업**은 국가가 공권력의 행사로서 하는 것이 아니고 <u>사경제적 작용</u>이라 할 것이므로, 이로 인한 <u>사고에 **공무원이 간여하였다고 하더라도**</u> 국가배상법을 적용할 것이 아니고 일반 민법의 규정에 따라야 한다. 대법원 1999. 6. 22. 선고 99다7008 판결

**1757** ✕ 도로개설 등 공사로 인한 무허가건물의 강제철거와 관련하여 이루어지는 시나 구 등 지방자치단체의 <u>철거건물 소유자에 대한 **시영아파트분양권** 부여 및 세입자에 대한 지원대책 등의 업무는 지방자치단체의 공권력 행사 기타 공행정작용과 관련된 활동으로 볼 것이지 단순한 사경제주체로서 하는 활동이라고는 볼 수 없다.</u> 대법원 1991. 7. 26. 선고 91다14819 판결

**1758** ✕ 국가배상법 제2조 제1항의 '직무를 집행함에 당하여'라 함은 직접 공무원의 직무집행행위이거나 그와 밀접한 관련이 있는 행위를 포함하고, 이를 판단함에 있어서는 행위 자체의 **외관을 객관적으로 관찰**하여 공무원의 직무행위로 보여질 때에는 비록 그것이 **실질적으로** 직무행위가 아니거나 또는 행위자로서는 **주관적으로** 공무집행의 의사가 없었다고 하더라도 그 행위는 공무원이 '직무를 집행함에 당하여' 한 것으로 보아야 한다. 대법원 2005. 1. 14. 선고 2004다26805 판결

**1759** ✕ 인사업무담당 공무원이 다른 공무원의 **공무원증 등을 위조**한 행위에 대하여 실질적으로는 직무행위에 속하지 아니한다 할지라도 **외관상으로** 국가배상법 제2조 제1항의 직무집행관련성을 인정한 원심의 판단을 수긍한 사례. 대법원 2005. 1. 14. 선고 2004다26805 판결

06

□□□ **1760** 공무원의 행위가 실질적으로 공무집행행위가 아니라는 사정을 피해자가 알았던 경우 「국가배상법」상의 직무행위에 해당하지 않는다. <sup>미출</sup> (    )

□□□ **1761** ★☆☆
국회의원의 입법행위는 그 입법 내용이 헌법의 문언에 명백히 위배됨에도 불구하고 국회가 굳이 당해 입법을 한 것과 같은 특수한 경우가 아닌 한 「국가배상법」 제2조제1항 소정의 위법행위에 해당된다고 볼 수 없다. 22. 국회 8급 (    )

□□□ **1762** ★☆☆
국가가 일정한 사항에 관하여 헌법에 의하여 부과되는 구체적인 입법의무를 부담하고 있음에도 불구하고 그 입법에 필요한 상당한 기간이 경과하도록 고의·과실로 입법의무를 이행하지 아니하는 경우, 국가 배상책임이 인정될 수 있다. 19. 국가 9급 (    )

□□□ **1763** ★☆☆
법령의 규정을 따르지 아니한 법관의 재판상 직무행위는 곧바로 「국가배상법」 제2조제1항에서 규정하고 있는 위법행위가 되어 국가의 손해배상책임이 발생한다. 25. 국가 7급 (    )

□□□ **1764** ★★☆
재판작용에 대한 국가배상의 경우, 재판에 대하여 불복절차 내지 시정절차 자체가 없는 경우에는 부당한 재판으로 인하여 불이익 내지 손해를 입은 사람은 국가배상책임의 요건이 충족된다면 국가배상을 청구할 수 있다. 21. 국가 7급 (    )

□□□ **1765** ★★★
헌법재판소 재판관이 청구기간 내에 제기된 헌법소원심판청구 사건에서 청구기간을 오인하여 각하결정을 한 경우, 이에 대한 불복절차 내지 시정절차가 없는 때에는 배상책임의 요건이 충족되는 한 국가배상 책임을 인정할 수 있다. 23. 지방 9급 (    )

□□□ **1766** ★★☆
헌법재판소 재판관의 위법한 직무집행의 결과 잘못된 각하결정을 함으로써 청구인으로 하여금 본안판단을 받을 기회를 상실하게 한 경우, 만약 본안판단을 하였더라도 어차피 청구가 기각되었을 것이라는 사정이 있다면 국가배상책임이 인정되지 아니한다. 17. 국가 7급 (    )

□□□ **1767** ★☆☆
공무원의 직무집행상의 과실이라 함은 공무원이 그 직무를 수행함에 있어 당해 직무를 담당하는 평균인이 통상 갖추어야 할 주의의무를 게을리한 것을 말한다. 11. 사회복지 (    )

□□□ **1768** ★★☆
손해배상책임을 묻기 위해서는 가해 공무원을 특정하여야 한다. 21. 국가 9급 (    )

□□□ **1769** ★★☆
가해공무원의 과실 여부에 대한 입증책임은 원고에게 있다. 14. 지방 7급 (    )

□□□ **1770** 국가나 지방자치단체는 공무원이 직무를 집행하면서 고의 또는 과실로 위법하게 타인에게 손해를 가한 때에 「국가배상법」상 배상책임을 지고, 공무원의 선임 및 감독에 상당한 주의를 한 경우에도 그 배상책임을 면할 수 없다. 18. 국가 9급 (    )

□□□ **1771** ★★★
일반적으로 공무원이 필요한 지식을 갖추지 못하고 법규의 해석을 그르쳐 행정처분을 하였다면 그가 법률전문가가 아닌 행정직공무원이라고 하여 과실이 없다고는 할 수 없다. 21. 국가 9급 (    )

## 정답 & OX 풀이

**1760** ✕ 행위가 <u>실질적으로 공무집행행위가 아니라는 사정을 **피해자가 알았다 하더라도**</u> 그것을 '직무를 행함에 당하여'라고 단정하는데 <u>아무런 영향을 미치는 것이 아니다.</u> 대법원 1966. 6. 28. 선고 66다781 판결

**1761** ○ **국회의원의 입법행위**는 그 입법 내용이 헌법의 문언에 명백히 위반됨에도 불구하고 국회가 굳이 당해 입법을 한 것과 같은 특수한 경우가 아닌 한 국가배상법 제2조 제1항 소정의 위법행위에 해당된다고 볼 수 없다. 대법원 1997. 6. 13. 선고 96다 56115 판결

**1762** ○ 국가가 일정한 사항에 관하여 <u>헌법에 의하여 부과되는 **구체적인 입법의무**를</u> 부담하고 있음에도 불구하고 그 입법에 필요한 상당한 기간이 경과하도록 고의 또는 과실로 이러한 입법의무를 이행하지 아니하는 등 <u>극히 예외적인 사정이 인정되는 사안에</u> <u>한정하여 국가배상법 소정의 배상책임이 인정될 수 있으며, 위와 같은 **구체적인 입법의무** 자체가 인정되지 않는 경우에는</u> <u>애당초 부작위로 인한 불법행위가 성립할 여지가 없다.</u> 대법원 2008. 5. 29. 선고 2004다33469 판결

**1763** ✕ <u>법관의 재판에 법령의 규정을 따르지 아니한 **잘못이 있다 하더라도**</u> 이로써 <u>바로 그 재판상 직무행위가 국가배상법 제2조</u> <u>제1항에서 말하는 위법한 행위로 되어 국가의 손해배상책임이 발생하는 것은 아니고,</u> 그 국가배상책임이 인정되려면 당해 법관이 **위법 또는 부당한 목적을 가지고 재판**을 하였다거나 법이 법관의 직무수행상 준수할 것을 요구하고 있는 **기준을 현저하게 위반**하는 등 <u>법관이 그에게 부여된 권한의 취지에 명백히 어긋나게 이를 행사하였다고 인정할 만한 특별한 사정이</u> <u>있어야 한다.</u> 대법원 2003. 7. 11. 선고 99다24218 판결

**1764** ○ 재판에 대하여 **불복절차 내지 시정절차 자체가 없는** 경우에는 부당한 재판으로 인하여 불이익 내지 손해를 입은 사람은 국가배상 이외의 방법으로는 자신의 권리 내지 이익을 회복할 방법이 없으므로, 이와 같은 경우에는 배상책임의 요건이 충족되는 한 <u>국가배상책임을 인정하지 않을 수 없다.</u> 대법원 2003. 7. 11. 선고 99다24218 판결

**1765** ○ **헌법재판소 재판관**이 청구기간 내에 제기된 헌법소원심판청구 사건에서 **청구기간을 오인하여 각하결정**을 한 경우, 이에 대한 불복절차 내지 시정절차가 없는 때에는 <u>국가배상책임(위법성)을 인정할 수 있다.</u> 대법원 2003. 7. 11. 선고 99다24218 판결

**1766** ✕ <u>헌법재판소 재판관의 위법한 직무집행의 결과 잘못된 각하결정을 함으로써 청구인으로 하여금 본안판단을 받을 기회를 상실 하게 한 이상, 설령 본안판단을 하였더라도 **어차피 청구가 기각되었을 것이라는 사정**이 있다고 하더라도 (중략) 그 침해로 인한 정신상 고통에 대하여는 <u>위자료를 지급할 의무가 있다.</u> 대법원 2003. 7. 11. 선고 99다24218 판결

**1767** ○ 공무원의 직무집행상의 **과실**이라 함은 공무원이 그 직무를 수행함에 있어 <u>당해 직무를 담당하는 **평균인**이 통상 갖추어야</u> <u>할 주의의무를 게을리 한 것을 말한다.</u> 대법원 1987. 9. 22. 선고 87다카1164 판결

**1768** ✕ <u>가해행위가 공무원의 행위에 의한 것으로 인정되는 한 **가해공무원의 특정은 필요하지 않다.**</u>

**1769** ○ 입증책임의 일반원칙에 따라 가해공무원의 <u>과실이 '존재'한다는 사실은 이를 주장하는 **피해자(원고)**에게 입증책임이 있다.</u>

**1770** ○ **국가배상법**은 민법상의 사용자책임을 규정한 <u>민법에서 사용자가 피용자의 선임감독에 무과실인 경우에는 면책되도록 규정한</u> <u>것과는 달리</u> 이러한 **면책규정을 두지 아니함**으로써 국가배상책임이 용이하게 인정되도록 하고 있다. 대법원 1996. 2. 15. 선고 95다38677 전원합의체 판결

**1771** ○ 일반적으로 <u>공무원이 직무를 집행함에 있어서 **관계법규를 알지 못하거나 필요한 지식을 갖추지 못하여** 법규의 해석을 그르쳐</u> 잘못된 행정처분을 하였다면 그가 <u>법률전문가가 아닌 행정직 공무원이라고 하여 과실이 없다고 할 수 없다.</u> 대법원 1995. 10. 13. 선고 95다32747 판결

**06**

□□□ **1772** 공무원이 관계 법령의 해석이 확립되기 전에 어느 한 설을 취하여 업무를 처리한 것이 결과적으로 위법하더라도 처분 당시 그 이상의 업무처리를 성실한 평균적 공무원에게 기대하기 어려웠던 경우라면 원칙적으로 공무원의 과실을 인정할 수 없다. 22. 국가 9급 (    )

□□□ **1773** 변호인의 접견신청을 허용하지 않고 변호인의 접견교통권을 침해한 경우에는 접견 불허결정을 한 국가정보원 소속 수사관에게 고의나 과실이 있다고 볼 수 있다. 22. 국회 9급 (    )

□□□ **1774** 형벌에 관한 법령이 헌법재판소의 위헌결정으로 소급하여 효력을 상실한 경우, 위헌 선언 전 그 법령에 기초하여 수사가 개시되어 공소가 제기되고 유죄판결이 선고되었더라도, 그러한 사정만으로 국가의 손해배상책임이 발생한다고 볼 수 없다. 19. 지방 9급 (    )

□□□ **1775** 영업허가취소처분이 나중에 행정심판에 의하여 재량권을 일탈한 위법한 처분이 되었더라도 그 처분이 당시 시행되던 「공중위생법 시행규칙」에 정하여진 행정처분의 기준에 따른 것이라면 그 영업허가취소처분을 한 공무원에게 그와 같은 위법한 처분을 한 데 있어 어떤 직무집행상의 과실이 있다고 할 수 없다.
21. 국가 7급 (    )

□□□ **1776** 행정처분이 후에 항고소송에서 취소되었다고 할지라도 그 기판력에 의하여 당해 행정처분이 곧바로 공무원의 고의 또는 과실로 인한 것으로서 불법행위를 구성한다고 단정할 수는 없다. 24. 지방 9급 (    )

□□□ **1777** 국가배상책임에서의 법령위반은, 인권존중·권력남용금지·신의성실·공서양속 등의 위반도 포함해 널리 그 행위가 객관적인 정당성을 결여하고 있음을 의미한다. 22. 지방 7급 (    )

□□□ **1778** 행정처분의 담당공무원이 주관적 주의의무를 결하여 그 행정처분이 주관적 정당성을 상실하였다고 인정될 정도에 이른 경우에 「국가배상법」 제2조의 요건을 충족하였다고 봄이 상당하다. 20. 지방 7급 (    )

□□□ **1779** 헌법상 과잉금지의 원칙 내지 비례의 원칙을 위반하여 국민의 기본권을 침해한 국가작용은 국가배상책임에 있어 법령을 위반한 가해행위가 된다. 24. 지방 9급 (    )

□□□ **1780** 공무원의 직무집행이 법령이 정한 요건과 절차에 따라 이루어진 것이라면 특별한 사정이 없는 한 공무원의 행위는 법령에 적합한 것이나, 그 과정에서 개인의 권리가 침해된 경우에는 법령적합성이 곧바로 부정된다. 25. 국가 7급 (    )

□□□ **1781** 공무원의 가해행위에 대해 형사상 무죄판결이 있었더라도 그 가해행위를 이유로 국가배상책임이 인정될 수 있다. 17. 국가 7급 (    )

□□□ **1782** 상급행정기관이 소속 공무원이나 하급행정기관에 대하여 업무처리지침이나 법령의 해석·적용 기준을 정해 주는 행정규칙을 위반한 공무원의 조치가 있다고 해서 그러한 사정만으로 곧바로 그 조치의 위법성이 인정되는 것은 아니다. 22. 지방 7급 (    )

□□□ **1783** 공무원에 대한 전보인사가 인사권을 다소 부적절하게 행사한 것으로 볼 여지가 있다 하더라도 그러한 사유만으로 그 전보인사가 당연히 불법행위를 구성한다고 볼 수는 없다. 22. 국가 7급 (    )

## 정답 & OX 풀이

**1772** O 행정청이 관계 **법령의 해석이 확립되기 前**에 어느 한 설을 취하여 업무를 처리한 것이 결과적으로 위법하게 되어 그 법령의 부당집행이라는 결과를 빚었다고 하더라도 처분 당시 그와 같은 처리 방법 이상의 것을 성실한 평균적 공무원에게 기대하기 어려웠던 경우라면 특별한 사정이 없는 한 이를 두고 공무원의 과실로 인한 것이라고는 할 수 없다. 대법원 1997. 7. 11. 선고 97다7608 판결

**1773** O 수사기관이 법령에 의하지 않고는 변호인의 접견교통권을 제한할 수 없다는 것은 대법원이 오래전부터 선언해 온 확고한 법리로서 변호인의 접견신청에 대하여 허용 여부를 결정하는 수사기관으로서는 마땅히 이를 숙지해야 한다. 이러한 법리에 반하여 변호인의 접견신청을 허용하지 않고 **변호인의 접견교통권을 침해**한 경우에는 접견 불허결정을 한 공무원에게 고의나 과실이 있다고 볼 수 있다. 대법원 2018. 12. 27. 선고 2016다266736 판결

**1774** O 형벌에 관한 법령이 헌법재판소의 위헌결정으로 소급하여 효력을 상실하였거나 법원에서 위헌·무효로 선언된 경우, 그 법령이 **위헌으로 선언되기 前**에 그 법령에 기초하여 수사가 개시되어 공소가 제기되고 유죄판결이 선고되었더라도, 그러한 사정만으로 수사기관의 직무행위나 법관의 재판상 직무행위가 국가배상법 제2조 제1항에서 말하는 공무원의 고의 또는 과실에 의한 불법행위에 해당하여 국가의 손해배상책임이 발생한다고 볼 수는 **없다**. 대법원 2014. 10. 27. 선고 2013다217962 판결

**1775** O 영업허가취소처분이 나중에 행정심판에 의하여 재량권을 일탈한 위법한 처분임이 판명되어 취소되었다고 하더라도 그 처분이 당시 시행되던 공중위생법시행규칙에 정하여진 행정**처분의 기준에 따른 것인 이상** 그 영업허가취소처분을 한 행정청 공무원에게 그와 같은 위법한 처분을 한 데 있어 어떤 직무집행상의 과실이 있다고 할 수는 없다. 대법원 1994. 11. 8. 선고 94다26141 판결

**1776** O 어떠한 행정처분이 후에 **항고소송에서 취소되었다고 할지라도** 그 기판력에 의하여 당해 행정처분이 곧바로 공무원의 고의 또는 과실로 인한 것으로서 **불법행위를 구성한다고 단정할 수는 없는 것**이다. 대법원 2000. 5. 12. 선고 99다70600 판결

**1777** O '**법령을 위반하여**'라고 함은 엄격하게 형식적 의미의 법령에 명시적으로 공무원의 행위의무가 정하여져 있음에도 이를 위반하는 경우만을 의미하는 것은 아니고, 인권존중·권력남용금지·신의성실과 같이 공무원으로서 마땅히 지켜야 할 준칙이나 규범을 지키지 아니하고 위반한 경우를 비롯하여 **널리 그 행위가 객관적인 정당성을 결여**하고 있는 경우도 포함한다. 대법원 2015. 8. 27. 선고 2012다204587 판결

**1778** X 행정처분의 담당공무원이 보통 일반의 공무원을 표준으로 하여 볼 때 **객관적 주의의무를 결**하여 그 행정처분이 **객관적** 정당성을 상실하였다고 인정될 정도에 이른 경우에 국가배상법 제2조 소정의 국가배상책임의 요건을 충족하였다고 봄이 상당할 것이다. 대법원 2000. 5. 12. 선고 99다70600 판결

**1779** O 헌법상 과잉금지의 원칙 내지 **비례의 원칙을 위반**하여 국민의 기본권을 침해한 국가작용은 국가배상책임에 있어 법령을 위반한 가해행위가 된다. 대법원 2022. 9. 29. 선고 2018다224408 판결

**1780** X 공무원의 직무집행이 **법령이 정한 요건과 절차에 따라** 이루어진 것이라면 특별한 사정이 없는 한 이는 **법령에 적합한 것**이고 그 과정에서 **개인의 권리가 침해**되는 일이 생긴다고 하여 그 **법령적합성이 곧바로 부정되는 것은 아니다**. 대법원 2000. 11. 10. 선고 2000다26807 판결

**1781** O **형사**상 범죄를 구성하지 아니하는 침해행위라고 하더라도 그것이 **민사상 불법행위를 구성하는지 여부는 형사책임과 별개의** 관점에서 검토하여야 한다(형사상 범죄를 구성하지 아니하는 침해행위가 민사상 불법행위를 구성할 수 있다는 사례). 대법원 2008. 2. 1. 선고 2006다6713 판결

**1782** O 대외적으로 처분 권한이 있는 처분청이 **상급행정기관의 지시를 위반**하는 처분을 하였다고 해서 그러한 사정만으로 처분이 **곧바로 위법하게 되는 것은 아니고**, 처분이 상급행정기관의 지시를 따른 것이라고 해서 **적법성이 보장되는 것도 아니다**. 대법원 2019. 7. 11. 선고 2017두38874 판결

**1783** O **공무원에 대한 전보인사**가 법령이 정한 기준과 원칙에 위배되거나 인사권을 다소 부적절하게 행사한 것으로 볼 여지가 있다 하더라도 그러한 사유만으로 그 전보인사가 당연히 불법행위를 구성한다고 볼 수는 없다. 대법원 2009. 5. 28. 선고 2006다16215 판결

**06**

□□□ **1784** 성폭력범죄의 수사를 담당하거나 수사에 관여하는 경찰관이 직무상 의무에 위반하여 피해자의 인적사항 등을 공개 또는 누설한 경우, 그로 인하여 피해자가 입은 손해에 대하여 국가는 배상책임을 진다.

14. 국가 7급 (　　)

□□□ **1785** 구「행형법 시행령」제144조의 규정에 반하여 교도소장이 아닌 관구교감에 의해 징벌처분이 고지되었다면 위 징벌처분에 절차상 하자가 있으므로 징벌처분에 대하여 국가배상책임이 인정된다.

25. 국가 7급 (　　)

★☆☆
□□□ **1786** 공무원이 그 권한을 행사하지 아니한 것이 직무상 의무를 위반하여 위법한 것으로 되는 경우에는 특별한 사정이 없는 한 과실도 인정된다. 14. 국회 8급 (　　)

★☆☆
□□□ **1787** 공무원의 부작위로 인한 국가배상책임을 인정하기 위하여는 공무원의 작위로 인한 국가배상책임을 인정하는 경우와 마찬가지로「국가배상법」제2조 제1항의 요건이 충족되어야 한다. 25. 지방 7급 (　　)

★☆☆
□□□ **1788** 소방공무원의 권한 행사가 관계 법률의 규정에 의하여 소방공무원의 재량에 맡겨져 있으면 구체적인 상황에서 소방공무원이 권한을 행사하지 아니한 것이 현저하게 합리성을 잃어 사회적 타당성이 없는 경우에도 직무상 의무를 위반하여 위법하게 되는 것은 아니다. 19. 국회 8급 (　　)

□□□ **1789** 식품의약품안전청장이 구「식품위생법」상의 규제 권한을 행사하지 않아서 미니컵 젤리가 수입·유통되어 이를 먹던 아동이 질식사 하였다면 국가는 이에 대한 손해배상책임을 부담해야 한다. 19. 소방간부 (　　)

★★☆
□□□ **1790** 공무원의 부작위로 인한 국가배상책임을 인정할 것인지 여부가 문제되는 경우에 관련 공무원에 대하여 작위의무를 명하는 형식적 법률의 규정이 없는 경우에는 국가배상책임이 인정되지 않는다.

21. 지방 7급 (　　)

□□□ **1791** 국민의 생명·신체·재산 등에 대하여 절박하고 중대한 위험상태가 발생하였거나 발생할 상당한 우려가 있는 경우가 아닌 한, 원칙적으로 공무원이 관련법령에서 정하여진 대로 직무를 수행하였다면 손해방지 조치를 제대로 이행하지 않은 부작위를 가지고 '고의 또는 과실로 법령에 위반'하였다고 할 수는 없다. 20. 변호사 (　　)

★★★
□□□ **1792** 국회가 법률로 행정청에 특정한 사항을 위임했음에도 불구하고 행정청이 정당한 이유 없이 이를 이행하지 않는다면 권력분립의 원칙과 법치국가 또는 법치행정의 원칙에 위배되는 것으로서 위법함과 동시에 위헌적인 것이 되고, 이는 행정청이 법률에서 대통령령으로 정하도록 위임받은 사항을 전혀 입법하지 않은 경우는 물론 그 법률이 위임한 사항을 불충분하게 규정함으로써 법률이 위임한 행정입법의무를 제대로 이행하지 않은 경우도 마찬가지이다. 25. 국가 7급 (　　)

★★★
□□□ **1793** 행정입법의무의 불이행으로 인해 수퍼마켓 등의 소매점에 대한 장애인의 접근권이 침해된 경우, 그로 인하여 장애인이 입게 되는 정신적 손해는 추상적인 수준에 머물게 되므로 국가의 위자료 지급의무가 배제된다. 25. 국가 7급 (　　)

## 정답 & OX 풀이

**1784** O 성폭력범죄의 수사를 담당하거나 수사에 관여하는 경찰관이 위와 같은 직무상 의무에 반하여 피해자의 인적사항 등을 공개 또는 누설하였다면 국가는 그로 인하여 피해자가 입은 손해를 배상하여야 한다. 대법원 2008. 6. 12. 선고 2007다64365 판결

**1785** X 행형법 시행령 제144조의 규정에 반하여 교도소장이 아닌 관구교감에 의해 징벌처분이 고지되었다는 사유만으로는 위 징벌처분이 손해의 전보책임을 국가에게 부담시켜야 할 만큼 객관적 정당성을 상실한 정도라고 볼 수 없다고 한 사례. 대법원 2004. 12. 9. 선고 2003다50184 판결

**1786** O 식약청장등이 그 권한을 행사하지 아니한 것이 직무상 의무를 위반하여 위법한 것으로 되는 경우에는 특별한 사정이 없는 한 과실도 인정된다. 대법원 2010. 9. 9. 선고 2008다77795 판결

**1787** O 공무원의 부작위로 인한 국가배상책임을 인정하기 위하여는 공무원의 작위로 인한 국가배상책임을 인정하는 경우와 마찬가지로 '공무원이 그 직무를 집행함에 당하여 고의 또는 과실로 법령에 위반하여 타인에게 손해를 가한 때'라고 하는 국가배상법 제2조 제1항의 요건이 충족되어야 할 것이다. 대법원 1998. 10. 13. 선고 98다18520 판결

**1788** X 소방공무원의 행정권한 행사가 관계 법률의 규정 형식상 소방공무원의 재량에 맡겨져 있다고 하더라도 소방공무원에게 그러한 권한을 부여한 취지와 목적에 비추어 볼 때 구체적인 상황 아래에서 소방공무원이 그 권한을 행사하지 않은 것이 현저하게 합리성을 잃어 사회적 타당성이 없는 경우에는 소방공무원의 직무상 의무를 위반한 것으로서 위법하게 된다. 대법원 2008. 4. 10. 선고 2005다48994 판결

**1789** X (어린이가 '미니컵 젤리'를 먹다가 질식하여 사망한 사안에서) 식품의약품안전청장 등이 (중략) 조치를 취하지 않은 것이 현저하게 합리성을 잃어 사회적 타당성이 없다거나 객관적 정당성을 상실하여 위법하다고 할 수 있을 정도에까지 이르렀다고 보기 어렵고, 그 권한 불행사에 과실이 있다고 할 수도 없다. 대법원 2010. 9. 9. 선고 2008다77795 판결

**1790** X 국민의 생명, 신체, 재산 등에 대하여 절박하고 중대한 위험상태가 발생하였거나 발생할 우려가 있어서 국민의 생명, 신체, 재산 등을 보호하는 것을 본래적 사명으로 하는 국가가 초법규적, 일차적으로 그 위험 배제에 나서지 아니하면 국민의 생명, 신체, 재산 등을 보호할 수 없는 경우에는 형식적 의미의 법령에 근거가 없더라도 국가나 관련 공무원에 대하여 그러한 위험을 배제할 작위의무를 인정할 수 있다. 그러나 그와 같은 절박하고 중대한 위험상태가 발생하였거나 발생할 상당한 우려가 있는 경우가 아닌 한, 원칙적으로 공무원이 관련 법령에서 정하여진 대로 직무를 수행하였다면 그와 같은 공무원의 부작위를 가지고 '고의 또는 과실로 법령을 위반'하였다고 할 수는 없다. 대법원 1998. 10. 13. 선고 98다18520 판결

**1791** O 위 1790번의 해설 내용 참고.

**1792** O 국회가 법률로 행정청에 특정한 사항을 위임했음에도 불구하고 행정청이 정당한 이유 없이 이를 이행하지 않는다면 권력분립의 원칙과 법치국가 또는 법치행정의 원칙에 위배되는 것으로서 위법함과 동시에 위헌적인 것이 되고, 이는 행정청이 법률에서 대통령령으로 정하도록 위임받은 사항을 전혀 입법하지 않은 경우는 물론 그 법률이 위임한 사항을 불충분하게 규정함으로써 법률이 위임한 행정입법의무를 제대로 이행하지 않은 경우도 마찬가지이다(주: 이른바 '부진정 행정입법부작위'를 의미함). 대법원 2024. 12. 19. 선고 2022다289051 전원합의체 판결

**1793** X 행정청에는 장애인을 위한 편의시설 설치가 강제되는 대상시설을 확대하여 장애인의 접근권을 실질적으로 개선하는 형태로 해당 행정입법을 개정할 구체적인 의무가 발생한다고 할 것이고, 행정청이 정당한 이유 없이 그 개선입법의무를 이행하지 않는다면 그 행정입법 부작위는 위법하다고 할 것이다(위법한 부진정 행정입법부작위로 인해 장애인의 접근권이 침해되었다고 주장하면서 국가배상으로 위자료를 청구한 사안에서, 원고들 중 일부에게 각 10만 원의 위자료를 인정한 사례). 대법원 2024. 12. 19. 선고 2022다289051 전원합의체 판결

★★★
☐☐☐ **1794** 국가나 지방자치단체가 행정절차를 진행하는 과정에서 주민들의 의견제출 등 절차적 권리를 보장하지 않은 경우, 설령 사후적으로 이를 시정하여 절차를 다시 진행하였다 하더라도 특별한 사정이 없는 한 절차적 권리 침해로 인한 국가배상책임이 성립한다. 24. 변호사 (      )

★★★
☐☐☐ **1795** 공법인이 국가나 지방자치단체의 행정작용을 대신하여 공익사업을 시행하면서 행정절차를 진행하는 과 정상 주민들의 절차적 권리를 보장하지 않은 위법이 있는 경우, 절차상 위법의 시정으로도 주민들에게 정신적 고통이 남아있다고 볼 특별한 사정이 있어도 정신적 손해의 배상을 구하는 것은 불가능하다. 24. 국회 8급 (      )

★★★
☐☐☐ **1796** 공무원이 직무를 수행하면서 그 근거가 되는 법령의 규정에 따라 구체적으로 의무를 부여받았어도 그것 이 국민의 이익과 관계없이 순전히 행정기관 내부의 질서를 유지하기 위한 것이라면 그 의무에 위반하 여 국민에게 손해를 가하여도 국가 등은 배상책임을 부담하지 않는다. 22. 국가 9급 (      )

★★★
☐☐☐ **1797** 직무상 의무를 부과한 법령의 목적이 단순히 공공일반의 이익을 위한 것이라도 공무원이 그 직무상 의 무를 위반하여 손해를 입힌 경우 국가배상책임이 인정된다. 25. 소방간부 (      )

☐☐☐ **1798** 국민이 법령에 정하여진 수질기준에 미달한 상수원수로 생산된 수돗물을 마심으로써 건강상의 위해 발 생에 대한 염려 등에 따른 정신적 고통을 받았다고 하더라도, 이러한 사정만으로는 국가 또는 지방자치 단체가 국민에게 손해배상책임을 부담하지 아니한다. 20. 지방 7급 (      )

☐☐☐ **1799** 인감증명사무를 처리하는 공무원은 인감증명이 타인과의 권리·의무에 관계되는 일에 사용되는 것을 예상하여 그 발급된 인감증명으로 인한 부정행위의 발생을 방지할 직무상의 의무가 있다. 12. 국가 7급 (      )

★☆☆
☐☐☐ **1800** 甲이 乙과 동일한 이름으로 개명허가를 받은 것처럼 호적등본을 위조하여 주민등록상 성명을 위법하게 정정하고, 乙 명의의 주민등록증을 발급받아 乙의 부동산에 관하여 근저당권설정등기를 마친 경우, 주민 등록사무를 담당하는 공무원이 위와 같은 성명정정 사실을 甲의 본적지 관할관청에 통보하지 아니한 직무상 의무위배행위와 乙이 입은 손해 사이에 상당인과관계를 인정할 수 없다. 23. 변호사 (      )

☐☐☐ **1801** 「공직선거법」이 후보자가 되고자 하는 자와 그 소속 정당에게 전과기록을 조회할 권리를 부여하고 수사 기관에 회보의무를 부과한 것은 공공의 이익만을 위한 것이지 후보자가 되고자 하는 자나 그 소속 정당 의 개별적 이익까지 보호하기 위한 것은 아니다. 19. 국가 7급 (      )

☐☐☐ **1802** 개별공시지가 산정업무 담당공무원 등이 그 직무상 의무에 위반하여 현저하게 불합리한 개별공시지가가 결정되도록 함으로써 갑의 재산권을 침해한 경우 상당인과관계가 인정되는 범위에서 그 손해에 대하여 그 담당공무원 등이 속한 지방자치단체가 배상책임을 지게 된다. 19. 국가 7급 (      )

☐☐☐ **1803** 음주운전으로 적발된 주취운전자가 도로 밖으로 차량을 이동하겠다며 단속경찰관으로부터 보관 중이던 차량열쇠를 반환받아 몰래 차량을 운전하여 가던 중 사고를 일으킨 경우, 국가배상책임이 인정되지 않는다. 24. 국가 9급 (      )

## 정답 & OX 풀이

**1794** ✕ 국가나 지방자치단체가 행정절차를 진행하는 과정에서 주민들의 의견제출 등 <u>절차적 권리를 보장하지 않은 위법</u>이 있다고 하더라도 그 후 이를 시정하여 절차를 다시 진행한 경우, **종국적으로 행정처분 단계까지 이르지 않거나 처분을 직권으로 취소하거나 철회한 경우,** 행정소송을 통하여 처분이 취소되거나 처분의 무효를 확인하는 판결이 확정된 경우 등에는 <u>주민들이 절차적 권리의 행사를 통하여 환경권이나 재산권 등 사적 이익을 보호하려던 목적이 실질적으로 달성된 것이므로 특별한 사정이 없는 한 절차적 권리 침해로 인한 **정신적 고통에 대한 배상은 인정되지 않는다.** 대법원 2021. 7. 29 선고 2015다221668 판결

**1795** ✕ 공법인이 국가나 지방자치단체의 행정작용을 대신하여 공익사업을 시행하면서 행정절차를 진행하는 과정에서 <u>주민들의 절차적 권리를 보장하지 않은 위법이 있더라도 곧바로 정신적 손해를 배상할 책임이 인정되는 것은 아니지만, 절차상 위법의 시정으로도 주민들에게 **정신적 고통이 남아 있다고 볼 특별한 사정**</u>이 있는 경우에는 정신적 손해의 배상을 구하는 것이 가능하다. 대법원 2021. 8. 12. 선고 2015다208320 판결

**1796** ○ 공무원이 고의 또는 과실로 그에게 부과된 직무상 의무를 위반하였을 경우라고 하더라도 국가는 그러한 <u>직무상의 의무 위반과 피해자가 입은 손해 사이에 **상당인과관계**가 인정되는 범위 내에서만 배상책임을 지는 것이고, 이 경우 상당인과관계가 인정되기 위하여는 공무원에게 부과된 직무상 의무의 내용이 단순히 **공공 일반의 이익**을 위한 것이거나 **행정기관 내부의 질서를 규율**하기 위한 것이 **아니고** 전적으로 또는 부수적으로 사회구성원 **개인의 안전과 이익**을 보호하기 위하여 설정된 것이어야 한다. 대법원 2010. 9. 9. 선고 2008다77795 판결

**1797** ✕ 위 1796번의 해설 내용 참고.

**1798** ○ 국가 등에게 일정한 기준에 따라 **상수원수의 수질을 유지하여야 할 의무**를 부과하고 있는 법령의 규정은 국민에게 양질의 수돗물이 공급되게 함으로써 국민 일반의 건강을 보호하여 <u>공공 일반의 전체적인 이익을 도모하기 위한 것이지, 국민 개개인의 안전과 이익을 직접적으로 보호하기 위한 규정이 아니므로</u>, 국가 또는 지방자치단체가 법령이 정하는 상수원수 수질기준 유지의무를 다하지 못하고, 법령이 정하는 고도의 정수처리방법이 아닌 일반적 정수처리방법으로 수돗물을 생산·공급하였다는 사유만으로 그 수돗물을 마신 개인에 대하여 손해배상책임을 부담하지는 않는다. 대법원 2001. 10. 23. 선고 99다36280 판결

**1799** ○ <u>인감증명</u>사무를 처리하는 공무원으로서는 그것이 타인과의 권리의무에 관계되는 일에 사용되어 지는 것을 예상하여 그 <u>발급된 인감으로 인한 부정행위의 발생을 방지할 직무상의 의무가 있다.</u> 대법원 2004. 3. 26. 선고 2003다54490 판결

**1800** ✕ <u>주민등록사무를 담당하는 공무원이 **개명**으로 인한 주민등록상 성명정정을 본적지 관할관청에 통보하지 아니한 직무상 의무위배행위와 갑과 같은 이름으로 개명허가를 받은 듯이 호적등본을 위조하여 주민등록상 성명을 위법하게 정정한 을이 갑의 부동산에 관하여 불법적으로 근저당권설정등기를 경료함으로써 갑이 입은 손해 사이에는 상당인과관계가 있다고 한 사례.</u> 대법원 2003. 4. 25. 선고 2001다59842 판결

**1801** ✕ **공직선거법**이 위와 같이 후보자가 되고자 하는 자와 그 소속 정당에게 **전과기록**을 조회할 권리를 부여하고 수사기관에 회보의무를 부과한 것은 단순히 유권자의 알권리 보호 등 공공 일반의 이익만을 위한 것이 아니라, (중략) 정당의 신뢰도 하락을 방지할 수 있게 하는 등 <u>개별적인 이익도 보호하기 위한 것이다.</u> 대법원 2011. 9. 8. 선고 2011다34521 판결

**1802** ○ 개별공시지가 산정업무 담당공무원 등이 그 직무상 의무에 위반하여 <u>현저하게 불합리한 **개별공시지가**가 결정되도록</u> 함으로써 국민 개개인의 재산권을 침해한 경우에는 그 손해에 대하여 상당인과관계 있는 범위 내에서 그 담당공무원 등이 소속된 지방자치단체가 <u>배상책임을 지게 된다.</u> 대법원 2010. 7. 22. 선고 2010다13527 판결

**1803** ✕ **음주운전**으로 적발된 주취운전자가 <u>도로 밖으로 차량을 이동하겠다며 단속경찰관으로부터 보관중이던 차량열쇠를 반환받아</u> 몰래 차량을 운전하여 가던 중 사고를 일으킨 경우, <u>국가배상책임을 인정한 사례.</u> 대법원 1998. 5. 8. 선고 97다54482 판결

**06**

□□□ **1804** 유흥주점의 화재로 여종업원들이 사망한 경우, 담당 공무원의 유흥주점의 용도변경, 무허가 영업 및 시설기준에 위배된 개축에 대하여 시정명령 등 「식품위생법」상 취하여야 할 조치를 게을리 한 직무상 의무위반행위와 여종업원들의 사망 사이에는 상당인과관계가 존재하지 아니한다. 14. 지방 9급 (    )

★☆☆
□□□ **1805** 영조물의 설치·관리상의 하자로 인한 손해의 원인에 대하여 책임을 질 사람이 따로 있는 경우에는 국가·지방자치단체는 그 사람에게 구상할 수 있다. 17. 지방 7급 (    )

★☆☆
□□□ **1806** 「국가배상법」상의 '공공의 영조물'은 일반공중의 자유로운 사용에 직접적으로 제공되는 공공용물에 한하고, 행정주체 자신의 사용에 제공되는 공용물은 포함하지 않는다. 23. 지방 7급 (    )

★★★
□□□ **1807** '공공의 영조물'이란 국가 또는 지방자치단체가 소유권, 임차권 그 밖의 권한에 기하여 관리하고 있는 경우를 의미하고, 그러한 권원 없이 사실상의 관리를 하고 있는 경우는 제외된다. 23. 국가 7급 (    )

★★☆
□□□ **1808** 설치 공사 중인 옹벽은 아직 완성되지 아니하여 일반 공중의 이용에 제공되지 않고 있었던 이상 공공의 영조물에 해당한다고 할 수 없다. 21. 지방 7급 (    )

★☆☆
□□□ **1809** 국가 또는 지방자치단체가 관리하지만 사인의 소유에 속하는 공물에 대하여는 「국가배상법」 제5조가 적용되지 아니한다. 14. 국가 7급 (    )

★☆☆
□□□ **1810** 공유나 사유임을 불문하고 사실상 도로로 사용되고 있었다면, 도로의 노선인정 기타 공용개시가 없었다고 하여도 해당 도로는 「국가배상법」상 영조물이라고 할 수 있다. 25. 국가 9급 (    )

★☆☆
□□□ **1811** '공공의 영조물'에는 철도시설물인 대합실과 승강장 및 도로 상에 설치된 보행자 신호기와 차량 신호기도 포함된다. 20. 국가 7급 (    )

★☆☆
□□□ **1812** 철도시설물의 설치 또는 관리의 하자로 인한 손해배상청구의 경우에는 「국가배상법」이 적용된다.
21. 국가 7급 (    )

★☆☆
□□□ **1813** '영조물의 설치 또는 관리의 하자'란 공공의 목적에 제공된 영조물이 그 용도에 따라 통상 갖추어야 할 안전성을 갖추지 못한 상태에 있음을 말한다. 16. 국가 9급 (    )

★★☆
□□□ **1814** 영조물이 그 설치 및 관리에 있어 완전무결한 상태를 유지할 정도의 고도의 안전성을 갖추지 아니하였다고 하여 하자가 있다고 단정할 수는 없고, 영조물 이용자의 상식적이고 질서 있는 이용 방법을 기대한 상대적인 안전성을 갖추는 것으로 족하다. 25. 국회 8급 (    )

★★☆
□□□ **1815** 영조물이 안전성을 갖추었는지 여부는 영조물의 설치자 또는 관리자가 그 영조물의 위험성에 비례하여 사회통념상 일반적으로 요구되는 정도의 방호조치의무를 다하였는지를 기준으로 판단하여야 하고, 그 설치자 또는 관리자의 재정적·인적·물적 제약 등은 고려하지 않는다. 23. 국가 7급 (    )

★★☆
□□□ **1816** 객관적으로 보아 영조물의 결함이 영조물의 설치·관리자의 관리행위가 미칠 수 없는 상황 아래에 있는 경우에는 영조물의 설치·관리의 하자를 인정할 수 없다. 23. 국가 7급 (    )

## 정답 & OX 풀이

**1804** O (유흥주점에 감금된 채 윤락을 강요받으며 생활하던 여종업원들이 **유흥주점에 화재**가 났을 때 미처 피신하지 못하고 유독가스에 질식해 사망한 사안에서) 지방자치단체의 담당 공무원이 위 유흥주점의 용도변경, 무허가 영업 및 시설기준에 위배된 개축에 대하여 시정명령 등 식품위생법상 취하여야 할 <u>조치를 게을리 한 직무상 의무위반행위와 위 종업원들의 사망 사이에 상당인과 관계가 존재하지 않는다.</u> 대법원 2008. 4. 10. 선고 2005다48994 판결

**1805** O **국가배상법 제5조**(공공시설 등의 하자로 인한 책임) ② 제1항을 적용할 때 <u>손해의 원인에 대하여 책임을 질 자가 따로 있으면</u> 국가나 지방자치단체는 그 자에게 **구상**할 수 있다.

**1806** X 국가배상법 제5조 제1항 소정의 '**공공의 영조물**'이라 함은 <u>국가 또는 지방자치단체에 의하여 특정 공공의 목적에 공여된 유체물 내지 물적 설비를 지칭하며, 특정 공공의 목적에 공여된 물이라 함은 일반공중의 자유로운 사용에 직접적으로 제공되는 공공용물에 한하지 아니하고, 행정주체 자신의 사용에 제공되는 **공용물도 포함**하며 국가 또는 지방자치단체가 소유권, 임차권 그밖의 권한에 기하여 관리하고 있는 경우뿐만 아니라 **사실상의 관리**를 하고 있는 경우도 **포함한다.** 대법원 1995. 1. 24. 선고 94다45302 판결

**1807** X 위 1806번의 해설 내용 참고.

**1808** O 사고 당시 **설치하고 있던 옹벽**은 소외 회사가 그 공사를 도급받아 공사 중에 있었을 뿐만 아니라 <u>아직 완성도 되지 아니하여 일반 공중의 이용에 제공되지 않고 있었던 이상 국가배상법 제5조 제1항 소정의 영조물에 해당한다고 할 수 없다.</u> 대법원 1998. 10. 23. 선고 98다17381 판결

**1809** X 국가배상법 제5조 소정의 공공의 영조물이란 **공유나 사유임을 불문하고** 행정주체에 의하여 특정공공의 목적에 공여된 유체물 또는 물적 설비를 의미하므로 <u>사실상 군민의 통행에 제공되고 있던 도로</u> 옆의 암벽으로부터 떨어진 낙석에 맞아 소외인이 사망하는 사고가 발생하였다고 하여도 동 사고지점 도로가 피고 군에 의하여 <u>노선인정 기타 **공용개시가 없었으면** 이를 영조물이라 할 수 없다.</u> 대법원 1981. 7. 7. 선고 80다2478 판결

**1810** X 위 1809번의 해설 내용 참고.

**1811** O [1] <u>공공의 영조물인 **철도시설물**의 설치 또는 관리의 하자로 인한 불법행위</u>를 원인으로 하여 국가에 대하여 손해배상청구를 하는 경우에는 국가배상법이 적용되므로 배상전치절차를 거쳐야 한다(주: 수원역 대합실과 승강장을 영조물로 본 사례). 대법원 1999. 6. 22. 선고 99다7008 판결

[2] (**보행자 신호기**가 고장난 횡단보도 상에서 교통사고가 발생한 사안에서) 적색등의 전구가 단선되어 있었던 위 보행자 신호기는 그 용도에 따라 통상 갖추어야 할 안전성을 갖추지 못한 관리상의 하자가 있어 <u>지방자치단체의 배상책임이 인정된다</u>고 한 사례. 대법원 2007. 10. 26. 선고 2005다51235 판결

**1812** O 위 1811번의 해설 내용 참고.

**1813** O 국가배상법 제5조 제1항 소정의 '영조물의 **설치 또는 관리의 하자**'라 함은 <u>영조물이 그 용도에 따라 **통상 갖추어야 할 안전성**을 갖추지 못한 상태에 있음을 말하는 것으로서, 영조물이 완전무결한 상태에 있지 아니하고 그 기능상 어떠한 결함이 있다는 것만으로 영조물의 설치 또는 관리에 하자가 있다고 할 수 없고, 위와 같은 안전성의 구비 여부는 당해 영조물의 용도, 그 설치 장소의 현황 및 이용 상황 등 제반 사정을 종합적으로 고려하여 설치·관리자가 그 영조물의 위험성에 비례하여 **사회통념상** 일반적으로 요구되는 정도의 **방호조치의무**를 다하였는지 여부를 그 기준으로 삼아 판단하여야 하고, 다른 생활필수시설과의 관계나 그것을 설치하고 관리하는 주체의 **재정적, 인적, 물적 제약 등을 고려**하여 그것을 이용하는 자의 **상식적이고 질서 있는 이용 방법**을 기대한 **상대적인 안전성**을 갖추는 것으로 족하며, 객관적으로 보아 시간적·장소적으로 영조물의 기능상 결함으로 인한 손해발생의 **예견가능성과 회피가능성**이 없는 경우 즉 그 영조물의 결함이 영조물의 **설치관리자의 관리행위**가 미칠 수 없는 상황 아래에 있는 경우에는 영조물의 설치·관리상의 하자를 인정할 수 없다.</u> 대법원 2008. 9. 25. 선고 2007다88903 판결

**1814** O 위 1813번의 해설 내용 참고.

**1815** X 위 1813번의 해설 내용 참고.

**1816** O 위 1813번의 해설 내용 참고.

06

□□□ **1817** ★★☆ 영조물이 그 용도에 따라 갖추어야 할 안전성을 갖추지 못한 상태에는 영조물이 공공의 목적에 이용됨에 있어 그 이용 상태 및 정도가 일정한 한도를 초과하여 제3자에게 사회통념상 수인할 것이 기대되는 한도를 넘는 피해를 입히는 경우까지 포함된다. 23. 국가 7급 (      )

□□□ **1818** ★★☆ 하천의 제방이 계획홍수위를 넘고 있더라도, 하천이 그 후 새로운 하천시설을 설치할 때 '하천시설기준'으로 정한 여유고(餘裕高)를 확보하지 못하고 있다면 그 사정만으로 안정성이 결여된 하자가 있다고 보아야 한다. 20. 국가 7급 (      )

□□□ **1819** ★★☆ 강설에 대처하기 위하여 완벽한 방법으로 도로 자체에 융설 설비를 갖추는 것은 현대의 과학기술 수준이나 재정사정에 비추어 사실상 불가능하다고 할 것이므로, 고속도로의 관리자에게 도로의 구조, 기상예보 등을 고려하여 사전에 충분한 인적·물적 설비를 갖추어 강설 시 신속한 제설작업을 하고 필요한 경우 제때에 교통통제 조치를 취할 관리의무가 있다고 할 수 없다. 14. 국가 7급 (      )

□□□ **1820** ★★☆ 차량이 통행하는 도로에서 유입되는 소음 때문에 인근 주택의 거주자에게 사회통념상 일반적으로 수인할 정도를 넘어서는 침해가 있는지 여부는 「환경정책기본법」 등에서 설정하고 있는 환경기준보다 「주택법」 등에서 제시하는 주택건설기준을 우선적으로 고려하여 판단하여야 한다. 21. 국회 8급 (      )

□□□ **1821** 가변차로에 설치된 두 개의 신호기에서 서로 모순되는 신호가 들어오는 고장으로 인하여 사고가 발생한 경우, 그 고장이 현재의 기술 수준상 부득이한 것으로 예방할 방법이 없는 것이라면 손해발생의 예견가능성이나 회피가능성이 없어 영조물의 하자를 인정할 수 없다. 21. 소방 (      )

□□□ **1822** ★★☆ 학교관리자에게 고등학교 학생이 교사의 단속을 피해 담배를 피우기 위하여 3층 건물 화장실 밖의 난간을 지나다가 실족할 경우까지 대비하여 화장실 창문에 난간으로의 출입을 막는 출입금지장치를 설치할 의무가 있다고 볼 수는 없다. 25. 국가 7급 (      )

□□□ **1823** ★★☆ 100년 발생빈도의 강우량을 기준으로 책정된 계획홍수위를 초과하여 600년 또는 1,000년 발생빈도의 강우량에 의한 하천의 범람으로 발생한 재해의 경우 그 영조물의 관리청에게 책임을 물을 수 없다.
24. 소방간부 (      )

□□□ **1824** ★★☆ 집중호우로 제방도로가 유실되면서 그 곳을 걸어가던 보행자가 강물에 휩쓸려 익사한 경우, 사고 당일의 집중호우가 50년 빈도의 최대강우량에 해당한다는 사실만으로도 「국가배상법」 제5조상의 영조물의 설치 또는 관리의 하자로 인한 손해배상책임에서의 면책사유인 불가항력에 해당한다. 15. 사회복지 (      )

□□□ **1825** ★★☆ 예산부족 등 설치·관리자의 재정사정은 배상책임 판단에 있어 참작사유는 될 수 있으나 안전성을 결정지을 절대적 요건은 아니다. 24. 소방간부 (      )

□□□ **1826** ★★☆ 소음 등을 포함한 공해 등의 위험지역으로 이주하여 거주하는 것이 피해자가 위험의 존재를 인식하고 그로 인한 피해를 용인하면서 접근한 것이라고 볼 수 있는 경우 가해자의 면책이 인정될 수 있다.
16. 국가 9급 (      )

## 정답 & OX 풀이

**1817** O 안전성을 갖추지 못한 상태, 즉 타인에게 위해를 끼칠 위험성이 있는 상태라 함은 당해 영조물을 구성하는 물적 시설 그 자체에 있는 물리적·외형적 흠결이나 불비로 인하여 그 이용자에게 위해를 끼칠 위험성이 있는 경우뿐만 아니라, 그 영조물이 공공의 목적에 이용됨에 있어 그 **이용상태 및 정도**가 일정한 한도를 초과하여 제3자에게 사회통념상 **수인할 것이 기대되는 한도를 넘는 피해**를 입히는 경우까지 포함된다고 보아야 한다. 대법원 2005. 1. 27. 선고 2003다49566 판결

**1818** X 하천의 관리청이 관계 규정에 따라 설정한 계획홍수위를 변경시켜야 할 사정이 생기는 등 특별한 사정이 없는 한, 이미 존재하는 하천의 제방이 **계획홍수위**를 넘고 있다면 그 하천은 용도에 따라 통상 갖추어야 할 안전성을 갖추고 있다고 보아야 하고, 그와 같은 하천이 그 후 새로운 하천시설을 설치할 때 기준으로 삼기 위하여 제정한 '하천시설기준'이 정한 여유고를 확보하지 못하고 있다는 사정만으로 바로 안전성이 결여된 하자가 있다고 볼 수는 없다. 대법원 2003. 10. 23. 선고 2001다48057 판결

**1819** X **강설**에 대처하기 위하여 완벽한 방법으로 도로 자체에 융설 설비를 갖추는 것이 현대의 과학기술 수준이나 재정사정에 비추어 사실상 불가능하다고 하더라도, 최저 속도의 제한이 있는 고속도로의 경우에 있어서는 도로관리자가 도로의 구조, 기상예보 등을 고려하여 **사전에 충분한 인적·물적 설비**를 갖추어 강설시 신속한 제설작업을 하고 나아가 필요한 경우 **제때에** 교통통제 조치를 취함으로써 고속도로로서의 기본적인 기능을 유지하거나 신속히 회복할 수 있도록 하는 관리의무가 있다. 대법원 2008. 3. 13. 선고 2007다29287 등 판결

**1820** X 차량이 통행하는 도로에서 유입되는 **소음** 때문에 인근 주택의 거주자에게 사회통념상 일반적으로 수인할 정도를 넘어서는 침해가 있는지 여부는, 주택법 등에서 제시하는 주택건설기준보다는 **환경정책기본법** 등에서 설정하고 있는 환경기준을 우선적으로 고려하여 판단하여야 한다. 대법원 2008. 8. 21. 선고 2008다9358,9365 판결

**1821** X **가변차로**에 설치된 두 개의 신호등에서 서로 모순되는 신호가 들어오는 오작동이 발생하였고 그 고장이 현재의 기술 수준상 부득이한 것이라고 가정하더라도 그와 같은 사정만으로 손해발생의 예견가능성이나 회피가능성이 없어 영조물의 하자를 인정할 수 없는 경우라고 단정할 수 없다. 대법원 2001. 7. 27. 선고 2000다56822 판결

**1822** O (고등학교 3학년 학생이 교사의 단속을 피해 **담배를 피우기 위하여 3층 건물 화장실 밖의 난간**을 지나다가 실족하여 사망한 사안에서) 학교 관리자에게 그와 같은 이례적인 사고가 있을 것을 예상하여 복도나 화장실 창문에 난간으로의 출입을 막기 위하여 출입금지장치나 추락위험을 알리는 경고표지판을 설치할 의무가 있다고 볼 수는 없으므로, 학교시설의 설치·관리상의 하자가 없다. 대법원 1997. 5. 16. 선고 96다54102 판결

**1823** O 100년 발생빈도의 강우량을 기준으로 책정된 계획홍수위를 초과하여 **600년 또는 1,000년** 발생빈도의 강우량에 의한 하천의 범람은 예측가능성 및 회피가능성이 없는 **불가항력**적인 재해로서 그 영조물의 관리청에게 책임을 물을 수 없다고 본 사례. 대법원 2003. 10. 23. 선고 2001다48057 판결

**1824** X 집중호우로 제방도로가 유실되면서 그 곳을 걸어가던 보행자가 강물에 휩쓸려 익사한 경우, 사고 당일의 집중호우가 **50년 빈도의 최대강우량**에 해당한다는 사실만으로 불가항력에 기인한 것으로 볼 수 없다. 대법원 2000. 5. 26. 선고 99다53247 판결

**1825** O 하자 유무는 객관적 견지에서 본 안전성의 문제이고 그 설치자의 **재정사정**이나 영조물의 사용목적에 의한 사정은 안전성을 요구하는데 대한 정도 문제로서 참작사유에는 해당할지언정 안전성을 결정지을 절대적 요건에는 해당하지 아니한다 할 것이다. 대법원 1967. 2. 21. 선고 66다1723 판결

**1826** O 소음 등을 포함한 공해 등의 위험지역으로 이주하여 들어가서 거주하는 경우와 같이 **위험의 존재를 인식**하면서 그로 인한 **피해를 용인하며 접근**한 것으로 볼 수 있는 경우에, (중략) 특별한 사정이 없는 한 **가해자의 면책을 인정**하여야 하는 경우도 있다. 특히 소음 등의 공해로 인한 법적 쟁송이 제기되거나 그 피해에 대한 보상이 실시되는 등 피해지역임이 구체적으로 드러나고 또한 이러한 사실이 그 지역에 널리 알려진 이후에 이주하여 오는 경우에는 위와 같은 **위험에의 접근에 따른 가해자의 면책** 여부를 보다 **적극적으로** 인정할 여지가 있다. 대법원 2010. 11. 25. 선고 2007다74560 판결

□□□ **1827** 소음 등의 공해로 인한 법적 쟁송이 제기되거나 그 피해에 대한 보상이 실시되는 등 피해지역임이 구체적으로 드러나고 이러한 사실이 그 지역에 널리 알려진 이후에 이주하여 오는 경우에는 위와 같은 위험에의 접근에 따른 가해자의 면책 여부를 보다 적극적으로 인정할 여지가 있다. 17. 지방 9급 (      )

□□□ **1828** 소음 등을 포함한 공해 등의 위험지역으로 이주하여 들어가 거주하는 경우와 같이 위험의 존재를 과실로 인식하지 못하고 이주한 경우, 이를 손해배상액의 산정에 있어 형평의 원칙상 과실상계에 준하여 감경 또는 면제사유로 고려하여야 한다. 25. 국회 8급 (      )

□□□ **1829** 영조물의 설치 또는 관리상의 하자로 인한 사고라 함은 영조물의 설치 또는 관리상의 하자만이 손해발생의 원인이 되는 경우만을 말하므로, 다른 자연적 사실이나 제3자의 행위 또는 피해자의 행위와 경합하여 손해가 발생한 경우 영조물 책임이 성립하지 않는다. 25. 국가 7급 (      )

□□□ **1830** 동일한 손해가 공무원의 직무상 불법행위와 영조물 설치·관리상 하자로 인하여 발생된 경우, 결국 영조물 설치·관리상 하자는 공무원의 직무와 관련된 것이므로 전자만을 근거로 국가배상을 청구하여야 한다. 24. 군무원 9급 (      )

□□□ **1831** 국가배상청구소송에서 공공의 영조물에 하자가 있다는 입증책임은 피해자가 지지만, 관리주체에게 손해발생의 예견가능성과 회피가능성이 없다는 입증책임은 관리주체가 진다. 17. 국가 9급 (      )

□□□ **1832** 「국가배상법」상의 영조물의 설치·관리상의 하자로 인한 책임은 무과실책임이고 나아가 「민법」상의 공작물의 점유자의 책임과는 달리 면책사유도 규정되어 있지 않다. 25. 국가 9급 (      )

□□□ **1833** 국가나 지방자치단체가 손해를 배상할 책임이 있는 경우에 공무원의 선임·감독 또는 영조물의 설치·관리를 맡은 자와 공무원의 봉급·급여, 그 밖의 비용 또는 영조물의 설치·관리 비용을 부담하는 자가 동일하지 아니하면 그 비용을 부담하는 자도 손해를 배상하여야 한다. 21. 지방 9급 (      )

□□□ **1834** 영조물의 설치·관리자와 비용부담자가 다른 경우 피해자에게 손해를 배상한 자는 내부관계에서 그 손해를 배상할 책임이 있는 자에게 구상할 수 있다. 23. 지방 9급 (      )

□□□ **1835** 「국가배상법」 제6조 제1항에 의하면 지방자치단체장이 설치하여 관할 지방경찰청장에게 관리권한이 위임된 교통신호기의 고장으로 인하여 교통사고가 발생한 경우, 지방자치단체가 손해배상책임을 지고 국가는 피해자에 대하여 배상책임을 지지 않는다. 23. 지방 9급 (      )

□□□ **1836** 지방자치단체장 간의 기관위임의 경우에는 사무귀속의 주체가 달라진다고 할 수 있으므로, 하위 지방자치단체장을 보조하는 하위 지방자치단체 소속 공무원이 위임사무처리에 있어 고의 또는 과실로 타인에게 손해를 가하였다면 상위 지방자치단체는 그 사무귀속 주체로서 손해배상책임을 지지 않는다. 24. 지방 7급 (      )

□□□ **1837** 지방자치단체의 장이 국도의 관리청이 되었다 하더라도 국가는 도로관리상 하자로 인한 손해배상책임을 면할 수 없다. 11. 사회복지 (      )

## 정답 & OX 풀이

**1827** O 앞쪽의 1826번의 해설 내용 참고.

**1828** O 소음 등을 포함한 공해 등의 위험지역으로 이주하여 들어가 거주하는 경우와 같이 위험의 존재를 인식하거나 **과실로 인식하지 못하고 이주**한 경우에는 손해배상액의 산정에 있어 형평의 원칙상 **과실상계**에 준하여 감경 또는 면제사유로 고려하여야 한다. 대법원 2010. 11. 11. 선고 2008다57975 판결

**1829** X 영조물의 설치 또는 관리상의 하자로 인한 사고라 함은 영조물의 설치 또는 관리상의 하자만이 손해발생의 원인이 되는 경우만을 말하는 것이 아니고, 다른 자연적 사실이나 제3자의 행위 또는 피해자의 행위와 경합하여 손해가 발생하더라도 영조물의 설치 또는 관리상의 하자가 공동원인의 하나가 되는 이상 그 손해는 영조물의 설치 또는 관리상의 하자에 의하여 발생한 것이라고 해석함이 상당하다. 대법원 1994. 11. 22. 선고 94다32924 판결

**1830** X 권한을 위임받은 기관 소속의 공무원이 위임사무 처리에 있어 고의 또는 과실로 타인에게 손해를 가하였거나 위임사무로 설치·관리하는 영조물의 하자로 타인에게 손해를 발생하게 한 경우에는 권한을 위임한 관청이 소속된 지방자치단체가 국가배상법 **제2조 또는 제5조에 의한** 배상책임을 부담한다. 대법원 1999. 6. 25. 선고 99다11120 판결

**1831** O 고속도로의 보존상의 **하자의 존재**에 관한 입증책임은 **피해자**에게 있으나 일단 그 하자있음이 인정되는 이상 고속도로의 점유 **관리자**는 그 하자가 **불가항력**에 인한 것이거나 손해의 방지에 필요한 **주의를 해태하지 아니하였다**는 점을 주장·입증하여야 비로소 그 책임을 면할 수가 있다. 대법원 1988. 11. 8. 선고 86다카775 판결

**1832** O 국가배상법 제5조 소정의 영조물의 설치·관리상의 하자로 인한 책임은 **무과실책임**이고 나아가 민법 제758조 소정의 공작물의 점유자의 책임과는 달리 면책사유도 규정되어 있지 않으므로, 국가 또는 지방자치단체는 영조물의 설치·관리상의 하자로 인하여 타인에게 손해를 가한 경우에 그 손해의 방지에 필요한 주의를 해태하지 아니하였다 하여 면책을 주장할 수 없다. 대법원 1994. 11. 22. 선고 94다32924 판결

**1833** O 국가배상법 제6조(비용부담자 등의 책임) ① 제2조·제3조 및 제5조에 따라 국가나 지방자치단체가 손해를 배상할 책임이 있는 경우에 공무원의 선임·감독 또는 영조물의 설치·관리를 맡은 자와 공무원의 봉급·급여, 그 밖의 비용 또는 영조물의 설치·관리 비용을 부담하는 자가 동일하지 아니하면 그 **비용을 부담하는 자도** 손해를 배상하여야 한다.

**1834** O 국가배상법 제6조(비용부담자 등의 책임) ② 제1항의 경우에 손해를 배상한 자는 내부관계에서 그 손해를 배상할 책임이 있는 자에게 **구상**할 수 있다.

**1835** X 지방자치단체장이 교통신호기를 설치하여 그 관리권한이 도로교통법 제71조의2 제1항의 규정에 의하여 관할 지방경찰청장에게 위임되어 지방자치단체 소속 공무원과 지방경찰청 소속 공무원이 합동 근무하는 교통종합관제센터에서 그 관리업무를 담당하던 중 위 신호기가 고장난 채 방치되어 교통사고가 발생한 경우, 국가배상법 **제2조 또는 제5조에 의한 배상책임**을 부담하는 것은 지방경찰청장이 소속된 국가가 아니라, 그 권한을 위임한 지방자치단체장이 소속된 **지방자치단체**라고 할 것이나, (중략) 교통신호기를 관리하는 지방경찰청장 산하 경찰관들에 대한 봉급을 부담하는 **국가도** 국가배상법 **제6조 제1항에 의한 배상책임**을 부담한다. 대법원 1999. 6. 25. 선고 99다11120 판결

**1836** X 지방자치단체장 간의 **기관위임**의 경우에 위임받은 하위 지방자치단체장은 상위 지방자치단체 산하 행정기관의 지위에서 그 사무를 처리하는 것이므로 사무귀속의 주체가 달라진다고 할 수 없고, 따라서 하위 지방자치단체장을 보조하는 하위 지방자치단체 소속 공무원이 위임사무처리에 있어 고의 또는 과실로 타인에게 손해를 가하였더라도 상위 지방자치단체는 여전히 그 사무귀속 주체로서 손해배상책임을 진다. 대법원 1996. 11. 8. 선고 96다21331 판결

**1837** O 도로법에 의하여 지방자치단체의 장인 시장이 **국도**의 관리청이 되었다 하더라도 이는 시장이 국가로부터 관리업무를 위임받아 국가행정기관의 지위에서 집행하는 것이므로 국가는 도로관리상 하자로 인한 손해배상책임을 면할 수 없다. 대법원 1993. 1. 26. 선고 92다2684 판결

□□□ **1838** ★☆☆ 국도의 관리권이 A 지방자치단체의 장에게 위임되었다면, A 지방자치단체가 도로의 관리에 필요한 일체의 경비를 대외적으로 지출하는 자에 불과하더라도 피해자는 A 지방자치단체에 대해 국가배상을 청구할 수 있다. 20. 국가 9급 (     )

□□□ **1839** ★☆☆ 공무원 개인이 고의 또는 중과실이 있는 경우에는 불법행위로 인한 손해배상책임을 진다고 할 것이지만, 공무원의 위법행위가 경과실에 기한 경우에는 공무원은 손해배상책임을 부담하지 않는다.
21. 지방 9급 (     )

□□□ **1840** ★☆☆ 가해공무원이 경과실인 경우에는 국가배상책임을 이행한 국가가 그 공무원에 대하여 구상할 수 없다.
25. 소방간부 (     )

□□□ **1841** ★☆☆ 국가가 가해 공무원에 대하여 구상권을 행사하는 경우 국가가 배상한 배상액 전액에 대하여 구상권을 행사하여야 한다. 21. 국가 9급 (     )

□□□ **1842** 국가배상청구권의 소멸시효 기간은 지났으나 국가가 소멸시효 완성을 주장하는 것이 신의성실의 원칙에 반하는 권리남용으로 허용될 수 없어 배상책임을 이행한 경우, 국가는 원칙적으로 해당 공무원에 대해 구상권을 행사할 수 있다. 22. 국가 9급 (     )

□□□ **1843** ★☆☆ 경과실로 불법행위를 한 공무원이 피해자에게 손해를 배상하였다면 이는 타인의 채무를 변제한 경우에 해당하므로 피해자는 공무원에게 이를 반환할 의무가 있다. 22. 지방 9급 (     )

□□□ **1844** ★★☆ 피해자에게 손해를 직접 배상한 경과실이 있는 공무원은 특별한 사정이 없는 한 국가에 대하여 국가의 피해자에 대한 손해배상책임의 범위 내에서 공무원이 변제한 금액에 관하여 구상권을 취득한다.
22. 국회 8급 (     )

□□□ **1845** ★★★ 법령의 위탁에 의해 지방자치단체로부터 대집행을 수권받은 구 한국토지공사는 지방자치단체의 기관으로서 「국가배상법」 제2조 소정의 공무원에 해당한다. 23. 국회 8급 (     )

□□□ **1846** ★☆☆ 지방자치단체로부터 법령에 의해 대집행권한을 위탁받은 한국토지주택공사가 공무인 대집행을 실시하면서 경과실로 불법행위를 한 경우 한국토지주택공사는 불법행위로 인한 손해배상책임을 진다.
25. 소방간부 (     )

□□□ **1847** ★★☆ 공법인이 국가로부터 위탁받은 공행정사무를 집행하는 과정에서 공법인의 임직원이나 피용인이 고의 또는 과실로 법령을 위반하여 타인에게 손해를 입힌 경우, 공법인의 임직원이나 피용인은 고의 또는 중과실이 있는 경우에만 배상책임을 부담하고 경과실이 있는 경우에는 배상책임을 면한다.
25. 군무원 7급 (     )

□□□ **1848** 공무원 개인이 지는 손해배상책임에서 중과실이란 공무원에게 통상 요구되는 정도의 상당한 주의를 하지 않더라도 약간의 주의를 한다면 손쉽게 위법·유해한 결과를 예견할 수 있는 경우임에도 만연히 이를 간과한 경우와 같이, 거의 고의에 가까운 현저한 주의를 결여한 상태를 의미한다. 23. 소방 (     )

## 정답 & OX 풀이 ✎

**1838** ○ 국가배상법 제6조 제1항 소정의 '공무원의 봉급·급여 기타의 비용'이란 공무원의 인건비만을 가리키는 것이 아니라 당해사무에 필요한 <u>**일체의 경비**</u>를 의미한다고 할 것이고, 적어도 <u>**대외적으로**</u> 그러한 경비를 지출하는 자는 경비의 실질적·궁극적 부담자가 아니더라도 그러한 경비를 부담하는 자에 포함된다. 대법원 1994. 12. 9. 선고 94다38137 판결

**1839** ○ <u>공무원 개인도 **고의 또는 중과실**이 있는 경우에는 불법행위로 인한 손해배상책임을 진다</u>고 할 것이지만, 공무원에게 **경과실**뿐인 경우에는 <u>공무원 개인은 손해배상책임을 부담하지 아니한다.</u> 대법원 1996. 2. 15. 선고 95다38677 판결

**1840** ○ 국가배상법 제2조(배상책임) ② 제1항 본문의 경우에 공무원에게 **고의 또는 중대한 과실**이 있으면 국가나 지방자치단체는 그 공무원에게 **구상**할 수 있다.

**1841** ✕ 국가는 제반사정을 참작하여 손해의 공평한 분담이라는 견지에서 <u>**신의칙상 상당하다고 인정되는 한도**</u> 내에서만 당해 공무원에 대하여 구상권을 행사할 수 있다고 봄이 상당하다. 대법원 1991. 5. 10. 선고 91다6764 판결

**1842** ✕ 공무원의 불법행위로 손해를 입은 <u>피해자의 국가배상청구권의 소멸시효 기간이 지났으나</u> 국가가 소멸시효 완성을 주장하는 것이 신의성실의 원칙에 반하는 권리남용으로 허용될 수 없어 배상책임을 이행한 경우에는, 그 소멸시효 완성 주장이 권리남용에 해당하게 된 원인행위와 관련하여 해당 공무원이 그 원인이 되는 행위를 적극적으로 주도하였다는 등의 <u>특별한 사정이 없는 한</u>, 국가가 해당 공무원에게 구상권을 행사하는 것은 신의칙상 허용되지 않는다. 대법원 2016. 6. 9. 선고 2015다200258 판결

**1843** ✕ **경과실**이 있는 공무원이 피해자에 대하여 손해배상책임을 부담하지 아니함에도 피해자에게 손해를 배상하였다면 그것은 채무자 아닌 사람이 타인의 채무를 변제한 경우에 해당하고, 이는 민법 제469조의 '제3자의 변제' 또는 민법 제744조의 '도의관념에 적합한 비채변제'에 해당하여 <u>피해자는 공무원에 대하여 이를 **반환할 의무가 없고**</u>, 그에 따라 피해자의 국가에 대한 손해배상청구권이 소멸하여 국가는 자신의 출연 없이 채무를 면하게 되므로, 피해자에게 손해를 직접 배상한 경과실이 있는 공무원은 특별한 사정이 없는 한 <u>**국가에 대하여**</u> 국가의 피해자에 대한 손해배상책임의 범위 내에서 공무원이 변제한 금액에 관하여 **구상권을 취득한다.** 대법원 2014. 8. 20. 선고 2012다54478 판결

**1844** ○ 위 1843번의 해설 내용 참고.

**1845** ✕ **한국토지공사**는 이러한 법령의 위탁에 의하여 대집행을 수권 받은 자로서 공무인 대집행을 실시함에 따르는 권리·의무 및 책임이 귀속되는 <u>**행정주체**의 지위에 있다고 볼 것이지 지방자치단체 등의 기관으로서 국가배상법 제2조 소정의 **공무원**에 해당한다고 볼 것은 **아니다.**</u> 대법원 2010. 1. 28. 선고 2007다82950 판결

**1846** ○ <u>한국토지공사에 대해서도 국가배상법 제2조 소정의 공무원에 포함됨을 전제</u>로 이 사건 대집행에 따른 <u>손해배상책임이 고의 또는 중과실로 인한 경우로 제한된다고 한 원심의 판단에는</u> 손해배상책임의 요건에 관한 <u>법리를 오해한 잘못이 있다.</u> 대법원 2010. 1. 28. 선고 2007다82950,82967 판결

**1847** ○ 공법인이 국가로부터 위탁받은 공행정사무를 집행하는 과정에서 공법인의 임직원이나 피용인이 고의 또는 과실로 법령을 위반하여 타인에게 손해를 입힌 경우에는, **공법인**은 위탁받은 공행정사무에 관한 **행정주체**의 지위에서 배상책임을 부담하여야 하지만, 공법인의 **임직원이나 피용인**은 실질적인 의미에서 공무를 수행한 사람으로서 국가배상법 제2조에서 정한 **공무원**에 해당하므로 **고의 또는 중과실**이 있는 경우에만 배상책임을 부담하고 **경과실**이 있는 경우에는 배상책임을 면한다. 대법원 2021. 1. 28. 선고 2019다260197 판결

**1848** ○ <u>공무원의 **중과실**이란 공무원에게 통상 요구되는 정도의 상당한 주의를 하지 않더라도 약간의 주의를 한다면 손쉽게 위법·유해한 결과를 예견할 수 있는 경우임에도 만연히 이를 간과한 경우와 같이, 거의 고의에 가까운 현저한 주의를 결여한 상태를 의미한다.</u> 대법원 2021. 1. 28. 선고 2019다260197 판결

□□□ **1849** 「자동차손해배상 보장법」은 배상책임의 성립요건에 관하여 「국가배상법」에 우선하여 적용된다.
15. 지방 9급 (    )

□□□ **1850** 공무원이 자기 소유의 자동차로 공무수행 중 사고를 일으킨 경우에는 그 공무원은 「자동차손해배상 보장법」에 의한 '자기를 위하여 자동차를 운행하는 자'에 해당하지 않아 손해배상책임을 부담하지 않는다.
23. 국회 8급 (    )

□□□ **1851** 공익근무요원은 「국가배상법」 제2조제1항 단서규정에 의하여 손해배상청구가 제한된다.
22. 국가 7급 (    )

□□□ **1852** 「국가배상법」 제2조제1항 단서의 면책조항은 전투·훈련 또는 이에 준하는 직무집행뿐만 아니라 '일반 직무집행'에 관하여도 국가나 지방자치단체의 배상책임을 제한하는 것으로 해석된다. 21. 국회 9급 (    )

□□□ **1853** 군인이 교육훈련으로 공상을 입은 경우라도 「군인연금법」 또는 「국가유공자예우등에관한법률」에 의하여 재해보상금·유족연금·상이연금 등 별도의 보상을 받을 수 없는 경우에는 「국가배상법」 제2조제1항 단서의 적용 대상에서 제외하여야 한다. 23. 국가 9급 (    )

□□□ **1854** 「국가배상법」 제2조제1항 단서에서 정한 '다른 법령의 규정'에 따른 보상금청구권이 모두 시효로 소멸된 경우라고 하더라도 「국가배상법」 제2조제1항 단서 규정이 적용된다. 23. 국가 9급 (    )

□□□ **1855** 경찰공무원인 피해자가 「공무원연금법」에 따라 공무상 요양비를 지급받는 것은 「국가배상법」 제2조제1항 단서에서 정한 '다른 법령의 규정'에 따라 보상을 지급받는 것에 해당하지 않는다. 23. 국가 9급 (    )

□□□ **1856** 직무집행과 관련하여 공상을 입은 군인 등이 먼저 「국가배상법」에 따라 손해배상금을 지급받은 다음 구 「국가유공자 등 예우 및 지원에 관한 법률」이 정한 보상금 등 보훈급여금의 지급을 청구하는 경우, 「국가배상법」에 따라 손해배상을 받았다는 이유로 그 지급을 거부할 수 없다. 20. 지방 7급 (    )

□□□ **1857** 훈련으로 공상을 입은 군인이 「국가배상법」에 따라 손해배상금을 지급받은 다음 「보훈보상대상자 지원에 관한 법률」이 정한 보훈급여금의 지급을 청구하는 경우, 국가는 「국가배상법」 제2조제1항 단서에 따라 그 지급을 거부할 수 있다. 23. 국가 9급 (    )

□□□ **1858** 군 복무 중 사망한 군인 등의 유족이 「국가배상법」에 따른 손해배상금을 지급받은 경우 그 손해배상금 상당 금액에 대해서는 「군인연금법」에서 정한 사망보상금을 지급받을 수 없다. 23. 지방 9급 (    )

□□□ **1859** 군 복무 중 사망한 군인 등의 유족인 원고가 「국가배상법」에 따른 손해배상금을 지급받은 경우, 국가는 「군인연금법」 소정의 사망보상금을 지급함에 있어 원고가 받은 손해배상금 상당 금액을 공제할 수 없다.
24. 국가 9급 (    )

□□□ **1860** 군 복무 중 사망한 사람의 유족이 국가배상을 받은 경우, 관할 행정청 등은 「군인연금법」상 사망보상금에서 소극적 손해배상금 상당액을 공제할 수 있을 뿐, 이를 넘어 정신적 손해배상금까지 공제할 수는 없다. 24. 지방 9급 (    )

1849 ○ **자동차손해배상보장법**의 입법취지에 비추어 볼 때, 같은 법 제3조는 자동차의 운행이 사적인 용무를 위한 것이건 국가 등의 공무를 위한 것이건 구별하지 아니하고 민법이나 국가배상법에 **우선하여** 적용된다고 보아야 한다. 대법원 1996. 3. 8. 선고 94다23876 판결

1850 ✕ 공무원이 **자기 소유의 자동차**로 공무수행 중 사고를 일으킨 경우에는 그 손해배상책임은 자동차손해배상보장법이 정한 바에 의하게 되어, 그 사고가 자동차를 운전한 공무원의 **경과실**에 의한 것인지 **중과실 또는 고의**에 의한 것인지를 **가리지 않고** 그 공무원이 자동차손해배상보장법 제3조 소정의 '자기를 위하여 자동차를 운행하는 자'에 해당하는 한 손해배상책임을 부담한다. 대법원 1996. 5. 31. 선고 94다15271 판결

1851 ✕ **공익근무요원**이 국가배상법 제2조 제1항 단서의 규정에 의하여 국가배상법상 손해배상청구가 제한되는 군인·군무원·경찰공무원 또는 향토예비군대원에 해당한다고 할 수 없다. 대법원 1997. 3. 28. 선고 97다4036 판결

1852 ○ 국가배상법 **제2조 제1항 단서**의 면책조항은 전투·훈련 또는 이에 준하는 직무집행뿐만 아니라 '**일반 직무집행**'에 관하여도 국가나 지방자치단체의 배상책임을 제한하는 것이라고 해석하여야 한다. 대법원 2011. 3. 10. 선고 2010다85942 판결

1853 ○ 군인·군무원 등 국가배상법 제2조 제1항에 열거된 자가 전투, 훈련 기타 직무집행과 관련하는 등으로 공상을 입은 경우라고 하더라도 군인연금법 또는 국가유공자예우등에관한법률에 의하여 재해보상금·유족연금·상이연금 등 **별도의 보상을 받을 수 없는 경우**에는 국가배상법 제2조 제1항 단서의 **적용 대상에서 제외**하여야 한다. 대법원 1997. 2. 14. 선고 96다28066 판결

1854 ○ 국가배상법 **제2조 제1항 단서** 규정은 다른 법령에 보상제도가 규정되어 있고, 그 법령에 규정된 상이등급 또는 장애등급 등의 요건에 해당되어 그 권리가 발생한 이상, **실제로 그 권리를 행사하였는지** 또는 그 권리를 행사하고 있는지 여부에 관계없이 적용된다고 보아야 하고, 그 각 법률에 의한 보상금청구권이 **시효로 소멸되었다 하여** 적용되지 않는다고 할 수는 없다. 대법원 2002. 5. 10. 선고 2000다39735 판결

1855 ○ 구 공무원연금법에 따라 각종 급여를 지급하는 제도는 공무원의 생활안정과 복리향상에 이바지하기 위한 것이라는 점에서 국가배상법 제2조 제1항 단서에 따라 손해배상금을 지급하는 제도와 그 취지 및 목적을 달리하므로, 경찰공무원인 피해자가 구 **공무원연금법의 규정에 따라 공무상 요양비**를 지급받는 것은 국가배상법 제2조 제1항 단서에서 정한 '다른 법령의 규정'에 따라 보상을 지급받는 것에 해당하지 않는다. 대법원 2019. 5. 30. 선고 2017다16174 판결

1856 ○ 전투·훈련 등 직무집행과 관련하여 공상을 입은 군인 등이 먼저 국가배상법에 따라 손해배상금을 지급받은 다음 구 **국가유공자법**이 정한 보상금 등 보훈급여금의 지급을 청구하는 경우 피고로서는 국가배상법에 따라 손해배상을 받았다는 사정을 들어 보상금 등 **보훈급여금의 지급을 거부할 수 없다**. 대법원 2017. 2. 3. 선고 2014두40012 판결

1857 ✕ 국가배상법 제2조 제1항 단서가 보훈보상자법 등에 의한 보상을 받을 수 있는 경우 국가배상법에 따른 손해배상청구를 하지 못한다는 것을 넘어 국가배상법상 손해배상금을 받은 경우 보훈보상자법상 보상금 등 보훈급여금의 지급을 금지하는 것으로 해석하기는 어려운 점 등에 비추어, 국가보훈처장은 국가배상법에 따라 손해배상을 받았다는 사정을 들어 보상금 등 **보훈급여금의 지급을 거부할 수 없다**. 대법원 2017. 2. 3. 선고 2015두60075 판결

1858 ○ 다른 법령에 따라 지급받은 급여와의 조정에 관한 조항을 두고 있지 아니한 보훈보상대상자 지원에 관한 법률과 달리, **군인연금법** 제41조 제1항은 "다른 법령에 따라 국가나 지방자치단체의 부담으로 이 법에 따른 급여와 **같은 종류의 급여**를 받은 사람에게는 그 급여금에 상당하는 금액에 대하여는 이 법에 따른 급여를 지급하지 아니한다."라고 명시적으로 규정하고 있다. 나아가 군인연금법이 정하고 있는 급여 중 **사망보상금**은 일실손해의 보전을 위한 것으로 불법행위로 인한 **소극적 손해배상과 같은 종류**의 급여라고 봄이 타당하다. 따라서 피고에게 군인연금법에 따라 원고가 받은 손해배상금 상당 금액에 대하여는 **사망보상금을 지급할 의무가 존재하지 아니한다**. 대법원 2018. 7. 20. 선고 2018두36691 판결

1859 ✕ 위 1858번의 해설 내용 참고.

1860 ○ **군인연금법**이 정하고 있는 급여 중 **사망보상금**은 일실손해의 보전을 위한 것으로 불법행위로 인한 **소극적 손해배상**과 같은 종류의 급여이므로, 군복무 중 사망한 망인의 유족이 국가배상을 받은 경우 피고는 사망보상금에서 **소극적 손해배상금 상당액**을 공제할 수 있을 뿐, 이를 넘어 **정신적 손해배상금** 상당액까지 **공제할 수는 없다**. 대법원 2022. 3. 31. 선고 2019두36711 판결

☐☐☐ **1861** ★☆☆ 「국가배상법」 제2조 제1항 단서에 의해 군인 등의 국가배상청구권이 제한되는 경우, 공동불법행위자인 민간인은 피해를 입은 군인 등에게 그 손해 전부에 대하여 배상하여야 하는 것은 아니며 자신의 부담부분에 한하여 손해배상의무를 부담한다. 21. 소방 (     )

☐☐☐ **1862** ★☆☆ 민간인과 직무집행 중인 군인의 공동불법행위로 인하여 직무집행 중인 다른 군인이 피해를 입은 경우 민간인이 피해 군인에게 자신의 과실비율에 따라 내부적으로 부담할 부분을 초과하여 피해금액 전부를 배상한 경우에 대법원 판례에 따르면 민간인은 국가에 대해 가해 군인의 과실비율에 대한 구상권을 행사할 수 있다. 18. 국가 9급 (     )

☐☐☐ **1863** ★☆☆ 「국가배상법」 제2조제1항 단서가 적용되는 경우라면 직무집행과 관련하여 전사하거나 순직한 군인·군무원·경찰공무원 또는 예비군대원의 유족은 자신의 정신적 고통에 대한 위자료를 청구할 수 없다. 미출 (     )

☐☐☐ **1864** ★☆☆ 「국가배상법」에 따른 손해배상의 소송은 배상심의회에 배상신청을 하지 아니하면 제기할 수 없다. 24. 지방 9급 (     )

☐☐☐ **1865** 배상심의회의 결정은 대외적인 법적 구속력을 가지므로 배상 신청인과 상대방은 그 결정에 항상 구속된다. 20. 지방 9급 (     )

☐☐☐ **1866** 판례는 구 「국가배상법」(67. 3. 3. 법률 제1899호) 제3조의 배상액 기준은 배상심의회 배상액 결정의 기준이 될 뿐 배상 범위를 법적으로 제한하는 규정이 아니므로 법원을 기속하지 않는다고 보았다. 20. 지방 9급 (     )

☐☐☐ **1867** 「국가배상법」상의 손해배상의 기준은 배상심의회의 배상금지급기준을 정함에 있어서의 하나의 기준을 정한 것에 지나지 아니하는 것이고 이로써 배상액의 상한을 제한한 것으로 볼 수 없다. 21. 소방간부 (     )

☐☐☐ **1868** 피해자가 손해를 입은 동시에 이익을 얻은 경우에는 손해배상액에서 그 이익에 상당하는 금액을 빼야 한다. 15. 사회복지 (     )

☐☐☐ **1869** ★☆☆ 생명·신체의 침해로 인한 국가배상을 받을 권리는 양도하거나 압류하지 못한다. 24. 소방간부 (     )

☐☐☐ **1870** 국가배상청구권은 피해자나 법정대리인이 손해 및 가해자를 안 날로부터 3년간, 불법행위가 있은 날로부터 5년간 이를 행사하지 않으면 시효로 인하여 소멸된다. 23. 군무원 7급 (     )

☐☐☐ **1871** 배상청구권의 시효와 관련하여 '가해자를 안다는 것'은 피해자나 그 법정대리인이 가해 공무원의 불법행위가 그 직무를 집행함에 있어서 행해진 것이라는 사실까지 인식함을 요구하지 않는다. 17. 국가 7급 (     )

☐☐☐ **1872** ★☆☆ 외국인이 피해자인 경우 해당 국가와 상호보증이 없더라도 「국가배상법」이 적용된다. 24. 국가 9급 (     )

☐☐☐ **1873** ★☆☆ 외국인이 피해자인 경우에는 해당 국가와 상호보증이 있을 때에만 「국가배상법」이 적용되며, 상호보증은 해당 국가와 조약이 체결되어 있어야 한다. 22. 국가 7급 (     )

## 정답 & OX 풀이

**1861** O 국가배상법 제2조 제1항 단서가 적용되는 공무원의 직무상 불법행위로 인하여 직무집행과 관련하여 피해를 입은 군인 등에 대하여 위 불법행위에 관련된 일반국민이 공동불법행위책임, 사용자책임, 자동차운행자책임 등에 의하여 그 손해를 자신의 귀책부분을 넘어서 배상한 경우에도, **국가 등은** 피해 군인 등에 대한 국가배상책임을 면할 뿐만 아니라, 나아가 민간인에 대한 국가의 귀책비율에 따른 **구상의무도 부담하지 않는다**고 하여야 할 것이다. 위와 같은 경우에는 공동불법행위자 등이 부진정연대채무자로서 각자 피해자의 손해 전부를 배상할 의무를 부담하는 공동불법행위의 일반적인 경우와 달리 예외적으로 **민간인은** 피해 군인 등에 대하여 그 손해 중 국가 등이 민간인에 대한 구상의무를 부담한다면 그 내부적인 관계에서 부담하여야 할 부분을 제외한 나머지 자신의 **부담부분에 한하여** 손해배상의무를 부담하고, 한편 국가 등에 대하여는 그 귀책부분의 **구상을 청구할 수 없다.** 대법원 2001. 2. 15. 선고 96다42420 전원합의체 판결

**1862** X 위 1861번의 해설 내용 참고.

**1863** X 국가배상법 제2조(배상책임) ③ 제1항 단서에도 불구하고 전사하거나 순직한 군인·군무원·경찰공무원 또는 예비군대원의 유족은 자신의 정신적 고통에 대한 위자료를 청구할 수 있다.

**1864** X 국가배상법 제9조(소송과 배상신청의 관계) 이 법에 따른 손해배상의 소송은 배상심의회에 **배상신청을 하지 아니하고도** 제기할 수 있다.

**1865** X 국가배상법 제15조(신청인의 동의와 배상금 지급) ③ 배상결정을 받은 신청인이 배상금 지급을 청구하지 아니하거나 지방자치단체가 대통령령으로 정하는 기간 내에 배상금을 지급하지 아니하면 그 결정에 동의하지 아니한 것으로 본다.

**1866** O 구 국가배상법 제3조 제1항과 제3항의 손해배상의 기준은 배상심의회의 배상금지급기준을 정함에 있어서의 하나의 기준을 정한 것에 지나지 아니하는 것이고 이로써 **배상액의 상한을 제한한 것으로 볼 수 없다** 할 것이며 따라서 **법원이 국가배상법에** 의한 손해배상액을 산정함에 있어서 그 **기준에 구애되는 것이 아니라** 할 것이다. 대법원 1970. 1. 29. 선고 69다1203 전원합의체 판결

**1867** O 위 1866번의 해설 내용 참고.

**1868** O 국가배상법 제3조의2(공제액) ① 제2조 제1항을 적용할 때 피해자가 손해를 입은 동시에 이익을 얻은 경우에는 손해배상액에서 그 이익에 상당하는 금액을 빼야 한다.

**1869** O 국가배상법 제4조(양도 등 금지) **생명·신체의 침해로** 인한 국가배상을 받을 권리는 **양도하거나 압류하지 못한다.**

**1870** O 국가배상청구권은 민법에 따라 피해자나 그 법정대리인이 손해 및 가해자를 안 날로부터 3년간 이를 행사하지 아니하거나 국가재정법에 따라 배상청구를 할 수 있는 날(가해행위를 한 날)로부터 5년을 경과하면 시효로 소멸한다.

**1871** X 여기서 **가해자를 안다**는 것은 피해자가 가해 공무원이 국가 또는 지방자치단체와의 간에 **공법상 근무관계가** 있다는 사실을 알고, 또한 일반인이 당해 공무원의 불법행위가 국가 또는 지방자치단체의 **직무를 집행함에 있어서 행해진 것**이라고 판단하기에 족한 사실까지도 인식하는 것을 의미한다. 대법원 1989. 11. 14. 선고 88다카32500 판결

**1872** X 국가배상법 제7조(외국인에 대한 책임) 이 법은 외국인이 피해자인 경우에는 해당 국가와 상호 보증이 있을 때에만 적용한다.

**1873** X **상호보증은** 외국의 법령, 판례 및 관례 등에 의하여 승인요건을 비교하여 인정되면 충분하고 반드시 당사국과 **조약이 체결되어 있을 필요는 없으며,** 해당 외국에서 구체적으로 우리나라의 같은 종류의 판결을 승인한 사례가 없다고 하더라도 실제로 승인할 것이라고 기대할 수 있을 정도이면 충분하다. 대법원 2017. 5. 30. 선고 2012다23832 판결

# 주제 25 손실보상

## 기출 지문 OX Check

★☆☆
□□□ **1874** 공공필요에 의한 재산권의 수용·사용 또는 제한 및 그에 대한 보상은 법률로써 하되, 정당한 보상을 지급하여야 한다. 24. 지방 9급 (    )

★☆☆
□□□ **1875** 헌법재판소는 구 「도시계획법」상 개발제한구역의 지정으로 일부 토지소유자에게 사회적 제약의 범위를 넘는 가혹한 부담이 발생하는 경우에 보상규정을 두지 않은 것은 위헌성이 있는 것이고, 보상의 구체적 기준과 방법은 입법자가 입법정책적으로 정할 사항이라고 결정하였다. 14. 지방 9급 (    )

□□□ **1876** 헌법재판소는 「개발제한구역의 지정 및 관리에 관한 특별조치법」 제11조제1항 등에 대한 위헌소원사건에서 토지의 효용이 감소한 토지소유자에게 토지매수청구권을 인정하는 등 보상규정을 두었지만 적절한 손실보상에 해당하지 않는다고 위헌결정을 하였다. 23. 국가 9급 (    )

★☆☆
□□□ **1877** 도시계획시설의 지정으로 말미암아 당해 토지의 이용가능성이 배제되거나 또는 토지소유자가 토지를 종래 허용된 용도대로도 사용할 수 없기 때문에 이로 인하여 현저한 재산적 손실이 발생하는 경우에는, 원칙적으로 국가나 지방자치단체는 이에 대한 보상을 해야 한다. 24. 지방 9급 (    )

★☆☆
□□□ **1878** 국립공원구역지정 후 토지를 종래의 목적으로도 사용할 수 없거나 토지를 사적으로 사용할 수 있는 방법이 없이 공원구역 내 일부 토지소유자에 대하여 가혹한 부담을 부과하면서 아무런 보상규정을 두지 않은 경우에는 비례의 원칙에 위반되어 당해 토지소유자의 재산권을 과도하게 침해하는 것이라고 할 수 있다. 23. 소방간부 (    )

□□□ **1879** 개성공단 전면중단 조치는 개성공단 내에 존재하는 토지나 건물, 설비, 생산물품 등에 직접 공용부담을 가하여 개별적, 구체적으로 이용을 제한하고자 하는 것이므로, 이에 대해서는 헌법 제23조 제3항이 규정한 정당한 보상이 이루어져야 한다. 미출 (    )

□□□ **1880** 정비기반시설과 그 부지의 소유·관리·유지관계를 정한 「도시 및 주거환경정비법」 제65조 제2항의 전단에 따른 정비기반시설의 소유권 귀속은 헌법 제23조 제3항의 수용에 해당한다. 14. 지방 9급 (    )

□□□ **1881** 도축장 사용정지·제한명령은 공익목적을 위하여 이미 형성된 구체적 재산권을 박탈하거나 제한하는 헌법 제23조 제3항의 수용·사용 또는 제한에 해당하는 것이 아니라, 도축장 소유자들이 수인하여야 할 사회적 제약으로서 헌법 제23조 제1항의 재산권의 내용과 한계에 해당한다. 23. 군무원 9급 (    )

□□□ **1882** 헌법 제23조제1항의 규정이 재산권의 존속을 보호하는 것이라면 제23조제3항의 수용제도를 통해 존속보장은 가치보장으로 변하게 된다. 17. 지방 9급 (    )

## 정답 & OX 풀이 ✏️

1874 ○ 헌법 제23조 ③ **공공필요**에 의한 **재산권**의 수용·사용 또는 제한 및 그에 대한 보상은 **법률로써** 하되, **정당한 보상**을 지급하여야 한다.

1875 ○ 도시계획법 제21조에 규정된 **개발제한구역제도 그 자체**는 원칙적으로 **합헌적**인 규정인데, 다만 개발제한구역의 지정으로 말미암아 일부 토지소유자에게 **사회적 제약의 범위를 넘는** 가혹한 부담이 발생하는 예외적인 경우에 대하여 **보상규정을 두지 않은 것에 위헌성**이 있는 것이다. (중략) 보상의 구체적 기준과 방법은 헌법재판소가 결정할 성질의 것이 아니라 광범위한 입법형성권을 가진 **입법자가 입법정책적으로 정할** 사항이므로, 입법자가 보상입법을 마련함으로써 위헌적인 상태를 제거할 때까지 위 조항을 형식적으로 존속케 하기 위하여 **헌법불합치결정**을 하는 것이다. 헌법재판소 1998. 12. 24. 선고 89헌마214 결정

1876 ✕ 개발제한구역의 지정으로 인하여 토지의 효용이 현저히 감소하거나 그 사용·수익이 사실상 불가능한 토지소유자에게 토지매수청구권을 인정하는 등 보상규정을 두고 있는 점에 비추어, (중략) 이 사건 특조법 조항이 비례의 원칙을 위반하여 청구인들의 재산권을 과도하게 침해한 것으로 보기 어렵다. 헌법재판소 2004. 2. 26. 선고 2001헌바80 등 병합 전원재판부

1877 ○ **도시계획시설의 지정**으로 말미암아 당해 토지의 이용가능성이 배제되거나 또는 토지소유자가 토지를 종래 허용된 용도대로도 사용할 수 없기 때문에 이로 말미암아 현저한 재산적 손실이 발생하는 경우에는, 원칙적으로 **사회적 제약의 범위를 넘는 수용적 효과**를 인정하여 국가나 지방자치단체는 이에 대한 **보상을 해야 한다.** 헌법재판소 1999. 10. 21. 선고 97헌바26 전원재판부

1878 ○ **국립공원구역지정** 후 토지를 종래의 목적으로도 사용할 수 없거나 토지를 사적으로 사용할 수 있는 방법이 없이 공원구역내 일부 토지소유자에 대하여 **가혹한 부담**을 부과하면서 **아무런 보상규정을 두지 않은** 경우에는 비례의 원칙에 위반되어 당해 토지소유자의 재산권을 과도하게 침해하는 것이라고 할 수 있다. 헌법재판소 2003. 4. 24. 선고 99헌바110, 2000헌바46(병합) 전원재판부

1879 ✕ **개성공단 전면중단 조치**는 개성공단에서의 영업활동을 중단시키는 것을 목적으로 하고, 개성공단 내에 존재하는 토지나 건물, 설비, 생산물품 등에 **직접 공용부담**을 가하여 개별적, 구체적으로 이용을 제한하고자 하는 것이 아니다. (중략) **사회적 제약**이 구체화된 것일 뿐이므로, 공익목적을 위해 개별적, 구체적으로 이미 형성된 구체적 재산권을 제한하는 공용 제한과는 구별된다. 따라서 헌법 제23조 제3항이 규정한 정당한 보상이 지급되지 않았더라도, 이 사건 중단조치가 위 헌법규정을 위반하여 청구인들의 재산권을 **침해한 것으로 볼 수 없다.** 헌법재판소 2022. 1. 27. 선고 2016헌마364 전원재판부 결정

1880 ✕ 도시정비법 제65조 제2항 전단에 따른 **정비기반시설의 소유권 귀속**은 헌법 제23조 제3항의 수용에 해당하지 않고, 이 사건 법률조항이 그에 대한 보상의 의미를 가지는 것도 아니므로, 이 사건 법률조항에 관하여 정당한 보상의 원칙이 적용될 여지가 없다. 헌법재판소 2013. 10. 24. 선고 2011헌바355 결정

1881 ○ **도축장 사용정지·제한명령**은 공익목적을 위하여 이미 형성된 구체적 재산권을 박탈하거나 제한하는 헌법 제23조 제3항의 수용·사용 또는 제한에 해당하는 것이 아니라, 도축장 소유자들이 수인하여야 할 **사회적 제약**으로서 헌법 제23조 제1항의 재산권의 내용과 한계에 해당한다. 헌법재판소 2015. 10. 21. 선고 2012헌바367 결정

1882 ○ 헌법 제23조 제1항이 재산권의 존속을 보장하는 것이라면, 제23조 제3항의 수용제도를 통해 존속보장은 가치보장으로 변하게 된다.

☐☐☐ **1883** 헌법재판소는 헌법 제23조제3항의 '공공필요'는 '국민의 재산권을 그 의사에 반하여 강제적으로라도 취득해야 할 공익적 필요성'을 의미하고, 이 요건 중 공익성은 기본권 일반의 제한사유인 '공공복리'보다 좁은 것으로 보고 있다. 17. 국가 9급 (     )

★☆☆
☐☐☐ **1884** 공용수용은 공공필요에 부합하여야 하므로, 수용 등의 주체를 국가 등의 공적 기관에 한정하여야 한다.
25. 소방간부 (     )

★☆☆
☐☐☐ **1885** 헌법재판소는 「산업입지 및 개발에 관한 법률」에서 민간기업에게 산업단지개발사업에 필요한 토지 등을 수용할 수 있도록 규정한 조항이 헌법 제23조 제3항에 위반되지 않는다고 판시하였다. 25. 지방 9급 (     )

☐☐☐ **1886** 손실보상이 이루어지는 재산권에는 지가상승에 대한 기대이익이나 영업이익의 가능성이 포함되지 아니한다. 11. 사회복지 (     )

☐☐☐ **1887** 토지의 문화적·학술적 가치는 특별한 사정이 없는 한 손실보상의 대상이 되지 않는다. 12. 국가 9급 (     )

☐☐☐ **1888** 지장물인 건물은 적법한 건축허가를 받아 건축된 건물만이 손실보상의 대상이 된다. 11. 지방 7급 (     )

☐☐☐ **1889** 「감염병의 예방 및 관리에 관한 법률」에 근거한 집합제한조치로 인하여 영업이 제한되어 영업이익이 감소되었다 하더라도, 청구인들이 소유하는 영업시설·장비 등에 대한 구체적인 사용·수익 및 처분권한을 제한받는 것은 아니므로 보상규정의 부재가 청구인들의 재산권을 제한한다고 볼 수 없다.
25. 국회 8급 (     )

★☆☆
☐☐☐ **1890** 손실보상이 인정되기 위하여 재산권에 대한 침해가 현실적으로 발생하여야 하는 것은 아니다.
12. 국가 9급 (     )

★☆☆
☐☐☐ **1891** 공유수면매립면허의 고시가 있는 경우 그 사업이 시행되고 그로 인하여 직접 손실이 발생한다고 할 수 있으므로, 관행어업권자는 공유수면매립면허의 고시를 이유로 손실보상을 청구할 수 있다.
21. 국가 7급 (     )

★☆☆
☐☐☐ **1892** 일반 공중의 이용에 제공되는 공공용물을 허가나 특허 없이 일반사용하고 있던 자가 당해 공공용물에 관한 적법한 개발행위로 인하여 종전에 비하여 그 일반사용이 제한을 받게 되었다면 그로 인한 불이익은 특별한 사정이 없는 한 손실보상의 대상이 된다. 24. 소방간부 (     )

☐☐☐ **1893** 헌법은 보상청구권의 근거뿐만 아니라 보상의 기준과 방법에 관해서도 법률에 유보하고 있다.
12. 국가 7급 (     )

☐☐☐ **1894** 정당한 어업허가를 받고 공유수면매립사업지구 내에서 허가어업에 종사하고 있던 어민들에 대하여 손실보상을 할 의무가 있는 사업시행자가 손실보상의무를 이행하지 아니한 채 공유수면매립공사를 시행함으로써 실질적이고 현실적인 침해를 가한 때에는 불법행위를 구성하는 것이고, 이 경우 허가어업자들이 입게 되는 손해는 그 손실보상금 상당액이다. 18. 국회 8급 (     )

## 정답 & OX 풀이

**1883** O 헌법 제23조 제3항에서 규정하고 있는 '**공공필요**'는 '국민의 재산권을 그 의사에 반하여 **강제적으로라도** 취득해야 할 공익적 필요성'으로서, '공공필요'의 개념은 '공익성'과 '필요성'이라는 요소로 구성되어 있다. 공익성은 추상적인 공익 일반 또는 국가의 이익 이상의 중대한 공익을 요구하므로 기본권 일반의 제한사유인 '공공복리'보다 **좁게** 보는 것이 타당하며, (생략) 헌법재판소 2014. 10. 30. 선고 2011헌바129 결정

**1884** X 우리 헌법상 수용의 주체를 국가로 한정한 바 없으므로 **민간기업도 수용의 주체**가 될 수 있고, (중략) 민간기업에게 산업단지개발사업에 필요한 토지 등을 수용할 수 있도록 규정한 산업입지 및 개발에 관한 법률 제22조 제1항은 헌법에 위반된다고 할 수 없다. 헌법재판소 2009. 9. 24. 선고 2007헌바114 결정

**1885** O 위 1884번의 해설 내용 참고.

**1886** O [1] 자신의 토지를 장래에 건축이나 개발목적으로 사용할 수 있으리라는 **기대가능성**이나 신뢰 및 이에 따른 **지가상승의 기회**는 원칙적으로 재산권의 보호범위에 속하지 않는다. 헌법재판소 1998. 12. 24. 선고 89헌마214 결정
[2] 금연구역조항의 시행에 따라 흡연 고객이 이탈함으로써 청구인들의 영업이익이 감소된다고 하더라도, 이는 **장래의 기대이익**이나 **영리획득의 기회**에 손상을 입는 것에 지나지 않으므로, 이를 가리켜 헌법에 의해 보호되는 재산권의 침해라고 볼 수는 없다. 헌법재판소 2013. 6. 27. 선고 2011헌마315 결정

**1887** O **문화적, 학술적 가치**는 특별한 사정이 없는 한 그 토지의 부동산으로서의 경제적, 재산적 가치를 높여 주는 것이 아니므로 토지수용법 소정의 손실보상의 대상이 될 수 없다. 대법원 1989. 9. 12. 선고 88누11216 판결

**1888** X 지장물인 건물은 그 건물이 적법한 **건축허가를 받아 건축된 것인지 여부에 관계없이** 토지수용법상의 사업인정의 고시 이전에 건축된 건물이기만 하면 손실보상의 대상이 됨이 명백하다. 대법원 2000. 3. 10. 선고 99두10896 판결

**1889** O 감염병예방법에 근거한 **집합제한 조치**로 인하여 청구인들의 일반음식점 영업이 제한되어 영업이익이 감소되었다 하더라도, 청구인들이 소유하는 영업 시설·장비 등에 대한 구체적인 사용·수익 및 처분권한을 제한받는 것은 아니므로, 보상규정의 부재가 청구인들의 **재산권을 제한한다고 볼 수 없다**. 헌법재판소 2023. 6. 29. 선고 2020헌마1669 전원재판부 결정

**1890** X **공유수면 매립면허의 고시**가 있다고 하여 반드시 그 사업이 시행되고 그로 인하여 손실이 발생한다고 할 수 없으므로, 매립면허 고시 이후 매립공사가 실행되어 관행어업권자에게 **실질적이고 현실적인 피해**가 발생한 경우에만 공유수면매립법에서 정하는 손실보상청구권이 발생하였다고 할 것이다. 대법원 2010. 12. 9. 선고 2007두6571 판결

**1891** X 위 1890번의 해설 내용 참고.

**1892** X 일반 공중의 이용에 제공되는 **공공용물**에 대하여 특허 또는 허가를 받지 않고 하는 **일반사용**은 다른 개인의 자유이용과 국가 또는 지방자치단체 등의 공공목적을 위한 개발 또는 관리·보존행위를 방해하지 않는 범위 내에서만 허용된다 할 것이므로, 공공용물에 관하여 적법한 개발행위 등이 이루어짐으로 말미암아 이에 대한 일정범위의 사람들의 일반사용이 종전에 비하여 제한받게 되었다 하더라도 특별한 사정이 없는 한 그로 인한 불이익은 손실보상의 대상이 되는 **특별한 손실에 해당한다고 할 수 없다**. 대법원 2002. 2. 26. 선고 99다35300 판결

**1893** O 헌법 제23조 제3항은 보상청구권의 **근거**에 관하여서 뿐만 아니라 보상의 **기준과 방법**에 관하여서도 **법률의 규정에 유보**하고 있는 것으로 보아야 한다. 대법원 1993. 7. 13. 선고 93누2131 판결

**1894** O 정당한 어업허가를 받고 공유수면매립사업지구 내에서 허가어업에 종사하고 있던 어민들에 대하여 **손실보상을 할 의무가 있는** 사업시행자가 손실보상의무를 이행하지 아니한 채 공유수면매립공사를 시행함으로써 실질적이고 현실적인 침해를 가한 때에는 **불법행위**를 구성하는 것이고, 이 경우 허가어업자들이 입게 되는 손해는 그 손실보상금 상당액이다. 대법원 1999. 11. 23. 선고 98다11529 판결

□□□ **1895** 공익사업의 시행자는 해당 공익사업을 위한 공사에 착수하기 이전에 토지소유자에게 보상액 전액을 지급하여야 하나, 사업시행자가 보상액을 지급하지 않고 승낙도 받지 않은 채 공사에 착수하였다 하더라도 토지소유자에 대하여 불법행위로 인한 손해배상 책임이 발생하는 것은 아니다. 23. 국회 8급 (    )

□□□ **1896** 공익사업의 시행자가 사전보상을 하지 않은 채 공사에 착수함으로써 토지소유자와 관계인이 손해를 입은 경우, 토지소유자와 관계인이 입은 손해는 손실보상청구권이 침해된 데에 따른 손해이므로 사업시행자가 배상해야 할 손해액은 원칙적으로 손실보상금이다. 24. 국회 9급 (    )

□□□ **1897** 헌법 제23조 제3항이 규정하는 '정당한 보상'이란 원칙적으로 피수용재산의 객관적인 재산가치를 완전하게 보상하는 것이어야 한다는 완전보상을 뜻하는 것으로서 보상금액뿐만 아니라 보상의 시기나 방법 등에 있어서도 어떠한 제한을 두어서는 아니 된다는 것을 의미한다. 25. 소방 (    )

□□□ **1898** 「하천법」 부칙과 이에 따른 특별조치법이 하천구역으로 편입된 토지에 대하여 손실보상청구권을 규정하였다고 하더라도 당해 법률규정이 아니라 관리청의 보상금지급결정에 의하여 비로소 손실보상청구권이 발생한다. 24. 지방 9급 (    )

□□□ **1899** 대법원은 구 「하천법」 부칙 제2조와 이에 따른 특별조치법에 의한 손실보상청구권의 법적 성질을 사법상의 권리로 보아 그에 대한 쟁송은 행정소송이 아닌 민사소송절차에 의하여야 한다고 판시하고 있다. 17. 지방 9급 (    )

□□□ **1900** 「공익사업을 위한 토지 등의 취득 및 보상에 관한 법률」에 따른 사업폐지 등에 대한 보상청구권은 사법상 권리로서 그에 관한 소송은 민사소송절차에 의하여야 한다. 19. 지방 9급 (    )

□□□ **1901** 사업시행자가 토지 등을 수용하거나 사용하려면 국토교통부장관의 사업인정을 받아야 하며, 이러한 사업인정은 수용권을 설정해 주는 행정처분이다. 22. 국회 9급 (    )

□□□ **1902** 사업인정은 공익사업의 시행자에게 그 후 일정한 절차를 거칠 것을 조건으로 일정한 내용의 수용권을 설정하여 주는 형성행위이다. 23. 지방 9급 (    )

□□□ **1903** 사업인정은 공익사업의 시행자에게 일정한 절차를 거칠 것을 조건으로 일정한 내용의 수용권을 설정하여 주는 형성행위이며, 사업시행자에게 해당 공익사업을 수행할 의사와 능력이 있어야 한다는 것도 사업인정의 한 요건이 된다. 23. 국가 7급 (    )

□□□ **1904** 토지수용위원회는 「공익사업을 위한 토지 등의 취득 및 보상에 관한 법률」에 의한 사업인정 후 그 사업이 공익성을 결한다고 판단할 경우에 수용재결을 하지 않을 수 있다. 19. 소방간부 (    )

□□□ **1905** 사업인정고시는 수용재결절차로 나아가 강제적인 방식으로 토지소유자나 관계인의 권리를 취득·보상하기 위한 요건으로서, 영업손실 보상청구를 위해서는 반드시 사업인정이나 수용이 전제되어야 한다. 23. 소방간부 (    )

## 정답 & OX 풀이

**1895** ✕ 공익사업의 시행자는 해당 공익사업을 위한 <u>공사에 착수하기 이전에</u> 토지소유자와 관계인에게 보상액 전액을 지급하여야 한다. 공익사업의 시행자가 토지소유자와 관계인에게 **보상액을 지급하지 않고 승낙도 받지 않은 채 공사에 착수**함으로써 토지소유자와 관계인이 손해를 입은 경우, 토지소유자와 관계인에 대하여 **불법행위**가 성립할 수 있고, 사업시행자는 그로 인한 손해를 배상할 책임을 진다. 대법원 2021. 11. 11. 선고 2018다204022 판결

**1896** ○ 공익사업의 시행자가 <u>사전보상을 하지 않은 채</u> 공사에 착수함으로써 토지소유자와 관계인이 손해를 입은 경우, 토지소유자와 관계인이 입은 손해는 **손실보상청구권이 침해**된 데에 따른 손해이므로, <u>사업시행자가 배상해야 할 손해액은 원칙적으로 손실보상금</u>이다. 대법원 2021. 11. 11. 선고 2018다204022 판결

**1897** ○ 헌법이 규정한 '**정당한 보상**'이란 원칙적으로 피수용재산의 객관적인 재산가치를 완전하게 보상하는 것이어야 한다는 **완전보상**을 뜻하는 것으로서 보상금액 뿐만 아니라 보상의 시기나 방법 등에 있어서도 어떠한 제한을 두어서는 아니 된다는 것을 의미한다고 할 것이다. 헌법재판소 1990. 6. 25. 선고 89헌마107 결정

**1898** ✕ **하천법** 부칙 및 **하천구역 편입토지** 보상에 관한 특별조치법의 각 규정들을 종합하면, 위 규정들에 의한 <u>손실보상청구권은 토지가 하천구역으로 된 경우에는 **당연히 발생**되는 것이지, 관리청의 보상금지급결정에 의하여 비로소 발생하는 것은 아니므로, 위 규정들에 의한 손실보상금의 지급을 구하거나 손실보상청구권의 확인을 구하는 소송은 행정소송법상 **당사자소송**에 의하여야 한다. 대법원 2006. 5. 18. 선고 2004다6207 전원합의체 판결

**1899** ✕ 위 1898번의 해설 내용 참고.

**1900** ✕ **공익사업을 위한 토지 등의 취득 및 보상에 관한 법률** 시행규칙에 따른 <u>사업폐지 등에 대한 보상청구권</u>은 (중략) **행정소송**절차에 의하여야 한다. 대법원 2012. 10. 11. 선고 2010다23210 판결

**1901** ○ 토지보상법 제20조(사업인정) ① 사업시행자는 제19조에 따라 <u>토지등을 수용하거나 사용하려면</u> 대통령령으로 정하는 바에 따라 <u>국토교통부장관의 **사업인정**을 받아야 한다.</u>

**1902** ○ **사업인정**이란 <u>공익사업을 토지 등을 수용 또는 사용할 사업으로 결정하는 것</u>으로서 공익사업의 시행자에게 그 후 일정한 절차를 거칠 것을 조건으로 일정한 내용의 **수용권을 설정하여 주는 형성행위**이다. 대법원 2011. 1. 27. 선고 2009두1051 판결

**1903** ○ 공익사업을 수행하여 공익을 실현할 의사나 능력이 없는 자에게 타인의 재산권을 공권력적·강제적으로 박탈할 수 있는 수용권을 설정하여 줄 수는 없으므로, <u>사업시행자에게 해당 **공익사업을 수행할 의사와 능력**이 있어야 한다는 것도 사업인정의 한 요건</u>이라고 보아야 한다. 대법원 2011. 1. 27. 선고 2009두1051 판결

**1904** ○ 사업시행자가 <u>사업인정을 받은 후 그 사업이 공용수용을 할 만한 **공익성을 상실**하거나 사업인정에 관련된 자들의 이익이 현저히 **비례의 원칙에 어긋나게** 된 경우 또는 <u>사업시행자가 해당 **공익사업을 수행할 의사나 능력을 상실**하였음에도 여전히 그 사업인정에 기하여 <u>수용권을 행사</u>하는 것은 수용권의 공익 목적에 반하는 **수용권의 남용**에 해당하여 허용되지 않는다. 대법원 2011. 1. 27. 선고 2009두1051 판결

**1905** ✕ **사업인정고시**는 수용재결절차로 나아가 강제적인 방식으로 토지소유자나 관계인의 권리를 취득·보상하기 위한 절차적 요건에 지나지 않고 **영업손실보상의 요건이 아니다.** 따라서 피고가 시행하는 사업이 토지보상법상 공익사업에 해당하고 원고들의 영업이 해당 공익사업으로 폐업하거나 휴업하게 된 것이어서 토지보상법령에서 정한 영업손실 보상대상에 해당하면, **사업인정고시가 없더라도** 피고는 원고들에게 영업**손실을 보상할 의무가 있다.** 대법원 2021. 11. 11. 선고 2018다204022 판결

★★★
□□□ 1906 손실보상금에 관한 당사자 간의 합의가 성립하면, 그 합의내용이 토지보상법에서 정하는 손실보상 기준에 맞지 않는다고 하더라도 합의가 적법하게 취소되는 등의 특별한 사정이 없는 한 추가로 토지보상법상 기준에 따른 손실보상금 청구를 할 수 없다. 21. 국회 8급 (      )

★☆☆
□□□ 1907 사업시행자가 사업인정고시가 된 날부터 1년 이내에 재결신청을 하지 아니한 경우에는 사업인정고시가 된 날부터 1년이 되는 날의 다음 날에 사업인정은 그 효력을 상실한다. 25. 국가 9급 (      )

★☆☆
□□□ 1908 토지소유자 등이 손실보상대상에 해당한다고 주장하며 보상을 요구하는데도 사업시행자가 손실보상대상에 해당하지 아니한다며 보상대상에서 이를 제외한 채 협의를 하지 않아 결국 협의가 성립하지 않은 경우, 토지소유자 등에게는 재결신청청구권이 인정된다. 23. 국가 7급 (      )

★☆☆
□□□ 1909 사업시행자가 토지소유자 등의 재결신청의 청구를 거부하는 경우, 토지소유자 등은 민사소송의 방법으로 그 절차 이행을 구할 수 있다. 22. 지방 7급 (      )

★☆☆
□□□ 1910 재결에 계산상 또는 기재상의 잘못이 있는 것이 명백할 때에는 토지수용위원회는 직권으로 또는 당사자의 신청에 의하여 경정재결을 할 수 있다. 25. 국가 9급 (      )

★☆☆
□□□ 1911 토지수용위원회는 손실보상의 신청범위와 관계없이 손실보상의 증액재결을 할 수 없다.

21. 서울시 7급 (      )

★☆☆
□□□ 1912 토지수용위원회의 수용재결이 있은 후라고 하더라도 토지소유자와 사업시행자가 다시 협의하여 토지 등의 취득·사용 및 그에 대한 보상에 관하여 임의로 계약을 체결할 수 있다. 23. 국가 7급 (      )

★☆☆
□□□ 1913 공익사업으로 인해 농업손실을 입은 자가 사업시행자에게서 「공익사업을 위한 토지 등의 취득 및 보상에 관한 법률」에 따른 보상을 받으려면 재결절차를 거쳐야 하고, 이를 거치지 않고 곧바로 민사소송으로 보상금을 청구하는 것은 허용되지 않는다. 19. 국가 7급 (      )

★☆☆
□□□ 1914 구 「토지수용법」 및 관계법령에 따라 행해진 재결에 대하여 불복절차를 취하지 아니함으로써 그 재결에 대하여 더 이상 다툴 수 없게 된 경우, 기업자(사업시행자)는 그 재결이 당연무효이거나 취소되지 않는 한 이미 보상금을 지급받은 자에 대하여 민사소송으로 그 보상금을 부당이득이라 하여 반환청구할 수 없다. 14. 지방 7급 (      )

★☆☆
□□□ 1915 중앙토지수용위원회의 재결에 이의가 있는 자는 중앙토지수용위원회에, 지방토지수용위원회의 재결에 이의가 있는 자는 해당 지방토지수용위원회를 거쳐 중앙토지수용위원회에 이의를 신청할 수 있다.

22. 국가 7급 (      )

★☆☆
□□□ 1916 토지수용위원회의 수용재결에 대한 이의의 신청은 재결서의 정본을 받은 날부터 30일 이내에 하여야 한다. 미출 (      )

★☆☆
□□□ 1917 중앙토지수용위원회는 이의신청을 받은 경우 재결이 위법하다고 인정할 때에는 그 재결의 전부 또는 일부를 취소할 수 있고 보상액을 변경할 수는 없다. 25. 국가 9급 (      )

## 정답 & OX 풀이

**1906** O 토지보상법에 의한 **보상합의**는 공공기관이 사경제주체로서 행하는 **사법상 계약**의 실질을 가지는 것으로서, 당사자 간의 합의로 같은 법 소정의 손실보상의 기준에 의하지 아니한 손실보상금을 정할 수 있으며, (중략) 손실보상금에 관한 합의 내용이 공익사업법에서 정하는 손실보상 기준에 맞지 않는다고 하더라도 합의가 적법하게 취소되는 등의 특별한 사정이 없는 한 **추가로** 공익사업법상 기준에 따른 **손실보상금 청구를 할 수는 없다.** 대법원 2013. 8. 22. 선고 2012다3517 판결

**1907** O 토지보상법 제23조(사업인정의 실효) ① 사업시행자가 제22조제1항에 따른 **사업인정의 고시**가 된 날부터 **1년** 이내에 제28조제1항에 따른 재결신청을 하지 아니한 경우에는 사업인정고시가 된 날부터 1년이 되는 날의 다음 날에 **사업인정은 그 효력을 상실한다.**

**1908** O 공익사업을 위한 토지 등의 취득 및 보상에 관한 법률 제30조 제1항은 **재결신청을 청구**할 수 있는 경우를 사업시행자와 토지소유자 및 관계인 사이에 '협의가 성립하지 아니한 때'로 정하고 있을 뿐 (중략) '**협의가 성립되지 아니한 때**'에는 사업시행자가 토지소유자 등과 공익사업법 제26조에서 정한 협의절차를 거쳤으나 보상액 등에 관하여 협의가 성립하지 아니한 경우는 물론 토지소유자 등이 손실보상대상에 해당한다고 주장하며 보상을 요구하는데도 사업시행자가 손실보상대상에 해당하지 아니한다며 보상대상에서 이를 제외한 채 **협의를 하지 않아** 결국 협의가 성립하지 않은 경우도 포함된다. 대법원 2011. 7. 14. 선고 2011두2309 판결

**1909** X 공익사업을 위한 토지 등의 취득 및 보상에 관한 법률에 따르면, 사업시행자만이 재결을 신청할 수 있고 토지소유자와 관계인은 사업시행자에게 재결신청을 청구하도록 규정하고 있으므로, 토지소유자나 관계인의 재결신청 청구에도 사업시행자가 재결신청을 하지 않을 때 토지소유자나 관계인은 사업시행자를 상대로 **거부처분 취소소송** 또는 **부작위 위법확인소송**의 방법으로 다투어야 한다. 대법원 2019. 8. 29. 선고 2018두57865 판결

**1910** O 토지보상법 제36조(재결의 경정) ① 재결에 계산상 또는 기재상의 잘못이나 그 밖에 이와 비슷한 잘못이 있는 것이 명백할 때에는 토지수용위원회는 직권으로 또는 당사자의 신청에 의하여 경정재결을 할 수 있다.

**1911** X 토지보상법 제50조(재결사항) ② 토지수용위원회는 사업시행자, 토지소유자 또는 관계인이 신청한 범위에서 재결하여야 한다. 다만, 제1항 제2호의 손실보상의 경우에는 **증액재결을 할 수 있다.**

**1912** O 토지수용위원회의 **수용재결이 있은 후라고 하더라도** 토지소유자 등과 사업시행자가 다시 협의하여 토지 등의 취득이나 사용 및 그에 대한 보상에 관하여 임의로 **계약을 체결할 수 있다**고 보아야 한다. 대법원 2017. 4. 13. 선고 2016두64241 판결

**1913** O 토지소유자가 사업시행자로부터 토지보상법에 따른 잔여지 또는 잔여 건축물 가격감소 등으로 인한 손실보상을 받기 위해서는 **토지보상법에 규정된 재결절차를 거친 다음** 그 재결에 대하여 불복할 때 비로소 **토지보상법 제83조 내지 제85조에 따라 권리구제**를 받을 수 있을 뿐이며, 특별한 사정이 없는 한 이러한 재결절차를 거치지 않은 채 **곧바로** 사업시행자를 상대로 손실보상을 청구하는 것은 **허용되지 않는다.** 대법원 2014. 9. 25. 선고 2012두24092 판결

**1914** O 불복절차를 취하지 아니함으로써 그 재결에 대하여 더 이상 **다툴 수 없게 된 경우**에는 기업자는 그 재결이 당연무효이거나 취소되지 않는 한, 이미 보상금을 지급받은 자에 대하여 **민사소송으로 그 보상금을 부당이득이라 하여 반환을 구할 수 없다.** 대법원 2001. 4. 27. 선고 2000다50237 판결

**1915** O 토지보상법 제83조(이의의 신청)
① 중앙토지수용위원회의 제34조에 따른 재결에 이의가 있는 자는 중앙토지수용위원회에 이의를 신청할 수 있다.
② 지방토지수용위원회의 제34조에 따른 재결에 이의가 있는 자는 해당 지방토지수용위원회를 거쳐 중앙토지수용위원회에 이의를 신청할 수 있다.

**1916** O 토지보상법 제83조(이의의 신청) ③ 제1항 및 제2항에 따른 이의의 신청은 재결서의 정본을 받은 날부터 **30일** 이내에 하여야 한다.

**1917** X 토지보상법 제84조(이의신청에 대한 재결) ① 중앙토지수용위원회는 제83조에 따른 이의신청을 받은 경우 제34조에 따른 재결이 위법하거나 부당하다고 인정할 때에는 그 재결의 전부 또는 일부를 취소하거나 보상액을 변경할 수 있다.

☐☐☐ **1918** 이의신청에 대한 재결에 대하여 기한 내에 행정소송이 제기되지 않거나 그 밖의 사유로 이의신청에 대한 재결이 확정된 때에는 「민사소송법」상의 확정판결이 있은 것으로 본다. 16. 국가 7급 (     )

★☆☆
☐☐☐ **1919** 토지소유자가 수용재결에 대하여 이의신청을 제기하면 사업의 진행 및 토지의 수용 또는 사용을 정지시키는 효력이 있다. 22. 국가 9급 (     )

★☆☆
☐☐☐ **1920** 수용재결에 대하여 불복하는 경우 이의재결을 거치지 아니하면 취소소송을 제기할 수 없다.

23. 군무원 7급 (     )

★★☆
☐☐☐ **1921** 수용재결에 불복할 때에는 그 재결서를 받은 날부터 60일 이내에, 이의신청을 거쳤을 때에는 이의신청에 대한 재결서를 받은 날부터 30일 이내에 각각 행정소송을 제기하여야 한다. 22. 국가 7급 (     )

★★★
☐☐☐ **1922** 「공익사업을 위한 토지 등의 취득 및 보상에 관한 법률」상 보상금의 증감에 관한 소송인 경우 그 소송을 제기하는 자가 토지소유자 또는 관계인일 때에는 지방토지수용위원회 또는 중앙토지수용위원회를 피고로 한다. 24. 지방 9급 (     )

★★★
☐☐☐ **1923** 토지소유자가 손실보상금의 액수를 다투고자 하는 경우 토지수용위원회가 아니라 사업시행자를 상대로 보상금의 증액을 구하는 소송을 제기해야 한다. 24. 국가 9급 (     )

★★☆
☐☐☐ **1924** 토지수용위원회의 재결에 대한 토지소유자의 행정소송 제기는 사업의 진행 및 토지의 수용 또는 사용을 정지시키지 아니한다. 24. 국가 9급 (     )

★★☆
☐☐☐ **1925** 토지소유자가 수용 자체를 다투는 경우 관할 토지수용위원회를 상대로 수용재결에 대하여 취소소송을 제기할 수 있다. 22. 국가 9급 (     )

★★★
☐☐☐ **1926** 수용재결에 불복하여 취소소송을 제기하는 때에는 이의신청을 거친 경우에도 수용재결을 한 중앙토지수용위원회 또는 지방토지수용위원회를 피고로 하여 수용재결의 취소를 구하여야 하지만, 이의신청에 대한 재결 자체에 고유한 위법이 있는 경우에는 그 이의재결을 한 중앙토지수용위원회를 피고로 하여 이의재결의 취소를 구할 수 있다. 24. 지방 9급 (     )

★★★
☐☐☐ **1927** 어떤 보상항목이 공익사업을 위한 토지 등의 취득 및 보상에 관한 법령상 손실보상대상에 해당함에도 관할 토지수용위원회가 사실을 오인하거나 법리를 오해함으로써 손실보상대상에 해당하지 않는다고 잘못된 내용의 재결을 한 경우에는, 피보상자는 관할 토지수용위원회를 상대로 재결취소소송을 제기하여야 한다. 23. 지방 9급 (     )

★★☆
☐☐☐ **1928** 하나의 수용재결에서 여러 가지의 토지, 물건, 권리 또는 영업의 손실의 보상에 관하여 심리·판단이 이루어졌을 때, 피보상자는 재결 전부에 관하여 불복하여야 하고 여러 보상항목들 중 일부에 관해서만 개별적으로 불복할 수는 없다. 23. 지방 7급 (     )

★★★
☐☐☐ **1929** 공익사업에 필요한 토지등의 취득 또는 사용으로 인하여 토지소유자나 관계인이 입은 손실은 사업시행자가 보상하여야 한다. 24. 국가 7급 (     )

## 정답 & OX 풀이

**1918** O 토지보상법 제86조(이의신청에 대한 재결의 효력) ① 제85조제1항에 따른 기간 이내에 소송이 제기되지 아니하거나 그 밖의 사유로 이의신청에 대한 **재결이 확정**된 때에는 「민사소송법」상의 **확정판결**이 있은 것으로 보며, 재결서 정본은 집행력 있는 판결의 정본과 **동일한 효력**을 가진다.

**1919** X 토지보상법 제88조(처분효력의 부정지) 제83조에 따른 **이의의 신청**이나 제85조에 따른 **행정소송의 제기**는 사업의 진행 및 토지의 수용 또는 사용을 **정지시키지 아니한다.**

**1920** X 토지보상법상 이의신청은 **임의적 절차**이므로, 수용재결에 불복하는 당사자는 이의신청 절차를 거침이 없이 곧바로 행정소송을 제기할 수 있다.

**1921** X 토지보상법 제85조(행정소송의 제기) ① 사업시행자, 토지소유자 또는 관계인은 제34조에 따른 재결에 불복할 때에는 재결서를 받은 날부터 **90일** 이내에, 이의신청을 거쳤을 때에는 이의신청에 대한 재결서를 받은 날부터 **60일** 이내에 각각 행정소송을 제기할 수 있다.

**1922** X 토지보상법 제85조(행정소송의 제기) ② 제1항에 따라 제기하려는 행정소송이 **보상금의 증감**에 관한 소송인 경우 그 소송을 제기하는 자가 토지소유자 또는 관계인일 때에는 **사업시행자**를, 사업시행자일 때에는 **토지소유자** 또는 관계인을 각각 **피고로 한다.**

**1923** O 위 1922번의 해설 내용 참고.

**1924** O 토지보상법 제88조(처분효력의 부정지) 제83조에 따른 **이의의 신청**이나 제85조에 따른 **행정소송의 제기**는 사업의 진행 및 토지의 수용 또는 사용을 **정지시키지 아니한다.**

**1925** O 수용재결의 내용 중 보상금의 액수가 아닌 **수용 자체**를 다투는 경우 수용재결을 행한 토지수용위원회를 피고로 하여 수용재결에 대한 **항고소송**을 제기해야 한다.

**1926** O 수용재결에 불복하여 취소소송을 제기하는 때에는 이의신청을 거친 경우에도 수용재결을 한 중앙토지수용위원회 또는 지방토지수용위원회를 피고로 하여 **수용재결의 취소**를 구하여야 하고, 다만 이의신청에 대한 재결 자체에 **고유한 위법**이 있음을 이유로 하는 경우에는 그 이의재결을 한 중앙토지수용위원회를 피고로 하여 **이의재결의 취소를 구할 수 있다**고 보아야 한다. 대법원 2010. 1. 28. 선고 2008두1504 판결

**1927** X 어떤 보상항목이 공익사업을 위한 토지 등의 취득 및 보상에 관한 법령상 손실보상대상에 해당함에도 관할 토지수용위원회가 사실을 오인하거나 법리를 오해함으로써 **손실보상대상에 해당하지 않는다고 잘못된 내용의 재결**을 한 경우에는, 피보상자는 관할 토지수용위원회를 상대로 그 재결에 대한 취소소송을 제기할 것이 아니라, **사업시행자를 상대로** 구 공익사업을 위한 토지 등의 취득 및 보상에 관한 법률 제85조 제2항에 따른 **보상금증감소송**을 제기하여야 한다. 대법원 2018. 7. 20. 선고 2015두4044 판결

**1928** X 하나의 재결에서 피보상자별로 여러 가지의 토지, 물건, 권리 또는 영업의 손실에 관하여 심리·판단이 이루어졌을 때, 피보상자 또는 사업시행자가 반드시 그 재결 전부에 관하여 불복하여야 하는 것은 아니며, 여러 보상항목들 중 **일부에 관해서만 불복**하는 경우에는 그 부분에 관해서만 개별적으로 불복의 사유를 주장하여 **행정소송을 제기할 수 있다.** 이러한 보상금 증감 소송에서 법원의 심판범위는 하나의 재결 내에서 소송당사자가 구체적으로 불복신청을 한 보상항목들로 제한된다. 대법원 2018. 5. 15. 선고 2017두41221 판결

**1929** O 토지보상법 제61조(사업시행자 보상) 공익사업에 필요한 토지등의 취득 또는 사용으로 인하여 토지소유자나 관계인이 입은 손실은 **사업시행자가** 보상하여야 한다.

06

☐☐☐ **1930** ★☆☆
사업시행자는 해당 공익사업을 위한 공사에 착수하기 이전에 토지소유자에게 보상액 전액을 지급하여야 한다. 23. 국회 8급 (      )

☐☐☐ **1931**
손실보상은 금전(현금)보상을 원칙으로 하고 채권보상은 인정되지 않는다. 12. 국가 7급 (      )

☐☐☐ **1932** ★☆☆
「공익사업을 위한 토지 등의 취득 및 보상에 관한 법률」에 따른 보상은 토지소유자나 관계인 개인별로 하는 것이 아니라 수용 또는 사용의 대상이 되는 물건별로 행해지는 것이다. 21. 국가 7급 (      )

☐☐☐ **1933** ★☆☆
사업시행자는 동일한 사업지역에 보상시기를 달리하는 동일인 소유의 토지등이 여러 개가 있는 경우 토지등의 소유자가 일괄보상을 요구하더라도 「공익사업을 위한 토지 등의 취득 및 보상에 관한 법률」에 따라 단계적으로 보상금을 지급하여야 한다. 23. 국가 9급 (      )

☐☐☐ **1934** ★☆☆
사업시행자는 동일한 소유자에게 속하는 일단의 토지의 일부를 취득하거나 사용하는 경우 해당 공익사업의 시행으로 인하여 잔여지의 가격이 증가하거나 그 밖의 이익이 발생한 경우에는 그 이익을 그 취득 또는 사용으로 인한 손실과 상계할 수 있다. 22. 서울시 7급 (      )

☐☐☐ **1935** ★☆☆
보상액의 산정은 협의에 의한 경우에는 협의 성립 당시의 가격을, 재결에 의한 경우에는 수용 또는 사용의 재결 당시의 가격을 기준으로 한다. 25. 국가 9급 (      )

☐☐☐ **1936** ★☆☆
토지에 대한 보상액은 일시적인 이용상황과 토지소유자나 관계인이 갖는 주관적 가치 및 특별한 용도에 사용할 것을 전제로 한 경우 등은 고려하지 아니한다. 23. 국회 9급 (      )

☐☐☐ **1937** ★★☆
보상액을 산정할 경우에 해당 공익사업으로 인하여 토지등의 가격이 변동되었을 때에는 이를 고려하여야 한다. 24. 국가 7급 (      )

☐☐☐ **1938** ★☆☆
헌법 제23조 제3항에서 정한 '정당한 보상'이란 피수용재산의 객관적인 재산가치를 완전하게 보상하여야 한다는 완전보상을 뜻하는 것이므로, 해당 공익사업의 시행으로 인한 개발이익도 완전보상의 범위에 포함된다. 22. 변호사 (      )

☐☐☐ **1939** ★☆☆
토지수용으로 인한 손실보상액은 당해 공공사업의 시행을 직접 목적으로 하는 계획의 승인·고시로 인한 가격변동을 고려함이 없이 수용재결 당시의 가격을 기준으로 하여 정하여야 한다. 14. 국가 7급 (      )

☐☐☐ **1940** ★☆☆
토지수용으로 인한 보상액을 산정함에 있어서 당해 공공사업과 관계없는 다른 사업의 시행으로 인한 개발이익은 이를 배제하지 아니한 가격으로 평가하여야 한다. 19. 소방 (      )

☐☐☐ **1941** ★☆☆
공법상의 제한을 받는 토지의 수용보상액을 산정함에 있어서는 그 공법상의 제한이 당해 공공사업의 시행을 직접 목적으로 하여 가하여진 경우에는 그 제한을 받지 아니하는 상태대로 평가하여야 할 것이지만, 공법상 제한이 당해 공공사업의 시행을 직접 목적으로 하여 가하여진 경우가 아니라면 그러한 제한을 받는 상태 그대로 평가하여야 하고, 그와 같은 제한이 당해 공공사업의 시행 이후에 가하여진 경우에도 마찬가지이다. 25. 변호사 (      )

## 정답 & OX 풀이

**1930** O 토지보상법 제62조(사전보상) 사업시행자는 해당 공익사업을 위한 **공사에 착수하기 이전에** 토지소유자와 관계인에게 **보상액 전액**을 지급하여야 한다.

**1931** X 토지보상법 제63조(현금보상 등) ① 손실보상은 다른 법률에 특별한 규정이 있는 경우를 제외하고는 **현금으로** 지급하여야 한다 (주: 일정한 경우 토지, 채권 등으로 보상할 수 있음).

**1932** X 토지보상법 제64조(개인별 보상) 손실보상은 토지소유자나 관계인에게 **개인별로** 하여야 한다. 다만, 개인별로 보상액을 산정할 수 없을 때에는 그러하지 아니하다.

**1933** X 토지보상법 제65조(일괄보상) 사업시행자는 동일한 사업지역에 보상시기를 달리하는 동일인 소유의 토지등이 여러 개 있는 경우 토지소유자나 관계인이 요구할 때에는 **한꺼번에** 보상금을 지급하도록 하여야 한다.

**1934** X 토지보상법 제66조(사업시행 이익과의 상계금지) 사업시행자는 동일한 소유자에게 속하는 일단의 토지의 일부를 취득하거나 사용하는 경우 해당 공익사업의 시행으로 인하여 잔여지의 가격이 증가하거나 그 밖의 이익이 발생한 경우에도 그 이익을 그 취득 또는 사용으로 인한 **손실과 상계할 수 없다**.

**1935** O 토지보상법 제67조(보상액의 가격시점 등) ① 보상액의 산정은 협의에 의한 경우에는 **협의 성립 당시**의 가격을, 재결에 의한 경우에는 수용 또는 사용의 **재결 당시의 가격**을 기준으로 한다.

**1936** O 토지보상법 제70조(취득하는 토지의 보상) ② 토지에 대한 보상액은 가격시점에서의 **현실적**인 이용상황과 **일반적**인 이용방법에 의한 **객관적** 상황을 **고려**하여 산정하되, **일시적**인 이용상황과 토지소유자나 관계인이 갖는 **주관적** 가치 및 **특별한** 용도에 사용할 것을 전제로 한 경우 등은 **고려하지 아니한다**.

**1937** X 토지보상법 제67조(보상액의 가격시점 등) ② 보상액을 산정할 경우에 **해당** 공익사업으로 인하여 토지등의 가격이 변동되었을 때에는 이를 **고려하지 아니한다**.

**1938** X **개발이익**은 그 성질상 완전보상의 범위에 포함되는 피수용자의 손실이라고는 볼 수 없으므로, **개발이익을 배제**하고 손실보상액을 산정한다 하여 헌법이 규정한 정당보상의 원리에 어긋나는 것이라고는 판단되지 않는다. 헌법재판소 1990. 6. 25. 선고 89헌마107 결정

**1939** O 수용 대상 토지의 보상액을 산정함에 있어 해당 공익사업의 시행을 **직접 목적으로** 하는 계획의 승인, 고시로 인한 가격변동은 이를 **고려함이 없이** 재결 당시의 가격을 기준으로 하여 적정가격을 정하여야 하나, 해당 공익사업과는 **관계없는 다른 사업**의 시행으로 인한 개발이익은 이를 **포함한** 가격으로 평가하여야 하고, 개발이익이 해당 공익사업의 사업인정고시일 후에 발생한 경우에도 마찬가지이다. 대법원 2014. 2. 27. 선고 2013두21182 판결

**1940** O 위 1939번의 해설 내용 참고.

**1941** O 공법상의 제한을 받는 토지의 수용보상액을 산정함에 있어서는 그 공법상의 제한이 당해 공공사업의 시행을 **직접 목적으로 하여 가하여진 경우**에는 그 제한을 받지 아니하는 **상태**대로 평가하여야 할 것이지만, 공법상 제한이 당해 공공사업의 시행을 **직접 목적으로 하여 가하여진 경우가 아니라면** 그러한 **제한을 받는 상태 그대로** 평가하여야 하고, 그와 같은 제한이 당해 공공사업의 시행 이후에 가하여진 경우라고 하여 달리 볼 것은 아니다. 대법원 2005. 2. 18. 선고 2003두14222 판결

★☆☆
□□□ **1942** 사업시행자가 동일한 토지소유자에 속하는 일단의 토지 일부를 취득함으로써 잔여지의 가격이 감소하거나 그 밖의 손실이 있을 때에 잔여지를 종래의 목적으로 사용할 수 있는 경우라면 잔여지 손실보상의 대상이 되지 못한다. 25. 국회 8급 (      )

□□□ **1943** 영업을 폐업하거나 휴업함에 따른 영업손실에 대하여는 영업이익과 시설의 이전비용 등을 고려하여 보상하여야 한다. 22. 국회 8급 (      )

★☆☆
□□□ **1944** 구 「하천법」에 의한 하천수 사용권은 「공익사업을 위한 토지 등의 취득 및 보상에 관한 법률」이 손실보상의 대상으로 규정하고 있는 '물의 사용에 관한 권리'에 해당한다. 23. 지방 9급 (      )

★☆☆
□□□ **1945** 영업을 하기 위해 투자한 비용이나 그 영업을 통해 얻을 것으로 기대되는 이익에 대한 손실은 영업손실보상의 대상이 된다고 할 수 없다. 24. 국가 9급 (      )

★★☆
□□□ **1946** 동일한 소유자에게 속하는 일단의 토지의 일부가 협의에 의하여 매수되거나 수용됨으로 인하여 잔여지를 종래의 목적에 사용하는 것이 현저히 곤란할 때에는 해당 토지소유자는 사업시행자에게 잔여지를 매수하여 줄 것을 청구할 수 있으며, 사업인정 이후에는 관할 토지수용위원회에 수용을 청구할 수 있고, 이 경우 수용의 청구는 매수에 관한 협의가 성립되지 아니한 경우에만 할 수 있으며 사업완료일까지 하여야 한다. 23. 지방 7급 (      )

★☆☆
□□□ **1947** 사업시행자에게 한 잔여지매수청구의 의사표시는 일반적으로 관할 토지수용위원회에 한 잔여지수용청구의 의사표시로 볼 수 있다. 19. 국회 8급 (      )

★★☆
□□□ **1948** 「공익사업을 위한 토지 등의 취득 및 보상에 관한 법률」에 의한 잔여지 수용청구를 받아들이지 않은 토지수용위원회의 재결에 대하여 토지소유자가 불복하여 제기하는 소송은 항고소송에 해당한다. 20. 군무원 7급 (      )

★☆☆
□□□ **1949** 「공익사업을 위한 토지 등의 취득 및 보상에 관한 법률」에 따라 사업인정고시가 된 후 토지의 사용으로 인하여 토지의 형질이 변경되는 경우에 토지소유자는 중앙토지수용위원회에 그 토지의 매수청구권을 행사할 수 있다. 23. 국가 9급 (      )

★☆☆
□□□ **1950** 사업인정고시가 된 후 사업시행자가 토지를 사용하는 기간이 3년 이상인 경우 토지소유자는 토지수용위원회에 토지의 수용을 청구할 수 있고, 토지수용위원회가 이를 받아들이지 않는 재결을 한 경우에는 사업시행자를 피고로 하여 「토지보상법」상 보상금의 증감에 관한 소송을 제기할 수 있다. 18. 국가 9급 (      )

□□□ **1951** 이주대책은 생활보상의 일환으로 국가의 적극적이고 정책적인 배려에 의하여 마련된 제도이다.
20. 국회 8급 (      )

□□□ **1952** 이주대책의 실시여부는 입법자의 입법정책적 재량의 영역에 속하므로, 세입자를 이주대책대상자에서 제외하는 것은 세입자의 평등권과 재산권을 침해하지 않는다. 20. 변호사 (      )

□□□ **1953** 헌법재판소는 생업의 근거를 상실하게 된 자에 대하여 일정 규모의 상업용지 또는 상가분양권 등을 공급하는 생활대책이 헌법 제23조 제3항이 규정하는 정당한 보상에 포함된다고 결정하였다. 14. 지방 9급
(      )

## 정답 & OX 풀이

**1942** ✕ 사업시행자가 동일한 토지소유자에 속하는 일단의 토지 일부를 취득함으로 인하여 <u>잔여지의 가격이 감소하거나 그 밖의 손실이 있을 때 등에는 잔여지를 종래의 목적으로 사용하는 것이 가능한 경우라도</u> 잔여지 손실보상의 대상이 되며, 잔여지를 종래의 목적에 사용하는 것이 불가능하거나 현저히 곤란한 경우이어야만 잔여지 손실보상청구를 할 수 있는 것이 아니다. 대법원 2018. 7. 20. 선고 2015두4044 판결

**1943** ○ 토지보상법 제77조(영업의 손실 등에 대한 보상) ① 영업을 폐업하거나 휴업함에 따른 영업손실에 대하여는 <u>영업이익과 시설의 이전비용 등을 고려하여 보상하여야 한다.</u>

**1944** ○ 하천법 제50조에 의한 **하천수 사용권**은 공익사업을 위한 토지 등의 취득 및 보상에 관한 법률 제76조 제1항이 <u>손실보상의 대상으로 규정하고 있는 '물의 사용에 관한 권리'에 해당한다.</u> 대법원 2018. 12. 27. 선고 2014두11601 판결

**1945** ○ **'영업상의 손실'**이란 수용의 대상이 된 토지·건물 등을 이용하여 영업을 하다가 그 토지·건물 등이 수용됨으로 인하여 <u>영업을 할 수 없거나 제한을 받게 됨으로 인하여 생기는 **직접적인 손실**을 말하는 것이므로 위 규정은 영업을 하기 위하여 **투자한 비용**이나 그 영업을 통하여 얻을 것으로 **기대되는 이익**에 대한 손실보상의 근거규정이 될 수 **없다.**</u> 대법원 2006. 1. 27. 선고 2003두13106 판결

**1946** ○ 토지보상법 제74조(잔여지 등의 매수 및 수용 청구) ① 동일한 소유자에게 속하는 일단의 토지의 일부가 협의에 의하여 매수되거나 수용됨으로 인하여 잔여지를 종래의 목적에 **사용하는 것이 현저히 곤란**할 때에는 해당 토지소유자는 **사업시행자**에게 잔여지를 **매수**하여 줄 것을 청구할 수 있으며, 사업인정 이후에는 관할 **토지수용위원회에 수용**을 청구할 수 있다. 이 경우 **수용의 청구**는 매수에 관한 **협의가 성립되지 아니한 경우에만** 할 수 있으며, **사업완료일까지** 하여야 한다.

**1947** ✕ 잔여지 수용청구의 의사표시는 관할 토지수용위원회에 하여야 하는 것으로서, 관할 토지수용위원회가 사업시행자에게 잔여지 수용청구의 의사표시를 수령할 권한을 부여하였다고 인정할 만한 사정이 없는 한, <u>사업시행자에게 한 잔여지 **매수청구의 의사표시**를 관할 토지수용위원회에 한 **잔여지 수용청구의 의사표시**로 볼 수는 없다.</u> 대법원 2010. 8. 19. 선고 2008두822 판결

**1948** ✕ **잔여지 수용청구권**은 손실보상의 일환으로 토지소유자에게 부여되는 권리로서 <u>그 요건을 구비한 때에는 잔여지를 수용하는 토지수용위원회의 재결이 없더라도 그 청구에 의하여 수용의 효과가 발생하는 **형성권적 성질**을 가지므로, 잔여지 수용청구를 받아들이지 않은 토지수용위원회의 재결에 대하여 토지소유자가 불복하여 제기하는 소송은 위 법 제85조 제2항에 규정되어 있는 '보상금의 증감에 관한 소송'에 해당하여 **사업시행자를 피고**로 하여야 한다.</u> 대법원 2010. 8. 19. 선고 2008두822 판결

**1949** ✕ 토지보상법 제72조(사용하는 토지의 매수청구 등) 사업인정고시가 된 후 다음 각 호의 어느 하나에 해당할 때에는 해당 토지소유자는 **사업시행자**에게 해당 토지의 **매수를 청구**하거나 관할 **토지수용위원회**에 그 토지의 **수용을 청구**할 수 있다. 이 경우 관계인은 사업시행자나 관할 토지수용위원회에 그 권리의 존속을 청구할 수 있다.
1. 토지를 사용하는 기간이 **3년** 이상인 경우
2. 토지의 사용으로 인하여 토지의 **형질이 변경**되는 경우
3. 사용하려는 토지에 그 토지소유자의 건축물이 있는 경우

**1950** ○ 토지보상법 제72조가 정한 수용청구권은 그 청구에 의하여 수용효과가 생기는 **형성권**의 성질을 지니므로, 토지소유자의 토지수용청구를 받아들이지 아니한 토지수용위원회의 재결에 대하여 토지소유자가 불복하여 제기하는 소송은 토지보상법 제85조 제2항에 규정되어 있는 '보상금의 증감에 관한 소송'에 해당하고, <u>피고는 토지수용위원회가 아니라 **사업시행자**로 하여야 한다.</u> 대법원 2015. 4. 9. 선고 2014두46669 판결

**1951** ○ **이주대책**은 (중략) 인간다운 생활을 보장하여 주기 위한 이른바 생활보상의 일환으로 국가의 적극적이고 **정책적인 배려**에 의하여 마련된 제도라 할 것이다. 대법원 2003. 7. 25. 선고 2001다57778 판결

**1952** ○ 이주대책의 실시 여부는 입법자의 **입법정책적 재량**의 영역에 속하므로 공익사업을 위한 토지 등의 취득 및 보상에 관한 법률 시행령 제40조 제3항 제3호가 이주대책의 대상자에서 **세입자를 제외**하고 있는 것이 세입자의 재산권을 **침해하는 것이라 볼 수 없다.** 헌법재판소 2006. 2. 23. 선고 2004헌마19 결정

**1953** ✕ 생업의 근거를 상실하게 된 자에 대하여 일정 규모의 상업용지 또는 상가분양권 등을 공급하는 **생활대책**은 헌법 제23조 제3항에 규정된 **정당한 보상에 포함되는 것이라기보다는** 생활보상의 일환으로서 국가의 **정책적인 배려**에 의하여 마련된 제도이므로, 그 실시 여부는 입법자의 입법정책적 재량의 영역에 속한다. 헌법재판소 2013. 7. 25. 선고 2012헌바71 결정

□□□ **1954** 「공익사업을 위한 토지 등의 취득 및 보상에 관한 법률」상 행정청이 아닌 사업시행자가 이주대책을 수립·실시하는 경우에 이주정착지에 대한 도로 등 통상적인 생활기본시설에 필요한 비용은 지방자치단체가 부담하여야 한다. 15. 지방 9급 (　　)

□□□ **1955** 「공익사업을 위한 토지 등의 취득 및 보상에 관한 법률」상 사업시행자에 의한 이주대책 수립·실시 및 이주대책의 내용에 관한 규정은 당사자의 합의에 의하여 적용을 배제할 수 있다. 17. 국가 7급 (　　)

□□□ **1956** 도시개발사업의 사업시행자가 이주대책기준을 정하여 이주대책대상자 가운데 이주대책을 수립·실시하여야 할 자를 선정하여 그들에게 공급할 택지 등을 정할 때는 재량권을 갖는다. 20. 국회 8급 (　　)

□□□ **1957** 사업시행자가 법령이 정한 이주대책대상자의 범위를 넘어 미거주 소유자까지 이주대책대상자에 포함시킨다고 하더라도, 법령에서 정한 이주대책대상자가 아닌 미거주 소유자에게 제공하는 이주대책은 법령에 의한 의무로서가 아니라 시혜적인 것이다. 25. 변호사 (　　)

□□□ **1958** '공익사업을 위한 관계 법령에 의한 고시 등이 있은 날' 당시 주거용 건물이 아니었던 건물이 그 이후에 주거용으로 불법 용도변경된 경우에도 이주대책대상이 되는 주거용 건축물이 될 수 있다.
11. 사회복지 (　　)

□□□ **1959** 「공익사업을 위한 토지 등의 취득 및 보상에 관한 법률」상 적법하게 시행된 공익사업으로 인하여 이주하게 된 주거용 건축물 세입자의 주거이전비 보상청구권은 공법상의 권리이고, 따라서 그 보상을 둘러싼 쟁송은 민사소송이 아니라 공법상의 법률관계를 대상으로 하는 행정소송에 의하여야 한다.
24. 지방 9급 (　　)

□□□ **1960** 이주대책은 이른바 생활보상에 해당하는 것으로서 헌법 제23조 제3항이 규정하는 손실보상의 한 형태로 보아야 하므로, 법률이 사업시행자에게 이주대책의 수립·실시의무를 부과하였다면 이로부터 사업시행자가 수립한 이주대책상의 택지분양권 등의 구체적 권리가 이주자에게 직접 발생한다. 19. 국가 7급 (　　)

□□□ **1961** 이주대책대상자 선정에서 배제된 이주자는 사업시행자를 상대로 그 선정거부처분의 취소를 구하는 항고소송을 제기할 필요 없이 공법상 당사자소송으로 이주대책상의 수분양권 확인을 구하는 소송을 제기할 수 있다. 21. 변호사 (　　)

□□□ **1962** 사업시행자 스스로 생활대책을 수립·실시하는 경우, 이는 내부적인 기준에 불과하므로 생활대책대상자 선정기준에 해당하는 자는 사업시행자에게 생활대책대상자 선정여부의 확인·결정을 신청할 수 있는 권리를 갖지 못한다. 20. 변호사 (　　)

□□□ **1963** 생활대책대상자 선정기준에 해당하는 자는 자신을 생활대책대상자에서 제외하거나 선정을 거부한 사업시행자를 상대로 항고소송을 제기할 수 있다. 15. 국회 8급 (　　)

□□□ **1964** 공공사업 시행으로 사업시행지 밖에서 발생한 간접손실은 손실 발생을 쉽게 예견할 수 있고 손실 범위도 구체적으로 특정할 수 있더라도, 사업시행자와 협의가 이루어지지 않고 그 보상에 관한 명문의 근거 법령이 없는 경우에는 보상의 대상이 아니다. 19. 국가 7급 (　　)

**정답 & OX 풀이**

1954 ✕ 토지보상법 제78조(이주대책의 수립 등) ④ 이주대책의 내용에는 이주정착지에 대한 도로, 급수시설, 배수시설, 그 밖의 공공시설 등 통상적인 수준의 생활기본시설이 포함되어야 하며, 이에 필요한 비용은 **사업시행자**가 부담한다. 다만, 행정청이 아닌 사업시행자가 이주대책을 수립·실시하는 경우에 지방자치단체는 비용의 일부를 보조할 수 있다.

1955 ✕ 사업시행자의 **이주대책 수립·실시의무**를 정하고 있는 구 공익사업법 제78조 제1항은 물론 이주대책의 내용에 관하여 규정하고 있는 같은 조 제4항 본문 역시 당사자의 합의 또는 사업시행자의 재량에 의하여 적용을 배제할 수 없는 **강행법규**이다. 대법원 2011. 6. 23. 선고 2007다63089 판결

1956 ○ 사업시행자는 이주대책기준을 정하여 이주대책대상자 중에서 이주대책을 수립·실시하여야 할 자를 선정하여 그들에게 공급할 택지 또는 주택의 내용이나 수량을 정할 수 있고, 이를 정하는 데 **재량**을 가진다. 대법원 2009. 3. 12. 선고 2008두12610 판결

1957 ○ 사업시행자는 제반 사정을 고려하여 법이 정한 이주대책대상자를 포함하여 **그 밖의** 이해관계인에게까지 **넓혀** 이주대책 수립 등을 시행할 수 있다. 사업시행자가 이주대책 수립 등의 시행 범위를 넓힌 경우에, 그 내용은 법이 정한 이주대책대상자에 관한 것과 그 밖의 이해관계인에 관한 것으로 구분되고, 그 밖의 이해관계인에 관한 이주대책 수립 등은 **법적 의무가 없는 시혜적**인 것이다. 대법원 2015. 7. 23. 선고 2012두22911 판결

1958 ✕ 이주대책의 대상이 되는 주거용 건축물이란 '공익사업을 위한 관계 법령에 의한 **고시 등이 있은 날**' 당시 건축물의 용도가 주거용인 건물을 의미한다고 해석되므로, 그 당시 주거용 건물이 아니었던 건물이 그 이후에 주거용으로 용도 변경된 경우에는 건축허가를 받았는지 여부에 상관없이 수용재결 내지 협의계약 체결 당시 주거용으로 사용된 건물이라 할지라도 이주대책대상이 되는 주거용 건축물이 될 수 없다. 대법원 2009. 2. 26. 선고 2007두13340 판결

1959 ○ **공익사업을 위한 토지 등의 취득 및 보상에 관한 법률**상 적법하게 시행된 공익사업으로 인하여 이주하게 된 주거용 건축물 세입자의 주거이전비 보상청구권은 공법상의 권리이고, 따라서 그 보상을 둘러싼 쟁송은 민사소송이 아니라 공법상의 법률관계를 대상으로 하는 **행정소송**에 의하여야 한다. 대법원 2008. 5. 29. 선고 2007다8129 판결

1960 ✕ 토지보상법이 사업시행자에게 이주대책의 수립·실시의무를 부과하고 있다고 하여 그 규정 자체만에 의하여 이주자에게 사업시행자가 수립한 이주대책상의 택지분양권이나 아파트 입주권 등을 받을 수 있는 **구체적인 권리(수분양권)**가 직접 발생하는 것이라고는 도저히 볼 수 없으며, 사업시행자가 이주대책에 관한 구체적인 계획을 수립하여 이를 해당자에게 통지 내지 공고한 후, 이주자가 수분양권을 취득하기를 희망하여 이주대책에 정한 절차에 따라 사업시행자에게 이주대책대상자 선정**신청**을 하고 사업시행자가 이를 받아들여 이주대책대상자로 **확인·결정**하여야만 비로소 **구체적인 수분양권이 발생**하게 된다. 대법원 1994. 5. 24. 선고 92다35783 전원합의체 판결

1961 ✕ 이주자가 사업시행자에 대한 이주대책대상자 선정신청 및 이에 따른 확인·결정 등 절차를 밟지 아니하여 구체적인 수분양권을 아직 취득하지도 못한 상태에서 **곧바로** 분양의무의 주체를 상대방으로 하여 민사소송이나 공법상 당사자소송으로 이주대책상의 **수분양권의 확인 등을 구하는 것은 허용될 수 없다.** 대법원 1994. 5. 24. 선고 92다35783 전원합의체 판결

1962 ✕ 생활대책대상자 선정기준에 해당하는 자는 사업시행자에게 **생활대책대상자 선정 여부의 확인·결정을 신청할 수 있는 권리를** 가지는 것이어서, 만일 사업시행자가 그러한 자를 생활대책대상자에서 제외하거나 선정을 거부하면, 이러한 생활대책대상자 선정기준에 해당하는 자는 사업시행자를 상대로 **항고소송**을 제기할 수 있다. 대법원 2011. 10. 13. 선고 2008두17905 판결

1963 ○ 위 1962번의 해설 내용 참고.

1964 ✕ 공공사업의 시행 결과 공공사업의 기업지 밖에서 발생한 간접손실에 관하여 그 피해자와 사업시행자 사이에 협의가 이루어지지 아니하고 그 보상에 관한 **명문의 근거 법령이 없는** 경우라고 하더라도, (중략) 공공사업의 시행으로 인하여 그러한 손실이 발생하리라는 것을 쉽게 예견할 수 있고 그 손실의 범위도 구체적으로 이를 특정할 수 있는 경우라면 그 손실의 보상에 관하여 공공용지의 취득 및 손실보상에 관한 특례법 시행규칙의 관련 규정 등을 **유추적용할 수 있다.** 대법원 1999. 6. 11. 선고 97다56150 판결

강성빈

**주요 약력**

고려대학교 사회학과, 법학과 졸업
고려대학교 대학원 법학과 졸업(법학 석사)
전북대학교 법학전문대학원 졸업
공군 학사장교
변호사시험 합격
現) 변호사
前) 메가공무원/메가소방 행정법
現) 박문각공무원 행정법 전임교수

**주요 저서**

2026 강성빈 행정법총론 요.기.서
2026 강성빈 행정법총론 기출문제집(전2권)
2026 강성빈 행정법총론 OX노트
2025 강성빈 행정법총론 기본서
2025 강성빈 행정법총론 기출지문 OX
2025 강성빈 행정법총론 적중동형 국가직·지방직 봉투모의고사 Vol.1
2025 강성빈 행정법총론 적중동형 봉투모의고사 Vol.2
2024 박문각 공무원 입문서 시작! 강성빈 행정법
2024 강성빈 행정법총론 OX + 요약노트
2024 강성빈 행정법총론 실전동형 모의고사

# 강성빈 행정법총론 ✧✦ OX노트

**초판 인쇄** | 2026. 1. 5.　**초판 발행** | 2026. 1. 9.　**편저자** | 강성빈
**발행인** | 박 용　**발행처** | (주)박문각출판　**등록** | 2015년 4월 29일 제2019-000137호
**주소** | 06654 서울시 서초구 효령로 283 서경 B/D 4층　**팩스** | (02)584-2927
**전화** | 교재 문의 (02)6466-7202

저자와의
협의하에
인지생략

정가 26,000원
ISBN 979-11-7519-655-1